Abkürzungen in Europa:

- A. = Albanien
- B. = Bosnien-Herzegowina
- Bel. = Belgien
- Bul. = Bulgarien
- K. = Kosovo *(zzt. von 65 Staaten anerkannt)*
- Kro. = Kroatien
- Lux. = Luxemburg
- M. = Montenegro
- Ma. = Mazedonien
- Mol. = Moldawien
- Ndl. = Niederlande
- Öst. = Österreich
- Rum.= Rumänien
- S. = Schweiz
- Sk. = Slowakei
- Sl. = Slowenien
- Srb. = Serbien
- Tsch.= Tschechien
- Ung. = Ungarn
- Zyp. = Zypern

Abkürzungen in Afrika:

- Ä.Gu.= Äquatorial Guinea
- Be. = Benin
- Bu. = Burundi
- Ru. = Ruanda
- To. = Togo

Abkürzungen in Amerika:

- Dom. Rep. = Dominikanische Republik

Abkürzungen in Asien:

- Arm. = Armenien
- Aser. = Aserbaidschan
- Ba. = Bahrain
- Isr. = Israel
- Jord. = Jordanien
- K. = Katar
- Ku. = Kuwait
- Lib. = Libanon
- Syr. = Syrien
- V.A.E.= Vereinigte Arabische Emirate

Forum Geschichte 12

Bayern
2. Auflage

Cornelsen

Forum Geschichte 12 – Bayern

Das Lehrwerk wurde erarbeitet von:
Dagmar Bäuml-Stosiek, München; Dr. Wolfgang Jäger, Berlin; Ursula Winberger, Ingolstadt
unter Mitarbeit der Verlagsredaktion

Didaktische Beratung:
Rudolf Berg, M. A., München; Michael Erber, Ingolstadt; Dr. Stefan Illig, München;
Rainer Maas, Würzburg; Prof. Dr. Susanne Popp, Augsburg

Redaktion: Britta Köppen, Klaus Pflügner

Karten und Grafik: © Cornelsen Schulverlage GmbH, Berlin (Klaus Becker, Frankfurt/M.;
Dr. Volkhard Binder, Berlin; Carlos Borrell, Berlin; Peter Kast, Schwerin; Markus Kluger,
Berlin; Skip G. Langkafel, Berlin)
Bildassistenz: Dagmar Schmidt
Umschlaggestaltung: Klein & Halm Grafikdesign, Berlin
Layoutkonzept: werkstatt für gebrauchsgrafik, Berlin
Technische Umsetzung: Uwe Rogal, Berlin; zweiband.media, Berlin
Umschlagbild: Auswanderer setzen vom Festland auf ein Segelschiff über,
Gemälde von Antonie Volkmar, 1860 (gespiegelt), Deutsches Historisches Museum,
Berlin

www.cornelsen.de

2., an die Lehrplananpassung angeglichene Auflage, 4. Druck 2018

Alle Drucke dieser Auflage sind inhaltlich unverändert
und können im Unterricht nebeneinander verwendet werden.

Druck und Bindung: Livonia Print, Riga

ISBN 978-3-464-64839-1

Abiturtraining

Serviceanhang

Lernen und arbeiten mit *Forum Geschichte Bayern 12*

Das vorliegende Lehrwerk ist für den Geschichtsunterricht in der Jahrgangsstufe 12 konzipiert und deckt alle inhaltlichen Anforderungen des bayerischen Lehrplans ab. Im Zentrum des Halbjahres 12.1 stehen die historischen Komponenten europäischer Kultur und Gesellschaft. In 12.2 werden anhand der Fallbeispiele Naher Osten und USA Konfliktregionen und Akteure internationaler Politik in historischer Perspektive behandelt.

Forum Geschichte 12 will auch methodisch auf alle Anforderungen der Oberstufe vorbereiten. Es bietet daher in jedem Kapitel **Grundwisseneinheiten**, **Methodenseiten** und **Zusammenfassungen**. Darüber hinaus stehen im Anhang ein ausführliches **Abiturtraining** inklusive Probeklausur (S. 232–237, S. 242–249) sowie Hinweise für die mündliche Prüfung (S. 238–241) zur Verfügung. Der Aufbau des Buches bzw. der Kapitel umfasst folgende Elemente:

Themenüberblicke (rote Kolumne) führen in die historischen Zusammenhänge und Strukturen der Halbjahresthemen ein.

Auftaktseiten mit Bildern und Kurztext, Zeitstrahl und Orientierungskarte dienen als Einstieg in ein Kapitel. Die Kompetenzanforderungen auf dieser Seite bilden die Lehrplaninhalte ab.

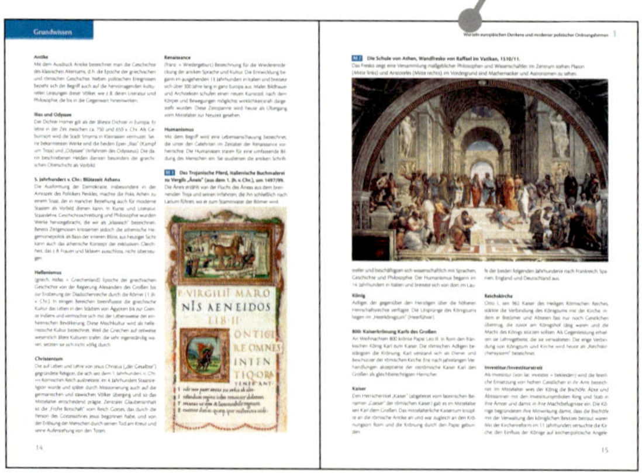

Grundwissen (blauer Reiter): In diesem Element finden sich alle für das jeweilige Oberstufenthema relevanten Daten und Begriffe aus der Sekundarstufe I (mit Übungen).

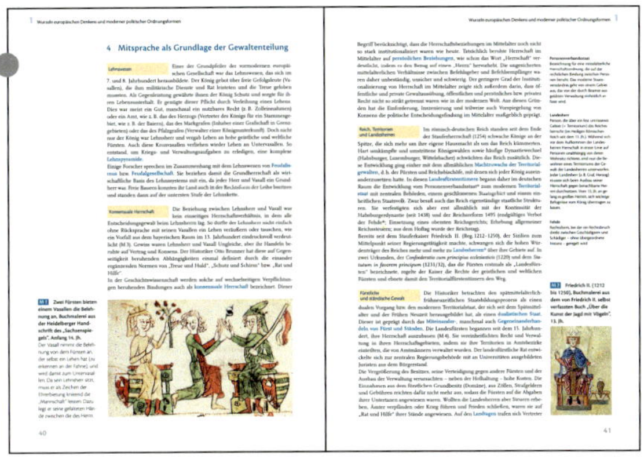

Themeneinheiten bilden den „Kern“ jedes Kapitels. Sie umfassen die Darstellungen (mit Arbeitshilfen in der Marginalspalte: Daten, Personen, thematische Zeittafeln, Internettipps, Lesetipps) und die Materialien. Die Arbeitsaufträge folgen den „Einheitliche Anforderungen an die Abiturprüfung“ (EPA) und umfassen darüber hinaus Angebote für Gruppenarbeiten, Präsentationen und die Fächerverbindung mit Sozialkunde.

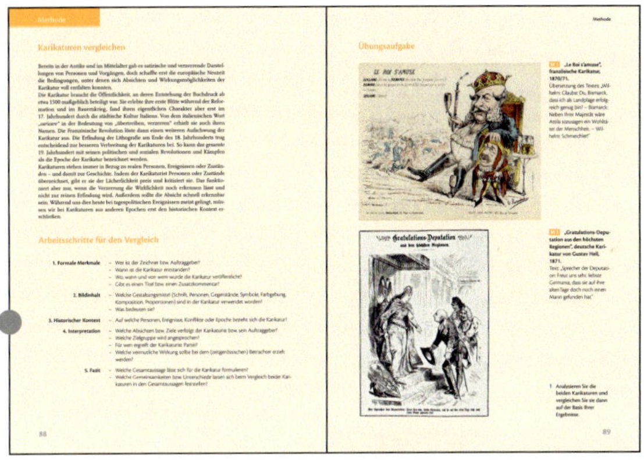

Methodenseiten (gelber Fond) mit Übungen unterstützen das Fachmethodentraining.

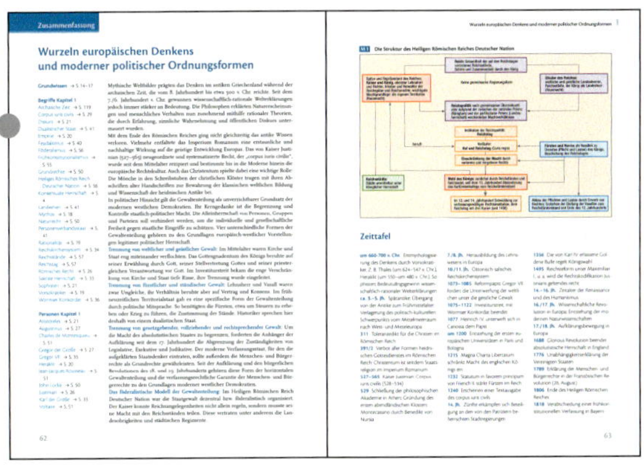

Zusammenfassungen (blauer Reiter): Die vier Elemente dieser Doppelseite ermöglichen eine kompakte Wiederholung der Kapitelinhalte.

Essays (graue Kolumne) vertiefen das Verständnis für die Zusammenhänge der Halbjahresthemen und eröffnen neue Perspektiven.

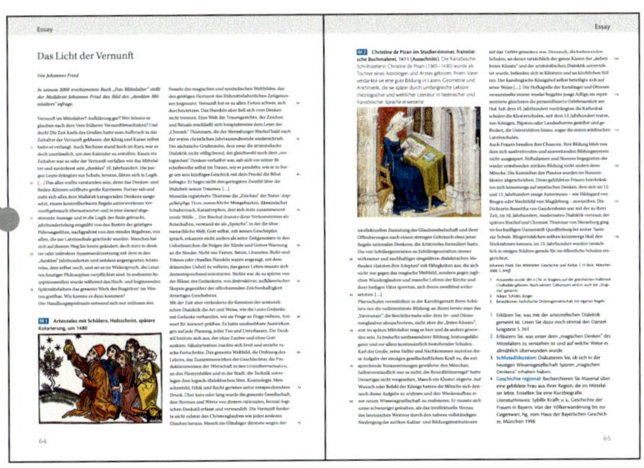

Europa – Ideen, Traditionen, Denkhaltungen

M1 **Mönch im Scriptorium, Holzschnitt 1526**

M2 **Flagge der Europäischen Union**

Mythos
Mythen sind meist mündlich überlieferte Sagen und Dichtungen von Göttern und Helden oder anderen bedeutsamen Personen und Ereignissen. Mythische Erzählungen, die bei den Naturvölkern und in den alten Hochkulturen als Teil der Geschichte verstanden wurden, versuchen zu erklären, wie die Gegenwart in der Vergangenheit begründet ist. Dazu beschwören sie eine glanzvolle Vergangenheit, die es in der Gegenwart wiederherzustellen gilt. Solche Mythen enthalten ein Sinn- bzw. Heilsversprechen, das den Menschen in einer als trostlos erfahrenen Welt Orientierung und Halt geben soll. Sowohl von der Theologie als auch der aufgeklärten Philosophie wird der Mythos als irrational abgelehnt. Siehe auch S. 18 ff.

Europäische Denkhaltungen

Die modernen europäischen Gesellschaften sind Wissens- und Informationsgesellschaften. Ein wesentliches Kennzeichen ist die zunehmende Expansion von Wissen produzierenden oder verbreitenden Tätigkeiten. Dabei wird wissenschaftliches Wissen für die Konkurrenzfähigkeit sowohl des Individuums als auch für die Volkswirtschaften der einzelnen Staaten immer wichtiger.

Moderne Denkhaltungen sind nicht erst in der Neuzeit entstanden, sondern besitzen in Europa eine lange Tradition. Schon im antiken Griechenland, an der Epochenwende vom 7. zum 6. Jahrhundert v. Chr., ersetzten die Philosophen die überkommenen mythischen Weltbilder durch **wissenschaftlich-rationale Welterklärungen**. Sie orientierten ihr Denken immer weniger an Traditionen und Autoritäten und führten menschliches Verhalten und Naturereignisse nicht länger auf das Wirken übernatürlicher, göttlicher Wesen zurück. Stattdessen setzte ihr kritisches Denken auf Erfahrung und Vernunft.

Dass dieses Wissen nicht verloren ging, sondern wertvolle Teile der Nachwelt überliefert wurden, ist ein Verdienst des **Christentums**. Zwar lehnten einige bedeutende Kirchenvertreter der Spätantike bzw. des Frühmittelalters die heidnische Überlieferung ab. Aber besonders die Mönche in den Schreibstuben der Klöster haben mit dem Abschreiben alter Handschriften zur Bewahrung der klassischen weltlichen Bildung und Wissenschaft aus der Antike beigetragen.

Wer von den Nachwirkungen der Antike auf das europäische Geistesleben spricht, darf vom **römischen Recht** nicht schweigen. Das von Kaiser Justinian (527–565) neu geordnete und systematisierte Recht, der *„corpus iuris civilis"*, wurde seit dem Mittelalter rezipiert und bestimmte bis in die Moderne hinein die europäische Rechtskultur.

Demokratie und Gewaltenteilung

Europa bekennt sich heute zu den Werten der westlichen Staatengemeinschaft. Das gilt nicht nur für die Länder Westeuropas, sondern auch für die osteuropäischen Staaten, die nach dem Fall der Mauer und dem Zusammenbruch des Sowjetimperiums 1990/91 in die Europäische Union aufgenommen wurden. Ein zentrales Merkmal der westlichen Gesellschaften ist das Bekenntnis zur gewaltenteilig organisierten Demokratie.

Die modernen Formen der Gewaltenteilung, z. B. die politische Mitsprache der Bevölkerung durch ihre Vertretungsorgane, die Parlamente, wurzeln allerdings nicht, wie gelegentlich angenommen, in der attischen Polis, sondern in den lehnsrechtlich geprägten Herrschaftsstrukturen des Mittelalters. In seinem Aufsatz „Was heißt westliche Wertegemeinschaft?" aus dem Jahre 2007 hat der Historiker Heinrich August Winkler auf diese Tradition des „alten Westens" nachdrücklich hingewiesen: „Das war jener Teil Europas, der im Mittelalter und in manchen Ländern lange darüber hinaus sein geistliches Zentrum in Rom hatte, also zur Westkirche gehörte. Nur dieser Teil Europas hatte die beiden **vormodernen Formen der Gewaltenteilung**, die Trennung von geistlicher und weltlicher Gewalt und die von fürstlicher und ständischer Gewalt erlebt, und nur hier hatten, wenn auch nicht überall mit gleicher Intensität, die spätmittelalterlichen und frühneuzeitlichen Emanzipationsprozesse der Renaissance und des Humanismus, der Reformation und der Aufklärung stattgefunden."

Dem politischen Denken der Aufklärung verdankt Europa außerdem die Differenzierung zwischen gesetzgebender, vollziehender und rechtsprechender Gewalt sowie die Einsicht, dass die Garantie der Menschenrechte unverzichtbar für eine freiheitliche und zivilisierte Gesellschaft sei. Auch das föderalistisch strukturierte

M3 Schmuckdarstellung der französischen Menschen- und Bürgerrechtserklärung, um 1789 (Ausschnitt)

Heilige Römische Reich Deutscher Nation in der Frühen Neuzeit ist an der Herausbildung der Gewaltenteilung in der europäischen Geschichte beteiligt: Hier schränkten föderalistische Strukturen die Macht der Zentralgewalt ein und bildeten damit ein wirksames Mittel gegen Alleinherrschaft und Autokratie.

Überprüfung nationaler Mythen und Vorurteile

In der Geschichte hat der Konflikt mit anderen Völkern und Staaten oft die Entstehung einer eigenen Identität gefördert, wobei die Erinnerung an Siege oder Niederlagen, Triumphe oder Katastrophen eine besondere Rolle gespielt hat. Der Prozess der europäischen Integration nach dem Zweiten Weltkrieg ist ein herausragendes Beispiel dafür, dass Kriege auch das friedliche Zusammenleben zwischen Staaten und Völkern fördern können. Eine wesentliche Voraussetzung für das Gelingen der europäischen Einheit seit der zweiten Hälfte des 20. Jahrhunderts besteht in der ausgeprägten Bereitschaft vieler Politiker und weiter Teile der Bevölkerung zur Überprüfung nationaler Mythen und Vorurteile, die in der Vergangenheit den Hass und die Feindschaft zwischen den Völkern hervorgerufen oder verstärkt haben.

In der modernen Nationalismusforschung besteht heute Einigkeit darin, dass **„Volk" und „Nation" keine natürlichen Größen** sind, die es schon immer gegeben hat. Das Zusammengehörigkeitsgefühl von Völkern und Nationen wuchs vielmehr in komplizierten Prozessen, bei denen sich soziale Gruppen zusammenfanden und sich ein bestimmtes Gemeinschaftsbewusstsein herausbildete.

Die demokratische Idee von der selbstbestimmten Nation entstand 1789 in der Französischen Revolution. Dieser moderne Staatsnationalismus, der die Nation als eine politische und soziale Gemeinschaft rechtsgleicher Staatsbürger begriff, die durch ihre Vertretungsorgane die Zukunft des Landes mitgestalteten, konkurrierte mit anderen Nationsvorstellungen. Hierzu gehörte die Idee der Kulturnation, die in einer gemeinsamen Sprache und Kultur das Wesentliche einer Nation erblickte. Die im 19. Jahrhundert erstarkende Nationalbewegung hat zum einen die Unterschiede zwischen den europäischen Staaten betont. Erst mit der Versöhnung nach 1945 konnte die Ideologie von der deutsch-französischen „Erbfeindschaft“ überwunden werden. Zum anderen brachten die Nationalbewegungen nationale Mythen hervor, die ebenfalls erst nach dem Zweiten Weltkrieg entzaubert wurden. So stilisierte die deutsche Nationalbewegung zu Unrecht Arminius, der 9 n. Chr. die römischen Legionen des Varus besiegt hatte, im 19. Jahrhundert zum Befreier Germaniens und zum Ursprungshelden der deutschen Nationalgeschichte. Und die Franzosen beendeten im Verlauf des 20. Jahrhunderts den unfruchtbaren, im Zeitalter des Nationalismus entstandenen Streit, ob ihre Wurzeln bei den Galliern oder den Franken lägen. Der sachliche und national unbefangene Blick der Historiker auf die Völkerwanderungszeit hat der Erkenntnis zum Durchbruch verholfen, dass die französische Geschichte von Anfang an durch gallische, fränkische und römische Einflüsse geprägt worden sei.

Nationalbewegung und Reichsgründung

In Deutschland kam es zu Beginn des 19. Jahrhunderts zur Entstehung eines Nationalgefühls, allerdings nicht in einem einheitlichen Staatengebilde. Nachdem Preußen 1806 nach der Niederlage gegen Napoleon zusammengebrochen war, gliederte sich Deutschland in drei Großräume: in die Rheinbundstaaten als Verbündete Frankreichs sowie in Preußen und Österreich. Dennoch entwickelte sich ein nationales Zusammengehörigkeitsgefühl, das durch wachsende überregionale und überstaatliche Vereinigungen begünstigt wurde. So förderte etwa der Deutsche Zollverein seit 1834 die wirtschaftliche Integration der einzelnen Länder. Ein Höhepunkt der deutschen Nationalbewegung war das Hambacher Fest 1832, als 30 000 Menschen für nationale Einheit, Pressefreiheit und Demokratie demonstrierten. Die 1840er-Jahre waren von der Entstehung nationaler Massenbewegungen mit Hunderttausenden von Mitgliedern geprägt. Vor allem die Turner- und Sängerbewegung sowie die Freireligiösen Gemeinden kämpften für nationale Einheit und schufen überregionale nationale Verbindungen.
Der Höhepunkt der Nationalbewegung – die Revolution von 1848/49 – endete jedoch mit der Niederlage der freiheitlichen und demokratischen Kräfte und mit einem Sieg der von Preußen geführten fürstlichen Reaktion. Diese strebten eine „kleindeutsche Lösung“ der Reichsgründung an, also die Vereinigung der Mitgliedstaaten des Deutschen Bundes unter Führung des Königs von Preußen unter Ausschluss des Kaiserreiches Österreich. Sie wurde nach den deutschen Einigungskriegen mit der Gründung des Norddeutschen Bundes 1867 und dessen Erweiterung zum Deutschen Reich 1871 verwirklicht.

Europäische und nationale Identität heute

„In welcher Lage befindet sich Europa heute?“, fragte der britische Politiker Winston S. Churchill 1946, unmittelbar nach dem Ende des Zweiten Weltkrieges (1939–1945). Seine Antwort lautete: „Einige der kleineren Staaten haben sich bereits recht gut erholt, aber in weiten Gebieten starrt eine riesige, geängstigte Menge geschundener, hungriger, sorgenvoller und bestürzter Menschen die Ruinen ihrer Städte und Wohnungen an und sucht am dunklen Horizont nach einer neuen Gefahr, einer neuen Tyrannei, einem neuen Schrecknis. Unter den Siegern herrscht eine misstönende Sprachenverwirrung; unter den Geschlagenen das trotzige Schweigen der Verzweiflung. [...] Doch es gibt ein Heilmittel, das [...] wie durch ein Wunder die ganze Szene verwandeln und innerhalb weniger Jahre ganz Europa, oder wenigstens dessen größeren Teil, ebenso frei und glücklich machen könnte, wie es die Schweiz heute ist. Worin besteht dieses Allheilmittel? Darin, dass man die europäische Familie, oder doch einen möglichst großen Teil davon, wiederaufrichtet und ihr eine Ordnung gibt, unter der sie in Frieden, Sicherheit und Freiheit leben kann. Wir müssen eine Art Vereinigte Staaten von Europa schaffen.“
Ideen für ein engeres Zusammenwachsen Europas gab es zwar seit dem Mittelal-

ter. Aber erst im 20. Jahrhundert nahmen die Bemühungen zur Schaffung einer kulturellen, wirtschaftlichen und politischen Einheit Europas Gestalt an. Die Furcht vor einem Dritten Weltkrieg ließ nach 1945 die Europa-Bewegung erstarken: Politiker sowie weite Teile der Bevölkerung hofften nicht nur auf die weitreichende Einigung Europas, sondern trieben auch die **Europäische Integration** energisch voran. Diese besteht aus einer immer engeren Zusammenarbeit europäischer Staaten, die prinzipiell noch nicht abgeschlossen ist. Die Europäische Integration begann mit der Gründung der Montanunion 1952 und endete vorläufig mit der Gründung der Europäischen Union (EU) 1993. Sie ist durch eine Reihe von Erweiterungen (Aufnahme neuer, auch osteuropäischer, Mitglieder) und Vertiefungen (Intensivierung der Zusammenarbeit) gekennzeichnet und beruht auf supranationaler und intergouvernementaler Zusammenarbeit. Wenngleich die Vereinigten Staaten von Europa nicht entstanden sind, leben die europäischen Völker und Staaten in der Europäischen Union heute doch friedlich und in nie zuvor gekannter Kooperation zusammen.
Nationen und Nationalstaat spielen im Bewusstsein vieler Menschen nach wie vor eine bedeutende Rolle. Gleichzeitig wird Europa durch eine Vielfalt an ethnischen, sprachlichen und regionalen Einheiten geprägt, die das Alltagsleben und darüber hinaus das politische Denken und Handeln vieler Menschen beeinflussen. Dennoch haben die Mitgliedsstaaten wichtige Kompetenzen an europäische Entscheidungsgremien abgegeben. Alle Regierungen müssen **zugleich national und europäisch denken**. Und auch die Bürgerinnen und Bürger besitzen nicht allein eine nationale Identität, sondern sind zugleich Staatsbürger Europas.

1 Lesen Sie die Darstellung und erörtern Sie in der Klasse, welche Lebensbereiche in Ihrem Umfeld von nationalen Identitäten und welche von übergeordneten, europäischen Interessen geprägt sind.
2 Interpretieren Sie M 3 unter der Fragestellung, inwiefern sich in der Darstellung die Idee einer demokratisch bestimmten Nation ausdrückt.
3 Erläutern Sie den Begriff „Mythos".
4 Erklären Sie, inwiefern die Ablösung mythischer Weltbilder durch wissenschaftlich-rationale Welterklärungen eine Voraussetzung für die Aufklärung im 17./18. Jahrhundert darstellt.
5 **Weiterführender Arbeitsauftrag/Diskussion:** Diskutieren Sie in der Klasse über die Form der Gewaltenteilung in der Bundesrepublik Deutschland (s. auch M 4).

M 4 Legislative und Exekutive: Kanzlerwahl und Vereidigung der Bundesregierung im Bundestag, 17. Dezember 2013

1 Wurzeln europäischen Denkens und moderner politischer Ordnungsformen

Die Trennung von geistlicher und weltlicher Macht gehört zu den zentralen Fragen der europäischen Geschichte seit dem Mittelalter. Der Machtkampf zwischen Kaiser und Papst entzündete sich im 11. Jahrhundert an der Frage nach der Einsetzung von Bischöfen und Äbten.

M1 Miniatur aus einer der ersten Druckausgaben des *„Decretum Gratiani"*, Mainz 1473. Der Mönch Gratian fasste im 12. Jahrhundert die damals zerstreuten kirchenrechtlichen Bestimmungen zusammen. Sein Rechtsbuch wurde später kurz *„Decretum Gratiani"* genannt.

Um 660–um 470 v. Chr.
Bedeutungsgewinn wissenschaftlich-rationaler Welterklärungen durch die Vorsokratiker

322 v. Chr.
Tod des Aristoteles (um 384–322 v. Chr.)

391/2
Christentum wird Staatsreligion im Imperium Romanum

527–565
Kaiser Justinian: *Corpus iuris civilis*

10./11. Jh.
Ottonisch-salisches Reichskirchensystem

1075-1122
Investiturstreit, mit Wormser Konkordat beendet

1215
Magna Charta Libertatum schränkt Macht des englischen Königs ein

900 | 1000 | 1100 | 1200 | 1300

Die Verfügbarkeit umfassender Informationen und deren Verarbeitung werden die zukünftige Gesellschaft noch mehr prägen als die heutige. Jedoch nicht nur die heutige, sondern auch die vergangenen Gesellschaften waren auf Wissen und Informationen angewiesen. Das heutige Wissen fußt auf der Wissenskultur, die frühere Gesellschaften ausgeprägt haben. Welche sozialen Gruppen haben früher Wissen erarbeitet und verbreitet? In welcher Beziehung steht unsere Wissenskultur zu vergangenen Wissenskulturen? Können wir von den Denkern der Antike, des Mittelalters und der Frühen Neuzeit heute noch profitieren?
Politisches Denken war stets Bestandteil der jeweils vorherrschenden Wissenskultur und hat sich wie das Wissen selbst im Lauf der Jahrhunderte entwickelt. Im späten Mittelalter und in der Frühen Neuzeit trat in den europäischen Staaten zunehmend die Frage in den Vordergrund, wie die Alleinherrschaft und der Machtmissbrauch einer Person oder einer Gruppe zu verhindern seien. Die Grundlage aller westlichen Demokratien – die Gewaltenteilung – nahm in dieser Zeit konkrete Formen an. Sie besteht vor allem aus der Teilung der Staatsmacht in Legislative, Exekutive und Judikative und in deren gegenseitiger Kontrolle. Aber auch die Trennung von geistlicher und weltlicher Gewalt sowie die von fürstlicher und ständischer Gewalt sind wesentliche Bedingungen der Gewaltenteilung. Das gilt auch für den Föderalismus, die Aufteilung der politischen Gewalt zwischen Zentralstaat und Landes- bzw. Regionalbehörden.

Kompetenzerwerb: Nach der Bearbeitung des Kapitels 1 können Sie ...

- Aufgaben und Funktionen mythischer Welterklärungen im antiken Griechenland benennen,
- die Entstehung und zentrale Elemente wissenschaftlich-rationaler Welterklärungen im antiken Griechenland erläutern,
- die Rolle des Christentums bei der Bewahrung antiken Wissens beurteilen,
- nachweisen, dass das römische Recht in der Spätantike das europäische Rechtsdenken und die europäische Rechtskultur nachhaltig geprägt hat,
- die Ursachen und Folgen der Trennung von weltlicher und geistlicher Gewalt in den religionspolitischen Auseinandersetzungen des 11. und 12. Jahrhunderts benennen,
- die Differenzierung von gesetzgebender, vollziehender und rechtsprechender Gewalt im Zeitalter der Aufklärung erläutern und die von den Aufklärern entwickelten Menschenrechtsvorstellungen darstellen,
- am Beispiel des frühneuzeitlichen Reichstags das föderalistische Prinzip der Gewaltenteilung im Heiligen Römischen Reich Deutscher Nation verdeutlichen,
- verschiedene Materialien als Quellen auswerten und miteinander vergleichen.

14. Jh.
Zünfte erkämpfen sich Beteiligungen an den Stadtregierungen

1495
Reichsreform unter Maximilian I. Unter anderem wird die Rechtskodifikation Justinians geltendes Recht

16./17. Jh.
Wissenschaftliche Revolution in Europa: Entstehung der modernen Naturwissenschaften

1688
Glorious Revolution in England

17./18. Jh.
Blütezeit des Rationalismus

1776
Unabhängigkeitserklärung der Vereinigten Staaten

1789
Französische Revolution und Erklärung der Menschen- und Bürgerrechte

1806
Ende des Heiligen Römischen Reiches Deutscher Nation

:e 13. Jh.–15. Jh. Spätmittelalter

17./18. Jh. Aufklärungsbewegung in Europa

1400 1500 1600 1700 1800

Antike
Mit dem Ausdruck Antike bezeichnet man die Geschichte des klassischen Altertums, d. h. die Epoche der griechischen und römischen Geschichte. Neben politischen Ereignissen bezieht sich der Begriff auch auf die hervorragenden kulturellen Leistungen dieser Völker, wie z. B. deren Literatur und Philosophie, die bis in die Gegenwart hineinwirken.

Ilias und Odyssee
Der Dichter Homer gilt als der älteste Dichter in Europa. Er lebte in der Zeit zwischen ca. 750 und 650 v. Chr. Als Geburtsort wird die Stadt Smyrna in Kleinasien vermutet. Seine bekanntesten Werke sind die beiden Epen „Ilias" (Kampf um Troja) und „Odyssee" (Irrfahrten des Odysseus). Die darin beschriebenen Helden dienten besonders der griechischen Oberschicht als Vorbild.

5. Jahrhundert v. Chr.: Blütezeit Athens
Die Ausformung der Demokratie, insbesondere in der Amtszeit des Politikers Perikles, machte die Polis Athen zu einem Staat, der in mancher Beziehung auch für moderne Staaten als Vorbild dienen kann. In Kunst und Literatur, Staatslehre, Geschichtsschreibung und Philosophie wurden Werke hervorgebracht, die wir als „klassisch" bezeichnen. Bereits Zeitgenossen kritisierten jedoch die athenische Hegemoniepolitik als Basis der inneren Blüte, aus heutiger Sicht kann auch das athenische Konzept der exklusiven Gleichheit, das z. B. Frauen und Sklaven ausschloss, nicht überzeugen.

Hellenismus
(griech. *Hellas* = Griechenland) Epoche der griechischen Geschichte von der Regierung Alexanders des Großen bis zur Eroberung der Diadochenreiche durch die Römer (1. Jh. v. Chr.). In einigen Bereichen beeinflusste die griechische Kultur das Leben in den Städten von Ägypten bis zur Grenze Indiens und vermischte sich mit der Lebensweise der einheimischen Bevölkerung. Diese Mischkultur wird als hellenistische Kultur bezeichnet. Weil die Griechen auf teilweise wesentlich ältere Kulturen trafen, die sehr eigenständig waren, setzten sie sich nicht völlig durch.

Christentum
Die auf Leben und Lehre von Jesus Christus („der Gesalbte") gegründete Religion, die sich seit dem 1. Jahrhundert n. Chr. im Römischen Reich ausbreitete, im 4. Jahrhundert Staatsreligion wurde und später durch Missionierung auch auf die germanischen und slawischen Völker überging und so das Mittelalter entscheidend prägte. Zentraler Glaubensinhalt ist die „Frohe Botschaft" vom Reich Gottes, das durch die Person des Gottessohnes Jesus begonnen habe, und von der Erlösung der Menschen durch seinen Tod am Kreuz und seine Auferstehung von den Toten.

Renaissance
(franz. = Wiedergeburt) Bezeichnung für die Wiederentdeckung der antiken Sprache und Kultur. Die Entwicklung begann im ausgehenden 13. Jahrhundert in Italien und breitete sich über 300 Jahre lang in ganz Europa aus. Maler, Bildhauer und Architekten schufen einen neuen Kunststil, nach dem Körper und Bewegungen möglichst wirklichkeitsnah dargestellt wurden. Diese Zeitspanne wird heute als Übergang vom Mittelalter zur Neuzeit gesehen.

Humanismus
Mit dem Begriff wird eine Lebensanschauung bezeichnet, die unter den Gelehrten im Zeitalter der Renaissance vorherrschte. Die Humanisten traten für eine umfassende Bildung des Menschen ein. Sie studierten die antiken Schrift-

M1 Das Trojanische Pferd, italienische Buchmalerei zu Vergils „Äneis" (aus dem 1. Jh. v. Chr.), um 1497/99.
Die Äneis erzählt von der Flucht des Äneas aus dem brennenden Troja und seinen Irrfahrten, die ihn schließlich nach Latium führen, wo er zum Stammvater der Römer wird.

M2 Die Schule von Athen, Wandfresko von Raffael im Vatikan, 1510/11.
Das Fresko zeigt eine Versammlung maßgeblicher Philosophen und Wissenschaftler. Im Zentrum stehen Platon (Mitte links) und Aristoteles (Mitte rechts), im Vordergrund sind Mathematiker und Astronomen zu sehen.

steller und beschäftigten sich wissenschaftlich mit Sprachen, Geschichte und Philosophie. Der Humanismus begann im 14. Jahrhundert in Italien und breitete sich von dort im Laufe der beiden folgenden Jahrhunderte nach Frankreich, Spanien, England und Deutschland aus.

König
Adliger, der gegenüber den Herzögen über die höheren Herrschaftsrechte verfügte. Die Ursprünge des Königtums liegen im „Heerkönigtum" (Heerführer).

800: Kaiserkrönung Karls des Großen
An Weihnachten 800 krönte Papst Leo III. in Rom den fränkischen König Karl zum Kaiser. Die römischen Adligen bestätigten die Krönung. Karl verstand sich als Diener und Beschützer der römischen Kirche. Erst nach jahrelangen Verhandlungen akzeptierte der oströmische Kaiser Karl den Großen als gleichberechtigten Herrscher.

Kaiser
Den Herrschertitel „Kaiser" (abgeleitet vom lateinischen Beinamen *„Caesar"* der römischen Kaiser) gab es im Mittelalter seit Karl dem Großen. Das mittelalterliche Kaisertum knüpfte an die römische Antike an und war zugleich an den Krönungsort Rom und die Krönung durch den Papst gebunden.

Reichskirche
Otto I., seit 962 Kaiser des Heiligen Römischen Reiches, stärkte die Verbindung des Königtums mit der Kirche, indem er Bistümer und Abteien fast nur noch Geistlichen übertrug, die zuvor am Königshof tätig waren und die Macht des Königs stützen sollten. Als Gegenleistung erhielten sie Lehnsgebiete, die sie verwalteten. Die enge Verbindung von Königtum und Kirche wird heute als „Reichskirchensystem" bezeichnet.

Investitur/Investiturstreit
Als Investitur (von lat. *investire* = bekleiden) wird die feierliche Einsetzung von hohen Geistlichen in ihr Amt bezeichnet. Im Mittelalter wies der König die Bischöfe, Äbte und Äbtissinnen mit den Investitursymbolen Ring und Stab in ihre Ämter und damit in ihre Machtbefugnisse ein. Die Könige begründeten ihre Mitwirkung damit, dass die Bischöfe mit der Verwaltung des königlichen Besitzes betraut waren. Mit der Kirchenreform im 11. Jahrhundert versuchte die Kirche, den Einfluss der Könige auf kirchenpolitische Angele-

genheiten einzuschränken. Der Investiturstreit zwischen Papst und weltlichen Herrschern dauerte mehrere Jahrzehnte an. Seinen Höhepunkt hatte der Machtkampf zwischen weltlicher und geistlicher Gewalt in der Auseinandersetzung zwischen Kaiser Heinrich IV. und Papst Gregor VII.

1077: Heinrich IV. in Canossa
Heinrich IV. (1053–1106) unternahm den „Gang nach Canossa", um die Lösung vom Kirchenbann des Papstes zu erreichen. Nach Vermittlung durch die Markgräfin Mathilde erreichte Heinrich sein Ziel. Ein Kompromiss im Investiturverfahren wurde 1122 mit dem Wormser Konkordat gefunden. Der Grundkonflikt zwischen Kirche und weltlicher Macht war damit jedoch noch nicht gelöst.

Lehnswesen: Lehnsherr und Vasall
Das Lehen war ein vom Herrn an den Lehnsmann (Vasall) lebenslang geliehenes Gut, für das der Vasall dem Herrn Dienste zu leisten hatte. Lehnsherr und Vasall begaben sich in ein gegenseitiges Pflicht- und Treueverhältnis: Der Herr nahm den Vasallen unter seinen Schutz, verlangte dafür aber im Frieden Rat und im Kriegsfall militärische Hilfe. Als Gegenleistung belohnte der Herr den Vasallen mit einem Lehen. Das Lehen konnte Land sein, aber auch ein Amt oder ein bestimmtes Recht. Grafen, Markgrafen, Herzöge, Bischöfe und Äbte waren Vasallen des Königs (Kronvasallen), die Ämter in der Reichsverwaltung ausübten. Die Kronvasallen konnten Königsgüter, Ämter und Eigenbesitz an kleinere Vasallen weitergeben, die dann ihrem unmittelbaren Lehnsherrn, aber nicht mehr dem König verpflichtet waren.

Staufer
Schwabisches Adelsgeschlecht, benannt nach der Stammburg Hohenstaufen. Die Staufer gelangten 1138 mit Konrad III. auf den deutschen Königsthron. Bis 1254 folgten u. a. Friedrich I. und Friedrich II. Ihre Macht im Reich war vor allem durch den reichen Grundbesitz im Elsass, in Schwaben und Franken begründet. Die Staufer versuchten – letztlich vergeblich – die Macht des weltlichen Herrschers gegenüber Papst und Kirche zu behaupten.

Territorialstaat
Der spätmittelalterlich-frühneuzeitliche Territorialstaat, ein möglichst geschlossenes Herrschaftsgebiet, löst den auf das Lehnswesen gegründeten „Personenverbandsstaat" ab. Herrschaft wird nun zur umfassenden obrigkeitlichen Gewalt, die andere Herrschaftsträger (Adel, Geistlichkeit, Städte) zurückdrängt.

Goldene Bulle
1356 von Kaiser Karl IV. erlassenes Reichsgesetz zur Königswahl, das bis zum Ende des Heiligen Römischen Reichs 1806 gültig war. In dem Gesetz wurden u. a. die Zusammensetzung des Kurfürstenkollegs aus drei geistlichen und vier weltlichen Fürsten mit dem Recht der Königswahl (Kur = Wahl), die Durchführung der Reichstage (Reichsversammlung, z. B. zum Abschluss von Verträgen oder zur Erhebung von Steuern) und die Rechte der Kurfürsten festgelegt.

1648: Westfälischer Friede
Ende des Dreißigjährigen Krieges. Wesentliche Bestimmungen des Friedens waren die Gleichberechtigung der katholischen, lutheranischen und calvinistischen Konfession sowie Gebietsverluste des Reiches, u. a. an Frankreich und Schweden. Innerhalb des Reiches bildeten die Reichsstände (Kurfürsten, weitere weltliche und geistliche Fürsten sowie unmittelbar dem Kaiser unterstellte Reichsstädte) ein starkes Gegengewicht zum Kaiser. Sie herrschten in ihren Gebieten weitgehend selbstständig. Im „Immerwährenden Reichstag" tagten die Ständevertreter seit 1663 in Regensburg.

M3 Der römisch-deutsche König Rudolf I. von Habsburg belehnt seine beiden Söhne auf dem Reichstag zu Augsburg 1282 mit Österreich, der Steiermark, Kärnten und Krain, Buchmalerei, Augsburg, um 1555

Parlament
(von franz. *parler* = reden) Bezeichnung für eine Volksvertretung, die aus einer oder zwei Kammern besteht. Das erste Parlament entstand in England im 13. Jahrhundert als eine Folge der Magna Charta, in der Freiheitsrechte und Mitbestimmungsbefugnisse für Adel und Städte festgelegt wurden, und schränkte die Macht des Königs ein.

Aufklärung
Bezeichnung für eine Denkrichtung in Europa im 17. und 18. Jahrhundert. Die Aufklärer wollten „das Licht der Vernunft" gegen kirchliche, feudale und absolutistische Traditionen verbreiten. Zentrale Gedanken waren die Auffassung von der Freiheit und Gleichheit aller Menschen und von der Toleranz gegenüber anderen Meinungen. Mittel zur Durchsetzung der Aufklärung waren vor allem Wissenschaft und Erziehung. Mit der Aufklärung verbindet sich ein optimistischer Glaube an den Fortschritt und die Kraft der Vernunft. Die Aufklärung war kein geschlossenes Denksystem, hatte jedoch enorme Auswirkungen: Die Ideen der Aufklärer haben entscheidend zum Umsturz der politischen und gesellschaftlichen Verhältnisse in Frankreich und anderen Ländern um 1800 beigetragen.

Gewaltenteilung
Aufteilung der staatlichen Gewalt in Legislative (gesetzgebende Gewalt), Exekutive (gesetzesvollziehende, ausführende Gewalt) und Judikative (rechtsprechende Gewalt) zur Verhinderung der Machtkonzentration in einer Person oder einer Institution.

Menschenrechte
Kernstück der Naturrechtslehre sind die Menschenrechte, die jeder Mensch unabhängig von seiner Stellung in Staat, Gesellschaft, Familie, Beruf, Religion und Kultur allein schon durch seine Geburt besitzt. Menschenrechte gelten ohne Rücksicht auf Hautfarbe, Geschlecht, Sprache, politische oder weltanschauliche Vorstellungen, nationale oder soziale Herkunft. Zu den Menschenrechten zählen das Recht auf Leben, die Gleichheit aller Menschen, die Freiheit des Glaubens und das Recht auf freie Meinungsäußerung.

Volkssouveränität
Die Selbstbestimmung des Volkes ist ein Grundprinzip der Demokratie: Alle Staatsgewalt geht vom Volk aus, das seinen Willen direkt oder indirekt über gewählte Abgeordnete zur Geltung bringt. Die Volkssouveränität wird nur durch die in der Verfassung festgelegten Menschenrechte beschränkt.

Grundwissentraining

Wissen wiederholen

a) mit einem Begriffsgitter:
– Lesen Sie die Grundwissenstexte sorgfältig, um sich die Inhalte einzuprägen.
– Wählen Sie drei Begriffe aus und schließen Sie dann das Buch.

1 – Erstellen Sie zu jedem der Begriffe ein Begriffsgitter mit passenden Wörtern entsprechend dem Beispiel. Vergleichen Sie Ihre Ergebnisse mit einem Mitschüler.
Beispiel: **A**LTERTUM
KUNS**T**
KUL**T**UR
GRI**E**CHEN
K**L**ASSISCH
RO**E**MER

1 b) mit einem Grundwissenquiz:
– Entwerfen Sie für jeden Grundwissensbegriff zwei Quizfragen und notieren Sie auf Karteikarten jeweils vorne die Frage und auf der Rückseite die Antwort.
– Führen Sie in der nächsten Geschichtsstunde mit Ihren Mitschülern ein Quiz durch.
– Erweitern Sie den Fragenkatalog mit weiteren Grundwissenbegriffen.

2 Zusammenhänge herstellen

a) durch ein Rollenspiel:
– Bilden Sie Gruppen mit jeweils sieben Schülern. Verdeckt wird jedem Schüler ein Grundwissensbegriff zugeteilt. Jeder Schüler wählt aus seinem Bereich eine berühmte historische oder literarische Figur und informiert sich über sie mithilfe eines Lexikons oder des Internets. Die anderen Gruppenmitglieder sollen die neuen „Identitäten" der Mitschüler nicht kennen!
– Führen Sie dann – jeweils in der Rolle Ihrer Figur – ein Gruppengespräch, in dem Sie sich gegenseitig nach „Ihrer" Biografie befragen und so den Namen und den historischen Hintergrund der gesuchten Persönlichkeiten ermitteln.
b) mit einem Schaubild:
– bringen Sie die Grundwissensbegriffe auf einem Schaubild in eine sinnvolle chronologische und/oder thematische Ordnung. Nutzen Sie Pfeile, Verbindungslinien und Beschriftungen, um Zusammenhänge herzustellen.
– Vergleichen Sie Ihr Ergebnis mit mindestens einem Mitschüler.
– Finden Sie mit Ihrem Partner Überschriften heraus, die am besten zu Ihrem Schaubild passen.

3 Testaufgaben

a) Beschreiben Sie das Wandgemälde (M 2) und erläutern Sie, welche Aspekte des Grundwissens mit diesem Bild in Zusammenhang gebracht werden können. Tipp: Weitere Informationen zu Einzelheiten des Gemäldes finden Sie leicht im Internet.
b) Beschreiben Sie den im M 3 dargestellten Vorgang sowie die beteiligten Personen und erschließen Sie die Zielsetzung der königlichen Politik.
c) Überprüfen Sie, welche Grundwissenbegriffe in einen Zusammenhang mit M 3 gebracht werden können.

1 Die Anfänge modernen Denkens im antiken Griechenland

Abschied von mythischen Weltbildern

„Der Raub der Europa" lautet der Titel eines Wandgemäldes aus Pompeji, das im 1. Jahrhundert n. Chr. entstand (M 1). Es zeigt, wie nah und zugleich fern uns die Antike ist. Schon Herodot, der berühmteste Geschichtsschreiber der griechischen Antike, verwies im 5. Jahrhundert v. Chr. darauf, dass man den geografischen Begriff Europa auf Karten zur Kennzeichnung der Gebiete nördlich des Mittelmeeres verwendete, die auch heute im Wesentlichen Europa begrenzen. **„Europa"** war aber auch der **Name einer Königstochter** aus der griechischen Sagenwelt, der Tochter eines phönikischen Königs. Sie ist auf dem Fresko dargestellt. Der Sage nach hatte sich der Göttervater Zeus in einen zahmen Stier verwandelt und die Europa über das Meer nach Kreta entführt, wo er mehrere Kinder mit ihr zeugte. Das Wandbild stellt die Situation unmittelbar vor dem Raub der Königstochter dar: Europa erhebt sich auf den Stier, der sie sogleich entführen wird. Ohne die Kenntnis der **griechischen Mythologie** lässt sich das Gemälde, das uns in eine fremde Welt führt, nicht entschlüsseln.

Literaturtipp
Karl Kerényi, Die Mythologie der Griechen, 2 Bde., 14. Aufl., München 1966, hier Bd. I: Die Götter- und Menschheitsgeschichten, bes. S. 87 f.

M 1 **„Der Raub der Europa". Wandgemälde aus Pompeji, 1. Jh. n. Chr.**

1 Informieren Sie sich über den Europa-Mythos der griechischen Antike.
2 Beschreiben und interpretieren Sie das Bild M 1. Beziehen Sie in Ihre Interpretation die Ergebnisse aus Aufgabe 1 und die Mythos-Definition von S. 76 ein.

Diese Liebesgeschichte des griechischen Gottes Zeus mit Europa ist ein eindrucksvolles Beispiel dafür, dass in archaischen* Gesellschaften das Weltbild der Menschen durch Mythen (s. S.76) geprägt wird. Mythische Geschichten von Göttern, Helden und außergewöhnlichen Ereignissen, die von Generation zu Generation weitergegeben wurden, prägten die Weltsicht der gesamten Bevölkerung. Diese Erzählungen bewegten durch ihre Anschaulichkeit nicht nur die Phantasie und Gefühle der Menschen, sondern sollten ihnen auch Wesen und Sitten der Gemeinschaft sowie die Entstehung und Ordnung der Welt verständlich machen (M 5).

An der Epochenwende vom 7. zum 6. Jahrhundert v. Chr. vollzog sich ein tief greifender geistiger Wandel: Die überkommenen mythischen Weltbilder verloren allmählich an Bedeutung. Immer weniger orientierten sich die Menschen in ihrem Denken an Traditionen und Autoritäten. Deutungen, die das Geschehen in der Welt auf das Wirken übernatürlicher, göttlicher Wesen zurückführten, büßten an Überzeugungskraft ein. Stattdessen setzte sich zunehmend ein kritisches Denken durch, das bei der Erforschung von Mensch und Natur auf **Erfahrung** und **Vernunft** setzte. Nur so glaubte man, zu tragfähigen **wissenschaftlich-rationalen Welterklärungen** zu gelangen, die von jedermann nachvollzogen und damit auch überprüft werden konnten.

Diese Erweiterung des geistigen Horizontes ging einher mit der Erweiterung des geografischen Aktionsradius der Menschen in der frühgriechischen Kultur. Seefahrt, Handel und Städtegründungen führten dazu, dass sich Menschen verschiedener Völker und Kulturen begegneten und austauschten. Die eigenen Sitten und Gebräuche verloren dabei ebenso ihre Selbstverständlichkeit wie die bisher vorherrschenden Weltdeutungen. Die Suche nach neuen Welterklärungen förderte die kritische Auseinandersetzung mit der Welt und trug zur Entstehung der antiken Wissenschaften bei.

Archaische Zeit in Griechenland
Das Wort „archaisch" stammt aus dem Griechischen (*archaios*) und bedeutet alt, altertümlich, aus alter Zeit stammend. Es dient auch zur Periodisierung der Geschichte, wobei „archaisch" das Urtümliche, das Anfängliche, zugleich noch im Werden Begriffene/Unvollkommene meint, das sich erst im klassischen Zeitalter vollendet. Als archaische Epoche in der griechischen Geschichte wird die Zeit vom 8. Jh. v. Chr. (Homer) bis etwa 500 v. Chr. (endgültige Einrichtung des Bürgerstaates in Athen) oder bis 480 v. Chr. (Sieg über die Perser) bezeichnet. Der archaischen folgte die klassische Epoche, die etwa 340/20 v. Chr. (Alexander der Große 336–323 v. Chr.) endete.

Theorie
Der Begriff „Theorie" stammt aus dem Griechischen. Die Worte *„theôrein"* bzw. *„theôria"* lassen sich übersetzen mit betrachten/Betrachtung, Erkenntnis, Theorie. Diese Begriffe bedeuteten ursprünglich das Wahrnehmen einer Schau *(thea)* oder das Gewahren eines Gottes *(theos)*. Das Wort entwickelte sich zur Bezeichnung für eine besonders hochstehende Form geistiger Tätigkeit.

Rationalität

In der griechischen Antike löste sich die Philosophie von mythischen Weltdeutungen und suchte nach rationalen Theorien*, die das Entstehen und Vergehen der Dinge, z. B. die Abfolge der Jahreszeiten oder Geburt, Wachstum und Tod der Lebewesen, erklären konnten. Als erster Philosoph, der diesen Übergang vom mythischen zum rationalen Denken vollzog, gilt **Thales**. Geboren um 624 v. Chr. in der Stadt Milet, gestorben um 547 v. Chr., suchte er nach einem Grundprinzip (griech. *arché* = Anfang, Ursprung, Prinzip) der Natur. Diesen Urgrund aller Dinge erblickte er im Wasser, das für ihn kein toter Stoff, sondern ein die Natur durchströmendes und sie belebendes Element war. Thales vertrat die Auffassung, dass die Erde auf dem Wasser wie eine Holzschale ruhe. Diese Theorie diente ihm zur Erklärung von Erdbeben, bei denen die Erde wie ein Schiff ins Schwanken käme. Aber auch für die Überschwemmungen des Nils formulierte Thales eine rationale Erklärung. Nicht der Meeresgott Poseidon oder böse Geister waren in seinen Augen dafür verantwortlich, dass der Nil über die Ufer trat. Vielmehr verursachten spezifische Winde, also die Naturkräfte selbst, diese Naturerscheinung. Thales, der in Ägypten ausgebildet worden war, soll nach antiker Überlieferung die Höhe der Pyramiden nach der Länge ihres Schattens berechnet haben. Sein Ruhm beruhte nicht zuletzt darauf, dass er die Sonnenfinsternis, die höchstwahrscheinlich um 585 v. Chr. stattfand, vorausgesagt haben und dadurch zur Beendigung eines Krieges zwischen Lydern und Medern beigetragen haben soll.

Die **vorsokratischen Philosophen***, zu denen Thales zählte, bildeten keine einheitliche Denkschule, sondern boten eine Vielfalt von Antworten auf die Frage nach dem Urstoff der Wirklichkeit. Der Philosoph **Anaximenes** (um 575–525 v. Chr.) nahm an, dass das Entstehen und Vergehen der Naturdinge auf die Umwandlun-

Vorsokratiker
Moderne Bezeichnung für alle Philosophen vor Sokrates (um 470–399 v. Chr.). Die wichtigsten Vertreter waren die sogenannten Milesier Thales, Anaximander, Anaximenes sowie Pythagoras, Xenophanes, Heraklit, Parmenides, die Elaten, Empedokles, Anaxagoras, die Vertreter der Atomistik und die Sophisten. Eine Zusammenfassung zu einer einheitlichen Gruppe verbietet sich nicht nur wegen ihrer unterschiedlichen Herkunft und Wirkungsstätten in Griechenland und Kleinasien, sondern auch aufgrund der Vielfalt ihrer philosophischen Schulen und Systeme. Ihre Schriften sind nur in Fragmenten erhalten.

M2 Thales (um 624 v. Chr. bis um 547 v. Chr.), römische Kopie einer zeitgenössischen Marmorbüste

M3 Heraklit (um 550 bis um 480 v. Chr.) römische Kopie einer zeitgenössischen Marmorbüste

gen eines oder mehrerer unvergänglicher Urstoffe zurückzuführen sei – er schlug die Luft als solch einen Urstoff vor. **Empedokles** (etwa 492–432 v. Chr.) behauptete, alles Seiende bestehe aus den vier Elementen Erde, Wasser, Feuer und Luft (M 6). **Anaximander** (um 610–um 550 v. Chr.) war überzeugt, dass sich der gesuchte Urstoff von allen gewöhnlichen Stoffen der Natur unterscheide und daher „unbestimmt" und „unbegrenzt" sein müsse.
Die Vorsokratiker beschäftigten sich nicht nur mit der Frage nach der Entstehung der Welt, sondern auch mit dem Urgesetz der Wirklichkeit. Auch dabei waren sie bestrebt, eine rationale Erklärung für das Geschehen zu finden. Eine **dialektische Theorie**, die die menschliche Geschichte und das Naturgeschehen auf den Kampf zwischen Gegensätzen zurückführte, entwickelte **Heraklit** (um 550–um 480 v. Chr.) aus Ephesos. Er erkannte im ewigen Wandel und Vergehen das Grundprinzip der Welt. Die Formulierung *„panta rhei"*, „alles fließt", beleuchtet am treffendsten das Denken Heraklits, obwohl sie sich nicht in seinen Schriften selbst findet. Symbol der ständigen Veränderung war für Heraklit das Feuer: „Diese Weltordnung hier hat nicht der Götter noch der Menschen einer geschaffen, sondern sie war immer und ist und wird immer sein; immer-lebendes Feuer, aufflammend nach Maßen und verlöschend nach Maßen." Die entscheidende Antriebskraft aller Entwicklung bestand nach Heraklit im Kampf gegensätzlicher Kräfte und Interessen. Nicht Frieden und Harmonie präge die Welt, sondern der Krieg erschien ihm als der „Vater aller Dinge". Trotz aller Spannungen und Gegensätze offenbarte sich ihm in der Tiefe jedoch eine harmonische, göttliche Ordnung, die er als Weltvernunft (*„Logos"*) begriff. Das griechische Wort *„logos"* bedeutet Gespräch, Sprache, Wort oder auch Wahrheit, Vernunft, sogar Gott. Heraklit verstand unter *„logos"* ein übermenschliches, überpersönliches Urprinzip und Grundgesetz der Wirklichkeit. Diese dialektische Theorie vom Kampf und der Einheit der Gegensätze hat das philosophische Denken bis in die Neuzeit bzw. die Moderne nachhaltig beeinflusst. Besonders bei den Philosophen Georg Wilhelm Friedrich Hegel (1770–1831) und Karl Marx (1818–1883) sind diese Einflüsse nachweisbar.

Empirie

Das **Wort *„empeiria"***, von dem unser Begriff „Empirie" abgeleitet ist, stammt aus dem Griechischen und bedeutet Erfahrung. Es bezieht sich auf Erkenntnisse, die durch den Gebrauch oder unmittelbaren Umgang mit dem Gegenstand erworben wurden. Das empirische Wissen, d. h. das auf sinnlicher Anschauung beruhende Wissen, war in der Antike, besonders bei dem Philosophen Platon (427–347 v. Chr.), nicht sehr angesehen. Denn dieses Tatsachenwissen fragt nicht primär nach den Gründen und Ursachen, sondern begnügt sich in der Regel mit dem Wissen, dass ein Gegenstand oder Vorgang so ist, wie er sich dem Betrachter darstellt. Das Grundprinzip empirischen Denkens lässt sich am **Beispiel der Ärzteschule der Empiriker** veranschaulichen, die um 250 v. Chr. gegründet wurde. Ihre Anhänger lehnten bei der Diagnose von Krankheiten und Leiden jegliche Ursachenforschung ab. Sie konzentrierten sich vielmehr auf den empirischen Dreischritt: eigene Erfahrung, Benutzung fremder Beobachtungen und Analogieverfahren. Das Hauptaugenmerk der Empiriker galt der möglichst exakten Beschreibung der Krankheit, die zu wählende Therapie ergab sich aus ihrer Sicht mehr oder weniger von selbst. Im Vordergrund stand dabei die medikamentöse Behandlung. Bevorzugtes Forschungsgebiet dieser Ärzte war die Wissenschaft von der Art und dem Aufbau der Heilmittel, ihren Wirkungen und ihren Anwendungsgebieten (Pharmakologie). Eine positive Bewertung erfährt die Empirie erst in der Neuzeit, als sich zwischen 1600 und 1800 vorwiegend in Großbritannien die empiristische Erkenntnistheorie durchsetzte. Die Empiristen vertraten die Auffassung, dass alles Wissen seinen Ursprung in den verschiedenen Formen der Sinneserfahrung habe.

Doch ungeachtet ihres geringen Ansehens betrieben die antiken Philosophen intensive empirische Forschung, die zur Überwindung mythischer Welterklärungen beitrug bzw. einer wissenschaftlich-rationalen Analyse der Welt zum Durchbruch verhalf. Dass Theorien und Meinungen über Mensch und Natur mit den Sinneswahrnehmungen übereinstimmen sollten (M 7), forderte mit Nachdruck der Philosoph **Aristoteles** (um 384–322 v. Chr.). Dieser Universalgelehrte der Antike erwarb sich u. a. auf dem Gebiet der **Biologie** große Verdienste. Er untersuchte die Merkmale (z. B. Lebensform, Verhaltensweise, Gewohnheiten, Gestalt) von rund 580 Tierarten, um die Lebewesen zu klassifizieren. Auf diese Weise wollte er sowohl die Identifikation eines Tieres – oder einer Pflanze – ermöglichen als auch die Grundlagen für eine übergreifende Theorie über die Ordnung der Natur schaffen. Ein zentrales Gebiet empirischer Weltdeutung war überdies die **Geografie**. Dabei ging es nicht nur um die Vermessung der Erde und ihre anschauliche Darstellung auf Karten (M 8 b), sondern auch um ein genaueres Bild von der gesamten Erde (M 8 a).

M 4 Aristoteles (um 384–322 v. Chr.) römische Kopie einer zeitgenössischen Marmorbüste

Griechischer Philosoph aus Stageira, Schüler Platons, Erzieher Alexanders des Großen, lebte und lehrte überwiegend in Athen. Er ist Verfasser zahlreicher philosophischer Schriften aus nahezu allen Wissensgebieten, darunter auch zur Staatstheorie.

Diskurs

Unter einem Diskurs verstehen die Philosophen einen auf der Grundlage von Argumenten vollzogenen Dialog. Die moderne Philosophie hat diesen Begriff über diese allgemeine Bestimmung hinaus in den letzten Jahrzehnten erweitert: Heute bezeichnet der Begriff „Diskurs“ eine ganz bestimmte Form der Kommunikation, die sich mit der Kommunikation selbst, ihren Regeln und Geltungsansprüchen, beschäftigt.

In der Antike waren es die **Sophisten** (Gebildete, Wissenskundige, Weisheitslehrer) – das griechische Wort „*sophos*“ bedeutete ursprünglich „sachkundig“ –, die in der zweiten Hälfte des 5. Jahrhunderts v. Chr. der Kunst der Rede einen besonderen Rang einräumten. Diese Gruppe von Philosophen stellte den Menschen und sein Wissen von der Welt in den Mittelpunkt ihrer Betrachtungen. Revolutionär an ihrem Denken war, dass sie die gesamten Kulturgüter wie Sprache, Religion, Moral, Recht, Staat oder Gesellschaft nicht als gegeben, durch Mythos oder Tradition überlieferte „Tatsachen“ akzeptierten, sondern zum Gegenstand der Kritik machten. Die Sophisten argumentierten, dass die herrschenden Moralvorstellungen und Weltbilder nicht vor der Vernunft bestehen könnten; deswegen wurden sie zu Recht auch als die ersten Aufklärer bezeichnet.

Indem diese „Aufklärer“ die überkommenen Wertesysteme und damit auch die mythologischen Welterklärungen infrage stellten, leisteten sie einen wichtigen Beitrag zur wissenschaftlich-rationalen Weltdeutung. An die Stelle des Mythos oder der Religion sollte nach Auffassung der Sophisten die Wissenschaft treten. Ganz besonders der Rhetorik und der Disputierkunst sprachen sie einen hohen Rang zu. Die Sophisten verstanden sich als führende Repräsentanten einer Bildungsbewegung und zogen als Wanderlehrer umher. Ihre Kenntnisse und ihr Wissen boten sie für Geld jungen Adligen oder vermögenden Bürgern an. Diese nutzten ihre von den Sophisten erworbene Redekunst und Kenntnisse, um in der Volksversammlung geschickt ihre Interessen und Meinungen zu vertreten bzw. die Volksversammlung für ihre Ziele zu gewinnen. Mit der Kritik an althergebrachten Werten und Normen verband sich bei den Sophisten daher gleichzeitig ein Denken, das den Menschen zum Subjekt der Geschichte erklärt. Aus dieser Sicht ist es der Mensch selbst, der seine persönlichen wie auch die politischen Geschicke in die Hand nimmt und damit Geschichte „macht“ (M 9).

1 Im antiken Griechenland vollzog sich der Übergang von mythologischen zu wissenschaftlich-rationalen Welterklärungen. Arbeiten Sie, ausgehend von den Begriffen „Rationalität“, „Empirie“ und „Diskurs“, die wichtigsten Merkmale dieses Wandels heraus.

M5 Der Historiker Werner Dahlheim über Mythen der griechischen Antike, 2002

Die Mythen herrschten in der griechischen Kultur auf fast einzigartige Weise: Sie zogen ein dichtes Netz von Geschichten über Dichtung und Bildkunst, Religion und Philosophie, Politik und Geschichte, und ihre Formeln prägten die Weltsicht des großen und des kleinen Mannes. Hunderte von Namen und Schicksalen, in denen sich immer neu die Wege der Götter, Menschen, Fabelwesen und Tiere kreuzten, lebten in den klassischen Texten ebenso wie in den Dichtungen der hellenistischen Zeit und selbst in den frommen Schriften der frühchristlichen Kirchenväter. Sie sind in unzähligen Bruchstücken erhalten geblieben, und ihre mächtigste dichterische Gestaltung in der attischen Tragödie des 5. Jahrhunderts hat sie bis heute zum unverzichtbaren europäischen Bildungsgut erhoben, deren Inhalte ihre Faszination nie verloren haben und durch die Jahrhunderte auf vielfältige Weise immer wieder rezipiert wurden.

Das griechische Wort *mythos* heißt „Rede, Erzählung"; den kritischen Geistern des 5. Jahrhunderts wie Xenophanes (gest. um 470), die gegen die Tradition der Dichter zu Felde zogen [...], diente es zur Bezeichnung alter Geschichten vornehmlich von Göttern, die niemand ernst nehmen sollte. Keine literarische Form band sie: Sie waren Erzählungen, die als Sagen, Legenden, Märchen oder Schwänke in Prosa, Gedichten und Liedern vorgetragen wurden und – immer wieder gehört und erzählt – modifiziert und weitergesponnen werden konnten. Anders als die Personen im Roman, die immer nur auf eine Handlung festgelegt sind, lebten die Gestalten der Mythen viele Leben und erlitten viele Tode. [...] Die Mythen unterhielten und verzauberten – auch die Späteren, die ihren Wahrheitsgehalt zu wägen wussten [...]. Anfangs und vor allem dienten sie dazu, fremdartige Erscheinungen und Vorgänge zu erklären, indem sie diese in Geschichten hüllten. Verstand, Phantasie und Gefühl nahmen dramatische Ereignisse auf, die Grauen, Bewunderung und Vergnügen wachriefen. Dabei waren überall Götter und Helden, Geister und Fabelwesen am Werk, während die Phantasie den Zuhörer in die dunklen Gefilde der Vorzeit, in die goldenen Paläste der Götter und in die Abgründe der menschlichen Seele rührte. Die allzu häufig mit dem Verstand nicht zu durchschauenden Bedingungen des Lebens begannen sich zu ordnen und erhielten ihren tieferen Sinn. So erläuterten die Mythen den Ursprung der Welt, sprachen von der Erschaffung von Göttern und Menschen, gaben der Furcht Gestalt, machten verständlich, warum Heiligtümer und Gräber, Feste und Rituale an einem ganz bestimmten Ort heimisch waren, begründeten Familien- und Stammesansprüche, legitimierten überkommene Herrschaftsformen, erklärten die Gründung und den Untergang von Städten. Mit einem Wort: Sie verknüpften die Gegenwart mit der Vergangenheit, banden das Unbekannte an das Bekannte

M6 Der Mensch im Gleichgewicht der Elemente, Holzschnitt, spätere Kolorierung, Augsburg, 1532

und fassten in Worte und Geschichten, was der Erklärung bedurfte.

Werner Dahlheim, Die Antike. Griechenland und Rom, 6. Aufl., Schöningh, Paderborn 2002, S. 103–106.

1 a) Erläutern Sie die Formenvielfalt sowie die Aufgaben und Funktionen antiker Mythen.
b) Diskutieren Sie die These Dahlheims, dass die antiken Mythen heute noch zum unverzichtbaren europäischen Bildungsgut gehören.

2 Empedokles entwickelte die Lehre von den vier Elementen Feuer, Luft, Wasser und Erde, deren Mischung und Entmischung alles bedinge. Vermittelt durch Aristoteles blieb das Modell bis in das 18. Jahrhundert bedeutend. Beschreiben und interpretieren Sie das Bild (M6).

M7 Der Wissenschaftsphilosoph Michael Heidelberger über die Einstellung des Aristoteles zur empirischen Forschung, 1985

In den Schriften des Aristoteles […] finden sich zahlreiche Hinweise, die seine angebliche Erfahrungsfeindlichkeit widerlegen. So schreibt er zum Beispiel in *„De caelo"* (Über den Himmel), es sei nicht ratsam, „den Beobachtungen […] Gewalt anzutun und zu versuchen, sie den eigenen Theorien und Meinungen anzupassen […] und zur Bestätigung nach der Theorie statt nach den Tatsachen zu sehen". Jede Erkenntnis hängt nach Aristoteles letztlich vom Gebrauch unserer Sinne ab. Viele gleiche Sinneswahrnehmungen (z. B. „Dieser Stein, den ich jetzt loslasse, fällt nach unten zur Erde. Ebenso jener Stein usw.") führen zu einer „Erinnerung" („Wann immer ich Steine losgelassen habe, so fielen sie nach unten zur Erde"). Die Erinnerung schließlich führt zur Erfahrung („Steine fallen senkrecht nach unten"). Die Erfahrung selbst ist dann der notwendige Ausgangspunkt für die Abstraktion der allgemeinen Aspekte, d. h. des Wesens der sinnlich wahrgenommenen Erscheinungen („Das Wesen der Dinge, die aus dem Element Erde sind, ist einmal die ihnen natürliche Bewegungsart, die immer geradlinig ist, und außerdem ihr natürlicher Ort, der Mittelpunkt der Erde"). Erst diese abstrahierten Begriffe führen, neben anderen Methoden, zum Wissen über die Natur, d. h. zur Kenntnis der natürlichen Ursachen („die Ursache dafür, dass ein Stein sich bewegt, wenn man ihn – ohne ihn zu werfen – loslässt, liegt in seinem Bestreben, seinen natürlichen Ort zu erreichen"). Wir finden diese Lehre des Aristoteles hauptsachlich in seinen *„Analytica posteriora"* (Zweite Analytik): […]
„Es ist einzusehen, dass da, wo eine Wahrnehmung fehlt, auch ein Wissen fortfällt, das man nun nicht mehr erfassen kann, wenn anders wir durch Erfahrung oder durch Beweis lernen. Nun beruht der Beweis auf allgemeinen Sätzen, die Erfahrung auf den Teilerkenntnissen. Aber man kann das Allgemeine gar nicht betrachten, es sei denn durch Erfahrung […]. Erfahrung aber kann man ohne Wahrnehmung nicht haben. Die Erfahrung nämlich geht auf das Einzelne, und man kann ja das Wissen nicht bekommen weder aus dem Allgemeinen ohne Erfahrung noch aus der Erfahrung ohne Wahrnehmung."

Michael Heidelberger, Die Rolle der Erfahrung in der Entstehung der Naturwissenschaften im 16. und 17. Jahrhundert: Experiment und Theorie, in: ders./ Sigrun Thiessen, Natur und Erfahrung. Von der mittelalterlichen zur neuzeitlichen Naturwissenschaft, Rowohlt TB, Reinbek bei Hamburg 1985, S. 28 f.

1 Erläutern Sie die Einstellung des Aristoteles zur empirischen Forschung. Arbeiten Sie die wichtigsten Argumente heraus, mit denen der griechische Philosoph die Notwendigkeit empirischer Untersuchungen begründet.

M8 Geografie im antiken Griechenland

a) Hermann Fränkel, Professor für griechische Literatur und Philosophie, über die Geografie im antiken Griechenland, 1976:

Hekataios [ca. 560–480 v. Chr.; stammte aus Milet und war Schreiber] verfasste ein Buch, das die ganze Erde beschrieb, soweit man sie kannte […]. Die Erdbeschreibung des Hekataios ist auf der Idee einer Rundfahrt zur See aufgebaut, die von der Straße von Gibraltar längs den Nordküsten des Mittel- und Schwarzen Meers bis zum Phasis im Osten führt, und an den Südküsten wieder zurück zum Westende. Die Darstellung geht jeweils von der Küstengegend aus; dann gibt sie an, was „darüber" (dahinter) und wieder hinter diesem liegt, bis an den äußersten Rand der Erde. Diese Form der Beschreibung empfahl sich schon deshalb, weil die Küsten am besten bekannt waren.
Der Stil ist im Allgemeinen von äußerster Trockenheit, zum Beispiel […]: Und danach: Lokrer; und darin (d. i. im Lokrerland): Chalaion, Stadt; und darin: Oianthe, Stadt.
Es fällt sehr auf, wie Hekataios es durchweg verschmäht, von der Fähigkeit der Sprache Gebrauch zu machen, Gleichartiges abkürzend zusammenzufassen. […]
In seinen geografischen Angaben verwendet Hekataios fast nur Hauptsätze, und jeder Satz hat den denkbar engsten Horizont. Während das Weltbild im Ganzen mit großartiger Willkür in Quadranten organisiert war, herrscht bei der Ausfüllung des Rahmens eine kleinmeisterliche Pedanterie. Die Darstellung enthält sich auch der bescheidensten aktiven Gestaltung, und die Sachlichkeit ist zum Extrem getrieben.
Hekataios begnügte sich in seinem Buch nicht mit der reinen Topografie; er machte auch völkerkundliche Angaben, […]: Die Paionier (ein thrakischer Stamm] trinken Bier von Gerste – Und sie salben sich mit Öl von Milch.
Besonders ausführlich erzählte Hekataios von Ägypten, dessen uralte Zivilisation auf ihn einen starken Eindruck machte. Er hatte das Land selbst bereist […].

Aus Hekataios' Beschreibung von Ägypten besitzen wir zwei etwas längere Stücke, die Herodot aus dem Werk seines Vorgängers fast ohne Änderung übernahm. Sie handeln von zwei seltsamen Tieren, dem Krokodil […]:

(Herod. 2, 70) (Gejagt werden die Krokodile viel und auf mancherlei Art; ich berichte von der Art, die mir am bemerkenswertesten erscheint.) Wenn er (d.i. der Jäger) den Rücken eines Schweins auf einen Haken gesteckt hat, lässt er ihn hinunter mitten in den Fluss; er selbst aber, am Rand des Flusses, ein lebendes Schwein haltend, dieses, wenn das Krokodil die Stimme hört, eilt es zu der Stimme, und dem Rücken begegnend, verschluckt es ihn; und sie (d.i. der Jäger und seine Gehilfen) ziehen; wenn es aber herausgezogen ist ans Land, zu allererst verklebt er ihm die Augen mit Lehm; wenn er dies getan hat, wird er äußerst leicht mit dem weiteren fertig, wenn er es aber nicht getan hat, mit Mühe. […]

In diesen Stücken ist wiederum die atomisierende Tendenz der Darstellung deutlich; jedes Element ist kurz und verhältnismäßig selbstständig, und die Enge des jeweiligen Horizonts macht zahlreiche Wiederholungen nötig. Trotzdem aber schließen sich hier beide Male, dem Inhalt entsprechend, die Einzelelemente zur sauber gefügten Kette zusammen. Mit großer Klarheit tritt die sinnreiche Logik hervor, mit welcher der Krokodilsjäger […] seine schwierige Aufgabe löst. […]

Die Sprache dieses Werkes hat keine eigene Form, sondern sie erhält ihr Gesetz von der Sache, der sie jeweils dient. Gegebenenfalls kann das grammatische Niveau so tief sinken, dass nicht einmal mehr regelrechte Sätze gebaut werden […]:

Das Flusspferd ist vierbeinig, spaltfüßig; Mähne habend eines Pferdes, Hauerzähne zeigend; eines Pferdes Schwanz und Stimme; Größe wie das größte Rind.

Hermann Fränkel, Die Anfänge der empirischen Wissenschaften, in: Andreas Patzer (Hg.), Streifzüge durch die antike Welt. Ein historisches Lesebuch, 3. Aufl., C. H. Beck, München 1994, S. 78–81.

b) Karte des Eratosthenes, 3. Jh. v. Chr. Die Rekonstruktion der Karte zeigt die damals bekannte Welt in einem an der Lage des Mittelmeeres ausgerichteten Koordinatensystem. Eratosthenes aus Kyrene lebte in der 2. Hälfte des 3. Jahrhunderts v. Chr. Er war Direktor der Bibliothek in Alexandria, Philologe, Mathematiker und Geograf.

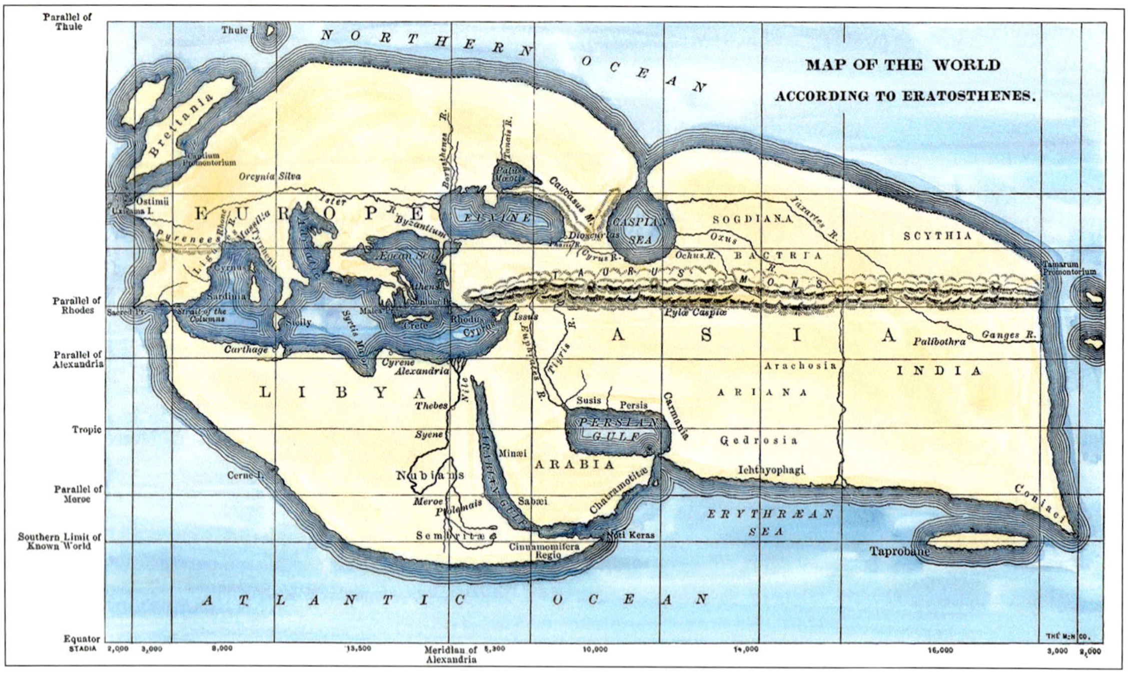

1 Erörtern Sie, inwieweit die Geografie in der Antike zur Entmythologisierung des Weltbildes beigetragen hat:

a) Untersuchen Sie mithilfe der Karte (M 8 b) und der Forschungen von Hekataios (M 8 a) die Methoden, mit deren Hilfe in der griechischen Antike ein wissenschaftlich-rationales Bild von der Erde erarbeitet wurde.

b) Diskutieren Sie die Stärken und Schwächen der antiken Geografie bei der Beschreibung der Erde.

M9 Der Philosoph Otfried Höffe über die Philosophie der Sophisten, 2008

In den Sophisten zeigt sich [...] ein anderer Typ des Philosophen: der soziale Aufklärer, der hier zugleich ein Gelehrter und kritischer Intellektueller ist. Der Sophist stammt nicht mehr wie die meisten älteren Philosophen und noch Platon aus der Aristokratie und bietet deshalb seine Dienste gegen Honorar an. Als professioneller Wanderlehrer unterrichtet er die Söhne vor allem der Oberschicht in der Kunstfertigkeit, ihre Interessen und Meinungen in den Organen der Demokratie, der Volksversammlung und vor Gericht erfolgreich zu vertreten; denn einen Juristenstand (Anwälte) gibt es noch nicht. In Athen Fremde ohne Bürgerrecht, werden die Sophisten oft mit Misstrauen und Geringschätzung betrachtet. Andererseits werden nicht wenige berühmt, überdies reich.

Unter dem Einfluss ihres entschiedenen Gegners, Platons, aber auch durch die Komödie, namentlich Aristophanes' *Wolken*, gelten die Sophisten als Gefahr für die Gesellschaft: als Zerstörer ihrer Moral und als Meister der rhetorischen Täuschung sowie einer Disputierkunst, mit der sich alles beweisen und widerlegen lässt, als „Händler mit Scheinwissen" (Aristoteles). Tatsächlich verdankt die Philosophie ihnen thematisch eine entschiedene Wende zum Menschen, weiterhin ein Interesse für Sprache und Sprachphilosophie und allgemein eine Haltung der Aufklärung, die sie nicht selbst geprüft hat.

Auf die Sophisten gehen mindestens fünf Neuerungen zurück. Als *Erstes* stellen sie sich der Herausforderung ihrer Zeit, sozialen und politischen Strukturveränderungen, und werfen ihretwegen neue Fragen auf. Stand bisher weitgehend der Kosmos im Mittelpunkt, so ist es jetzt der Mensch: sein Reden und Handeln, sein Gemeinwesen und die Legitimation politischer Macht, nicht zuletzt seine Befähigung zur Erkenntnis.

Nach Cicero hat Sokrates „als Erster die Philosophie vom Himmel heruntergerufen, sie in den Städten angesiedelt, sie sogar in die Häuser hineingeführt und sie gezwungen, nach dem Leben, den Sitten, dem Guten und Schlechten zu fragen". In Wahrheit verdanken wir die thematische Wende [...] den Sophisten. [...]

Als *Zweites* entwickeln die Sophisten ein neues Verhältnis zur Sprache. Sie entdecken den „agonalen", auf den Sieg der eigenen Meinung ausgerichteten Charakter der Rede. Für diese Seite, die Sprache als ein Machtinstrument, entwickeln sie eine Kunst der Rhetorik und der Argumentation. Dabei interessieren sie sich – *drittens* – für die Struktur und das „Wesen" der Sprache. Sie betreiben Sprachphilosophie, fragen beispielsweise, ob den Wörtern ihre Bedeutung von Natur aus [...] zukommt oder durch Konvention [...]: aus Gewohnheit und Vereinbarung.

Indem sie für die Verbindlichkeiten des Zusammenlebens dieselbe Frage aufwerfen, formulieren sie – *viertens* – die entscheidende Alternative im Nachdenken über Moral und Recht: Gibt es Moral und Recht von Natur aus („Naturrecht"), sodass sie allgemein: für alle Menschen und alle Zeiten gelten oder verdanken sie sich nur Konventionen, was auf einen Relativismus und Skeptizismus hinausläuft? Für die erste Auffassung spricht, dass Moral und Recht das Gemeinwohl und die Einigkeit eines Staates (*polis*) schützen, für die zweite Auffassung, dass man sich über moralisch-politische Ansichten streitet, dass Demokratien ihre überlieferten Gesetze ändern und andere Völker andere Sitten haben. [...]

Versteht man die Rhetorik als bloße Technik, so kann man den Hörer von beliebigen Ansichten zu überzeugen suchen. Einer derartigen Kunst des Redestreits (Eristik) entspricht ein Relativismus des Erkennens, der einen moralischen Relativismus und Skeptizismus ergänzt. Protagoras fasst ihn in dem berühmten Satz zusammen: „Aller Dinge Maß ist der Mensch, der seienden, wie sie sind; der nichtseienden, wie sie nicht sind." Und darin liegt – *fünftens* – eine radikale Herausforderung an die künftigen Philosophen: Wie lassen sich trotz der sophistischen Einwände noch allgemeingültige Aussagen gewinnen?

Otfried Höffe, Kleine Geschichte der Philosophie, 2. Aufl., C. H. Beck, München 2008, S. 31–33.

1 Fassen Sie die wichtigsten Merkmale der Sophisten und ihrer Philosophie zusammen.

2 Erklären Sie die große Bedeutung der Disputier- und Redekunst für die Sophisten aus ihrer sozialen Stellung und ihrer Philosophie.

3 Erörtern Sie, ob der Begriff „Aufklärer" für die Sophisten angemessen ist.

4 **Weiterführender Arbeitsauftrag/Präsentation oder Personenraten:** Bilden Sie Kleingruppen und einigen Sie sich innerhalb Ihrer Gruppe auf eine Person der Zeitgeschichte seit 1945, die Sie als „Aufklärer" oder „Aufklärerin" bezeichnen. Stellen Sie Ihre Person kurz mit Angaben zu Beruf und der „Aufklärungsarbeit" im Plenum vor und begründen Sie Ihre Auswahl. Sie können die Person auch im Plenum durch Ja-/Nein-Fragen erraten lassen.

2 Das kulturelle Erbe des Imperium Romanum

M1 Boëthius und Philosophia unterhalten sich im Kerker, Zeichnung aus einer Sammelhandschrift der Zisterze Aldersbach, um 1200

Weitergabe der antiken Kultur

Anicius Manlius Severinus Boëthius (um 480–524) stammte aus einer der vornehmsten römischen Familien und erlangte als Ratgeber des (Ost-)Gotenkönigs Theoderich höchste Staatsämter. An dessen Hof in Ravenna stieg der Römer bis zum Minister auf, fiel jedoch bei dem misstrauischen Herrscher in Ungnade und starb unter den Händen des Henkers. Große historische Bedeutung erlangte Boëthius, einer der gelehrtesten Männer seiner Zeit, durch die Schriftstellerei. Seine Schriften, die **im 10. Jahrhundert wiederentdeckt** wurden, vermittelten dem Mittelalter antike Wissenschaft und Bildung. Boëthius hatte nicht nur die Werke der griechischen Philosophen Aristoteles und Platon sowie die Schriften des Eukleides, Archimedes und Ptolemaios ins Lateinische übersetzt, sondern auch mit seinem im Gefängnis geschriebenen Werk *„De consolatione philosophiae"* („Vom Trost der Philosophie") – einem der meistgelesenen Büchern des Mittelalters – eine eigene Philosophie erarbeitet. Der Historiker Johannes Fried würdigte 2008 den hohen geschichtlichen Rang des Boëthius: „Diesem Mann, Anicius Manlius Severinus Boëthius, schuldet das Abendland den Aufbruch in seine Vernunftkultur."

Die Geschichte des Werkes von Boëthius ist ein eindrucksvolles Beispiel dafür, dass die antike Kultur nicht gleichzeitig mit dem Römischen Reich unterging. Der Historiker Friedrich Prinz hat die Spätantike einmal als „Geschichte eines Abschiedes und einer Wiederkehr" charakterisiert. Tatsächlich ging auf der einen Seite beim Übergang von der Antike zum Mittelalter der einstige Reichtum an Literatur, Philosophenschulen, Bildungseinrichtungen und Religionen verloren. Während der Völkerwanderungszeit setzte sich in weiten Teilen Europas vorübergehend eine schriftlose, ganz der Mündlichkeit verpflichtete Kultur durch. Auf der anderen Seite wurden jedoch zahlreiche antike Bildungsgüter nicht erst im Zeitalter der Renaissance und des Humanismus, sondern bereits im Mittelalter wiederentdeckt und sie haben die europäische Kultur nachhaltig befruchtet. Das lässt sich an der Entstehung und Rezeption des **römischen Rechts** exemplarisch aufzeigen. Wer sich mit den historischen Wirkungen des Imperium Romanum für die geistige Entwicklung Europas auseinandersetzt, muss sich aber vor allem auch mit der Rolle des Christentums bei der Bewahrung antiken Wissens beschäftigen: Wenngleich einige ihrer herausragenden Repräsentanten die pagane, d.h. heidnische, Überlieferung der Antike schroff ablehnten, hat doch die Kirche wertvolle Teile der antiken Überlieferung bewahrt. Allen voran die Klöster haben mit ihren Handschriften wichtige Werke der antiken Literatur, Philosophie und Wissenschaft der Nachwelt erhalten.

Gegner der antik-paganen Überlieferung

391/392 waren im Römischen Reich alle Formen des heidnischen Gottesdienstes verboten und das Christentum praktisch zur Staatsreligion erhoben worden. Seitdem breitete sich das Christentum erfolgreich in Europa aus. Diese Rechtslage wurde nicht mehr rückgängig gemacht, im Gegenteil erneuerte der Staat im 5. und 6. Jahrhundert antiheidnische Gesetze. Die Anhänger der antiken heidnischen Religionen waren seitdem auf dem Rückzug (M 5).

Dennoch sorgten sich in der Spätantike einige Vertreter der Kirche, dass der Klerus wie auch die Gläubigen durch die Lektüre antik-paganer Literatur in ihrem Glauben erschüttert werden könnten. Aus „Selbstschutz" vor der verführerischen Kraft der überkommenen Bildungstradition forderte 398 das **Konzil von Karthago**, dass die Bischöfe keine heidnischen Autoren lesen sollten. Sie sollten keinen Gefallen finden an den Werken antik-paganer Philosophen und Schriftsteller und dadurch in ihrem christlichen Glauben nicht gefährdet werden. Aber auch in den Klöstern hatten viele Mönche Angst um ihr eigenes Seelenheil, wenn sie sich mit heidnischen Texten befassten. Dieses Misstrauen gegenüber der Verführungskraft heidnischer Literatur prägte über Jahrhunderte hinweg das kirchliche wie das Klosterleben in Europa. Scharfe Ablehnung klassischer weltlicher Bildung und schroffe Kritik an der antiken Kultur und deren Literatur wurde z. B. im Kreise des **Martin von Tours** (316–397), des heiligen Martin, geübt. Mit besonderer Radikalität verurteilte Sulpicius Severus, einer seiner Schüler und sein Biograf, die Beschäftigung mit den Schriften heidnischer antiker Autoren: „Nutzlos, wahnsinnig und verderblich ist es, dem kämpfenden Hektor* und philosophischen Sokrates nachzustreben, seine Hoffnungen auf Fabeleien zu setzen und die Seele damit dem Grabe, d. h. dem ewigen Tode zu überantworten." Aber auch Papst **Gregor der Große** (590–604), der das christliche Denken des Mittelalters nachhaltig beeinflusst hat, lehnte das antike Bildungsgut grundsätzlich ab. „In einem Munde vertrage sich nicht gleichzeitig das Lob Jupiters* und das Lob Christi", tadelte er einen seiner Bischöfe, der die antike Kultur schätzte. Überzeugt, dass das Ende aller Tage unmittelbar bevorstehe, rief Gregor Klerus und Gläubige zur Mission und zur Rettung ihrer Seelen auf. In provozierender Weise verzichtete dieser Papst sogar darauf, sich der griechischen Sprache zu bedienen, also der Sprache, in der viele Texte der klassischen Bildung geschrieben waren.

Eine differenzierte Haltung zur antiken Philosophie nahm der **Kirchenvater Aurelius Augustinus** (354–430) ein. Zwar hielt er die heidnische Bildung für grundsätzlich falsch und gefährlich für die Seele. Gleichzeitig plädierte er jedoch dafür, sie mit Klugheit aufzunehmen. Dabei gelte es, sich von den alten Mythen zu lösen und das Brauchbare, die vielen guten und nützlichen Erkenntnisse und Kulturtechniken, anzuwenden. So erkannte Augustinus durchaus Übereinstimmungen zwischen christlicher Lehre und der neuplatonischen Philosophie*. In seinem 413–426 entstandenen Werk „*De civitate Dei*" („Vom Gottesstaat") schrieb Augustinus über „Philosophen, die dem Christentum am nächsten standen" (8. Buch, 9): „Alle Philosophen also, die vom höchsten und wahren Gott urteilten, dass er Schöpfer der Welt, Licht der Erkenntnis und Ziel alles Handelns sei, dass wir bei ihm den Ursprung der Natur, die Wahrheit der Lehre sowie das Glück des Lebens zu suchen haben, mag man sie nun passend Platoniker nennen oder ihrer Schule irgendeinen anderen Namen beilegen, mögen nur die von der jonischen Richtung, die die Vornehmsten waren, so gedacht haben, also Plato selbst und die ihn richtig verstanden, oder auch die von der italischen, wie Pythagoras und die Pythagoreer und etwa noch andere, die derselben Ansicht waren, oder mögen sich auch unter den Angehörigen anderer Völker, den atlantischen Libyern, Ägyptern, Indern, Persern, Chaldäern, Skythen, Galliern, Spaniern Weise oder Philosophen finden, die das erkannt und gelehrt haben: ihnen allen geben wir vor den übrigen den Vorzug und gestehen, dass sie uns näher gekommen sind."

Bewahrung antik-paganer Traditionen

Es gab in der Spätantike aber auch Vertreter des Christentums, die die Kultur der Griechen und Römer schätzten. Hierzu gehörte Flavius Magnus Aurelius **Cassidorus** (um 490–um 583). Er stammte aus einer alten römischen Familie, diente als Senator und Minister am Hofe Theoderichs und führte ab 552 in Italien ein beschauliches, der Wissenschaft gewidmetes Leben im Kloster Vivarium (Vivarese), wo er Handschriften sammelte, die Mönche unterrichtete und sie zum Abschreiben von Büchern verpflichtete. Denn Cassidorus hielt „auf der Welt kein Glück denkbar, das durch eine rühmliche Kenntnis der Literatur (*litterarum gloriosa notitia*) nicht erhöht werden könnte." Für den gallischen Aristokraten und späteren Bischof von Clermont, **Sidonius Appollinaris** (um 430/433–497/486) bedeutete Bildung schlechthin

Hektor
Im griechischen Mythos ein trojanischer Held.

Jupiter
Im römischen Mythos der höchste Gott.

M2 Platon, römische Büste nach einem griechischen Original des späten 4. Jh. v. Chr.

Platon (427–347 v. Chr.), ein athenischer Philosoph, nahm in seiner Ideenlehre ein Reich immaterieller, ewiger und unveränderlicher Wesenheiten, der Ideen, an. Er verfasste zahlreiche philosophische Schriften in Form von Dialogen. Darin spielte die Frage nach dem besten Staat und einer gerechten Ordnung eine besondere Rolle. Um 385 v. Chr. gründete Platon eine Schule, die Akademie.
In der Spätantike vertrat der Philosoph Plotin (um 205–270) eine Theorie des Neuplatonismus. In dieser Philosophie war das Motiv der Heimatlosigkeit des Menschen, sein Irrewerden an Wert, Schönheit und Zweckmäßigkeit der Welt verbunden mit dem griechischen Wissen um den Einklang mit der Gottheit.

Menschsein, wobei seine Hochschätzung auch der klassischen Bildung gelegentlich in Hochmut umschlug: „Je mehr du liest, desto deutlicher wird es dir, dass der Gebildete sich vom Bauern unterscheidet wie der Mensch vom Tier."
Trotz des Misstrauens vieler Mönche gegenüber der Verführungskraft antik-paganer Literatur verdankt die europäische Kultur vor allem den **Klöstern** die Bewahrung klassischer weltlicher Bildung und Wissenschaft. Die Mönche entwickelten sich zu den **entscheidenden Vermittlern antiken Wissens** und damit zu Kulturträgern ersten Ranges. Gewiss mussten die Mönche ihre christliche Bildung in den Dienst des Glaubens und der Kirche stellen, aber sie sorgten auch dafür, dass zahlreiche Werke antiker Philosophie und Literatur der Nachwelt überliefert wurden (M 6).

M3 „Schreiben rettet die Seele", Buchmalerei aus dem Werk „Etymologiae" von Isidor von Sevilla, Prüfening, 1160/65.
In seinem 20-bändigen Lexikon versuchte Isidor das gesamte weltliche und geistliche Wissen seiner Zeit zu vereinen.
Bildbeschreibung: Im oberen Bild reicht der Autor, Isidor, seinem Auftraggeber, dem Bischof Braulio, ein Band mit der Aufschrift: „Mach, dass meine Schriften, die ich in deinem Auftrag vollendet habe, gelesen werden." Im unteren Bild richtet Christus über die Seele des Schreibers, des hier als bereits verstorben dargestellten Prüfeninger Mönchs Swicho. Auf der Seelenwaage senkt der von Swicho kopierte Codex die Schale zugunsten des Schreibers, sodass seine Seele Aufnahme im Himmel findet (oben Mitte) und der Teufel (rechts im Bild) weichen muss.

Bildung erschöpfte sich in den Klöstern nicht in der Vermittlung von Wissen, sondern sollte auch die Persönlichkeit moralisch-sittlich formen und die Disziplin der Mönche schulen. Das Schreiben, allen voran das Abschreiben von Handschriften, besaß dabei einen hohen Stellenwert: Es galt als tugendhaftes Werk, mit dem man seine Sünden büßen und sich himmlischen Lohn verschaffen konnte (M 3). Aus diesem Grunde war das Scriptorium, die Schreibwerkstatt, ein fester Bestandteil der Klöster. Ihr Bildungsschatz lag in den Bibliotheken, wo die wichtigen Werke in Truhen aufbewahrt wurden. Die Klöster stellten die Bücher selbst her.

Literaturtipp
Wolfgang Schuller, Ein Fundament Europas. Die Nachwirkung des Römischen Rechts, in: Andreas Sentker u. a. (Hg.), ZEIT. Welt- und Kulturgeschichte, Bd. 5, Hamburg 2006, S. 299–307.
Eine knappe Einführung in das Thema in der bewährten Aufmachung der ZEIT-Welt- und Kulturgeschichte.

Römisches Recht

Eine der erstaunlichsten Nachwirkungen entfaltete das Römische Reich auf dem Gebiet des Rechts. Das römische Recht, das **Kaiser Justinian** (527–565) kodifizieren ließ, wurde seit dem Mittelalter in Europa rezipiert und bestimmte bis in die Moderne hinein die europäische Rechtskultur (M 8). Bereits im Mittelalter setzten sich Rechtsgelehrte intensiv mit der Rechtslehre des späten Römischen Reichs auseinander. Von Italien aus verbreitete sich die Beschäftigung mit dem römischen Recht in andere europäische Länder – besonders nach Spanien, Frankreich und Deutschland, denn die Juristen dieser Länder hatten an der auf Recht spezialisierten Universität von Bologna studiert.
In der Frühen Neuzeit wandte das von Kaiser Maximilian 1495 errichtete Reichskammergericht **römisches Recht*** an. Dieses wurde allerdings nie unverändert übernommen, sondern mit den einheimischen Rechtsvorschriften abgeglichen und den veränderten politisch-sozialen und kulturellen Verhältnissen angepasst. Ein entscheidender Grund für die erfolgreiche Ausbreitung des römischen Rechts dürfte dessen hoher Abstraktionsgrad sein, der die Anwendung auf unterschiedliche Staaten und Gesellschaften ermöglichte.
Rechtsgelehrte und Rechtsprechung bezogen sich seit dem Mittelalter auf die justinianische Kodifikation der in den vorangegangenen Jahrhunderten gesammelten und niedergeschriebenen Rechtsvorschriften und -kommentare. In der Geschichte des Imperium Romanum hatte sich eine Vielzahl und Vielfalt von juristischen Texten und Bestimmungen entwickelt. Das Recht war häufig geändert, neu interpretiert oder ergänzt worden, sodass das umfangreiche Recht aus Kaisergesetzen und juristische Texten unübersichtlich geworden war. Im **„Codex Iustinianus“**, der 529 in Kraft trat, ließ Justinian von einer Kommission zusammenfassen, was noch brauchbar erschien. Eine weitere Kommission überarbeitete die Schriften der römischen Rechtsgelehrten und verabschiedete nach dreijähriger Arbeit 533 die **Digesten** (lat. *digere* = ordnen, sammeln, zusammenstellen), die sogleich im ganzen Römischen Reich kopiert und verbreitet wurden (M 7). Darüber hinaus erschienen die **„Iustiniani Institutiones“**, eine Art Lehrbuch für römisches Privatrecht. Diese juristischen Sammlungen mussten erneut überarbeitet werden, um alle Rechtsvorschriften miteinander in Einklang zu bringen. Die Neuausgabe wurde 534 in Kraft gesetzt. Die justinianische Rechtskodifikation umfasste also den Codex Iustinianus, die Digesten und die Institutionen. Seit 1583 bezeichnet der Begriff *„corpus iuris civilis“* diesen gesamten Komplex der Rechtsprechung wie auch die Novellen (lat. *novella lex* = neues Gesetz). Dieser *„corpus iuris civilis“* gilt heute mit Recht als Grundlage nahezu aller modernen Rechtsordnungen der westlichen Welt.

M 4 Erste Seite einer Ausgabe des *Corpus iuris civilis*, Nürnberg 1475 (Ausschnitt)

Römisches Recht
Das römische Recht ist vor allem Privatrecht, also das Recht von und zwischen einzelnen Bürgern. Es befasst sich mit den Beziehungen zwischen selbstständigen Personen, mit ihren Rechtshandlungen und den Rechten, die sie an Gütern haben. Dies ist im Unterschied etwa zum germanischen Recht zu sehen, das von einer strengen Eingliederung des Einzelnen in Gemeinschaften, insbesondere in Familienverbände (Haus und Sippe) gekennzeichnet war.

Das Erbrecht war der eigentliche Kern des römischen Rechts. Andere große Teilgebiete waren Familienrecht, Sachen- und Güterrecht, Obligationenrecht und Prozessrecht.

1 Erläutern Sie den Satz des Historikers Friedrich Prinz, wonach das kulturelle Erbe des Imperium Romanum die Geschichte eines Abschieds und einer Wiederkehr sei. Konzentrieren Sie sich dabei auf die Rolle des Christentums bei der Rezeption antik-heidnischen Wissens.

M5 Der Kirchenhistoriker Bernd Moeller über das Verhältnis der Christen zu den antiken paganen Religionen, 2004

Brachte demnach die Politik Konstantins die entscheidende Wende der Kirchengeschichte auf dem Wege zum Mittelalter, so wurden die wichtigsten weiteren Schritte auf diesem Weg unter seinen Nachfolgern bis zum Ende des 4. Jahrhunderts getan. Die Neutralität, die Konstantin selbst zwischen dem Christentum und den übrigen Religionen offiziell gewahrt hatte, wurde bereits von seinen Söhnen aufgegeben, und nach dem vergeblichen Versuch einer heidnischen Reaktion unter Julian Apostata (361–363) verloren die nichtchristlichen Kulte in der Regierungszeit Theodosius' I. (379–395) juristisch überhaupt ihr Daseinsrecht. [...] Damit war das Christentum der orthodoxen Richtung praktisch bereits zur Staatsreligion erhoben, Häresien[1] und Heidentum waren rechtlos. In weiteren Gesetzen von 391 und 392 wurde dann auch positiv jede heidnische Kultübung im Reich untersagt. Der Gedanke, Andersgläubige zu tolerieren und die eine Wahrheit zu relativieren, lag dem Staat so fern wie der Kirche und den Christen. Der damals geschaffene Rechtszustand wurde nicht mehr rückgängig gemacht. Doch bedeuteten die rechtlichen Maßnahmen noch nicht das Ende des Heidentums. Nur die öffentliche Betätigung eines nichtchristlichen Kults wurde verboten, die Gesinnung dagegen nicht reglementiert, das Bekenntnis zum Christentum nicht erzwungen. Nach einzelnen lokalen Polizeimaßnahmen und Ausfällen des christlichen Pöbels kam es erst unter Justinian im 6. Jahrhundert zu größeren, systematischen Aktionen gegen die Nichtchristen. Letzten Endes ist der Untergang der antiken Religionen nicht auf die gewaltsame Unterdrückung durch den Staat zurückzuführen.

Bernd Moeller, Geschichte des Christentums in Grundzügen, 8. Aufl., Vandenhoeck & Ruprecht, UTB, Göttingen 2004, S. 85.

1 Häresie: theologische Lehre, die im Widerspruch zur offiziellen Lehrmeinung steht

1 Beschreiben Sie das Verhältnis zwischen Christen und Heiden in der Spätantike.

M6 Der Historiker Friedrich Prinz über die Bedeutung der Klöster für die Bewahrung antiken Wissens, 2000

Es versteht sich von selbst, dass etwa 90 Prozent der frühmittelalterlichen Handschriften, die in Europa verbreitet, abgeschrieben, kommentiert und weitergegeben wurden, kirchlichen Inhalts waren, der Klerikerausbildung und liturgischen Zwecken dienten, also in gewisser Weise reine „Gebrauchsliteratur" waren und schon aus diesem Grunde immer wieder kopiert werden mussten. Bibeltexte, Kommentare dazu, theologische Traktate und Briefsammlungen der großen kirchlichen Autoritäten sowie nötiges Kompendienwissen meist einfacherer Art stellten die Hauptmasse der überlieferten Codices dar. Aber es gab auch – und dies waren die restlichen 10 Prozent – eine gleichsam „offene Flanke" säkularer Literatur antiker Herkunft, die bereits in den Kompendien etwa Isidors von Sevilla[1] mitenthalten war, aber auch als selbstständige Werke überliefert und ebenfalls kommentiert, abgeschrieben und weitergegeben wurden. Inhaltlich umfassten sie ein weites thematisches Spektrum, das von medizinischen, agrarwissenschaftlichen, bautechnischen und militärwissenschaftlichen über historische und philosophische Handschriften bis zu den Werken der lateinischen Klassiker reichten [...].
Wie konnte es zu dem bemerkenswerten Phänomen kommen, dass fast alles, was an klassischer antiker Literatur auf uns gekommen ist, durch kirchliche und klösterliche Handschriften, die auf säkularen spätantiken Codices fußten, tradiert wurde? Selbstverständlich war dieser für die Bildungsgeschichte Europas entscheidende Übermittlungsvorgang, der sich über Jahrhunderte erstreckte, auf keinen Fall [...]. Dennoch ist es seit der Spätantike zu einer zeitweise intensiven Wiederkehr der klassischen paganen Literatur und ihres unendlich reichen geistigen Erbes im Mittelalter gekommen; ein Vorgang, der dann fast nahtlos in die „Wiedergeburt der Antike" im Humanismus der Frühen Neuzeit überging und dessen siegreiche Krönung wurde. [...] [E]s gab auch unter Christen seit der Spätantike und dann erst recht im Mittelalter immer ein breites Spektrum möglicher Haltungen gegenüber heidnischer Literatur, das von rigoristischer Ablehnung bis zur positiven Einbeziehung derselben in die christliche Bildungstradition reichte. [...]
Neben Vergil war zweifellos Cicero der Autor, der am stärksten durch das Vorbild seiner stilistisch meisterhaften und inhaltlich bewundernswerten, politischen und ethischen Schriften die christliche Spätantike wie das Mittelalter prägte. Wie in der stoischen Philosophie fand das Christentum in ihm vieles an Moral und hohem Lebensernst vorweggenommen, sodass man für ihn den Begriff „*Cicero christianus*" prägen konnte. Ambrosius, Hieronymus und besonders Augustinus sind stark von ihm beeinflusst, ebenso Boethius und Cassiodor. So wurde er neben Vergil *der* antike Autor schlechthin. [...]
Insgesamt darf für das Problem der Überlieferung antiker Texte schließlich nicht ein rein materielles Faktum vergessen werden: Ihre Tradierung wurde nämlich auch dadurch gefördert, dass man seit dem 4. Jahrhundert mehr und mehr vom empfindlicheren Beschreibstoff Papyrus auf das widerstandsfähige Pergament, also auf Tierhaut überging und gleichzeitig von der Rollenform auf die Buchform, den Kodex, überwechselte. Das verbesserte erheblich die Voraussetzungen für die Erhaltung antiker Texte.

Friedrich Prinz, Von Konstantin zu Karl dem Großen. Entfaltung und Wandel Europas, Patmos, Artemis & Winkler, Düsseldorf 2000, S. 496–502.

1 S. M 3, S. 28.

1 Erläutern Sie die Rolle der Klöster bei der Bewahrung antiken Wissens in der Spätantike.

2 Erörtern Sie, welche Folgen für die inhaltliche Auswahl der antiken Überlieferung es hatte, dass christliche Mönche die Handschriften abschrieben.

3 a) Informieren Sie sich mithilfe von Lexika über die antiken Autoren bzw. philosophischen Richtungen, die in der Spätantike bevorzugt rezipiert wurden.
b) Erklären Sie, warum diese Autoren bzw. Philosophien das Interesse der christlichen Mönche fanden.

M7 Aus den Digesten, 533 n. Chr.

Die Digesten, ein Teil des „Corpus iuris civilis", umfassen 50 Bücher. In ihnen sind Auszüge aus juristischen Schriften zusammengestellt, die für die Rechtsprechung im römischen Kaiserreich wichtig waren.

1, 1, 10 (Ulpianus im 1. Buch der Rechtsregeln): Gerechtigkeit ist der beständige und dauernde Wille, jedem das ihm Gebührende zuzuteilen. Die Rechtswissenschaft ist die Kenntnis der göttlichen und menschlichen Dinge, die Wissenschaft dessen, was Recht und was Unrecht ist. Die Gebote des Rechts sind folgende: ehrenhaft leben, den Nächsten nicht schädigen und jedem das Seine zukommen lassen. [...]

1, 3, 29 (Paulus in der Sonderschrift zur Lex Cincia): Gegen das Gesetz handelt, wer tut, was das Gesetz verbietet. Es umgeht aber das Gesetz der, der zwar genau den Wortlaut des Gesetzes beachtet, sich um seinen Sinn aber herumdrückt. [...]

4, 2, 1 (Ulpianus im 62. Buch zum Edikt): Der Praetor bestimmt: Was unter psychischem Zwang zustande gekommen ist, werde ich nicht für gültig erklären.

12, 6, 14 (Poponius im 21. Buch zu Sabinus): Es ist von Natur billig, dass sich niemand auf Kosten eines anderen bereichern darf. [...]

22, 3, 2 (Paulus im 69. Buch zum Edikt): Demjenigen obliegt es, den Beweis zu erbringen, der [etwas Rechtserhebliches] behauptet, nicht dem, der es leugnet. [...]

50, 17, 48 (Paulus im 35. Buch zum Edikt): Was in der Hitze des Zorns geschieht oder gesagt wird, das hat nicht eher Gültigkeit, als bis sich aus der Aufrechterhaltung der Gesinnung gezeigt hat, dass es echter innerer Entschluss war. [...]

50, 17, 56 (Gaius im 3. Buch der Legate zum Stadtedikt): In Zweifelsfällen ist immer die wohlwollendere Auslegung vorzuziehen. [...]

1, 9, 1 (Ulpianus im 62. Buch zum Edikt): Die größere Würde liegt beim männlichen Geschlechte. [...]

48, 19, 18 (Ulpianus im 3. Buch zum Edikt): Wegen bloßer Gedanken wird niemand bestraft.

48, 19, 5 (Ulpianus im 7. Buch über das Amt des Proconsul): Auf bloße Verdachtsmomente hin jemanden zu verurteilen, geht nicht an, wie [...] Traianus[1] [...] anwies: es sei besser, wenn einmal die Tat eines Schuldigen ungesühnt bleibt, als wenn man einen Unschuldigen verurteilt. [...]

50, 16, 131 (Ulpianus im 3. Buch zum Julisch-Papischen Gesetz): Die Strafe ist die Vergeltung für das Verbrechen. [...]

48, 19, 20 (Paulus im 18. Buch zu Plautius): Die Strafe wird verhängt zwecks Besserung des Menschen.

48, 10, 9, 1 (Ulpianus im 8. Buch über das Amt des Proconsul): Die gleiche Strafe [wie bei Münzfälschung] trifft den, der etwas Derartiges hätte verhindern können, es aber unterlassen hat.

48, 19, 16, 10 (Claudius Saturninus in der Sonderschrift über die Strafen der Zivilpersonen): [...] Dazwischen kommt es auch vor, dass die Strafen mancher Verbrechen verschärft werden, wenn es nötig ist, ein Exempel zu statuieren, weil allzuviele Leute einem Laster frönen.

Zit. nach: Hagen Schulze/Ina U. Paul (Hg.), Europäische Geschichte. Quellen und Materialien, Bayerischer Schulbuch Verlag, München 1994, S. 444 ff.

1 Traian: römischer Kaiser (98–117 n. Chr.)

1 Prüfen Sie durch einen Vergleich mit dem BGB, welche Rechtsgrundsätze aus den Digesten heute noch gültig sind.

2 Diskutieren Sie, warum einzelne Artikel heute nicht mehr gelten.

M8 Der Rechtswissenschaftler Dieter Simon über die Rezeption des römischen Rechts, 2009

Erstaunlich [...] entfaltete sich die Überlieferung der großen Rechtssammlung im postjustinianischen Westen [Europas]. Während das *Corpus iuris* zunächst in Klöstern und Bibliotheken verschwand, geisterte das teils aus ihm, teils aus früheren Quellen stammende lateinische Recht in dürftigen, aber praxistauglichen Rinnsalen durch die dunklen Jahrhunderte und durch die territorialen Erbengemeinschaften des Weströmischen Reiches. Erst der ökonomische und kulturelle Aufstieg der oberitalienischen Städte im 11. Jahrhundert und die Gründung der ersten europäischen Universität in Bologna machten wieder eine Lehre möglich, die sich an das *Corpus iuris* wagen konnte. [...]

Im Laufe von knapp 400 Jahren breitete es sich von [der Universität] Bologna über ganz Europa aus. Parallel zu ihm blühte das kirchliche, kanonische Recht auf, das ebenfalls im 11. Jahrhundert entstanden war. Es hatte sich aus römischem Geist entwickelt; im 16. Jahrhundert wurde daraus das *„Corpus iuris canonici"*. Mit dem *„Corpus iuris civilis"*, das im selben Jahrhundert seinen Namen erlangte, bildete es die Basis für die Rechtskultur der Moderne.

Dieses gelehrte Recht – auch wörtlich zu verstehen, weil es an den Universitäten gelehrt wurde – verband sich, im 15. Jahrhundert bereits überall sichtbar, zunehmend mit den einheimischen Regeln und drängte sie langsam in den Hintergrund. Abgesehen von England erfasste dieser Vorgang ganz Europa. Nun begann die dramatischste Fernwirkung des römischen Rechts: die Rezeption. Juristische Begrifflichkeit aus einer historisch und kulturell völlig anderen, fast eineinhalb Jahrtausende zurückliegenden Epoche wurde durch Gebrauch in das Rechtsleben der beginnenden Neuzeit übernommen (*usu receptum*). Ein verblüffender Vorgang, über den seit 150 Jahren spekuliert und debattiert wird. Es scheint, dass drei Motive ausschlaggebend waren: Rationalität, also Verwissenschaftlichung des Lebens, Rationalisierung, also ökonomische und politische Neuordnung der Welt, und Rom-Idee, also die Vorstellung, dass das Reich der deutschen Nation ein römisches sei – dies waren vermutlich die Motoren der Rezeption. [...]

Die Rezeption war kein einmaliger Akt, sondern ein langsames, hier und da durchaus zögerliches Geschehen, an dessen Ende das „*Ius commune*" stand. So, als „gemeines", also „all-gemeines", trat das römische Recht seinen großen westeuropäischen Siegeszug an. Die Stationen dieses Zuges, den manche Rechtshistoriker mithilfe des Begriffs „Frührezeption" bereits im 12. Jahrhundert beginnen lassen, sind deutlich markierbar. Auf Glossatoren und Postglossatoren (12. bis 15. Jahrhundert), die ihre Kommentare als Randbemerkungen (Glossen) in den Handschriften hinterließen, folgt bis zum 18. Jahrhundert der pragmatischere *Usus modernus pandectarum*, der die Regeln des *Corpus iuris* mit denen des heimischen Rechts verglich und so das „gemeine Recht" hinter das Landesrecht zurücktreten ließ.

Erst die Historische Rechtsschule im 19. Jahrhundert brach mit dieser Praxis. Ihr Stifter Friedrich Carl von Savigny (1779 bis 1861) vertrat die romantische und historistische Auffassung, Recht könne letztlich nicht gesetzt werden, sondern müsse unwillkürlich und still aus der geschichtlichen Tiefe des Volkes und seines Geistes emporsteigen. Deutschland aber sprach er den „Beruf zur Gesetzgebung" ab. Wieso dann allerdings dem deutschen Volksgeist ausgerechnet das römische Recht entstiegen sein sollte, blieb schon den Zeitgenossen verborgen. Aber die inzwischen 800 Jahre währende gelehrte Tradition half über diesen Schönheitsfehler hinweg. Die Legitimität der römischen Texte wurde nicht in Zweifel gezogen. So kam es, dass jahrtausendealte Regeln für die industrielle Revolution das geltende Recht stellten – eine erstaunliche Auszeichnung. [...]

Ist der Gipfel erreicht, beginnt der Abstieg. Was in Deutschland verzögert wurde, war andernorts im Zuge der Nationwerdung längst auf dem Wege oder schon verwirklicht: die landessprachliche Kodifikation des heimischen Rechts. Mit jedem neuen Gesetzbuch der jungen europäischen Nationalstaaten verlor das römische Recht ein Stück seines Territoriums. Aus einer praktisch genutzten Rechtsmasse wurde eine historische Textmasse.

Deutschland erreichte diesen Zustand, wie so häufig, reichlich spät: am 1. Januar 1900, als das Bürgerliche Gesetzbuch (BGB) in Kraft trat. Die universitären Lehrer des römischen Rechts hätten jetzt eigentlich betriebsbedingt arbeitslos werden müssen. Stattdessen wiesen sie geschickt darauf hin, dass in dem neuen Gesetzbuch viel Römisches stecke, so viel, dass der Rechtsunterricht auf das römische Recht als einführende Hilfe nicht verzichten könne. Die Diagnose stimmte – waren die Gesetzesmacher doch schon während der 25 Jahre, die das BGB-Gesetzgebungsverfahren brauchte, kritisiert worden, weil sie zu „romanistisch" gearbeitet hätten: Einerseits huldige die Sprache zu sehr der kühlen Abstraktion der lateinischen Begriffe, andererseits seien die Regeln zu individualistisch und eigennützig ausgefallen. [...]

Im Parteiprogramm der Nationalsozialisten von 1930 gerann diese Kritik zur Forderung, „das der materialistischen Weltordnung dienende römische Recht" müsse „durch ein deutsches Gemeinrecht" ersetzt werden. Das BGB, das bereits das gemeine Recht ersetzt hatte, galt ihnen also immer noch als Hort des römischen Rechts. Deshalb beseitigten sie, als die Macht erobert war, zunächst den Unterricht im römischen Recht, um sich alsdann an die Herstellung des deutschen Gemeinrechts zu machen. Dazu kam es dann nicht mehr. Aber der abgeschaffte römischrechtliche Unterricht konnte sich nach 1945 plausibel unter die Verfolgten einreihen und erneut eine starke Position in der akademischen Lehre besetzen. Allmählich wird nun auch diese letzte Festung des römischen Rechts geschleift – wie in den meisten europäischen Ländern, wo seine Lehre nicht Opfer der Politik, sondern nur der Zeitläufte geworden ist.

Heutige Juristen geben sich kaum mehr mit römischem Recht ab, und wenn, dann eher am Rande. Rechtslehrer, die die Digesten lesen, verstehen und interpretieren können, sterben aus. Die Studenten, hilflos ohne die großflächig verschwundene humanistische Schulung, haben andere Sorgen. Das ehrwürdige römische Erbe befindet sich also auf dem Weg ins Museum, allenfalls in die Studierstuben rechtshistorischer Forschung. Römischrechtliche Fachausdrücke wie Konkurs („*concursus creditorum*", Zusammenlauf der Gläubiger) oder einzelne Regeln, wie „*quod omnes tangit, debet ab omnibus approbari*" (was alle betrifft, muss von allen gebilligt werden) dürften uns allerdings noch lange begleiten.

Dieter Simon, Paragrafen der Zukunft. Das römische Recht wirkt bis heute nach, in: Johannes Salzwedel (Hg.), Das Ende des Römischen Reiches. Verfall und Untergang einer Weltmacht, Deutsche Verlags-Anstalt, München 2009, S. 260–263.

1 Arbeiten Sie die wichtigsten Phasen bei der Rezeption des römischen Rechts heraus. Stellen Sie für jede Phase die zentralen Merkmale der Rechtsübernahme und, wenn möglich, die Motive der Übernahme oder Ablehnung dieses Rechts zusammen.

2 **Diskussion:** Diskutieren Sie die These im Schlussabsatz Simons („Das ehrwürdige römische Erbe [...] dürften uns allerdings noch lange begleiten."; Z. 111–117).

3 Die Trennung von weltlicher und geistlicher Gewalt

Das priesterkönigliche Selbstverständnis des Monarchen

Kirche und Staat waren seit dem Aufstieg der Karolinger, die als Hausmeier (*major domus*) die politische Führung im Merowingerreich übernahmen, eng miteinander verflochten. Das zeigte sich, als die fränkischen Großen vom Papst eine Entscheidung verlangten, ob der Karolinger Pippin III. (ca. 715–768) nicht auch den Titel des „Königs" tragen dürfe, da er ohnehin bereits wie ein König regiere. Nachdem der Papst den Karolinger Pippin III. 751 als **Pippin I.** zum König erklärt und gesalbt hatte, legitimierte der fränkische Adel diese Entscheidung durch die Wahl Pippins zum König. Mit dem Pakt von Quiery 754 schlossen König und Papst ein Bündnis: Der Papst verlieh Pippin die Würde eines *Patricius Romanorum*, eines Schutzherrn über die römische Kirche. Gleichzeitig bestätigte die Kirche im Auftrag des Papstes mit der Wiederholung der **Königssalbung** die gottgewollte Würde des Frankenkönigs. Nicht mehr die Geblütsheiligkeit, sondern die Salbung* galt seitdem als Legitimation königlicher Herrschaft in Europa. Durch Weihe und Salbung erhielt die **königliche Herrschaft sakralen Charakter**. Das Gottesgnadentum bzw. die priesterähnliche Stellung des Königs als *rex et sacerdos* (König und Priester) beruhte auf seiner Erwählung durch Gott, seiner Stellvertretung Gottes und seiner priestergleichen Verantwortung vor Gott (M 3).

Salbung
Die Antike kannte Salbungen zur Pflege des Körpers. In der frühen Christenheit wandelte sich die Salbung zum sakramentalen Zeichen, z. B. bei Krankheit, bei der Taufe, der Firmung oder der Priesterweihe. Seit der Karolingerzeit wurden Salbungen auch den Herrscherweihen und Krönungen eingefügt und bis in die Neuzeit beibehalten.

M 1 Petrus verleiht Papst Leo die geistliche (in Form des Palliums, des päpstlichen Amtszeichens) und Karl dem Großen die weltliche Macht (in Form einer Fahnenlanze), Wandmosaik im Lateranspalast in Rom, um 800.
Die Inschrift des von Leo III. in Auftrag gegebenen Bildes lautet: „Heiliger Petrus, mögest du dem Papst Leo Leben spenden und dem König Karl Sieg verleihen!"

Literaturtipp
Elke Goez, Papsttum und Kaisertum im Mittelalter, Darmstadt 2009.
Knapper, verständlich geschriebener Überblick über das Verhältnis von Papst und Kaiser bzw. Staat und Kirche im Mittelalter.

Diese Sakralisierung des Königtums wurde zusätzlich unterstrichen durch die **Verbindung des Königtums mit dem Kaisertum**. Die Kaiserkrönung Karls des Großen am Weihnachtstag im Jahre 800 sowie, in dieser Tradition, die Erhebung späterer ostfränkisch-deutscher Könige zum Kaiser bedeutete nicht nur eine Rangerhöhung. Mit der Kaiserwürde war gleichzeitig die religiöse Verpflichtung verbunden, die Kirche zu schützen und das Christentum zu verbreiten.

Ottonisch-salische Zeit

Die Sakralisierung des Königtums prägte zwar bereits die Zeit Karls des Großen, sie intensivierte sich jedoch während der Herrschaft der Ottonen und Salier. Das zeigte sich besonders in der Ausgestaltung der Kirchenhoheit. Unter den Ottonen und frühen Saliern blieb im ostfränkisch-deutschen Reich das Prinzip der **Eigenkirche*** bestehen und galt auch für den König. Er war Herr über alle Kirchen, Klöster und Bistümer, die auf dem Reichsgut lagen. Um diese Kirchen rechtlich von denen der anderen Grundherren zu unterscheiden, sprechen bereits die Quellen von der „Kirche des Reichs“. Die Historiker haben den Begriff **„Reichskirche“** übernommen.
Um die enge Verzahnung von Staat und Kirche im ostfränkisch-deutschen Reich zu charakterisieren, sprechen die Geschichtswissenschaftler vom **„ottonisch-salischen Reichskirchensystem“**: Der König bzw. Kaiser stützte sich bei seiner Machtausübung wesentlich auf Äbte und Bischöfe der Reichskirche, die Privilegien und weltliche Macht erhielten. Indem die weltlichen Herrscher das Recht wahrnahmen, Bischöfe und Äbte mit Ring und Stab in ihr Amt einzuführen (**Investitur**), gestalteten sie das kirchliche Leben entscheidend mit. Die Kirche verlieh König und Kaiser sakrale Bedeutung, indem sie sie krönten und salbten. Wie stark die geistige und geistliche Elite der ottonisch-salischen Epoche von der sakralen Königsidee durchdrungen war, zeigt sich eindrucksvoll an der Selbstverständlichkeit, mit der Herrscher in engste Gottesbezüge gestellt wurden. Das geschah vor allem in bildlichen Darstellungen der Könige bzw. Kaiser (s. S. 46 ff. sowie M 4 und M 5).

„Eigenkirche“
Die Kirchen im Frankenreich gehörten nicht der kirchlichen Organisation, sondern den Grundherren, auf dessen Boden sie standen. Begüterte Laien konnten ebenso wie Bischöfe oder Klöster auf ihrem Land Kirchen bauen und dort Priester einsetzen, die für die Seelsorge zuständig waren. Die Gläubigen der Umgebung mussten diese Kirche besuchen und die Dienste dieses Priesters in Anspruch nehmen.

Die Bedeutung des Investiturstreits

Um zu verdeutlichen, wie prägend das Ringen um Gleichrangigkeit, Über- oder Unterordnung von **Kaiser und Papst** bzw. **Staat und Kirche** für den europäischen Kulturraum gewesen ist, sei ein Vergleich vorangestellt, den einmal der Islamwissenschaftler Bernard Lewis gezogen hat: Zwischen dem christlich-europäischen und dem islamisch-arabischen Kulturraum, schreibt Lewis, gab es im Bereich der politischen Herrschaft „eine tiefe Kluft“. Bis zur Bekehrung des römischen Kaisers Konstantin 313 „waren die Christen eine Minderheit, stets beargwöhnt und häufig staatlicher Verfolgung ausgesetzt. In dieser Zeit entwickelten sie ihre eigenen Institutionen, aus denen die Kirche hervorging.“ Muhammad, der Begründer des Islam, war hingegen „sein eigener Konstantin“. Zu seinen Lebzeiten „wurde der Islam sowohl zu einer politischen als auch zu einer religiösen Bindung, und die Gemeinde des Propheten in Medina nahm die Gestalt eines Staates an, in dem der Prophet selbst als Souverän – als Herrscher eines Landes und eines Volkes – fungierte“. Daher, so Lewis, „standen der Prophet und seine Gefährten nicht vor der Wahl zwischen Gott und Kaiser“.
In Europa haben die religionspolitischen Auseinandersetzungen des 11. und 12. Jahrhunderts die Trennung von geistlicher und weltlicher Gewalt beschleunigt. Entscheidende Bedeutung kam im lateinisch-römischen Westen dem **Investiturstreit** (1075–1122) zu. Er veränderte nicht nur das Verhältnis von Staat und Kirche, sondern auch das Herrscherverständnis der priesterähnlichen Könige nachhaltig. Dieser Wandel lässt sich mit dem Begriff der „Entzauberung“* (M 9) angemessen beschreiben.

Entzauberung der Welt
Der Begriff der „Entzauberung der Welt“ wurde von dem Soziologen Max Weber (1864–1920) geprägt. Er verstand darunter eine Begleiterscheinung des Rationalisierungsprozesses, der die Geschichte des Abendlandes seit dem Mittelalter bestimme. Zentrale Merkmale waren danach:
- die Ausbreitung der rational-empirischen Erkenntnis,
- die zunehmende intellektuelle Rationalisierung der Welt durch Wissenschaft und wissenschaftlich orientierte Technik,
- der wachsende Verlust bzw. Zerfall des Glaubens an geheimnisvolle, unberechenbare, allein durch Magie beeinflussbare Mächte, von denen die Geschicke des Menschen abhängen.

Glaube und Religion verlieren nach dieser Interpretation in der modernen Welt ihre Bedeutung als Sinngebungsinstanzen. Weltliche Wertsysteme gewinnen dagegen immer mehr Einfluss.

Ursachen des Investiturstreits

Die Auseinandersetzung zwischen Kirche und Staat entzündete sich im Hochmittelalter an der Investitur, der Einführung ins Amt. Bei Erzbischöfen und Bischöfen übernahm der König die feierliche Zeremonie. Auf diese Weise verdeutlichte die weltliche Obrigkeit, dass die Bischöfe als geistliche Gefolgschaft eine wichtige Rolle im Königreich spielten. Dagegen verurteilten die Anhänger der vom **Kloster Cluny** im 10. und 11. Jahrhundert ausgehenden **kirchlichen Reformbewegung** die Investitur als nicht hinnehmbare Unterwerfung der Kirche unter Laiengewalt. Die Reformer wollten nicht nur das Leben in den Klöstern wieder an die alten Ideale von Armut, Gebet und Gottesdienst heranführen, sondern die Klöster und Kirchen auch von ihrer Einbindung in die weltlichen Herrschaftsstrukturen befreien. Außerdem bestritten die Reformer den sakralen Charakter des Königtums und kämpften gegen Kauf und Verkauf kirchlich-geistlicher Ämter (**Simonie**). Sie verurteilten zudem die Priesterehe; unter Papst Innozenz II. (Reg. 1130–1143) wurde die Ehelosigkeit (Zölibat) zur unabdingbaren Voraussetzung der Priesterweihe.

Anlass und Verlauf

Anlass des Investiturstreites war die Einsetzung des Mailänder Erzbischofs durch König Heinrich IV.* (Reg. 1056–1106) im Jahre 1075. Vorausgegangen war, dass Heinrich III. Päpste ab- und eingesetzt hatte. In den Augen von Papst Gregor VII.* (1073–1085) hatte Heinrich IV. den Bischofssitz einem nicht rechtmäßig gewählten Kandidaten übergeben. Heinrich IV. beharrte auf seinem Investiturrecht, Gregor VII., ein Anhänger der Kirchenreform (M 6), verlangte die „kanonische Wahl", also die Wahl durch Vertreter von Kirche bzw. Klerus. Als der König gemeinsam mit deutschen und oberitalienischen Bischöfen dem Papst im Januar 1076 den Gehorsam verweigerte, verhängte Gregor VII. bereits einen Monat später den **Kirchenbann** über Heinrich IV. Diese Exkommunikation des Königs nutzten einige Fürsten im Reich, um ihre Macht stärken. Sie stellten im Herbst 1076 ein Ultimatum: Falls Heinrich sich nicht innerhalb eines Jahres vom Bann lösen lasse, würden sie einen neuen König wählen.
Bevor sich der Papst mit der deutschen Fürstenopposition verbinden konnte, zeigte sich Heinrich auf seinem **Bußgang nach Canossa** im Jahre 1077 als gehorsamer Sohn der Kirche, erlangte so die Vergebung des Papstes und die Lösung des Kirchenbanns.

M2 Heinrich IV. (1050 bis 1106) bei der Markgräfin Mathilde (1052–1115), Buchmalerei, 1114/15.
Abgebildet sind die Markgräfin Mathilde von Tuszien, Heinrich IV. und der Abt von Cluny. Die Bildinschrift lautet: „Der König fragt den Abt und fleht Mathilde an." Der Abt sah sich, ebenso wie Mathilde, in der Rolle des Vermittlers.

Heinrich IV. (1050–1106)
Er war seit 1056 König aus dem Hause der Salier, seit 1084 Kaiser und entwickelte sich zum Gegenspieler von Papst Gregor VII. im Investiturstreit. 1077 trat er den Bußgang nach Canossa an.

Gregor VII. (um 1021–1085)
Er stellte sich als Papst (1073–1085) auf die Seite der Kirchenreformer und kämpfte gegen Simonie und Laien-Investitur sowie für das Zölibat. Sein striktes Eintreten für die Unterordnung des Kaisers unter den Papst in der Programmschrift *„Dictatus Papae"* löste den Investiturstreit mit aus.

Literaturtipps
Uta-Renate Blumenthal, Artikel „Investiturstreit", in: Gert Melville/ Martial Staub (Hg.), Enzyklopädie des Mittelalters, Bd. II, Darmstadt 2008, S. 321–326.
Knapper und guter Überblick.

Stefan Weinfurter, Canossa. Die Entzauberung der Welt, München 2006.
Das gut lesbare Buch analysiert anschaulich den Wandel des Herrschaftsverständnisses im Hochmittelalter. Im Mittelpunkt steht der Bußakt von Canossa.

Obwohl der Papst 1078 ein allgemeines, auch für den König geltendes Laieninvestiturverbot erließ, setzte sich der Streit zwischen weltlicher und geistlicher Gewalt fort. In Traktaten, Briefen und Pamphleten vertraten und untermauerten beide Seiten ihre jeweilige Haltung. Aber auch die Amtsenthebung des jeweiligen Gegners und weitere Bannsprüche gehörten zu den Kampfmitteln von Papst und Kaiser (M 7).

Ergebnis und Folgen

Im **Wormser Konkordat 1122** vermittelten deutsche Fürsten einen Ausgleich zwischen Heinrich V. (Reg. 1106–1125) und Papst Calixt II. (1119–1124). Grundlage war die begriffliche Trennung in Temporalien* und Spiritualien*. Der König wies nur noch in die Temporalien ein. Der Papst setzte den Grundsatz der freien kanonischen Wahl durch, doch sicherte sich der König maßgeblichen Einfluss auf die Bischofswahl. Es war kaum möglich, dass ein gewählter Kandidat zum Bischof geweiht werden konnte, wenn der König ihm die Belehnung verweigerte.

Der Investiturstreit veränderte das Verhältnis von Kirche und Staat (M 8): Die im Frühmittelalter entstandene Verschränkung von kirchlichen Strukturen und weltlicher Herrschaft bekam tiefe Risse, die Unterscheidung von geistlicher und weltlicher Macht mit ihren je eigenen Zuständigkeitsbereichen wurde eingeleitet. Durch die länderübergreifenden Aktivitäten der Päpste entwickelten die Einzelkirchen zunehmend ein Bewusstsein der Zusammengehörigkeit und sahen sich als Glieder einer durch Papsttum und Kurie geleiteten, eigenständigen Institution mit dem Papst als Autoritätszentrum. Der Bußgang von Canossa veränderte auch die Würde des sakralen Königtums. Zwar betonten die Königsurkunden seitdem nach wie vor das Gottesgnadentum und die Gottunmittelbarkeit der Monarchen, die als irdische Sachwalter Gottes galten. Doch verblasste das sakral gefärbte Königsbild langsam, das Königtum wurde zunehmend „entzaubert" (M 9). Die Monarchen und ihre Anhänger sahen sich im Verlauf der Neuzeit gezwungen, die Notwendigkeit des Königtums neu zu begründen. Alte theologische, auf Glauben und Religion beruhende Argumente zur Legitimation monarchischer Herrschaft verloren ihre Glaubwürdigkeit, die herausgehobene Stellung des Königs musste mit rationalen Argumenten abgesichert werden.

Temporalien
Die weltlichen Rechtsansprüche eines Bistums oder einer Abtei, wie z. B. die Regalien(= Hoheitsrechte) oder die Verwaltung der Kirchengüter.

Spiritualien
Die geistlichen Befugnisse eines kirchlichen Amtsträgers, wie z. B. die Weihe, Sakramentsspendung, Seelsorge, theologische Lehre und kirchliche Rechtsprechung.

1 Erläutern Sie mithilfe des Darstellungstextes den Begriff des „sakralen Königtums".
2 Arbeiten Sie heraus, welche Auswirkungen die Sakralisierung des Königtums für das Verhältnis von weltlicher und geistlicher Gewalt besaß.
3 Während des Investiturstreites veränderte sich das Machtverhältnis zwischen Staat und Kirche. Erläutern Sie, welche Befugnisse Papst und Kaiser hinzugewannen bzw. verloren.
4 Untersuchen Sie, welche Ideen die Politik des Papstes prägten.
5 Charakterisieren Sie das politisch-geistige Selbstverständnis des Kaisers im Investiturstreit.

M3 Der Historiker Franz-Reiner Erkens über sakrales Königtum, 2006

Es sind [...] vor allem drei Elemente, die numinose [göttliche, einen ehrfürchtigen Schauer erregend] Bezüge herstellen: zunächst die Vorstellung, dass das Königtum von Gott geschaffen und sein Träger von Gott erwählt sei, dass also die Herrschaft [...] ausgeübt werde [...] aus der Gnade Gottes, wie es, wenn auch in variierenden Formen, seit der frühen Karolingerzeit bis hin zu Wilhelm II. (1888–1918, † 1941) und Elisabeth II. von England in offiziellen Verlautbarungen heißt; des Weiteren der Glaube, dass der Herrscher als Stellvertreter Gottes auf Erden wirke; und schließlich die Ansicht, dass der König (oder Kaiser) eine priesterähnliche Verantwortung für die ihm anvertraute Gemeinschaft vor Gott besitze. Alle diese, eine eigentümliche Sakralität anzeigenden Elemente wurden etwa bei den Herrscherweihen zum Ausdruck gebracht. So ermahnen die Bischöfe den neuen König bei der Krönung gemäß der Vorschrift des um 962 angelegten Mainzer Krönungsordo in zwar gewundenen Worten, aber mit doch eindeutiger Aussage: „Empfange die Königskrone der Herrschaft, die Deinem Haupt von den zwar unwürdigen, doch von den Händen der Bischöfe aufgesetzt wird; bedenke, dass sie die Herrlichkeit und Ehre der Heiligkeit [...] und das Werk der Tapferkeit sinnfällig ausdrückt; sei Dir bewusst, dass Du durch sie Teilhaber an unserem Bischofsamt [...] wirst, auf dass Du so, wie wir im Innern als Hirten und Lenker der Seelen verstanden werden, auch nach draußen stets erscheinst als wahrer Diener Gottes [...] und gegen alle Widrigkeiten als eifriger Schützer der Kirche Christi und des Dir von Gott gegebenen Reiches [...], sowie ferner durch das Amt unseres Segnens in Stellvertretung der Apostel und aller Heiligen als nützlicher Vollbringer des Auftrags Deiner Herrschaft und erfolgreicher Herrscher, auf dass Du unter den ruhmvollen Helden geschmückt mit den Edelsteinen der Tugendkraft und gekrönt mit dem Lohn ewiger Glückseligkeit zusammen mit deinem Heiland und Erlöser Jesus Christus, dessen Namen und Stellvertretung Du nach unserem Glauben ausführst [...], ohne Ende geehrt wirst." Ausdrücklich wird hier also darauf hingewiesen, dass dem König die Herrschaft von Gott gegeben werde, er also von Gott erwählt sei und als Gesalbter (d. i. *christus)* dessen Stellvertreterschaft auf Erden, Christi Vikariat, innehabe und (als *particeps)* einen Anteil besitze am bischöflich-priesterlichen Amt.

Franz-Reiner Erkens, Herrschersakralität im Mittelalter. Von den Anfängen bis zum Investiturstreit, Kohlhammer, Stuttgart 2006, S. 29.

1 Fassen Sie stichpunktartig die drei zentralen Elemente sakraler Herrschaft zusammen.

M4 Siegel Ottos I., hellbraunes Wachs, 936.

Inschrift: OTTO D(e)I GR(ati)A REX. Dargestellt sind u. a.: der König im Dreiviertelprofil, den Kopf nach links gewandt; ein Kronreif im Haar; ein reich gegliederter Mantel, befestigt mit einer Fibel; eine dünne Lanze mit Fahnentuch; ein Schild.

M5 Siegel Ottos I., dunkelbraunes Wachs, ca. 965.

Inschrift: OTTO IMP(erator) AUG(ustus). Dargestellt sind u. a.: Krone, Kreuzzepter, Reichsapfel.

1 Der Historiker Franz-Reiner Erkens schreibt 2006 in seinem Buch „Herrschersakralität im Mittelalter": „Vor der Kaiserkrönung Ottos im Jahre 962 wurde der Herrscher traditionsgemäß als Halbfigur im Profil abgebildet [...], danach blickte er [...] den Betrachter direkt an [...]. Diese Frontalität aber entsprach der üblichen Darstellung Christi und der Heiligen [...]. Im Siegelbild nahm der Kaiser mithin eine Christusattitüde an und betonte dadurch eine Christusbildlichkeit, die seit der zweiten Hälfte des 10. Jahrhunderts auch sonst spürbar wurde im ottonischen Reich."
a) Überprüfen und erläutern Sie diese Interpretation des Historikers Erkens mithilfe von M 4 und M 5.
b) Erörtern Sie die Bedeutung des sakralen Königtums für das Verhältnis von weltlicher und geistlicher Macht. Ziehen Sie dafür auch den Darstellungstext, S. 33 ff., mit heran.

M6 Das Reformprogramm „Dictatus Papae" Gregors VII. (1073–1085), 1075

Der „Dictatus Papae", eine Liste von 27 Leitsätzen, befand sich zwischen Briefen Gregors von 1075.

1. Die römische Kirche ist allein vom Herrn gegründet worden.
2. Allein der römische Pontifex wird rechtmäßig universaler Bischof genannt.
3. Er allein kann Bischöfe absetzen oder wieder aufnehmen.
4. Sein Legat hat allen Bischöfen gegenüber auf dem Konzil den Vorsitz, auch wenn er geringeren Ranges ist, und kann

über sie das Urteil der Absetzung fällen.

5. Auch Abwesende kann der Papst absetzen.

6. Mit den von ihm Exkommunizierten dürfen wir unter anderem nicht einmal im selben Haus bleiben.

7. Ihm allein ist es gestattet, wenn die Zeit es erfordert, neue Gesetze zu erlassen, neue Bistümer zu errichten, Kanonikerkapitel in Mönchsklöster zu verwandeln und umgekehrt, reiche Bistümer aufzuteilen und arme zusammenzulegen.

8. Er allein darf kaiserliche Insignien gebrauchen.

9. Allein des Papstes Füße haben alle Fürsten zu küssen.

10. Sein Name allein darf in den Kirchen feierlich genannt werden.

11. Einzigartig ist dieser Name in der Welt.

12. Ihm ist erlaubt, Kaiser abzusetzen.

13. Ihm ist erlaubt, Bischöfe von einem Sitz zum anderen zu versetzen, falls dringend geboten.

14. Aus jeder Kirche kann er nach Belieben Kleriker weihen.

15. Ein von ihm Ordinierter kann auch einer anderen Kirche vorstehen, nicht aber niedere Dienste tun; von keinem anderen Bischof darf er einen höheren Weihegrad empfangen.

16. Keine Synode darf ohne seine Weisung als eine allgemeine bezeichnet werden.

17. Kein Rechtssatz und kein Buch darf ohne seine Autorisierung als kanonisch gelten.

18. Seine Entscheidung darf von niemandem neu verhandelt werden, er selber darf als Einziger die Entscheidungen aller anderen neu zur Verhandlung stellen.

19. Er selber darf von niemandem gerichtet werden.

20. Niemand wage den zu verurteilen, der an den apostolischen Stuhl appelliert.

21. Die wichtigeren Angelegenheiten jeder Kirche sollen vor den apostolischen Stuhl gebracht werden.

22. Die römische Kirche hat niemals geirrt und wird nach dem Zeugnis der Schrift auch nie und nimmer irren.

23. Der römische Pontifex, wenn er kanonisch geweiht wurde, wird durch die Verdienste des heiligen Petrus unzweifelhaft heilig gemacht. [...]

24. Auf seine Weisung und Erlaubnis hin ist es Untergebenen gestattet, Anklage zu erheben.

25. Ohne das Zusammenkommen einer Synode kann er Bischöfe absetzen und wieder aufnehmen.

26. Als katholisch darf nicht gelten, der nicht übereinstimmt mit der römischen Kirche.

27. Er kann Untergebene vom Treueid gegenüber Missetätern lösen.

Zit. nach: Hans Küng, Das Christentum. Die religiöse Situation der Zeit, Piper, München 1994, S. 446 f.

1 **Arbeiten Sie aus diesem Reformprogramm Selbstverständnis und Ziele Gregors VII. heraus.**

M7 Zeichnung aus der Chronik des Bischofs Otto von Freising (ca. 1111–1158).

Dargestellt sind vier Szenen (in ungeordneter Reihenfolge): (A) Papst Gregor VII., der König Heinrich IV. verflucht. (B) Gregor VII., der im Exil in Salerno stirbt. (C) Heinrich IV., der (nach erneuter Bannung durch Gregor VII. 1080) für die Wahl des Erzbischofs Wibert von Ravenna (Guibertus) zum Gegenpapst Clemens III. sorgt. (D) Heinrich IV., der Gregor VII. vertreibt.

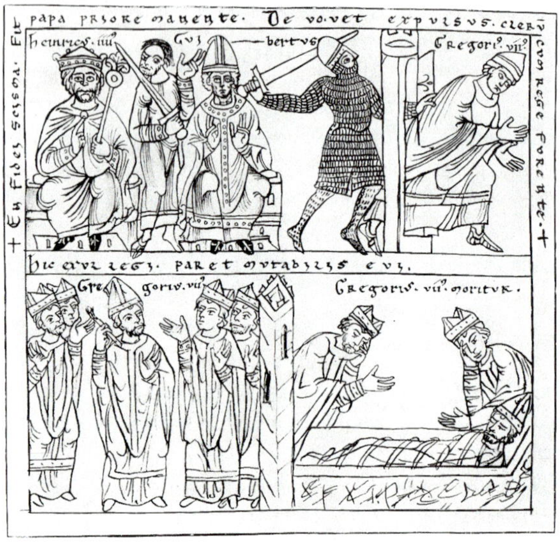

1 **Erörtern Sie mithilfe der Zeichnung, mit welchen Mitteln Kaiser und Papst den Investiturstreit ausgetragen haben. Nutzen Sie auch den Darstellungstext von S. 33–36 sowie ggf. ein historisches Lexikon oder Handbuch.**

M8 Der Rechtswissenschaftler und Historiker Ernst-Wolfgang Böckenförde über die Folgen des Investiturstreits für Kirche und Staat, 1967

Was bewirkte der Investiturstreit für diese religiös-politische Einheitswelt? Das Prinzip, das diesen Kampf innerlich ermöglichte und über eine Machtauseinandersetzung hinausführte, weil es ihm die geistige Begründung verlieh, war die Trennung von ‚geistlich' und ‚weltlich'. Von der jungen theologischen Wissenschaft erarbeitet, wurde diese Trennung die eigentliche geistige Waffe im Investiturstreit. [...] Die Träger des geistlichen Amtes beanspruchten alles Geistliche, Sakrale, Heilige für sich und die von ihnen gebildete ‚*ecclesia*'. [...] Der Kaiser, ja das Herrscheramt überhaupt, wurde aus dieser neuen *ecclesia* hinausgewiesen, verlor seinen geistlichen Ort und wurde in die Weltlichkeit entlassen. Der Kaiser war nicht länger geweihte Person, sondern Laie wie jeder andere Gläubige auch, er unterstand hinsichtlich der Erfüllung seiner Christenpflichten wie jeder andere dem Urteil der geistlichen Instanz, die ihrerseits dem Urteil einer weltlichen Instanz nicht unterworfen war. Das ist der neue ‚*ordo*', den der *Dictatus Papae* zum Ausdruck bringt.

Die Revolution, die sich hier vollzog, bedeutete mehr als nur die Entsakralisierung des Kaisers. Mit ihm wurde zugleich die politische Ordnung als solche aus der sakralen und sakramentalen Sphäre entlassen; sie wurde in einem wörtlichen Sinn entsakralisiert und säkularisiert, und damit freigesetzt auf ihre eigene Bahn, zu ihrer eigenen Entfaltung als weltliches Geschäft. Was als Entwertung gedacht war, um kaiserliche Herrschaftsansprüche im Bereich der *ecclesia* abzuwehren, wurde [...] zur Emanzipation: der Investiturstreit konstituiert Politik als eigenen, in sich stehenden Bereich; sie ist nicht mehr einer geistlichen, sondern einer weltlichen, das heißt naturrechtlichen Begründung fähig und bedürftig.

Ernst-Wolfgang Böckenförde, Die Entstehung des Staates als Vorgang der Säkularisation, in: ders., Staat, Gesellschaft, Freiheit. Studien zur Staatstheorie und zum Verfassungsrecht, Suhrkamp, Frankfurt/M. 1976, S. 45 ff.

1 **Erläutern Sie, warum Böckenförde den Investiturstreit als „Revolution" bezeichnet.**

2 **Arbeiten Sie die zentralen Elemente des Prozesses der „Entsakralisierung des Kaisers" und seine Folgen im politisch-weltlichen Bereich heraus.**

M9 Der Historiker Stefan Weinfurter über die Folgen des Bußaktes von Canossa, 2006

„Canossa" war ein Ereignis, aber es steht auch als historische Chiffre[1]. Diese bezeichnet den Beginn und den Weg einer „Entzauberung der Welt". So hat Max Weber den Rationalisierungsprozess umschrieben, bei dem die Einheit von religiöser und „staatlicher" Ordnung sich auflöst. Dieser Vorgang birgt zwangsläufig neue regulative Ideen in sich, die den Wertekodex einer Gesellschaft zutiefst beeinflussen. Die Wahrheit und die Gerechtigkeit stechen im Umfeld von „Canossa" als „Leitideen" heraus. Sie förderten eine zunehmende Strenge in der Anwendung von Normen und Regeln. Gesetze und Vorschriften erhielten eine andere Verbindlichkeit als zuvor. Und es zeigen sich auch erste Ansätze dazu, den „staatlichen" Bereich durch eigene Gesetze zu regeln, etwa durch den zaghaften Rückgriff auf römisches Recht. [...]

Nun ist es keineswegs so, dass sich die Kirche im Mittelalter [...] wirklich aus der ‚Welt' zurückgezogen hätte. Ganz im Gegenteil dazu hat das Papsttum für geraume Zeit sogar eine Schiedsrichterrolle über die europäischen Völker und Reiche errichten können, und die Verflechtungen kirchlicher und weltlicher Interessen bestimmten das Leben der Menschen in hohem Maße. Aber letztlich war mit „Canossa" doch eine Entwicklung eröffnet worden, die den Keim in sich trug, dass die „Welt" ihren eigenen Gesetzen folgen und ihre eigenen Werte entwickeln konnte. Der Prozess der „Rationalisierung", den der gelehrte Erzbischof Anselm von Canterbury am Ende des 11. Jahrhunderts in die Formel der Erkenntnis „allein durch die Vernunft" (*sola ratione*) kleidete, war auf den Weg gebracht, auch wenn es bis zu seiner vollen Entfaltung noch vieler Jahrhunderte weiterer Ausformung bedurfte. Seine tiefsten Wurzeln reichen in die Tage von „Canossa". Von hier gingen die ersten Impulse dafür aus, weltliche Lebensordnungen zu konzipieren, die Kirche als eigene Institution zu definieren und wissenschaftliche Methoden der Wahrheitssuche zu entwickeln. Erstaunlich rasch brachte es das „Licht der Vernunft" so weit, dass man an der Pariser Universität schon im 13. Jahrhundert wagte, Gottes Existenz zu leugnen. Man konnte sich die Welt bereits gottlos vorstellen, auch wenn diese Auffassung auf Betreiben der Amtskirche sogleich wieder mit Nachdruck ausgelöscht wurde. Doch der Stein war ins Rollen gebracht und zog seine Bahn über manche Unebenheiten bis hin zur Aufklärung. Für die „Entzauberung der Welt" benötigte man einen langen Atem. Ihr Ausgangspunkt aber lag in „Canossa".

Stefan Weinfurter, Canossa. Die Entzauberung der Welt, C. H. Beck, München 2006, S. 207 f.

1 Chiffre: Zeichen

1 **Arbeiten Sie die wesentlichen Elemente des Begriffs „Entzauberung" heraus.**

2 **Erörtern Sie mithilfe des Begriffs „Entzauberung" die Folgen des Bußaktes von Canossa für das Selbstverständnis und die Funktionen von Staat und Kirche.**

3 **Schlussdiskussion: Der gescheiterte Entwurf einer EU-Verfassung von 2004 berief sich in der Präambel auf das „kulturelle, religiöse und humanistische Erbe Europas, aus dem sich die unverletzlichen und unveräußerlichen Rechte des Menschen sowie Freiheit, Demokratie, Gleichheit und Rechtsstaatlichkeit als universelle Werte entwickelt haben". Eine namentliche Nennung des Christentums war zuvor am heftigen Widerstand einiger EU-Staaten, vor allem Frankreichs, gescheitert. Diskutieren Sie, ob die Berufung auf das Christentum und seine Werte Ihrem Verständnis nach Eingang in einen politischen Verfassungstext haben sollte.**

4 **Fächerverbindung Sozialkunde/Referat:**
Die Türkei ist gemäß ihrer Verfassung eine demokratische, laizistische, soziale und rechtsstaatliche Republik, die Gewaltenteilung sowie Grundrechte und -pflichten kennt. Gleichzeitig kontrolliert der Staat durch das Amt für Religiöse Angelegenheiten (Diyanet) weite Teile des öffentlichen Lebens im Sinne des (sunnitischen) Islam. Erarbeiten Sie am Beispiel der Türkei und ihres EU-Mitgliedsantrages, welche Schwierigkeiten sich daraus für das Verhältnis der europäisch-westlichen Staatenwelt zu einem islamisch geprägten Kulturkreis ergeben und welche Lösungswege sich aufzeigen lassen.

4 Mitsprache als Grundlage der Gewaltenteilung – Hintergrundinformationen

Lehnswesen

Einer der Grundpfeiler der vormodernen europäischen Gesellschaft war das Lehnswesen, das sich im 7. und 8. Jahrhundert herausbildete. Der König gebot über freie Gefolgsleute (Vasallen), die ihm militärische Dienste und Rat leisteten und die Treue geloben mussten. Als Gegenleistung gewährte ihnen der König Schutz und sorgte für ihren Lebensunterhalt. Er genügte dieser Pflicht durch Verleihung eines Lehens. Dies war meist ein Gut, manchmal ein nutzbares Recht (z. B. Zolleinnahmen) oder ein Amt, wie z. B. das des Herzogs (Vertreter des Königs für ein Stammesgebiet, wie z. B. der Baiern), das des Markgrafen (Inhaber einer Grafschaft in Grenzgebieten) oder das des Pfalzgrafen (Verwalter einer Königsunterkunft). Doch nicht nur der König war Lehnsherr und vergab Lehen an hohe geistliche und weltliche Fürsten. Auch diese Kronvasallen verliehen wieder Lehen an Untervasallen. So entstand eine komplexe **Lehnspyramide.**

Einige Forscher sprechen im Zusammenhang mit dem Lehnswesen von **Feudalismus** bzw. **Feudalgesellschaft.** Sie beziehen damit die Grundherrschaft als wirtschaftliche Basis des Lehnssystems mit ein, da jeder Herr und Vasall ein Grundherr war. Freie Bauern konnten ihr Land auch in der Rechtsform der Leihe besitzen und standen dann auf der untersten Stufe der Lehnskette.

Konsensuale Herrschaft

Die Beziehung zwischen Lehnsherr und Vasall war kein einseitiges Herrschaftsverhältnis, in dem alle Entscheidungsgewalt beim Lehnsherrn lag. So durfte der Lehnsherr nicht ohne Rücksprache mit seinen Vasallen ein Lehen veräußern oder tauschen, wie ein Vorfall aus dem bayerischen Raum im 13. Jahrhundert eindrucksvoll verdeutlicht (M 3). Gewiss waren Lehnsherr und Vasall Ungleiche, aber ihr Handeln beruhte auf Vertrag und Konsens. Der Historiker Otto Brunner hat diese auf Gegenseitigkeit beruhenden Abhängigkeiten definiert durch die einander ergänzenden Normen von „Treue und Huld“, „Schutz und Schirm“ bzw. „Rat und Hilfe“.

In der Geschichtswissenschaft werden solche auf wechselseitigen Verpflichtungen beruhenden Bindungen auch als **konsensuale Herrschaft** bezeichnet. Dieser

M 1 Zwei Fürsten bieten einem Vasallen die Belehnung an, Buchmalerei aus der Heidelberger Handschrift des „Sachsenspiegels“, Anfang 14. Jh.

Der Vasall nimmt die Belehnung von dem Fürsten an, der selbst ein Lehen hat (zu erkennen an der Fahne), und wird damit zum Untervasallen. Da sein Lehnsherr sitzt, muss er als Zeichen der Ehrerbietung knieend die „Mannschaft“ leisten: Dazu legt er seine gefalteten Hände zwischen die des Herrn.

Begriff berücksichtigt, dass die Herrschaftsbeziehungen im Mittelalter noch nicht so stark institutionalisiert waren wie heute. Tatsächlich beruhte Herrschaft im Mittelalter auf **persönlichen Beziehungen**, wie schon das Wort „Herrschaft" verdeutlicht, indem es den Bezug auf einen „Herrn" hervorhebt. Die ungesicherten mittelalterlichen Verhältnisse zwischen Befehlsgeber und Befehlsempfänger waren daher unbeständig, unsicher und schwierig. Der geringere Grad der Institutionalisierung von Herrschaft im Mittelalter zeigte sich außerdem darin, dass öffentliche und private Gewaltausübung, öffentliches und persönliches bzw. privates Recht nicht so strikt getrennt waren wie in der modernen Welt. Aus diesen Gründen hat die Einforderung, Inszenierung und teilweise auch Vorspiegelung von Konsens die politische Entscheidungsfindung im Mittelalter maßgeblich geprägt.

Reich, Territorien und Landesherren

Im römisch-deutschen Reich standen seit dem Ende der Stauferherrschaft (1254) schwache Könige an der Spitze, die sich mehr um ihre eigene Hausmacht als um das Reich kümmerten. Hart umkämpfte und umstrittene Königswahlen sowie häufige Dynastiewechsel (Habsburger, Luxemburger, Wittelsbacher) schwächten das Reich zusätzlich. Diese Entwicklung ging einher mit dem allmählichen **Machtzuwachs der Territorialgewalten**, d. h. der Fürsten und Reichsbischöfe, mit denen sich jeder König auseinanderzusetzen hatte. In diesen **Landesfürstentümern** begann daher im deutschen Raum die Entwicklung vom Personenverbandsstaat* zum modernen **Territorialstaat** mit zentralen Behörden, einem geschlossenen Staatsgebiet und einem einheitlichen Staatsvolk. Zwar besaß auch das Reich eigenständige staatliche Strukturen. Sie verfestigten sich aber erst allmählich mit der Kontinuität der Habsburgerdynastie (seit 1438) und der Reichsreform 1495 (endgültiges Verbot der Fehde*; Einsetzung eines obersten Reichsgerichts; Erhebung allgemeiner Reichssteuern; aus dem Hoftag wurde der Reichstag).
Bereits seit dem Stauferkaiser Friedrich II. (Reg. 1212–1250), der Sizilien zum Mittelpunkt seiner Regierungstätigkeit machte, schwangen sich die hohen Würdenträger des Reiches mehr und mehr zu **Landesherren*** über ihre Gebiete auf. In zwei Urkunden, der *Confoederatio cum principius ecclesiasticis* (1220) und dem *Statutum in favorem principum* (1231/32), das die Fürsten erstmals als „Landesfürsten" bezeichnete, regelte der Kaiser die Rechte der geistlichen und weltlichen Fürsten und ebnete damit den Territorialfürstentümern den Weg.

Fürstliche und ständische Gewalt

Die Historiker betrachten den spätmittelalterlich-frühneuzeitlichen Staatsbildungsprozess als einen dualen Vorgang bzw. den modernen Territorialstaat, der sich seit dem Spätmittelalter und der Frühen Neuzeit herausgebildet hat, als einen **dualistischen Staat**. Dieser ist geprägt durch das **Miteinander-**, manchmal auch **Gegeneinanderhandeln von Fürst und Ständen**. Die Landesfürsten begannen seit dem 15. Jahrhundert, ihre Herrschaft auszubauen (M 4). Sie vereinheitlichten Recht und Verwaltung in ihren Herrschaftsgebieten, indem sie ihre Territorien in Amtsbezirke einteilten, die von Amtmännern verwaltet wurden. Der landesfürstliche Rat entwickelte sich zur zentralen Regierungsbehörde mit an Universitäten ausgebildeten Juristen aus dem Bürgerstand.
Die Vergrößerung des Besitzes, seine Verteidigung gegen andere Fürsten und der Ausbau der Verwaltung verursachten – neben der Hofhaltung – hohe Kosten. Die Einnahmen aus dem fürstlichen Grundbesitz (Domäne), aus Zöllen, Strafgeldern und Gebühren reichten dafür nicht mehr aus, sodass die Fürsten auf die Abgaben ihrer Untertanen angewiesen waren. Wollten die Landesherren aber Steuern erheben, Ämter verpfänden oder Krieg führen und Frieden schließen, waren sie auf „Rat und Hilfe" ihrer Stände angewiesen. Auf den **Landtagen** trafen sich Vertreter

Personenverbandsstaat
Bezeichnung für eine mittelalterliche Herrschaftsordnung, die auf der rechtlichen Bindung zwischen Personen beruht. Das moderne Staatsverständnis geht von einem Gebiet aus, das von der durch Beamte ausgeübten Verwaltung einheitlich erfasst wird.

Landesherr
Person, die über ein fest umrissenes Gebiet (= Territorium) des Reiches herrscht (im Heiligen Römischen Reich seit dem 11. Jh.). Während sich vor dem Aufkommen der Landesherren Herrschaft in erster Linie auf Personen unabhängig von deren Wohnsitz richtete, sind nun die Bewohner eines Territoriums der Gewalt der Landesherren unterworfen. Jeder Landesherr (z. B. Graf, Herzog) musste sich beim Ausbau seiner Herrschaft gegen benachbarte Herren durchsetzen. Vom 13. Jh. an gelang es großen Herren, sich wichtige Befugnisse vom König übertragen zu lassen.

Fehde
Rechtsform, bei der ein Rechtsbruch direkt zwischen Geschädigtem und Schädiger – ohne übergeordnete Instanz – geregelt wird

M 2 Friedrich II. (1212 bis 1250), Buchmalerei aus dem von Friedrich II. selbst verfassten Buch „Über die Kunst der Jagd mit Vögeln", 13. Jh.

Landstände
Vertretungsorgane von Adel, Geistlichen, Städten und Amtsinhabern gegenüber den Landesfürsten.

von Adel, Kirche und Städten und verhandelten mit dem Landesfürsten. Die Landstände* bewilligten nicht nur die Steuern und Abgaben, die die Bauern zu entrichten hatten. Auf den Landtagen wurde auch über Gesetzgebung, Landesteilungen und andere Fragen beraten. Doch war das Verhältnis zwischen Fürst und Ständen nicht immer kooperativ. In einzelnen Fällen entwickelten sich die Stände auch zur Kontrollinstanz gegenüber den Landesfürsten (M 5) – etwa wenn diese ihre dynastischen Interessen vor die Interessen des Landes stellten. Außerdem nutzten die Stände die Verhandlungen über Abgaben und Steuern, um den Landesfürsten ihre Forderungen und Beschwerden (*Gravamina*) vorzulegen, z. B. um ihre autonomen Rechte zu sichern bzw. zu vergrößern oder Gesetze einzubringen. Bei diesen Gelegenheiten kam es auch zu Auseinandersetzungen zwischen Landständen und Fürsten. Doch die Fürsten brauchten ihre Stände, die eine **Vorform der modernen Parlamente** waren. Die Wurzeln dieser Form der Gewaltenteilung reichen bis ins Mittelalter zurück (M 6).

1 „Schutz und Schirm für Rat und Hilfe". Erläutern Sie, ausgehend von dieser Beschreibung, die Struktur der Herrschaftsbeziehungen im Lehnswesen.
2 Erörtern Sie die These, dass der frühneuzeitliche Staat ein dualistischer Staat gewesen sei. Diskutieren Sie, ob man hier von „Gewaltenteilung" sprechen kann.

M 3 Der Historiker Bernd Schneidmüller über den Versuch der Veräußerung eines Lehens im 13. Jahrhundert, 2000

Zwei selbstbewusste Äbtissinnen setzten sich 1216 in durchaus spektakulärem Verfahren gegen ihren König und Bischof durch und zwangen den Herrscher, sein Einlenken in zwei Urkunden feierlich festzuhalten. Als Mehrer des Reichs hatte sich der Staufer Friedrich II. offenkundig nicht erwiesen, als er im Dezember 1215 mit Bischof Konrad IV. von Regensburg die Lehnshoheit über die beiden Reichsabteien Obermünster und Niedermünster in Regensburg gegen die Stadt Nördlingen, die Villa[1] Orngau samt Propstei und die Vogtei an beiden Orten tauschte. Die Vergabe von königlichen Klöstern an Bischöfe, von Kaiser Heinrich II. (1002–1024) noch gezielt zur Formierung wie Stärkung der Reichskirche praktiziert, gelang freilich im 13. Jahrhundert nicht mehr. Inzwischen hatten sich nicht allein das Verhältnis von Königtum und Kirche, sondern auch das Ordnungs- und Bewusstseinsgefüge im Miteinander von Herrscher, Adel und geistlichen Fürsten gewandelt.

Aus den Königsurkunden sind wir über Auseinandersetzungen und Streitschlichtung informiert: Auf einem feierlichen Hoftag [...] in Würzburg erhoben Äbtissin Tuta von Niedermünster in eigener Person und Äbtissin Gertrud von Obermünster, vertreten durch einen Prokurator[2], mit Teilen ihrer Kapitel[3] schwere Klage [...] gegen die unverschuldet erlittene Behandlung und verlangten Unterstützung und Urteil der Fürsten [...]. Selbstbewusst trugen sie vor, dass kein Fürstentum vertauscht, vom Reich entfremdet oder einem anderen Fürsten übertragen werden dürfe, wenn nicht die Willenserklärung des vorstehenden Fürsten dieses Fürstentums und der vollständige Konsens der Ministerialen[4] vorliege. Nach Prüfung wurde durch Spruch der Fürsten und mit Zustimmung der Adligen, Barone, Ministerialen und aller Anwesenden die Argumentation der Damen für rechtmäßig erachtet: Kein Fürstentum dürfe durch Tausch oder Veräußerung vom Herrscher an irgendjemanden übertragen werden, außer mit vollem Einverständnis und Zustimmung des betroffenen Fürsten und seiner Ministerialen. Als Schützer der Gerechtigkeit mochte der König jetzt nicht mehr widerstehen, approbierte den Spruch und machte den Tausch rückgängig; alle Fürstentümer des Reichs sollten künftig in Recht und Ehre [...] unangetastet bleiben.

Die Entscheidung des Würzburger Hoftags vom 15. Mai 1216 verdient in mehrfacher Hinsicht Interesse [...]. Zur Debatte standen nämlich nicht allein das kirchliche Gefüge in der Bischofsstadt Regensburg, sondern die Organisation und Struktur von Herrschaft an der Wende vom hohen zum späten Mittelalter. [...] Dem König wurde durch den Spruch seiner Fürsten deutlich gemacht, dass ihm das Reich nicht allein gehörte. Es musste vielmehr aus dem Konsens mit den Fürsten regiert werden. [...] Als Teilhaber am Reich durften die Fürsten ihren Herrscher an seine Aufgabe als *augustus* erinnern. Sie erlangten seit dem 11./12. Jahrhundert zunehmenden Einfluss auf die Ausgestaltung der Politik und erreichten im 13. Jahrhundert eine weitgehende Verschriftlichung ihrer Partizipationsrechte. Also stellt die Würzburger Sentenz von 1216 ein wichtiges Glied in einer anwachsenden Kette von Apperzeptionen [bewussten Wahrnehmungen] dar. [...]

Doch aus solchem Gewinn von Funktionalität und Rechtsqualität erklärt sich die gleichsam ständisch definierte Mitwirkung bei Schenkung oder Tausch eines Reichsfürstentums noch nicht allein. Erklärungshilfen erwachsen erst aus der Erkenntnis, dass in der hochmittelalterlichen Rationalisierung von Herrschaft konsensuale Elemente auf unterschiedlichen Ebenen verankert wurden. So wie der Bischof in wesentlichen Bereichen auf die Zustimmung seines Domkapitels angewiesen war, so garantierte die Spitzengruppe der Ministerialität funktional wie korporativ Ausgestaltung und Dauerhaftigkeit des adligen Hofs. [...] Bei Herrschaftswechseln in Fürstentümern des weltlichen Adels erwies sich diese Ministerialität seit dem 12. Jahrhundert als wichtiger Schlüssel für dynastische Kontinuität oder politische Neuorientierung.

Bernd Schneidmüller, Konsensuale Herrschaft. Ein Essay über Formen und Konzepte politischer Ordnung im Mittelalter, in: Paul-Joachim Heinig u. a. (Hg.), Reich, Regionen und Europa in Mittelalter und Neuzeit, Duncker & Humblot, Berlin 2000, S. 53–56.

1 Villa: (hier gemeint) königliches Gut
2 Prokurator: juristischer Vertreter einer Partei vor Gericht
3 Kapitel: (hier gemeint) Versammlung von Repräsentanten eines Ordens
4 Ministerialen (= Dienstmannen): Sie waren ursprünglich Unfreie. Vom 10. Jh. an wurden sie von ihren Herren mit Verwaltungs- und Kriegsdiensten beauftragt. Seit der Stauferzeit (12. Jh.) verbanden sie sich mit dem Adel zum Ritterstand. Im Spätmittelalter verloren sie die Unfreiheit und gehörten zum niederen Adel.

1 Erörtern Sie an dem in M 3 beschriebenen Beispiel den Begriff der „konsensualen Herrschaft".

M4 Der Historiker Richard van Dülmen über den Machtanspruch des frühneuzeitlichen Staates, 1982

Die Monopolisierung herrschaftlicher Gewalt und Autonomisierung der Landesherrschaft waren zwei miteinander verbundene Prozesse, sie beide begründeten erst den frühmodernen Staat. [...]

Wollte der frühmoderne Staat alle feudalen Gewalten monopolisieren und damit einen einheitlichen Rechts- und Friedensstaat garantieren, musste er nicht nur bis zu einem gewissen Grade alle Stände und Untertanen unterwerfen und ihnen spezifische, staatlich-öffentliche Funktionen zuweisen, sondern auch Institutionen gründen, die dem Anspruch der Rechtsordnung Geltung verschafften. Selbstständige Aktionen mussten innerhalb eines als einheitliche, unteilbare Herrschaft begriffenen Territoriums ebenso ausgeschaltet, wie interregionale und internationale Verbindungen und Kommunikationen unter staatliche Kontrolle gestellt werden.

Zentral war die herrschaftliche Erfassung aller Untertanen, auch und insbesondere der nicht einem Fürsten unmittelbar unterstehenden Grunduntertanen der Stände: Entwaffnung, steuerliche Registrierung und rechtliche Schutzbriefe gegenüber den Grundherren stärkten den zentralstaatlichen Zugriff auf die Untertanenschaft. [...]

Der frühmoderne Staat beanspruchte das Monopol aller politischen Macht. Expliziter Ausdruck wurde der Ausbau eines eigenen Heerwesens, das zugleich zur wesentlichen Stütze des frühmodernen Staates wurde. [...]

Der Staat erhob den Anspruch auf Reglementierung der ökonomischen wie sittlichen Verhältnisse, der Ehe und Familie, des Eigentums und Bodens, des Handels und Gewerbes, des Kreditwesens wie der Prozessführung, der Berufswelt und des Arbeitswesens, des Kirchgangs und der Frömmigkeit. [...] Es ging im Wesentlichen sowohl um die materielle Wohlfahrt des Landes durch Förderung von Handel und Gewerbe wie um die Erziehung der Stände und Untertanen zu christlich-nützlichen „Staatsbürgern".

Richard van Dülmen, Entstehung des frühneuzeitlichen Europa 1550–1648, Fischer, Frankfurt/M. 1982, S. 350 f., 356, 360.

1 Erklären Sie, was unter der „Monopolisierung" herrschaftlicher Gewalt zu verstehen ist.
2 Charakterisieren Sie die Rolle des Landesherrn bzw. des Staates bei der Herausbildung des modernen Territorialstaates.

M5 Der Politikwissenschaftler Hans Boldt über die Bedeutung der Landstände im frühmodernen Staat, 1984

Man hat den Landständen oft vorgeworfen, sie seien nur auf ihre (Herren-)Interessen bedacht gewesen, sie hätten mit ihrer Knauserigkeit und Nörgelei die fürstliche Politik gehemmt, und es müsse das ganze ständische Wesen für die Entwicklung des modernen Staates nachteilig beurteilt werden. Daran ist sicherlich manches richtig. Häufig genug haben die Stände die Last der von ihnen bewilligten Steuern auf ihre Abhängigen, die Bauern und den gemeinen Mann in den Städten, abgewälzt; sie haben sich gegen fürstliche Projekte gesperrt und ihr imperatives Mandat gern dazu benutzt, [...] die Beschlussfassung mit dem Hinweis, erst Instruktionen einholen zu müssen, zu verschleppen. Auch ist der Interessenhorizont der Stände manchmal etwas eng gewesen, oft klaffte [...] zwischen der gesamtstaatlichen Perspektive des Fürsten und dem „Regionalismus" der Stände eine empfindliche Lücke. [...]

Dennoch ist hervorzuheben, dass die Stände durchaus auch effektiv für den Staat und das Wohl der gesamten Bevölkerung gearbeitet haben, z. B. durch die Bewilligung notwendiger Finanzmittel, durch wiederholte Übernahme fürstlicher Schulden, die Aufhellung von Missständen und die Anregung wichtiger Gesetze. Wo sie hemmend wirkten, ist das manches Mal wohltuend für das Territorium gewesen, haben es die Stände vor fürstlichen Abenteuern, unbedachten Landesteilungen und Schwächungen des Staates aus fürstlichem Privatinteresse geschützt.

Dazu kommt noch ein weiterer, wichtiger Punkt: Die Landstände im frühmodernen Staat darf man nicht nur als eine Art Vorläufer der späteren parlamentarischen Mitbestimmung verstehen, sondern sie sind darüber hinaus auch in eigentümlicher Weise an der Staatsverwaltung beteiligt. Sie erheben nämlich die von ihnen bewilligten Steuern selbst. Es gibt zwei Finanzverwaltungen im Ständestaat, die Kammerverwaltung des Fürsten für dessen eigene Finanzmittel – meist zur Deckung der laufenden Ausgaben für Hof und Verwaltung – und den „Landkasten" der Stände für Steuern und Schuldentilgung. Gelegentlich stellen Stände auch eigene Truppenkontingente und sie können – z.B. bei Unmündigkeit und Regierungsunfähigkeit des fürstlichen Erben – am Ende auch die Staatsregierung in eigene Hand übernehmen (ständisches Regiment). Die Stände sind nämlich durchaus in der Lage, selbst zu regieren, ohne Hilfe des Fürsten.

Hans Boldt, Deutsche Verfassungsgeschichte, Bd. 1: Von den Anfängen bis zum Ende des älteren Reiches 1806, dtv, München 1984, S. 183f.

1 Arbeiten Sie die wichtigsten Aufgaben und Funktionen der Landstände im frühmodernen Staat heraus.

M6 Der Historiker Michael Mitterauer über die Bedeutung der Landstände für die Geschichte der Gewaltenteilung, 2003

Der Dualismus zwischen Fürst und Ständen ist nicht nur die Wurzel des Parlamentarismus, sondern auch des Prinzips der Gewaltenteilung, das den Konzepten von Staatlichkeit in der neueren Geschichte Europas zugrunde liegt. Die Zuweisung von drei Hauptaufgaben der Staatsgewalt – der Gesetzgebung, der Vollstreckung und der Rechtsprechung – an drei unterschiedliche, voneinander unabhängige Staatsorgane wäre nicht denkbar gewesen, wenn es solche Organe in der gesellschaftlichen Realität nicht schon gegeben hätte. Man kann mittelalterliche Ständeversammlungen sicher nicht als ‚Legislative' bezeichnen, aber sie haben viele Aufgaben wahrgenommen, die später Parlamenten zukamen. Der Fürst selbst übte mit seinen Hofbeamten bzw. seinem engeren Rat davon abgegrenzte Funktionen aus, die sich als ‚Exekutive' fassen lassen. Die Belange der Justiz waren in der Tradition des Lehnswesens gemeinsame Agenda des Fürsten und seiner Vasallen. Gegenüber den Ständeversammlungen als Gerichtshöfen ist es jedoch schon früh zu abgesonderten Institutionen gekommen. Voneinander unabhängige ‚Staatsorgane' waren im Rahmen der Ständeverfassung zunächst nur die fürstliche Regierung auf der einen Seite, die als korporative Gruppe organisierten Stände auf der anderen. Ohne diese institutionalisierte Zweiteilung der Gewalt hätte es aber wohl nicht zum Konzept einer weiteren Differenzierung voneinander unabhängig gedachter Staatsorgane kommen können.

Michael Mitterauer, Warum Europa? Mittelalterliche Grundlagen eines Sonderwegs, C.H. Beck, München 2003, S. 150.

1 Erläutern Sie, ausgehend von M9, die Wurzeln der Gewaltenteilung im Mittelalter bzw. der Frühen Neuzeit.

M7 Landtafel („*Insignia Domus Bavariae*") von Hans Mielich (1513–1573), Bayern, 1564.

Die Tafel zeigt die Wappen der Vertreter des Prälatenstandes (Klöster, Pröbste und Stifte) ganz oben, die Vertreter der Städte und Märkte (im inneren Kreis die Städte – ganz oben das Wappen Münchens mit dem „Münchner Kindl" –, im äußeren Kreis die Märkte) und die Vertreter der ehemaligen Grafschaften, die im Herzogtum Bayern aufgegangen sind.

M8 Das Verhältnis von Landesherr und Landständen in Bayern während der Frühen Neuzeit.

a) Der Historiker Peter Claus Hartmann, 2004:

Der Herzog und ab 1623 Kurfürst von Bayern besaß als Landesherr von Bayern die Landesherrschaft bzw. endgültig ab 1648 die Landeshoheit über sein Territorium. Diese bedeutete zwar keine volle Souveränität, da sie einerseits durch Kaiser und Reich, andererseits durch die Landstände eingeschränkt war. Sie sicherte ihm aber dennoch so viel Handlungsspielraum, dass sein Status einer Fastsouveränität entsprach. [...]

Dem Herzog bzw. Kurfürsten stand nämlich aufgrund der Landeshoheit neben der hohen Gerichtsbarkeit das Recht zu, ein eigenes Heer aufzustellen und Bündnisse abzuschließen, auch mit auswärtigen Mächten, soweit sich diese nicht gegen Kaiser und Reich richteten.

Der Landesherr konnte eine eigene Außenpolitik führen und Gesandte in fremde Länder schicken, er besaß das Kontrollrecht über die katholische Kirche im Lande und das Recht, Gesetze zu erlassen, die Polizei zu befehligen und den Handel zu beaufsichtigen. Schließlich verfügte er über die Regalien (nutzbare Hoheitsrechte) und Domänenrechte. [...]

Die Fastsouveränität des bayerischen Landesherrn drückte sich aus in der Vereinigung der drei Gewalten in seiner Hand, die nach moderner Staatslehre getrennt sein sollten, nämlich der obersten Legislative, Exekutive und Judikative; d. h. als oberster Gesetzgeber seines Landes konnte er frei Gesetze erlassen (soweit er nicht durch Reichsherkommen und -gesetze gebunden war), verkörperte außerdem die oberste Exekutive und führte die Regierung seines Landes (vor allem im 17. und 18. Jahrhundert) als „absolutistischer" Monarch, schließlich war er der höchste Richter des Landes. [...]

Wie im Spätmittelalter standen auch in der Frühen Neuzeit dem bayerischen Landesherrn die Landstände oder die „Landschaft" gegenüber: Prälaten, Adel und Bürgertum. Diese drei Stände, welche die obersten Schichten der Bevölkerung verkörperten, hatten das Recht, Vertreter in den Landtag zu entsenden. Dabei erhoben sie den Anspruch, als Repräsentanten des ganzen Volkes zu gelten und auch den „gemeinen Mann", also die große Masse der bayerischen Bevölkerung, zu vertreten.

[...] Zu den Landständen zählten nur solche Klostervorsteher, die Herrschaftsfunktionen über Land und Untertanen (Grundherrschaft, niedere Gerichtsbarkeit) ausübten, ebenso nur die Adligen, die ein Gut mit Niedergerichtsbarkeit besaßen. Auch bei den Städten und Märkten bildete die Ausübung der niederen Gerichtsbarkeit das Kriterium für die Landstandschaft. Im 16. Jahrhundert besaßen diese Standschaft 88 geistliche Korporationen, 554 adlige Geschlechter sowie 34 Städte und 90 Märkte. Demgegenüber hatte sich deren Zahl im 18. Jahrhundert auf 83 Klöster und Stifte, 258 Landsassengeschlechter und zusammen 109 Städte und Märkte verringert. [...]

Nach der „Landesfreiheitserklärung" von 1508 erreichte die Macht der Stände im bayerischen Herzogtum 1514 ihren Höhepunkt. Damals führten sie dort sogar die Mitregierung, wurden jedoch ab 1516 ausgeschaltet und verloren in der Folgezeit zunehmend an Gewicht. Die Stände versammelten sich in Voll- und Teillandtagen und auch in Ausschüssen, wo nur einige ihrer Vertreter berieten. Diese Versammlungen wurden jeweils vom Landesherrn einberufen und bewilligten vor allem die direkten Steuern. [...]

Die zunehmende Beschneidung ständischen Einflusses kam auch dadurch zum Ausdruck, dass der Landtag immer seltener einberufen wurde. [...] Nach [dem] letzten bayerischen Landtag von 1669 wurden die Landstände nur noch von einer Landschaftsverordnung repräsentiert, die aus 16 stimmberechtigten Mitgliedern bestand: acht Adligen, vier Prälaten und vier Bürgermeistern, und zwar zwei aus München und je einer aus Landshut und Straubing.

b) Die Funktion der Landstände

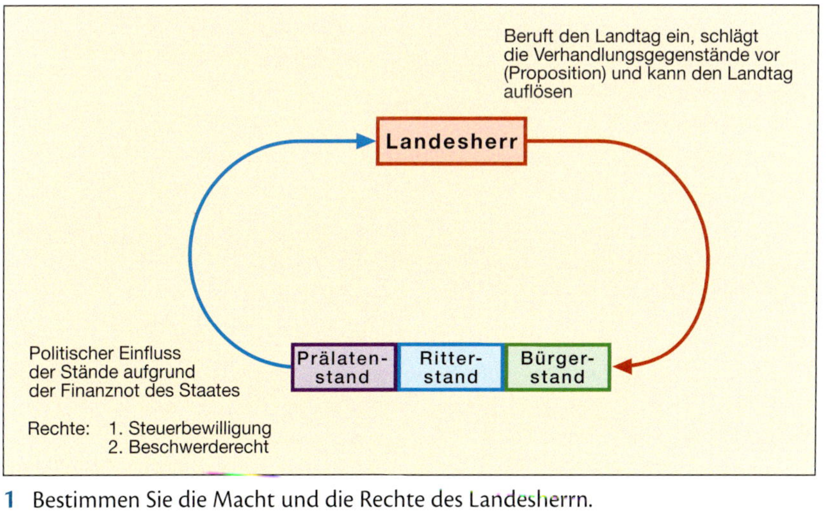

Text M8a und Grafik M8b: Peter Claus Hartmann, Bayerns Weg in die Gegenwart. Vom Stammesherzogtum zum Freistaat heute, Verlag Friedrich Pustet, 2. Aufl., Regensburg 2004, S. 200–204.

1 Bestimmen Sie die Macht und die Rechte des Landesherrn.

2 Charakterisieren Sie die Zusammensetzung, die Rechte und Herrschaftsfunktionen der Landstände.

3 **Weiterführender Arbeitsauftrag/Essay:** Verfassen Sie einen Essay, in dem Sie die Veränderungen im Verhältnis von Landesherrn und Landständen während der Frühen Neuzeit beschreiben.

Malereien vergleichen

Neben schriftlichen Quellen gehören Malereien zu den wichtigsten Quellen, aus denen Historikerinnen und Historiker Erkenntnisse gewinnen. Das gilt besonders für die Beschäftigung mit dem Herrscherbild vergangener Epochen. Im Mittelalter und in der Frühen Neuzeit konnten nur wenige Menschen lesen und schreiben. Deswegen kam Bildern bei der Vermittlung religiöser und politischer Botschaften eine wichtige Rolle zu. Wer das Herrschaftsverständnis im Mittelalter und in der Frühen Neuzeit untersuchen will, muss sich daher mit Fragen wie diesen beschäftigen: Wann und wie ließen sich Herrscher malen bzw. wurden sie gemalt? Wann und wo wurden Herrscherbilder präsentiert? Wie bei allen Bildinterpretationen muss man auch bei Herrscherbildern vorab auf folgende Unterscheidung achten:

1. **Zeitgenössische Bilder** sind in der Lebenszeit des Herrschers/der Herrscherin bzw. relativ kurze Zeit danach entstanden. Sie können etwas aussagen über das jeweilige Selbstverständnis und/oder über die politischen, sozialen oder religiösen Verhältnisse jener Epoche.
2. **Historienbilder** hingegen stellen eine geschichtliche Person oder ein historisches Ereignis aus einer großen Distanz dar. Sie sagen meist mehr über die Zeit aus, in der sie entstanden, als über die Person bzw. die Epoche, die sie beschreiben; dies gilt z. B. für die vielen Mittelalterbilder, die im 19. Jahrhundert in der Romantik entstanden sind.

1 Üben Sie den Vergleich von Malereien anhand von M 1 und M 2: Interpretieren Sie die Bilder zunächst einzeln, indem Sie den Arbeitsschritten folgen. Formulieren Sie dann ein vergleichendes Fazit.

Arbeitsschritte

1. Formale Merkmale
- Wer ist der Maler/die Malerin (Herkunft, Stellung, Zeitgenosse)?
- Wo und wann wurde das Bild erstellt?
- Wie lautet der Titel der Malerei?
- Gibt es einen (öffentlichen oder privaten) Arbeitgeber/eine Auftraggeberin?
- Wer ist der Adressat (privat, öffentliche/private Einrichtung, allgemeine Öffentlichkeit)?

2. Beschreibung und Erklärung der Bildelemente
- Personen, Handlungen, Gegenstände, Landschaften und deren Anordnung im Bildaufbau (Vorder-/Hintergrund, Mittelpunkt, Bildrand, Größen-/Lichtverhältnisse)
- Farben (warm, kalt) und Formen (groß, klein, realistisch, abstrakt)
- Welche (symbolische) Bedeutung haben die Personen, Gegenstände usw.?

3. Historischer Zusammenhang
- In welchen historischen Kontext (= Zusammenhang) lässt sich die Malerei einordnen?
- ggf. Vergleich mit anderen Bildern zu dem Thema/aus der Zeit
- ggf. Vergleich mit anderen Quellen (z. B. Textquellen) zu dem Thema/aus der Zeit

4. Bildinterpretation
- Was will der Maler/die Malerin mit dem Bild betonen/zum Ausdruck bringen?
- Welche Absicht verfolgt er/sie im Hinblick auf seine/ihre Adressaten?
- Welche Aufschlüsse gibt uns das Bild über die politischen oder sozialen Verhältnisse, die Mentalitäten oder die Kultur seiner Entstehungszeit?

Übungsaufgabe

M 1 **Das Thronbild des Kaisers Otto III. im Liuthar-Evangeliar von etwa 995/1000, entstanden auf der Insel Reichenau, heute in Aachen (Domschatz)**

M2 Maximilian I., Kaiser des Heiligen Römischen Reichs Deutscher Nation, in einer von ihm in Auftrag gegebenen Buchmalerei, ca. 1511/16.
Malerei aus dem *„Liber Missarum"* der Margarete von Österreich. Übersetzung der Inschrift in der Banderole über dem Kaiser: „Beschütze uns im Schatten Deiner Schwingen"; darüber der habsburgische Doppeladler; zu Füßen des Kaisers sitzend: die Regenten Margarete und Karl (der spätere Kaiser Karl V.); vorne sitzend: vermutlich Geschwister Karls. Auf den Spruchbändern der Stände wird die Herrschaft des Kaisers und seiner Regenten gepriesen.

Lösungshinweise

M 1

Zu 1: Formale Merkmale

Maler: Gemalt von der sogenannten Liuthargruppe der Benediktinerabtei auf der Insel Reichenau im Bodensee

Entstehungszeit: Erstellt um 1000 im Scriptorium (= Schreibstube) der oben genannten Abtei als Teil eines Evangeliars (prunkvoll ausgestattete Handschrift mit den vier kompletten Evangelien und Ergänzungstexten)

Titel: Es gibt keinen festgelegten Titel, die Wissenschaft spricht vom Thronbild oder Krönungsbild des Kaisers Otto III., auch die Bezeichnungen für das Evangeliar schwanken zwischen dem Namen der Malergruppe und dem heutigen Aufbewahrungsort (Domschatz Aachen).

Auftraggeber: Evangeliare wurden im Auftrag hoher geistiger und weltlicher Fürsten geschaffen. Es sind Widmungs- und Stiftungsexemplare. Otto III. selbst hat das Evangeliar in Auftrag gegeben.

Adressat: Der Adressat ist unbekannt. Es kann der Kaiser selbst sein, aber er kann die Handschrift auch zur Stiftung für ein Kloster u. Ä. vorgesehen haben.

Zu 2: Beschreibung und Erklärung der Bildelemente

Personen, Handlungen, Gegenstände, Landschaften und deren Anordnung im Bildaufbau: Das Bild wird von einem matten verwischten Bildrahmen wie bei einem Fresko begrenzt. Das Bild teilt sich in eine obere größere Hälfte und eine kleinere untere, in der vier Personen parallel nebeneinander angeordnet sind. In der oberen Bildhälfte ist in der Mitte Otto III. auf einer Bank sitzend, die auf der Personifikation der Erde (in Form einer weiblichen Gestalt) ruht, abgebildet. Über seine Brust und sein Herz zieht sich die Schriftrolle der Evangelien. Seinen Kopf berührt eine Hand, die zusätzlich mit einem breiten schwarzen Kreis stark hervorgehoben wird. Er ist umgeben von einer Mandorla, einem mandelförmigen Glorienschein. Kranzartig sind um den Kaiser die Symbole für die vier Evangelisten (der Engel für Matthäus, der Löwe für Markus, der Stier für Lukas und der Adler für Johannes) angeordnet. An den beiden Seiten des Fußschemels ist eine Person platziert.

Farben und Formen: Es überwiegen warme Farben: ein warmer Ockerton als Bildhintergrund und Purpurrot in der Kleidung der abgebildeten Personen. Allein schon diese Farbe deutet auf ihre hohe Stellung hin.

Symbolische Bedeutung: Die das Bild dominierende Hand, die Ottos Kopf berührt, ist die Hand Gottes. Otto III. thront dort, wo man Christus erwartet hätte. Die Personen auf den beiden Seiten des Schemels sind dem Kaiser huldigende Könige, die für Italien und Deutschland stehen. Bei den Personen der unteren Bildhälfte handelt es sich nach ihrer Kleidung um Herzöge und Erzbischöfe. Die Schriftrolle der Evangelien verweist darauf, dass der Herrscher nach den göttlichen Geboten lebt.

Zu 3: Historischer Zusammenhang

Vor allem im Frühmittelalter gibt es vergleichbare Darstellungen der Herrscher in Evangeliaren – auch wenn durch die Art der Darstellung die inhaltliche Aussage variiert. Für das vorliegende Evangeliar der Liuthargruppe wurden karolingische, altchristliche und byzantinische Vorlagen benutzt – dies verdeutlicht den Herrschaftsanspruch Ottos III. und die Tradition, in die er sich stellt.

Zu 4: Bildinterpretation

Otto sitzt auf dem Platz von Christus, er ist als dessen Stellvertreter ins Bild gesetzt. Eine Vergöttlichung findet nicht statt, weil Gott selbst auf dem Bild vorhanden ist durch das Symbol seiner Hand. Damit wird dem Betrachter die Abhängigkeit des Herrschers vom göttlichen Schöpfer vor Augen geführt. Der Herrscher ist aber der göttlichen Sphäre eindeutig zugeordnet – durch den Kreis um Gottes Hand und den Kopf des Herrschers und durch den verbindenden Evangelienstreifen. Der Herrscher nimmt Gottes Platz auf Erden ein, ist sein Stellvertreter, er ahmt Gott nach, imitiert ihn, wird aber selbst nicht vergöttlicht. Er steht jedoch über alle menschliche Gesellschaft erhöht.

M 2

Zu 1: Formale Merkmale

Maler: Petrus Almaire

Entstehungszeit: Um 1515

Titel: Maximilian I., Kaiser des Heiligen Römischen Reichs Deutscher Nation, Malerei aus dem „Liber Missarum" der Margarete von Österreich. In der Handschrift selbst dürfte die Buchmalerei ohne Titel stehen.

Auftraggeber: Maximilian hat die Buchmalerei selbst in Auftrag gegeben.

Adressat: Evtl. war es ein Geschenk für die Regentin Margarete von Österreich.

Zu 2: Beschreibung und Erklärung der Bildelemente

Personen, Handlungen, Gegenstände, Landschaften und deren Anordnung im Bildaufbau: In der Bildmitte thront Maximilian. Über ihm schwebt der doppelköpfige Reichsadler mit Krone, Schwert und Ölzweig. Die vom Betrachter aus gesehen linke Personengruppe verweist durch ihre Kleidung auf den geistlichen Bereich, es sind Papst, Kardinal und Bischof. Rechts ist der weltliche Bereich abgebildet, ein Adliger, Bürger, Bauer. Über den beiden Personengruppen schwingt sich jeweils eine Banderole, ebenso zieht sich über Maximilians Thron ein Spruchband hin. Zu Füßen des Kaisers sitzen die Regenten Margarete und Karl (der spätere Kaiser Karl V.). Im Vordergrund sitzen vermutlich Geschwister Karls. Den Hintergrund bildet eine stilisierte Landschaft.

Farben und Formen: Es überwiegen kräftige Farben, vor allem in der Kleidung der verschiedenen Personen, die sehr differenziert nach dem jeweiligen Stand gemalt ist. Der gesamte Unter- bzw. Hintergrund ist in Grün-Blau-Tönen gehalten.

Symbolische Bedeutung: Zepter, Reichsschwert und Mantel weisen Maximilian als Herrscher aus. Krone, Schwert und Ölzweig des Adlers sind Symbole der Herrschergewalt und der Wahrung von Frieden und Recht. Die Texte der beiden Banderolen preisen die Herrschaft des Kaisers und über Maximilians Thron steht: „Beschütze uns im Schatten deiner Schwingen".

Zu 3: Historischer Zusammenhang

Vergleichbare Darstellungen gibt es durch das gesamte Mittelalter – auch wenn durch die Art der Darstellung die inhaltliche Aussage variiert.

Zu 4: Bildinterpretation

Maximilian nimmt selbstbewusst den Platz auf dem Thron ein. Als Kaiser beansprucht er die höchste weltliche Gewalt. Über Maximilian schwebt der Reichsadler, es gibt keinen Hinweis mehr (wie in M 1) auf die Zuordnung des Herrschers zur göttlichen Sphäre. Symbolisch wird der Kaiser als Spitze der ständischen Ordnung dargestellt – entsprechend huldigen ihm alle weltlichen und geistlichen Stände. Diese Huldigung bedeutet einerseits Unterordnung, Anerkennung der herausgehobenen Stellung des Kaisers, andererseits aber auch Abhängigkeit, denn ohne die Zustimmung von Adel oder Papst kann er nicht Kaiser werden.

Zusammenfassung: Das Herrscherbild im Vergleich

Der Maler des Herrscherbildes von Otto III. zeigt einen herausgehobenen, überlebensgroßen Kaiser, der der göttlichen Sphäre zugeordnet wird. Dagegen fügt der Maler Maximilians I. zwar einen herausgehobenen Herrscher ins Ensemble geistlicher und weltlicher Getreuer. Dieser Herrscher ist aber nicht mehr überlebensgroß und wird nicht mehr der göttlichen Sphäre zugeordnet.

5 Menschenrechte und Gewaltenteilung – das politische Denken der Aufklärung

Grundrechte
Die dem Einzelnen zustehenden Elementarrechte, die meist in der Verfassung verankert sind. Der Begriff umfasst als Sammel- und Oberbegriff sowohl Menschen- als auch Bürgerrechte. Während die Menschenrechte allen Menschen kraft ihrer menschlichen Natur zustehen, können Bürgerrechte nur von den Staatsbürgern eines Landes wahrgenommen werden.

Naturrecht
Das in der „Natur" des Menschen begründete, ihr „entspringende" Recht, das dem positiven oder „gesetzten" Recht gegenübersteht und ihm übergeordnet ist. Historisch wurde das Naturrecht zur Begründung entgegengesetzter Positionen benutzt, und zwar abhängig vom jeweiligen Menschenbild: Entweder ging man davon aus, dass alle Menschen von Natur aus gleich sind, oder umgekehrt, dass alle Menschen von Natur aus verschieden sind. In der Neuzeit wurde es sowohl zur Legitimation des absoluten Fürstenstaates (Recht des Stärkeren) benutzt wie, über die Begründung des Widerstandsrechts, zu dessen Bekämpfung (Gleichheit der Menschen). Für die politische Theorie der Neuzeit zentral sind die aus dem Naturrecht entwickelten Begriffe Souveränität und Gleichheit.

Menschenrechte

Mit dem Übergang von der feudal-ständischen zur bürgerlichen Sozialordnung vom 18. zum 19. Jahrhundert veränderte sich die Stellung des einzelnen Menschen von Grund auf. War seine Position vorher durch Geburt und rechtliche Ungleichheit bestimmt, ersetzte die sich herausbildende und bis heute in der westlichen Welt vorherrschende bürgerlich-demokratische Moderne diese Kriterien durch Besitz und Bildung, Leistung und Beruf. Allen Staatsbürgern sollten nunmehr die gleichen Rechte und Pflichten zustehen. Marksteine auf dem Weg zu dieser modernen bürgerlichen Gesellschaft bildeten die bürgerlichen Revolutionen seit dem 18. Jahrhundert. Sie verankerten die Menschen- und Bürgerrechte als **Grundrechte*** in modernen Verfassungen. Damit erfüllte sich eine der zentralen Forderungen der Aufklärung.

Der Kampf um die Durchsetzung und Einhaltung von Menschenrechten ist zwar so alt wie die Geschichte der menschlichen Kultur. Doch sind umfassende Menschenrechtskataloge als zentrale Bestandteile des Staats- und Verfassungsrechts eine Errungenschaft der Neuzeit. Die Einsicht, dass es Rechte gibt, die dem Menschen angeboren sind, zu seinem Wesen von Natur aus gehören und daher unveräußerlich und unabdingbar sind, existiert zwar schon seit der Antike. Sie prägte von Anfang an auch das christliche Denken. Aber erst die aufklärerischen **Naturrechtsdenker*** des 18. Jahrhunderts verhalfen der Forderung zum Durchbruch, dass sich alle Herrschaftsverhältnisse an der „natürlichen Vernunft" und damit an den Menschenrechten auszurichten haben. Die Verankerung der Menschenrechte in der **Unabhängigkeitserklärung der Vereinigten Staaten** im Jahre 1776 (s. S. 185) und die **Erklärung der Menschen- und Bürgerrechte in der Französischen Revolution** von 1789 (M 4) bilden wesentliche Errungenschaften bei der Bindung staatlich-politischen Handelns an bestimmte Grundrechte. In den Menschen- und Bürgerrechtserklärungen ging es vor allem um den Schutz der Menschen vor willkürlicher politischer Gewalt bzw. um die Beschränkung staatlicher Macht. Man denke dabei nur an die Forderung nach Meinungsfreiheit, Versammlungs- und Vereinigungsfreiheit oder auch Glaubens-, Gewissens- und Bekenntnisfreiheit. Alle diese Rechte sichern dem Individuum einen persönlichen Freiheitsraum und schützen ihn vor staatlicher Bevormundung.

M 1 John Locke, Crayonstich, um 1697

Gewaltenteilung

Indem die Aufklärer den Gesetzgeber zur Wahrung der Menschen- und Bürgerrechte verpflichteten, leisteten sie einen wichtigen Beitrag zur Begrenzung des absolutistischen Machtanspruches bzw. zur Entstehung des modernen Verfassungsstaates. Dieser zeichnet sich außerdem durch Gewaltenteilung aus. Um die Zusammenballung und den Missbrauch politischer Macht zu verhindern, werden die Aufgaben der gesetzgebenden, der vollziehenden und rechtsprechenden Gewalt unterschiedlichen und voneinander unabhängigen Staatsorganen zugewiesen.

Diese politisch-theoretischen Grundlagen der Gewaltenteilung wurden ebenfalls in der Aufklärung gelegt. Das aufgeklärte staatstheoretische Denken erhielt entscheidende Anregungen durch die englische Verfassungswirklichkeit. In England hatte im Jahre 1688 die **Glorious Revolution** die absolutistische Herrschaft der Stuarts beendet. Der neue König, Wilhelm von Oranien, musste den Vorrang des Parlaments anerkennen und Herrschaftsrechte abtreten. Unter dem Eindruck der Entfaltung des Parlamentarismus in seiner Heimat entwickelte der englische

Philosoph **John Locke** (1632–1704) seine Theorie der Herrschaft. Locke berief sich auf das Naturrecht, das jedem Menschen „natürliche Rechte“ zugestehe. Für Locke waren alle Menschen von Natur aus gleich und frei. Zu ihrem gegenseitigen Schutz hätten sie jedoch die ursprüngliche natürliche Freiheit aufgegeben und sich zu Gemeinschaften zusammengeschlossen. Um Willkürherrschaft vorzubeugen, musste nach Locke die Herrschaft in einem Gemeinwesen so organisiert sein, dass – bei gleichzeitigem Minderheitenschutz – der Wille der Mehrheit gelte. Die Regierung hatte auf jeden Fall das Recht des Einzelnen auf Leben, Besitz, Gesundheit und Freiheit zu achten. Bei unzulässigen Eingriffen in seine Rechte und Freiheiten besitze jeder Mensch das Recht auf Widerstand. Gleichzeitig sprach sich Locke für die Aufteilung der Macht im Staate zwischen Gesetzgeber und Regierung aus.

Die politischen Vorstellungen von Locke strahlten auch auf die französische Aufklärung aus. Nach englischem Vorbild verlangte der französische Schriftsteller und Philosoph **Voltaire** (1694–1778) vom französischen Staat die Achtung von Toleranz und geistiger Freiheit sowie die Garantie persönlicher Sicherheit. Besonders die Macht der katholischen Kirche wollte er einschränken. Voltaires Ideal war ein aufgeklärter Monarch, frei von Einflüssen der Kirche und Aristokratie.

Von England hatte auch der französische Philosoph und Staatstheoretiker **Charles de Montesquieu** (1689–1755) gelernt, der durch seine Schrift „Vom Geist der Gesetze“ (1748) berühmt wurde. Als Vertreter der aristokratischen Opposition gegen den König wollte er die absolute Herrschaft des Monarchen einschränken; gleichzeitig warnte er vor der Gefahr einer unbeschränkten Volksherrschaft. Montesquieu sprach sich daher für eine Stärkung der Zwischengewalten, z. B. der alten Ständevertretungen, aus. Weil er für eine strikte Trennung der Legislative und der Judikative von der monarchischen Exekutive eintrat, wurde er zum Theoretiker der **modernen Gewaltenteilung** (M 5), deren Grundsätze in der amerikanischen Verfassung von 1787 verwirklicht sind.

Zum klassischen Theoretiker der Volkssouveränität wurde **Jean-Jacques Rousseau** (1712–1778). In seinem Werk „Der Gesellschaftsvertrag“ (1762) forderte er die Einrichtung einer direkten Form der Demokratie. Sein Ideal der politischen Beteiligung des Volkes sah vor, dass das Volk in großen Volksversammlungen über alle Fragen des politischen Lebens abstimme. Allein das Volk und sein Gesamtwille (*volonté générale*) sollte über die Geschicke des Staates und damit das Gemeinwohl bestimmen (M 6). Die Ideen Rousseaus wurden erst in der radikalen Phase der Französischen Revolution, während der Jakobinerdiktatur seit 1792, wirksam.

M2 Charles de Montesquieu, Radierung von Pierre Michel Alix nach einem zeitgenössischen Bildnis, um 1800

M3 Jean-Jacques Rousseau, Porträt von Maurice Quentin de Latour, um 1753

1 Erklären Sie, welche geschichtlichen Entwicklungen dazu geführt haben, dass die Menschen- und Bürgerrechte in modernen Verfassungen verbrieft sind.

2 Erläutern Sie die Positionen der Aufklärer Locke, Voltaire, Montesquieu und Rousseau zur Notwendigkeit der Gewaltenteilung.

3 **Hausarbeit:** Verfassen Sie auf der Basis eigener Recherchen einen kurzen Darstellungstext über den Kampf der Frauen um ihre politische, gesellschaftliche und wirtschaftliche Gleichstellung, der bis heute andauert.

4 **Fächerverbindung Sozialkunde/Referat:** „Die Durchsetzung von Menschen- und Bürgerrechten – eine nach wie vor aktuelle politische Aufgabe“. Die Erklärung der Menschenrechte fand 1948 Aufnahme in die Satzung der Vereinten Nationen. Ungeachtet aller politischen, sozialen und wirtschaftlichen Besonderheiten besteht seitdem die Pflicht der Staaten darin, Menschenrechte und Grundfreiheiten zu fördern und zu schützen. Doch klaffen selbst in den Staaten, die ihren Staatsbürgern die Menschen- und Bürgerrechte gewährleisten, manchmal Anspruch und Wirklichkeit auseinander. Erläutern Sie diese Diskrepanz an einem selbst gewählten Beispiel.

M4 Erklärung der Menschen- und Bürgerrechte durch die französische Nationalversammlung vom 26. August 1789

So erkennt und verkündet die Nationalversammlung angesichts des Höchsten Wesens und unter seinen Auspizien[1] die Rechte des Menschen und des Bürgers wie folgt:

Art. 1. Frei und gleich an Rechten werden die Menschen geboren und bleiben es. Die sozialen Unterschiede können sich nur auf das gemeine Wohl gründen.

Art. 2. Der Zweck jedes politischen Zusammenschlusses ist die Bewahrung der natürlichen und unverlierbaren Menschenrechte. Diese Rechte sind Freiheit, Eigentum, Sicherheit und Widerstand gegen Bedrückung.

Art. 3. Jegliche Souveränität liegt im Prinzip und ihrem Wesen nach in der Nation; keine Körperschaft und kein Einzelner kann eine Autorität ausüben, die sich nicht ausdrücklich von ihr herleitet.

Art. 4. Die Freiheit besteht darin, alles tun zu können, was anderen nicht schadet. Also hat die Ausübung der natürlichen Rechte bei jedem Menschen keine anderen Grenzen als die, den anderen Mitgliedern der Gesellschaft den Genuss der gleichen Rechte zu sichern. Diese Grenzen können nur durch das Gesetz bestimmt werden.

Art. 5. Das Gesetz hat nur das Recht, Handlungen zu verbieten, die der Gesellschaft schädlich sind. Was nicht durch das Gesetz verboten ist, darf nicht verhindert werden, und niemand kann gezwungen werden, etwas zu tun, was das Gesetz nicht befiehlt.

Art. 6. Das Gesetz ist der Ausdruck des Gemeinwillens. Alle Bürger haben das Recht, persönlich oder durch ihre Vertreter an seiner Schaffung mitzuwirken. Es muss für alle das gleiche sein, mag es nun beschützen oder bestrafen. Alle Bürger sind vor seinen Augen gleich. Sie sind in der gleichen Weise zu allen Würden, Stellungen und öffentlichen Ämtern zugelassen, je nach ihrer Fähigkeit und ohne andere Unterschiede als ihre Tüchtigkeit und Begabung.

Art. 7. Niemand kann angeklagt, verhaftet oder gefangen gehalten werden in anderen als den vom Gesetz festgelegten Fällen und in den Formen, die es vorschreibt. Wer Willkürakte anstrebt, befördert, ausführt oder ausführen lässt, ist zu bestrafen; aber jeder Bürger, der durch ein Gesetz gerufen oder erfasst wird, muss augenblicklich gehorchen; durch Widerstand macht er sich schuldig.

Art. 8. Das Gesetz darf nur unbedingt und offensichtlich notwendige Strafen festsetzen und niemand darf bestraft werden, es sei denn kraft eines bereits vor seinem Delikt erlassenen, veröffentlichten und legal angewandten Gesetzes.

Art. 9. Jeder wird so lange als unschuldig angesehen, bis er als schuldig erklärt worden ist; daher ist, wenn seine Verhaftung als unerlässlich gilt, jede Härte, die nicht dazu dient, sich seiner Person zu versichern, auf dem Gesetzesweg streng zu unterdrücken.

Art. 10. Niemand darf wegen seiner Überzeugungen behelligt werden, vorausgesetzt, dass ihre Betätigung die durch das Gesetz gewährleistete öffentliche Ordnung nicht stört.

Art. 11. Die freie Mitteilung seiner Gedanken und Meinungen ist eines der kostbarsten Rechte des Menschen. Jeder Bürger darf sich also durch Wort, Schrift und Druck frei äußern; für den Missbrauch dieser Freiheit hat er sich in allen durch das Gesetz bestimmten Fällen zu verantworten.

Art. 12. Die Sicherung der Menschen- und Bürgerrechte macht eine öffentliche Gewalt notwendig; diese Gewalt wird demnach zum Nutzen aller eingesetzt, nicht aber zum Sondervorteil derjenigen, denen sie anvertraut ist.

Art. 13. Für den Unterhalt der öffentlichen Gewalt und für die Ausgaben der Verwaltung ist eine allgemeine Steuer vonnöten; sie ist gleichmäßig auf alle Bürger zu verteilen nach Maßgabe ihres Vermögens.

Art. 14. Die Bürger haben das Recht, selbst oder durch ihre Vertreter die Notwendigkeit einer öffentlichen Auflage zu prüfen, sie zu bewilligen, ihren Gebrauch zu überwachen und ihre Teilbeträge, Anlage, Eintreibung und Dauer zu bestimmen.

Art. 15. Die Gesellschaft hat das Recht, von jedem öffentlichen Beauftragten ihrer Verwaltung Rechenschaft zu fordern.

Art. 16. Eine Gesellschaft, deren Rechte nicht sicher verbürgt sind und bei der die Teilung der Gewalten nicht durchgeführt ist, hat keine Verfassung.

Art. 17. Da das Eigentum ein unverletzliches und heiliges Recht ist, darf es niemandem genommen werden, es sei denn, dass die gesetzlich festgestellte öffentliche Notwendigkeit es augenscheinlich verlangt, und nur unter der Bedingung einer gerechten und im Voraus zu entrichtenden Entschädigung.

Zit. nach: Walter Markov u. a. (Hg.), Die Französische Revolution. Bilder und Berichte 1789–1799, Institut für marxistische Studien, Berlin 1989, S. 566 ff.

1 Auspizien: (hier) Schirmherrschaft, Oberhoheit

1 **Unterscheiden Sie in einer Gegenüberstellung die Menschenrechte von den Bürgerrechten.**

2 **Erläutern Sie die Grundprinzipien der Staatsverfassung, die in M 4 festgelegt werden.**

M5 Der Philosoph Charles de Montesquieu über eine moderne Verfassung, 1748

In jedem Staat gibt es drei Arten von Gewalt: die gesetzgebende Gewalt, die vollziehende Gewalt in Ansehung der Angelegenheiten, die vom Völkerrechte abhängen, und die vollziehende Gewalt hinsichtlich der Angelegenheiten, die vom bürgerlichen Recht abhängen. […] Ich werde diese letzte die richterliche Gewalt und die anderen schlechthin die vollziehende Gewalt des Staates nennen.

Die politische Freiheit des Bürgers ist jene Ruhe des Gemüts, die aus dem Vertrauen erwächst, das ein jeder zu seiner

Sicherheit hat. Damit man diese Freiheit hat, muss die Regierung so eingerichtet sein, dass ein Bürger den anderen nicht zu fürchten braucht. Wenn in derselben Person oder gleichen obrigkeitlichen Körperschaft die gesetzgebende Gewalt mit der vollziehenden vereinigt ist, gibt es keine Freiheit; denn es steht zu befürchten, dass derselbe Monarch oder derselbe Senat tyrannische Gesetze macht, um sie tyrannisch zu vollziehen. Es gibt ferner keine Freiheit, wenn die richterliche Gewalt nicht von der gesetzgebenden und vollziehenden getrennt ist. Ist sie mit der gesetzgebenden Gewalt verbunden, so wäre die Macht über Leben und Freiheit der Bürger willkürlich, weil der Richter Gesetzgeber wäre. Wäre sie mit der vollziehenden Gewalt verknüpft, so würde der Richter die Macht eines Unterdrückers haben.

Alles wäre verloren, wenn derselbe Mensch oder die gleiche Körperschaft der Großen, des Adels oder des Volkes diese drei Gewalten ausüben würde: die Macht, Gesetze zu geben, die öffentlichen Beschlüsse zu vollstrecken und die Verbrechen oder die Streitsachen der Einzelnen zu richten. [...]

Da in einem freien Staat jeder, dem man einen freien Willen zuerkennt, durch sich selbst regiert sein sollte, so müsste das Volk als Ganzes die gesetzgebende Gewalt haben. Das aber ist in den großen Staaten unmöglich, in den kleinen mit vielen Misshelligkeiten verbunden. Deshalb ist es nötig, dass das Volk durch seine Repräsentanten das tun lässt, was es nicht selbst tun kann. [...]

Der große Vorteil der Repräsentanten besteht darin, dass sie fähig sind, die Angelegenheiten zu erörtern. Das Volk ist dazu keinesfalls geschickt. Das macht einen der großen Nachteile der Demokratie aus. Es ist nicht nötig, dass die Repräsentanten, die von ihren Wählern eine allgemeine Anweisung erhalten haben, noch eine besondere für jede Angelegenheit bekommen, wie das im deutschen Reichstag üblich ist. Gewiss würde auf diese Weise das Wort der Abgeordneten in höherem Grade der Ausdruck der Stimme der Nation sein. Aber das würde in nicht endende Verzögerungen hineinführen. [...]

Der repräsentative Körper soll nicht gewählt werden, damit er einen unmittelbar wirksamen Beschluss fasse, wozu er nicht geeignet ist, sondern um Gesetze zu machen und darauf zu achten, dass die von ihm gemachten Gesetze wohl ausgeführt werden. Dazu ist er sehr geeignet, das kann niemand besser als er. [...]

Die vollziehende Gewalt muss in den Händen eines Monarchen liegen. Denn dieser Teil der Regierung, der fast immer der augenblicklichen Handlung bedarf, ist besser durch einen als durch mehrere verwaltet, während das, was von der gesetzgebenden Gewalt abhängt, häufig besser durch mehrere als durch einen einzelnen angeordnet wird.

Gibt es keinen Monarchen und wäre die vollziehende Gewalt einer bestimmten Zahl von Personen anvertraut, die der gesetzgebenden Körperschaft entnommen wären, so gäbe es keine Freiheit mehr. Denn die beiden Gewalten wären vereinigt, die gleichen Personen hätten manchmal nach ihrem Willen sogar dauernd Anteil an der einen wie der anderen. Würde die gesetzgebende Körperschaft während eines beträchtlichen Zeitraumes nicht versammelt, so gäbe es keine Freiheit mehr. Denn dann würde eines von beiden geschehen: Entweder würde es keine Gesetzesbeschlüsse mehr geben und der Staat fiele in Anarchie oder diese Beschlüsse würden von der vollziehenden Gewalt gefasst, die damit eine unbeschränkte würde.

Zit. nach: Fritz Dickmann (Bearb.), Geschichte in Quellen: Renaissance. Glaubenskämpfe. Absolutismus, bsv, 2. Aufl., München 1976, S. 716–718.

1 Erörtern Sie die Gründe, die nach Montesquieu eine gewaltenteilige Organisation des Staates notwendig machen.

2 **Diskussion:** Montesquieu gilt als einer der herausragenden Theoretiker der Gewaltenteilung im 18. Jahrhundert. Diskutieren Sie die Frage, ob und inwieweit er auch ein Verfechter der modernen Demokratie war.

M6 Jean-Jacques Rousseau über die Grundlagen der Staats- und Gesellschaftsordnung, 1762

Von Freiheit und Gebundenheit des Menschen

Der Mensch wird frei geboren und überall ist er in Ketten. Mancher hält sich für den Herrn der anderen und er ist doch mehr Sklave als sie. [...] Würde ich nur die Gewalt und die Wirkungen, die sie hervorbringt, berücksichtigen, dann würde ich sagen: „Solange ein Volk dazu gezwungen ist zu gehorchen und solange es gehorcht, handelt es gut; sobald es sein Joch abschütteln kann und es abschüttelt, handelt es noch besser; denn wenn es seine Freiheit durch das gleiche Recht wiedererlangt, durch das man sie ihm geraubt hat, dann ist es entweder befugt, sie sich zurückzunehmen, oder man hatte kein Recht, sie ihm zu nehmen." Aber die gesellschaftliche Ordnung ist ein geheiligtes Recht, das die Grundlage aller übrigen bildet. Dieses Recht entspringt jedoch keineswegs der Natur; es beruht also auf Verträgen. Es kommt deshalb darauf an, über diese Verträge Klarheit zu schaffen.

Der Gesellschaftsvertrag

„Es geht darum, eine Gesellschaftsform zu finden, die mit der ganzen gemeinsamen Kraft die Person und die Güter jedes Gesellschaftsmitgliedes verteidigt und schützt und durch welche jeder Einzelne, obwohl er sich mit allen verbindet, dennoch nur sich selbst gehorcht und so frei bleibt wie zuvor." Dies ist das Grundproblem, dessen Lösung der „Gesellschaftsvertrag" bietet. Die Bedingungen dieses Vertrages sind derart durch seine Natur festgelegt, dass die geringste Veränderung sie nichtig machen und ihnen ihre Wirkung völlig nehmen würde; darum sind sie auch, obgleich sie vielleicht nie förmlich ausgesprochen worden sind, überall die gleichen, überall stillschweigend angenommen

M 7 „König Max I. Joseph am Schreibtisch", Gemälde von Joseph Stieler, 1814.
Die Bücher unter dem Schreibtisch stammen von Tacitus (römischer Geschichtsschreiber), Buffon (französischer Biologe und Geologe) und Montesquieu.

1 Beschreiben Sie die Darstellung des Königs. Welche Bedeutung haben dabei die Haltung des Königs und die abgebildeten Gegenstände?
2 Vergleichen Sie M 7 mit Herrscherbildern aus dem Mittelalter und der Frühen Neuzeit (z. B. M 1 und M 2, S. 47 f.). Erläutern Sie den Wandel der Herrschaftsvorstellungen, der hierbei deutlich wird.
3 Vergleichen Sie mit offiziellen Darstellungen von Politikerinnen und Politikern heute, z. B. auf Wahlkampfplakaten.

und anerkannt, bis zu dem Augenblick, in dem, wenn der Gesellschaftsvertrag verletzt worden ist, jeder Einzelne wieder seine ursprünglichen Rechte erlangt und seine natürliche Freiheit wiedergewinnt, wobei er die vertragsmäßige Freiheit, um derentwillen er darauf verzichtete, verliert. [...] Trennt man also von dem Gesellschaftsvertrag alles das ab, was nicht zu seinem Wesen gehört, so findet man, dass er sich folgendermaßen begrenzen lässt: „Jeder von uns stellt gemeinschaftlich seine Person und seine ganze Kraft unter die oberste Leitung des allgemeinen Willens und wir nehmen jedes Mitglied als unteilbaren Teil des Ganzen auf." [...]

Die Begründung des Staates als Tat der Gesellschaft

In dem gleichen Augenblick erzeugt diese Tat gesellschaftlichen Zusammenschlusses anstelle der einzelnen Person jedes Vertragsteilnehmers eine sittliche und gesellschaftliche Körperschaft, die sich aus so viel Mitgliedern zusammensetzt, wie die Versammlung Stimmen hat, und diese Körperschaft gewinnt durch diese Tat ihre Einheit, ihr gemeinschaftliches Ich, ihr Leben und ihren Willen. [...] [Dann hat der] Staat [...] keine [...] einander widersprechenden Interessen; das Gemeinwohl tritt überall sichtlich hervor, und es bedarf nur gesunder Vernunft, um es wahrzunehmen. [...] Aus dem Vorhergehenden ergibt sich, dass der allgemeine Wille beständig der richtige ist und immer auf das allgemeine Beste abzielt; daraus folgt jedoch nicht, dass Volksbeschlüsse immer gleich richtig sind. Man will stets sein Bestes, sieht jedoch nicht immer ein, worin es besteht. Das Volk lässt sich nie bestechen, wohl aber hinters Licht führen, nur dann scheint es Böses zu wollen. Oft ist ein großer Unterschied zwischen dem Willen aller (*volonté de tous*) und dem allgemeinen Willen (*volonté générale*); Letzterer geht nur auf das allgemeine Beste aus, Ersterer auf das Privatinteresse und ist nur eine Summe einzelner Willensmeinungen. [...] Man muss verstehen, dass weniger die Anzahl der Stimmen den allgemeinen Willen ergibt als vielmehr das allgemeine Interesse. [...] Der Gesellschaftsvertrag enthält stillschweigend folgende Verpflichtungen [...]: dass jeder, der dem allgemeinen Willen den Gehorsam verweigert, von dem ganzen Körper dazu gezwungen werden soll: das hat keine andere Bedeutung, als dass man ihn zwingen werde, frei zu sein.

Jean-Jacques Rousseau, Du Contrat social, Amsterdam 1762, übers. v. H. Brockard, nach: Schmid, Fragen an die Geschichte 3, Cornelsen, Berlin 1997, S. 149 f.

1 Erarbeiten Sie die Gründe für die Herausbildung des Gesellschaftsvertrages und bestimmen Sie seinen Inhalt.

2 Erläutern Sie, inwiefern Rousseaus Ideen auch zur Einschränkung der Freiheit des Einzelnen benutzt werden können.

3 Vergleichen Sie diesen Staatsentwurf mit dem von Montesquieu (M 5).

M 8 Der Historiker Manfred Botzenhart über den deutschen Frühkonstitutionalismus, 1985

Die Verfassungen des deutschen Frühkonstitutionalismus lehnten sich [...] an die französische „*Charte Constitutionnelle*" der erneuerten Bourbonen-Monarchie aus dem Juni 1814 an. Danach war der Monarch und nicht das Volk Träger der Souveränität und der obersten Staatsgewalt, er blieb bei deren Handhabung jedoch an die in der Verfassung festgelegten Beschränkungen gebunden, und er konnte diese auch nicht mehr einseitig verändern. Es gab einen bereits recht umfangreichen Katalog von Grundrechten (Unverletzlichkeit der Person, Gleichheit vor dem Gesetz, Glaubens- und Gewissensfreiheit, Garantie des Eigentums), politische Grundrechte jedoch, wie z. B. die Pressefreiheit oder die Vereinigungs- und Versammlungsfreiheit, wurden entweder überhaupt nicht gewährt oder konnten durch Gesetz oder Verordnung erheblich eingeschränkt werden.

Die Volksvertretung war in zwei Kammern gegliedert: In der ersten saßen die Prinzen des Herrscherhauses, die Familien des Hochadels sowie Honoratioren aus Politik, Kirche und Gesellschaft. Die Abgeordnetensitze der zweiten Kammer waren nach unterschiedlichen Schlüsseln auf die vertretungsberechtigten Gruppen der Gesellschaft aufgeteilt [...]. Das aktive und passive Wahlrecht war außerdem durch Zensusbestimmungen eingeschränkt und das Wahlverfahren zumindest in den städtischen und ländlichen Wahlbezirken indirekt. Kein Gesetz durfte ohne Zustimmung beider Kammern erlassen, Steuern konnten nicht ohne ihre Einwilligung erhoben werden. Ihr Initiativrecht war jedoch beschränkt, und sie hatten keinen Einfluss auf die Gestaltung des Staatshaushaltes. Die Minister waren den Kammern zwar für die Verfassungs- und Gesetzmäßigkeit ihrer Amtsführung verantwortlich, sie konnten aber nicht aus politischen Gründen durch ein parlamentarisches Misstrauensvotum gestürzt werden. Die Kammern hatten keine Möglichkeit zu positiv gestaltendem Einfluss auf die Regierungstätigkeit; vor allem die Außenpolitik blieb ein Teil der monarchischen Prärogative[1], und das Militär wurde auf den Herrscher, nicht auf die Verfassung vereidigt.

Manfred Botzenhart, Reform, Restauration, Krise. Deutschland 1789–1847, Suhrkamp, Frankfurt/M. 1985, S. 90 f.

1 Prärogative (lat.: *praerogatio:* Vorrecht): Vorzug oder Vorrecht im staatsrechtlichen Sinn

1 Untersuchen Sie anhand von M 8, wie im deutschen Frühkonstitutionalismus die Macht zwischen Legislative, Exekutive und Judikative verteilt ist und ob die Menschenrechte verankert sind.

2 **Geschichte regional:** Analysieren Sie, ob und wie in der bayerischen Verfassung von 1818 die Menschenrechte verankert und die Gewaltenteilung verwirklicht worden ist. Der Text der Verfassung findet sich im Internet unter *www.verfassungen.de.*

6 Das föderalistische Prinzip der Gewaltenteilung: der Reichstag im Heiligen Römischen Reich der Frühen Neuzeit

Internettipp
Das Deutsche Historische Museum Berlin bietet eine Website zur Ausstellung „Heiliges Römisches Reich Deutscher Nation".

Föderalismus und Gewaltenteilung

Der Politikwissenschaftler Heinrich Oberreuter hat 2001 einmal beklagt, dass das föderalistische Prinzip der Gewaltenteilung oft vernachlässigt werde: „Das traditionelle Verständnis der Gewaltenteilung geht von der Verteilung der Staatsgewalt auf mehrere rechtlich selbstständige Teilgewalten und staatliche Institutionen aus und betont zumeist deren Trennung voneinander. Dieser Ansatz begnügt sich mit der horizontalen Gewaltenteilung zwischen Legislative (gesetzgebende Gewalt), Exekutive (vollziehende Gewalt) und Judikative (rechtsprechende Gewalt). Keineswegs ähnlich populär geworden ist der ebenso formale Grundsatz vertikaler Gewaltenteilung, der durch dezentrale Staatsorganisation (Föderalismus) und selbstständige Entscheidungsrechte abgestufter Einheiten (z. B. Zentralstaat, Gliedstaat, Kommunen) verwirklicht werden soll."

Tatsächlich wird in der historisch-politischen Diskussion über die Gewaltenteilung häufig übersehen, dass auch der Föderalismus ein wesentliches Mittel zur Begrenzung und Kontrolle staatlich-politischer Herrschaft ist. Den Kerngedanken des Föderalismus haben die Politikwissenschaftler Heinz Laufer und Ursula Münch 1998 treffend so zusammengefasst: „Föderalismus bezeichnet das Organisationsprinzip für ein gegliedertes Gemeinwesen, in dem grundsätzlich gleichberechtigte und eigenständige Glieder zu einer übergreifenden politischen Gesamtheit zusammengeschlossen sind. Grundlegendes Merkmal ist dabei, dass sowohl die Glieder als auch die übergreifende Gesamtheit einerseits eigenständig sind und andererseits gleichzeitig miteinander in enger Verbindung stehen. Dieses Prinzip wird häufig auf die Kurzformel von der **‚Vielfalt in der Einheit'** gebracht. Die unterschiedlichen Erscheinungsformen föderativer Systeme lassen sich darauf zurückführen, dass in manchen die Vielfalt stärker betont wird, während andere der Einheit mehr Bedeutung beimessen."

M 1 Das Heilige Römische Reich mit seinen Gliedern, Holzschnitt von Hans Burgkmair d. Ä., 1511, spätere Kolorierung. Auf den Flügelspannen sind die Wappen der sieben Kurfürsten und des Podestà (Bürgermeisters) von Rom, auf den Flügelfedern die Wappen der Herzöge und Markgrafen angeordnet.

1 Beschreiben Sie anhand von M 1 den Aufbau des Deutschen Reiches und analysieren Sie die politische Symbolik der Abbildung.

Dass der Föderalismus seit dem späten Mittelalter tief in der deutschen Geschichte verankert ist, wird im Folgenden exemplarisch an der Struktur des Heiligen Römischen Reiches Deutscher Nation während der Frühen Neuzeit verdeutlicht, wobei das besondere Augenmerk dem Reichstag gilt.

Beschlüsse der Reichsreform

„Ewiger Landfriede" (1495)
Verbot von Privatrache und Fehde ohne zeitliche Begrenzung unter Androhung der Reichsacht

Reichskammergerichtsordnung (1495)
Einrichtung des Reichskammergerichtes als oberste rechtliche Institution des Reiches unter Vorsitz des Kaisers
Zuständigkeiten: Reichsacht, Landfriedensbruch, alle fiskalischen Klagen, Besitzstreitigkeiten, Berufungsinstanz für alle Stadt- und Landgerichtsurteile
Ernennung des Kammerrichters (Präsidenten) durch den Kaiser
Vorschlagsrecht der Reichsstände zur Besetzung der sechzehn „Urteiler" (Assessoren)

Reichssteuer (1495)
Erhebung des „Gemeinen Pfennigs" als dauerhafte allgemeine Reichssteuer von jedem Reichsangehörigen (1499 wurde dieser Plan aufgegeben)

Kreisverfassung (1500)
Einteilung des Reiches in sechs (ab 1512 zehn) Kreise
Zuständigkeiten: Durchsetzung des Landfriedens, Stellung von Truppenkontingenten, Einziehen von Steuern, Münzüberwachung

Reichsregiment (1500)
Einsetzung eines Regierungskollegiums unter Vorsitz des Kaisers, bestehend aus 20 Mitgliedern (Kurfürsten und Vertretern der Reichskreise)
Zuständigkeiten: Erledigung der Reichsangelegenheiten, Vertretung des Reiches nach innen und außen, Einberufung des Reichstages

Heiliges Römisches Reich Deutscher Nation

Was heißt, was ist „Deutschland" während der Frühen Neuzeit? Ein „Deutschland" existierte damals weder als geografische Einheit noch als Staat oder politische Nation. Auf der historischen Landkarte erscheint „Deutschland" als ein bunter Flickenteppich verschiedener Staaten, Fürstentümer, Reichsstädte, kleiner und kleinster Herrschaften, die im Heiligen Römischen Reich Deutscher Nation miteinander verbunden waren. An der Spitze des Reiches stand der **Kaiser**, der als oberster Wahrer von Frieden und Recht durchaus anerkannt war. Er musste jedoch in der politischen Praxis seine Macht teilen mit den **Reichsständen** (Kurfürsten, Fürsten und Städte), die auf den **Reichstagen*** vertreten waren (M 3).
Bereits im Hochmittelalter hatten die Kaiser den Fürsten wichtige Reichsrechte übertragen und mit der „Goldenen Bulle" von 1356 das Wahlkönigtum festgeschrieben. Der Kaiser verfügte faktisch über keine Herrschaftsinstrumente, um eigenständig Reichsangelegenheiten zu regeln. Die nach langwierigen Verhandlungen zwischen Kaiser und Reichsständen 1495 verabschiedete **Reichsreform*** sollte die Zentralgewalt stärken, größere Rechtssicherheit schaffen und die Entscheidungsfindung erleichtern. Die wichtigsten Ergebnisse dieser vom Reichstag beschlossenen Umgestaltung der Reichsverfassung waren ein Ewiger Landfriede, die Einführung des „Gemeinen Pfennigs" als Reichssteuer – bereits 1499 wurde dieser Plan wieder aufgegeben – und die Schaffung eines Reichskammergerichts. Fünf Jahre später ergänzten eine Kreisverfassung und ein Reichsregiment die Reichsreform. Doch änderte diese Reform grundsätzlich nichts daran, dass Kaiser und Reichsstände in dem dezentral und föderal organisierten Reich aufeinander angewiesen blieben (M 4 a, b). Kaiser und Reichsstände bildeten gemeinsam die Reichsgewalt. Im Reichstag, dem obersten Entscheidungsorgan des Reiches, mussten sowohl Kaiser und Reichsstände als auch die Reichsstände untereinander ihre Interessen aufeinander abstimmen, um Gesetze zu verabschieden (s. M 1, S. 63).

Reichstag

Der Reichstag war außer dem Reichsgericht und den Reichskreisen das dauerhafteste, vor allem aber bedeutendste Ergebnis der Reichsreform. Er war die **oberste Rechts- und Verfassungsinstitution** und entwickelte sich zum wichtigsten Ort reichspolitischer Entscheidungen. Im Reichstag begegneten sich römischer König bzw. Kaiser und die Gesamtheit der Reichsstände unmittelbar (M 5 a). Allerdings ließen sich die Reichsstände seit Karl V. (1519–1556) zunehmend durch Gesandte, Räte und Kommissare vertreten. Vom letzten Drittel des 17. Jahrhunderts an entwickelte sich der Reichstag zum Gesandtenkongress, auf dem ein Vertreter, der „Prinzipalkommissar", den Kaiser repräsentierte. Bis 1653/54 wurde der Reichstag, eine bis dahin nicht permanent tagende oberste reichsständische Versammlung, jeweils vom Kaiser in wechselnde Reichsstädte einberufen. Ab 1663 trat der „Immerwährende Reichstag" in Regensburg zusammen, ohne dass diese Dauerhaftigkeit formell beschlossen worden wäre. Die Vertreter der auf den Reichstagen versammelten Stände waren in drei Kurien bzw. Kollegien organisiert:

- Dem **Kurfürstenrat**, der unter dem Vorsitz des Reichskanzlers stand, gehörten die drei geistlichen und vier weltlichen Kurfürsten an. 1623 fiel die pfälzische Kurwürde an Bayern. Als die Pfalz 1648 eine neue Kur* erhielt, erhöhte sich die Zahl der Kurfürsten auf acht, 1692 (Kurwürde an Hannover) sogar auf neun.

Kur
Recht eines Kurfürsten zur Wahl des deutschen Königs.

Reichsstände/Reichsstandschaft
Das waren im Heiligen Römischen Reich die Reichsfürsten, -grafen, -prälaten (= Angehörige der Reichskirche) und -städte, die die Reichsstandschaft besaßen. Das heißt, sie waren zur Führung einer Stimme im Reichstag berechtigt. Diese erwuchs mit Ausnahme der Reichsritter und Reichsdörfer aus der Reichsunmittelbarkeit. Die Reichsstände waren seit dem 14. Jahrhundert in drei gleichberechtigte Gruppen geteilt (Kurfürstenrat bzw. -kollegium, Reichsfürstenrat, Städtekollegium).

- Der **Reichsfürstenrat** bestand aus den übrigen Reichsfürsten sowie denjenigen Grafen und Herren, die die Reichsstandschaft* besaßen. Dieses Kollegium verfügte über etwa 100 Stimmen, zu denen noch sechs Sammelstimmen für Grafen und Prälaten kamen, die über ihre regionalen Kollegien ebenfalls Gesandte bestellen konnten.
- Das **Kollegium der Reichsstädte** durfte seit 1648 als Vertretung der Reichsstädte an den Beratungen teilnehmen. Es tagte unter dem Vorsitz des gastgebenden Regensburg und repräsentierte die etwa 50 Reichsstädte. Sie waren aus Kostengründen jedoch nicht vollzählig vertreten oder beauftragten einfach einen Regensbürger Bürger mit einer preiswerten Vertretung.

Der Kaiser besaß nicht nur das Recht zur Einberufung des Reichstages, sondern schlug auch die Verhandlungsgegenstände vor. Die drei Kollegien berieten getrennt und fassten auch getrennt ihre Beschlüsse. Der Reichskanzler, der Kurfürst von Mainz, suchte eine Einigung zwischen allen drei Gremien herzustellen. War der Konsens hergestellt, erlangte die Vorlage durch kaiserliche Sanktion Gesetzeskraft.

Die Themen der Beratungen auf den Reichstagen betrafen Verfassungsfragen, Entscheidungen über Krieg und Frieden, konfessionspolitische Konflikte, Wirtschafts-, Geld-, Münz- sowie Handelspolitik. Viele der auf den Reichstagen verabschiedeten Gesetze waren von erheblicher Bedeutung. Das galt besonders für die Beschlüsse, die von den Territorien übernommen wurden, was nicht bei jedem Reichstagsabschied (Zusammenfassung aller Beschlüsse, über die sich Kaiser und Reichsstände geeinigt hatten) der Fall war. Ein eindrucksvolles Beispiel hierfür ist die 1532 veröffentlichte „Peinliche Gerichtsordnung Karls V.“, die *„Constitutio Criminalis Carolina“*; diese Prozessordnung entwickelte sich zur Grundlage des frühneuzeitlichen deutschen Strafrechts (M 2).

Der Reichstag war kein modernes Parlament, das die Bevölkerung repräsentierte. Dennoch gehört dieses wichtigste Gremium des Heiligen Römischen Reiches in die Geschichte parlamentarischer und überdies föderalistischer Traditionen in Deutschland. Ohne die politische Beteiligung des Reichstags konnte kein Gesetz beschlossen werden. Heutigen Betrachtern erscheint die Verhandlungs- und Entscheidungsfindung vielleicht als schwerfällig. Aber der Reichstag besaß für das gesamte Reich eine einheitsstiftende und integrierende Funktion, indem er den Kaiser und die Reichsstände zur Einigung zwang. Keine Institution oder Gruppe konnte im Alleingang Beschlüsse fassen und durchsetzen (M 5 b, c).

M2 Abbildung auf dem Titelblatt der 1533 erschienenen Strafprozessordnung Karls V. (Ausschnitt), 1532.
Die Darstellung zeigt Folter- und Hinrichtungswerkzeuge.

1 Erläutern Sie das föderalistische Prinzip der Gewaltenteilung.
2 Arbeiten Sie die wichtigsten Aufgaben und Funktionen des Reichstages im Heiligen Römischen Reich heraus.

M3 Die Historikerin Barbara Stollberg-Rilinger über die politische Struktur des Heiligen Römischen Reiches Deutscher Nation, 2006

Wenn die Zeitgenossen selbst das Reich auf den Begriff bringen wollten, sprachen sie zumeist metaphorisch von einem Körper aus Haupt und Gliedern. Der Kaiser war das Oberhaupt, das den Körper überhaupt erst zu einem Ganzen machte. Die gemeinsame Bindung an den Kaiser stellte das älteste verbindende Element der Reichsverfassung dar. Er war oberster Lehnsherr, oberster Richter, oberster Wahrer von Friede und Recht. Allerdings war er alles andere als ein absoluter Herrscher, er stand nicht über den Gesetzen. Gemäß der traditionellen konsensorientierten Rechtsauffassung konnte er nichts an der hergebrachten Ordnung willkürlich ändern, sondern war stets auf Rat und Zustimmung der Betroffenen angewiesen. Weder hatte er das Recht, noch hatte er die Macht, gegen den Konsens der Reichsglieder etwas durchzusetzen. […]

Dem Kaiser als Oberhaupt wurde die Gesamtheit der Glieder gegenübergestellt; die offizielle Formel lautete „Kaiser und Reich“. Bei diesen Gliedern handelte es sich um Herrschaftsträger verschiedener Art: Kurfürsten, Fürsten, Grafen, Prälaten, Ritter, Städte. […] Die Reichsglieder waren extrem unterschiedlichen Charakters: Personen und Korporationen, Klöster und städtische Kommunen, Geistliche und Weltliche, Mächtige und Mindermächtige. Das Spektrum

reichte von großen Reichsfürsten auf der einen Seite, die über ganze Konglomerate[1] von Territorien nahezu unabhängig herrschten und mit den europäischen Herrscherdynastien verschwägert waren, bis hinunter zu kleinen Reichsrittern auf der anderen Seite, die nur über ein paar Dörfer die Niedergerichtsbarkeit ausübten. […]
Aber das Reich bestand nicht nur aus den unmittelbaren Gliedern. Die meisten Reichsstände übten ihrerseits Herrschaft über Territorien aus, in denen es wiederum andere Herrschaftsträger gab, nämlich ebenfalls Adelsfamilien, Klöster, Stifte und Kommunen, die ihnen ihrerseits als konsensberechtigte Landstände gegenübertraten. Diese ‚landsässigen' oder ‚mediaten' Stände standen zu Kaiser und Reich aber eben nur in einem mittelbaren Verhältnis. Die Landstände verhielten sich zu ihrem Landesherrn ähnlich wie die Reichsstände zum Kaiser. Wie diese dem Kaiser, so leisteten die Landstände dem Landesherrn ihre Abgaben, wie die Reichsstände auf Reichstagen, so übten die Landstände auf Landtagen Partizipationsrechte aus. […]
Das Reich war also alles andere als ein homogener Untertanenverband. Anders als bei moderner Staatlichkeit, wo alle Bürger ein einheitliches Staatsbürgerrecht genießen, alle hoheitliche Gewalt beim Staat konzentriert ist und allein von seinen Organen ausgeübt wird, wurde im Reich auf verschiedenen Ebenen autonome Herrschaft ausgeübt, und ein Glied hatte immer andere „Rechte und Freiheiten" als das andere. Über diese heterogene Vielfalt von Reichsgliedern und deren Untertanen übte der Kaiser keine einheitliche Gewalt aus. Das Reich besaß deshalb auch kein festes Territorium mit eindeutigen Gebietsgrenzen, wie es moderne Karten suggerieren. Im Laufe des Spätmittelalters und der Frühen Neuzeit vollzog sich allerdings ein Prozess zunehmender Territorialisierung; das heißt, Herrschaft verwandelte sich von einer Vielzahl verschiedener Herrschaftsrechte über Personen zu einer einheitlichen Herrschaft über ein bestimmtes Gebiet (samt allen darauf lebenden Personen). Diese territoriale Herrschaft wurde aber vor allem von einzelnen Reichsfürsten als Landesherren in ihren jeweiligen Ländern ausgebildet und nicht vom Reich in seiner Gesamtheit. Das Reich war bis zu seinem Ende kein Territorialstaat, sondern ein Personenverband, ein komplexes hierarchisches System von Personen und Korporationen, an deren Spitze der Kaiser stand und dem Ganzen symbolische Einheit und Legitimität verlieh.

Barbara Stollberg-Rilinger, Das Heilige Römische Reich Deutscher Nation. Vom Ende des Mittelalters bis 1806, C.H.Beck, München 2006, S. 14–17.

1 Konglomerat: Gemisch oder Zusammenballung

1 Erläutern Sie anhand von M 3 die politische Struktur des Reiches: Welche politische Aufgabe und Funktion besaßen der Kaiser und die verschiedenen anderen Herrschaftsträger? Welche Handlungsspielräume besaßen sie?

M 4 Die föderale Struktur des Heiligen Römischen Reiches

a) Der Historiker Thomas Nipperdey über die Entstehung des deutschen Föderalismus, 1990:

Föderalismus ist kein statischer, sondern ein dynamischer Begriff: Er beschreibt nicht primär einen rechtlich fixierten Zustand, sondern einen Prozess, eine Bewegung, in der sich zwischen Einheit und Vielfalt ständig neu wechselnd Integrationen und Desintegrationen und Gleichgewichtslagen herstellen. Darum ist Föderalismus auch insoweit ein *historischer* Begriff, als er in jeweils anderen Situationen, mit jeweils anderen Aufgaben und anderen Funktionen jeweils Unterschiedliches bedeutet. […]
Ich beginne mit der politischen Struktur Deutschlands im späten Mittelalter. Denn hier liegt die Wurzel für die Geschichte des Föderalismus in Deutschland, die Wurzel für die Tatsache, dass in Deutschland, anders als in Großbritannien oder Frankreich, Föderalismus bis heute eine Tatsache und ein Problem von erstrangiger politischer Bedeutung war und ist.
Das Ergebnis der mittelalterlichen Verfassungsentwicklung in Deutschland ist es bekanntlich gewesen, dass das Reich sich […] zersplittert [hat] in ein Gemenge von zahllosen kleinen und großen einheitlichen oder sich überkreuzenden oder geteilten Herrschaften, ja Herrschaftsrechten; die Tatsache der partikularen Territorialherrschaften hat sich erst langsam aus diesem Zustand herausentwickelt.
Die Lehnsherrschaft des Königs hatte in Deutschland ihren realen Inhalt, zum Beispiel Einzug und Heimfall von Lehen, fast ganz verloren. Es war den Königen nicht gelungen, das Lehnssystem in einen einheitlichen Instanzenzug zu überführen, in dem sie das letzte Verfügungsrecht besessen hätten. Die Könige verfügten nicht, wie in Frankreich, über ein sich vergrößerndes Hausgut und auch nicht, wie in England, im Verein mit ihren Vasallen über durchsetzbare Kompetenzen und Rechte. Und das war – anders als zu Zeiten in Westeuropa – nicht nur ein Faktum der Machtverteilung, sondern das war rechtlich, gewohnheitsrechtlich oder statutarisch [auf einem Statut beruhend, satzungsgemäß] fixiert und institutionalisiert.
Diese bleibende Partikularisierung von Macht und Herrschaft war die Folge des mehrfachen Aussterbens von Königshäusern, des Wahlkönigtums, besonderer politischer Konstellationen, und vor allem die Folge der Überanstrengung dieser Königsherrschaft durch das Kaisertum, die Auseinandersetzung um Italien und mit dem Papst. Charakteristisch für das partikularisierte Deutschland ist einmal das, was wir verfassungsrechtlich Dualismus nennen können: Kaiser und Reich auf der einen Seite, die Herrschaften, die sich erst langsam und nur zum Teil zu Landesherrschaften verdichten, die Reichsstände, wie sie dann heißen, andererseits.

Und es ist charakterisiert dadurch, dass es diesen Ständen weniger um Mitbestimmung in zentralen Angelegenheiten, etwa der Besteuerung, ging als um ihre Autonomie.

Thomas Nipperdey, Der Föderalismus in der deutschen Geschichte, in: ders., Nachdenken über die deutsche Geschichte. Essays, dtv, München 1990, S. 71 f.

b) Der Historiker Johannes Burkhardt über die föderalistische Struktur des Heiligen Römischen Reiches in der Frühen Neuzeit, 2006:

Dieses duale System, das hier Verfassungsrang erhielt, entsprach dem Herkommen und verlieh der deutschen Geschichte Kontinuität, aber es blieb kein altertümliches Relikt, sondern entwickelte sich zum eigenständigen Konstruktionsprinzip von Staatlichkeit. Unter dem späteren Vorzeichen des Föderalismus bestimmt es – mit Höhen, Tiefen und Unterbrechungen – die deutsche Geschichte bis in die heutige Gliederung von Bund und Ländern. Um die frühmoderne Wirkungsweise der beiden Verfassungsebenen [...] recht zu verstehen, sind drei Punkte besonders zu beachten:

Erstens ist ein unverkürztes Verständnis der gesamtstaatlichen Reichsebene nötig. Es stehen nicht etwa einer allein beim Kaiser vermuteten Zentralgewalt vermeintlich partikularistische Sonderinteressen der Landesherren gegenüber, sondern zusammen mit dem Reichsoberhaupt bilden die korporativ von den Landesherrn als Reichsstände mitgetragenen Reichsinstitutionen die Reichsgewalt. Das oberste Reichsgremium, der Kaiser und Reichsstände vereinende Reichstag, erhielt 1648 erweiterte Kompetenzen und die höchste Staatsgewalt überhaupt.

Der zweite Punkt betrifft das Verhältnis von Reichs- und Landesgewalt beim Staatsausbau. Zwar wurden den deutschen Landesstaaten ihre Rechte bestätigt, und sie erlebten einen eindrucksvollen administrativen Staatsausbau, aber sie mussten dafür der Reichsgewalt nichts wegnehmen. Es ging nicht um eine nur kompensatorische Umverteilung vorhandener politischer Besitzstände und Kompetenzen, sondern um einen auf beiden Ebenen zu verfolgenden parallelen Staatsausbau, gerade auf der sich nach 1648 selbst noch einmal institutionell verstärkenden Reichsebene.

Drittens geht es um eine bessere Leistungszuschreibung. Denn dieser doppelte Staatsausbau ist nicht etwa eine konstruktiv mindere Lösung, der auch einige Vorzüge gegenüberstehen, sondern ihre Vorzüge rühren aus eben dieser konstruktiven Lösung. Einheit und Vielheit von Kultur und Kommunikation in Deutschland wie auch die Lösung des Konfessionskonfliktes sind anders kaum denkbar. Und das hohe Maß an Partizipation, Rechtsstaatlichkeit und Friedensfähigkeit im Innern gründet in der organisierten Teilung der Gewalten.

Johannes Burkhardt, Vollendung und Neuorientierung des frühmodernen Reiches 1648–1763, Klett-Cotta, Stuttgart 2006 (= Gebhardt. Handbuch der deutschen Geschichte, 10. völlig neu bearb. Aufl., Bd. 11), S. 30 f.

1 Untersuchen Sie mithilfe von M 4 a die Gründe, warum sich in Deutschland anders als in Frankreich seit dem Spätmittelalter kein zentralisierter einheitlicher Staat, sondern ein föderalistisches Staatswesen herausgebildet hat.
2 Beschreiben Sie mithilfe von M 4 b die Grundprinzipien der politischen Organisation des frühneuzeitlichen deutschen Reiches.
3 Überprüfen Sie anhand von M 4 a und b die Tragfähigkeit der Föderalismusdefinition von Laufer und Münch im Darstellungstext, S. 56. Präzisieren Sie gegebenenfalls diese Begriffsbestimmung.

M5 Geschichte kontrovers: Die historisch-politische Bedeutung des frühneuzeitlichen Reichstages

a) Der Historiker Paul Münch über den frühneuzeitlichen Reichstag, 1999:

Der Reichstag, der seit 1663 als „Immerwährender Reichstag", d. h. als ständiges Gremium, in Regensburg versammelt war, blieb trotz seiner verfahrensmäßigen Schwerfälligkeit einer der wichtigsten Garanten der Reichseinheit. Obwohl die auf ihm vertretenen Stände nach 1648 wegen der konfessionellen Trennung in ein *„Corpus Catholicorum"* und ein *„Corpus Evangelicorum"* oft nur schwer zu einer Einigung gelangten, wuchs aus dem kontinuierlichen Zwang zum gütlichen Vergleich (*„amicabilis compositio"*) dem Reichstag die Funktion einer pazifizierenden Clearing-Stelle zu. Seine legislative Aufgabe, die vielfach die Basis und den Rahmen der territorialen Gesetzgebungen bildete, fand jedoch wie früher da eine Grenze, wo die Interessen des Reichs mit denen der Länder kollidierten und sich die partikularen Obrigkeiten um die Durchsetzung der Reichsgesetze nur lässig oder überhaupt nicht kümmerten. Der Reichstag gehört eher zur Vor- als zur Frühgeschichte der modernen Parlamente, da in seinen drei Kurien – Kurfürstenkolleg, Reichsfürstenrat, Kollegium der Reichsstädte – nur die politisch und sozial privilegierten Stände vertreten waren. Eine Repräsentation erfuhren mithin allein und exklusiv die höheren adligen und – mit Einschränkung – die stadtbürgerlichen Schichten der Bevölkerung, während die Interessen des niederen Adels, des entstehenden Bürgertums und der ländlichen Gesellschaft keine oder allenfalls eine indirekte Berücksichtigung fanden.

Paul Münch, Das Jahrhundert des Zwiespalts. Deutschland 1600–1700, Kohlhammer, Stuttgart 1999, S. 94 f.

b) Der Historiker Johannes Burkhardt über den frühneuzeitlichen Reichstag, 2006:

Wenn die Reichsstände zunächst ihre verbriefte Teilhabe an der Reichsgewalt nicht gleich wieder dem Risiko einer Unterbrechung aussetzen wollten, so entdeckte umgekehrt

c) Verlesung der „Confessio Augustana" vor Kaiser Karl V. auf dem Reichstag 1530 in Augsburg, Ölgemälde von Georg Balthasar von Sand (um 1652–1718), Ende 17. Jh.
Der sächsische Kanzler Dr. Christian Bayer verlas die deutsche Fassung der Bekenntnisschrift der protestantischen Reichsstände vor Kaiser Karl V. und überreichte sie ihm danach zusammen mit der lateinischen Fassung.

der Kaiserhof, welche Steuerungsmöglichkeiten eine solche Präsenz des Reiches dem Reichsoberhaupt eröffnete. Für den Kaiser erwies es sich als praktisch, im aktuellen Bedarfsfall gleich Leistungen einfordern, seine besondere Klientel pflegen sowie mit wechselnden Gruppierungen arbeiten zu können. Gerade auf dem perpetuierten Reichstag konnte der Kaiser seine hierarchische Stellung zur Führungsposition ausbauen, doch musste auch die reichsständische Solidarität und die wichtige Kooperation der Reichsstände untereinander in der gemeinsamen Verantwortung für die Reichsgewalt dazukommen. Nach der Vielzahl der Zuständigkeiten und dringenden aktuellen Aufgaben war die Perpetuierung des Reichstags fast eine Notwendigkeit, und darüber hinaus übernahm diese auf Dauer gestellte Institution die „Gewährleistung" der politischen und rechtlichen Einheit des Reiches. [...]
Der Parlamentscharakter ist in der Frühen Neuzeit generell nicht in einer demokratischen Legitimation und Praxis zu finden, sondern in der politischen Aufgabenstellung und der parlamentarischen Art ihrer Ausführung. Der Regensburger Reichstag war ein Parlament, weil er die Gesetzgebungskompetenz und politische Mitsprachegewalt besaß und sich kollektiv unter breiter Partizipation politisch Handlungsberechtigter beriet. Die hochentwickelte Kultur der Verhandlungs- und Entscheidungsfindung gehört unbeschadet anderer Formen und Prioritäten – mehr Konsensfähigkeit, weniger Mehrheitsfähigkeit – zweifellos in die Geschichte parlamentarischer Traditionen. Der Reichstag übergipfelte eine ganze institutionelle Landschaft des politischen Aushandelns auf allen Ebenen.

Johannes Burkhardt, Vollendung und Neuorientierung des frühmodernen Reiches 1648–1763, Klett-Cotta, Stuttgart 2006 (= Gebhardt. Handbuch der deutschen Geschichte, 10. völlig neu bearb. Aufl., Bd. 11), S. 81 f., 91.

1 Gruppenarbeit: a) Arbeiten Sie in Kleingruppen aus den Texten in M 5 a und b die zentralen Thesen heraus. b) Vergleichen Sie diese Thesen zur Parlamentarismus- und Föderalismusproblematik. Stellen Sie Unterschiede und Gemeinsamkeiten heraus.
c) Arbeiten Sie die unterschiedlichen Interessen der beiden Historiker heraus. d) **Abschlussdiskussion:** Formulieren Sie abschließend pro Gruppe zwei eigene Thesen zur historisch-politischen Bedeutung des frühneuzeitlichen Reichstages: Gehört der Reichstag in die Tradition des parlamentarischen und föderalistischen Staates der Bundesrepublik Deutschland? Führen Sie dazu abschließend eine Diskussion im Plenum durch.

2 Fächerverbindung Sozialkunde/Präsentation: Der Föderalismus ist als politische Organisationsform im Grundgesetz der Bundesrepublik Deutschland festgeschrieben. Die föderale Struktur behindert jedoch in manchen Politikfeldern grundlegende Entscheidungen. Seit 2006 soll daher eine Föderalismusreform die Handlungs- und Entscheidungsfreiheit von Bund und Ländern verbessern. Erarbeiten Sie eine Präsentation über die Inhaltsfelder und Ergebnisse dieser Reform. Diskutieren Sie in Kleingruppen Vorschläge zum Abbau institutioneller Hindernisse.

Wurzeln europäischen Denkens und moderner politischer Ordnungsformen

Grundwissen → S. 14 ff.

Mythische Weltbilder prägten das Denken im antiken Griechenland während der archaischen Zeit, die vom 8. Jahrhundert bis etwa 500 v. Chr. reichte. Seit dem 7./6. Jahrhundert v. Chr. gewannen wissenschaftlich-rationale Welterklärungen jedoch immer stärker an Bedeutung. Die Philosophen erklärten Naturerscheinungen und menschliches Verhalten nun zunehmend mithilfe rationaler Theorien, die durch Erfahrung, sinnliche Wahrnehmung und öffentlichen Diskurs untermauert wurden.

Mit dem Ende des Römischen Reiches ging nicht gleichzeitig das antike Wissen verloren. Vielmehr entfaltete das Imperium Romanum eine erstaunliche und nachhaltige Wirkung auf die geistige Entwicklung Europas. Das von Kaiser Justinian (527–565) neugeordnete und systematisierte Recht, der „corpus iuris civilis“, wurde seit dem Mittelalter rezipiert und bestimmte bis in die Moderne hinein die europäische Rechtskultur. Auch das Christentum spielte dabei eine wichtige Rolle: Die Mönche in den Schreibstuben der christlichen Klöster trugen mit ihren Abschriften alter Handschriften zur Bewahrung der klassischen weltlichen Bildung und Wissenschaft der heidnischen Antike bei.

In politischer Hinsicht gilt die Gewaltenteilung als unverzichtbarer Grundsatz der modernen westlichen Demokratien. Ihr Kerngedanke ist die Begrenzung und Kontrolle staatlich-politischer Macht. Die Alleinherrschaft von Personen, Gruppen und Parteien soll verhindert werden, um die individuelle und gesellschaftliche Freiheit gegen staatliche Eingriffe zu schützen. Vier unterschiedliche Formen der Gewaltenteilung gehören zu den Grundlagen europäisch-westlicher Vorstellungen legitimer politischer Herrschaft.

Trennung von weltlicher und geistlicher Gewalt: Im Mittelalter waren Kirche und Staat eng miteinander verflochten. Das Gottesgnadentum des Königs beruhte auf seiner Erwählung durch Gott, seiner Stellvertretung Gottes und seiner priestergleichen Verantwortung vor Gott. Im Investiturstreit bekam die enge Verschränkung von Kirche und Staat tiefe Risse, ihre Trennung wurde eingeleitet.

Trennung von fürstlicher und ständischer Gewalt: Lehnsherr und Vasall waren zwar Ungleiche, ihr Verhältnis beruhte aber auf Vertrag und Konsens. Im frühneuzeitlichen Territorialstaat gab es eine spezifische Form der Gewaltenteilung durch politische Mitsprache. So benötigten die Fürsten, etwa um Steuern zu erheben oder Krieg zu führen, die Zustimmung der Stände. Historiker sprechen hier deshalb von einem dualistischen Staat.

Trennung von gesetzgebender, vollziehender und rechtsprechender Gewalt: Um die Macht des absolutistischen Staates zu begrenzen, forderten die Anhänger der Aufklärung seit dem 17. Jahrhundert die Abgrenzung der Zuständigkeiten von Legislative, Exekutive und Judikative. Der moderne Verfassungsstaat, für den die aufgeklärten Staatsdenker eintraten, sollte außerdem die Menschen- und Bürgerrechte als Grundrechte gewährleisten. Seit der Aufklärung und den bürgerlichen Revolutionen des 18. und 19. Jahrhunderts gehören diese Form der horizontalen Gewaltenteilung und die verfassungsrechtliche Garantie der Menschen- und Bürgerrechte zu den Grundlagen moderner westlicher Demokratien.

Das föderalistische Modell der Gewaltenteilung: Im Heiligen Römischen Reich Deutscher Nation war die Staatgewalt dezentral bzw. föderalistisch organisiert. Der Kaiser konnte Reichsangelegenheiten nicht allein regeln, sondern musste seine Macht mit den Reichsständen teilen. Diese vertraten unter anderem die Landesobrigkeiten und städtischen Regimente.

M1 **Die Struktur des Heiligen Römischen Reiches Deutscher Nation**

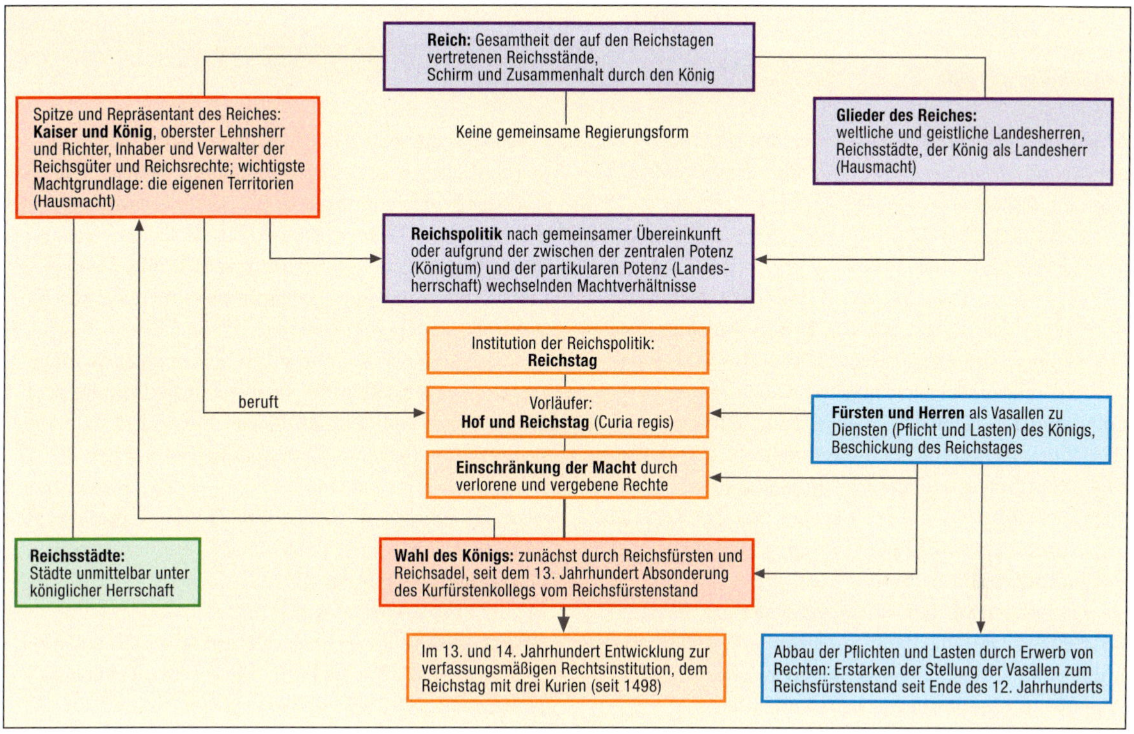

Zeittafel

um 660-700 v. Chr. Entmythologisierung des Denkens durch Vorsokratiker, z. B. Thales (um 624–547 v. Chr.), Heraklit (um 550–um 480 v. Chr.), Sophisten; Bedeutungsgewinn wissenschaftlich-rationaler Welterklärungen
ca. 3.–5. Jh. Spätantike: Übergang von der Antike zum Frühmittelalter; Verlagerung des politisch-kulturellen Schwerpunkts vom Mittelmeerraum nach West- und Mitteleuropa
311 Toleranzedikt für die Christen im Römischen Reich
391/2 Verbot aller Formen heidnischen Gottesdienstes im Römischen Reich: Christentum ist seitdem Staatsreligion im Imperium Romanum
527–565 Kaiser Justinian: *Corpus iuris civilis* (528–534)
529 Schließung der philosophischen Akademie in Athen; Gründung des ersten abendländischen Klosters Montecassino durch Benedikt von Nursia
7./8. Jh. Herausbildung des Lehnswesens in Europa
10./11. Jh. Ottonisch-salisches Reichskirchensystem
1073–1085 Reformpapst Gregor VII. fordert die Unterwerfung der weltlichen unter die geistliche Gewalt
1075–1122 Investiturstreit, mit Wormser Konkordat beendet
1077 Heinrich IV. unterwirft sich in Canossa dem Papst
um 1200 Entstehung der ersten europäischen Universitäten in Paris und Bologna
1215 *Magna Charta Libertatum* schränkt Macht des englischen Königs ein
1232 *Statutum in favorem principum* von Friedrich II. stärkt Fürsten im Reich
1240 Erscheinen einer Textausgabe des *corpus iuris civils*
14. Jh. Zünfte erkämpfen sich Beteiligung an den von den Patriziern beherrschten Stadtregierungen
1356 Die von Karl IV. erlassene Goldene Bulle regelt Königswahl
1495 Reichsreform unter Maximilian I.; u. a. wird die Rechtskodifikation Justinians geltendes Recht
14.–16. Jh. Zeitalter der Renaissance und des Humanismus
16./17. Jh. Wissenschaftliche Revolution in Europa: Entstehung der modernen Naturwissenschaften
17./18. Jh. Aufklärungsbewegung in Europa
1688 Glorious Revolution beendet absolutistische Herrschaft in England
1776 Unabhängigkeitserklärung der Vereinigten Staaten
1789 Erklärung der Menschen- und Bürgerrechte in der Französischen Revolution (26. August)
1806 Ende des Heiligen Römischen Reiches
1818 Verabschiedung einer frühkonstitutionellen Verfassung in Bayern

Das Licht der Vernunft

Von Johannes Fried

In seinem 2008 erschienenen Buch „Das Mittelalter“ stellt der Mediävist Johannes Fried das Bild des „dunklen Mittelalters“ infrage.

Vernunft im Mittelalter? Aufklärung gar? Wer könnte es glauben nach dem Veto früherer Vernunftfetischisten? Und doch! Die Zeit Karls des Großen hatte zum Aufbruch in das Zeitalter der Vernunft geblasen; der König und Kaiser selbst hatte es verlangt. Auch Rechnen stand hoch im Kurs, war es doch unerlässlich, um den Kalender zu erstellen. Kaum ein Zeitalter war so sehr der Vernunft verfallen wie das Mittelalter und zuvörderst sein „dunkles“ 10. Jahrhundert. Die jungen Leute drängten zur Schule, lernten, übten sich in Logik. [...] Das alles wollte verstanden sein, denn das Denken- und Reden-Können eröffnete große Karrieren. Fortan sah und sieht sich alles dem Maßstab kategorialen Denkens ausgesetzt, einem kontrollierbaren Regeln unterworfenen Vernunftgebrauch überantwortet und in eine darauf abgestimmte Aussage und in die Logik der Rede gebracht, jahrhundertelang eingeübt von den Besten der geistigen Führungseliten, nachgeahmt von den minder Begabten, von allen, die zur Lateinschule geschickt wurden. Manches hat sich auf diesem Weg bis heute geändert, doch stets in direkter oder indirekter Auseinandersetzung mit dem in den „dunklen“ Jahrhunderten und seitdem angeeigneten Aristoteles, dem selbst noch, und sei es im Widerspruch, die Lesarten heutiger Philosophen verpflichtet sind. In mehreren Rezeptionswellen wurde während des Hoch- und beginnenden Spätmittelalters das gesamte Werk des Stagiriten[1] im Westen greifbar. Wie konnte es dazu kommen?
Der Handlungsspielraum entwand sich nur mühsam den Fesseln des magischen und symbolischen Weltbildes, das den geistigen Horizont des frühmittelalterlichen Zeitgenossen begrenzte. Vernunft hat es zu allen Zeiten schwer, sich durchzusetzen. Das Handeln aber ließ sich vom Denken nicht trennen. Eine Welt der Traumgesichte, der Zeichen und Rituale erschließt sich beispielsweise dem Leser der „Chronik“ Thietmars, die der Merseburger Bischof bald nach der ersten christlichen Jahrtausendwende niederschrieb. Der sächsische Grafensohn, dem zwar die aristotelische Dialektik nicht völlig fremd, der gleichwohl noch dem „vorlogischen“ Denken verhaftet war, sah sich vor seiner Bischofsweihe selbst im Traum, wie er pendelte, wie er in Sorge um sein künftiges Geschick mit dem Pendel die Bibel befragte. Er hegte nicht den geringsten Zweifel über die Wahrheit seines Traumes. [...]
Minutiös registrierte Thietmar die „Zeichen“ der Natur: doppelköpfige Tiere, menschliche Missgeburten, dämonischer Schabernack, Katastrophen, drei sich stets zusammenrottende Wölfe ... Der Bischof deutete diese Vorkommnisse als Botschaften, verstand sie als „Sprache“, in der die übermenschliche Welt, Gott selbst, mit seinen Geschöpfen sprach, erkannte nicht anders als seine Zeitgenossen in den Unheilszeichen die Folgen der Sünde und Gottes Warnung an die Sünder. Nicht nur Fasten, Beten, Litaneien, Buße und Tränen oder rituelles Handeln waren angesagt, um dem dräuenden Unheil zu wehren; das ganze Leben musste sich dementsprechend orientieren. Nichts war da zu spüren von der Blässe des Gedankens, von destruktiver, aufklärerischer Skepsis gegenüber der offenbarenden Zeichenhaftigkeit derartigen Geschehens.
Mit der Zeit aber veränderte die Kenntnis der aristotelischen Dialektik die Art und Weise, wie die Leute Gedanke mit Gedanke verbanden, wie sie Frage an Frage reihten, Antwort für Antwort prüften. Es hatte unabsehbare Auswirkungen auf jede Planung, jedes Tun und Unterlassen. Ein Denkstil breitete sich aus, der ohne Zauber und ohne Gott auskam. Säkularisation machte sich breit und erzielte rasche Fortschritte. Das gesamte Weltbild, die Ordnung des Lebens, das Zusammenwirken der Geschlechter, die Produktionsweisen der Wirtschaft in den Grundherrschaften, an den Fürstenhöfen und in der Stadt, die Technik unterlagen dem logisch-dialektischen Sinn. Kosmologie, Menschenbild, Ethik und Recht gerieten unter entsprechendem Druck. Über kurz oder lang wurde die gesamte Gesellschaft, ihre Normen und Werte von diesem rationalen, formal-logischen Denkstil erfasst und verwandelt. Die Vernunft forderte nicht zuletzt den Christenglauben wie jeden anderen Glauben heraus. Manch ein Gläubiger dürstete wegen der

M 1 Aristoteles mit Schülern, Holzschnitt, spätere Kolorierung, um 1480

M2 Christine de Pizan im Studierzimmer, französische Buchmalerei, 1411 (Ausschnitt). Die französische Schriftstellerin Christine de Pizan (1365–1430) wurde als Tochter eines Astrologen und Arztes geboren. Ihrem Vater verdankte sie eine gute Bildung in Latein, Geometrie und Arithmetik, die sie später durch umfangreiche Lektüre theologischer und weltlicher Literatur in lateinischer und französischer Sprache erweiterte.

intellektuellen Zumutung der Glaubensbotschaft und ihrer Offenbarungen nach einem strengen Gebrauch eben jener Regeln rationalen Denkens, die Aristoteles formuliert hatte. Die von Schülergeneration zu Schülergeneration immer wirksamer und nachhaltiger eingeübten dialektischen Methoden rüsteten ihre Adepten[2] mit Fähigkeiten aus, die sich nicht nur gegen das magische Weltbild, sondern gegen jeglichen Wunderglauben und manche Lehren der Kirche und ihrer heiligen Väter sperrten, sich ihnen zweifelnd widersetzten. […]

Pfarrschulen vermittelten in der Karolingerzeit ihren Schülern nur die rudimentärste Bildung; an ihnen lernte man das „Vaterunser", die Beichtformeln oder dem Irr- und Dämonenglauben abzuschwören, nicht aber die „freien Künste"; erst im späten Mittelalter mag es hier und da anders geworden sein. Es bedurfte umfassenderer Bildung, leistungsfähigerer und vor allem kontinuierlich bestehender Schulen. Karl der Große, seine Helfer und Nachkommen muteten diese Aufgabe der einzigen gesellschaftlichen Kraft zu, die entsprechende Voraussetzungen gewährte: den Mönchen. Selbstverständlich war es nicht; die Benediktinerregel[3] hatte Derartiges nicht vorgesehen. Manch ein Kloster zögerte. Auf Wunsch oder Befehl der Könige hatten die Mönche sich dennoch dieser Aufgabe zu widmen und den Wiederaufbau einer neuen Wissensgesellschaft zu realisieren. Er musste sich umso schwieriger gestalten, als das intellektuelle Niveau des lateinischen Westens durch den nahezu vollständigen Niedergang der antiken Kultur- und Bildungsinstitutionen auf das Tiefste gesunken war. Dennoch, die bedeutenden Schulen, an denen tatsächlich der ganze Kanon der „sieben freien Künste" und der aristotelischen Dialektik unterrichtet wurde, befanden sich in Klöstern und an kirchlichen Stiften. Der karolingische Königshof selbst beteiligte sich auf seine Weise […]. Die Hofkapelle der Karolinger und Ottonen versammelte immer wieder begabte junge Adlige; sie repräsentierte gleichsam die personifizierte Gelehrsamkeit am Hof. Seit dem 10. Jahrhundert verdrängten die Kathedralschulen die Klosterschulen, seit dem 13. Jahrhundert traten, von Königen, Päpsten oder Landesherren gestiftet und gefördert, die Universitäten hinzu, sogar die ersten städtischen Lateinschulen.

Auch Frauen besaßen ihre Chancen. Ihre Bildung blieb von dem sich ausbreitenden und ausweitenden Bildungssystem nicht ausgespart. Stiftsdamen und Nonnen begegneten der wieder erstehenden antiken Bildung nicht anders denn Mönche. Die Komödien des Plautus wurden im Nonnenkloster abgeschrieben. Diese gebildeten Frauen beschränkten sich keineswegs auf mystisches Denken, dem sich im 12. und 13. Jahrhundert einige Autorinnen – wie Hildegard von Bingen oder Mechthild von Magdeburg – zuwandten. Die Dichterin Roswitha von Gandersheim war mit der zu ihrer Zeit, im 10. Jahrhundert, modernsten Dialektik vertraut; der spätere Bischof und Chronist Thietmar von Merseburg ging im hochadligen Damenstift Quedlinburg bei seiner Tante zur Schule. Bürgermädchen sollten keineswegs bloß den Stickrahmen kennen; im 13. Jahrhundert wurden tatsächlich in einigen Städten gerade für sie öffentliche Schulen eingerichtet.

Johannes Fried, Das Mittelalter. Geschichte und Kultur, C. H. Beck, München 2008, S. 349 ff.

1 Aristoteles wurde 384 v. Chr. in Stageira auf der griechischen Halbinsel Chalkidike geboren. Nach seinem Geburtsort wird er auch der „Stagirite" genannt.
2 Adept: Schüler, Jünger
3 Benediktiner: katholische Ordensgemeinschaft mit eigenen Regeln

1 Erklären Sie, was mit der aristotelischen Dialektik gemeint ist. Lesen Sie dazu noch einmal den Darstellungstext S. 20 f.

2 Erläutern Sie, was unter dem „magischen Denken" des Mittelalters zu verstehen ist und auf welche Weise es allmählich überwunden wurde.

3 **Schlussdiskussion:** Diskutieren Sie, ob sich in der heutigen Wissensgesellschaft Spuren „magischen Denkens" erhalten haben.

4 **Geschichte regional:** Recherchieren Sie Material über eine gebildete Frau aus Ihrer Region, die im Mittelalter lebte. Erstellen Sie eine Kurzbiografie.
Literaturhinweis: Sybille Krafft u. a., Geschichte der Frauen in Bayern. Von der Völkerwanderung bis zur Gegenwart, hg. vom Haus der Bayerischen Geschichte, München 1998.

2 Kollektive Identitätsmuster in der europäischen Geschichte – die Ideen „Volk“ und „Nation“

M 1 **Walhalla auf der Anhöhe bei Donaustauf oberhalb der Donau, undatierte Fotografie**

Die zwischen 1830 und 1842 als „Geschenk an die deutsche Nation“ entstandene Walhalla gehört zu den wichtigsten Nationaldenkmälern (s. S. 56 f.) Deutschlands aus dem 19. Jahrhundert. Geistiger Vater und Bauherr war König Ludwig I. von Bayern. Er wollte die Walhalla als „Pantheon“ verstanden wissen, d. h. als eine tempelähnliche Gedächtnisstätte nationaler Persönlichkeiten. Das Parthenon auf der Akropolis von Athen hatte daher beim Bau Pate gestanden. Das Denkmal im Stil eines dorischen Tempels knüpft aber auch an germanisch-christliche Traditionen an. In der nordischen Mythologie bezeichnete „Walhalla“ die himmlische Halle, in der Odin, der nordische Hauptgott, die Gefallenen empfängt und bewirtet.
Im Giebel der Walhalla werden der Sieg über Napoleon und die Schlacht im Teutoburger Wald dargestellt. Ein Fries im Inneren erinnert an Ereignisse aus der germanisch-christlichen Frühzeit. In der Ruhmeshalle sind die Büsten zahlreicher berühmter Männer und Frauen aufgestellt – eine Ahnengalerie der entstehenden deutschen Nation.

9 n. Chr.
Schlacht im Teutoburger Wald, Sieg des Cheruskers Arminius über die römischen Legionen des Varus

seit 486
Sieg des Frankenkönigs Chlodwig über den letzten römischen Statthalter Syagrius; Aufstieg der fränkischen Herrschaft

496/97
Taufe des Frankenkönigs Chlodwig in Reims; Übernahme des Christentums durch die Franken

ca. 3.–5. Jh. Spätantike
ca. 4./5. Jh. Völkerwanderungszeit

0 100 200 300 400 500

Nationen sind keine natürlichen Größen, die es schon immer gegeben hat. Das gilt auch für den Nationalismus, d.h. für das Denken und Handeln, das auf dem Willen zur Nation und zum Nationalstaat beruht. Gefühle nationaler Zusammengehörigkeit entstanden in den unterschiedlichsten Gesellschaften vielmehr unter bestimmten historischen Bedingungen, und sie konnten ganz unterschiedliche Erscheinungsformen annehmen. Nationen und Nationalismus waren das Ergebnis komplizierter geschichtlicher Prozesse, in denen sich Völker oder Gruppen der Gesellschaft zusammenfanden und sich das Bewusstsein einer nationalen Gemeinschaft herausbildete. Die moderne Geschichtswissenschaft bezeichnet daher Nationen als gedachte Ordnungen. Diese Sichtweise hat der Historiker Hagen Schulze 1994 erläutert: „Nationen sind geistige Wesen, Gemeinschaften, die existieren, solange sie in den Köpfen und Herzen der Menschen sind, und die erlöschen, wenn sie nicht mehr gedacht und gewollt werden; Nationen beruhen auf Nationalbewusstsein. Nationen erkennen sich in einer gemeinsamen Geschichte, in gemeinsamem Ruhm und gemeinsamen Opfern wieder – man muss hinzufügen, dass diese gemeinsame Geschichte in aller Regel von begrenzter Realität ist, in aller Regel mehr erträumt und konstruiert als wirklich."

Kompetenzerwerb: Nach der Bearbeitung des Kapitels 2 können Sie ...

- erkennen, dass die Vorstellungen, die Menschen mit den Begriffen „Volk" und Nation" verbinden, in bestimmten historisch-politischen Konstellationen entstanden sind und daher geschichtlichem Wandel unterliegen,
- Ursachen, Verlauf und Folgen der Schlacht im Teutoburger Wald benennen,
- am Beispiel des Sieges von Arminius/Hermann über die römischen Legionen des Varus Entstehung und Bedeutung historischer Ursprungsmythen aufzeigen,
- erklären, warum und wie in der Französischen Revolution die moderne Nationsvorstellung als Integrationsideologie entstand,
- die Funktion und Wirkung nationaler Selbst- und Fremdbilder exemplarisch am deutsch-französischen Verhältnis im 19. und beginnenden 20. Jahrhundert verdeutlichen,
- Karikaturen miteinander vergleichen und
- nationale Symbole als Quellen auswerten.

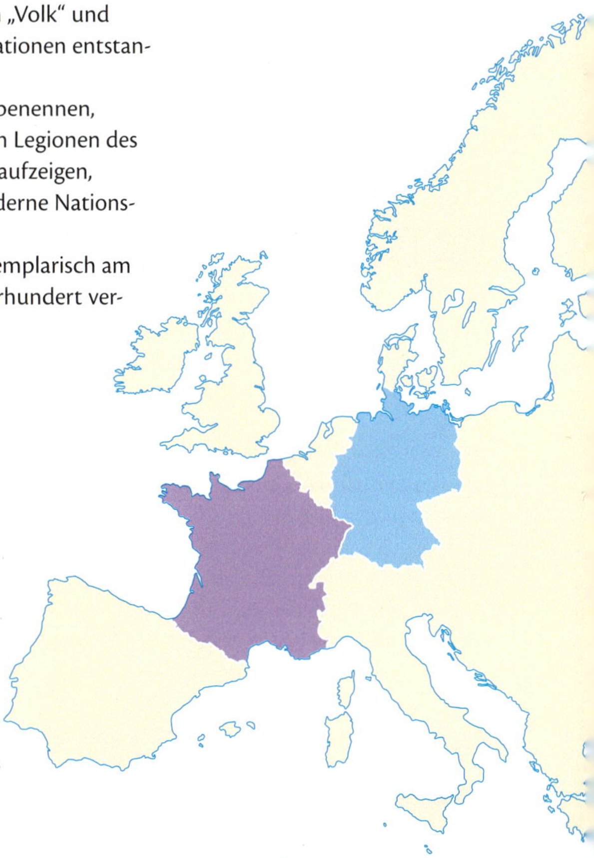

1806 – Ende des „Heiligen Römischen Reiches Deutscher Nation"

1813–15 – Befreiungskriege gegen Napoleon

1814/15 – Wiener Kongress

1840 – Französische Forderungen nach der Rheingrenze; Reaktion in Deutschland: Stärkung des Nationalbewusstseins

1848/49 – Revolutionen in Europa

1870/71 – Deutsch-Französischer Krieg; Gründung des Deutschen Reiches im Spiegelsaal von Versailles

1875 – Enthüllung des Hermann-Denkmals durch Kaiser Wilhelm I.

1918 – Versailler Frieden

1789–1799 Französische Revolution

1914–1918 Erster Weltkrieg

1700

1800

1900

M1 **Das Römische Reich vom 1. bis zum 3. Jahrhundert n. Chr. (Ausschnitt)**

Antike

Mit dem Ausdruck Antike bezeichnet man die Geschichte des klassischen Altertums, d. h. die Epoche der griechischen und römischen Geschichte. Neben politischen Ereignissen bezieht sich der Begriff auch auf die hervorragenden kulturellen Leistungen dieser Völker, wie z. B. deren Literatur und Philosophie, die bis in die Gegenwart hereinwirken.

753 v. Chr.: der Sage nach Gründung Roms

Nach der Überlieferung der alten römischen Geschichtsschreiber wird die Gründung Roms durch den ersten König Romulus auf das Jahr 753 v. Chr. datiert. Da die Stadtgründung nicht wissenschaftlich exakt nachweisbar ist, sondern auf einer Mischung von Wahrem und Erfundenem beruht, spricht die Geschichtsforschung von einem Gründungsmythos.

Kaiserzeit (Christi Geburt–500 n. Chr.)

Die Kaiserzeit, beginnend mit Augustus, war in den ersten beiden nachchristlichen Jahrhunderten gekennzeichnet von dem Ziel der Herrscher, Eintracht im Inneren und Frieden nach außen zu sichern. Das Zusammenwachsen des Reiches wurde trotz heterogener Traditionen vieler verschiedener Völker vor allem durch die Rechtssicherheit und die Ausweitung des römischen Bürgerrechts, später auch durch die Einführung des Christentums als Staatsreligion gefördert.

Um 500 n. Chr.: Ende des Weströmischen Reiches

476 n. Chr. erlosch mit der Absetzung des letzten Kaisers Romulus Augustulus durch den germanischen Truppenführer Odoaker das Weströmische Reich. Für manche Historiker endet mit diesem Datum die Antike. Allerdings verdeckt diese Zeitgrenze, dass vieles aus dem römischen Weltreich weiterlebte, z. B. die lateinische Sprache, Grundsätze des römischen Rechts, Herrschertraditionen der Kaiser oder die christliche Religion.

Limes

(lat. Grenze) Während der römischen Kaiserzeit wurde die Grenze des Reiches durch Wehrbauten gesichert. Der obergermanisch-rätische Limes, der die Donau mit dem Main und dem Rhein verbindet, ist mit einer Länge von etwa 550 km das größte europäische Bodendenkmal.

M2 **Germanische Reichsgründungen nach dem Untergang des Weströmischen Reiches um 500 n. Chr.**

Reichsbildung der Franken

Als das Weströmische Reich in der Völkerwanderung zerfiel, entstanden auf seinem Gebiet mehrere Germanenreiche. Aber nur das Reich der Franken, die seit dem 3. Jahrhundert n. Chr. in Gallien eingedrungen waren, konnte sich dauerhaft behaupten. Zunächst waren die Franken Verbündete der Römer, doch König Chlodwig I. (482–511) aus der Familie der Merowinger gelang es, den letzten römischen Herrscher Galliens sowie die übrigen Frankenkönige auszuschalten und andere germanische Reiche zu besiegen. Durch den Übertritt zum Christentum gewann Chlodwig in der Kirche eine wichtige Herrschaftsstütze. Er schuf so die Grundlage für die Verschmelzung der germanischen und der christlich-römischen Kultur. Das fränkische Großreich wurde zur Keimzelle der heutigen Staaten Frankreich und Deutschland.

M3 **Europa um 1200 (Ausschnitt)**

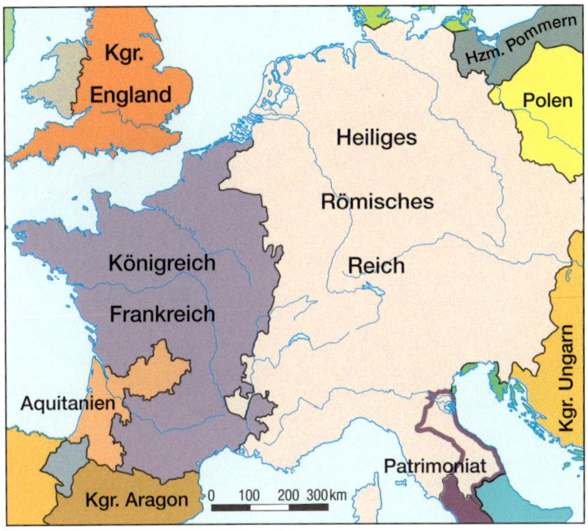

M4 **Europa nach dem Wiener Kongress 1815 (Ausschnitt)**

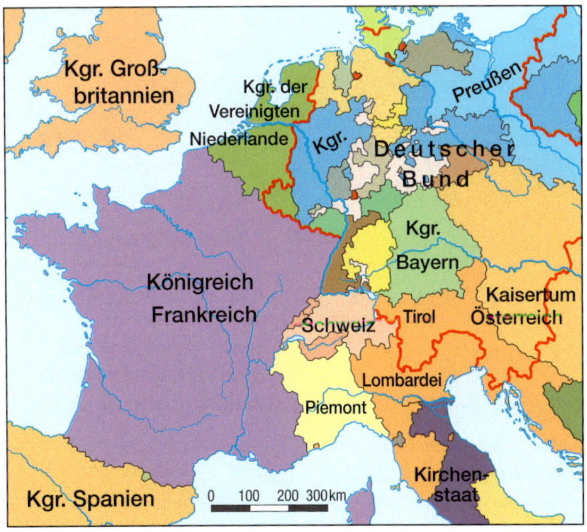

Mittelalter

Epoche zwischen Antike und Neuzeit. Das Ende des Weströmischen Reichs 476 n. Chr. und die Gründung des Frankenreichs um 500 bedeutet für viele Historiker den Beginn des Mittelalters. Es endet um 1500 in einer Zeit religiöser Umwälzungen (1517 Reformation), wichtiger Erfindungen und der Entdeckung Amerikas (1492).

Ständewesen

In Mittelalter und Früher Neuzeit bestimmte die Geburt den gesellschaftlichen Stand eines Menschen. Während sich im frühen Mittelalter die Gesellschaft in Adlige sowie Freie und Unfreie teilte, setzte sich die Kirche seit dem 11. Jahrhundert mit ihrer „Dreiständelehre" (Klerus, Adel und Bauern) durch. Später kamen die Bürger in den entstehenden Städten zum dritten Stand hinzu. Zu keinem Stand gehörten z. B. Tagelöhner und Juden. Die Zugehörigkeit zu einem Stand galt als gottgewollt. Sie bestimmte den Zugang zu Bildungsmöglichkeiten, Berufen und Rechten, aber auch zu politischer Mitwirkung. Eine ständische Gesellschaft ist gekennzeichnet durch die politische und soziale Ungleichheit zwischen den einzelnen Ständen.

14. Juli 1789: Beginn der Französischen Revolution

Die Erstürmung der Bastille am 14. Juli 1789 sahen Zeitgenossen und Nachwelt als Auftakt und Symbol der Französischen Revolution. Eine Revolution (lat. *revolutio* = Umwälzung) ist ein absichtlicher, meist gewaltsamer und rascher Umsturz einer bestehenden politischen und gesellschaftlichen Ordnung. Ein solch tief greifender Wandel beschränkt sich nicht nur auf ein Ereignis. So kamen in Frankreich verschiedene Entwicklungen zusammen: 1. Die Revolution der Nationalversammlung, die eine Verfassung ausarbeitete und die Privilegien von Adel und Klerus aufhob. 2. Die Revolution in Paris mit dem Sturm auf die Bastille. 3. Die Revolution der Bauern, die zum Ende der Leibeigenschaft führte.

Nation

Eine große Gruppe von Menschen, die sich durch ihre Abstammung, Sprache, Kultur, Geschichte oder durch eine Verfassung verbunden fühlt. Nationen haben oder wollen eine gemeinsame staatliche Organisation.

Nationalismus

Politische Bewegung, innerhalb derer sich die in einem bestimmten Gebiet zusammenlebenden Menschen ihrer Gemeinsamkeiten als Nation bewusst werden (z. B. Sprache, Kultur, Geschichte), danach streben, einen eigenen Staat zu bilden, und sich von anderen „Nationen" abgrenzen. In Deutschland erwachte das Nationalbewusstsein im Zusammenhang mit den Befreiungskriegen gegen die napoleonische Fremdherrschaft. Heute wird der Begriff oft abwertend für ein übersteigertes Nationalbewusstsein verwendet.

1806: Ende des Heiligen Römischen Reiches
Politisches und militärisches Bündnis von 16 deutschen Staaten mit Napoleon im Rheinbund und Erklärung des Austrittes aus dem Heiligen Römischen Reich Deutscher Nation. Franz I. legte daraufhin die deutsche Kaiserkrone nieder und nannte sich nur noch „Kaiser von Österreich". Damit endete das Reich, das seit der Kaiserkrönung Ottos des Großen (962) bestanden hatte.

1815: Wiener Kongress
Nach dem Ende der napoleonischen Herrschaft fand durch eine Konferenz führender Staatsmänner eine Neuordnung Europas statt. Drei Prinzipien bestimmten die Beschlüsse: 1. Restauration, d. h. Wiederherstellung der politischen Verhältnisse vor der Französischen Revolution. 2. Legitimität: Begründung des Machtanspruchs der ehemaligen aristokratischen Herrscherhäuser. 3. Solidarität: Zusammenschluss der Fürsten gegen revolutionäres Freiheitsstreben und nationale Einigungsbewegungen von unten (Heilige Allianz zwischen Österreich, Russland und Preußen).

Deutscher Bund
Lockerer Zusammenschluss von Fürsten und freien Städten seit 1815 ohne einheitliche Regierung, Verfassung oder Volksvertretung. Zentrales Organ war die Bundesversammlung in Frankfurt, die jedoch politisch schwach blieb.

1832: Hambacher Fest
Das Hambacher Fest erlangte als „deutsches Nationalfest" und politische Demonstration einen beachtlichen Zulauf. Die Verbindung der Forderungen nach einem starken Nationalstaat und nach Zusicherung weitreichender Freiheitsrechte erwies sich als eine Klammer für alle oppositionellen Kräfte. Auch in der Ablehnung der Fürstenmacht waren sich die Teilnehmer einig, was die alten Herrschaftsträger in Unruhe versetzte.

M5 **Deutschland von 1834 bis 1871**

M6 Germania, Malerei auf Baumwollgewebe von Philipp Veit, 1848. Das Bild hing über der Rednertribüne des Frankfurter Paulskirchenparlaments.

1 Interpretieren Sie die dargestellte Frauenfigur.
2 Vergleichen Sie mit dem Gemälde M 3, S. 100.

1848/49: Revolution in Deutschland

Im März 1848 kam es in mehreren deutschen Staaten zu revolutionären Unruhen. Die Revolutionäre forderten neben sozialen Verbesserungen vor allem Freiheitsrechte und nationale Einheit. Die Paulskirchenversammlung in Frankfurt, das erste gewählte gesamtdeutsche Parlament, erarbeitete einen Verfassungsentwurf, der eine konstitutionelle Monarchie vorsah. Doch der als Staatsoberhaupt vorgesehene preußische König lehnte die Kaiserkrone ab. Damit war die Paulskirchenversammlung gescheitert. Die alten Herrschaftsträger konnten in der Folgezeit, auch durch den Einsatz militärischer Gewalt, ihre Macht wiedergewinnen.

1871: Reichsgründung

Die Gründung des Deutschen Reiches im Januar 1871 erfolgte durch die Proklamation des preußischen Königs Wilhelm I. zum Deutschen Kaiser. Im Zuge mehrerer Einigungskriege, zuletzt 1870 gegen Frankreich, und nach längeren Verhandlungen mit den süddeutschen Staaten gelang damit unter der maßgeblichen Beteiligung Bismarcks die Gründung eines Nationalstaates als „kleindeutsche" Lösung ohne Österreich.

Deutsches Kaiserreich

Mit dem amtlichen Namen „Deutsches Reich" wurde bei der Reichsgründung 1871 an die Tradition des „alten" (deutschen) Reiches vom Mittelalter bis 1806 angeknüpft. Innerhalb der Grenzen des von Preußen dominierten und von seinen Kritikern als Militär- und Obrigkeitsstaat bezeichneten Deutschen Reiches („Kaiserreich" 1871–1918) lebten etwa 42,5 Millionen Einwohner.

Grundwissentraining

1 Wissen wiederholen – mit einem Zeitbalken
a) Legen Sie für den durch die Grundwissensbegriffe abgedeckten Zeitraum einen Zeitbalken an (Querformat). Achten Sie dabei auf einen sinnvollen Maßstab.
b) Ordnen Sie die Grundwissensbegriffe chronologisch ein. Ergänzen Sie Erläuterungen in Stichpunkten. Tipp: Verwenden Sie eine Doppelseite. Sie können dann auch die Grundwissensbegriffe der folgenden Kapitel in Ihren Zeitbalken eintragen.

2 Zusammenhänge herstellen – mit einer Bilderwand
a) Bilden Sie Kleingruppen. Jeder Gruppe werden zwei bis vier Grundwissensbegriffe zugeteilt/zugelost.
b) Sammeln Sie zu Ihren Grundwissensbegriffen Bildmaterial (Internet, Lexikon, Fachbücher) und entwerfen Sie jeweils gut lesbare, knappe und zugleich aussagekräftige Bildbeschriftungen.
c) Bereiten Sie die nächste Geschichtsstunde selbstständig vor, indem Sie Ihre Materialien im Klassenraum in einer sinnvollen Ordnung aufhängen.

3 Testaufgabe
a) Beschreiben Sie mithilfe der Karten (M 1–M 5) die territoriale Entwicklung Mitteleuropas von der Antike bis ins 19. Jahrhundert. Stützen Sie sich dabei auf die Grundwissensbegriffe zu diesem Kapitel.
b) Ordnen Sie das Gemälde (M 6) in den historischen Zusammenhang ein und interpretieren Sie seinen Symbolgehalt.
c) Überlegen Sie, welche der in M 6 enthaltenen Symbole auch heute noch eine Rolle spielen.

1 Arminius – Befreier Germaniens und Begründer der deutschen Nationalgeschichte?

Literaturtipps
Reinhard Wolters, Die Schlacht im Teutoburger Wald. Arminius, Varus und das römische Germanien, 2. Aufl., München 2009.
Ein verständlich geschriebener Überblick.

Varus, Varus! Antike Texte zur Schlacht im Teutoburger Wald, Lateinisch/Deutsch, Griechisch/Deutsch, hg. v. Lutz Walter, Stuttgart 2008.
Die wichtigsten antiken Quellen in deutscher sowie der Originalsprache.

2000 Jahre Varusschlacht: Imperium, hg. v. LWL-Römermuseum in Haltern am See, Darmstadt 2009.

2000 Jahre Varusschlacht: Konflikt, hg. v. d. Varusschlacht im Osnabrücker Land GmbH – Museum und Park Kalkriese, Wissenschaftliche Buchgesellschaft, Darmstadt 2009.

2000 Jahre Varusschlacht: Mythos, hg. v. Landesverband Lippe, Wissenschaftliche Buchgesellschaft, Darmstadt 2009.
Der dreibändige Katalog zu den Ausstellungen anlässlich des 2000-jährigen Jubiläums bietet umfangreiches Bildmaterial und gut lesbare Aufsätze über Hintergründe, Personen und Folgen dieses Ereignisses.

Die Sicht des Tacitus

Im Jahre 9 n. Chr. besiegten germanische Stämme unter der Führung des Cheruskers und römischen Ritters Arminius die Legionen des römischen Kommandeurs Publius Quinctilius Varus. Die Schlacht wird in der Geschichtsschreibung manchmal nach dem Verlierer „Varusschlacht“, manchmal auch nach dem Sieger „Hermannsschlacht“ genannt – in der Frühen Neuzeit wurde der Name des Arminius zu Hermann („Ehren-Mahner“, dann „Heer-Mann“) eingedeutscht. Einige Historiker sprechen lieber von der „Schlacht im Teutoburger Wald“, wo die Kämpfe zwischen Römern und Germanen stattfanden. Ob Kalkriese im Osnabrücker Land der genaue Schlachtort war, wie manche Archäologen und Historiker vermuten, ist bis heute nicht gesichert. Fest steht jedoch, dass die Truppen des Arminius den Römern eine vernichtende Niederlage bereiteten. Als der römische Kaiser Augustus davon erfuhr, soll er seine Kleider zerrissen und ausgerufen haben: „Quinctilius Varus, gib mir die Legionen wieder.“
Kein antiker Schriftsteller hat das Denken über die Schlacht im Teutoburger Wald nachhaltiger beeinflusst als der römische Geschichtsschreiber **Tacitus** (um 55 bis nach 116 n. Chr.). In seiner Schrift über Germanien *„De origine et situ Germanorum“* (98 n. Chr.), in der Regel kurz „Germania“ genannt, setzte er dem Sieger Arminius ein literarisches Denkmal: „Übrigens brachte Arminius, weil er nach dem Abzug der Römer und der Vertreibung des Maroboduus [= Marbod, König der Markomannen und Hauptkonkurrent von Arminius] die Königsherrschaft anstrebte, das Freiheitsverlangen seiner Landsleute gegen sich auf; und während er, als man ihn mit Waffengewalt angriff, mit wechselndem Glück kämpfte, fiel er durch eine List seiner Verwandten: Ohne Zweifel war er der Befreier Germaniens, der das römische Volk nicht in seinen Anfängen, wie andere Könige und Heerführer, sondern in der höchsten Blüte seiner Macht herausforderte, der in Schlachten mit wechselndem Erfolg kämpfte, im Krieg unbesiegt blieb. Er lebte 37 Jahre lang,

M1 Das Hermann-Denkmal von 1875, Fotografie von 2006

zwölf Jahre war er an der Macht; bis heute wird er bei den barbarischen Völkern besungen, in den Geschichtswerken der Griechen, die nur ihre eigenen Taten bewundern, taucht er nicht auf, bei den Römern ist er ebenfalls nicht berühmt, da wir die alten Taten rühmen, neuen indes gleichgültig gegenüberstehen.“

War **Arminius** wirklich der **Befreier Germaniens** und damit der Ursprungsheld der deutschen Nationalgeschichte? War der Tag seines Sieges im Teutoburger Wald „der Tag, an dem Deutschland entstand“, wie der Autor eines Buches über die Varusschlacht aus dem Jahr 2008 im Buchtitel provozierend fragt? Um diese Fragen angemessen zu beantworten, sollte man sich nicht nur mit der Auseinandersetzung zwischen Rom und den Germanen vor 2000 Jahren beschäftigen, sondern sich auch mit der historischen Erinnerung an die vernichtende Niederlage der Römer bzw. den germanischen Sieg über das Imperium Romanum befassen.

Literaturtipps

Werner M. Doyé, Arminius, in: Etienne François u. H. Schulze (Hg.), Deutsche Erinnerungsorte III, 2. Aufl., München 2002, S. 587–602.

Rainer Wiegels, ‚Varusschlacht' und ‚Hermann'-Mythos. Historie und Historisierung eines römisch-germanischen Kampfes im Gedächtnis der Zeiten, in: Elke Stein-Hölkeskamp u. Karl-Joachim Hölkeskamp (Hg.), Erinnerungsorte der Antike. Die römische Welt, München 2006, S. 503–525.

Herfried Münkler, Die Deutschen und ihre Mythen, Berlin 2009, S. 149–163, 165–180.

Alle drei Titel informieren zuverlässig und gut verständlich über den Mythos der Schlacht im Teutoburger Wald und den Wandel der historischen Erinnerung.

Rom und Germanien

Während seiner Herrschaft machte der römische Feldherr und Staatsmann C. Julius Caesar (100 bis 44 v. Chr.) den Rhein zur neuen Grenze zwischen Galliern und Germanen. Um römische Militärpräsenz zu demonstrieren und die Germanen abzuschrecken, überschritt er 55 und 53 v. Chr. den Rhein. Da germanische Truppen aber immer wieder über den Rhein vorstießen, wagte sein Nachfolger **Augustus** eine **offensivere Politik**. Das Hauptziel dürfte die Sicherung Galliens gewesen sein. Vielleicht besaß Augustus aber auch den Ehrgeiz, mit der Eroberung Germaniens die Politik Caesars fortzusetzen oder sogar zu übertrumpfen. In den Jahren 12 bis 9 v. Chr. befuhr Drusus, Adoptivsohn von Augustus und sein Feldherr, die Zuidersee (im Nordwesten der heutigen Niederlande), die Nordseeküste sowie die Ems und erreichte auf Landmärschen Weser und Elbe. Tiberius, der Bruder von Drusus und spätere Kaiser (14–37 n. Chr.), führte in den Jahren 8/9 v. Chr. und 4/5 v. Chr. die Feldzüge auf germanischem Gebiet fort, doch gelang ihm die geplante Eroberung bis zur Elbe nicht. In dem Jahrzehnt nach der Niederlage des Varus gaben die Römer ihre Versuche auf, das Römische Reich bis zur Elbe auszudehnen. Nach weiteren Kriegen im germanischen Grenzraum entschloss sich Kaiser Domitian, der von 81 bis 96 n. Chr. herrschte, die römische Grenze ab Rhein und Donauoberlauf weiter zurück ins Römische Reich zu verlegen und dadurch zu verkürzen. Die neue Grenze verlief schließlich von Rheinbrohl aus nach Osten und erreichte nach etwa 550 Kilometern bei Kelheim die Donau.

Der Cherusker Arminius

„Arminius war“, schreibt der Historiker Wolfgang Schuller 2006, „römischer Bürger – so römisch übrigens, dass wir nicht einmal seinen germanischen Namen kennen – und kannte als römischer Offizier und Chef einer Germaneneinheit im römischen Heer die römische Kampfesweise gut.“ Tatsächlich erwarb sich Arminius, der aus der Führungsschicht der Cherusker* kam, als Befehlshaber einer Hilfstruppe aus Angehörigen seines Stammes große Verdienste. Er sprach fließend Latein und erhielt aufgrund seiner militärischen Leistungen nicht nur das **römische Bürgerrecht**, sondern auch den **Rang eines römischen Ritters**. Der wachsende Unmut unter den germanischen Stämmen über die römische Expansions- und Romanisierungspolitik, besonders über das rücksichtslose Herrschaftsgebaren des Varus, sowie machtpolitische Rangkämpfe innerhalb der führenden cheruskischen Familien veranlassten Arminius jedoch, die Seiten zu wechseln und den Kampf gegen die römischen Truppen aufzunehmen. Gemeinsam mit anderen germanischen Stammesfürsten organisierte Arminius eine **antirömische Koalition**, deren Truppen die Legionen des Varus in einen Hinterhalt lockten und besiegten (M 6). Dieser Sieg bedeutete allerdings nicht das Ende der Kriegshandlungen, sondern markierte vielmehr den Auftakt zu einer Reihe langwieriger und zermürbender

Cherusker
Germanischer Stammesverband, der im Wesergebiet zwischen Teutoburger Wald und Harz lebte.

M2 Der Hermann-Mythos im 19. Jh.: „Hermann führt die Deutschen gegen die Römer", kolorierte Kreidelithografie von Theodor Hosemann, 1840

Kämpfe gegen das Römische Reich (M 7 a, b). Während die Römer 14 bis 16 n. Chr. noch einmal versuchten, ihr Herrschaftsgebiet bis an die Elbe auszudehnen, kam es unter den germanischen Stämmen erneut zu Konflikten. Nachdem es Arminius gelungen war, den römerfreundlichen Markomannenkönig Marbod nach Böhmen zurückzuschlagen, strebte er gegen starken Widerstand den Königstitel bei den Cheruskern an. Dadurch brachte er einige seiner Verwandten gegen sich auf, die ihn 21 n. Chr. ermordeten.

Entstehung des Hermann-Mythos

Tacitus blieb nicht der einzige Schriftsteller, der Arminius zu einem Freiheitshelden stilisierte. War es im Mittelalter vorübergehend still geworden um den Cherusker und seinen Sieg gegen die Römer, änderte sich das mit der **Renaissance** und dem **Humanismus** (s. S. 14). Diese in Italien vom 14. bis zum 16. Jahrhundert entstandene Bildungsbewegung kritisierte nicht nur die Theologie und die kirchliche Bildungstradition, sondern strebte auch eine am Vorbild der Antike geformte Bildung an, die die Entfaltung der Persönlichkeit ermöglichte. Die deutschen Humanisten leisteten überdies einen wichtigen Beitrag zur Entwicklung und Verbreitung nationaler Identität, wobei sie Tacitus entdeckten. Der Dichter Conrad Celtis (1459–1509) gab die älteste Druckfassung der „Germania" heraus, in der Tacitus die Lebensart der Germanen als „einfach, ehrlich und kraftvoll" pries. Und der Elsässer Jakob Wimpfeling (1450–1528) verfasste 1501 auf dieser Grundlage die erste deutsche Geschichte, die er ebenfalls „Germania" nannte. Sie war geprägt durch das Bemühen, die Anfänge der deutschen Geschichte als ebenso alt und ehrwürdig wie die italienische darzustellen. Überzeugt davon, dass die Germanen die Vorfahren der Deutschen waren, besaßen die deutschen Humanisten mit der „Germania" des Tacitus endlich eine durch eine antike Quelle bezeugte „nationale" Tradition. Das sich herausbildende deutsche Nationalbewusstsein definierte sich im und durch den Gegensatz zu Italien.

M3 Der Hermann-Mythos in der Weimarer Republik: Werbemotiv des Jungdeutschen Ordens, ca. 1921

Den Grundstein für die Entstehung des Arminius- bzw. Hermann-Mythos legte jedoch der Reichsritter **Ulrich von Hutten** (1488–1523). In seinen Schriften entwickelte sich der aufkeimende Nationalstolz allmählich zu einem ausgesprochenen Anti-Rom-Effekt, der verbunden war mit einer leidenschaftlichen Kampfansage gegen die römische Kurie, ihre Herrschsucht und Geldgier. In seinem Arminius-Dialog aus dem Jahre 1529 stellte er den Cheruskerfürsten über so bedeutende Feldherren wie Alexander den Großen oder Hannibal und pries ihn als tugendsamen, tapferen und einheitsstiftenden Freiheitskämpfer. Der Humanist Hutten legte dem Arminius die Worte in den Mund: „Im Geist bin ich niemandem jemals untertan gewesen. Ich war immer auf Freiheit bedacht, denn ich habe nur im Sinn gehabt, wie ich dem Vaterland bei sich bietender Gelegenheit helfen könnte; [...] mich beschlich niemals der Wunsch, die Königsherrschaft zu erlangen, sondern es war vielmehr die Missgunst der Feinde, die den Leuten eine solche Unterstellung eingab. [...] [D]er Neid sucht die am meisten heim, die die Tugend am höchsten erhoben hat."

Einige Anhänger des **Reformators Martin Luther** (1483–1546) betrachteten den Kampf des Arminius gegen Rom als frühen Vorläufer der Auseinandersetzung zwischen dem Reformator und dem Papst. Auch Luther selbst hat **Hermann dem Cherusker**, wie Arminius in der Frühen Neuzeit immer häufiger genannt wurde, gelegentlich seine Symphatie bekundet.

Vom 17. bis zum 19. Jahrhundert wurde Arminius immer wieder in Gedichten, Dramen, Romanen oder Opern als Vorbild für die Gegenwart beschworen, wenn Appelle zu größerer Einheit der Reichsstände gegen äußere Feinde oder zur Überwindung partikularistischer Bestrebungen unter den deutschen Fürsten historisch untermauert werden sollten.

Hermann-Denkmal

Mit dem Erstarken des Nationalismus in Deutschland nahm die Verehrung des Arminius zu. Zum Symbol altdeutscher Gesinnung, nationaler Größe und heldenhaftem Mut wurde der Cherusker während der napoleonischen Herrschaft seit 1806 und der Freiheitskriege gegen Napoleon 1813/14. **Heinrich von Kleists** Drama **„Die Hermannschlacht"** war eine antifranzösische Propagandaschrift, in der der Kampf zwischen Römern und Cheruskern als Vorbild für die Befreiung von der französischen Fremdherrschaft diente.
Im beginnenden 19. Jahrhundert galt Arminius der nationalen Bewegung vornehmlich als Kämpfer gegen Frankreich. Bis zur Reichsgründung 1870/71 entwickelte er sich zur Symbolfigur für die Forderung nach einem deutschen Nationalstaat. Seit der Reichsgründung sollte er vor allem das deutsche Nationalbewusstsein wachhalten. Höhepunkt dieser politischen Instrumentalisierung Hermanns war die Errichtung des Hermann-Denkmals: „Deutschlands Einigkeit meine Stärke, Deutschlands Stärke meine Macht". Diese Inschrift trägt das zum Himmel gestreckte Schwert der 26 Meter hohen Kriegerfigur, die sich auf der Kuppel des Hermann-Denkmals bei Detmold erhebt. **„Hermann den Deutschen"** nannte Kaiser Wilhelm I. 1875 bei der Denkmalsenthüllung den in Siegerpose dargestellten Arminius (M 1). In seinem populären Lied „Als die Römer frech geworden" verknüpfte der Schriftsteller Victor von Scheffel (1826–1886) den Bau des Denkmals mit der Schlacht im Teutoburger Wald. Sein Lied endet mit den Versen:

„Und zu Ehren der Geschichten
Tat ein Denkmal man errichten,
Deutschlands Kraft und Einigkeit
Verkündet es jetzt weit und breit:
‚Mögen sie nur kommen'."

Diese Verse verdeutlichen die Bedeutung des Monuments: Die Erinnerung an den Sieg des Arminius im Teutoburger Wald sollte die Deutschen zu nationaler Einigkeit ermahnen und ihr nationales Zusammengehörigkeitsgefühl stärken. Der antike Held galt als ideales Vorbild nationaler Selbstbehauptung. Das „sie" in der letzten Zeile des Scheffel'schen Liedes bezog sich ursprünglich auf die Römer. Doch seit der Reichsgründung waren damit zunehmend die Franzosen gemeint, die als „Erbfeinde" der Deutschen (s. S. 98 ff.) galten und gegen die Hermann sein Schwert richtete. Diese Verklärung des Arminius zu „Hermann dem Deutschen" beruhte auf einer national befangenen Sicht der Geschichte, die in „den" frühen Germanen direkte Vorläufer „der" Deutschen sah. Das „Volk" erschien dabei als eine feste Einheit und Arminius als herausragender Repräsentant. Der **Begriff des „Volkes"**, der dieser neuen Idee des „Volksnationalismus" zugrunde lag, war jedoch ein **Konstrukt** (M 9), das erst geschaffen werden musste wie auch der moderne, im 19. Jahrhundert entstandene „Volksnationalismus" selbst. Kerngedanke dieser propagierten Form des Nationalismus war die Vorstellung von einer unteilbaren und unveränderlichen Nation, die aus dem uralten Geist des Volkes geboren worden sei.
In der ersten Hälfte des 20. Jahrhunderts bediente sich die nationale Propaganda weiterhin des Hermann-Mythos. Nach der Niederlage Deutschlands im Ersten Weltkrieg bemühten nationale Kräfte diesen Mythos, um die Bevölkerung des durch den Versailler Vertrag geschrumpften Deutschland zu nationaler Einheit und Selbstbehauptung aufzurufen (M 3). In der Weimarer Zeit und während der nationalsozialistischen Herrschaft instrumentalisierte besonders die völkische bzw. die NS-Bewegung Hermann zur Untermauerung ihres Germanenmythos und Rassenwahns. Die NS-Propaganda beschwor die durch den Sieg Hermanns gegen die Römer angeblich gerettete „Reinheit" des deutschen Blutes (M 4, M 5).

M 4 Nationalsozialismus und Hermann-Mythos: Postkartenmotiv „Deutschlands Befreier", 1933

M 5 Werbekarte der SA, nach 1933

Der Begriff „Mythos“

Seit dem 19. Jahrhundert wurde die Schlacht im Teutoburger Wald zum Ursprungsereignis deutscher Nationalgeschichte aufgewertet und Arminius bzw. Hermann zum Ursprungshelden der deutschen Nationalbewegung instrumentalisiert – ein eindrucksvolles Beispiel dafür, wie Ereignisse und Personen zum Mythos werden können. Der Begriff „Mythos“ stammt aus dem Griechischen und lässt sich mit Wort, Rede, Erzählung oder Sage übersetzen. Unter Mythen versteht man Überlieferungen aus der Vergangenheit eines Volkes, die meist in Form von Legenden, Götter- oder Heldensagen erscheinen. Auch die Verklärung von Personen und Ereignissen, die dadurch zur Legende werden, wird als Mythos bezeichnet.

Mythen verbinden in der Regel tote und lebende Generationen zu einer Schicksalsgemeinschaft. Einige beschwören dafür eine glanzvolle Vergangenheit, die es in der Gegenwart wieder herzustellen gilt. Solche Mythen enthalten ein **Sinn- bzw. Heilsversprechen**, das den Menschen in einer als trostlos erfahrenen Welt Orientierung und Halt anbietet. Mythen sollen Sehnsüchte nach einer besseren Welt befriedigen und in eine bestimmte Richtung lenken. So können sie den Zusammenhalt einer Nation stärken oder die Forderung nach nationaler Einigung untermauern. Die Historiker sprechen dann von der **Legitimationsfunktion** von Mythen: Der Hinweis auf Ereignisse oder Personen der Vergangenheit legitimiert politisch-ideologische Ziele in der Gegenwart. Aber auch nationale Bewegungen, die Fremdherrschaft abschütteln wollen, berufen sich auf Mythen. Diese sind Ausdruck des Kampfes gegen Unterdrückung und für Freiheit und sollen dem Widerstand gegen die Besatzungsmacht Sinn und Würde verleihen.

Ende des Hermann-Mythos

Nach der Niederlage des nationalsozialistischen Deutschland 1945 und der Errichtung einer westlichen Demokratie in der Bundesrepublik Deutschland verlor die Erinnerung an Arminius an Bedeutung. Der nationale Mythos entwickelte sich zu einem Objekt der touristischen Vermarktung. 2002 kommentierte der Journalist Werner M. Doyé diesen Prozess spöttisch so: „Arminius wurde der bloße Werbeträger, der er heute noch ist, Werbeträger für die Region Lippe-Detmold und hin und wieder auch für andere Produkte: ‚Schon Hermann schlug im Wesertal die Römer mit Salzgitterstahl.‘ Ein Wurstfabrikant druckte das Denkmal sogar auf die Einschweißfolie seiner Teutoburger Party-Bällchen. Die Öffnung der Mauer hat an diesem Zustand nicht viel geändert [...]. Der zu erwartende publizistische Aufwand anlässlich der 2000-Jahr-Feier der Varusschlacht 2009 wird es auch nicht ändern können: Der Gedächtnisort Arminius, der die Deutschen über Jahrhunderte bei allen Bemühungen begleitete, sich als Nation zu erfinden und zu definieren, hat seine Wandlungsfähigkeit verloren“ (M 6).

1 Erläutern Sie die Beziehungen zwischen Römern und Germanen in den Jahrzehnten nach der Herrschaft Caesars. Nutzen Sie einen Geschichtsatlas, um die Expansionsbestrebungen der Römer, ihre Erfolge und Misserfolge, zu analysieren.

2 Erörtern Sie am Beispiel des Arminius- bzw. Hermann-Mythos die Aufgaben und Funktionen mythischer Personen und Ereignisse.

M 6 Der Historiker Frank M. Ausbüttel über die Schlacht im Teutoburger Wald, 2007

In der Zwischenzeit hatte Publius Quinctilius Varus den Oberbefehl über die eroberten germanischen Gebiete erhalten. Er stammte aus keiner der führenden Familien Roms, war aber über seine Ehefrau entfernt mit Augustus verwandt. Vielleicht war dies der ausschlaggebende Grund, weshalb der Kaiser ihn nach Germanien schickte; denn Varus war mit den dortigen Verhältnissen in keiner Weise vertraut und zudem ohne nennenswerte Kriegserfahrung. [...] Im Umgang mit den Stammesfürsten ließ Varus denn auch das nötige Fingerspitzengefühl vermissen und vergriff sich

im Ton, gerade wenn es um die Zahlung von Tributen ging. Deshalb regte sich bald Unmut unter den Germanen.
An die Spitze dieser Bewegung setzten sich mit anderen Stammesfürsten Sigimer [Vater von Arminius] und Arminius, obwohl oder gerade weil sie das persönliche Vertrauen des Varus besaßen und oft bei ihm zu Gast waren. Dabei mag bei ihnen auch machtpolitisches Kalkül eine Rolle gespielt haben; die Cherusker waren nämlich einmütig gegen die Römer. Indem sich Arminius mit seinem Vater zum Sprecher der antirömischen Partei machte, gewann er, der noch nicht die alleinige Führung besaß, an Einfluss gegenüber Vertretern der prorömischen Partei, die sich angesichts dieser Situation eher schweigend zurückhielten. [...]
Mit seiner großen Überzeugungskraft gelang es Arminius, viele weitere Stammesfürsten für einen Aufstand zu gewinnen. Die Germanen gingen bei ihren Planungen sehr vorsichtig vor. Sie wiegten Varus in Sicherheit, indem sie seine weisen richterlichen Entscheidungen lobten, die Segnungen der römischen Herrschaft priesen. Als einzelne Stämme um militärische Unterstützung baten, schickte er ihnen Soldaten und dezimierte so seine eigenen Truppen. Varus fühlte sich so sicher, dass er Warnungen aus seiner engsten Umgebung in den Wind schlug. [...]
Als Varus erfuhr, dass in entfernt gelegenen Gebieten ein Aufstand ausgebrochen sei, rückte er bedenkenlos mit drei Legionen[1], drei Alen und sechs Kohorten[2] aus und führte zudem noch einen umfangreichen Tross mit sich, dem viele Frauen, Kinder und Sklaven angehörten. Unter dem Vorwand, weitere Truppen für Varus zu rekrutieren, entfernten sich germanische Verbündete von dem Heer, mobilisierten ihre Landsleute und überfielen römische Einheiten in ihren Stammesgebieten. In dem unwegsamen, hügeligen Gelände kamen die schwer bewaffneten Truppen des Varus nur langsam voran, da sie Bäume fällen, Wege anlegen und Brücken bauen mussten. Starker Regen und Sturm machten ihnen zusätzlich zu schaffen. Ihre Marschordnung geriet immer mehr durcheinander. Dies war die Situation, auf die Arminius gewartet hatte. Aufgrund seiner Dienstzeit im römischen Heer wusste er nur zu gut, dass seine Soldaten den Legionären zumal in einer offenen Feldschlacht eindeutig unterlegen waren. Ohne Panzer und Helm und hiebfeste Schilde konnten sie gegen einen überdies sehr diszipliniert kämpfenden Feind wenig ausrichten. Dagegen waren sie ihm in waldigem und sumpfigem Gelände, in dem sie sich gut auskannten, mit Angriffen aus dem Hinterhalt überlegen. Dies musste nun Varus selbst erfahren. Geschützt durch das Dickicht der Wälder beschossen die leicht bewaffneten Germanen seine Truppen aus der Ferne und griffen sie erst dann aus der Nähe an, als sie kaum Gegenwehr verspürten. In dieser Situation half es den Römern wenig, dass sie die meisten Wagen ihres Trosses verbrannten, um schneller voranzukommen. Sobald sie sich am nächsten Tag aus dem Schutz ihres eilig errichteten Lagers entfernten und ihren Marsch durch Wälder fortsetzten, sahen sie sich erneut den Angriffen der Germanen ausgesetzt. In den Wäldern und bei dem Unwetter verfehlte ihre überlegene Ausrüstung ihre Wirkung. Drei Tage zogen sich auf diese Weise die Kämpfe zwischen Römern und Germanen hin, bis am vierten Tag die Germanen, die immer wieder Zulauf erhalten hatten, ihre Feinde umzingelten und niedermetzelten. [...]
Angesichts der Aussichtslosigkeit ihrer Lage begingen Varus und einige seiner Offiziere und Soldaten Selbstmord, während andere zu fliehen versuchten. Allerdings entkamen nur wenige. Mit den Legionären, die in ihre Hände fielen, gingen die Germanen auf Geheiß des Arminius, der sie von einer Tribüne aus dazu anhielt, grausam um.

Frank M. Ausbüttel, Germanische Herrscher. Von Arminius bis Theoderich, Wissenschaftliche Buchgesellschaft, Darmstadt 2007, S. 27–29.

1 Die Zahlenangaben schwanken in der wissenschaftlichen Literatur.
2 Legion: Einheit des römischen Heeres aus ca. 6000 Soldaten, die sich für 20–25 Jahre zum Militärdienst verpflichtet hatten und das römische Bürgerrecht besitzen mussten. Kohorte: Untereinheit der Legion mit ca. 600 Soldaten. Ala: Reitereinheit von 500 bis 1000 Soldaten.

1 Erläutern Sie mithilfe von M 6 Ursachen, Verlauf und Ausgang der Schlacht im Teutoburger Wald.

M 7 Geschichte kontrovers: Die historische Bedeutung der Schlacht im Teutoburger Wald

a) Der Historiker Werner Dahlheim, 1989:

In Germanien vernichteten 9 n. Chr. meuternde germanische Auxiliarkohorten[1] im Bündnis mit aufständischen Germanen drei Legionen unter Quinctilius Varus und erzwangen 16 n. Chr. den Rückzug Roms, als die in erneuten blutigen Pazifizierungskriegen geforderten Opfer das Maß des Ertragbaren überstiegen. Als Tiberius den Rückzug befahl, verließen die Legionen ein Land, das alle, die dort seit den ersten Siegen des Drusus nach Erfolg und Ruhm gesucht hatten, nur bitter enttäuscht hatte. Mit Germanicus [Sohn des Drusus, röm. Feldherr, 15 v. Chr.–19 n. Chr.] zog sich zudem ein Feldherr zurück, der fast besessen von dem Glauben war, auch in den Wäldern Germaniens die Weltherrschaft aufrichten zu müssen, und der dort noch einmal das mythische aristokratische Ideal von Kampf und Ruhm ausgelebt hatte. Die Tragik dieses Mannes, der sich heftig gegen den Rückzug wehrte, lag darin, dass die Schlacht im Teutoburger Wald bereits alles entschieden hatte. Nicht deshalb, weil die militärische Niederlage total und damit endgültig gewesen wäre – gerade die Kriegszüge des Germanicus zeigten, wozu Rom militärisch fähig war. Sondern weil die Art und Weise, in der Arminius siegte, Kräfte des Widerstandes in Germanien freigesetzt hatte, die Rom nur unter gewaltigen Anstrengungen und mit großen eigenen Opfern hätte niederringen können. Dazu jedoch fehlte die öffentliche Unterstützung Italiens, dazu fehlte das Geld, dazu wog der Sieg im Verhältnis zum Erreichbaren zu gering und vor allem: dazu war das Risiko einer erneuten Niederlage für die innere Stabilität der neuen monarchischen Ordnung zu groß. Die Mahnung des Tiberius an den widerstrebenden Germanicus, es sei genug der Verluste und er selbst habe in Germanien „mehr durch kluges Verhandeln als durch Gewalt erreicht“ [...], wird so nicht zufällig zur neuen, bis Domitian gültigen Maxime der Germanienpolitik.

Werner Dahlheim, Geschichte der Römischen Kaiserzeit, 2. Aufl., Oldenbourg Verlag, München 1989, S. 89f.

1 Auxiliarkohorten: Hilfstruppen des römischen Heeres, in denen Soldaten dienten, die kein römisches Bürgerrecht besaßen.

b) Der Historiker Peter Kehne, 2009:

Worin besteht nun Arminius' historische Leistung? [...] Wahrscheinlich hatte Arminius ein Stammeszugehörigkeiten überwindendes und damit ansatzweise vielleicht ein „germanisches“ Bewusstsein, jedoch war dieses seinem persönlichen Machtstreben wohl stets untergeordnet. Innenpolitisch scheiterte Arminius bekanntlich an seinem Streben nach autokratischer Herrschaft. Ein „dauerhaftes Stammeskönigtum zu begründen“, gelang ihm nämlich nicht. Auch schuf er keinen Staat und kein germanisches Reich. Und weder er persönlich noch die von ihm geführten Cherusker erlangten eine Vorherrschaft in Germanien oder auch nur über die westgermanischen Stämme. Die von ihm im Kampf gegen Rom und Marbod geschaffenen Bündnisse waren rein funktional; jedenfalls überlebte keines sein politisches Ende. Weshalb Arminius auch als stammesübergreifend agierender germanischer Politiker eine ephemere [Randerscheinung] Erscheinung der Geschichte blieb.
Hinsichtlich einer historischen Bewertung kennzeichnet die Alternative, ob Arminius „der umsichtige Führer der germanischen Freiheitsbewegung“ – so Ernst Hohl, der wie andere auch einer konservativ-pathetisch-nationalen Geschichtstradition und Arminius-Funktionalisierung verhaftet blieb – oder lediglich der heimtückische, eidbrüchige Anführer einer Meuterei von germanischen Hilfstruppen der römischen Germanienarmee war – so der bewusst nüchterne, entmythisierende und damit historiographisch ungemein hilfreiche Kontrapunkt Dieter Timpes –, nur die extremen Positionen vorliegender Auffassungen. Beide dürften falsch oder zumindest nur teilweise zutreffend sein. Weder gab es 9 n. Chr. so etwas wie die germanische Freiheitsbewegung noch lassen sich die Verschwörung mehrerer Stammesadliger und der erfolgreiche westgermanische Aufstand auf eine bloße Meuterei im römischen Heer reduzieren. [...] [V]ielen wäre es unter der Maske eines von Rom privilegierten Freundes und Verbündeten möglich gewesen, einen nichtsahnenden, vertrauensseligen und gezielt getäuschten römischen Statthalter mitsamt seinem Heer in einen militärischen Hinterhalt zu locken. Die historisch wirklich bedeutsame, d. h. längerfristig wirkende Leistung des Arminius besteht vielmehr darin, sich mitsamt seiner Gefolgschaft und Stammeskoalition gegen einen vorgewarnten, gut vorbereiteten, auf Rache und Revanche sinnenden Gegner und dessen mit acht Legionen weitaus größere Militärmaschinerie in einem siebenjährigen Krieg (10–16 n. Chr.) politisch und militärisch erfolgreich behauptet und erst dadurch den Effekt der Varusschlacht historisch unumkehrbar gemacht zu haben. Und aus diesem Grunde ist es falsch, die Varusschlacht als historischen Wendepunkt aufzufassen [...]. Wenn wir einen wirklichen Wendepunkt römischer Germanienpolitik suchen – und nur darum kann es hier gehen und keinesfalls um die Weltgeschichte –, dann ist es Tiberius' Entschluss, die Fortsetzung des partiell durchaus erfolgreichen, sogar Erfolg versprechenden, aber zugleich äußerst riskanten, verlustreichen und glücklosen Rache- und Wiederunterwerfungskrieges durch Germanicus für 17 n. Chr. sowie zukünftige militärische Offensiven in Germanien untersagt zu haben.

Peter Kehne, Der historische Arminius ... und die Varusschlacht aus cheruskischer Perspektive, in: 2000 Jahre Varusschlacht: Mythos, hg. v. Landesverband Lippe, Wissenschaftliche Buchgesellschaft, Darmstadt 2009, S. 110f.

1 a) Arbeiten Sie heraus, welche Bedeutung Dahlheim und Kehne dem Sieg des Arminius zusprechen.
b) Untersuchen Sie, aus welcher Perspektive die beiden Historiker die historischen Folgen der Schlacht im Teutoburger Wald betrachten – aus der Sicht des Römischen Reiches oder Germaniens?

2 Diskutieren Sie, ausgehend von M 6 und M 7 a und b, ob Arminius der Befreier Germaniens war, wie Tacitus behauptet hat (s. Darstellungstext, S. 72).

Weiterführender Arbeitsauftrag/Literaturanalyse:

3 a) Untersuchen Sie das Drama „Die Hermannschlacht“ von Heinrich von Kleist und erarbeiten Sie ein Referat über die Bewertung des Arminius und der Schlacht im Teutoburger Wald.
b) Vergleichen Sie Kleists Arminius-Bild mit dem Arminius-Bild Heinrich Heines in dessen „Deutschland. Ein Wintermärchen“ (1844). Arbeiten Sie die Unterschiede heraus und begründen Sie diese. Ziehen Sie dafür auch die Kurzbiografien der Dichter heran.

Weiterführende Literatur:

Heinrich von Kleist, Die Hermannschlacht, in: ders., Sämtliche Werke und Briefe, Bd. 1, hg. v. Helmut Sembdner, dtv, München 1987, S. 533–628.
Heinrich Heine, Deutschland. Ein Wintermärchen, dtv, München 1997, S. 41–43.
Werner M. Doyé, Arminius, in: Etienne François u. Hagen Schulze (Hg.), Deutsche Erinnerungsorte III, 2. Aufl., C. H. Beck, München 2002, S. 593 ff.
Herfried Münkler, Die Deutschen und ihre Mythen, Rowohlt, Berlin 2009, S. 170 ff.

M8 Der Historiker Thomas Nipperdey über die nationalpolitische Bedeutung des Hermann-Denkmals, 1968

Das im Denkmal Gestalt werdende Nationalgefühl ist nationale Erinnerung, die sich an der germanischen Frühgeschichte orientiert, [...] und das Denkmal versucht, den historischen Helden dieser Frühzeit in die Dimension des nationalen Mythos zu erheben und ihm damit eine konkrete politische Funktion zu geben. [...] Das Denkmal ist Denkmal für den „Befreier Deutschlands“ und damit für die Befreiung und ist ein „Mahnzeichen der Einigkeit aller deutschen Stämme“. Denn die Befreiung ist zugleich die Einigung, ist die Gründung der Nation: Hermann ist der „Retter und Gründer“ und darum „Träger und Repräsentant der deutschen Nationalität“. [...]

Hermann als Begründer der deutschen Nationalität nun ist Symbol und Vorbild, das angerufen wird, um das gegenwärtige Bewusstsein und Gefühl der Nationalität zu intensivieren: Er soll das Volk „erheben und zu steter Nacheiferung ... stärken“. Insbesondere soll das Denkmal [...] die „Treueinigkeit unserer Volksstämme“ beschwören, es ist ein „Mahnzeichen zur Einigkeit aller deutschen Stämme“. Auf einer Tafel im Grundstein heißt es: „Hermann dem Befreier Deutschlands gründen dies Denkmal Deutschlands Fürsten und Volksstämme in Eintracht verbunden. Er bleibe und dauere, der Sinn der Eintracht, welcher dies Denkmal schuf, und getilgt sei der Fluch der Zwietracht, den der Zorn des Überwundenen an der Wiege unseres Volkes aussprach.“ In der Dunkelheit der Frühgeschichte konnte man die späteren Stammesgegensätze symbolisch überwinden, hier war die Einheit sozusagen archaisch präfiguriert [= *vorgeformt*]. Auch Gedanken des Liberalismus strömen in die Denkmalsbewegung ein, ihre Träger sind die „Freunde der Freiheit“, und diese Freiheit ist auch nach innen gewandt [...]. Schließlich spielt der Gedanke der Macht, der Stärke und Größe der Nation in der Denkmalsbewegung eine besondere Rolle [...]. Dargestellt wird Armins „Schwerterhebung“, aber in einem Augenblick nach dem errungenen Siege. Trotzdem bleibt das Schwert aufgereckt, weil es die Garantie der nationalen Existenz ist, weil Feind und Gefahr nicht und niemals vorüber sind. [...]

Der politische Sinn, der im Denkmal gegeben wurde, zeigt sich auch in den Bau- und Formideen. Die Wahl des Ortes ist nicht nur historisch bedingt, bei Bandel[1] kann man deutlich eine antiurbane Stimmung, eine Mythisierung des Waldes als der eigentlich deutschen Seelenlandschaft und die romantische Neigung zum Bergheiligtum bemerken. Der Unterbau sollte, in einem romanisch-gotischen Mischstil ausgeführt, spezifisch deutsch sein, nur ein „deutscher“ Stil schien dem Nationaldenkmal angemessen [...]. [...] die endgültige Gestalt, die straff hochgereckte Figur mit dem gerade in die Höhe gestreckten Schwert, das drohend in die Ferne weist, [...] die herausfordernde, auf Kampf, Sieg und Kraft abgestellte Haltung des Helden. [...] Das Ganze bekommt so einen aggressiven und herausfordernden Zug, der unsichtbare Feind ist in das Denkmal mit einbezogen, der Beschauer wird in diese Frontstellung mit hinein genommen: im Kampf gegen den Feind konstituiert sich die hier gemeinte Nation als ein Machtgebilde, in ihrer Macht hat sie ihre Identität. Auch in der Orientierung des Nationalbewusstseins an der germanischen Frühgeschichte, am Teutonischen, schwingt dieses Moment mit: Hermann und die Germanen repräsentieren nicht nur und vielleicht nicht einmal in erster Linie die Freiheit, sondern auch das vorzivilisatorische Gewaltige, eben Kraft und Macht. [...]

Thomas Nipperdey, Nationalidee und Nationaldenkmal in Deutschland im 19. Jahrhundert, in: ders., Gesellschaft, Kultur, Theorie. Gesammelte Aufsätze zur neueren Geschichte, Vandenhoeck & Ruprecht, Göttingen 1976, S. 159–162.

1 Ernst von Bandel ist der Erbauer des Denkmals.

1 Arbeiten Sie mithilfe von M8 die historisch-politische Bedeutung und Funktion des Hermann-Denkmals heraus.

M9 Der Historiker Hagen Schulze über die „Erfindung“ des „Volkes“ seit der Französischen Revolution, 1989

So war das Volk, bisher ein verächtlich gebrauchter Name für die Masse der Untertanen, auf einmal von einer romantischen, wenn nicht sakralen Gloriole[1] umgeben, und Dichter und Gelehrte wetteiferten darin, alte Heldenlieder und Volksmärchen zu sammeln, um dem Geist des Volks auf die Spur zu kommen. Hinzu trat der ganz andere, rational-politisch bestimmte Volksbegriff der Französischen Revolution: das Volk in Gestalt des dritten Stands als einzige Verkörperung der Nation und legitimer Souverän seiner selbst. Beides, romantisches und politisches Volkspathos, flossen in Deutschland ineinander; Johann Gottlieb Fichte hielt im Winter 1807/08 im französisch besetzten Berlin seine „Reden an die deutsche Nation“, in denen das deutsche Volk als das ursprüngliche, das unverfälschte Volk hervortritt, das gegen die militärische und mehr noch gegen die kulturelle Unterjochung durch das minderwertige französische Volk um seine Freiheit und Identität kämpft und dabei im Dienst eines höheren geschichtlichen Auftrags handelt.

Das deutsche Volk, das also erst jetzt entdeckt worden war, [...] stand zunächst im Dienst einer oppositionellen, liberalen Zukunftsidee. In Heinrich Ludens zwölfbändiger „Geschichte des Teutschen Volkes“, die 1825 zu erscheinen begann, ist das Volk diejenige Instanz, vor deren Richterstuhl alle staatlichen Institutionen sich zu rechtfertigen haben; Ludens Zukunftsvision ist folgerichtig jenes „Volkskaisertum“, das die Liberalen der Revolution von 1848 verwirklichen wollten, der demokratische Staat mit monarchischer Spitze. Aber Ludens Rede vom deutschen Volk ist so zwei-

M 10 **Anzeige des Magazins „National Geographic Deutschland“ in „Der Spiegel“, 2002**

1 Untersuchen Sie anhand von M 10, wie die moderne Werbung mit dem Arminius-Mythos spielt.

2 Überprüfen Sie die These des Journalisten Doyé im Darstellungstext, S. 76, dass Arminius in der Gegenwart zum bloßen Werbeträger geworden sei.

deutig wie schon vorher diejenige Fichtes: Das deutsche Volk ist von allen Völkern das tüchtigste, und seine Kultur steht am höchsten.

Diese Idee war nicht grundsätzlich neu; bereits im Zeitalter des Humanismus hatten Schriftsteller wie Ulrich v. Hutten und Johannes Wimpfeling unter Berufung auf Tacitus' „Germania“ die Tugend der Germanen und ihrer Nachkommen der römischen Dekadenz und Sittenverderbnis gegenübergestellt. Diese Idee wurde nun im frühen 19. Jahrhundert wieder aufgegriffen; das deutsche Volk erscheint in direkter Nachfolge des germanischen Volks, und alle guten Eigenschaften, die Tacitus bei den Nordvölkern gefunden haben will, finden sich jetzt bei den Deutschen wieder: Treue, Sittsamkeit, Enthaltsamkeit, Tapferkeit, Einfachheit, alles das im Kontrast zu den verdorbenen Sitten der französischen Nachbarn.

Dass die Deutschen neben den germanischen auch slawische und keltische Vorfahren besaßen, störte dabei ebensowenig wie die Tatsache, dass, wie Johannes Haller einmal bemerkte, die erfolgreichsten Germanen der Geschichte keineswegs die Deutschen, sondern die Engländer waren. In dieser germanozentrischen Verengung der Volksidee steckt bereits jener Virus, der dann, ebenfalls schon bei Heinrich Luden, durch die Behauptung aktiviert wurde, nicht die Sprache sei das eigentlich Gemeinsame eines Volks, sondern das Blut. Damit war eine Argumentationsebene beschritten, die weit von jeder geschichtswissenschaftlichen Begründbarkeit fortführte, über die Rassentheorien eines Grafen Gobineau und eines Houston Stewart Chamberlain zu den Wahnideen eines Adolf Hitler.

Hagen Schulze, Gibt es überhaupt eine deutsche Geschichte?, Corso bei Siedler, Berlin 1989, S. 34–37.

1 Gloriole: Heiligenschein

1 Arbeiten Sie die in dem Text beschriebenen Bedeutungen des Begriffes „Volk“ heraus.

2 a) Erläutern Sie mithilfe des Textes die These, „Volk“ sei ein Konstrukt eines Geschichtsbildes.
b) Überprüfen Sie diese These am Beispiel des Arminius/Hermann und des Mythos von „Hermann dem Deutschen“. Berücksichtigen Sie den Darstellungstext.

Weiterführender Arbeitsauftrag/Referat/Diskussion:

3 Mit dem Begriff „Germanisches Reich“ bezeichneten die Nationalsozialisten ihre rassenbiologisch geprägte Konzeption einer „Neuordnung Europas“ unter deutscher Vorherrschaft.
a) Untersuchen Sie die Bedeutung des Germanen-Mythos für die NS-Propaganda und -Politik. Präsentieren Sie Ihre Ergebnisse in einem Kurzreferat und belegen Sie Ihre Thesen mit prägnanten Zitaten bzw. knappen Quellenauszügen.
b) Diskutieren Sie, welches Geschichtsbild der NS-Weltanschauung mit ihrem Germanen-Mythos zugrunde lag. Warum und mit welchem Recht wurden im 20. Jahrhundert politische Forderungen und Ziele legitimiert durch den Rückgriff auf die Völkerwanderungszeit?

Weiterführende Literatur:

Herfried Münkler, Die Deutschen und ihre Mythen, Rowohlt, Berlin 2009, S. 160 ff.
Klaus Rosen, Die Völkerwanderung, 3. Aufl., C. H. Beck, München 2006, S. 115 ff.
Michael Werner, Die „Germania“, in: Etienne François u. Hagen Schulze (Hg.), Deutsche Erinnerungsorte III, 2. Aufl., C. H. Beck, München 2002, S. 568 ff.

2 Folgen der Französischen Revolution: Nationalismus und Nationalstaatsbildung in Europa

19. Jahrhundert – Zeitalter des Nationalismus

„Dass das lange 19. Jahrhundert in Europa das Jahrhundert des Nationalismus im Sinn einer mächtigen Integrations- und Expansionskraft war“, fasste der Historiker Jürgen Kocka 2001 den nach wie vor aktuellen Forschungsstand zusammen, „wird kaum jemand bestreiten. Dadurch unterschied es sich vom 18., das Nationalismus nur in kleinen Ansätzen kannte, aber auch vom 20., das den Nationalismus in zwei von Europa ausgehenden Weltkriegen zum Höhepunkt und in die Katastrophe trieb, durch die Fronten des Ost-West-Systemkonflikts überlagerte und langfristig innerhalb Europas abklingen ließ.“

Was verbirgt sich hinter dem politischen Schlüsselbegriff „Nationalismus“? War und ist der Nationalismus Ideologie oder Bewegung, Mentalität oder Praxis oder alles dies zugleich, wie Kocka vermutet? Welche Loyalitäten und Bindungen prägten das politische Denken und Handeln der Menschen in der vormodernen Zeit? Und wie beeinflussten nationale Einstellungen das Verhalten von Individuen, Gruppen, Parteien und Staaten seit der Französischen Revolution, die als Geburtsstunde des Nationalismus gilt?

Begriffsbestimmung

Im Deutschen besitzt das Wort „Nationalismus“ einen negativen Beigeschmack. Es wird häufig zur moralischen Abwertung einer übersteigerten Form nationaler Selbstsucht benutzt, die mit Intoleranz und Aggressivität gegenüber fremden Völkern verbunden ist. Wer nach positiv besetzten Begriffen für nationales Bewusstsein sucht und dabei die Vereinbarkeit von emotionalen Bindungen an die eigene Nation mit weltoffenem Denken und Handeln ausdrücken will, spricht eher von **Patriotismus**, **Vaterlandsliebe**. Oder er bevorzugt neutralere Begriffe wie **Nationalgefühl**, **nationale Gesinnung**, **nationale Interessen**, um die Gleichwertigkeit der verschiedenen Nationen deutlich zu machen. Gleichzeitig soll anerkannt werden, dass es legitime nationale Wünsche und Bedürfnisse gibt, die sich im friedlichen Ausgleich mit anderen Nationen durchsetzen lassen.

Diese scharfe Trennung – zwischen schlechtem Nationalismus hier und gutem Patriotismus oder Nationalbewusstsein dort – entspricht jedoch nicht der historischen Wirklichkeit. Nationales Denken und Handeln besaß immer Licht- und Schattenseiten, wenn auch in abgestuften Ausprägungen in den verschiedenen Gesellschaften zu unterschiedlichen Zeiten. Eine Definition des Nationalismus sollte daher Schwarzweißmalerei vermeiden und die Spannweite nationalpolitischer Bestrebungen berücksichtigen, die von aggressiven und kriegerischen Aktionen nach außen bis hin zu innenpolitischen Forderungen nach demokratischer Selbstbestimmung reicht. Vielleicht haben soziale Großgruppen zu allen Zeiten das Bedürfnis nach Abgrenzung von anderen, fremden Sozialgruppen, vor allem aber nach einem festen inneren Zusammenhalt verspürt. Die Geschichte kennt die verschiedenartigsten Formen von Loyalitätsgefühlen gegenüber der eigenen Bezugsgruppe: landschaftliches Zusammengehörigkeitsbewusstsein, Stammesstolz, Heimatgefühl oder die Treue zu einem bestimmten König oder Herrscherhaus.

Der Nationalismus unterscheidet sich von diesen vornationalen Bindungen dadurch, dass er die **Nation** oder den **Nationalstaat** zum obersten Wert, zur allgemein verbindlichen Sinn- und Rechtfertigungsinstanz politischen Handelns

Literaturtipps

Jürgen Kocka, Das lange 19. Jahrhundert. Arbeit, Nation und bürgerliche Gesellschaft, Stuttgart 2001.

Hans-Ulrich Wehler, Nationalismus. Geschichte, Formen, Folgen, München 2001.

Dieter Langewiesche, Nation, Nationalismus, Nationalstaat in Deutschland und Europa, München 2000.

Siegfried Weichlein, Nationalbewegungen und Nationalismus in Europa, Darmstadt 2006.

Rolf-Ulrich Kunze, Nation und Nationalismus, Darmstadt 2005.

Diese gut lesbaren Bücher geben einen Überblick über Begriff, Formen, Geschichte und Folgen von Nation, Nationalismus und Nationalstaatsentwicklung. Auch die Diskussionen der Forscher werden angemessen dargestellt.

Nationalismus – eine Definition des Historikers Peter Alter (1985): Nationalismus liegt dann vor, wenn die Nation die gesellschaftliche Großgruppe ist, der sich der Einzelne in erster Linie zugehörig fühlt, und wenn die emotionale Bindung an die Nation und die Loyalität ihr gegenüber in der Skala der Bindungen und Loyalitäten oben steht. Nicht der Stand oder Konfession, nicht eine Dynastie oder ein partikularer Staat, nicht die Landschaft, nicht der Stamm und auch nicht die soziale Klasse bestimmen primär den überpersonalen Bezugsrahmen. Der Einzelne ist auch nicht länger [...] in erster Linie Mitglied der Menschheit und damit Weltbürger, sondern fühlt sich vielmehr als Angehöriger einer bestimmten Nation. Er identifiziert sich mit ihrem historischen und kulturellen Erbe und mit der Form ihrer politischen Existenz. Die Nation (oder der Nationalstaat) bildet für ihn den Lebensraum und vermittelt ihm ein Stück Lebenssinn in Gegenwart und Zukunft.
Peter Alter, Nationalismus, Suhrkamp, Frankfurt/M. 1985, S. 14 f.

M1 Französische Briefmarke mit dem Kopf der Marianne, der Personifikation Frankreichs

Seit der Französischen Revolution gilt Marianne zugleich als Symbol der Freiheit; zum Zeichen trägt sie die phrygische Mütze der Jakobiner auf dem Kopf. Woher der Name Marianne kommt, ist ungewiss. Marie-Anne, ein populärer Vorname, war im 18. Jahrhundert weit verbreitet. Die Zusammenziehung „Marianne“ schien wohl geeignet, eine Frau aus dem Volk und damit das französische Volk als Ganzes zu repräsentieren.

erhebt. Der Einzelne definiert sich nicht länger vorrangig durch die Zugehörigkeit zu einer Dynastie oder als Angehöriger eines Stammes, eines Standes oder einer Klasse, sondern versteht sich zuallererst als Mitglied einer nationalen Lebensgemeinschaft. Allerdings kann die eigene Nationalität dabei durchaus unterschiedlich bestimmt werden, sei es durch die Gleichheit der Sprache oder der Kultur, sei es durch Abstammung oder die Zugehörigkeit zu einem Volk.

Merkmale des Nationalismus

Zusammenfassend lässt sich der Nationalismus durch drei Merkmale bestimmen:
1. Er erklärt die Nation zum entscheidenden gesellschaftlichen Wert kollektiver Identität.
2. Er strebt die Selbstbestimmung der Nation im Nationalstaat an.
3. Er legitimiert seine besondere Wertschätzung der Nation säkular, d.h. weltlich. Religiöse Begründungen spielen in den meisten Ländern nur eine untergeordnete Rolle.

Der Nationalismus vermittelt dem Einzelnen ein Stück Lebenssinn in Gegenwart und Zukunft und ist dadurch in der Lage, ein Volk oder eine große Bevölkerungsgruppe zu mobilisieren. Nationale Gefühle können die Integration und Solidarität in einer Gesellschaft dadurch stärken, dass sie einer Gemeinschaft ihre Zusammengehörigkeit bewusst machen und dieser Zusammengehörigkeit einen besonderen Stellenwert zuschreiben. Mit dem Argument, die Interessen der Nation oder des Nationalstaates besäßen Vorrang vor allen anderen Normen und Werten, lassen sich die Mitglieder einer Gesellschaft auf ein gemeinsames Ziel einschwören. Gleichzeitig wird der Einzelne dazu verpflichtet, eigene Bedürfnisse oder andere Bindungen zurückzustellen. Diese Hochschätzung des Nationalen kann aber derart übersteigert werden, dass der Nationalismus zum Religionsersatz wird. Die Nation erhält gewissermaßen religiöse Weihen, sie erscheint als etwas Heiliges. Dieser zur „politischen Religion“ überhöhte Nationalismus kann leicht in ein rauschhaftes Gemeinschafts- und Solidaritätserlebnis münden, das den Zusammenhalt und die Selbstbehauptung der Nation von Opfern bis hin zum Tod abhängig macht. Die geschichtliche Erfahrung hat gezeigt, dass ein derart extremer Nationalismus häufig mit nationalem Sendungsbewusstsein nach außen verbunden ist und in Aggression und Krieg umschlagen kann. Wenn sich in einer Nation das Bewusstsein des Anders- oder Besondersseins mit der Geringschätzung anderer Völker verband, diente dieses Nationalbewusstsein oft zur Legitimation für die gewaltsame Ausweitung der territorialen Grenzen und die Unterjochung fremder Völker.

Französische Revolution

„Der Nationalismus entsteht“, schreibt der Historiker Hans-Ulrich Wehler 2001, „als Antwort auf strukturelle Krisen der frühmodernen westlichen Gesellschaften und ihrer ehemals verbindlichen Weltbilder [...]. Die klassische Zuspitzung dieser Modernisierungskrisen ist die Revolution.“ Tatsächlich beschleunigte die Französische Revolution in Europa den Aufstieg des Nationalismus zu einer der mächtigsten politischen Ideologien des 19. Jahrhunderts. Die Revolution von 1789 erschütterte die Grundlagen der feudalständischen Privilegienordnung und verhalf der bürgerlichen Gesellschaft zum Durchbruch. Damit ging ein grundlegender Wandel der Loyalitäten und Bindungen der Menschen einher: Der Einzelne blieb nicht länger Untertan, der fest an einen Stand (Adel, Klerus, Bauer) gebunden war.
Vielmehr beanspruchte das französische Volk unter Führung des aufstrebenden Bürgertums in der Revolution die Kontrolle über die Macht im Staate, die bisher von einem absolutistischen König und einem privilegierten Adel ausgeübt wurde. Der dritte Stand, also die überwiegende Mehrheit der Bevölkerung, erklärte sich

zur Nation, d.h. zu einer politischen und sozialen Gemeinschaft rechtsgleicher Staatsbürger, die von nun an durch ihre Vertretungsorgane, die Parlamente, die Zukunft des Landes mitgestalten wollten (M 4). Dieser Nationalismus beruhte auf der **Idee von der selbstbestimmten, d.h. souveränen Nation**, und war daher eine Kampfansage an die überkommene Feudal- und Ständegesellschaft (M 5).
In den Kriegen, die Frankreich seit der Revolutionszeit und später unter Napoleon bis 1814 in Europa führte, verband sich der antiständische Nationalgedanke mit einem französischen Überlegenheitsgefühl und einem revolutionären Sendungsbewusstsein: Die Truppen der „Grande Nation“ zogen in den Kampf, um die Ideale der Revolution „Freiheit, Gleichheit, Brüderlichkeit“ zu verbreiten und um die europäischen Völker vom „Tyrannenjoch“ der absolutistischen Könige zu befreien.

Nationalbewusstsein in Deutschland

„Man wird [...] die Nationen einteilen können in Kulturnationen und Staatsnationen, in solche, die vorzugsweise auf einem irgendwelchen gemeinsam erlebten Kulturbesitz beruhen, und solche, die vorzugsweise auf der vereinigenden Kraft einer gemeinsamen politischen Geschichte und Verfassung beruhen.“ Diese Unterscheidung zwischen Kultur- und Staatsnation von 1908 geht auf den Historiker Friedrich Meinecke (1862–1954) zurück und fehlt bis heute in keinem historischen Handbuch.
In der historisch-politischen Diskussion hat es sich eingebürgert, Frankreich als Paradebeispiel für eine **Staatsnation** anzuführen. Deutschland gilt dagegen als eine klassische **Kulturnation**. Diese Unterscheidung zwischen Staats- und Kulturnation ist alles andere als abstrakt oder weltfremd, sondern hatte für die Menschen konkrete praktische Konsequenzen. Denn sie bestimmte seit dem 19. Jahrhundert für lange Zeit das Staatsangehörigkeitsrecht in Frankreich und Deutschland maßgeblich mit (M 7). Dennoch war die konkrete historische Wirklichkeit vielfältiger und widersprüchlicher, als es diese allzu schematische Gegenüberstellung Glauben machen will.
Wenn das gebildete Bürgertum im staatlich stark zersplitterten „Heiligen Römischen Reich Deutscher Nation“ im ausgehenden 18. Jahrhundert von „Nation“ sprach, dachte es an eine Kulturnation, die in gemeinsamer Geschichte und Sprache wurzelte. Die Sprache repräsentiere, argumentierte 1784 der Theologe und Philosoph **Johann Gottfried Herder** (1744–1803), „alle Eigenheiten der Völker in ihrem praktischen Verstande, in ihren Phantasien, Sitten und Lebensweisen.“ Darüber hinaus forme sie dieses Volk immer wieder aufs Neue: „Wer in derselben Sprache erzogen ward, wer sein Herz in sie schütten, seine Seele in ihr ausdrücken lernte, der gehört zum Volk dieser Sprache.“ Aus dem Bemühen heraus, die Existenz und Einheit der deutschen Nation bzw. den deutschen Nationalgeist in der sprachlichen Überlieferung aufzuzeigen, veröffentlichte Herder Volkslieder (M 6). In der gleichen Absicht sammelten die **Gebrüder Grimm** Volksmärchen.
Im beginnenden 19. Jahrhundert wandelte sich das kulturelle Nationalbewusstsein zunehmend in einen politischen Nationalismus. Dieser sah sein Ziel zunächst noch nicht vorrangig in der Schaffung eines einheitlichen Nationalstaats, sondern forderte eine grundlegende politische Reform der Einzelstaaten des 1815 gegründeten Deutschen Bundes. Die Herrschaft der Monarchen sollte eingeschränkt, die politischen und sozialen Privilegien des Adels beschnitten und die Nation, also die Gemeinschaft der rechtlich gleichgestellten Staatsbürger, an den politischen Entscheidungen beteiligt werden.
In den Befreiungskriegen von 1813/14 und 1815, die Preußen und die anderen deutschen Staaten gegen die napoleonische Herrschaft führten, forderten die meist jungen Patrioten eine einheitliche Staatsnation nach französischem und englischem Vorbild. Der Wunsch nach nationaler Einheit verband sich mit der

M 2 „Des Knaben Wunderhorn“, Titelblatt der ersten Ausgabe, 1806

Zu ihrer Sammlung „alter deutscher Lieder“ wurden die beiden Herausgeber, die Dichter Clemens von Brentano und Achim von Arnim, durch Herder angeregt.

Internettipp
Das politische Wirken der Brüder Grimm wird auf einer Website dargestellt von der Brüder-Grimm-Gesellschaft Kassel.

M3 Junge in preußischer Uniform mit Eisernem Kreuz und Pickelhaube, Fotografie, um 1915

Militärische Prachtentfaltung durch Paraden und Uniformen, militärisches Gehabe in Schule und Verwaltung idealisierten den Offizier und die Armee als „Schule der Nation“.

Internettipp
Der deutsche Nationalismus im Kaiserreich wird beim Landesbildungsserver Baden-Württemberg mit weiterführenden Links zu den Themen Nation und Nationalismus dargestellt.

Sehnsucht nach nationaler Größe. Deutschland sollte wieder ein Machtfaktor in der europäischen Politik werden. Obwohl in der Franzosenfeindlichkeit der Befreiungskriege eine Tendenz zur Verabsolutierung der eigenen Nation angelegt war, behielt der deutsche Nationalismus bis zur Reichsgründung 1870/71 im Wesentlichen seine freiheitliche Tendenz. Diese drückte sich in der Formel „Einheit und Freiheit“ aus.
Politische Forderungen nach nationaler Mitbestimmung und Freiheit waren in der Revolution 1848/49 eng verknüpft mit dem Verlangen nach nationaler Einheit bzw. einem einheitlichen deutschen Nationalstaat. Zwar scheiterte die Nationalbewegung bei dem Versuch, einen demokratisch-parlamentarischen Nationalstaat zu gründen. Die Revolution offenbarte jedoch, dass sich der Nationalismus mit seinem Bestreben, eine deutsche Nation und einen deutschen Nationalstaat zu schaffen, nicht mehr unterdrücken ließ.

Funktionswandel des Nationalismus

Im letzten Drittel des 19. Jahrhunderts veränderte der Nationalismus sein Gesicht. Der Historiker Heinrich August Winkler hat diesen Wandel einmal als Umschlag „vom liberalen zum reaktionären Nationalismus“ bezeichnet. Tatsächlich verloren demokratisch-liberale Vorstellungen von der Nation an Gewicht, während antiliberale Ideen an Bedeutung gewannen. Der neue Nationalismus forderte zudem die Abkehr vom Freihandel bzw. den Schutz der nationalen Wirtschaft. Die Historiker bezeichnen diese Form des Nationalismus als **„extremen“**, **„radikalen“** oder **„integralen“ Nationalismus**, der sowohl in Deutschland wie in Frankreich erstarkte.
Der Begriff des integralen Nationalismus wurde von dem französischen Schriftsteller **Charles Maurras** (1868–1952) geprägt. „Du bist nichts, Dein Volk ist alles“ – mit dieser Parole könnte man die zentrale Forderung dieser Spielart des Nationalismus charakterisieren, der auch vor Gewalt gegenüber Andersdenkenden nicht zurückschreckte.
Diese Form des Nationalismus entstand in Frankreich nach der Niederlage gegen Deutschland 1870/71. Viele konservativ-monarchistisch eingestellte Franzosen verziehen den republikanischen Politikern nicht, dass sie die Revanche gegen die deutschen Sieger zurückstellen wollten. In der 1882 gegründeten, 1889 verbotenen *Ligue des patriotes* und der 1898 ins Leben gerufenen *Ligue de la patrie française* organisierten sich die politisch rechts stehenden Nationalisten. Unter ihnen waren viele Vertreter der intellektuellen Elite Frankreichs. Anders als in Deutschland entwickelte sich der integrale Nationalismus in Frankreich jedoch nie zu einer vorherrschenden Kraft. Der auf den revolutionären und demokratischen Traditionen beruhende politische Nationalismus blieb für das Denken und Handeln der Franzosen prägend.
In Deutschland schien mit der Gründung des Deutschen Reiches 1870/71 die Nationalbewegung am Ziel ihrer Wünsche angelangt. Zur Enttäuschung der Liberalen war dieser Nationalstaat allerdings keine demokratisch-parlamentarische Ordnung, sondern ein autoritärer Obrigkeits- und Machtstaat. Die deutsche Nationalidee wurde seitdem immer stärker von konservativen, adlig-großbürgerlichen Führungsschichten des Reiches bestimmt und in eine emanzipations- und demokratiefeindliche politische Ideologie umgewandelt. Der neue Nationalismus identifizierte die bestehende Gesellschaftsordnung mit der Nation und erklärte die Zustimmung zu Macht und Autorität sowie die Unterordnung des Einzelnen unter die größere und wichtigere Gemeinschaft des Reiches zur nationalpolitischen Tugend. In der Zeit des Wilhelminischen Kaiserreiches (1890–1918) wurde dieser Nationalismus radikalisiert und nach außen gewendet. Der Hinweis auf nationale Größe und Überlegenheit des Reiches diente nun auch der ideologischen Untermauerung imperialistischer Politik.

Probleme der Nationalstaatsbildung

Die europäischen Nationen bzw. Nationalstaaten sind nicht nur zu verschiedenen Zeiten gegründet worden, sondern haben auch unterschiedliche Entstehungsgeschichten. **Drei Grundformen** lassen sich dabei herausarbeiten: Da gibt es – erstens – die Nationen, deren Selbstverständnis durch **moderne Revolutionen** geprägt wurde. Das gilt für Frankreich und England, wo die Idee der demokratischen Nation in der Glorreichen Revolution von 1688/89 und in der Französischen Revolution durchgesetzt und weiterentwickelt worden ist. Da Franzosen und Engländer jeweils in einem Staat zusammenlebten, fielen Staat und Nation zusammen. In Deutschland und Italien mussten – zweitens – die sich **kulturell und sprachlich nahestehenden Menschen** erst einen gemeinsamen Nationalstaat erkämpfen, der durch die Vereinigung bisher staatlich getrennter Teile ins Leben gerufen wurde. Das geschah 1870/71 in der deutschen Reichsgründung und zwischen 1859 und 1870 mit der Einigung des zersplitterten Italiens. Außer diesen den Staat stärkenden (Frankreich und England) und den staatsbildenden (Deutschland und Italien) Formen gab es – drittens – die staatszersetzenden bzw. sich von ihm abtrennenden Varianten. Dabei organisierten sich aus **zerfallenden Großreichen oder Vielvölkerstaaten** neue Nationalstaaten. Die nationalen Bewegungen der slawischen Völker in Mittel- und Südosteuropa beschleunigten die Auflösung des Osmanischen und des Habsburgerreiches. 1829/30 hatte sich zuerst Griechenland befreit, 1878 folgten Serbien und Rumänien, 1908 wurde Bulgarien endgültig unabhängig. Seit dem Auseinanderbrechen Österreich-Ungarns nach dem Ersten Weltkrieg 1918 entstand von der Ostsee bis zur Adria ein breiter Staatengürtel aus den baltischen Staaten, Polen, der Tschechoslowakei, Ungarn, Jugoslawien und Österreich.
Diese Typologie hat der Historiker Theodor Schieder ausgearbeitet und zu einem Phasenmodell weiterentwickelt, das die europäischen Nationalstaatsgründungen zeitlich einordnen soll. Es bietet wertvolle Orientierungshilfen für eine vergleichende Analyse des Europas der Nationen (M 8).

1 Überprüfen Sie mithilfe des Darstellungstextes die These, dass die moderne Vorstellung von der Nation eine antiständische Integrationsideologie sei, die seit der Französischen Revolution das politische Denken und Handeln in Europa bestimmt habe.
2 Erläutern Sie die Unterscheidung zwischen Staats- und Kulturnation am Beispiel von Frankreich und Deutschland.
3 **Kurzvortrag:** Charakterisieren Sie die wichtigsten Typen der Nationalstaatsbildung in Europa. Erläutern Sie dabei die Unterschiede zwischen den Staat stärkenden, staatsbildenden und staatszersetzenden Formen der Nationalstaatsbildung.

M 4 Die Französische Revolution und der Nationalismus

Der französische Priester, Revolutionär und Politiker Abbé Sieyès verfasste 1789 die Schrift „Was ist der Dritte Stand?“. Darin heißt es:

Was ist eine Nation? Eine Gesellschaft, welche unter einem gemeinschaftlichen Gesetz lebt und durch ein und dieselbe gesetzgebende Versammlung vertreten wird. Ist es nicht eine Tatsache, dass der Adelsstand Vorrechte und Privilegien genießt, welche er seine Rechte zu nennen sich erdreistet und welche von den Rechten des großen Ganzen der Bürger abgesondert sind? Er tritt dadurch aus der gemeinsamen Ordnung und dem gemeinschaftlichen Gesetz heraus. Also schon seine bürgerlichen Rechte machen aus ihm ein eigenes Volk in der Nation. Das ist wahrlich ein *imperium in imperio.*
Was seine politischen Rechte betrifft, so übt er auch sie besonders aus. Er hat eigene Stellvertreter, welche keineswegs die Vollmacht des Volkes haben. Seine Abgeordneten halten ihre Sitzungen gesondert ab. […]
Der Dritte Stand umfasst alles, was zur Nation gehört. Und alles, was nicht der Dritte Stand ist, kann sich nicht als ein Bestandteil der Nation betrachten. Was ist der Dritte Stand? Alles. […] Allein, man sage uns einmal, von welchen Standpunkten und Interessen her man der Nation hätte eine Verfassung geben können. Die Nation existiert vor allem ande-

ren; sie ist der Ursprung von allem. Ihr Wille ist immer legal; sie ist das Gesetz selbst.

Zit. nach: Otto Dann (Hg.), E. J. Sieyès, Was ist der Dritte Stand? Hobbing, Essen 1988, S. 37.

1 Erläutern Sie den Begriff „Dritter Stand" nach Sieyès.
2 Erklären Sie am Beispiel von Sieyès die Idee der „Staatsnation" (s. auch die Darstellung, S. 82 f.).

M5 Der Historiker Dieter Langewiesche über die Modernität des Nationalismus im 19. Jh., 1992

Wer sich zur modernen Idee der Nation bekannte, richtete eine Kampfansage an die überlieferte Ständegesellschaft mit ihrem dichten Geflecht an Privilegien und Ausgrenzungen. Auch wo ein gemeinsamer Staat bereits bestand, wie in Frankreich, wirkte die Idee der Nation als ein egalitärer Zukunftsentwurf. Er versprach jedermann – Frauen wurden noch nicht in das Egalitätsversprechen einbezogen – politische und rechtliche Gleichberechtigung. Und er säkularisierte den Glücksanspruch des Individuums. Denn „Nation" als Zukunftsverheißung akzeptierte nicht mehr die Zwänge einer vermeintlich gottgefügten weltlichen Ordnung. Sie gab sich auch nicht mehr damit zufrieden, auf die Egalität des Jenseits vertröstet zu werden. Deshalb war das Zukunftsmodell „Nation" eine potenziell revolutionäre Kraft. Dies gilt für alle Staaten, die unter den Einfluss des modernen Nationalismus gerieten. Nirgendwo überlagerten sich die Probleme jedoch so massiv und wurden deshalb so brisant wie in Deutschland.

Dieter Langewiesche, Reich, Nation und Staat in der jüngeren deutschen Geschichte, in: Historische Zeitschrift, Oldenbourg Verlag, Bd. 254, 1992, S. 343 ff.

1 Erläutern Sie, ausgehend von M5, warum die in der Französischen Revolution entstandene moderne Nationsvorstellung eine „Kampfansage an die überlieferte Ständegesellschaft" (Z. 2) war.

M6 Der Historiker Eugen Lemberg über den Begriff der „Nation" bei Herder, 1967

In der Volksdichtung etwa erkennt er die Denkweise, das Gefühlsleben, die soziale Ordnung, Charakter und Lebensprinzip jedes Volkes [...]. Hier zeigt sich ein von jenem westeuropäischen sehr verschiedener Zugang zur Demokratie: aus unpolitischen, den Zufälligkeiten von Machtverhältnissen und Herrschaftsgrenzen nicht unterworfenen Gegebenheiten wird hier eine Autonomie ethnischer Gruppen begründet. [...] Das revolutionäre Prinzip des romantischen Weltbildes, dem diese Geburt der neuen Nationen zu verdanken ist, war eben der eine Grundgedanke, den Herder hier ausgesprochen [...] hat: dass nämlich alle diese bisher gesondert betrachteten und wie Selbstzwecke durchforschten Lebensbereiche, Sprache, Dichtung, Musik, Recht, Philosophie, Politik, Wirtschaft, Religion usw., Äußerungen eines Volkes seien und damit Ausstrahlungen eines Lebensprinzips, das man wie immer nennen mochte, Volksseele oder Volksgeist oder einfach Volk. So hatte das Volk den Charakter eines Individuums, einer Persönlichkeit erhalten. Es war zu jener überindividuellen Individualität geworden, wie sie in den Lehren der nationalen Erwecker nicht nur der europäischen Völker des 19. [...] Jahrhunderts lebten. Überall dort, wo nicht einfach ein fertiger Staat mit Nationalbewusstsein zu erfüllen war, sondern neue und anders abgegrenzte Gesellschaften darangingen, sich als Nationen zu konstituieren und die überlieferten Staaten und Staatensysteme nach ihrem Bilde umzugestalten, sehen wir diesen Gedanken auftreten und die führenden Geister für sich gewinnen, ganze Völker zur Hingabe und Selbstaufopferung für dieses überindividuelle Individuum, für ihre neu bewusst gewordene Nation, in Bewegung treten.

Für die Wirkung auf das Erwachen der Völker ist ein zweiter Grundgedanke Herders bestimmend: der Gedanke der Eigengesetzlichkeit und Eigenwertigkeit der Völker. [...] Jede Nation hat [...] verschiedene geografische, klimatische, rassische und geschichtliche Voraussetzungen, also von Gott verschiedene Möglichkeiten bekommen. Nach diesen Möglichkeiten und nicht nach dem zufälligen Standort des Betrachters muss sie beurteilt werden, denn nur diesen Möglichkeiten angemessen kann der Auftrag sein, den Gott diesem Volke gegeben, die Rolle, die er ihm in seinem Schöpfungsplan zugewiesen hat.

Eugen Lemberg, Nationalismus I: Psychologie und Geschichte, Rowohlt, Reinbek bei Hamburg 1967, S. 171 ff.

1 Charakterisieren Sie auf der Grundlage von M6 und des Darstellungstextes Herders Begriff der „Nation".
2 Grenzen Sie Herders Nationsverständnis zum Nationsbegriff von Sieyès (M4) ab. Berücksichtigen Sie dabei auch die politisch-historischen Kontexte.

M7 Nationsvorstellungen und Staatsangehörigkeitsrecht – ein deutsch-französischer Vergleich, 1994

Dieser Text fasst die Thesen des Soziologen Rogers Brubaker zusammen, der in seinem wegweisenden Buch „Staats-Bürger.' Frankreich und Deutschland im historischen Vergleich" (1994) die politisch-kulturellen Leitbilder des Staatsangehörigkeitsrechts in beiden Staaten analysiert hat.

In Deutschland blieb die Vorstellung der Entstehung der Nation vor dem Staat bestimmend. Dadurch konnte sich ein ethnisch-kulturelles, am vorstaatlichen Begriff des Volkes orientiertes Leitbild ausprägen. Es trat in Spannung zum Staat, setzte auf restriktive, objektive Kriterien, welche die Einbürgerung beschränkten. Dieser restriktive Grundcharakter war im herrschenden Abstammungsprinzip (*ius sanguinis*) verkörpert, das vom Reichs- und Staatsangehörigkeitsgesetz 1913 auf Dauer gestellt wurde. In Frankreich dagegen entwickelte sich ein Leitbild, das auf die Nation und den

Staat zugleich bezogen war. Diese staatsnationale Konzeption der Staatsangehörigkeit verknüpfte sich mit der Staatsform der Republik. Sie setzte auf Assimilation und erleichterte die Einbürgerung. Ihre Verkörperung fand sie in einem weit gefassten Territorialprinzip (*ius soli*), das sich mit dem republikanischen Gesetz von 1889 durchsetzte.
Die beiden Leitbilder waren freilich nicht immer unangefochten. Sie wurden geprägt, aufrechterhalten und verteidigt durch nationale Eliten, die sie zu nationalen, kulturellen ‚Idiomen' (*cultural idioms*) verfestigten. So entstanden zwei polare Leitbilder, die die Praxis der Einbürgerung bis in die Gegenwart hinein prägten: ein relativ geschlossenes, volksbezogenes Modell in Deutschland; ein offenes, auf Assimilation angelegtes, staatsbezogenes Modell in Frankreich.
Zusammengefasst und anders gewendet: Die bekannte Gegenüberstellung des deutschen und des französischen Nationsbegriffs – ‚Staatsnation versus Kulturnation' – erhält eine neue, vertiefte Begründung. Das Wesen, die Essenz der differenten Nationsbegriffe wird historisch geradezu herauspräpariert, indem mit der Staatsangehörigkeit die Wirkung einer zentralen Institution des Nationalstaats in ihren gegensätzlichen historischen Wirkungen gezeigt wird.

Dieter Gosewinkel, Staatsangehörigkeit in Deutschland und Frankreich im 19. und 20. Jahrhundert, in: Christoph Conrad u. Jürgen Kocka (Hg.), Staatsbürgerschaft in Europa. Historische Erfahrungen und aktuelle Debatten, edition Körber-Stiftung, Hamburg 2001, S. 49 f.

1 Arbeiten Sie mithilfe von M 7 die zentralen Merkmale der Begriffe aus dem Staatsangehörigkeitsrecht „Abstammungsprinzip" und „Geburtsprinzip" heraus.
2 Erläutern Sie anhand von M 7, wie sich in Deutschland und Frankreich zwei gegensätzliche politisch-kulturelle Leitbilder der Staatsangehörigkeit aus den jeweiligen Nationsvorstellungen bildeten.

M8 Der Historiker Theodor Schieder über Typen und Phasen europäischer Nationalstaatsgründungen, 1965

In der ersten Etappe bildet sich der moderne Nationalstaat in England und Frankreich durch eine innerstaatliche Revolution, in der die Gemeinschaft der Bürger einen bereits bestehenden Staat auf bestimmte politische Werte und am Ende auf den Volkswillen, die *volonté générale* im Sinne Rousseaus, die Nation als Willensgemeinschaft neu gründet. Das subjektive Bekenntnis zu dem auf diese Weise neu geschaffenen Staat bleibt das einzige Merkmal einer politischen Nationalität, nicht etwa Sprache, Volksgeist oder Nationalcharakter. [...]
Die zweite Phase steht im Zeichen der Entstehung von Nationalstaaten aus staatlich getrennten Teilen von Nationen, die ihre politische Zerrissenheit überwinden wollen. Der nationalrevolutionäre Akt gestaltet nicht einen vorhandenen Staat um, sondern will einen neuen schaffen. Dies ist die Stunde der nationalen „Einheitsbewegungen", wie z. B. in Deutschland und in Italien. Bei ihnen erscheint die Nation als eine vor dem Staat gegebene, entweder historisch oder kulturell oder als sozialer Verband begründete Größe. [...]
In der dritten Phase geht es wiederum um ein anderes Problem. Mit ihr haben wir den Schwerpunkt unserer Betrachtung von Westeuropa und Mitteleuropa nach Osteuropa verlegt. Während die Großstaatsbildungen in Westeuropa durch die nationaldemokratische Revolution national bestimmt worden sind, allerdings in eigentümlicher Verknüpfung mit imperialen Herrschaftssystemen außerhalb Europas, die wie in Großbritannien den nationalen Kernstaat niemals davon isoliert betrachten lassen, während die Herrschaft über Mitteleuropa Kleinstaaten und Großstaaten sich teilen, ist Osteuropa das Feld der großen imperialen Imperiums- und Reichsbildungen gewesen. [...] Die nationalitären Bewegungen in Osteuropa, in ihrer Tradition und Herrschaft sehr verschiedenen Charakters, entfalten sich im Bereich dieser Großstaaten, die für sie als die großen „Gefängnisse der Völker" erscheinen. Das politische Bewusstsein dieser Bewegungen und der sie tragenden Völker wird nicht *im* und *am* Staat entwickelt, sondern durch die Gegnerschaft gegen den bestehenden Staat geprägt.

Theodor Schieder, Typologie und Erscheinungsformen des Nationalstaats in Europa (Erstveröffentlichung 1965), in: ders., Nationalismus und Nationalstaat. Studien zum nationalen Problem im modernen Europa, hg. v. Otto Dann und Hans-Ulrich Wehler, Vandenhoeck & Ruprecht, Göttingen 1991, S. 69–71.

1 Charakterisieren Sie mithilfe des Darstellungstextes, S. 81 ff., und der Typologie Schieders die Nationsbildung in Deutschland und Frankreich von der Französischen Revolution bis zum 19. Jahrhundert:
a) Bestimmen Sie die wichtigsten Merkmale und ordnen Sie das deutsche und französische Beispiel bestimmten Typen und Phasen zu.
b) Vergleichen Sie die französische und deutsche Entwicklung miteinander.

Fächerverbindung Sozialkunde/Umfrage:

1 „Politische Identität heute" – Führen Sie eine Umfrage in Ihrer Schule, Ihrem Ort oder Ihrem häuslichen Umfeld zu der Frage durch, wodurch die Befragten ihr politisches Zugehörigkeitsgefühl bestimmt sehen: Region – Nation – Europa – Welt. Werten Sie Ihre Ergebnisse gemeinsam aus und stellen Sie diese in einer Präsentation vor.
2 Diskutieren Sie dabei, wie ein durch den europäischen Einigungsprozess erforderliches „europäisches Bewusstsein" bei den Bürgerinnen und Bürgern gestärkt werden könnte.

Karikaturen vergleichen

Bereits in der Antike und im Mittelalter gab es satirische und verzerrende Darstellungen von Personen und Vorgängen, doch schaffte erst die europäische Neuzeit die Bedingungen, unter denen sich Absichten und Wirkungsmöglichkeiten der Karikatur voll entfalten konnten.
Die Karikatur braucht die Öffentlichkeit, an deren Entstehung der Buchdruck ab etwa 1500 maßgeblich beteiligt war. Sie erlebte ihre erste Blüte während der Reformation und im Bauernkrieg, fand ihren eigentlichen Charakter aber erst im 17. Jahrhundert durch die städtische Kultur Italiens. Von dem italienischen Wort *„caricare"* in der Bedeutung von „übertreiben, verzerren" erhielt sie auch ihren Namen. Die Französische Revolution löste dann einen weiteren Aufschwung der Karikatur aus. Die Erfindung der Lithografie am Ende des 18. Jahrhunderts trug entscheidend zur besseren Verbreitung der Karikaturen bei. So kann das gesamte 19. Jahrhundert mit seinen politischen und sozialen Revolutionen und Kämpfen als die Epoche der Karikatur bezeichnet werden.
Karikaturen stehen immer in Bezug zu realen Personen, Ereignissen oder Zuständen – und damit zur Geschichte. Indem der Karikaturist Personen oder Zustände überzeichnet, gibt er sie der Lächerlichkeit preis und kritisiert sie. Das funktioniert aber nur, wenn die Verzerrung die Wirklichkeit noch erkennen lässt und nicht zur reinen Erfindung wird. Außerdem sollte die Absicht schnell erkennbar sein. Während uns dies heute bei tagespolitischen Ereignissen meist gelingt, müssen wir bei Karikaturen aus anderen Epochen erst den historischen Kontext erschließen.

Arbeitsschritte für den Vergleich

1. Formale Merkmale
- Wer ist der Zeichner bzw. Auftraggeber?
- Wann ist die Karikatur entstanden?
- Wo, wann und von wem wurde die Karikatur veröffentlicht?
- Gibt es einen Titel bzw. einen Zusatzkommentar?

2. Bildinhalt
- Welche Gestaltungsmittel (Schrift, Personen, Gegenstände, Symbole, Farbgebung, Komposition, Proportionen) sind in der Karikatur verwendet worden?
- Was bedeuten sie?

3. Historischer Kontext
- Auf welche Personen, Ereignisse, Konflikte oder Epoche bezieht sich die Karikatur?

4. Interpretation
- Welche Absichten bzw. Ziele verfolgt der Karikaturist bzw. sein Auftraggeber?
- Welche Zielgruppe wird angesprochen?
- Für wen ergreift der Karikaturist Partei?
- Welche vermutliche Wirkung sollte bei dem (zeitgenössischen) Betrachter erzielt werden?

5. Fazit
- Welche Gesamtaussage lässt sich für die Karikatur formulieren?
- Welche Gemeinsamkeiten bzw. Unterschiede lassen sich beim Vergleich beider Karikaturen in den Gesamtaussagen feststellen?

Übungsaufgabe

M1 „Le Roi s'amuse", französische Karikatur, 1870/71.
Übersetzung des Textes: „Wilhelm: Glaubst Du, Bismarck, dass ich als Landplage erfolgreich genug bin? – Bismarck: Neben Ihrer Majestät wäre Attila sozusagen ein Wohltäter der Menschheit. – Wilhelm: Schmeichler!"

M2 „Gratulations-Deputation aus den höchsten Regionen", deutsche Karikatur von Gustav Heil, 1871.
Text: „Sprecher der Deputation: Freut uns sehr, liebste Germania, dass sie auf ihre altenTage doch noch einen Mann gefunden hat."

1 Analysieren Sie die beiden Karikaturen und vergleichen Sie sie dann auf der Basis Ihrer Ergebnisse.

Lösungshinweise

M 1

Zu 1: Formale Merkmale
- Karikaturist: der französische Zeichner E. Rosambeau
- Die Karikatur wurde 1870/71, also nach der Niederlage der Franzosen gegen Preußen und der deutschen Reichsgründung, angefertigt; der Veröffentlichungsort ist unbekannt.
- Der Titel der Karikatur „Le Roi s'amuse" spielt auf ein Theaterstück von Victor Hugo an.

Zu 2: Bildinhalt
- In wenigen Strichen und in sehr reduzierter Farbgebung wird das Ende einer Schlacht angedeutet. Die siegreiche Armee metzelt die Überlebenden der unterlegenen Armee gnadenlos nieder. Im rechten Vordergrund werden in ausgeführter Zeichnung und vorwiegend in den Farben Dunkelrot, Blau und Gold der deutsche Kaiser Wilhelm I. und Reichskanzler Otto von Bismarck dargestellt. Bismarck trägt das Kostüm eines Hofnarren und hat zusätzlich einen Kasperl im Arm. Sein Körper ist bis auf den Kopf so geschrumpft, dass er kaum ein Tischchen überragt, auf dem ein halbleerer Bierhumpen steht. Die linke Hand des Kaisers liegt auf Bismarcks Kopf. Wilhelm I. selbst sitzt feist auf einem vergoldeten Stuhl, die Beine in schwarzen Stiefeln von sich gestreckt. Die Uniformjacke steht auf und gibt den Blick auf unordentliche Unterwäsche frei. Die Krone sitzt schief auf dem Kopf. Die große Pfeife in der rechten Hand wie auch der halbleere Bierhumpen versinnbildlichen, dass der Kaiser in Feierlaune ist. Und der verschlagene, bösartige Blick des Kaisers, der auf den Betrachter gerichtet ist, soll diesem verdeutlichen, dass das preußisch-deutsche Staatsoberhaupt seine machtpolitischen Ziele mit allen Mittel zu erreichen sucht.

Zu 3: Historischer Kontext

Die Karikatur bezieht sich auf die schmerzhafte Niederlage Frankreichs bzw. den Sieg Preußens im Deutsch-Französischen Krieg 1870/71.

Zu 4: Interpretation
- Die Karikatur stellt Frankreich als Opfer der Machtgier und hinterlistigen Bösartigkeit des preußischen Monarchen sowie der barbarischen Kriegführung des preußischen Militärs dar.
- Zielgruppe: die französische Bevölkerung
- Der Karikaturist ergreift Partei für Frankreich bzw. zeigt sich als erbitterter Gegner der preußischen Monarchie und des deutschen Kaisers.
- Die Karikatur will bei den Franzosen Abscheu vor der preußischen Monarchie bzw. dem deutschen Kaiser wecken. Diese Absicht wird durch den Dialog des Zusatztextes unterstrichen: Der Hofnarr darf dem Herrscher in der Regel die Wahrheit sagen, ohne dafür bestraft zu werden. Indem der „Hofnarr" Bismarck den deutschen Kaiser mit dem Hunnenkönig Attila vergleicht, bescheinigt er ihm ungezügelten Macht- und Eroberungswillen, die Fähigkeit zu äußerst brutaler Kriegsführung sowie Erfolge bei der Einigung seines Volkes.

Zu 5: Fazit

Die Karikatur will bei dem französischen Betrachter den Willen zur nationalen Selbstbehauptung stärken, indem sie antipreußische Ressentiments bzw. Feindschaft schürt. Als Hassfigur wird der preußische König bzw. deutsche Kaiser dargestellt, nicht aber das deutsche Volk.

M 2

Zu 1: Formale Merkmale
- Die Karikatur stammt von Gustav Heil, veröffentlicht wurde sie 1871 in „Berliner Wespen", neben „Ulk" und „Kladderadatsch" die herausragende Satirezeitschrift im Deutschen Reich (publizierte von 1868–1888).
- Entstanden ist die Karikatur nach dem Sieg gegen Frankreich bzw. der deutschen Reichsgründung 1870/71.
- Der Titel der Zeichnung lautet: „Gratulations-Deputation aus den höchsten Regionen".

Zu 2: Bildinhalt
- Auf der Karikatur werden im Hintergrund die Wände des Spiegelsaals von Versailles angedeutet. In der linken Mitte hat sich eine üppige Frauengestalt von ihrem Thron, dessen Rückseite mit dem Reichsadler geschmückt ist, erhoben. Ihr Kopf ist mit der alten Krone des deutschen Reiches geschmückt. Vor ihr verbeugt sich Friedrich der Große, gefolgt von zwei Vorgängern auf dem brandenburgischen Kurfürstenthron: Friedrich I., Begründer des preußischen Königtums, und der Große Kurfürst, der Schöpfer von Brandenburg-Preußens Souveränität. Links im Vordergrund liegen ein Schild mit dem Reichsadler, ein Helm und ein Schwert auf den Stufen.
- Die Frauenfigur ist eine Personifikation der Germania bzw. Deutschlands; sie nimmt die Glückwünsche Friedrichs des Großen und seiner Vorgänger entgegen. Die Schrift am unteren Rand der Karikatur spielt auf die Reichsgründung unter preußischer Vorherrschaft an.

Zu 3: Historischer Kontext

Die Karikatur bezieht sich auf die Siege Preußens in den Einigungskriegen und auf die Reichsgründung 1870/71.

Zu 4: Interpretation
- Die Karikatur nimmt den militärischen Charakter der Reichsgründung aufs Korn und verspottet die Reichsgründung 1870/71: Der Zusatztext charakterisiert Germania als sitzen gebliebene „alte Jungfer", die keinen Mann abbekommen hat und nun mit einem übrig gebliebenen, nämlich Preußen, vorlieb nehmen muss. Deswegen sind die Glückwünsche der früheren preußischen Monarchen von beißender Ironie geprägt.
- Zielgruppe dürfte vor allem die nichtpreußische Bevölkerung des Deutschen Reiches gewesen sein, die nun in einem von Preußen dominierten Nationalstaat leben musste.
- Der Karikaturist kritisiert die Reichsgründung als preußische Schöpfung und ergreift Partei für die Preußengegner in der deutschen Bevölkerung bzw. unter den Staaten des Deutschen Bundes außerhalb Preußens.
- Die Reichsgründung soll lächerlich gemacht werden als allzu späte Eheschließung einer „alten Jungfer".

Zu 5: Fazit

Die Karikatur stellt den militärischen Charakter der Reichsgründung heraus, symbolisiert durch die gratulierenden Preußenkönige. Außerdem erscheint die Reichsgründung nicht als Liebesheirat der Germania. Der deutsche Nationalstaat ist aus der Sicht des Karikaturisten kein freiwilliger Zusammenschluss des sich nach Einheit sehnenden deutschen Volkes, sondern eine von Preußen und seinem Militär erzwungene Einigung.

Vergleich

- Gemeinsamkeiten: Beide Karikaturen betonen den militärischen Charakter der Reichsgründung und besitzen eine antipreußische Stoßrichtung. Die Einigungskriege und der 1870/71 entstandene deutsche Nationalstaat erscheinen als preußische Schöpfung.
- Unterschiede: Die französische Karikatur hebt den außenpolitischen Aspekt der Reichsgründung hervor. Die deutsche Reichsgründung erscheint als Ergebnis eines brutal geführten Krieges, dessen Opfer Frankreich ist. Adressat der Karikatur ist das französische Volk, dessen Hass gegen die preußische Monarchie bzw. den deutschen Kaiser geschürt werden soll.
  Die deutsche Karikatur beleuchtet den innenpolitischen Aspekt der Reichsgründung. Sie wird dargestellt als ungeliebte Verbindung Preußens mit den anderen Staaten des Deutschen Bundes, wobei Preußen als Retter in höchster Not erscheint. Adressat der Karikatur sind die Deutschen selbst, allen voran die nichtpreußischen Gegner der Reichsgründung. Sie sollen in ihrer Kritik am preußisch dominierten Reich bestärkt werden.

3 Probleme der Nationalstaatsbildung am Beispiel der deutschen Einigung im 19. Jahrhundert

Die Ausgangslage

In der ersten Hälfte des 19. Jahrhunderts war Deutschland trotz mancher Veränderungen in der Napoleonischen Zeit weiterhin in viele Kleinstaaten zersplittert. Seit der Niederlegung der Krone des Heiligen Römischen Reichs durch den Habsburger-Kaiser Franz II. im Jahr 1806 gab es kein gemeinsames Staatsoberhaupt mehr. Der auf dem Wiener Kongress 1814/15 gegründete Deutsche Bund war eher ein loser Zusammenschluss und bestand aus 39 Einzelstaaten. Die Frage der politischen Führung war unentschieden. Seit dem 18. Jahrhundert prägte der Dualismus der beiden Großmächte Österreich und Preußen die deutsche Politik. Wie in politischer so war Deutschland auch in wirtschaftlicher Hinsicht in 39 unterschiedliche Wirtschaftsgebiete aufgeteilt. Die Herrschaft der Monarchen wurde mit dem Wiener Kongress gefestigt bzw. zum Teil restauriert. So herrschten in den beiden Großmächten Preußen und Österreich die Monarchen weiterhin absolutistisch ohne eine Verfassung.

Gesellschaftliche und wirtschaftliche Integration

An der Wende vom 18. zum 19. Jahrhundert war die Idee der Nation lediglich in einer kleinen Bildungselite verbreitet. Es waren vor allem Lehrer und Pfarrer, Professoren und Studenten sowie Beamte aus den unterschiedlichsten deutschen Territorien, die sich als Angehörige einer kulturellen Gemeinschaft betrachteten. Um das nationale Kulturerbe zu erfassen, sammelten sie Volkslieder, Märchen und Sagen oder schrieben historische Werke, Wörterbücher und Grammatiken. Mit den Befreiungskriegen gegen Napoleon wandelte sich das kulturelle Nationalbewusstsein zunehmend in einen politischen Nationalismus (vgl. S.83). Dabei war die Forderung nach nationaler Einheit eng mit den liberalen Forderungen nach Freiheit und Mitbestimmung verbunden. Seit den 1840er-Jahren entstanden im Deutschen Bund nationale Massenbewegungen mit Hunderttausenden von Mitgliedern. Hierzu gehörten besonders die Turner- und Sängerbewegung sowie die Freireligiösen Gemeinden. Sie kämpften für die nationale Einheit und schufen durch ihre überregionalen, überstaatlichen organisatorischen Verflechtungen nationale Verbindungen. Ein wichtiges Ereignis in der Geschichte des deutschen Nationalismus und Liberalismus war das Hambacher Fest, auf dem sich im Mai 1832 etwa 30.000 Menschen auf einer Burgruine in der Pfalz trafen. Stürmisch forderten die zahlreichen Redner nationale Einheit, Pressefreiheit und zum Teil auch Demokratie für Deutschland (M5 und M6). Wesentlich befördert wurde das Bewusstsein nationaler Zusammengehörigkeit auch durch die Gründung des Deutschen Zollvereins* 1834 unter preußischer Führung. Er förderte durch die Aufhebung der Zollschranken nicht nur die Entstehung einer Marktwirtschaft, sondern auch die wirtschaftliche Integration zwischen verschiedenen Regionen und Ländern. Landwirte, Kaufleute und Industrielle knüpften ein immer dichteres Netz von persönlichen und organisatorischen Verbindungen über die Einzelstaaten des Deutschen Bundes hinweg. Nur wenige deutsche Staaten gehörten nicht zum Deutschen Zollverein, u.a. Österreich.

Nation und Sprache

Der deutschen Sprache wurde bei der Nationsbildung eine besondere Rolle zugewiesen – etwa von dem Philosophen und Theologen Johann Gottfried Herder (1744–1803) und dem

Der Deutsche Zollverein
Die Gründung des Deutschen Zollvereins im Jahre 1834 förderte entscheidend die Entstehung sowohl eines einheitlichen größeren Wirtschaftsraumes als auch der Marktwirtschaft. Das vorindustrielle Deutschland bildete weder geografisch noch politisch und wirtschaftlich eine Einheit. Der 1815 gegründete Deutsche Bund war bis 1866 in 39 souveräne Wirtschaftsgebiete zersplittert, die keine gemeinsame Wirtschaftspolitik kannten. Die größeren Staaten wie Preußen und Österreich waren sogar zusätzlich, ihrer historischen Zusammensetzung entsprechend, von Zollgrenzen durchzogen. So gab es in Preußen 67 lokale Zolltarife. Diese handels- und zollpolitische Zersplitterung des Deutschen Bundes verhinderte die Entwicklung eines überregionalen Wirtschaftslebens und von Märkten, die für den Absatz von Waren aus der Fabrikproduktion groß genug waren. Das änderte sich mit der Entstehung und dem Ausbau des Zollvereins, wobei nach und nach die vollständige Zollunion erreicht wurde. Der Wirtschaftsverkehr zwischen den Mitgliedern wurde seitdem nicht mehr durch Zollschranken behindert. Voraussetzung dafür war jedoch der Ausbau des innerdeutschen Verkehrsnetzes. Niederlassungsfreiheit und eine gemeinsame Währung wurden jedoch erst mit der Reichsgründung 1870/71 eingeführt.

Literaturtipp
Karen Hagemann, Deutschheit, Mannheit, Freiheit, in: Die Zeit 42/2002.
Beitrag zur Rolle Ludwig Jahns als Vorvater des deutschen Nationalismus. Der Text findet sich auch im Internet.

Philosophen Johann Gottlieb Fichte (1762–1814). Die Sprache wurde als natürlicher Ausdruck einer angenommenen „Volksseele“ gesehen. Das Volk wiederum wurde zur Nation, die in dieser Vorstellung eine natürlich gewachsene „Schicksalsgemeinschaft“ war. Die Sprache diente nun dazu, das Territorium dieser Nation zu beschreiben, das sich über Sprachgrenzen definiert. Es setzte sich damit die Vorstellung von einer deutschen Nationalsprache durch. Aus dem Verständnis heraus, dass Sprachgrenzen auch Landesgrenzen seien, ging für Fichte „die ganze deutsche Nation ... so weit die deutsche Zunge reicht.“ Dem stand die politische Realität in der ersten Hälfte des 19. Jahrhunderts gegenüber. Diese war vor allem dadurch gekennzeichnet, dass mehrere ausländische Monarchen dem Deutschen Bund angehörten – etwa der König von Dänemark für Holstein oder der König der Niederlande für Luxemburg. Das Kaiserreich Österreich, das das Präsidium des Deutschen Bundes innehatte, gehörte nur mit seinen westlichen Teilen dazu und war insgesamt ein Vielvölkerstaat (vgl. Karten S. 70 und unten). Außerdem gehörten Schleswig und Teile Preußens nicht zum Deutschen Bund.

Verfassung
Grundgesetz eines Staates, das Vorrang vor allen anderen Gesetzen oder Verordnungen besitzt; wird in der Regel in einer schriftlichen Urkunde bzw. einem schriftlichen Dokument fixiert. Die Verfassung legt die politisch-staatliche Grundordnung fest, regelt also die Herrschaftsausübung sowie die Rechte und Pflichten der Bürger. In ihr werden festgeschrieben: Staatsform, Funktion und Kompetenzen der Staatsorgane, das Verhältnis der Gewalten (Exekutive, Legislative, Judikative) sowie Mitbestimmungsrechte des Volkes (Wahlrecht, Organisation, Zusammensetzung und Befugnisse der Volksvertretung).

Die Revolution von 1848/49

Nationale Einheit, Freiheit und demokratische Mitbestimmung waren die zentralen Ziele des Bürgertums in der Revolution von 1848/49. Die Frankfurter Nationalversammlung, das erste gewählte nationale Parlament, sollte die entscheidenden Fragen und Probleme lösen: Wo sollten die Grenzen des Nationalstaates verlaufen? Sollte es eine kleindeutsche Lösung unter preußischer Führung, eine großdeutsche Lösung mit den deutschen Teilen Österreichs oder gar eine großdeutsch-mitteleuropäische Lösung mit ganz Österreich geben? Welche Staats- und welche Regierungsform sollte der gemeinsame Staat haben? Sollte der Nationalstaat eher zentralistisch oder eher föderalistisch aufgebaut sein? Wie konnten die Rechte der Bürger gesichert werden? Sollten die Bürger oder die Monarchen die entscheidende Rolle bei der

M1 Nationalstaatsbildung und Sprachgruppen in Europa bis 1913

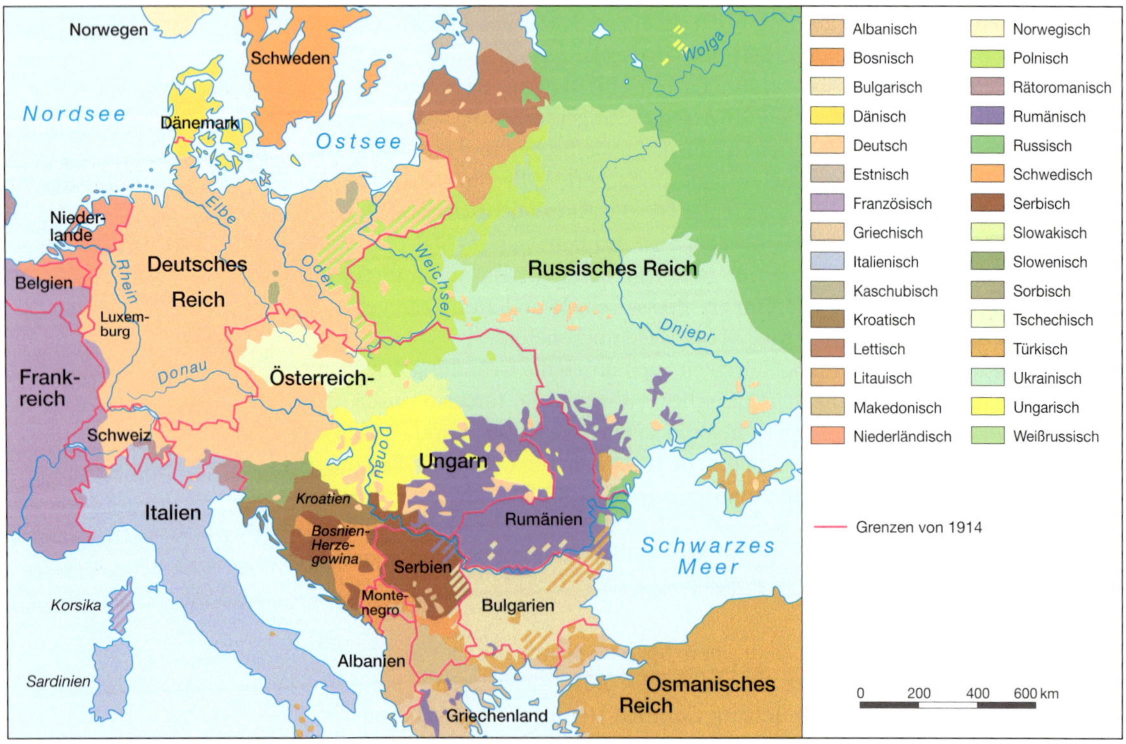

Gründung und damit bei der Legitimation des Nationalstaats spielen? Die Mehrheit der Nationalversammlung in der Frankfurter Paulskirche entschied sich für eine konstitutionelle Monarchie, also für eine Staats- und Regierungsform, in der die Macht des zukünftigen deutschen Kaisers durch eine **Verfassung*** mit Gewaltenteilung eingeschränkt werden sollte. Darüber hinaus wies die Verfassung föderative Elemente auf, und die Rechte der Bürger sollten durch einen Grundrechtskatalog verbrieft sein. Am 28. März 1849 wurde das Verfassungswerk verkündet. In der Frage der Grenzen des Nationalstaates votierte schließlich eine knappe Mehrheit für die kleindeutsche Lösung. Konsequenterweise wählte die Nationalversammlung dann den preußischen König Friedrich Wilhelm IV. zum „Kaiser der Deutschen". Die Beratungen für den Grundrechtskatalog und die Verfassung hatten jedoch insgesamt viel Zeit in Anspruch genommen. Inzwischen hatten sowohl in Preußen als auch in Österreich die reaktionären Kräfte wieder die Oberhand gewonnen. So lehnte der preußische König Friedrich Wilhelm IV. Anfang April 1849 die Kaiserkrone mit der Begründung ab, dass an ihr „der Ludergeruch der Revolution von 1848" hafte und dies nicht mit seiner Vorstellung von gottbegnadetem Herrschertum vereinbar sei. Damit war das Streben nach Verwirklichung eines liberal geprägten Nationalstaats „von unten" gescheitert.

Die Reichsgründung von 1870/71

Nachdem die Kräfte der alten Ordnung wieder den Ton angaben, sah die Mehrheit des liberalen Bürgertums keine Möglichkeit mehr, den einheitlichen Nationalstaat im offenen Konflikt mit den monarchischen Kräften der alten Ordnung durchzusetzen. Dieses Ziel sollte nun durch Anpassung an diese erreicht werden. Als am 18. Januar 1871 mit der Ausrufung des preußischen Königs Wilhelm I. zum Kaiser das Deutsche Reich „von oben", also durch die Fürsten, gegründet wurde, spielten die bürgerlich-liberalen Kräfte keine führende Rolle mehr. Gewählte Volksvertreter waren beim Gründungsakt nicht anwesend. Mit der Gründung des Deutschen Reiches unter der Führung des preußischen Königs hatte sich die „kleindeutsche Lösung", also ein Reich ohne Österreich, durchgesetzt. Ohne die Vorarbeit des Deutschen Zollvereins und der deutschen Nationalbewegung wäre die Reichsgründung sicherlich nicht möglich gewesen. Der wirtschaftliche und gesellschaftliche Prozess der Nationsbildung mündete jedoch nicht automatisch in einen Nationalstaat (M 1). Die Entscheidung für die kleindeutsche Lösung, d. h. den endgültigen Ausschluss Österreichs aus Deutschland, wurde maßgeblich erreicht durch drei Kriege, die Preußen zwischen 1864 und 1870 siegreich führte (M 7). Eine herausragende Bedeutung bei der Entstehung des Deutschen Reiches kam außerdem dem preußischen Ministerpräsidenten Otto von Bismarck* zu (M 2, M 7). Er prägte auch wesentlich die Reichsverfassung, die auf ihn zugeschnitten war. Auf Bismarcks Politik ist es maßgeblich zurückzuführen, dass das Deutsche Reich kein freiheitlich-parlamentarischer Nationalstaat, sondern ein autoritärer Macht-, Obrigkeits- und Militärstaat (M 4) war. Die durch Kriegsdiplomatie herbeigeführte Reichseinigung sollte im Inneren durch einen aggressiven Reichsnationalismus abgesichert werden. Die Hauptantriebskraft dieses Nationalismus bestand in der Vorstellung, die Nation müsse alle Kräfte mobilisieren, um Weltmacht zu werden. Eine wesentliche Bedingung dafür war die innere Geschlossenheit des Reiches. Diese erschien den Anhängern des Reichsnationalismus durch Katholiken und Sozialisten sowie nationale Minderheiten und die Juden bedroht (M 9).

Ausgrenzung von Reichsfeinden

Bismarck bekämpfte die katholische Kirche, um die Autonomie des Staates gegen jeden geistlichen Einfluss durchzusetzen und weil er bei der katholischen Zentrumspartei eine reichsfeindliche Haltung vermutete. Der sich daraus entwickelnde „Kulturkampf"

M2 Otto von Bismarck (1815–1898), Fotografie, 1859

Bismarck entstammte einer adligen Rittergutsbesitzer- und Offiziersfamilie. Nach seinem Jura-Studium, der Tätigkeit als Regierungsreferendar und seinem Freiwilligen-Dienst im Potsdamer Gardejägerbataillon übernahm er die Bewirtschaftung der pommerschen Familiengüter. Als konservativer Abgeordneter des preußischen Landtags bekämpfte er 1848/49 die Revolution. Von 1862 bis 1890 war er preußischer Ministerpräsident und Minister des Auswärtigen, von 1871 bis 1890 zusätzlich deutscher Reichskanzler.

Mehrheitswahlrecht
Nach der Gründung des Deutschen Reichs wurde bei der Reichstagswahl am 3. März 1871 ein gesamtdeutsches Parlament gewählt. Da die Reichsverfassung Parteien als politische Entscheidungsträger nicht kannte, wurden bei Wahlen keine Parteien oder Kandidatenlisten gewählt, sondern einzelne Personen, die allerdings zumeist Parteien angehörten. Jeder Wahlkreis vergab unter den antretenden Kandidaten ein Reichstagsmandat an den Kandidaten, der die meisten Stimmen erhielt. Dieses Wahlrecht ist eine Persönlichkeits- und keine Parteienwahl und wird als „Mehrheitswahlrecht" bezeichnet. So konnten auch Sozialdemokraten als Einzelpersonen gewählt werden, obwohl sie einer verbotenen Partei angehörten. 1871 gab es 382 Wahlkreise. 1874 wurde die Wahlkreis- und Abgeordnetenzahl auf 397 erweitert, da auch in Elsass-Lothringen der Reichstag gewählt wurde.

Bereits seit dem Ende des 19. Jahrhunderts wurde die jüdische Bevölkerung in einigen Kurbädern offen diskriminiert und dadurch ferngehalten. Besonders aggressive Beispiele für diesen „Bäderantisemitismus" sind die Nordseebäder Borkum, Langeoog sowie das Ostseebad Zinnowitz. In Borkum intonierte die Kurkapelle täglich und unbekümmert von entsprechenden Verboten das „Borkum"-Lied, dessen letzte Strophe endet: „An Borkums Strand nur Deutschtum gilt, nur deutsch ist das Panier / Wir halten rein den Ehrenschild Germanias für und für! / Doch wer dir naht mit platten Füßen, mit Nasen krumm und Haaren kraus / der soll nicht deinen Strand genießen, der muss hinaus! Der muss hinaus!"

M3 Bildpostkarte der Nordseeinsel Borkum, um 1910

M4 Junge in Matrosenanzug. Aus einer Serie von Porträtaufnahmen desselben Jungen in wechselnden Uniformen, um 1910

Militärische Prachtentfaltung durch Paraden und Uniformen, militärisches Gehabe in Schule und Verwaltung idealisierten den Offizier und die Armee als „Schule der Nation".

wurde erst 1879/80 von Bismarck in Form eines Kompromisses beigelegt: Die zuvor erlassenen Kirchengesetze wurden gemildert. So wurden die Orden mit Ausnahme der Jesuiten wieder zugelassen. Erhalten blieben hingegen der „Kanzelparagraf", der das Behandeln staatlicher Angelegenheiten in aufwieglerischer Weise im geistlichen Amt zum Straftatbestand erhob, und die Zivilehe.
In den Sozialdemokraten erblickte Bismarck die stärkste Gefahr für das neue Reich. Er nutzte zwei – der Sozialdemokratie nicht anzulastende – Attentate auf Kaiser Wilhelm I. im Mai und Juni 1878 zur Auflösung des Reichstages und zur Durchsetzung des so genannten Sozialistengesetzes. Das Gesetz verbot alle sozialdemokratischen Vereine, Versammlungen und Druckschriften. Außerdem ermöglichte es die Ausweisung sozialistischer Agitatoren aus Orten und Bezirken und verschärfte polizeiliche Kontrollen. Die sozialdemokratischen Abgeordneten konnten allerdings aufgrund des **Mehrheitswahlrechts*** (s. S. 93) nach wie vor die Partei im Reichstag vertreten. Das bis 1890 geltende Gesetz schwächte die sozialistische Arbeiterbewegung nicht, sondern stärkte sie. So stieg die Zahl der sozialdemokratische Wähler stetig an, und mit 1 427 000 Stimmen erhielt die Sozialdemokratie 1890 mehr als jede andere Partei.
Auch die nationalen Minderheiten im kaiserlichen Deutschland, allen voran Polen, Dänen, Elsässer und Lothringer, wurden ausgegrenzt (M 9). Eine Sprachpolitik, die das Deutsche für alle zur Schul-, Geschäfts- und Amtssprache erhob, missachtete die nationalen Eigenarten. Dieser aggressive Nationalismus verstärkte seit den 1890er-Jahren zudem einen bereits bestehenden Antisemitismus in breiten Teilen auch der bürgerlichen Bevölkerungsgruppen. Obwohl durch die Reichsverfassung rechtlich gleichgestellt, blieben Juden im kaiserlichen Deutschland sozialen Diskriminierungen ausgesetzt (M 3).

1 Arbeiten Sie hemmende und fördernde Faktoren für die Entstehung eines deutschen Nationalstaates im 19. Jahrhundert heraus.

2 Analysieren Sie mit Hilfe der Karten auf den Seiten 70 und 92, inwiefern das Sprachprinzip als Grundlage für die Nationalstaatsbildung im Mitteleuropa Probleme aufwarf.

M5 Der Zug der 30 000 Oppositionellen zum Hambacher Schloss am 27. Mai 1832, anonymer kolorierter Kupferstich, 1830er-Jahre

M6 Aus der Rede von Philipp Jakob Siebenpfeiffer auf dem Hambacher Fest 1832

Und es wird kommen der Tag, der Tag des edelsten Siegstolzes, wo der Deutsche vom Alpengebirg und der Nordsee, vom Rhein, der Donau und der Elbe den Bruder im Bruder umarmt, wo die Zollstöcke und die Schlagbäume, wo alle Hoheitszeichen der Trennung und Hemmung und Bedrückung verschwinden samt den Konstitutiönchen, die man etlichen mürrischen Kindern der großen Familie als Spielzeug verlieh; wo freie Straßen und freie Ströme den freien Umschwung aller Nationalkräfte und Säfte bezeugen; wo die Fürsten die bunten Hermeline feudalistischer Gottstatthalterschaft mit der männlichen Toga deutscher Nationalwürde vertauschen und der Beamte, der Krieger, statt mit der Bedientenjacke des Herrn und Meisters mit der Volksbinde sich schmückt.

[...] wo jeder Stamm, im Innern frei und selbstständig, zu bürgerlicher Freiheit sich entwickelt und ein starkes selbst gewobenes Bruderband alle umschließt zu politischer Einheit und Kraft; wo die deutsche Flagge, statt Tribut an Barbaren zu bringen, die Erzeugnisse unseres Gewerbefleißes in fremde Weltteile geleitet.

[...] wo das deutsche Weib, nicht mehr die dienstpflichtige Magd des herrschenden Mannes, sondern die freie Genossin des freien Bürgers, unsern Söhnen und Töchtern schon als stammelnden Säuglingen die Freiheit einflößt.

[...] wo der Bürger nicht in höriger Untertänigkeit den Launen des Herrschers, [...] sondern dem Gesetze gehorcht und auf den Tafeln des Gesetzes den eigenen Willen liest und im Richter den frei erwählten Mann seines Vertrauens erblickt;

[...] es lebe das freie, das einige Deutschland! Hoch leben die Polen, der Deutschen Verbündete! Hoch leben die Franken, der Deutschen Brüder, die unsere Nationalität und Selbstständigkeit achten!

Hoch lebe jedes Volk, das seine Ketten bricht und mit uns den Bund der Freiheit schwört!

Vaterland – Volkshoheit – Völkerbund hoch!

Das Nationalfest der Deutschen zu Hambach, beschr. V. J. G. A. Wirth, Landau 1832, S. 34 ff.

1 Analysieren Sie die Rede Siebenpfeiffers und ordnen Sie die zentralen Forderungen in das politische Spektrum der Zeit ein.

M7 Der Historiker Jörg Fisch über die Gründung des Deutschen Reiches 1870/71, 2002

Die einzigartige Stellung Otto von Bismarcks [...] in der Geschichte der nationalen Einigung Deutschlands ergab sich daraus, dass er die Lehren aus den Vorgängen in Italien und den Erfahrungen mit dem preußisch-österreichischen Dualismus zog und die Frage der Einigung konsequent als Machtfrage behandelte. Zunächst gelang es ihm, den Deutschen Bund, und mit ihm Österreich, 1864 in einen Krieg gegen Dänemark hineinzuziehen [...]. Dänemark versuchte, das überwiegend deutschsprachige Schleswig-Holstein (Holstein gehörte zum Deutschen Bund) stärker zu integrieren und verletzte dadurch internationale Vereinbarungen. Der Deutsche Bund errang einen raschen Sieg und eroberte Schleswig-Holstein. Über der Frage der Behandlung der eroberten Gebiete provozierte Bismarck 1866 den Bruch zwischen Preußen und Österreich. Der Dualismus, der die deutsche Frage so lange blockiert hatte, sollte nun gewaltsam aufgelöst werden.

Die Entscheidung fiel weit rascher und eindeutiger, als irgendjemand erwartet hatte. Die kleineren norddeutschen Staaten schlossen sich überwiegend Preußen an; die mittelgroßen norddeutschen und die süddeutschen Staaten hielten zu Österreich. Preußen warf die feindlichen norddeutschen Staaten nach Kriegsbeginn (15. Juni) in kürzester Zeit nieder und konzentrierte sich dann auf Österreich, dessen Heer es schon am 3. Juli beim böhmischen Königgrätz eine kriegsentscheidende Niederlage beibrachte.

Damit hatte Preußen innerhalb des – inzwischen aufgelösten – Deutschen Bundes freie Hand für eine kleindeutsche Lösung. Durch den Krieg war aber die deutsche Frage wesentlich zu einer europäischen geworden. Je länger die Auseinandersetzungen dauerten und je umfangreicher die Machtverschiebungen zugunsten Preußens wurden, umso größer wurde die Wahrscheinlichkeit eines Eingreifens der Großmächte, insbesondere Frankreichs, das traditionell Wert auf ein zersplittertes Deutschland legte. Bismarck setzte deshalb, gegen heftigen Widerstand König Wilhelms I. und der Militärs, einen geradezu blitzartigen Friedensschluss mit Österreich durch, um Frankreich jeden Vorwand für eine Einmischung zu entziehen. Schon am 26. Juli wurde der

Vorfriede von Nikolsburg geschlossen, bestätigt am 23. August durch den Definitivfrieden von Prag.
Bismarck verzichtete darauf, die kleindeutsche Einigung konsequent zu Ende zu führen. Ein Zusammenschluss unter preußischen Vorzeichen wäre im Süden wenig populär gewesen und hätte, mehr oder weniger erzwungen, zu ähnlichen Problemen wie im italienischen Süden führen können. Nördlich des Mains annektierte Preußen mit Hannover, Kurhessen, Nassau und Frankfurt einen Teil der unterworfenen Staaten. Die übrigen sowie die Bundesgenossen schloss es im von ihm dominierten Norddeutschen Bund zusammen, der nun nicht mehr wie der Deutsche Bund staatenbündisch, sondern bundesstaatlich aufgebaut war und einen wirklichen Nationalstaat bildete, ohne dessen Namen zu führen. Die Staaten südlich des Mains blieben selbstständig. Doch sie wurden so eng an den Norddeutschen Bund gekettet, dass die Weichen in Richtung Anschluss unwiderruflich gestellt waren. Bayern, Württemberg, Baden und Hessen-Darmstadt mussten mit Preußen Militärbündnisse abschließen. Sie waren außerdem Mitglieder des Zollvereins, der zentralisiert wurde und politische Strukturen in Form eines Parlaments und einer Exekutive erhielt.
Trotz alledem war noch nicht einmal das Minimalprogramm einer kleindeutschen Einigung verwirklicht. Deren Abschluss war mehr als zuvor zu einer außenpolitischen Frage geworden, zu deren Lösung Frankreich den Schlüssel in der Hand hielt […]. Es war klar, dass Napoleon III. für seine Zustimmung zu einem deutschen Nationalstaat einen Preis verlangen würde […]. Die Wahrscheinlichkeit einer gewaltsamen Lösung [war] groß. Dazu kam es im Zusammenhang der spanischen Thronfolgekrise von 1870. Die regierenden spanischen Generäle boten dem Erbprinzen Leopold von Hohenzollern-Sigmaringen, dem Angehörigen einer katholischen Seitenlinie der preußischen Dynastie, den Thron an. Bismarck förderte die Kandidatur unter der Hand. Trotzdem lehnte Leopold schließlich ab. Doch Frankreich verlangte nun einen förmlichen preußischen Verzicht auf alle Zeiten – ein Ansinnen, das Preußen von sich wies. Das führte am 19. Juli zur französischen Kriegserklärung.
Die Frage, in welchem Umfang Bismarck Frankreich bewusst zum Krieg provoziert hat, ist bis heute umstritten. 1870 aber war in den Augen der Welt Frankreich der Angreifer. Das machte ein Eingreifen Großbritanniens und Russlands gegen Preußen weniger wahrscheinlich, und es bewog die süddeutschen Staaten zum sofortigen Kriegseintritt an Preußens Seite.
Die preußisch-deutsche Armee zeigte sich erneut überlegen. Sie warf das kaiserliche Frankreich bis zum 2. September nieder, benötigte dann allerdings noch bis zum Februar, um das republikanische Frankreich, dessen Widerstandskraft

M8 Kaiserproklamation in Versailles, Gemälde von Anton von Werner, Öl auf Leinwand, 1885 (3. Fassung zu Bismarcks 70. Geburtstag)

1 Beschreiben und interpretieren Sie die Wernersche Darstellung der Kaiserproklamation.

nicht zuletzt durch die deutsche Forderung nach Elsass-Lothringen angestachelt wurde, zu besiegen. In dieser Zeit erfolgte, durch den Beitritt der süddeutschen Staaten, die Ausweitung des Norddeutschen Bundes zum Deutschen Reich, das am 18. Januar 1871 in Versailles gewissermaßen von außen ausgerufen wurde. Die kleindeutsche Einigung war zu ihrem Abschluss gelangt. Sie hatte sich durch zwei Besonderheiten ausgezeichnet.

1. Die Einigung war das Resultat von drei Kriegen. Damit war sie in der Tat nach Bismarcks berühmtem Ausspruch mit „Eisen und Blut" herbeigeführt worden. [...]

2. An der Wiege des deutschen Nationalstaats stand keine Einigung, sondern eine potenzielle Teilung: der Ausschluss Österreichs und damit vor allem der deutschsprachigen österreichischen Gebiete vom Nationalstaat, obwohl deren Bewohner sich bislang in nicht geringerem Maße als Deutsche verstanden hatten als die Deutschen des neuen Reiches. [...] Unter außenpolitischen Gesichtspunkten war die kleindeutsche Lösung wahrscheinlich die einzige, die einige Aussicht auf Duldung seitens der Großmächte hatte.

Jörg Fisch, Europa zwischen Wachstum und Gleichheit 1850–1914 (= Handbuch der Geschichte Europas, Bd. 8), UTB, Stuttgart 2002, S. 80–82

1 Beschreiben Sie den Entstehungsprozess des ersten deutschen Nationalstaats 1870/71, indem Sie die wichtigsten Phasen sowie deren zentrale Ereignisse herausarbeiten.

2 Der Historiker Jörg Fisch wählte als Überschrift für das Kapitel, dem der Text (M 7) entnommen ist: „Einheit durch Teilung: Die Bildung des preußisch-kleindeutschen Nationalstaats 1848–1871". Erläutern Sie diese Formulierung.

M9 Der Historiker Hans-Peter Ullmann über die nationalstaatliche Integration verschiedener Bevölkerungsgruppen im Kaiserreich, 1999

Das Deutsche Reich war ein Nationalstaat, und die Integration war sein drängendstes Problem, stand doch die Bevölkerung nicht einmütig hinter ihm: Während die einen den neuen Staat positiv sahen, lehnten andere ihn ab; und viele hatten seine Existenz noch kaum zur Kenntnis genommen. Für die Anhänger der Nationalbewegung war ein lange erstrebtes Ziel erreicht, zwar nur in kleindeutschem Rahmen, im Bündnis mit Preußen und deshalb um den Preis erheblicher Abstriche an liberalen Prinzipien. Dennoch fiel die Zustimmung zum Nationalstaat, misst man sie fürs Erste an den Ergebnissen der Reichstagswahlen vom März 1871, in den südwest- und norddeutschen Hochburgen der Nationalliberalen breit aus. Zu den entschiedenen Befürwortern zählten auch die Freikonservativen, während Teile der Linksliberalen ihm gegenüber Vorbehalte hegten. Das galt nicht minder für viele Katholiken, denen der preußisch-protestantische Charakter des Reichs Sorgen bereitete, sowie für die meisten Konservativen in Preußen, denen die Einigung als Sieg der bürgerlich-liberalen Nationalbewegung erschien. Zwei größere Gruppen der Bevölkerung lehnten den kleindeutschen Nationalstaat ab. Da gab es erstens politische Minderheiten deutscher Nationalität: Großdeutsche, zu denen Teile der süddeutschen Liberalen, die zwar national, aber nicht preußisch eingestellt waren, sowie süddeutsche Konservative zählten, die noch am Alten Reich und am habsburgischen Kaisertum hingen; Partikularisten wie die Welfen in Hannover oder die bayerischen Patrioten, die einen dynastischen, einzelstaatlichen Patriotismus pflegten; sozialdemokratische Arbeiter, die nichts gegen einen deutschen Nationalstaat hatten, wohl aber, teils in demokratischer, teils in großdeutscher Tradition, etwas gegen dessen kleindeutsch-preußische Variante. Dann gab es zweitens nichtdeutsche ethnische Minderheiten. Sie wollten dem Kaiserreich nicht angehören, weil er ein deutscher Nationalstaat war, und beriefen sich dabei auf eben die Idee, die ihm zugrunde lag: das Nationalitätsprinzip. Zu diesen nationalen Minderheiten gehörten jene, die polnisch sprachen und von denen sich immer mehr zur polnischen Nation rechneten. Die meisten lebten in den preußischen Ostprovinzen. Hinzu kamen Elsässer und Lothringer im Westen und Dänen im Norden. Diese Minderheiten waren weder sozial oder politisch homogen, noch nahmen sie eine einheitliche Haltung zum neu gegründeten Nationalstaat ein. Auch steuerte die preußisch-deutsche Nationalitätenpolitik zwischen Integration und Assimilation, zwischen Nachsicht und Repression keinen gleichbleibenden Kurs. Denn die an ihr beteiligten politischen Akteure und Institutionen zogen nicht an einem Strang, der Einfluss gesellschaftlicher Kräfte wuchs, und die Rahmenbedingungen wandelten sich.

Hans-Peter Ullmann, Politik im Deutschen Kaiserreich 1871–1918, Oldenbourg, München 1999, S. 1 f.

1 Stellen Sie mithilfe von M 9 die zentralen Integrationsprobleme des ersten deutschen Nationalstaates zusammen, die Ullmann anführt.

2 **Vorschläge für die Projektarbeit:** Erarbeiten Sie zu folgenden Themen Präsentationen in Einzel- oder Gruppenarbeit.

a) Mehrheiten und Minderheiten – Nationalitäten im Deutschen Kaiserreich

b) Zwischen Kulturkampf und Sozialistengesetz – Bismarcks Innenpolitik

c) Zwischen Integration und Ausgrenzung: Juden im deutschen Kaiserreich

Literaturtipp

Volker R. Berghahn, Das Kaiserreich 1871–1914. Industriegesellschaft, bürgerliche Kultur und autoritärer Staat, Klett-Cotta, Stuttgart 2006 (= Gebhardt. Handbuch der deutschen Geschichte, 10. völlig neu bearb. Aufl., Bd. 16), S. 161–194

Die Zeit, Welt- und Kulturgeschichte. Epochen, Fakten, Hintergründe in 20 Bdn., Bd. 12: Zeitalter des Nationalismus, Zeit-Verlag, Hamburg 2006, S. 77–93

4 Funktion und Wirkung nationaler Selbst- und Fremdbilder: das deutsch-französische Verhältnis

M 1 Die Plünderung der Kaisergräber im Dom zu Speyer durch französische Truppen am 31. Mai 1689 im Pfälzischen Erbfolgekrieg. Holzstich nach einer Zeichnung von Theobald von Oer, um 1860 (spätere Kolorierung).

Nationale Stereotype
Stereotype sind schematisierte Selbst- und Fremdbilder, die in ungerechtfertigt vereinfachender und verallgemeinernden Weise und mit emotional wertender Tendenz einer Gruppe von Personen bestimmte Eigenschaften oder Verhaltensweisen zu- oder absprechen. Stereotype werden nicht aufgrund eigener Erfahrung erworben, sondern über Erziehung, Sozialisation und öffentliche Meinung vermittelt.

Deutsche und Franzosen – wechselvolle Beziehungen bis 1945

Dass Frankreich und Deutschland einmal Kriege gegeneinander geführt haben, erscheint heute kaum noch vorstellbar. Das liegt daran, dass die enge Zusammenarbeit zwischen der alten Bundesrepublik Deutschland und auch dem wiedervereinigten Deutschland mit Frankreich – das gilt nicht für die DDR – in Europa ohne Vergleich dasteht. Das Auswärtige Amt spricht sogar von einem **deutsch-französischen Sonderverhältnis**, das in seiner einzigartigen Funktion als „Motor der europäischen Einigung“ nicht zu ersetzen sei. Auch in der politischen Elite Frankreichs ist die Pflege der Beziehungen zum östlichen Nachbarn unumstritten. Beide Regierungen treffen sich regelmäßig zu Konsultationen.
Vorbei sind damit die Zeiten einer angeblichen **deutsch-französischen „Erbfeindschaft“**. Zentrale Behauptung dieser Ideologie war die These, beide Völker hätten jahrhundertelang in Rivalität und Furcht voreinander gelebt. Besonders im 19. und beginnenden 20. Jahrhundert waren die deutsch-französischen Beziehungen durch nationale Vorurteile und Feindbilder geprägt, die das Verhältnis zwischen beiden Nachbarn vergifteten und erst in einem langen Prozess gegenseitiger Aussöhnung nach 1945 überwunden wurden.

Deutsch-französische „Erbfeindschaft“

Konflikte zwischen Deutschland und Frankreich gab es in der neuzeitlichen Geschichte bereits vor dem 19. Jahrhundert. So verleibte sich Frankreich unter Ludwig XIV. 1679 Teile des Elsass ein, 1674 und 1689 verwüsteten französische Truppen die Pfalz (s. M 1). Diese Auseinandersetzungen, in denen europäische Staaten in wechselnden Konstellationen um die Vorherrschaft rangen, blieben weitgehend eine Angelegenheit der herrschenden Dynastien, Kabinette und Armeen. Erst nach der Französischen Revolution, vor allem aber mit dem anschwellenden Nationalismus im 19. Jahrhundert wühlten Kriege die Nation auf. Nationale Stereotype* entwickelten sich zu wirkungsmächtigen Feindbildern. Mit den napoleonischen Kriegen und dem Deutsch-Französischen Krieg bzw. der **Reichsgründung 1870/71** entstand die Legende von der deutsch-französischen „Erbfeindschaft“ (M 6 a–c).
Nach der militärischen Niederlage entwickelten sich in Frankreich Hassgefühle und Revanchegedanken (M 2), die durch die hohen deutschen Reparationsforderungen verstärkt wurden. Auf deutscher Seite begünstigte der militärische Sieg, die Annexion von Elsass-Lothringen und die Kaiserkrönung Wilhelms I. in Versailles die Entstehung von Überheblichkeitsgefühlen (S. 89 f.). Nach dem raschen Sieg über Frankreich rief der preußische Monarch aus: „Es war Uns vorbehalten, das Werk der Deutschen Wiedergeburt [...] gegen den alten Feind Deutscher Einheit und Macht zu vollenden und als Wahrzeichen der wiedererrungenen Einigung das Deutsche Kaisertum zu erneuern.“

Rheinkrise 1840 und Nationalismus

Gewiss münden nationale Vorurteile und Zerrbilder nicht notwendig in eine erbitterte Feindschaft, wie es die Ideologie von der deutsch-französischen „Erbfeindschaft“ Glauben machen wollte. Dennoch veränderte das wachsende Nationalbewusstsein die politische Bedeutung nationaler Klischees, die auch Deutsche und Franzosen über den jeweiligen Nachbarn im Osten bzw. Westen hegten (M 7). Der Nationalismus erfasste im 19. Jahrhundert immer breitere Schichten der Bevölkerung.

Diese **Nationalisierung der Massen** führte auch zur **Nationalisierung von Ressentiments und Feindschaften**. Das zeigte sich im deutsch-französischen Verhältnis erstmals nach der Rheinkrise von 1840. In diesem Jahr hatten sich England, Russland, Österreich und Preußen vertraglich über die Aufrechterhaltung des Status quo im Orient geeinigt. Der Vertrag richtete sich indirekt gegen Frankreich, das nun diplomatisch isoliert war. Diese schwere Schlappe der französischen Orientpolitik rief in der Öffentlichkeit Frankreichs große Erregung hervor. Die Regierung in Paris versuchte, den nationalen Protest durch eine offensive Ostpolitik auszugleichen, und brachte erstmals seit 1815 wieder die Forderung nach dem Rhein als „natürlicher“ Grenze Frankreichs ins Spiel.

Obwohl die Kabinette der führenden Staaten des Deutschen Bundes die Bevölkerung ihrer Länder zu beruhigen versuchten, nahm im Verlauf des Herbstes 1840 die Besorgnis besonders in West- und Süddeutschland zu. Unverhüllte Kriegsforderungen in der französischen Presse und Nachrichten von Truppenkonzentrationen im Elsass schürten in der deutschen Bevölkerung zunehmend Kriegsangst. Große Teile des deutschen Volkes fühlten sich von den Grenzforderungen der Franzosen betroffen, die Sicherung der Rheingrenze galt als Sache aller Deutschen. Das verdeutlicht die **„Rheinlied-Bewegung“** – auch Hoffmann von Fallerslebens „Deutschlandlied“ entstand 1841 im Sog dieser Bewegung: Menschen aus allen Bevölkerungsschichten sangen vom **„deutschen Rhein“**, auf der Straße wie im Salon, von Köln bis Königsberg, von Hamburg bis Stuttgart (M 8 a, b).

Nachdem der französische König die Regierung ausgewechselt hatte und Frankreich zur Politik des europäischen Gleichgewichts zurückgekehrt war, verebbte die Rheinkrise von 1840. Seitdem war jedoch für die Regierungen wie die Bevölkerungen in Europa nicht mehr zu übersehen, dass sich der Nationalismus endgültig zu einer Massenerscheinung entwickelt hatte.

M2 „Adieu!“ – „Nein, auf Wiedersehen. Besuche erwidert man.“ Karikatur in der französischen Zeitschrift „Le Charivari“, 31. März 1871

Erster Weltkrieg: Völkerkrieg und nationaler Existenzkampf

„Der jetzige Krieg“, notierte der französische Botschafter in St. Petersburg am 20. August 1914, „ist ein Krieg auf Leben und Tod, in welchem jeder Kämpfende seine nationale Existenz aufs Spiel setzt.“ Tatsächlich empfanden und erlebten alle beteiligten Staaten und Völker den Ersten Weltkrieg 1914–1918 als existenziellen Überlebenskampf. Das einzige Kriegsziel, das zählte, war die **vollständige Unterwerfung der feindlichen Nation**. Die **Kriegspropaganda** aller Krieg führenden Regierungen versuchte den Bevölkerungen einzuhämmern, dass es nicht allein um politische Interessen gehe, sondern um kollektive nationale Wertesysteme: um das „Wesen“ der eigenen Nation gegen das als bedrohlich empfundene Fremde, um Zivilisation gegen Barbarei, um Germanen gegen Slawen. Auf diese Weise hofften die Regierungen, den „Durchhaltewillen“ des eigenen Volkes zu stärken und den Kampfwillen der feindlichen Truppen und Zivilbevölkerung zu lähmen. Tatsächlich entwickelte dieser Kriegspatriotismus eine ungeheure Integrationskraft, die die Spannungen innerhalb der Völker verdeckte und stattdessen die Gräben zwischen den Nationen vertiefte. Seit den Religionskriegen des 16./17. Jahrhunderts war die Bevölkerung nicht mehr in solchem Maße in das Kriegsgeschehen als Kämpfende und Leidende einbezogen worden – und das bedeutete **Nationalisierung, Fanatisierung der Massen** in völlig neuen Dimensionen.

In den Völkern auf beiden Seiten des Rheins entwickelte sich großer Hass auf den jeweiligen Nachbarn. Während die Franzosen ihre Zivilisation gegen die deutschen „Barbaren“ verteidigen zu müssen glaubten (M 6 b), verstanden viele Deutsche den Krieg als Verteidigungskampf „deutscher Kultur“ gegen „französische Zivilisation“. Gleich zu Beginn des Ersten Weltkrieges, in seiner Rede „Gedanken im Kriege“ aus dem Jahre 1914, beschrieb der Schriftsteller Thomas Mann den Sinn des Ersten Weltkrieges für das Deutsche Reich so: „Eines ist wahr: Die Deut-

Internettipps

Auf der Homepage des Deutschen Historischen Museum Berlin gibt es eine ausführliche Darstellung des Ersten Weltkrieges.

Ebenfalls im Internet: „Keiner fühlt sich mehr als Mensch“ – Volltext eines Sammelbandes über Erlebnis und Wirkung des Ersten Weltkrieges, hg. u. a. v. Gerhard Hirschfeld, Direktor der Bibliothek für Zeitgeschichte (1993).

M3 „Germania auf der Wacht am Rhein“, Gemälde von Lorenz Clasen, 1860

1 Vergleichen Sie M 3 mit M 6, S. 71 und M 9 b, S. 104. Beschreiben Sie die jeweils abgebildete Germania-Figur und erläutern Sie die unterschiedliche Art der Darstellung.
2 Fertigen Sie in Kleingruppen eine Skizze für eine zeitgenössische Germania-Figur an. Mit welchen Merkmalen/Attributen sollte die Figur Ihrer Meinung nach ausgestattet sein?

M4 Französischer Stahlhelm, zwischen 1914–1918

Der Helm ist eine Einzelarbeit eines französischen Soldaten. Das Motiv des Schweins mit preußischer Pickelhaube findet sich jedoch in zahlreichen bildlichen Darstellungen der französischen Kriegspropaganda.

schen sind bei weitem nicht so verliebt in das Wort ‚Zivilisation‘, wie die westlichen Nachbarnationen, sie pflegen weder französisch-renommistisch damit herumzufuchteln, noch sich seiner auf englisch-bigotte Art zu bedienen. Sie haben ‚*Kultur*‘ als Wort und Begriff immer vorgezogen – warum doch? Weil dieses Wort rein menschlichen Inhaltes ist, während wir beim anderen einen politischen Einschlag und Anklang spüren, der uns ernüchtert, der es uns zwar als wichtig und ehrenwert, aber nun einmal nicht als ersten Ranges erscheinen lässt; weil dieses innerlichste Volk, dies Volk der Metaphysik, der Pädagogik und der Musik ein nicht politisch, sondern *moralisch* orientiertes Volk ist. So hat es sich im politischen Fortschritt zur Demokratie, zur parlamentarischen Regierungsform oder gar zum Republikanismus zögernder und uninteressierter gezeigt als andere.“
Die deutsche Bildungselite – Professoren, Schriftsteller und Intellektuelle – hat diesen **Gegensatz zwischen „deutscher Kultur“ und „französischer Zivilisation“** während des Ersten Weltkrieges zu einer wirkungsmächtigen Ideologie ausformuliert: Sie stellten die **„Ideen von 1914“** gegen die Ideen von 1789, d. h. die Ideen der Französischen Revolution („Freiheit, Gleichheit, Brüderlichkeit“). Das Schlagwort „Ideen von 1914“ sollte verdeutlichen, dass die Deutschen zwischen 1914 und 1918 ihren **„Sonderweg“** in die Moderne gegen die westlichen Vorstellungen der Franzosen – aber auch der Briten – verteidigten. Die „Ideen von 1914“ richteten sich gegen die Tradition der europäischen Aufklärung und des Liberalismus.

Ansätze zur Versöhnung und neuer Hass

Die Siegermächte des Ersten Weltkriegs schränkten auf Betreiben Frankreichs im Versailler Friedensvertrag 1919 die Macht Deutschland erheblich ein. Außerdem schürten die französische Besatzungspolitik und die Wirtschaftsauflagen an Rhein, Ruhr und Saar antifranzösische Ressentiments. Dies führte zu Revanchegefühlen in Deutschland. Die Aussöhnungspolitik von Gustav Stresemann und Aristide Briand Mitte der 1920er-Jahre konnten daran zunächst wenig ändern. Sie war aber dennoch Ausdruck davon, dass sowohl in Frankreich als auch in Deutschland viele Menschen nach Formen des friedlichen Miteinanders suchten. Ein solcher Ansatz war etwa

der Roman „Im Westen nichts Neues" von Erich Maria Remarque aus dem Jahr 1928, der die Schrecken des Kriegs aus der Sicht eines jungen deutschen Soldaten schildert und die französischen Soldaten ebenfalls als Leidende darstellt. Das Buch erreichte innerhalb von elf Wochen eine Auflage von 450 000 Exemplaren. Auch strebten sowohl französische als auch deutsche Lehrerverbände an, in den Geschichtsbüchern die historischen Tatsachen des Weltkriegs objektiv und frei von nationalistischen Verzerrungen darzustellen. So fand im Sommer 1932 in Den Haag eine Internationale Konferenz für den Geschichtsunterricht statt, auf der von französischer Seite der Vorschlag gemacht wurde, in die deutschen Schulen ein Lesebuch über Frankreich und in die französischen Schulen ein gleiches über Deutschland einzuführen. Beide Bücher sollten in objektiver Weise die Schüler mit Geschichte und Kultur des Nachbarvolkes bekannt machen.
In der Zeit des Nationalsozialismus war das Verhältnis der französischen Bevölkerung zu Deutschland vor allem vom Aggressionskrieg Deutschlands gegen Frankreich im Frühjahr 1940 und von der darauf folgenden Besatzung Frankreichs durch Deutschland bis 1944 geprägt. Bereits vorhandene Hassgefühle gegen die Deutschen wurden dadurch erheblich verstärkt. Gründe hierfür waren vor allem Judenverfolgung, Zwangsrekrutierung französischer Arbeitskräfte für die deutsche Wirtschaft und zunehmender Terror der Deutschen gegenüber der französischen Bevölkerung.

M5 Antifranzösische Schießscheibe zur Ruhrbesetzung, um 1923

1 Diskutieren Sie am Beispiel deutsch-französischer Selbst- und Fremdbilder im 19. und beginnenden 20. Jahrhundert die historisch-politische Bedeutung nationaler Vorurteile und Klischees im Zeitalter des Nationalismus.

M6 Die Legende von der deutsch-französischen „Erbfeindschaft"

a) Otto von Bismarck (1815–1898), preußischer Ministerpräsident, in einem Erlass an den preußischen Botschafter in London vom 21. August 1870:

Wir stehn heute im Felde gegen den 12. oder 15. Überfall und Eroberungskrieg, den Frankreich seit 200 Jahren gegen Deutschland ausführt. 1814 und 1815 suchte man Bürgschaften gegen Wiederholung dieser Friedenstörungen in der schonenden Behandlung Frankreichs. Die Gefahr liegt aber in der unheilbaren Herrschsucht und Anmaßung, welche dem französischen Volkscharakter eigen ist und sich von jedem Herrscher des Landes zum Angriff auf friedliche Nachbarstaaten missbrauchen lässt. Gegen dieses Übel liegt unser Schutz nicht in dem unfruchtbaren Versuche, die Empfindlichkeit der Franzosen momentan abzuschwächen, sondern in der Gewinnung gut befestigter Grenzen für uns. Wir müssen dem Druck ein Ende machen, den Frankreich seit zwei Jahrhunderten auf das ihm schutzlos preisgegebene Süddeutschland ausübt, und der ein wesentlicher Hebel für die Zerrüttung der deutschen Verhältnisse geworden ist. Frankreich hat sich durch die konsequent fortgesetzte Aneignung deutschen Landes und aller natürlichen Schutzwehren desselben in den Stand gesetzt, zu jeder Zeit mit einer verhältnismäßig kleinen Armee in das Herz von Süddeutschland vorzudringen, ehe eine bereite Hilfe da sein kann.

Zit. nach: Otto von Bismarck, Die gesammelten Werke, Bd. 6 b, Otto Stollberg, Berlin 1931, S. 454 f.

b) Der französische Essayist Paul de Saint-Victor über Preußen, 4. Juli 1871:

Preußen nimmt [in meinem Buch] den weitaus größeren Raum ein: meine Texte zielen fast alle auf den gemeinen und grausamen Feind, dessen Beleidigungen niemals durch unsere Wut aufgewogen werden können. [...]
Darüber hinaus vermutet Frankreich den Hass, den es selbst ignoriert, auch nicht bei anderen. Seit sechzig Jahren lebte es an der Seite Deutschlands, ohne zu ahnen, dass es von ihm verabscheut wurde. Eine ganze Nation plante seine heimliche Ermordung, plante seinen Ruin, bereitete Schritt für Schritt die Invasion vor: Frankreich hörte und sah nichts. Eines Tages schließlich, des Wutgeschreis überdrüssig, [...] vergaß [es] die Sache. Die Barbaren waren da, am anderen Ufer des Flusses, stießen Drohungen aus, schlugen an ihre Schilde: Es schleuderte ihnen diese Pfeile gewichtslos wie Bienenstachel entgegen und glaubte, sie entwaffnet zu haben. Dieser Hass auf Frankreich [...] war am anderen Ufer des Rheins eine ständige Regung. Er brannte in unermesslicher Tiefe, genährt durch die alten Urkunden längst gebrochener Verträge, durch den Pfälzischen Krieg wie durch die

'on Jena. Denn Deutschland weiß nichts von Ver- ...ung der Rache; Turenne und Napoleon sind vor seiner Rachsucht Zeitgenossen. Niemals wird es sich als zufriedengestellt erklären; Leipzig und Waterloo waren für Deutschland lediglich eine erste Revanche, Vorschuss auf eine nie zu tilgende Schuld, aus der es blutigen Wucherzins zog. Dieser Erb-Hass wurde in seinen Schulen gelehrt, an seinen Universitäten verkündet, seine Dichter feuerten in ihren Kriegsgesängen dazu an, seine Philosophen machten Systeme daraus; er begründete Sekten und Turnvereine, er war Wesen und Zweck der militärischen Institutionen. [...]

Es ist nur recht, wenn wir den hassen, der uns so hasst. Dieser Krieg ist keines dieser höfischen Duelle, bei dem der Besiegte seinem Gegner die Hand reicht; es ist ein unversöhnlicher Kampf, den die Niederlage zwar unterbrechen, nie jedoch beenden kann. Sicher wäre es heller Wahnsinn, Frankreich in eine sofortige Revanche zu treiben. Es wird Jahre brauchen, bis es seine Waffen wieder gehärtet und seinen Kampfgeist wiedergefunden hat. Gott schütze es davor, dass es ein weiteres Mal seiner Selbstgefälligkeit verfalle. Wir haben aus einer grausamen Erfahrung gelernt, dass dümmliches Vertrauen das Glück herausfordert, dass Fanfarenstöße den Sieg vertreiben. Frankreich braucht jedoch nicht an seiner Niederlage zu verzweifeln. Früher oder später wird es, bei Strafe des Untergangs, die verlorenen Provinzen zurückgewinnen. Doch noch einmal sei es gesagt: um unseren Feind zu besiegen, brauchen wir den Hass. Preußen zu verabscheuen heißt, Frankreich zu lieben. Dieser Hass ist nur die andere Seite der größten und erhabensten aller Lieben.

Zit. nach: Michael Jeismann u. Henning Ritter (Hg.), Grenzfälle. Über neuen und alten Nationalismus, Reclam Verlag, Leipzig 1993, S. 311–317.

c) Der Politikwissenschaftler Gilbert Ziebura über die Ideologie der deutsch-französischen „Erbfeindschaft“, 1997:

Dabei kann kein Zweifel herrschen, dass das Geschichtsbild der deutsch-französischen „Erbfeindschaft“ tatsächlich nicht mehr als eine Ideologie im primitivsten Sinne des Wortes war, nämlich falsches Bewusstsein, das überdies noch künstlich erzeugt werden musste. Die Wirklichkeit sah ganz anders aus. Eine unbefangene Betrachtung ergibt, dass der Antagonismus als konstanter, die Beziehungen zwischen Deutschland und Frankreich beherrschender struktureller Faktor erst ab 1870/71 existiert hat, ja vorher gar nicht existieren konnte, weil es seine wichtigste Voraussetzung nicht gab: den Aufeinanderprall zweier Nationalitäten, die dadurch gekennzeichnet waren, dass jede sich weitgehend nur als Negation der anderen zu begreifen vermochte.

Wie immer in der Geschichte kam auch dieses Ergebnis nicht aus heiterem Himmel. Es gab vorher unterschiedliche Interessen, abweichende Denkformen und kriegerische Konflikte. Entscheidend war aber, dass die Situation offen blieb, dass nichts, was immer geschehen mochte, geeignet war, eine definitive Verkrampfung hervorzurufen. Vor 1870/71 gab es für die Herausbildung einer Ideologie der „Erbfeindschaft“ vielleicht dieses oder jenes Indiz, aber sie war weder das Leitmotiv der herrschenden Klassen, noch hatte sie die breiten Massen diesseits wie jenseits des Rheins durchdrungen. Erst nachdem das Kind in den Brunnen gefallen war, tat man alles, um es darin zu lassen. Dazu gehörte das Bemühen, dieses Ereignis nun als zwangsläufig, als unvermeidbar, als Folge säkularer Konstellationen, als Preis der deutschen Einigung zu interpretieren. So kam es, dass die Ideologie der „Erbfeindschaft“ *post festum*[1] zu dem Zweck konstruiert wurde, sie zum integralen Bestandteil politischen Denkens und Handelns zu machen, wobei die weniger gefestigte deutsche Nationalität sie nötiger brauchte und damit schärfer artikulierte als die französische. Zwischen dem sich nun zum ersten Mal herauskristallisierenden objektiven Interessenkonflikt und seiner Überhöhung durch die Ideologie der „Erbfeindschaft“ bestand ein unentwirrbarer dialektischer Zusammenhang, indem das eine das andere beeinflusste. Das Ergebnis jedenfalls war klar: die deutsch-französischen Beziehungen als Freund-Feind-Verhältnis, das, wie immer in der internationalen Politik, im besten Fall eine prekäre Koexistenz erlaubt.

Gilbert Ziebura, Die deutsch-französischen Beziehungen seit 1945. Mythen und Realitäten, Verlag Günter Neske, Klett-Cotta, Stuttgart 1997, S. 16 f.

1 *post festum*: lat. „nach dem Fest“, hinterher, zu spät

1 **Untersuchen Sie den Erlass Bismarcks (M 6 a) und den Essay von Saint-Victor (M 6 b) unter dem Gesichtspunkt, ob darin Feindbilder enthalten sind bzw. ob der Autor Stereotype benutzt. Ziehen Sie dafür auch die Definition, S. 98, mit heran.**

2 **Erläutern Sie mithilfe von M 6 c die These, dass die Behauptung von der deutsch-französischen „Erbfeindschaft“ eine Ideologie sei. Beleuchten Sie dabei den historischen Kontext, der zur Entstehung dieser Ideologie führte, wie auch die historisch-politische Funktion dieser Ideologie.**

M 7 Der Politikwissenschaftler Gilbert Ziebura über nationale Vorurteile zwischen Franzosen und Deutschen, 1997

Es war kein Zufall, dass sich auf deutscher Seite erste antifranzösische Ressentiments in dem Augenblick bildeten, als Lessing gegen die „kulturelle Überfremdung“ anzukämpfen begann, was ohne die Formierung eines nationalen Bewusstseins in ersten Ansätzen nicht möglich gewesen wäre. In „Minna von Barnhelm“, einem Stück, das der Verherrlichung der preußischen Armee und vaterländischer Tugenden diente, erscheint der Franzose als alberner, leichtfertiger, frivoler Glücksritter, während die Deutschen das genaue Gegenbild darstellen: solide, treu, ernst und fromm. Diese

Klischees erwiesen sich als zählebig; ganzen Generationen von Primanern wurden sie anlässlich eines ihrer ersten Bildungserlebnisse eingeträufelt. Aber Klischees gibt es zwischen allen Völkern; sie müssen nicht zur Erbfeindschaft führen. Immerhin war es nicht unbedenklich, dass das sich bildende deutsche Nationalbewusstsein anscheinend eines negativen französischen Gegenbildes bedurfte, um zu sich selbst zu finden und seine Minderwertigkeitskomplexe gegenüber dem geistig führenden und mächtigen Nachbarn loszuwerden.
Revolution und Befreiungskriege haben den damit angelegten Trend sicher verstärkt. Jeder der beiden Nationalismen findet jetzt seine spezifische, deutlich unterscheidbare Form, deren (noch verborgener) Kern die Tendenz zur „Nationalisierung der Feindschaft" ist, die bewirkt, dass sich nicht mehr Fürsten, sondern Völker gegenüberstehen: An der Dialektik von Bildern und Gegenbildern lässt sich die Entstehung „kollektiver politischer Mentalitäten" studieren. Während der jakobinische Messianismus versucht, die Prinzipien der Revolution zu universalisieren, während er die Hauptkampffront horizontal quer durch die Nationen zwischen Fortschritt und Reaktion zieht, gewinnt der deutsche Nationalismus eine Stoßkraft einmal aus dem Gefühl, einer auserwählten Kulturnation anzugehören, zum anderen aus einem im Feuer des Kampfes gegen Napoleon gehärteten Frankreichhass. Die Entstehung des französischen Nationalismus hat zunächst nichts mit einer antideutschen Frontstellung zu tun; er lebt ganz aus einer neuen Vision des Verhältnisses von Individuum, Gesellschaft und Staat – eine Vision, die natürlich auch, direkt und indirekt, in den Dienst sehr konkreter nationaler Interessen gestellt wird. Aber der Expansionismus wird ideologisch damit gerechtfertigt, dass die französische Nation nun Träger eines Menschheitsideals ist. [...]
Aber selbst die Niederlagen Napoleons führten keineswegs zu einer deutschfeindlichen Reaktion. Im Grunde hatten sie Frankreichs nationales Selbstgefühl nicht so erschüttert, dass eine Art Kompensation nötig gewesen wäre. Man wusste, dass die Hegemonialpolitik wegen der fehlenden Ressourcen auf Dauer ohnehin unhaltbar war. Wenn Frankreich auch die Revision des Friedens von 1815 anstrebte, so fühlte es sich nichtsdestoweniger bald als vollgültiges und selbstbewusstes Mitglied des europäischen Konzerts. Die antinapoleonischen Ressentiments der Bourgeoisie und des Adels förderten sogar [...] eine schwärmerische Ausrichtung der intellektuellen und akademischen Elite an den deutschen Kulturleistungen der Romantik und idealistischen Philosophie, die, von Ausnahmen abgesehen, bis 1870 andauern sollte.

Gilbert Ziebura, Die deutsch-französischen Beziehungen seit 1945. Mythen und Realitäten, Verlag Günter Neske, Klett-Cotta, Stuttgart 1997, S. 18–21.

1 Charakterisieren Sie die wichtigsten Vorurteile und Klischees, die Deutsche und Franzosen über den jeweiligen Nachbarn im 18. und 19. Jahrhundert hegten.

2 **Weiterführender Arbeitsauftrag/Diskussion:** Diskutieren Sie die These Zieburas: „Diese Klischees erwiesen sich als zählebig [...]. Aber Klischees gibt es zwischen allen Völkern; sie müssen nicht zur Erbfeindschaft führen." Erörtern Sie in diesem Zusammenhang auch, inwieweit es heute noch Klischees bei Deutschen und Franzosen gibt über die Bevölkerung des jeweiligen Nachbarn.

M8 Das Problem der Rheingrenze in patriotischen Liedern, 1840/41

a) Nikolaus Becker, Der deutsche Rhein:

Sie sollen ihn nicht haben,
Den freien deutschen Rhein,
Ob sie wie gier'ge Raben
Sich heiser danach schrei'n;

So lang' er ruhig wallend
Sein grünes Kleid noch trägt,
So lang' ein Ruder schallend
In seine Wogen schlägt.

Sie sollen ihn nicht haben,
Den freien deutschen Rhein,
So lang' sich Herzen laben
An seinem Feuerwein;

So lang' in seinem Strome
Noch fest die Felsen steh'n,
So lang' sich hohe Dome
In seinem Spiegel seh'n.

Sie sollen ihn nicht haben,
Den freien deutschen Rhein,
So lang' dort kühne Knaben
Um schlanke Dirnen frei'n;

So lang' die Flosse hebet
ein Fisch auf seinem Grund,
So lang' ein Lied noch lebet
In seiner Sänger Mund.

Sie sollen ihn nicht haben,
Den freien deutschen Rhein,
Bis seine Flut begraben
Des letzten Manns Gebein.

b) Alfred de Musset, Antwort an Nikolaus Becker:

Wir hatten ihn schon, euern deutschen Rhein,
Des Glases Rand mocht' um ihn reichen
Ein Lied – man singt's in sich hinein! –
Verlöschte das die hehren Zeichen,
Die unsrer Rosse Huf grub euerm Blute ein?

Wir hatten ihn schon, euern deutschen Rhein,
Sein Busen trägt die off'ne Wunde
Des Tag's, wo Condé's[1] Siegerreih'n
Sein Kleid zerrissen bis zum Grunde.
Wo einst des Vaters Schritt, kann der des Sohn's auch sein.

Wir hatten ihn schon, euern deutschen Rhein.
Wo standen tapfere Germanen,
Als unsres Cäsars mächt'ger Schein
Euch überstrahlt auf seinen Bahnen?
Wo fiel es damals denn, des letzten Manns Gebein?

Wir hatten ihn schon, euern deutschen Rhein.
Vergaßet *ihr* auch die Geschichte,
Doch eure jungen Mädchen? – Nein!
Da steh'n wir noch in bess'rem Lichte,
Denn sie kredenzten uns den schwachen weißen Wein.

Und ist er euer, euer deutscher Rhein,
Wascht eure Knechtestracht darinnen,
Doch minder stolz gedenket sein.
Wie viele Raben beim Beginnen
Der Hatz drangt ihr auf den erschöpften Adler ein?

Er ström' im Frieden, euer deutscher Rhein,
Dass eure got'schen Kathedralen
Bescheiden ihm ihr Bildnis weih'n.
Doch wacht, dass eure Bacchanalen[2]
Die Toten schrecken nicht aus ihrem blut'gen Schrein.

M 8 a und b zit. nach: Rainer Bölling, Deutschland und Frankreich. Vom „Erbfeind“ zum Partner, Klett, Stuttgart 1996, S. 22 f.

1 Ludwig II. von Bourbon, Prinz von Condé (1621–1686), frz. Adliger und Feldherr, der 1644 die bayerische Armee vom Rhein abdrängte
2 Bacchanalen: altröm. Bacchusfest, wüstes Trinkgelage

1 Untersuchen Sie, welche Bedeutung dem Rhein in den beiden Gedichten zugesprochen wird.
2 Erörtern Sie, ausgehend von diesen beiden Gedichten, warum das Rhein-Motiv zu einem wirkungsmächtigen Symbol der Nationalbewegung werden konnte. Berücksichtigen Sie auch den Darstellungstext.

M9 Deutsche und Franzosen im Ersten Weltkrieg

a) Ein Franzose erläutert 1915 das verbreitete Schimpfwort „Boches“:

Frankreich empfindet Abscheu gegenüber diesen Barbaren, es hat für sie den Namen *Boches* gefunden. [...] Die Barbarei der Teutonen ist nicht von gewöhnlicher Art: sie ist ein Wunder an Stärke und Wissenschaft. Hunnen, Wandalen sind nichts als Beleidigungen. [...] *Boche* ist ein wunderbares Wort: es malt aus und es modelliert. Es entspricht in seinem Volumen dem quadratischen Kopf, den es abgekürzt darstellt. Es gibt dessen Klang wieder, es besitzt dessen Geruch. [...] *Boche* ist ein volkstümliches Wort. Es hat die Kraft des Volkes, das es geschmiedet hat. [...] In *Boche*, das zuerst als *Alboche* existierte, steckt *„caboche“* („Dickschädel“ [...]) und deutsch. Der *Boche*, das ist der Deutsche, dieser Dickschädel. [...] Sie nur Barbaren zu nennen, genügte nicht. Es galt, das Bild der neuen Barbarei festzulegen, die selbst den Namen „Koultour“ trägt. Hier ist sie: viereckiger Kopf mit Brille; Rohling – mit Erfinderpatenten; Doktor der Mordkunst, der Lüge, Doktor in der Kunst der Verleumdung, des Feuerlegens; menschgewordene Anmaßung; Zerstörungswut, die im Namen Gottes handelt; die blinde Seele der Rasse und der ganzen Wissenschaft. Der Barbar mit dem Kopf eines Deutschen, das ist der *Boche.* [...] *Boche* steht für Menschenfresser und Possenreißer. [...] Solange sie nicht mit den anderen Menschen Frieden geschlossen haben werden, gibt es in Europa keine Deutschen mehr: es gibt nur noch *Boches.*

Zit. nach: Rainer Bölling, Deutschland und Frankreich. Vom „Erbfeind“ zum Partner, Klett, Stuttgart 1996, S. 44 f.

b) „Marianne und Germania. Geschichte einer Mütze und eines Helmes“, Titelbild der französischen Satirezeitschrift „La Baionnette“, April 1918

c) Der Theologe Adolf von Harnack (1851–1930) über die „Ideen von 1914“, 1915:

Ferner aber, seit etwa zwei Jahrhunderten und etwas mehr schweben drei große Worte als Ziele politisch-sozialen Lebens über der westeuropäischen Menschheit, nämlich die Worte: *Freiheit, Gleichheit, Brüderlichkeit.* [...] Wir wissen: Diese drei Worte sind entweder gar nichts, ein oberflächliches Gerede, ein leerer Schall und eine schwere Irreführung oder aber, wenn sie im tiefsten Sinn erfasst und auf ihre wahren Wurzeln zurückgeführt werden, sind sie in der Tat die großen Ziele, zu denen sich zu entwickeln eines Volks und der Menschheit würdig ist. Wie steht es heute unter uns mit ihnen? *Freiheit!* [...] Nicht Willkür, ungebundene Zügellosigkeit und Sinnenfreude ist Freiheit. Sie bringen schließlich nur Überdruss und Ekel und innerliche Selbstauflösung. Dagegen wo die wahre Freiheit braust, in der Sollen und Wollen unter einem großen Gedanken eins sind, da blüht und glüht das Leben, und je größere Gefahren einen solchen Mann umstürmen, umso sicherer gilt von ihm: „recht wie ein Palmenbaum über sich steigt, je mehr ihn Regen und Wetter anfeucht“. [...]

Weder Knechte des Auslandes noch Knechte im Innern wollen wir sein; alles Knechtische liegt unter unsrem Fuße! Der Gott, der Eisen wachsen ließ, der wollte freie Leute. Der Krieg hat sie erweckt! Aber wir müssen durchhalten und wir werden durchhalten! Glauben Sie mir – „allein schon durch den Willen sind wir von den Banden frei“. Dieser Wille, unsre Freiheit zu halten, hat sich schon als unwiderstehlich gezeigt und wird sich nicht niederwerfen lassen.

Zweitens, *Gleichheit!* Wir haben einen großen Gleichmacher, das ist der Tod. Traurig aber ist es, wenn es in der Gesellschaft, im Volke keinen andren Gleichmacher gibt als den Tod. Aber jetzt ist ein andrer Gleichmacher aufgestanden: der Krieg. Ja, auch der Krieg ist ein großer Gleichmacher. Warum ist er es? Weil es in dem Kriege hervortritt für alle gleich: Du musst unverbrüchlich gehorchen und du bist berufen [...] zu befehlen. [...]

Und damit bin ich schon zum dritten gekommen: *Brüderlichkeit und Einheit!* Mit wie andern Augen sieht jetzt jeder seinen Landsmann an! Zieht einer hinaus – es wird vielleicht bald von ihm gelten: Er starb für dich, und mit Ehrfurcht sieht man ihn hinausziehen. Dort sieht man eine Mutter – vielleicht wird schon morgen von ihr gelten: Sie hat das Opfer ihres Sohnes dem Vaterlande gebracht, und so geht es fort, Hunderte, Tausende! Das große Opfer schafft die große Brüderlichkeit, und wir verstehen wieder etwas von den hohen Ideen, die in matten Zeiten unverstanden und kraftlos am Boden liegen, ja wohl sogar verspottet werden: *Opfer, Genugtuung, Stellvertretung.*

Adolf von Harnack, Was wir schon gewonnen haben und was wir noch gewinnen müssen, in: Klaus Böhme (Hg.), Aufrufe und Reden deutscher Professoren im Ersten Weltkrieg, Reclam, Stuttgart 1975, S. 94–97.

1 a) Untersuchen Sie mithilfe von M9 a und b das Fremdbild der Franzosen von den Deutschen während des Ersten Weltkrieges. b) Erschließen Sie aus dem Text und der Karikatur das französische Selbstbild. c) Erörtern Sie, wie sich ein solches Selbst- bzw. Fremdbild auf das Alltagsleben auswirkt.

2 **Weiterführender Arbeitsauftrag/Bilddokumentation:** Erstellen Sie eine Bilddokumentation mit Beispielen für das jeweilige deutsch-französische Selbst- und Fremdbild.

3 Analysieren Sie die „Ideen von 1914“ (M9c). Konzentrieren Sie sich dabei auf die Begriffe Freiheit, Gleichheit, Brüderlichkeit und die folgenden Leitfragen:
a) Erläutern Sie, wie der Theologe Harnack diese Begriffe definiert.
b) Erörtern Sie, gegen welche Interpretation dieser Begriffe er sich absetzt.
c) Charakterisieren Sie die politischen und gesellschaftlichen Entwicklungen im Ersten Weltkrieg, die Harnack fördern wollte bzw. ablehnte.
d) Beschreiben Sie die Gesellschaft, die bei der Verwirklichung der Vorstellungen Harnacks entstanden wäre, und formulieren Sie eine Kritik an dieser Gesellschaft.

Nationale Symbole interpretieren: die Berliner Siegessäule

„Einen fest umrissenen Begriff des Nationalsymbols gibt es nicht", schreibt der Rechtshistoriker Hans Hattenhauer 1999. In der Tat gibt es eine Vielzahl an Nationalsymbolen: Farben, Hymnen und Wappen zählen ebenso dazu wie Feiertage, Denkmäler oder Ehrungen. Sie alle dienen dem Ziel, das Gemeinschaftsgefühl eines Volkes bzw. einer Nation zu stärken.

Ein herausragendes deutsches Nationalsymbol des 19. Jahrhunderts ist die Berliner Siegessäule. Wie alle Denkmäler sollte die Siegessäule die Erinnerung an bedeutende Persönlichkeiten bzw. ein bedeutendes Ereignis wachhalten: Sie erinnert an die Einigungskriege (Deutsch-Dänischer Krieg von 1864, Preußisch-Österreichischer Krieg von 1866 und Deutsch-Französischer Krieg von 1870/71), die 1871 zur Gründung des Deutschen Reiches führten. Nach der siegreichen Beendigung des Deutsch-Französischen Krieges wurde 1871 die letzte Grundsteinlegungsurkunde beigelegt, 1876 konnte die Siegessäule der Öffentlichkeit übergeben werden. Das Denkmal gehört seitdem zu den markanten deutschen Nationalsymbolen. 1946 forderte die französische Besatzungsmacht den Abriss der Siegessäule, konnte sich bei den anderen Besatzungsmächten (USA, Großbritannien und Sowjetunion) aber nicht durchsetzen. Die französische Regierung ließ daraufhin drei der vier Sockelreliefs abtragen, die sie erst Mitte der 1980er-Jahre zurückgab.

Bei der Interpretation ist zu beachten, dass Denkmäler Kunstwerke sind. Sie bilden weder die geschichtliche Wirklichkeit ab, wie sie war oder ist, noch sind sie alleine eine Erfindung des Architekten bzw. Bildhauers oder seine ästhetische Deutung der Realität. Die Themen oder die Form von Denkmälern reflektieren vielmehr epochenspezifische Einstellungen und Denktraditionen. Deshalb sind sie für den Historiker wertvolle Quellen.

Arbeitsschritte für die Interpretation

1. Formale Merkmale
- Wer ist der Baumeister oder Künstler bzw. der Auftraggeber?
- Wann ist das Denkmal geplant, in Auftrag gegeben und errichtet worden?
- Welches Material wurde verwendet?

2. Inhalt
- Wer oder was wird durch das Denkmal dargestellt oder symbolisiert?
- Welche Gestaltungsmittel (Schrift, Personen, Gegenstände, Formen, Symbole, Kompositionen, Proportionen bzw. Größe) sind verwendet worden?
- Was bedeuten diese Gestaltungselemente?
- In welcher Umgebung steht das Denkmal?

3. Historischer Kontext
- Aus welchem Anlass wurde das Denkmal geplant und errichtet?
- Auf welche Person, welches Ereignis, welchen Vorgang bzw. welche Epoche bezieht sich das Denkmal?
- Welche historische Bedeutung besaß bzw. besitzt das dargestellte Ereignis/die dargestellte Person?

4. Aussageabsicht
- Welche Intention verfolgte der Baumeister, der Künstler bzw. der Auftraggeber?
- Welche Zielgruppe wird angesprochen oder umworben?
- Welche vermutliche oder mögliche Wirkung sollte (bei dem zeitgenössischen Betrachter) erzielt werden?

5. Fazit
- Welche Gesamtaussage lässt sich formulieren?

Übungsaufgabe mit Lösungshinweisen

M1 Berliner Siegessäule, 1864–1873 errichtet, Fotografie, 1997

Zu 1: Formale Merkmale
- Auftrag- und Ideengeber war der preußische König Wilhelm I., gebaut wurde nach Plänen des Architekten Johann Heinrich Strack. Die weibliche Bronzefigur auf der Spitze der Säule wurde von dem Bildhauer Friedrich Drake nach dem Modell seiner Tochter entworfen und von dem Berliner Bildgießer Hermann Gladenbeck ausgeführt.
- Planungsbeginn war 1864, Einweihung 1873 am dritten Jahrestag der Schlacht bei Sedan, Übergabe an die Öffentlichkeit 1876.
- Das Denkmal setzt sich aus mehreren Materialien zusammen. Sockel: polierter roter Granit; Säulen: Sandstein; weibliche Figur, Reliefs am Sockel: Bronze; zur Vergoldung der Figur und der Girlanden an den Säulen: Gold

Zu 2: Inhalt
- Das Denkmal stellt die militärischen Siege Preußens im deutschen Einigungsprozess dar.
- Am Sockel sind verschiedene Reliefs befestigt, die Szenen des siegreichen Heeres aus dem Deutsch-Dänischen Krieg von 1864, aus dem Preußisch-Österreichischen von 1866 und dem Deutsch-Französischen von 1870/71 zeigen. In der Säulenhalle auf dem Sockel ist an der Innenwand ein Glasmosaik angebracht. In die Säule sind außen Geschützrohre aus Kanonen eingebaut, erbeutet in den drei Einigungskriegen. Die Säule trägt eine weibliche Figur, geflügelt, mit Lorbeerkranz, adlergeschmücktem Helm und Feldzeichen mit Eisernem Kreuz. Die Höhe der Säule betrug ursprünglich 50,66 Meter, die Nationalsozialisten stockten das Denkmal nach der Verlagerung auf 66,89 Meter auf. Die Inschrift des Denkmals lautet: „Das dankbare Vaterland dem siegreichen Heere“.
- Die vier Reliefs verweisen auf die drei Einigungskriege („Reichseinigungskriege“) und den siegreichen Einzug der Truppen in Berlin 1871. Die eingebauten Kanonenrohre verdeutlichen plastisch die Siege und symbolisieren die militärische Macht Preußens. Die weibliche Figur ist als Viktoria, die Siegesgöttin der römischen Mythologie, dargestellt. Adlerhelm und Feldzeichen lassen Viktoria auch als Borussia, die Personifikation Preußens, erscheinen.
- Ursprünglich auf dem Berliner Königsplatz (heute Platz der Republik) errichtet, wurde das Denkmal 1938/39 im Zuge der geplanten Neugestaltung Berlins durch die Nationalsozialisten von ihrem Architekten Albert Speer an den heutigen Platz, den Großen Stern, umgesetzt.

Zu 3: Historischer Kontext
- Anlass waren die Siege des preußischen Militärs in den drei Einigungskriegen und die Reichsgründung.
- Anstoß für den Bau des Denkmals war der Sieg im Deutsch-Dänischen Krieg 1864. Die Planungen für die Siegessäule, die zunächst allein den militärischen Sieg in Dänemark feiern sollte, wurden im Verlauf jeweils „überrollt“ und erweitert durch die Schlacht von Königgrätz 1866 und den Sieg im Deutsch-Französischen Krieg 1870/71.
- Die siegreichen Kriege gegen die europäischen Nachbarn sind wesentliche Etappen auf dem Weg zur deutschen Reichsgründung. Am Ende steht die preußische Vorherrschaft und Kaiserwürde, die verherrlicht wird.

Zu 4: Aussageabsicht
- Das Denkmal will als Nationaldenkmal die Einigung des Deutschen Reiches feiern, erkämpft durch Siege des preußischen Militärs. Diese Hochschätzung des Soldatischen und Preußens überragender Verdienste bei der Reichseinigung sollen verdeutlicht werden.
- Das Denkmal soll die gesamte deutsche Bevölkerung beeindrucken. Aufgrund seiner Gestaltung dürfte das Denkmal vor allem nationalkonservative Kreise mit ihrer Sehnsucht nach nationaler Größe bedient haben. Zum anderen wirkt es aber auch auf ausländische Besucher, indem es das militärische Potenzial Preußens und des ganzen Reiches betont.
- Das Denkmal soll deutlich machen, dass das 1870/71 gegründete Deutsche Reich eine preußische Schöpfung war, Preußen der Sieger in den vorangegangenen militärischen Auseinandersetzungen war. Diese Machtdemonstration war auch der deutschen Bevölkerung wie dem Ausland bewusst. Das preußisch-deutsche Reich sollte als europäische Großmacht präsentiert werden. Allerdings darf bei der Analyse der zeitgenössischen Wirkung eines nicht vergessen werden: Der Berliner Volksmund machte aus der Viktoria bzw. Borussia auf der Siegessäule die „Goldelse“ und verniedlichte bzw. verdrängte so die Verherrlichung des Militärischen durch das Denkmal.

Zu 5: Fazit

Die Siegessäule präsentiert eine vereinfachende, weil einseitige Sicht der Reichsgründung. Sie verkürzt die Entstehung des Deutschen Reiches auf das Belastende des 1871 geschaffenen deutschen Nationalstaates, nämlich den militärischen Aspekt. Denn: Das Denkmal verklärt das preußische Militär und seinen Anteil an der Reichsgründung. Das wurde im Ausland, besonders in Frankreich, als Provokation empfunden und auch von der deutschen Bevölkerung wahrgenommen.

5 Die Anfänge der europäischen Integration nach 1945 und die deutsch-französische Aussöhnung

Europa-Bewegungen in der unmittelbaren Nachkriegszeit (1945–1949)
Juni 1946 „Europa-Liga für wirtschaftliche Zusammenarbeit“ (unter dem belgischen Politiker Paul van Zeeland)
Sept. 1946 Hertensteiner Programm der Europäischen Föderalisten
Dez. 1946 „Union Europäischer Föderalisten“ (Paris)
Jan. 1947 „Vereintes Europäisches Komitee“ oder „United Europe Movement“ (London; angeregt von Winston Churchill)
Sept. 1947 „Europäische Parlamentarier-Union“ (Graf Coudenhove-Kalergi)
Mai 1948 Erster „Haager Kongress“ für europäische Einheit
Mai 1949 „Deutscher Rat der Europäischen Bewegung“
Sept. 1949 „Europa-Kolleg“ (Brügge)

Geschichte der Europaideen

Ideen für ein engeres Zusammenwachsen Europas gab es bereits seit dem Mittelalter und der frühen Neuzeit. Doch erst zu Beginn des 20. Jahrhunderts nahmen die Bemühungen zur Schaffung einer kulturellen, wirtschaftlichen und politischen Einheit Europas konkrete Gestalt an. Eine der bekanntesten Vereinigungen, die sich für die europäische Integration stark machten, war die **Paneuropa-Union**. Sie wurde 1922 von **Richard Coudenhove-Kalergi** (1894–1972) gegründet und von Politikern, Wissenschaftlern und Geschäftsleuten unterstützt. Besonders der französische Außenminister **Aristide Briand** (1862–1932) engagierte sich für eine **europäische Föderation** mit dem Ziel der Friedenssicherung und der Abschaffung des Krieges. Im Einzelnen plante Briand die Einrichtung einer parlamentarischen Beratungsgruppe innerhalb des Völkerbundes sowie die Errichtung einer Zollunion – und entwarf damit die Vorformen des Europarates und der Europäischen Wirtschaftsgemeinschaft. Briands Projekt einer europäischen Föderation blieb in der Zwischenkriegszeit zwar eine viel diskutierte Idee. Sie wurde aber erst nach dem Zweiten Weltkrieg als Chance für eine friedliche Gestaltung der internationalen Beziehungen genutzt.
Überzeugt davon, dass der Nationalstaat des 19. Jahrhunderts Frieden, Wohlstand und Demokratie nicht mehr allein sichern könne, entwickelten während des Zweiten Weltkrieges vor allem Vertreter der west- und osteuropäischen **Widerstandsbewegungen gegen den Nationalsozialismus das Konzept einer überstaatlichen europäischen Ordnung**. Nur durch die enge Zusammenarbeit der verschiedenen Staaten war aus ihrer Sicht auch machtpolitsch sowohl das internationale Gewicht Europas gegenüber den Weltmächten USA und UdSSR zu bewahren als auch die potenziell mächtigste Nation auf dem Kontinent, Deutschland, zu kontrollieren.

Europäische Integration nach 1945

Die Furcht vor einem Dritten Weltkrieg ließ nach 1945 die **Europa-Bewegung** erstarken: Politiker sowie weite Teile der Bevölkerung setzten auf die weitreichende Einigung Europas. Hinzu kamen das wirtschaftliche Interesse an einem größeren europäischen Markt sowie das Bestreben, Deutschland fest in die europäische Politik einzubinden. Außerdem schlossen sich die Westeuropäer während der Zeit des Ost-West-Konfliktes enger zusammen, weil sie sich durch die kommunistische Sowjetunion und die von ihr beherrschten osteuropäischen Staaten bedroht fühlten.
Schon 1946 forderte der frühere britische Premierminister **Winston Churchill** die Schaffung der **Vereinigten Staaten von Europa** (M 4, 5). Zwei Jahre später, 1948, ergriff der Haager Kongress die Initiative zu einem ersten politischen Zusammenschluss, dem **Europarat**, der 1949 als beratende Versammlung gegründet wurde. Weitergehende Pläne wie z. B. die Gründung einer föderalistisch organisierten „Europa-Union“ scheiterten 1950/51 am Widerstand Großbritanniens.
Der französische Außenminister **Robert Schuman** (1886–1963) entschloss sich daraufhin, die politische zugunsten der wirtschaftlichen Integration zunächst zurückzustellen und die überstaatliche (supranationale) Einigung auch ohne Großbritannien voranzutreiben. Mitstreiter fand er dabei im deutschen Bundeskanzler Konrad Adenauer, der Deutschland in die westliche Staatengemeinschaft integrieren wollte, und dem italienischen Ministerpräsidenten Alcide de Gasperi (1881–1954). Ihre Bemühungen führten im Jahr 1951 zur Entstehung der **Europäischen**

Gemeinschaft für Kohle und Stahl/EGKS (Montanunion) und begründeten den ersten gemeinsamen Markt für die damaligen Schlüsselindustrien. 1957 unterzeichnete die „Gemeinschaft der Sechs“ – Frankreich, Bundesrepublik Deutschland, Italien und die drei Benelux-Staaten (Belgien, Niederlande, Luxemburg) – die „Römischen Verträge“ (M 6). Das Vertragswerk regelte die Nutzung der Atomenergie **(Europäische Atomgemeinschaft/EURATOM)** und rief die **Europäische Wirtschaftsgemeinschaft (EWG)** ins Leben. Ein gemeinsamer Markt sollte den Boden für engere Beziehungen der europäischen Staaten untereinander bereiten. Großbritannien, Dänemark, Norwegen, Schweden, Portugal, Österreich und die Schweiz, die sich aus nationalpolitischen Vorbehalten nicht an der EWG beteiligten, schlossen sich zu einer „Europäischen Freihandelszone“ (***European Free Trade Association*/EFTA**) zusammen. Sie sollte den Rückgang ihres Handels mit der EWG teilweise ausgleichen. 1967 beschlossen die „Sechs“, EWG, EGKS und EURATOM zur **Europäischen Gemeinschaft (EG)** zusammenzufassen.

M 1 „Europäische Gemeinschaft souveräner Nationalstaaten“, Karikatur, ca. 1980

Deutsch-französische Aussöhnung nach 1945

Nach der bedingungslosen Kapitulation Deutschlands 1945 erhielt Frankreich als einer der vier Alliierten eine eigene Besatzungszone in Südwestdeutschland. In dem Maße, wie sich seit 1947 der Ost-West-Gegensatz verschärfte, musste Frankreich seine Forderung aufgeben, Deutschland entscheidend zu schwächen. Die westliche Führungsmacht USA strebte vielmehr ein stabiles, wirtschaftlich selbstständiges, mit ihnen weltpolitisch und weltwirtschaftlich zusammenarbeitendes Westeuropa an. Ohne das politische Hauptziel, das Überleben Frankreichs als Großmacht, aufzugeben, veränderte die französische Regierung seit den 1950er- Jahren die Methoden ihrer Politik. Sie ging über zur Kooperation mit der Bundesrepublik

M 2 Zusammenschlüsse in Europa nach dem Zweiten Weltkrieg (Stand 2013)

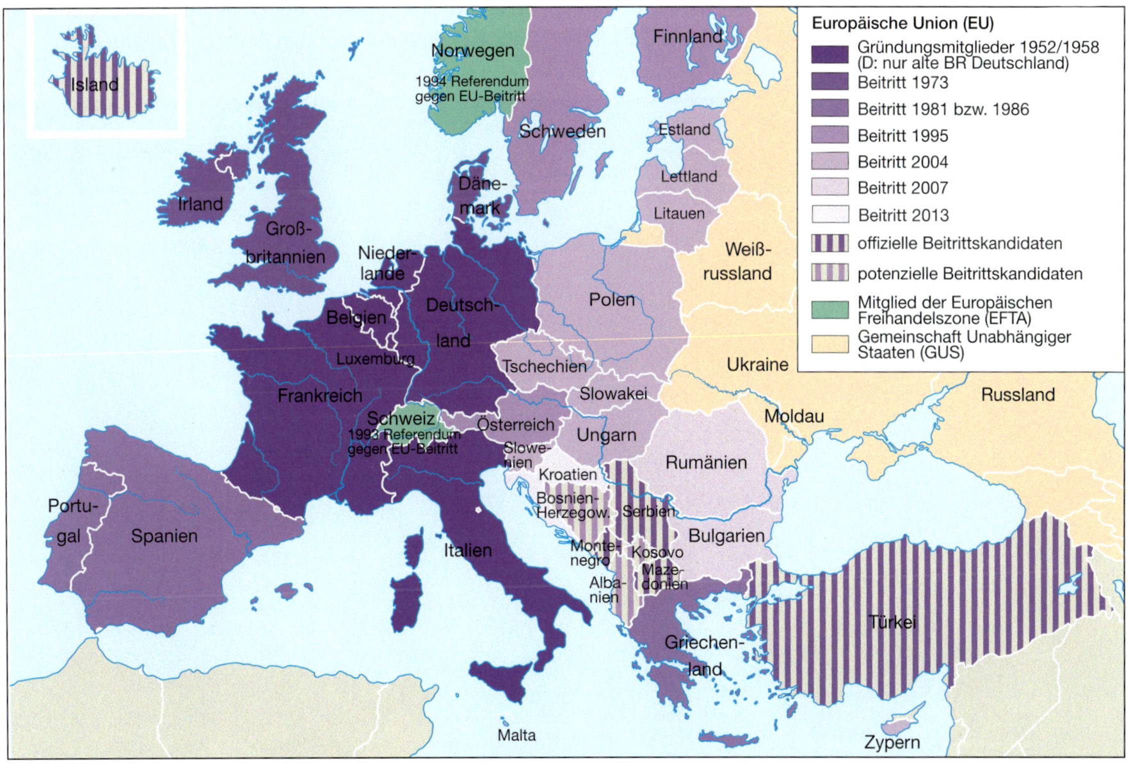

1 Beschreiben Sie das Zusammenwachsen Europas seit 1952.

Deutschland im Rahmen der nun beginnenden europäischen Einigung. Die Annäherung gipfelte 1962 in gegenseitigen Staatsbesuchen der Regierungschefs und im Vertrag über die deutsch-französische Zusammenarbeit, dem Elysee-Vertrag von 1963 (M3, M7). Das Abkommen sah regelmäßige deutsch-französische Konsultationen und Absprachen vor und legte als besonders wichtige Bereiche die europäische Zusammenarbeit, die Ost-West-Beziehungen, die NATO, den Jugendaustausch und die Kulturbeziehungen fest.
Nach dem Fall der Berliner Mauer herrschten in Paris zunächst große Unsicherheit und Sorge über die Zukunft Deutschlands. Staatspräsident François Mitterrand (Präsident 1981–1995) lehnte zunächst ein wiedervereinigtes Deutschland ab. Als neutrale bzw. „eigenständige Macht, unkontrolliert“ erschien es ihm unerträglich für Europa. Ausschlaggebend dafür, dass er seinen Widerstand aufgab, war die feste Einbindung Deutschlands in westliche Institutionen. Da Bundeskanzler Helmut Kohl ebenfalls von der Notwendigkeit einer gesicherten Westintegration deutscher Politik überzeugt war, entstand kein Konflikt zwischen beiden Staaten. Mitterrand wie Kohl arbeiteten folgerichtig auf eine „Europäische Union“und eine gemeinsame europäische Währung hin. Mit der Verabschiedung des **Vertrages von Maastricht** am 7. Februar 1992 wurde die Europäische Union (EU) gegründet. Sie besteht aus einer reformierten Europäischen Gemeinschaft (EG) mit einer Gemeinsamen Außen- und Sicherheitspolitik (GASP) und einer Zusammenarbeit im Bereich Justiz und Inneres. Mit der Einführung des Euro am 1. Januar 1999 wurde die Wirtschafts- und Währungsunion (WWU) gegründet. Diese konsequente proeuropäische Position der deutschen Regierung erleichterte Frankreich seine Zustimmung zur Wiedervereinigung.

1 Arbeiten Sie die Gründe für die europäische Integration und die deutsch-französische Aussöhnung nach 1945 heraus..

M3 Der französische Staatspräsident Charles de Gaulle (sitzend rechts) und der deutsche Bundeskanzler Konrad Adenauer (sitzend links) unterzeichnen am 22.1.1963 im Pariser Elysée-Palast den deutsch-französischen Freundschaftsvertrag

M4 Winston Churchill (l.) bei seiner Rede in der Aula der Universität Zürich, 1946 (s. M5)

M5 Winston Churchill (1874–1965), britischer Oppositionsführer, in einer Rede an der Universität Zürich am 19. September 1946:

Wir müssen in die Zukunft schauen. Wir können es uns nicht leisten, den Hass und die Rachegefühle, welche den Kränkungen der Vergangenheit entsprangen, durch die kommenden Jahre mitzuschleppen. Wenn Europa vor endlosem Elend und schließlich vor seinem Untergang bewahrt werden soll, dann muss es in der europäischen Völkerfamilie diesen Akt des Vertrauens und diesen Akt des Vergessens gegenüber den Verbrechen und Wahnsinnstaten der Vergangenheit geben. [...]

Wir müssen etwas wie die Vereinigten Staaten von Europa schaffen. Nur so können Hunderte von Millionen schwer arbeiteitender Menschen wieder die einfachen Freuden und Hoffnungen zurückgewinnen, die das Leben lebenswert machen. [...]

Und warum sollte es keine europäische Gruppe geben, die den irregeleiteten Völkern dieses unruhigen und machtvollen Kontinenents das Gefühl eines weiter gespannten Patriotismus und einer gemeinsamen Staatszugehörigkiet einflößen könnte, und warum sollte sie nicht bei der Gestaltung des menschlichen Schicksals ihren rechtmäßigen Platz neben anderen großen Gruppen einnehmen? [...] Der erste Schritt ist die Bildung eines Europarates. Wenn zu Anfang auch nicht alle Staaten Europas willens oder in der Lage sind, der Union beizutreten, müssen wir uns dennoch ans Werk machen, diejenigen Staaaten, die es wollen oder können, zusammenzufassen und zu vereinen. Die Rettung der Massen einer jeden Rasse und eines jeden Landes vor dem Krieg oder der Knechtschaft muss auf festen Grundlagen erfolgen und von der Bereitschaft aller Männer und Frauen gestützt werden, eher zu sterben, als sich der Tyrannei zu beugen. Bei dieser so dringenden Aufgabe müssen Frankreich und Deutschland die Führung zusammen übernehmen. Großbritannien, das britische Commonwealth of Nations, das mächtige Amerika und, ich hoffe, Sowjetrussland – denn dann wäre in der Tat alles gut – müssen die Freunde und Förderer des neuen Europas sein und für sein Recht auf Leben und Glanz.

Zit. nach: Curt Gasteyger, Europa von der Spaltung zur Einigung, Neuauflage, Bonn (Bundeszentrale für politische Bildung) 2001, S. 43 f.

1 Arbeiten Sie heraus, worin Churchill die Bedeutung der deutsch-französischen Verständigung sieht.

M6 Aus den „Römischen Verträgen“, mit denen 1957 die Europäische Wirtschaftsgemeinschaft (EWG) gegründet wurde

Artikel 3:

Die Tätigkeit der Gemeinschaft umfasst:

a) die Abschaffung der Zölle und mengenmäßigen Beschränkungen bei der Ein- und Ausfuhr von Waren sowie aller sonstigen Maßnahmen gleicher Wirkung zwischen den Mitgliedsstaaten;

b) die Einführung eines gemeinsamen Zolltarifs und einer gemeinsamen Handelspolitik gegenüber dritten Ländern;

c) die Einführung einer gemeinsamen Politik auf dem Gebiet der Landwirtschaft; [...]

e) die Einführung einer gemeinsamen Politik auf dem Gebiet des Verkehrs;

f) die Errichtung eines Systems, das den Wettbewerb innerhalb des Gemeinsamen Marktes vor Verfälschungen schützt;

g) die Anwendung von Verfahren, welche die Koordinierung der Wirtschaftspolitik der Mitgliedsstaaten und die Behebung von Störungen im Gleichgewicht ihrer Zahlungsbilanzen ermöglichen;

h) die Angleichung der innerstaatlichen Rechtsvorschriften, soweit dies für das ordnungsgemäße Funktionieren des Gemeinsamen Marktes erforderlich ist;

i) die Schaffung eines Europäischen Sozialfonds, um die Beschäftigungsmöglichkeiten der Arbeitnehmer zu verbessern und zur Hebung ihrer Lebenshaltung beizutragen;

j) die Errichtung einer Europäischen Investitionsbank, um durch Erschließung neuer Hilfsquellen die wirtschaftliche Ausweitung in der Gemeinschaft zu erleichtern;

k) die Assoziierung der überseeischen Länder und Hoheitsgebiete, um den Handelsverkehr zu steigern und die wirtschaftliche und soziale Entwicklung durch gemeinsame Bemühungen zu fördern.

Europa, Verträge und Gesetze, Bonn 1972, S. 75 f.

1 Beurteilen Sie die Bedeutung der Römischen Verträge für den weiteren Prozess der europäischen Integration.

M7 Der Historiker Hagen Schulze über die politische Bedeutung des Elysée-Vertrages von 1963 (1998)

Der französische Staatschef General Charles de Gaulle [...] setzte auf die enge und dauerhafte Bindung zwischen Frankreich und Deutschland, wobei er Frankreich die Führungsrolle in Europa, Deutschland die Rolle des Juniorpartners zudachte, und war sich darin mit dem deutschen Bundeskanzler Konrad Adenauer einig, der schon als Erster Bürgermeister der Stadt Köln zu Zeiten der Weimarer Republik das Schwanken der deutschen Außenpolitik zwischen Ost und West kritisiert und ein enges Bündnis Deutschlands mit Frankreich gefordert hatte. Wie tief die Welt sich verändert hatte, wurde sichtbar, als Adenauer und de Gaulle nach dem Abschluss des Vertrags über die deutsch-französische Zusammenarbeit vom 22. Januar 1963 auf den Feldern der Champagne, die vom Blut so vieler deutsch-französischer Schlachten getränkt waren, eine gemeinsame Parade französischer und deutscher Truppen abnahmen. Von der Erbfeindschaft binnen weniger Jahre zur Schicksalsgemeinschaft – nach Jahrhunderten heilloser deutsch-französischer Verstrickungen war das eine tiefe Zäsur der europäischen Geschichte.

[...] Der deutsch-französische Vertrag schien auf eine Alternative hinauszulaufen. De Gaulle hegte ein tiefes Misstrauen gegen die Ideen der atlantischen und europäischen Integration, die ihm wirklichkeitsfremd und unhistorisch vorkamen. „Welch tiefer Illusion und Voreingenommenheit“, schrieb er in seinen Memoiren, „muss man verfallen, um glauben zu können, europäische Nationen, die der Hammer ungezählter Mühen und zahlloser Leiden auf dem Amboss der Jahrhunderte schmiedete, deren jede ihre eigene Geografie, ihre Geschichte, ihre Sprache, ihre besonderen Traditionen und Institutionen hat, könnten ihr Eigenleben ablegen und nur noch ein einziges Volk bilden? Welche Kurzsichtigkeit verrät der oft von naiven Gemütern vorgebrachte Vergleich dessen, was Europa tun sollte, mit dem, was die Vereinigten Staaten getan haben, die doch von Wellen um Wellen entwurzelter Siedler, ausgehend vom Nichts, auf jungfräulichem Boden geschaffen wurden?“

De Gaulles Vision eines künftigen Europas beruhte auf der Realität der Nationen; er glaubte an eine umfassende, immer engere Zusammenarbeit zwischen den bestehenden europäischen Staaten, nicht an supranationale Einrichtungen, und der deutsch-französische Vertrag sollte den Anfang für ein „Europa der Vaterländer“ machen – unter Ausschluss Großbritanniens, das sich allerdings einstweilen selbst außerhalb der europäischen Einigung eingerichtet hatte. Auch dieser Vorstoß scheiterte – diesmal war es der deutsche Bundestag, der ein deutsch-französisches Ziel zu Fall brachte, indem er den Vertrag mit einer Präambel versah, die die fortdauernde atlantische Bindung Westdeutschlands betonte und damit den eigentlichen Vertrag in den Augen de Gaulles entwertete.

Hagen Schulze, Phoenix Europa. Die Moderne. Von 1740 bis heute, Siedler, Berlin 1998, S. 464 f.

1 Erörtern Sie mithilfe von M 7 und M 8 die politische Bedeutung des Elysee-Vertrags von 1963 für das deutsch-französische Verhältnis. Analysieren Sie dabei auch die Absichten von de Gaulle und Adenauer.

M8 50 Jahre Elysee-Vertrag: Bundeskanzlerin Angela Merkel und Staatspräsident François Hollande bei der Feier zum 50. Jahrestag der Unterzeichnung des Elysee-Vertrags, Berlin, 22. Januar 2013

6 Exkurs: Die Europäische Integration seit 1992

Vertiefung der Integration

Der Maasrichter Vertrag 1992 legte Grundsätze für eine gemeinsame Wirtschafts-, Währungs-, Außen- und Sicherheitspolitik fest und übertrug damit – in Teilbereichen – die klassischen Felder des modernen Nationalstaats auf das vereinigte Europa. Zudem wurden die Kompetenzen des **Europäischen Parlamentes** erweitert. Es konnte jetzt auch einen Gesetzentwurf gegen das Votum des Ministerrates zu Fall bringen. Indem der am 1. Mai 1999 in Kraft getretene **Amsterdamer Vertrag** die Mitbestimmungsrechte des Parlamentes von 15 auf nunmehr 38 Sachgebiete ausdehnte, erhielt es zusätzliche Macht. Außer bei Landwirtschaftsfragen kann das Parlament seitdem bei so gut wie allen Fragen mitsprechen, in denen der Europäische Rat per Mehrheitsvotum beschließt. Die Europaabgeordneten müssen außerdem allen Gesetzen zustimmen, die jeden Bürger betreffen. Hierzu gehören Fragen des Binnenmarktes, des Verbraucher- und Umweltschutzes sowie der Gesundheits- und Verkehrspolitik. Wo die Souveränität der Mitgliedsstaaten berührt wird und diese daher auf ihrem Vetorecht beharren, kann das Europaparlament jedoch nicht mitsprechen. Das gilt besonders für die Steuer- sowie die Außen-, Sicherheits- und Verteidigungspolitik. Und dem Europäischen Parlament fehlt mit dem Initiativrecht nach wie vor das wichtigste Parlamentsrecht: Es kann keine eigenen Gesetze einbringen, sondern muss den Rat und die Kommission auffordern, Gesetzentwürfe auszuarbeiten.

Osterweiterung

Das Europäische Parlament entschied auch über die **Osterweiterung** der EU, die seit dem Zusammenbruch des Sowjetimperiums 1989/90 auf der politischen Tagesordnung stand. Die osteuropäischen Staaten, die vorher im Machtbereich der Sowjetunion lebten, strebten alle in die EU. Bei diesen Ländern handelte es sich jedoch zumeist um strukturschwache, von der Landwirtschaft geprägte Gesellschaften, die eine grundlegende und umfassende Modernisierung nachzuholen hatten. Deswegen formulierte der EU-Gipfel von Kopenhagen 1993 die folgenden Voraussetzungen für einen EU-Beitritt **(Kopenhagener Beitrittskriterien)**:

- institutionelle Stabilität als Garantie für eine demokratische und rechtsstaatliche Ordnung, für die Wahrung der Menschenrechte sowie die Achtung und den Schutz von Minderheiten;
- eine funktionsfähige Marktwirtschaft sowie die Fähigkeit, dem Wettbewerbsdruck und den Marktkräften der Europäischen Union standzuhalten;
- die Übernahme eines Regelwerks, des **Acquis Communautaire***, das die Prinzipien, Ziele und Politikfelder der EU regelt.

Auf dem EU-Gipfel in Kopenhagen im Dezember 2002 wurde schließlich der Beschluss gefasst, die EU am 1. Mai 2004 von 15 auf 25 Mitglieder zu erweitern: Estland, Lettland, Litauen, Polen, Tschechien, die Slowakei, Ungarn, Slowenien, Malta und Zypern wurden aufgenommen. Unter Auflagen konnten 2007 ebenfalls Rumänien und Bulgarien und 2013 Kroatien Mitglieder werden.

Der **Acquis communautaire** (frz. „gemeinsamer Besitzstand“) beschreibt die Rechte und Pflichten, die für alle EU-Mitgliedstaaten obligatorisch sind. Dies sind der EU- und der EG-Vertrag, die Verordnungen, Richtlinien, Entscheidungen und Empfehlungen, die von den Organen der EU (Europäische Kommission, Rat der Europäischen Union und Europäisches Parlament) erlassen werden sowie die Entscheidungen des Europäischen Gerichtshofs (EuGH).

Verfassungsdiskussion

Als die EU die Voraussetzungen für ihre Osterweiterung formulierte, stellte sie sich selbst die Aufgabe, Erweiterung und innere Reform zu verbinden. Da die Organe der EU in einem erweiterten Europa handlungsfähig bleiben sollten, musste ihre Arbeitsweise den veränderten Bedingungen angepasst werden. Dabei stellte sich nicht nur die Frage nach der Gestaltung der Entscheidungsprozesse (z. B. Mehrheitsbeschlüsse oder Einstimmigkeit), sondern auch nach der demokratischen Legitimität ihrer Ent-

scheidungsstrukturen und den Grenzen ihrer Zuständigkeit. 2001 setzte die EU einen Konvent ein, der die Reform vorzubereiten hatte. Das Reformwerk sollte in einer **Verfassung** zusammengefasst werden, die den Rahmen für die zukünftige Entwicklung der EU bilden sollte. Der Konvent erarbeitete von Februar 2002 bis Juli 2003 einen Verfassungsentwurf, der bis zum Oktober 2006 in allen EU-Staaten ratifiziert werden sollte. 2005 stimmte jedoch bei Referenden in den Niederlanden und Frankreich eine Mehrheit gegen die Europäische Verfassung.
Im Jahre 2007 einigten sich die Staats- und Regierungschefs daher auf einen neuen EU-Grundlagen- bzw. Reformvertrag, den **Vertrag von Lissabon***. Das Vertragswerk, das in einigen Ländern auf Vorbehalte stieß – z. B. lehnte Irland 2008 den Vertrag in einer Volksabstimmung zunächst ab –, wurde inzwischen von allen 28 Mitgliedsstaaten ratifiziert. Die Ratifizierung erfolgte je nach verfassungsrechtlichen Bestimmungen der einzelnen Staaten entweder per Volksabstimmung oder durch einen Parlamentsbeschluss. Am 1. Dezember 2009 trat der Vertrag in Kraft.
Bereits auf dem Gipfel von Nizza im Jahre 2000 hatten die Staats- und Regierungschefs der EU eine **Grundrechtecharta** verabschiedet, deren Rechtsverbindlichkeit im Vertrag von Lissabon anerkannt wird. Diese Charta umfasst eine Reihe von Grundrechten, so z. B. die Einhaltung der Menschenwürde, Grundfreiheiten, soziale und bürgerliche Grundrechte. Sie sind teils in der Konvention des Europarates zum Schutz der Menschenrechte, teils in Verträgen der Gemeinschaft und teils in den Verfassungen der Mitgliedsstaaten schon enthalten. Der Europäische Gerichtshof orientiert sich bei seiner Rechtsprechung an der Grundrechtecharta.

Der Vertrag von Lissabon
- Die EU wird von einem Vorsitzenden geführt (Amtszeit: 2 ½ Jahre).
- Die Koordination der Außenpolitik übernimmt ein „EU-Außenminister“.
- Beschlüsse der EU benötigen ab 2014 künftig eine „doppelte Mehrheit“ von 55 % der Staaten, die gleichzeitig 65 % der Bevölkerung vertreten müssen.
- Das Vetorecht der Mitgliedsstaaten gilt nur noch in Ausnahmefällen.
- Die Kommission wird verkleinert und die Rechte des Europa-Parlaments werden gestärkt.
- Die Parlamentarier erhalten größere Mitspracherechte in Haushaltsfragen, der Zusammenarbeit der Justizbehörden und bei der inneren Sicherheit.

Türkei-Beitritt

Seit den 1960er-Jahren arbeitet die Türkei auf eine Mitgliedschaft* in der Europäischen Gemeinschaft bzw. der Europäischen Union hin. Von den anderen EU-Mitgliedsstaaten wird diese Frage sehr leidenschaftlich und kontrovers diskutiert. Die Debatte berührt nicht nur das Problem, welche Staaten oder Völker zu Europa gehören, sondern auch das Verhältnis der Europäer zu den „Anderen“. Ähnlich wie bei der Auseinandersetzung um die Osterweiterung müssen Politik und Öffentlichkeit klären, welche Chancen und Gefahren die Vergrößerung der EU mit sich bringt.
Eine Frage gewann in den letzten Jahrzehnten immer größeres Gewicht in der öffentlichen Diskussion: Nähert sich die Türkei auch kulturell dem Westen an oder entwickelt sich eine eigenständige Kultur, in der der Islam eine prägende Rolle spielt?

Europa und die Türkei
1963 Die EG schließt mit der Türkei das Ankara-Abkommen, das drei Phasen der Annäherung vorsieht.
1982 Die EG setzt das Abkommen nach dem dritten türkischen Militärputsch aus.
1987 Nach freien Parlamentswahlen kommt es zu einer erneuten Annäherung zwischen EG und Türkei; die Türkei reicht ihren Antrag auf Vollmitgliedschaft ein.
1988 Das Ankara-Abkommen wird wieder in Kraft gesetzt.
1989 Die EG lehnt den türkischen Mitgliedsantrag ab.
1995 Eine Zollunion wird zwischen Türkei und EU geschlossen.
1999 Neue Verhandlungen beginnen.
2002 Die Türkei erhält den offiziellen Kandidatenstatus und sucht offiziell um Eröffnung des EU-Beitrittsverfahrens nach.
3. Oktober 2005 Die Beitrittsverhandlungen werden eröffnet.

Europäische Identität

Zwar spielen Nation und Nationalstaat im Bewusstsein vieler Menschen nach wie vor eine bedeutende Rolle. Gleichzeitig wird Europa durch eine Vielfalt an ethnischen, sprachlichen und regionalen Einheiten geprägt, die das Alltagsleben und darüber hinaus das politische Denken und Handeln vieler Menschen beeinflussen. Und doch haben die Mitgliedsstaaten wichtige Kompetenzen an europäische Entscheidungsgremien abgegeben. Alle Regierungen müssen zugleich national und europäisch denken. Aber hat sich in den Mitgliedsstaaten der EU eine übernationale europäische Identität herausgebildet? Fühlen sich die Bürgerinnen und Bürger der einzelnen Länder auch als Europäerinnen und Europäer? Ist Europa ein Teil ihrer Identität geworden? Und weiter gefragt: Werden sich die nationalstaatlichen Bindungen, die seit dem 19. Jahrhundert gewachsen sind, zugunsten der europäischen lockern? Wird sich die EU gar zu einem Hoffnungsträger in Politik und Wirtschaft, in der Umwelt und im Wohlfahrtswesen entwickeln? Alle diese Fragen lassen sich jedoch nicht beantworten ohne das Wissen, was eigentlich „europäisch“ sei. Darüber wird in Europa heftig diskutiert (M 3 a–c), und das Ergebnis ist offen.

M 1 Die Europäische Union (Stand 2013)

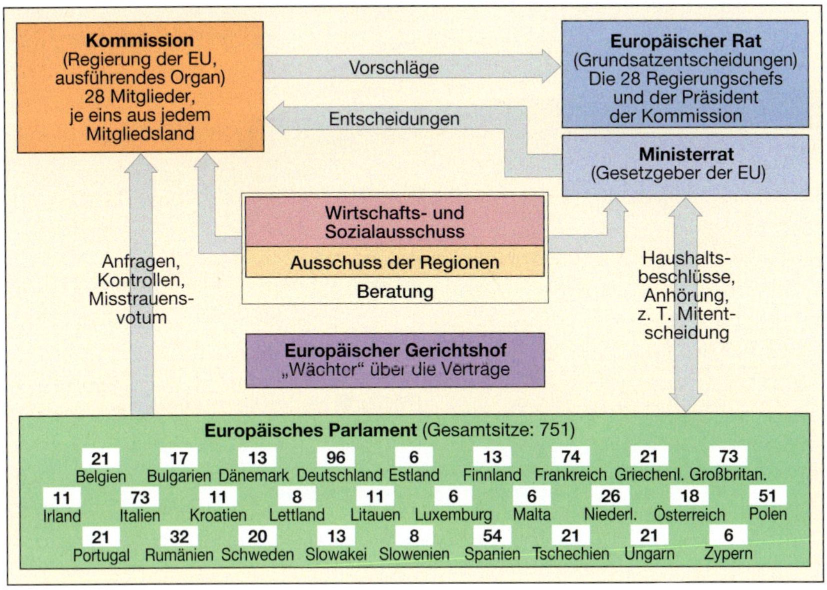

Europa in der internationalen Politik

Die Umbrüche in Osteuropa seit 1989/90 haben die Aufgaben der **Konferenz für Sicherheit und Zusammenarbeit in Europa** (KSZE) bisher stärker verändert als die Aufgaben der NATO und der EU. Das liegt auch daran, dass die KSZE das einzige Forum war, auf dem sich alle Staaten Europas und die USA sowie die UdSSR trafen. Mit der **Charta von Paris** vom November 1990 wurde die KSZE so weiterentwickelt, dass durch sie die Spaltung Europas beendet werden konnte: Vereinbart wurde die Einrichtung eines ständigen Sekretariats in Prag, eines Zentrums für Konfliktverhinderung in Wien und eines Büros für freie Wahlen in Warschau. Die Charta verpflichtete alle KSZE-Mitgliedsstaaten zur Verwirklichung von Menschenrechten, Demokratie und Marktwirtschaft als unverzichtbare Elemente einer europäischen Friedensordnung. Nach der offiziellen Auflösung des Warschauer Paktes und dem Ende der UdSSR stieg die Zahl der Mitglieder auf 53 Staaten. Mit der **OSZE** – wie sich die KSZE seit dem 1. Januar 1995 nennt – war nun ein Rahmen für eine europäische Sicherheitspolitik geschaffen. Die EU-Staaten stimmen ihre Außen- und Sicherheitspolitik nicht nur innerhalb der OSZE ab, sondern haben sich in den Verträgen von Maastricht (1992/93) auch zu einer **Gemeinsamen Außen- und Sicherheitspolitik (GASP)** verpflichtet. Die europäischen Politiker bekundeten dabei zunächst die Absicht, die 1954 entstandene **Westeuropäische Union (WEU)*** zu einem „bewaffneten Arm" der Europäischen Union auszubauen, und leiteten konkrete Planungen ein. Seit dem Ministerratsbeschluss von Marseille vom November 2000 und abgeschlossen durch den Lissabon-Vertrag von 2009 wurden jedoch alle Funktionen der WEU auf die EU übertragen und die WEU zum Juni 2011 aufgelöst.

Westeuropäische Union (WEU)
Die WEU ist ein kollektiver Beistandspakt der westeuropäischen NATO-Mitgliedsstaaten, der 1954 durch die Aufnahme Italiens und der Bundesrepublik Deutschland in den „Brüsseler Pakt" (Pakt zur wirtschaftlichen, sozialen und kulturellen Zusammenarbeit und zur kollektiven Verteidigung zwischen Großbritannien, Frankreich und den Benelux-Staaten) gebildet wurde. Er sollte sowohl der Verteidigung und der Förderung der Integration durch wirtschaftliche, politische und militärische Kooperation als auch der Einbindung der Bundesrepublik in den Kreis der westlichen Industrieländer dienen.
Mit Beschluss des Ministerrates der WEU vom 13. 11. 2000 in Marseille wurden die operativen Funktionen des Bündnisses auf die Europäische Union (EU) übertragen. Die Organisation selbst wurde zum Juni 2011 aufgelöst.

1 Skizzieren Sie mithilfe des Darstellungstextes die wichtigsten Stationen der europäischen Integration seit 1992.
2 Nach dem Ende des Ost-West-Konfliktes 1989/90 musste Europa seine Rolle in der internationalen Politik neu bestimmen. Erläutern Sie die Probleme, die die EU dabei zu diskutieren und zu lösen hatte.
3 Beurteilen Sie die Rolle des Europäischen Parlaments in der EU (M 1)

M2 **Mitgliedschaft in den Institutionen der euro-atlantischen Sicherheitsordnung (Stand 2013)**

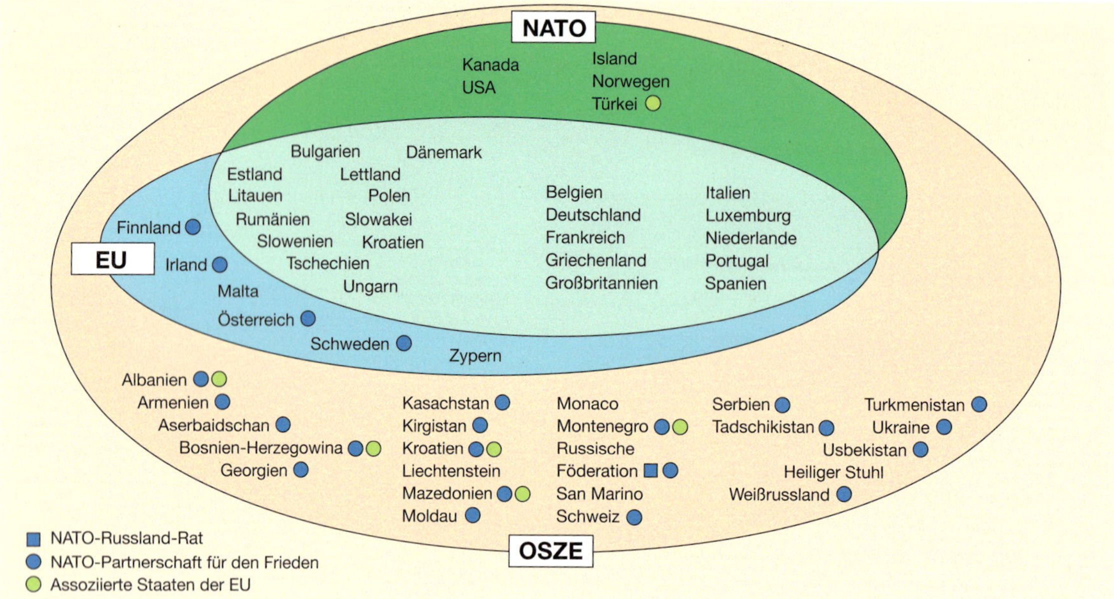

1 Erörtern Sie mit Blick auf eine europäische Außen- und Sicherheitspolitik die Handlungsspielräume der EU und der OSZE.

M3 **Was ist „europäisch“? Antworten auf die Frage nach der „europäischen“ Identität**

a) Der italienische Philosoph Gianni Vattimo, 1994:

Wenn es heute eine europäische Identität gibt, dann ist es eine Identität der Differenzen. Europa ist ja in seiner Geschichte dadurch entstanden, dass es sich auf die Idee seiner Unterschiede gründete; erst auf diesem Boden ist die Idee einer einheitlichen Kultur entstanden und gewachsen. In einer anderen Welt gibt es dieses Konzept nicht: Der Gedanke einer einheitlichen Kultur hat sich durch eine ständige Diskussion über und zwischen verschiedenen Identitäten herausgebildet. Europa rekonstruiert sich also durch einen ökonomischen Prozess hindurch als eine kulturelle Einheit. Die beiden Dimensionen Ökonomie und Kultur sind in Wirklichkeit engstens miteinander verbunden: Die europäische Kultur organisiert sich ja gleichsam wie ein Markt, auf dem jeder in einer Art freiem Wettbewerb oder freier Konfrontation das Seine anbietet. Darin liegt weniger eine Begrenzung als vielmehr ein Vorteil.

Zit. nach: Hans-W. Ballhausen u.a., Geschichte und Geschehen II, Oberstufe Ausgabe A/B, Klett, Stuttgart 1995, S. 523

b) Aus der Rede des früheren Staatspräsidenten von Tschechien, Vaclav Havel, gehalten am 8. März 1994 vor dem Europäischen Parlament in Straßburg:

Die Europäische Union beruht auf einem großen Ensemble zivilisatorischer Werte, deren Wurzeln zweifellos auf die Antike und das Christentum zurückgehen und die sich durch zwei Jahrtausende hindurch zu der Gestalt entwickelt haben, die wir heute als die Grundlagen der modernen Demokratie, des Rechtsstaates und der Bürgergesellschaft begreifen. Das Ensemble dieser Werte hat sein klar umrissenes sittliches Fundament und seine manifeste metaphysische Verankerung, und zwar ungeachtet dessen, inwieweit der moderne Mensch sich das eingesteht oder nicht. Man kann also nicht sagen, der Europäischen Union mangele es an einem eigenen Geist, aus dem alle ihre konkreten Prinzipien, auf denen sie beruht, hervorgegangen sind. Nur scheint es, dass dieser Geist zu wenig sichtbar wird. [...] Und so kann bei manchen Menschen der durchaus begreifliche Eindruck entstehen, die Europäische Union bestehe – etwas vulgarisierend [= oberflächlich] formuliert – aus nichts anderem als aus endlosen Debatten darüber, wie viele Mohrrüben irgendwer irgendwoher irgendwohin ausführen darf, wer diese Ausfuhrmenge festlegt, wer sie kontrolliert und wer im Bedarfsfall den Sünder zur Rechenschaft zieht, der gegen die erlassenen Vorschriften verstößt. [...]

Deswegen scheint mir, dass die wichtigste Anforderung, vor welche die Europäische Union sich heute gestellt sieht, in einer neuen und unmissverständlich klaren Selbstreflexion dessen besteht, was man europäische Identität nennen könnte, in einer neuen und wirklich klaren Artikulation europäischer Verantwortlichkeit, in verstärktem Interesse an einer eigentlichen Sinngebung der europäischen Integration und aller ihrer weiteren Zusammenhänge in der Welt von heute und in der Wiedergewinnung ihres Ethos oder – wenn Sie so wollen – ihres Charismas. Wenn die Einwohner Europas begreifen, dass es sich hier nicht um ein bürokratisches Monstrum handelt, das ihre Eigenständigkeit einschränken oder gar leugnen möchte, sondern lediglich um einen neuen Typus menschlicher Gemeinschaft, der ihre Freiheit vielmehr wesentlich erweitert, dann braucht der Europäischen Union um ihre Zukunft nicht bange zu sein.

Vaclav Havel, Über europäische Identität, Rede vor dem Europäischen Parlament vom 8. März 1994, zit. nach: www.europa-web.de/europa/02wwswww/203chart/chartade.htm (26. Juli 2008)

c) Der deutsche Historiker Jürgen Kocka, 2002:

Man weiß aus der Geschichte, wie normal der Krieg als Geburtshelfer von Nationalstaaten ist. Kaum einer der westlichen Nationalstaaten ist ohne Krieg entstanden. [...] Die Erinnerung an Blut, Sieg oder Niederlage, an Triumphe und Katastrophen hat im kollektiven Gedächtnis der Nationen immer eine zentrale Rolle gespielt, oft mythisch überhöht, in Denkmälern verkörpert, auch instrumentalisiert. Das stärkte den inneren Zusammenhalt, bis hin zur Bereitschaft der Einzelnen, für ihr Land, falls nötig, zu sterben. Kann sich eine europäische Identität, eine staatsähnliche europäische Union ohne die Geburtshilfe des Krieges herausbilden – auf Dauer, stabil und verankert nicht nur in den Köpfen, sondern auch in den Herzen der Europäer? Die kurze Antwort: Krieg und Kriegsgefahr haben bereits kräftig zur Herausbildung eines europäischen Selbstverständnisses, eines europäischen Zusammenhalts beigetragen. [...]

Aber zwei entscheidende Einschränkungen sind am Platz. Erstens antworteten der Appell an Europa, die Hoffnung auf Europa, die Betonung der europäischen Gemeinsamkeit meist nicht auf die Erfahrung des Kriegs mit anderen, sondern auf das Leiden am Krieg innerhalb Europas. Auf die blutigen Religionskriege und den Dreißigjährigen Krieg folgten Beschwörungen Europas als eines gemeinsamen Friedensraums. Nachdem Ludwig XIV. und Napoleon Europa mit Kriegen überzogen hatten, wurde im Gegenzug die Besinnung auf das gemeinsame Europa stärker. Auch die beiden Weltkriege des 20. Jahrhunderts, die Schübe des Europabewusstseins und der Europabewegung auslösten, waren zunächst und vor allem innereuropäische Kriege. In den folgenden Generationen hat die Furcht vor einer Wiederkehr der blutigen Exzesse des Nationalismus dazu geführt, auf die Vereinigung Europas zu setzen. Weniger der äußere Feind als vielmehr die innere Zwietracht hat blutige Geburtshelferdienste für Europa geleistet.

Zweitens sollte die Analogie zwischen Nationalstaatsbildung und europäischer Integration nicht überstrapaziert werden. Die europäische Integration verläuft in vieler Hinsicht anders als die Konstituierung der Nationalstaaten. Sie ist etwas Neues, und historische Parallelen zu ziehen führt deshalb rasch in die Irre. Insgesamt ist die Hoffnung berechtigt, dass sich europäische Identität und Europäische Union zukünftig ohne den großen äußeren Feind vorantreiben lassen, ohne Krieg und ohne den Zusammenstoß der Zivilisationen [...].

Ohne Krieg wird es hoffentlich gehen, ohne Differenz und Differenzbestimmung aber nicht. Europabewusstsein bildete sich im Vergleich, im Selbstvergleich mit anderen heraus, durch Betonung der Unterschiede zwischen Europa und den nicht-europäischen Teilen der Welt. [...]

Zwei Referenzregionen sind heute wie früher zentral: die islamische Welt und das nördliche Amerika. Die ausgeprägte Differenz zwischen Europa und der islamischen Welt ist unübersehbar, erfahrbar und nicht wegzureden. Die Differenz zu Amerika ist subtiler, fragwürdiger und ungesicherter. Zur Befestigung europäischer Identität und gesamteuropäischer Handlungsfähigkeit ist die Abgrenzung gegenüber Amerika jedoch unabdingbar, auch wenn in Bezug auf grundsätzliche Werte Übereinstimmung besteht. An relevanten amerikanisch-europäischen Unterschieden fehlt es keineswegs. Europa hat auf dem Weg zu seiner Einheit mit erheblich mehr eingeschliffener und institutionalisierter Vielfalt von Nationen und Traditionen zurechtzukommen. Anders als in Amerika ist der europäische Einigungsversuch durch die Erfahrung vorangegangener Katastrophen geprägt. Er ist der Versuch, daraus zu lernen. Das Verhältnis von individueller Freiheit und Solidarität, von Konkurrenz und Wohlfahrt wird in Europa anders bestimmt als in den USA. Durch den Sozialstaat unterscheiden wir uns von den Amerikanern. Dessen gegenwärtige Krise gefährdet nicht nur Wachstum und Wohlstand, sondern auch das sich mühsam herausbildende europäische Selbstbewusstsein. Leider sieht es jedoch zurzeit nicht danach aus, dass der nötige Umbau des Sozialstaats gelingen wird.

Jürgen Kocka, Wo liegst du, Europa?, in: Die Zeit, 28. November 2002, zit. nach: www.zeit.de/archiv/2002/49/Essay_Kocka (26. Juli 2008)

1 a) Arbeiten Sie in arbeitsteiliger Gruppenarbeit die zentralen Merkmale der Vorstellungen europäischer Identität bei Vattimo, Havel und Kocka heraus.
b) Vergleichen Sie die Konzepte europäischer Identität (M 3 a–c) miteinander. Welche Rolle spielt z. B. die Geschichte?
c) Diskutieren Sie mithilfe der Materialien, ob sich bereits eine europäische Identität herausgebildet hat. Zeigen Sie anhand von Beispielen, wo es (noch) Unterschiede zwischen den Nationen und Regionen gibt. Erörtern Sie abschließend, ob weitere Annäherungen sinnvoll und wünschenswert sind.

Die Ideen „Volk“ und „Nation“

Grundwissen → S. 68 ff.

Begriffe Kapitel 2

Personen Kapitel 2

Der Sieg des Arminius über die römischen Legionen des Varus im Jahre 9 n. Chr. war der Beginn langwieriger Kämpfe zwischen römischen Truppen und germanischen Stämmen. An deren Ende stand der Verzicht Roms auf die Ausdehnung des Imperium Romanum bis zur Elbe. Seit der Renaissance, vor allem seit dem Erstarken des Nationalismus im 19. Jahrhundert verehrten national gesinnte Deutsche Arminius als Befreier Germaniens und als Ursprungshelden der deutschen Nationalgeschichte. Arminius, dessen Name seit der Frühen Neuzeit in Hermann eingedeutscht wurde, wurde zum Mythos der deutschen Nationalbewegung.

Im Zeitalter des Nationalismus seit dem ausgehenden 18. Jahrhundert suchten national denkende Kreise in Deutschland ihre historischen Ursprünge bei den Germanen. In Frankreich entstand während der Französischen Revolution ein historisch-politischer Streit, ob sich die aus der Revolution hervorgegangene politisch-soziale Ordnung auf die Tradition der Gallier oder der Franken berufen könne. Der Adel leitete sich von den Franken her, während der revolutionäre Dritte Stand, der sich zur Nation erklärte, behauptete, er führe die Tradition der Gallier fort. Die Ethnogenese, d. h. die Entstehungsgeschichte der Franken während der Spätantike zeigt, dass viele national befangene Urteile über diese Zeit korrigiert werden müssen. So waren die Franken nicht die gewaltsamen Eroberer Galliens, sondern sickerten in einem langen Prozess in das von den Römern seit Caesar beherrschte Land ein. Römer, Kelten und Franken beeinflussten sich während ihres Zusammenlebens wechselseitig. Die Romanisierung des kulturellen Lebens, d. h. die Übernahme der römischen Zivilisation, und die Christianisierung des Landes schufen über Generationen hinweg die Voraussetzung für die Herausbildung einer fränkischen Identität, die das von Chlodwig begründete Frankenreich nachhaltig prägte.

Mit der Französischen Revolution entstand der moderne Nationalismus, der die Politik im 19. und der ersten Hälfte des 20. Jahrhunderts entscheidend bestimmte. Dieser Nationalismus beruhte auf der Idee von der selbstbestimmten, d. h. souveränen Nation, und war daher eine Kampfansage an die Feudal- und Ständegesellschaft. Diese antiständische Integrationsideologie besaß unterschiedliche Ausprägungen: Im politisch stark zersplitterten Deutschland überwog die Vorstellung von einer Kulturnation, die in gemeinsamer Sprache und Geschichte wurzelte. Während in Deutschland ein Nationalstaat erst 1870/71 geschaffen wurde, fielen in Frankreich Staat und Nation zusammen. Die französische Nation definierte sich als politische Gemeinschaft bzw. durch das Bekenntnis zur Verfassung. Im letzten Drittel des 19. Jahrhunderts fand ein extremer Nationalismus in Frankreich, vor allem aber in Deutschland zunehmend Anhänger. Dieser setzte nicht nur auf nationale Größe und die Überlegenheit der jeweiligen Nation, sondern diente auch der ideologischen Untermauerung aggressiver Außenpolitik.

Im Zeitalter des Nationalismus wurden die Selbst- und Fremdbilder der verschiedenen Staaten sehr stark von nationalen Stereotypen bestimmt, die sich zu nationalen Feindbildern entwickeln und die Beziehungen zwischen Staaten und Völkern vergiften konnten. Ein Beispiel dafür ist die Behauptung von der deutsch-französischen „Erbfeindschaft“, die vor allem nach der Gründung des Deutschen Reiches 1870/71 viele Anhänger fand. Auch die Kriegspropaganda des Ersten Weltkrieges arbeitete mit nationalen Feindbildern: Die Franzosen sollten angeblich ihre Kultur gegen die deutschen „Barbaren“ verteidigen, während die Deutschen aufgerufen wurden, gegen die Verbreitung der vermeintlich kalten und materialistischen „französischen Zivilisation“ zu kämpfen. Erst nach 1945 entwickelten sich freundschaftliche Beziehungen zwischen den Nachbarn.

M 1 **Nationalstaatsgründungen in Europa im 19./20. Jahrhundert**

Zeittafel

9 Schlacht im Teutoburger Wald, Sieg des Arminius über Varus
ca. 3.–5. Jh. Spätantike: Übergang von der Antike zum Frühmittelalter; Verlagerung des politisch/kulturellen Schwerpunkts vom Mittelmeerraum nach West- und Mitteleuropa
ca. 4.–5. Jh. Völkerwanderungszeit
482–751 Merowingerdynastie
seit 486 Sieg des Frankenkönigs Chlodwig über den römischen Statthalter Syagrius; Aufstieg der fränkischen Herrschaft
496/97 Taufe des Frankenkönigs Chlodwig in Reims (auch die Jahreszahlen 498/99 werden genannt); seitdem Übernahme des Christentums durch die Franken
1789 Beginn der Französischen Revolution
1806 Ende des „Heiligen Römischen Reiches Deutscher Nation"
1813/14 Befreiungskriege gegen Napoleon
1814/15 Wiener Kongress
1840 Französische Forderungen nach der Rheingrenze; Reaktion in Deutschland: Stärkung des Nationalbewusstseins
1848/49 Revolutionen in Europa
1870/71 Deutsch-Französischer Krieg; Gründung des Deutschen Reiches im Spiegelsaal von Versailles
1875 Enthüllung des Hermann-Denkmals durch Wilhelm I.
1914–1918 Erster Weltkrieg
1918/19 Versailler Frieden
1923 Ruhrbesetzung durch französische und belgische Truppen; passiver Widerstand durch die deutsche Bevölkerung
1939–1945 Zweiter Weltkrieg
1952 Gründung der Mountanunion (EGKS)
1957 Römische Verträge (EWG)
1993 Gründung der Europäischen Union (EU)

Geschichte und internationale Politik – weltpolitische Konflikte und Akteure in historischer Perspektive

Bedeutung historischer Analyse

Warum beschäftigen sich Politiker, Politikwissenschaftler und Historiker mit den oft weit zurückliegenden Wurzeln gegenwärtiger weltpolitischer Konflikte und Akteure? Gewiss lassen sich aus der Vergangenheit keine Patentrezepte dafür ableiten, wie in Zukunft Kriege zu verhindern bzw. eine dauerhafte Friedensordnung zu schaffen wären. Aber die Beschäftigung mit der Geschichte der internationalen Beziehungen kann den Blick schärfen für die Bedingungen und Folgen kriegerischer wie friedensfördernder Politik. Nur wer erkennt, dass Kriege nicht wie Naturkatastrophen die Menschen heimsuchten, sondern sich aus bestimmten politischen, ideologischen, sozialen und wirtschaftlichen Denk- und Verhaltensmustern entwickelten, fasst die gesellschaftliche Wirklichkeit als veränderbar auf. Geschichte erscheint damit als ein Prozess, der durch vernünftiges Handeln beeinflusst werden kann. Diese Einsicht ist eine der Grundbedingungen für ein friedliches Miteinander in der internationalen Staatenwelt.

Die historische Analyse internationaler Politik verdeutlicht, dass weltpolitische Konflikte nicht über die Menschen hereinbrechen, sondern oft eine lange Vorgeschichte besitzen. Der **Nahostkonflikt** ist dafür ein eindrucksvolles Beispiel. Die geschichtlichen Hintergründe dieses Konfliktes lassen sich nur durch eine multiperspektivische Untersuchung erfassen, die die **Mehrdimensionalität von Geschichte** und Politik berücksichtigt. Die Auseinandersetzungen im Nahen Osten sollten daher aus der Sicht der verschiedenen Akteure betrachtet werden: in der Antike Juden und Römer, im Mittelalter arabische Muslime und Kreuzfahrer aus dem christlichen Abendland und in der Gegenwart Israelis und Palästinenser sowie die arabischen Staaten und die Großmächte. Um das „Problembündel" zu entwirren, das die Konflikte verursacht hat, müssen möglichst alle Aspekte der Wirklichkeit beachtet und sorgfältig gewichtet werden. Die wichtigsten sind: Herrschaft, Wirtschaft, Religion, nationales Selbstverständnis, Machtpolitik und Ideologie.

M1 Sitzung des UN-Sicherheitsrates in New York, Fotografie, 2003

Der Sicherheitsrat ist das mächtigste Organ der Vereinten Nationen. Nach Artikel 24 I der UN-Charta sollen ihm die Mitgliedsstaaten „die Hauptverantwortung für die Wahrung des Weltfriedens und der internationalen Sicherheit" übertragen.

M2 Die Kreuzfahrer stürmen 1099 Jerusalem, mitteleuropäische Buchmalerei, 1460

M3 **Three Flags, Gemälde von Jasper Johns, 1958**

1 Stellen Sie einen Zusammenhang zwischen dem Bild und der amerikanischen Geschichte her. Berücksichtigen Sie das Entstehungsdatum.

Auch Weltmächte entstehen nicht gleichsam über Nacht. Diese Erkenntnis lässt sich gut an den USA aufzeigen. Nach dem Ende des Ost-West-Konfliktes 1990/91 blieben die **Vereinigten Staaten von Amerika die einzige Weltmacht**. Auch heute noch beeinflusst diese Supermacht die Verhältnisse in zahlreichen Weltregionen. Zum Verständnis ihrer internationalen Politik genügt es jedoch nicht, die Aktivitäten der USA im Zeitalter der Globalisierung zu analysieren. Vielmehr muss das Augenmerk auch auf die Entstehung und Entwicklung dieser Weltmacht gerichtet werden. Die Werte und Normen, die die US-amerikanische Außenpolitik in Vergangenheit und Gegenwart leiteten, werden allein durch eine historische Untersuchung deutlich.

Fallbeispiel Nahostkonflikt

Die Konflikte im Nahen Osten wurden über lange Zeit maßgeblich von außen mitgestaltet. Das zeigte sich bereits in der Antike, als das Römische Reich sein Imperium auf das Territorium im Nahen Osten ausdehnte. Im Jahre 63 v. Chr. verlor der jüdische Staat seine Unabhängigkeit, die Römer übernahmen die Herrschaft. Der **Widerstreit zwischen römischen Herrschaftsinteressen und dem jüdischen Selbstständigkeitsbestreben** prägte seitdem die Geschichte Palästinas. Um einen Aufstand der Juden niederzuschlagen und die Herrschaft des Imperium Romanum durchzusetzen, eroberte das römische Heer 70 n. Chr. nicht nur Jerusalem, sondern plünderte und zerstörte auch den Tempel. Damit verloren die Juden ihre zentrale Kultstätte und ihren religiösen Mittelpunkt. Die Klagemauer in Jerusalem ist das letzte Relikt dieses Tempels und heute das wichtigste Heiligtum der Juden.

Mit dem Römischen Reich bestimmte zum ersten Mal eine europäische Macht die Geschicke im Nahen Osten nachhaltig mit. Als im Hochmittelalter christliche Kreuzfahrer Palästina eroberten, griffen erneut Europäer in Geschichte und Politik Palästinas ein. Die religiösen und kulturellen Unterschiede und Vorurteile zwischen den **Christen und den arabischen Muslimen**, die das Land seit 634 in Besitz genommen hatten, führten – neben Formen des kulturellen Austauschs – immer wieder zu Konflikten. Die Araber betrachteten die Kreuzfahrer als Eindringlinge, die vertrieben werden müssten. Und sie fühlten sich den Christen kulturell und religiös überlegen. Die christlichen Kreuzfahrer beharrten ihrerseits auf ihrer kulturellen und religiösen Überlegenheit und beanspruchten für sich das Recht, das

„Heilige Land“ zu besiedeln. Während des 19. Jahrhunderts entwickelte sich ein **Konkurrenzkampf zwischen den imperialistischen Großmächten** Europas um Einfluss im Nahen Osten. Im Ersten Weltkrieg (1914–1918) beendeten britische Truppen die seit 1517 bestehende Herrschaft des Osmanischen Reiches in Palästina. Großbritannien und Frankreich teilten das Land unter sich auf und bestimmten in der ersten Hälfte des 20. Jahrhunderts die Geschicke dieser Region. Seit dem Ende des 19. Jahrhunderts wanderten immer mehr Juden nach Palästina ein. Beeinflusst durch den Zionismus, die jüdische Nationalbewegung, wollten viele von ihnen im „Heiligen Land“ ihrer Väter einen neuen Staat gründen. Dabei trafen sie auf wachsenden Widerstand der arabischen Bevölkerung, die auf ihrem nationalen Selbstbestimmungsrecht bestand. Der entstehende arabische **Nationalismus** richtete sich sowohl gegen die Juden als auch gegen das Osmanische Reich. Die Spannungen zwischen der jüdischen und der arabischen Bevölkerung wurden teilweise durch die unglückliche Politik der europäischen Großmächte verschärft. Das gilt besonders für Großbritannien, der Mandatsmacht des Völkerbundes: London machte Arabern und Zionisten weit reichende Versprechungen, die meist nur den eigenen Interessen folgten. Zudem schloss es widersprüchliche Verträge ab, die spätere Konflikte zwischen jüdischen Einwanderern und arabischen Bevölkerungsgruppen vorprogrammierten.
Weder die arabischen Staaten noch die palästinensischen Einwohner konnten jedoch 1948 die **Gründung des Staates Israel** verhindern. Sie war der Beginn zahlreicher gewaltsamer Auseinandersetzungen im Nahen Osten während des Kalten Krieges (1947/48–1990/91). Diese **Nahostkonflikte** spielten sich auf mehreren Ebenen ab: Israelis und Palästinenser bekämpften sich gegenseitig, Israel und seine arabischen Nachbarstaaten führten fünf „heiße“ Kriege gegeneinander und die Supermächte USA und Sowjetunion griffen in diese Kriege und Konflikte ein. Bis heute gibt es im Nahen Osten **keine dauerhafte und stabile Friedensordnung**. Im ausgehenden 20. und beginnenden 21. Jahrhundert kam es in den von Israel besetzten Gebieten zu palästinensischen Aufständen (*„Intifada“*), die den Friedensprozess behinderten. Besonders aufgebracht waren und sind die Palästinenser über die jüdischen Siedlungen in den von Israel besetzten Gebieten, 2003 waren es etwa 200 mit insgesamt 230 000 Bewohnern. Aber auch UNO, Europäischer Union, den USA und Russland gelang es bisher nicht, zwischen den Konfliktparteien zu vermitteln und Frieden zu stiften.

Fallbeispiel USA

Zum Verständnis der Werte und Normen, die die Außenpolitik der Vereinigten Staaten von Amerika leiten, ist die Kenntnis der US-amerikanischen Geschichte unverzichtbar. Der Patriotismus der Amerikaner, ihr Auserwähltheitsglaube und demokratisch-republikanisches Sendungsbewusstsein entstanden bereits während des **Unabhängigkeitskampfes** der nordamerikanischen Kolonien bzw. der **Amerikanischen Revolution** im ausgehenden 18. Jahrhundert. Die ersten Siedler in den neuenglischen Kolonien wollten in ihrer neuen Heimat eine Gesellschaft rechtlich freier und gleicher Staatsbürger aufbauen, in der die Leistungsbereitschaft des Einzelnen, nicht Geburt oder Stand den Platz des Menschen in der Gesellschaft bestimmten. Das gilt auch für die vom Pioniergeist der Frontierbewegung erfassten Siedler, die mit ihrem „Zug nach Westen“ den gesamten nordamerikanischen Kontinent besiedelten. Sie alle waren überzeugt, Grenzen überwinden und sich immer neue Ziele setzen zu müssen und dabei das vorbestimmte Schicksal einer auserwählten Nation (***„Manifest Destiny“***) zu erfüllen.
Seit dem 19. Jahrhundert stiegen die USA zur führenden Industrienation der Welt und **Weltwirtschaftsmacht** auf. Um ihren Handel auszuweiten und neue Export- und Rohstoffmärkte zu erschließen, betrieben die USA im Zeitalter des Imperia-

lismus aktive Weltpolitik. Das bedeutete durchaus auch direkte Kolonialherrschaft, wenngleich die USA informelle Herrschaft, d.h. die wirtschaftliche Durchdringung anderer Länder, bevorzugten.
Schon die imperialistische Politik der Vereinigten Staaten von Amerika wich von der Leitidee der Anfangsjahre ab, die der erste US-Präsident George Washington verkündet hatte. Danach sollten die USA mit allen Staaten Handel treiben, sich aber aus den Konflikten der anderen heraushalten. Diese Politik des Isolationismus gaben die USA zugunsten aktiver Interventionspolitik auf, als sie 1917 in den Ersten Weltkrieg eintraten. Dieser Kriegseintritt lässt sich wie die Beteiligung am Zweiten Weltkrieg nicht allein als bloße Macht- und wirtschaftliche Interessenpolitik interpretieren. Die amerikanische Regierung wollte auch die Sicherheit des Landes wahren und die Ideale der westlichen Demokratie gegen diktatorische Regimes verteidigen.
Diese Politik setzten die USA im Kalten Krieg fort, indem sie die demokratischen Nationen der Welt unterstützten. Die Ausdehnung des von der kommunistischen Sowjetunion beherrschten Machtbereichs wollten sie dagegen verhindern. Das geschah durch Wirtschafts- und Militärhilfe, Bündnispolitik und Diplomatie.
Nach dem Zusammenbruch des Sowjetimperiums und dem Ende des Kalten Krieges 1990/91 blieb die westliche Führungsmacht die einzige Weltmacht. Um diese herausragende Stellung der USA in der Weltpolitik zu charakterisieren, sprechen die einen von einer globalen Supermacht, während andere Politiker und Wissenschaftler die USA als imperiale Macht bezeichnen. Keine andere Macht der Welt besitzt wie die Vereinigten Staaten von Amerika die Fähigkeit und den Willen, in allen Teilen der Welt zu intervenieren. Das zeigte sich nicht erst nach den Terroranschlägen vom 11. September 2001, als die USA „den Krieg gegen den Terrorismus“ erklärten und 2001 in Afghanistan, 2003 gegen den Irak Krieg führten.

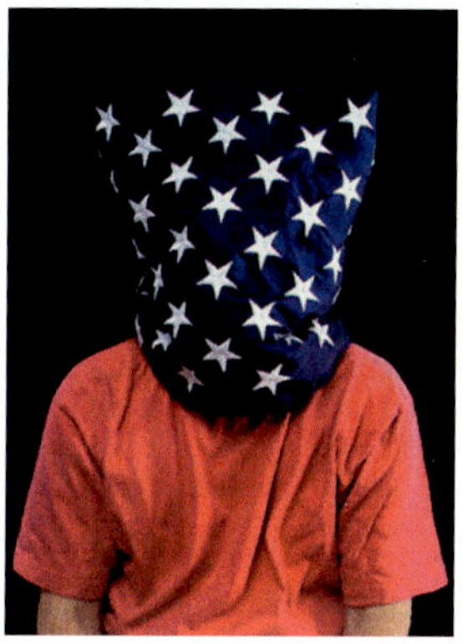

M 4 Star Gazing („Sternenguckerei"), Digitalprint von Hans Haacke, 2004

1 Erläutern Sie den Begriff „Mehrdimensionalität der Geschichte“.
2 Begründen Sie, warum diese Mehrdimensionalität am Beispiel des Nahostkonfliktes besonders deutlich wird.
3 Sammeln Sie Merkmale, die die USA als Weltmacht ausweisen.
4 Überprüfen Sie Ihre Merkmalszuordnung mithilfe von M 5, S. 224.
5 Mit seiner Arbeit (M 4) bezieht sich der Künstler Hans Haacke auf den Folterskandal von Abu Ghraib im Irak (M 5). Interpretieren Sie das Bild.

M 5 Straßenplakate in Teheran/Iran, die die Folter an irakischen Insassen im US-Militärgefängnis in Abu Ghraib/Irak darstellen, Fotografie, 2004

3 Der Nahe Osten: historische Wurzeln eines weltpolitischen Konfliktes

M 1 Der Tempelberg in Jerusalem mit Felsendom und Klagemauer, Fotografie, 2008

Jerusalem war und ist für Christen, Muslime und Juden die Heilige Stadt. Die *Juden* betrachten Jerusalem als den Ort, wo die Bundeslade zur Ruhe gekommen war, als Stätte des Tempels, Hauptstadt des Königreichs und – bis heute – Gegenstand des Wehklagens.
Für die *Christen* beruht die Heiligkeit der Stadt einzig und allein auf dem Geschehen, das mit dem Leben, Sterben und der Auferstehung von Jesus an diesem Ort zu tun hatte. Hier ist die Grabeskirche, die der römische Kaiser Konstantin über dem Grab des Erlösers Jesus errichten und 335 einweihen ließ.
Jerusalem ist für die *Muslime* die Stadt mit der „weiteren Moschee" (*al-masdschid al-aqsa*). Sie wird im Koran als die Stelle erwähnt, zu der Muhammad während seiner „nächtlichen Reise" von Mekka gebracht wurde; von hier aus stieg der Prophet in den siebten Himmel auf. Nach muslimischer Tradition war Jerusalem die erste *qibla*, d. h. die Richtung beim Gebet, bevor sie 624 nach Mekka wechselte.

63 v. Chr.
Eroberung Palästinas durch Pompeius

66–70
Erster jüdisch-römischer Krieg

132–135
Zweiter jüdisch-römischer Krieg

638
Eroberung Palästinas durch Muslime

1076–1078
Eroberung Syriens und Palästinas durch die Seldschuken

1095
Kreuzzugsaufruf Papst Urbans II.

1099
Jerusalem wird Kreuzfahrerstaat

63 v. Chr.–638 Römische Herrschaft
330–638 Byzantinische Herrschaft
638–1100 Muslimische Herrschaft

100 v. Chr. | 0 | 100 | 200 | 300 | 400 | 500 | 600 | 700 | 800 | 900 | 1000 | 1100

„Es gibt keine Unschuld der Begriffe, gerade der geografischen nicht. Über Jahrhunderte bildete Palästina [...] keine eigenständige geografisch-politische Einheit: Die Grenzen und Namen wechselten, und ebenso wechselte die Bevölkerung." Mit diesen Sätzen beginnt die Islamwissenschaftlerin Gudrun Krämer 2002 ihr Buch über die „Geschichte Palästinas". Tatsächlich sind geografische Begriffe im Nahen Osten immer auch politische Bekenntnisse und besitzen daher eine besondere politische Sprengkraft, weil mit ihnen Gebietsansprüche verbunden sind: Ist Israel das Land der Juden oder ist Palästina das Land der Palästinenser? Wer den gegenwärtigen Nahostkonflikt analysiert, muss weit in die Vergangenheit dieses Gebietes zurückgehen. Denn die Konfliktparteien in dieser Region, allen voran Israelis und Palästinenser, begründen ihre territorialen Forderungen auch historisch. Das Recht, heute in Palästina zu leben, wird mit dem Hinweis auf ihre jahrhundertealten angestammten Lebensräume legitimiert.
In der Antike wurde die Herrschaftsgeschichte des Nahen Ostens zeitweilig durch Auseinandersetzungen zwischen dem Römischen Reich und der jüdischen Bevölkerung bestimmt. Im europäischen Mittelalter besiedelten Araber muslimischen Glaubens und christliche Kreuzfahrer das Land. Es gehörte während der Frühen Neuzeit zum Osmanischen Reich. Im 19. Jahrhundert prägten imperialistische und nationalistische Verwerfungen diese Region. Der 1948 gegründete Staat Israel musste sich nicht nur im politisch-ideologischen Spannungsfeld des Kalten Krieges bewähren, sondern sah sich von Anfang an auch mit dem Widerstand der palästinensischen Bevölkerung und der arabischen Staaten konfrontiert. Bis heute erschweren diese Konflikte sowohl das friedliche Zusammenleben in der Region als auch die Schaffung einer stabilen Friedensordnung.

Kompetenzerwerb: Nach Bearbeitung des Kapitels 3 können Sie ...

- die historischen Wurzeln des Nahostkonfliktes in der Antike erläutern,
- die religiösen und kulturellen Konfliktpotenziale zwischen Christen und Muslimen im Zeitalter der Kreuzzüge benennen,
- den Konkurrenzkampf zwischen nationalistischen Bewegungen und imperialistischen Mächten um Palästina im 19. und 20. Jh. analysieren,
- die Entstehung des Staates Israel sowie den Widerstand gegen diese Staatsgründung beschreiben,
- die Politik Israels und seiner arabischen Nachbarn im Spannungsfeld des Kalten Krieges beurteilen,
- die Gefährdung und Gestaltung des Friedensprozesses im Nahen Osten verdeutlichen,
- Geschichtskarten interpretieren.

1291 Ende der Kreuzfahrerstaaten

1516–1917/18 Osmanische Herrschaft

1916 Sykes-Picot-Abkommen

1917 Balfour-Deklaration

1920 Britisches Völkerbundsmandat über Palästina

1948 Gründung des Staates Israel

1988 PLO-Chef Arafat erkennt das Existenzrecht Israels an

2000 Scheitern der israelisch-palästinensischen Friedenskonferenz in Camp David (USA)

2003 USA, UNO, EU und Russland legen Friedensplan („Roadmap") vor

1300 1400 1500 1600 1700 1800 1900 2000

Judentum

Die älteste monotheistische Religion und Mutterreligion des Christentums und des Islams. Die religiöse jüdische Tradition erhebt den Anspruch, dass sich Gott, der sich in der Bibel offenbart hat, im Stammvater Abraham das Volk Israel erwählt hat, um den Glauben an den einen wahren Gott zu bekennen. Der Bund mit Gott bedeutet für die Juden eine besondere Verpflichtung zur Befolgung der göttlichen Gebote. Die Erwartung des erlösenden Messias und die Verheißung des Gelobten Landes bestimmen das jüdische Geschichtsdenken, insbesondere seit der Zerstreuung der Juden in zahlreiche Länder ab 70 n. Chr.

Christentum

Die auf Leben und Lehre von Jesus Christus („der Gesalbte") gegründete Religion, die sich seit dem 1. Jahrhundert n. Chr. im Römischen Reich ausbreitete, im 4. Jahrhundert Staatsreligion wurde und später durch Missionierung auch auf die germanischen und slawischen Völker überging und so das Mittelalter entscheidend prägte. Zentraler Glaubensinhalt ist die „Frohe Botschaft" vom Reich Gottes, das durch die Person des Gottessohnes Jesus begonnen habe, und von der Erlösung der Menschen durch seinen Tod am Kreuz und seine Auferstehung von den Toten.

Islam

(arab. *islam* = Hingabe an Gott, Ergebung in Gottes Willen) Ein Gläubiger wird Muslim („Der sich Gott unterwirft") genannt. Die jüngste Weltreligion ist streng monotheistisch und betont das Hineinwirken Gottes in das tägliche Leben der Menschen. Grundlage des Islams ist der Koran („Verkündigung"), der in 114 Suren (= Abschnitte) geteilt ist und Erzählungen, Lobpreisungen und Gleichnisse enthält. Der Koran gilt als Offenbarung Gottes, die dem Propheten Muhammad im 7. Jh. der christlichen Zeitrechnung überbracht wurde. Wer fromm leben will, hat fünf Grundpflichten zu erfüllen: 1. das Glaubensbekenntnis: „Es ist kein Gott außer Allah, und Muhammad ist sein Prophet!", 2. die fünf täglichen Pflichtgebete, 3. das Almosengeben, 4. das Fasten im Monat Ramadan, 5. die Pilgerfahrt zur Kaaba nach Mekka, die jeder Muslim einmal im Leben unternehmen soll.

Kreuzzug

Im weiteren Sinne ist unter einem Kreuzzug ein von der christlichen Kirche im Mittelalter geförderter Kriegszug gegen „Heiden" (Ungläubige) und Ketzer (vom rechten Glauben Abgewichene) zu verstehen. Ziel war die Ausbreitung oder Wiederherstellung des katholischen Glaubens. Vom Ende des 11. (1095 Kreuzzugsaufruf Papst Urbans II.) bis zum Ende des 13. Jahrhunderts (1291 völlige Vertreibung der Kreuzritter aus Palästina) waren die Kreuzzüge kriegerische Unternehmungen, um das Heilige Land zurückzuerobern. In der Kreuzzugsidee verband sich der Gedanke der Pilgerfahrt und des Kampfes gegen die „Heiden" mit dem Ziel, das Heilige Grab in Jerusalem von muslimischer Besatzung zu befreien. Militärische Gewalt und der „Opfertod" wurden dabei als Akt der Buße gerechtfertigt.

Imperialismus

Als Imperialismus wird die Herrschaft eines infolge seiner industriellen Entwicklung weiterentwickelten Staates über weniger entwickelte Länder bezeichnet. Die Epoche des Imperialismus umfasst den Zeitraum zwischen 1880 und 1918. Während dieser Zeit betrieben die europäischen Großmächte eine Politik des expansiven Nationalismus. Imperiale Herrschaft wurde „direkt" (Besetzung und Einrichtung einer Kolonialregierung) oder „indirekt" (Kontrolle über die eingesetzte einheimische Regierung) ausgeübt.

M1 Ansicht der Stadt Jerusalem im 16. Jahrhundert, Holzschnitt, spätere Kolorierung, aus Sebastian Münsters „Cosmographia universalis", Basel 1544

Nationalismus

Politische Bewegung, die darauf beruht, dass sich die in einem bestimmten Gebiet zusammenlebenden Menschen ihrer Gemeinsamkeiten als Nation bewusst werden (z. B. Sprache, Kultur, Geschichte), danach streben, einen eigenen Staat zu bilden, und sich von anderen „Nationen" abgrenzen. In Deutschland erwachte das Nationalbewusstsein im Zusammenhang mit den Befreiungskriegen gegen die napoleonische Fremdherrschaft. Heute wird der Begriff oft abwertend für ein übersteigertes Nationalbewusstsein verwendet.

Völkerbund

Staatenvereinigung von 1920 bis 1946 (Auflösung nach Gründung der UNO) zur Sicherung des Weltfriedens und zur wirtschaftlichen und kulturellen Zusammenarbeit. Erste Mitglieder: die Siegermächte des Ersten Weltkrieges (ohne USA) und 13 neutrale Staaten. Die Wirksamkeit des Völkerbundes wird allgemein als gering beurteilt. Das Scheitern des Völkerbundes wurde insbesondere gegenüber der aggressiven Expansionspolitik Deutschlands und Japans in den 1930er-Jahren deutlich.

Blockbildung

Der Begriff bezeichnet die veränderte Struktur des internationalen Systems nach 1945, als sich mit den USA und der UdSSR zwei gegensätzliche Machtzentren herausbildeten, die die Weltpolitik kontrollierten und mit ihren Verbündeten jeweils einen „Machtblock", den West- bzw. Ostblock, bildeten.

Kalter Krieg

Bezeichnung für eine Phase des Ost-West-Konflikts zwischen 1947 und 1990/91 (Auflösung des Ostblocks). Im Kern wird der Kalte Krieg als Auseinandersetzung („Nicht-Frieden") zwischen zwei unvereinbar erscheinenden Weltanschauungen mit ihren politischen, gesellschaftlichen und wirtschaftlichen Systemen gesehen.

Nahostkonflikt

Als Nahostkonflikt werden allgemein die politischen und militärischen Auseinandersetzungen zwischen dem Staat Israel und seinen arabischen Nachbarstaaten sowie der Palästinensischen Befreiungsorganisation (PLO) bezeichnet. Im Kern geht es um die staatliche Organisation im früheren britischen Mandatsgebiet Palästina und in der Folge um das Existenzrecht des Staates Israel und einen künftigen staatlichen Zusammenschluss der palästinensisch-arabischen Bevölkerung.

Grundwissentraining

1 Wissen wiederholen – mit einem Exzerpt

a) Lesen Sie die Grundwissenstexte einmal, um sich einen ersten Überblick zu verschaffen.
b) Notieren Sie auf einem DIN-A4-Blatt links untereinander die Überschriften. Lassen Sie ausreichende Abstände frei.
c) Lesen Sie die einzelnen Abschnitte nochmals sorgfältig und ergänzen Sie rechts auf Ihrem Blatt wichtige Erläuterungen in Stichpunkten. Achten Sie auf eine übersichtliche äußere Form.

2 Zusammenhänge herstellen – mit einem Kurzvortrag

a) Wählen Sie aus den Grundwissensbegriffen zu diesem Kapitel vier aus, zwischen denen Sie einen engeren Zusammenhang sehen.
b) Bereiten Sie einen Kurzvortrag (ca. drei Minuten) vor, in dem Sie diese Grundwissensbegriffe in ihrem Zusammenhang präsentieren. Sprechen Sie möglichst frei.
c) Unterstützen Sie Ihren Vortrag mit knappen visuellen Impulsen (z. B. Daten, Fakten, Begriffe auf Folie oder Tafel).

3 Testaufgabe

a) Ordnen Sie die Abbildung M 1 in eine historische Epoche ein.
b) Erläutern Sie ausgehend von der Abbildung M 1, inwiefern die Stadt Jerusalem sowohl für Judentum als auch für Christentum und Islam eine besondere Bedeutung hat.
c) Diskutieren Sie in der Klasse, welche der Grundwissensbegriffe dieses Kapitels heute besonders relevant sind.

1 Konflikte in der Antike: der Widerstreit zwischen römischen Herrschaftsinteressen und jüdischem Selbstständigkeitsstreben

M1 Vater mit Söhnen an der Klagemauer in Jerusalem, Fotografie, 2005

Die Zerstörung des Tempels in Jerusalem

„Da gingen sie freiwillig in den Tod, die einen stürzten sich in die Schwerter der Römer, andere erschlugen sich gegenseitig, wiederum andere begingen Selbstmord; die übrigen sprangen in die Flammen. Und es erschien jedem [...] nicht Untergang, sondern Sieg, Rettung und Glück zu bedeuten, gemeinsam mit dem Tempel unterzugehen." So beschrieb später der griechisch-römische Historiker Cassius Dio (um 150–um 235 n. Chr.) die Eroberung Jerusalems durch Truppen des Römischen Reiches im Jahre 70 n. Chr.
Das römische Heer unter dem Befehl von Titus, dem späteren Kaiser und Sohn von Kaiser Vespasian, beschränkte sich nicht auf die gewaltsame Einnahme der Stadt, sondern plünderte und zerstörte auch den **Tempel**. Er war bis dahin die **zentrale Kultstätte der Juden** gewesen. Diese verloren mit der Vernichtung des Tempels daher ihr zentrales Heiligtum und ihren religiösen Mittelpunkt. Die **Klagemauer* in Jerusalem** ist das letzte Relikt dieses Tempels und heute das wichtigste Heiligtum der Juden. Wie kam es zu dieser blutigen Auseinandersetzung zwischen dem Imperium Romanum und dem jüdischen Volk mit ihren weit reichenden historischen Folgen?

Beginn der römischen Herrschaft

Die wechselvolle Herrschaftsgeschichte des Nahen Ostens begann nicht erst mit den Römern (M 6 a, b). Aber sie drückten der Region seit der Eroberung des westlichen Vorderasiens durch **Pompeius*** im Jahre 63 v. Chr. für etwa 700 Jahre ihren Stempel auf. Besonders das unruhige Judäa mit Jerusalem erwies sich für das Imperium Romanum als schwieriges Herrschaftsgebiet.
Pompeius nutzte seine militärischen Erfolge zur Neuordnung des gesamten Ostens, also Kleinasiens und des syrischen Raumes bis Ägypten und Mesopotamien. Eines der Ergebnisse dieser Neuorganisation bis 63 v. Chr. war die Errichtung der Provinz Syrien und das **Ende der Unabhängigkeit des jüdischen Staates**, der von der königlichen Dynastie der Hasmonäer regiert wurde. Streitigkeiten innerhalb des Hasmonäerstaates begünstigten die Durchsetzung der römischen Herrschaft und den Verlust seiner Selbstständigkeit. Nach dem Tod der Regentin Salome Alexandra (76–67 v. Chr.) kam es zu Konflikten zwischen ihren Söhnen, Aristobul II. und Hyrkan II., um die Herrschaft über Judäa.
Die rivalisierenden Parteien bemühten sich beide um römische Unterstützung. Als der unzuverlässige Aristobul seine Zusage nicht einhielt, einen Geldbetrag zu entrichten und Jerusalem an die Römer gegen Gewährung des Friedens zu übergeben, schritt Pompeius mit Waffengewalt ein. Er nahm Aristobul gefangen und zog mit seinen Truppen vor Jerusalem. Während die Anhänger des Hyrkan dem römischen Feldherrn die Stadt auslieferten, verteidigten diejenigen seines Bruders die Stadt. Nach einer Belagerung von drei Monaten und blutigen Kämpfen eroberten die Römer Jerusalem.
Pompeius betrat mit einigen Begleitern das Allerheiligste des Tempels, was nur dem Hohepriester am Versöhnungstag erlaubt war. Das löste in der jüdischen Bevölkerung große Empörung aus, die auch dadurch nicht gemildert wurde, dass Pompeius den Tempelschatz nicht anrührte. Der Beginn der römischen Herrschaft in Judäa war damit überschattet von einem antijüdischen Akt, bei dem religiöse Gefühle verletzt wurden (M 7 a, b).

M2 Pompeius Magnus Gnaeus (106–48 v. Chr.), zeitgenössische Büste

Der römische Feldherr und Staatsmann erhielt 67 v. Chr. außerordentliche Vollmachten zur Bekämpfung der Seeräuber im östlichen Mittelmeer. Als Befehlshaber der römischen Heere im Osten nutzte er innerjüdische Konflikte, um Judäa in das Römische Reich einzugliedern. Damit begann die etwa 700 Jahre währende römische Herrschaft im Nahen Osten.

Konflikte zwischen Römern und Juden

Von Anfang an bildete die Religion einen wesentlichen Streitpunkt zwischen Römern und Juden. Das gilt besonders für die **Zeloten** (griech. Wort für „Anhänger“, „Eiferer“), eine Gruppe radikaler jüdischer Widerstandskämpfer gegen die römische Herrschaft, die seit Beginn des 1. Jahrhunderts die Selbstständigkeit Judäas wiederherstellen wollte. Endzeitvisionen, die das baldige Erscheinen des Messias und die Wiedererrichtung des Reiches von David und Salomo ankundigten, verliehen diesen religiösen Eiferern Auftrieb. Mit ihrem entschlossenen Kampf gegen das Römische Reich hofften sie, den Anbruch der Messias-Zeit beschleunigen zu können. Die Zeloten betrachteten jedoch nicht nur die Römer als ihre Feinde, sondern auch die jüdischen Eliten, die mit den Vertretern des Imperium Romanum zusammenarbeiteten. Auch diese „Kollaborateure“ aus dem eigenen Volk wurden gewaltsam bekämpft.

Im Verlauf des ersten nachchristlichen Jahrhunderts **verschärften sich die religiös motivierten Konflikte zwischen Römern und Juden**. Die angespannte Situation, die in den Jahren 66–70/74 zum ersten römisch-jüdischen Krieg führte, ist allerdings nicht allein den Zeloten anzulasten. Auch die Römer zeigten zeitweilig wenig Respekt vor den Juden und dem, was diesen heilig war. Um Unruhen vorzubeugen, ließ die römische Besatzungsmacht an hohen jüdischen Festtagen Truppen aufmarschieren (M8). Gerade dadurch eröffnete sie jedoch Möglichkeiten zur gegenseitigen Aufwiegelung, bei denen die gemäßigten Kräfte die Radikalen nicht mehr im Zaum halten konnten.

Auch aufgrund **wirtschaftlicher Schwierigkeiten** verschlechterten sich die Beziehungen zwischen Juden und Römern. Die Juden des „Heiligen Landes“ hatten sowohl für den Tempel und das Kultpersonal als auch für die Römer Steuern zu entrichten. Ein großer Teil der bäuerlichen Bevölkerung war daher hoch verschuldet und lebte häufig am Rande des Existenzminimums.

M3 Palästina zur Zeit Christi Geburt

Der Gründungsmythos Israels

Der israelische Historiker Shlomo Sand löste 2008 eine kontroverse Debatte über den Ursprungsmythos des Staates Israel aus. Sein Buch „Die Erfindung des jüdischen Volkes. Israels Gründungsmythos auf dem Prüfstand“ erschien 2010 auf Deutsch. Der Verlagsklappentext nennt prägnant die zentralen Thesen: „Gibt es ein jüdisches Volk? Nein, sagt der israelische Historiker Shlomo Sand und stellt damit den Gründungsmythos Israels radikal in Frage. Vertreibung durch die Römer? Exodus? Rückkehr nach 2000 Jahren ins Land der Väter? Alles Erfindungen europäischer Zionisten im 19. Jahrhundert, schreibt Sand.“ Die aktuelle Diskussion über diese Thesen lässt sich am besten im Internet verfolgen.

Römisch-jüdische Kriege

Vor allem der Glaube verband viele unzufriedene Juden mit den religiösen Eiferern, die im Jahre 66 endgültig die Oberhand gewannen. Überzeugt, für die Sache Gottes zu kämpfen und mit seiner Hilfe zu siegen, belagerten die radikalen Kräfte der jüdischen Bevölkerung die römische Besatzung in Jerusalem und töteten die römischen Soldaten, denen zunächst der freie Abzug zugesichert worden war. Dieser Gewaltakt zeigte, dass die Zeloten nach der Devise „alles oder nichts“ handelten. Sie lehnten außerdem die Unterstützung von Teilen der jüdischen Aristokratie ab, die sich an die Spitze der **Aufstandsbewegung** setzen wollten. Es kam daraufhin zu einem **blutigen Bürgerkrieg**, der die Kampfkraft der Aufständischen schwächte. Erst im Jahre 70 konnten die römischen Truppen nach schwierigen und verlustreichen Kämpfen Jerusalem einnehmen. Die starken Befestigungen und der fanatische Kampfesmut der jüdischen Verteidiger verhinderten einen raschen **Sieg der Römer**. Diese schafften nach der Zerstörung des Tempels das Beutegut aus dem jüdischen

M4 Römischer Triumphzug mit dem siebenarmigen Leuchter des Salomonischen Tempels, Ausschnitt aus dem linken Innenrelief vom Titusbogen, Rom, 81 n. Chr., undatierte Fotografie

M5 Zwei Münzen aus der Zeit des Bar Kochba-Aufstandes (132–135)

Auch im zweiten jüdisch-römischen Krieg waren politische Zielsetzungen und religiöse Bestrebungen unlösbar miteinander verbunden. Deshalb tragen die Münzen jüdisch-religiöse Symbole.
Vorderseite: Tempelfassade mit Bundeslade. Rückseite: Zitrusfrucht und Palmzweige, die das Laubhüttenfest symbolisieren.

Heiligtum nach Rom und führten es im **Triumphzug** mit. Für die Nachwelt dokumentiert wurde der römische Erfolg in einem Relief im Durchgang des **Titusbogens** auf dem Forum Romanum. Das eine Relief zeigt Titus, wie er auf einem Triumphwagen in die Stadt einzog. Auf dem anderen Relief werden zentrale Gegenstände aus der Beute präsentiert: der siebenarmige Leuchter, der Altar für die Brote und Geräte sowie die silbernen Posaunen aus dem Jerusalemer Tempel (M 4).

Noch einmal vier Jahre vergingen, bis die römischen Truppen 74 den jüdischen Widerstand endgültig gebrochen hatten. Besonders der Kampf um die **Wüstenfestung Massada** prägte sich tief ins Gedächtnis der Nachwelt ein. Von dieser Festung war der Aufstand ausgegangen und hier konnten sich die Aufständischen bis zum kollektiven Selbstmord der 960 Verteidiger halten, die der demütigenden Gefangennahme durch die Römer entgehen wollten. Heute ist Massada, das 1963 bis 1965 von Archäologen ausgegraben wurde, ein **Symbol des Widerstandes und der Freiheit für den Staat Israel**.

Einen letzten großen Aufstand gegen die Römer wagten die Juden während der Herrschaft von Kaiser Hadrian (Reg. 117–138) im Jahre 132, der zum zweiten römisch-jüdischen Krieg (132–135) führte. Angetrieben wurden die aufständischen Juden unter ihrem Anführer, dem Fürsten Simon Bar Kochba (= „Sternensohn"), durch ein ausgeprägtes messianisches Sendungsbewusstsein. Der **Bar Kochba-Aufstand** richtete sich sowohl gegen das Vorhaben Hadrians, Jerusalem als heidnisch-römische Stadt Aelia Capitolina neu aufzubauen, als auch gegen Eingriffe in die jüdische Kultautonomie. Denn Hadrian hatte ein Beschneidungsverbot für die Juden verfügt.

Die römischen Truppen waren vom Aufstand überrascht. Bar Kochba nutzte diesen Vorteil, um Judäa einschließlich Jerusalem einzunehmen. Er feierte seinen Erfolg, indem er Münzen prägen ließ, die nach dem Jahr der „Befreiung Israels" oder der „Freiheit Jerusalems" datiert wurden (M 5). Doch die Übermacht der Römer war zu groß: Mit ihren überlegenen Truppen eroberten sie Ort für Ort in

Judäa wieder zurück und konnten schließlich auch Jerusalem wieder einnehmen. Viele Juden, unter ihnen auch Bar Kochba, wurden gefoltert und getötet oder emigrierten nach Babylonien und Ägypten (M 9). Die Besatzungsmacht baute **Jerusalem als Römerstadt Aelia Capitolina** wieder auf und verwehrte den Juden den Zugang zu ihrer Heiligen Stadt. Außerdem änderte Hadrian den Namen der Provinz Judäa in Anlehnung an die früher hier ansässigen Küstenbewohner, die Philister, in **Syrien-Palästina** bzw. Palästina. Auf diese Weise sollte das Andenken an die Verbindung zwischen dem jüdischen Volk und dem Land ausgelöscht werden. Es muss aber nicht der römische Kaiser gewesen sein, der den Anstoß für diese politisch motivierte Namensänderung gegeben hat. Infrage kommt dafür auch die nichtjüdische Bevölkerung (M 10).

Literaturtipp
Alain Gresh, Israel – Palästina. Hintergründe eines Konflikts, Zürich 2009.
Alain Gresh, Chefredakteur der Monatszeitschrift für internationale Politik *„Le Monde diplomatique"*, widmet sich in seiner faktenreichen und übersichtlichen Darstellung sowohl den Wurzeln des Konflikts zwischen Israel und Palästina wie auch den jüngsten Entwicklungen.

1. Beschreiben Sie die Konflikte zwischen Römern und Juden von der Eroberung Judäas durch Pompeius bis zum Bar Kochba-Aufstand.
2. Erörtern Sie die Konfliktursachen und nennen Sie die wichtigsten Folgen für Juden und Römer.

M 6 Der Nahe Osten vor der römischen Herrschaft

a) Die Politikwissenschaftlerin Margret Johannsen über die Herrschaftsgeschichte im Nahen Osten, 2006:

Seit dem Altertum war der Nahe Osten Ziel von Völkerwanderungen und Durchzugsland für die Heerzüge der Antike. Er erlebte eine wechselvolle Herrschaftsgeschichte.

Bereits seit der frühen Bronzezeit siedelten verschiedene Stämme aus dem Zweistromland auf dem Felsplateau des judäischen Hochlandes. Im dritten Jahrtausend v. Chr. wanderten die Kanaanäer ein und gaben dem Land seinen Namen Kanaan, der Bibelkundigen geläufig ist. Den Kanaanäern folgten im frühen zweiten Jahrtausend v. Chr. die Hebräer, in der Bibel auch Israeliten genannt. Um 1200 v. Chr. drangen aus der Ägäis die seefahrenden Philister, von deren Namen das Wort Palästina abgeleitet ist, in das Land ein und bedrohten gemeinsam mit den Kanaanäern die im Osten Kanaans lebenden Israeliten.

Unter ihren Königen Saul und David schlossen sich die israelitischen Stämme in ihrer Bedrängnis gegen die Kanaanäer und Philister zusammen. 997 v. Chr. eroberte König David das ursprünglich kanaanitische Jerusalem. Er machte die Stadt zum politischen und religiösen Mittelpunkt seines Reiches. Unter der Herrschaft Davids und der seines Sohnes Salomo begannen sich die Kulturen [...] zu vermischen. Durch Nomaden, die von der Arabischen Halbinsel einwanderten, flossen auch zahlreiche arabische Elemente in die Kultur des Vielvölkerstaates ein. Nach König Salomos Tod 926 v. Chr. zerfiel das israelische Reich. In Jerusalem und seinem Umland etablierte sich das Reich Judaea mit Jerusalem als Hauptstadt, das sich unter persischen und hellenistischen Königen innere Autonomie bewahren konnte. Seine Verwaltung wurde von einem aus Laien und Priestern zusammengesetzten Ältestenrat mit dem Hohenpriester als höchster Autorität ausgeübt. Das jüdische Siedlungsgebiet wurde kontinuierlich nach Norden erweitert und die jüdische Religion durch Missionare im gesamten vorderen Orient und an der Mittelmeerküste verbreitet.

Margret Johannsen, Der Nahost-Konflikt, VS Verlag für Sozialwissenschaften, Wiesbaden 2006, S. 12 f.

b) Wichtige Daten zur Geschichte des alten Israel:

Dieser geschichtliche Überblick zur Frühzeit des Volkes Israel berücksichtigt auch die mythische bzw. biblische Überlieferung. Zwar lässt sich der historische Kern der biblischen Geschichten heute nur noch schwer feststellen. Doch kommt es nach jüdischem Selbstverständnis darauf an, was der jüdischen Tradition entspricht. Nach streng jüdisch-orthodoxer Auffassung war alles genau so, wie es in der Bibel steht.

3760 v. Chr.	Schöpfung der Welt nach mythologischer Überlieferung
ca. 2. Jh. v. Chr.	Zeit der Erzväter: Auswanderung Abrahams, des Stammvaters der Juden, aus Mesopotamien nach Kanaan; Verheißung Gottes an Abraham (Gen. 22); aus den 12 Enkeln Abrahams gehen die 12 Stämme Israels hervor (Gen. 29–30); Versklavung der Israeliten in Ägypten
ca. 13. Jh. v. Chr.	Auszug aus Ägypten (Exodus): Während der 40-jährigen Wüstenwanderung offenbart sich Gott dem Volk Israel; Moses empfängt die Gesetzestafeln mit den Zehn Geboten auf dem Berg Sinai zur Bestätigung des Bundes.
ca. 1200 v. Chr.	Landnahme der Israeliten unter Josua im Land Kanaan
ca. 1020–587 v. Chr.	Zeit der Könige
um 1000 v. Chr.	David, König über ganz Israel, macht Jerusalem zur Hauptstadt.

ca. 955–587/6 v. Chr.	Zeit des Ersten Tempels: Unter Salomo wird in Jerusalem der königliche Palasttempel gebaut; er entwickelt sich zum zentralen Kultort der Juden.
928/6 v. Chr.	Reichsteilung: Nordreich Israel und Südreich Juda mit Jerusalem
ca. 720 v. Chr.	Untergang des Nordreichs nach Niederlage gegen die Assyrer
587/6 v. Chr.	Eroberung Jerusalems, Zerstörung des Ersten Tempels durch die Babylonier, Verschleppung des jüdischen Volkes in das Babylonische Exil
538 v. Chr.	Rückkehr in die Heimat
ab 534 v. Chr.	Bau des Zweiten Tempels in Jerusalem, der 516 eingeweiht wird
332 v. Chr.	Eroberung des Landes durch Alexander den Großen und Beginn der hellenistisch-römischen Periode: Auseinandersetzung der Juden mit der griechischen Kultur
175 v. Chr.	Der Seleukiden-Herrscher Antiochus IV. verbietet den Juden die Ausübung ihrer Religion; Beginn der Makkabäeraufstände
164 v. Chr.	Neueinweihung des Tempels nach den erfolgreichen Makkabäeraufständen (Chanukkafest)
63 v. Chr.	Mit der Eroberung Palästinas durch den römischen Feldherrn Pompeius beginnt die 700 Jahre dauernde Herrschaft Roms.

1 Die Politikwissenschaftlerin Johannsen bezeichnet in ihrem Buch über den Nahostkonflikt Palästina als „Einwanderungsland unter wechselnder Herrschaft“. Überprüfen Sie diese These für die Zeit vor der römischen Herrschaft mithilfe von M 6 a und b.

M 7 Die Eroberung Jerusalems durch die Römer im Jahre 63 v. Chr.

a) Der jüdisch-römische Geschichtsschreiber Josephus Flavius (37–100 n. Chr.) über Beginn und Folgen der römischen Herrschaft über Judäa (ca. 93/94 n. Chr.):

Für dieses Unglück Jerusalems trug nur der Konflikt zwischen Hyrkanos und Aristobulos die Schuld. Wir verloren unsere Freiheit und wurden den Römern untertänig, und wir wurden gezwungen, das Land, das wir mit unseren Waffen erworben hatten, indem wir es den Syrern wegnahmen, den Syrern zurückzugeben, und dazu trieben die Römer in kurzer Zeit mehr als 10 000 Talente bei uns ein, und die Königswürde, die vorher denen gegeben wurde, die aufgrund ihrer Herkunft Hohepriester waren, gelangte an Männer aus dem Volk.

Zit. nach: Klaus Bringmann, Geschichte der Juden im Altertum. Vom babylonischen Exil bis zur arabischen Eroberung, Klett-Cotta, Stuttgart 2005, S. 165 f.

b) Der Historiker Ernst Baltrusch über die Entweihung des Tempels durch Pompeius im Jahre 63 v. Chr., 2002:

Pompeius ließ es sich nicht nehmen, das Zentrum der jüdischen Religion zu besichtigen. Er betrat den Tempel zu Jerusalem und entweihte das Allerheiligste. Die Motive für diese Tat sind umstritten und angesichts der Quellenlage nicht leicht zu ergründen. Von ihnen hängt viel für die Bewertung der pompeianischen Politik ab.

Dass Pompeius es nicht auf die Tempelreichtümer abgesehen hatte, steht nach den nahezu vollständig übereinstimmenden Quellenaussagen [...] fest. Man wird wohl auch ausschließen können, dass er lediglich aus der überheblichen Neugier des Siegers heraus gehandelt hat; ihm war zweifellos die hohe Brisanz seines Tuns bewusst, und er hätte wohl nicht leichtfertig die Stabilität seiner Regelungen aufs Spiel gesetzt.

Also kommt als Motiv für den Tempelbesuch paradoxerweise nur das Interesse an der Festigung der Neuordnung selbst infrage: Pompeius musste sich gleichsam aus erster Hand und unbeeinflusst von den zahlreichen unglaubwürdigen und zum Teil absurden Legenden, die sich allerorts in Umlauf befanden, ein reales Bild von der mit diesem geheimnisumwitterten Tempel verbundenen Religion machen. Denn wie konnte ohne genaue, vor allem mit eigenen Augen erworbene Kenntnis der jüdischen Religion eine dauerhafte Ordnung errichtet werden?

Dem römischen Feldherrn war ohne Frage bewusst, dass seine Tat als solche ein antijüdischer Akt war, auch wenn sie so nicht gemeint war. Seine Anordnung, umgehend die Reinigung des Tempels mit den vorgeschriebenen Opfern durchzuführen, um so den Vertrauensbruch wieder zu kitten, bestätigt diese Deutung des Tempelbesuches. Dass Pompeius die religiösen Empfindungen religiöser Gruppen in Judäa damit unterschätzt hat, steht aber außer Frage.

Ernst Baltrusch, Die Juden und das Römische Reich. Geschichte einer konfliktreichen Beziehung, Wissenschaftliche Buchgesellschaft, Darmstadt 2002, S. 134.

1 Untersuchen Sie mithilfe von M 7 a den Beginn römischer Herrschaft im Nahen Osten:
a) Arbeiten Sie heraus, welche Ursachen und Folgen Josephus Flavius für die römische Herrschaft in Judäa nennt.
b) Erörtern Sie, aus welcher Perspektive er die Ereignisse des Jahres 63 v. Chr. beurteilt.

2 Analysieren Sie mithilfe von M 7 b die Tat des Pompeius, das Allerheiligste des Tempels zu betreten:
a) Fassen Sie zusammen, welche Motive Pompeius nach Baltrusch antrieben und welche Folgen diese Tat hatte.
b) Bestimmen Sie die Perspektive, aus der Baltrusch die Ereignisse beurteilt.

M8 Der jüdisch-römische Geschichtsschreiber Josephus Flavius über Unruhen in Judäa

Josephus Flavius berichtet in seiner Schrift „Der jüdische Krieg" über die Regierungszeit des römischen Prokurators Ventidius Cumanus, die die Jahre 48 bis 52 umfasste.

Nach dem Tode des Herodes, des Herrschers von Chalkis, setzte Claudius den Agrippa, den Sohn des Agrippa, in die Herrschaft des Onkels ein. Für den übrigen Teil der Provinz folgte in der Statthalterschaft auf Alexander Cumanus, unter dem Unruhen ausbrachen und das Blutvergießen bei den Juden erneut einsetzte. Als sich nämlich die Menge zum Fest der ungesäuerten Brote in Jerusalem versammelt und die römische Kohorte auf dem Dach der Säulenhalle um das Heiligtum Aufstellung genommen hatte – an den Festtagen bewachen sie immer in voller Bewaffnung das versammelte Volk, damit es keinen Aufstand beginne –, da erhob ein Soldat sein Gewand, bückte sich und kehrte in unanständiger Weise den Juden das Gesäß zu, zugleich gab er einen Laut von sich, der dieser Haltung entsprach. Darüber geriet das ganze Volk in hellen Zorn und forderte mit Geschrei von Cumanus die Bestrafung des Soldaten; einige junge Männer, die zu wenig beherrscht waren, und andere aus dem Volk, die von Natur zum Aufstand neigten, schritten zum Kampf, hoben Steine auf und begannen, auf die Soldaten zu werfen. Cumanus fürchtete nun, das ganze Volk wolle ihn angreifen; er ließ daher noch mehr Schwerbewaffnete anrücken. Als sich diese in die Hallen ergossen, befiel die Juden ein unwiderstehliches Erschrecken; sie wandten sich um und versuchten, aus dem Heiligtum in die Stadt zu fliehen. Die Gewalt der sich unter den Ausgängen zusammendrängenden Masse war so groß, dass sie sich untereinander niedertraten und erdrückten, wobei 30 000 getötet wurden. So brachte das Fest Trauer über das ganze Volk und Totenklage in jede Familie.

Zit. nach: Christian Mann, Antike. Einführung in die Altertumswissenschaften, Akademie Verlag, Berlin 2008, S. 175 f.

1 **Erörtern Sie mithilfe von M 8 den Konflikt zwischen römischen Herrschaftsinteressen und jüdischem Selbstständigkeitsbestreben Mitte des 1. Jahrhunderts in Judäa.**

M9 Der griechisch-römische Geschichtsschreiber Cassius Dio (um 150–um 235) über den zweiten römisch-jüdischen Krieg

Über 100 Jahre nach den Ereignissen beschrieb Cassius Dio in seiner „Römischen Geschichte" ausführlich die als „Krieg" bezeichnete Auseinandersetzung zwischen Römern und Juden:

In Jerusalem ließ [Kaiser] Hadrian für die bis auf den Grund zerstörte Stadt eine neue anlegen und gab ihr den Namen *Aelia Capitolina*. Wie er nun an dem Platz, wo der Tempel des Gottes gestanden hatte, einen anderen zu Ehren Iuppiters errichtete, kam es zu einem weder geringfügigen noch kurzen Krieg [...]. Denn die Juden konnten sich damit nicht abfinden, dass Fremdstämmige in ihrer Stadt angesiedelt und fremde Heiligtümer dort errichtet würden. [...] Als nun der Kaiser sich weiter entfernte, kam es bei ihnen zur offenen Empörung. [...] Zwar wagten sie es nicht, sich mit den Römern in einer Feldschlacht zu messen, doch besetzten sie die günstigen Punkte im Land und verstärkten sie durch unterirdische Gänge und durch Mauern. Damit wollten sie sich für Zeiten der Bedrängnis Zufluchtsorte und außerdem die Möglichkeit schaffen, unbeobachtet unter der Erde gegenseitig Verbindungen aufzunehmen. Zu diesen Stollen führten sie dann von oben aus Schächte hinab, damit sie Luft und Licht bekämen. [...] Die Römer kümmerten sich zunächst nicht weiter um die Juden, doch als ganz Judäa vom Aufruhr erfasst [...] war, die Juden allenthalben Unruhe zeigten und sich zusammenrotteten, zahlreiche Gewaltakte, teils heimlich, teils offen, gegen die Römer verübten [...], auch viele Angehörige fremder Völker aus Gewinnsucht mit ihnen gemeinsame Sache machten und darüber sozusagen die ganze Erde in Bewegung geriet [...], da erst schickte Hadrian seine besten Generäle gegen sie ins Feld. Die erste Stelle unter ihnen nahm Iulius Severus ein, der von Britannien, seiner Provinz, abkommandiert wurde, um mit den Feinden zu kämpfen [...]. Angesichts ihrer Masse und todesmutigen Entschlossenheit wagte er es nirgendwo, ihnen im offenen Kampf entgegenzutreten, er begnügte sich vielmehr damit, dank der überlegenen Zahl seiner Soldaten und Unterkommandeure einzelne Gruppen abzuschneiden, die Lebensmittelzufuhr zu unterbinden und sie einzukreisen. So konnte er sie zwar ziemlich langsam, aber doch ohne größere Gefahr in die Enge treiben, ermatten und schließlich vernichten. [...] Nur ganz wenige jedenfalls kamen von ihnen mit dem Leben davon. 50 ihrer wichtigsten Festungen und 985 der bedeutendsten Ansiedlungen wurden dem Erdboden gleichgemacht, ferner fanden 580 000 Mann bei den einzelnen Angriffen und Kämpfen den Tod; die Zahl der durch Hunger, Krankheit und Feuer zugrunde Gegangenen war nicht festzustellen. [...] So wurde fast ganz Judäa zur Einöde [...], wie es ihnen schon vor dem Krieg [...] deutlich verkündet worden war: Denn das Grabmal Salomos, das sie hoch verehren, löste sich von selbst auf und fiel in Trümmer, und viele Wölfe und Hyänen drangen heulend in ihre Städte ein. [...] Es mussten aber auch viele Römer in diesem Krieg [...] sterben.

Zit. nach: Andreas Blasius, Jüdische Unabhängigkeitsbestrebungen von Judas Makkabäus bis Bar Kochba, in: Alexandra Pontzen, Axel Stähler (Hg.), Das gelobte Land. Erez Israel von der Antike bis zur Gegenwart. Quellen und Darstellungen, Rowohlt Taschenbuch Verlag, Reinbek 2003, S. 81 f.

1 **Arbeiten Sie aus der Quelle die Ursachen des zweiten römisch-jüdischen Krieges heraus und charakterisieren Sie die Kampfmethoden der Gegner.**

2 **Erörtern Sie, aus welcher Sicht Cassius Dio die Ereignisse beschrieb und beurteilte.**

M 10 Der Historiker Werner Eck über die Folgen des zweiten römisch-jüdischen Krieges, 2006

Auch wenn der Beschluss zur Gründung einer neuen römisch-griechischen Stadt auf dem Boden des zerstörten Jerusalem von Hadrian schon vor dem Ausbruch des Aufstandes gefasst wurde, realisiert wurde er sicher erst in den folgenden Jahren, vor allem nach dem endgültigen Sieg. Jetzt erschienen massenhaft Münzen der Colonie, die den Namen *Aelia Capitolina* verkündeten, die das Bild griechischer und römischer Götter zeigten: Iuppiter, Bacchus oder Dionysos, Serapis, Aphrodite und die Dioskuren. Gleichzeitig wurde allen Juden verboten, das Gebiet von Jerusalem jemals wieder zu betreten. Wenn es zutreffend ist, was der Kirchenvater Hieronymus berichtet, dann war an dem Tor, das nach Bethlehem führte, das Bild eines Schweines abgebildet, um zu zeigen, dass die Juden nunmehr der Herrschaft Roms unterstanden. Doch wenn diese Figur wirklich an dem Tor angebracht war, dann sollte es eher zeigen, dass Juden hier nichts mehr zu suchen hätten. Sie hatten ihr Lebensrecht an diesem Ort verwirkt.

Etwas Ähnliches sollte ohne Zweifel auch die Änderung des Namens der Provinz dem Publikum verkünden. Bis zum Aufstand lautete der offizielle Name *Iudaea*. Doch seit dem Jahr 135 oder Anfang 136 wurde der neue Name *Syria Palaestina* verwendet. Denn in einer Inschrift, die in Aequum in der Provinz Dalmatia (nordöstlich vom heutigen Split) unter einer Statue des Gnaeus Minicius Faustinus Sextus Iulius Severus, des wichtigsten der siegreichen Generäle im Kampf gegen Bar Kochba, zu lesen war, wird diese Bezeichnung bereits zu diesem Zeitpunkt angeführt. In offiziellen Dokumenten und den Amtsbezeichnungen der verschiedenen Funktionsträger erscheint von da an bis ins späte 3. Jahrhundert hinein stets dieser Name. Kein Zweifel: Der Name *Iudaea* und damit der Verweis auf das Volk, das hier seit mehr als einem Jahrtausend seinen Sitz hatte, sollte verschwinden. Wer aber hat die Namensveränderung veranlasst? Die rechtlich-politische Entscheidung ging sicher auf Hadrian zurück. Doch hat er selbst oder haben seine unmittelbaren Berater den Anstoß gegeben und ging es ihnen um Bestrafung? Sollte hier also von Rom her bewusst Erinnerung getilgt werden? Sollte eine ganze Provinz durch einen Namen eine neue Identität erhalten? In vielen Provinzen des Römischen Reiches gab es Revolten gegen Rom. Germanien, Britannien, Mauretanien, Pannonien, Africa wären zu nennen. Zumeist leitete sich der Name der Provinz auch dort von einer ethnischen Bezeichnung her. Doch niemals hat Rom in einer Form reagiert, wie es der Wechsel von *Iudaea* zu *Syria Palaestina* zeigt. Warum also kam es zu dieser Tilgung eines Namens? Vielleicht liegt der Anstoß bei anderen Bewohnern der Provinz. Denn in *Iudaea* lebten nicht nur Juden, sondern viele Menschen unterschiedlicher ethnischer, kultureller oder religiöser Herkunft. Städte wie Skythopolis (heute Beth Shean) oder Askalon wären in diesem Zusammenhang zu nennen, aber auch viele andere. Sie hatten die Auswirkungen der beiden Aufstände unmittelbar erfahren, waren teilweise auch in die kriegerischen Aktivitäten verwickelt gewesen. Das Bild der Juden, das bei nicht wenigen führenden Römern recht negativ geprägt war, strahlte damit auf die Provinz als Ganzes aus, allein schon durch den Namen *Iudaea*. Es ist leicht vorstellbar, dass viele Bewohner der nichtjüdischen Siedlungen es nicht schätzten, allein durch den Provinznamen mit diesen Vorurteilen verbunden zu werden. Eine Stadt wie Skythopolis sagte schon in der Zeit von Antoninius Pius stolz von sich selbst, sie sei eine Polis von *Syria Coele*, womit ein Teil der geografischen Einheit Syrien gemeint war. So liegt es durchaus nicht fern, das Motiv und die Anregung für den Wechsel des Provinznamens vielleicht eher bei einem Teil der nichtjüdischen Provinzbevölkerung zu suchen. Wenn das so war, dann fand deren Anregung bei Hadrian gewiss leicht Resonanz. *Syria Palaestina* erinnerte an andere Zusammenhänge, nicht mehr an das rebellische Volk, das Rom so oft herausgefordert hatte. Eine für manche Provinzbewohner ungeliebte und bedrückende Vergangenheit sollte mit diesem neuen Namen ausgelöscht und die Verbindung mit denen, die so lange hier die Herren gewesen waren, geleugnet werden. Seit dem späten 3. Jahrhundert wurde der Name sogar zu *Palaestina* verkürzt. Die Wirkungen und Absichten, die mit dem neuen Namen verbunden waren, sind bis heute zu spüren.

Werner Eck, Rom und das jüdische Volk – Orte der Niederlagen und triumphale Erinnerungen, in: Elke Stein-Hölkeskamp u. Karl-Joachim Hölkeskamp (Hg.), Erinnerungsorte der Antike. Die römische Welt, C. H. Beck, München 2006, S. 582–584.

1 Arbeiten Sie mithilfe von M 10 die Ursachen für die Namensänderung der römischen Provinz heraus.

2 **Essay/Diskussion:** Diskutieren Sie die These des Historikers Eck: „Seit dem späten 3. Jahrhundert wurde der Name sogar zu Palaestina verkürzt. Die Wirkungen und Absichten, die mit dem neuen Namen verbunden waren, sind bis heute zu spüren."

2 Das Zeitalter der Kreuzzüge: religiöse und kulturelle Konfliktpotenziale zwischen Muslimen und Christen

Wirkungen der Kreuzzüge

Die Folgen der Kreuzzüge für das Verhältnis zwischen Christen und Muslimen werden bis heute kontrovers beurteilt. Einige Historiker betonen, dass die Kreuzzüge die Beziehungen zwischen den westeuropäisch-christlichen und den arabisch-muslimischen Staaten nachhaltig belastet haben. Die Islamwissenschaftlerin Gudrun Krämer fordert in ihrem Buch „Geschichte des Islam" (2005) hingegen, bei der Beurteilung zwischen **kurz- und langfristigen Wirkungen** zu unterscheiden: „Die moderne Dämonisierung der Kreuzzüge ist ahistorisch: So groß ihre Bedeutung für Europa und für die europäisch-arabischen Beziehungen in späteren Jahrhunderten, waren sie für die islamische Welt zu ihrer Zeit doch nur ein Element der sich verschärfenden Konfrontation mit den Christen im erweiterten Mittelmeerraum, die sich auf Sizilien (Maghrebiner gegen Normannen), Andalusien (iberische und maghrebinische Muslime gegen iberische und französische Christen) und Anatolien (Seldschuken gegen Byzantiner) konzentrierte. Ihre Schauplätze lagen im ‚Heiligen Land', in Syrien, Anatolien und Ägypten; Irak und Iran berührten sie nicht. Die außerordentliche Mobilisierungskraft der Religion, der christlichen wie der islamischen, steht außer Frage. Doch standen der ‚gerechte Krieg' der lateinischen Christen und *Jihad* der Muslime überkonfessionellen Verträgen und Vereinbarungen nicht im Weg." Wie kam es dazu, dass Muslime und Christen in Palästina miteinander konfrontiert wurden? Bestimmten Konflikt oder Kooperation ihr Zusammenleben? Welchen Stellenwert besaßen die kulturellen und religiösen Unterschiede im politischen und gesellschaftlichen Leben?

M 1 Kaiser Friedrich II. (Reg. 1220–1250) und Sultan al-Kamil (Reg. 1218–1238) schließen den Vertrag von Jaffa, 2. Hälfte des 13. Jh.

Kaiser Friedrich II. verzichtete während des Kreuzzugs 1228 auf ein militärisches Vorgehen und schloss mit dem Sultan al-Kamil 1229 den Vertrag von Jaffa, der den Christen auf zehn Jahre die Herrschaft über Jerusalem und weitere Städte einräumte.

Ausbreitung des Islam

Dem Propheten Muhammad (um 570–632) war es zu seinen Lebzeiten gelungen, die Stämme der Arabischen Halbinsel zu einen. Der Islam blieb aber nicht auf diese Region beschränkt, sondern breitete sich rasch aus. Keine hundert Jahre nach dem Tode des Propheten reichte die arabisch-islamische Herrschaft von den Pyrenäen bis zum Himalaja (M 3). Im Jahre 638 eroberten Muslime Palästina einschließlich Jerusalem und begründeten in dieser Region eine 450 Jahre dauernde Herrschaft. Die christliche Kirche betrachtete die neuen Herren zunächst nicht als Bedrohung, da die Muslime den Pilgern einen in der Regel ungehinderten Zugang nach Jerusalem sowie die Ausübung christlicher Kulte erlaubten. Das änderte sich erst, als die muslimischen **Seldschuken*** 1071 die Byzantiner besiegten, 1076–1078 Syrien und Palästina einnahmen und bis nach Anatolien vorrückten.

Seldschuken
Alttürkisches Herrschergeschlecht, andere Bezeichnung: Turkmenen.

Die Seldschuken unterbrachen die freie christliche Pilgerfahrt nach Jerusalem. Im westlichen Europa verbreiteten sich daraufhin Gerüchte über die Unterdrückung und Misshandlung von christlichen Pilgern, die allerdings nicht durch Quellen belegt sind. Der byzantinische Kaiser Alexios (Reg. 1081–1118) wandte sich an **Papst Urban II.** (1088–1099) und bat um Truppen. Das war nichts Ungewöhnliches, hatten doch europäische Söldner schon oft in byzantinischen Heeren gedient. Allerdings berief sich der Papst ausdrücklich auf dieses Hilfeersuchen, als er 1095 zum ersten Kreuzzug aufrief. Bei den Versammelten ist jedoch keine unmittelbare Reaktion bezeugt. Aber verstand der Papst mit seinem Aufruf zum Kreuzzug gegen die „Ungläubigen" 1095 das Hilfeersuchen möglicherweise bewusst falsch, weil er hoffte, die Spaltung zwischen griechisch-orthodoxer und lateinischer Kirche zugunsten Roms aufzuheben? An die Gründung neuer Staaten im „Heiligen Land“ dachte der Papst anfangs noch nicht. Auch konnte er nicht ahnen, dass sich die Kreuzzugsbewegung zu einer Massenbewegung entwickeln würde.

M2 Peter der Einsiedler mit Kreuzfahrerinnen, englische Buchmalerei, um 1350

Die Kreuzzugsbewegung (1095–1291)

Auf dem Konzil im französischen Clermont rief Papst Urban II. 1095 die Christen des Westens zum Kampf gegen „die Ungläubigen“ im „Heiligen Land“ auf, um die heiligen Stätten der Christenheit zu befreien. Diese wortgewaltige Rede bewirkte die Entstehung einer **mächtigen Kreuzzugsbewegung**, die schon bald über ihre ursprünglichen Ziele hinausgriff und für zwei Jahrhunderte die Kreuzzüge (1095–1291) prägte. Religiöse Sehnsüchte und Hoffnungen, darunter die Aussicht auf einen Erlass aller Sünden, sowie demografische, soziale und wirtschaftliche Probleme motivierten nicht nur Geistlichkeit und Ritter, an die sich der päpstliche Aufruf ursprünglich richtete, zum Zug nach dem „himmlischen Jerusalem“. Darüber hinaus beteiligten sich zahlreiche Männer und Frauen, die nicht zur Kriegführung ausgebildet waren, am ersten Kreuzzug. Unter den ersten Kreuzfahrern waren auffällig viele französische Aristokraten und Menschen aus den benachteiligten Schichten der Gesellschaft.

Der erste Kreuzzug erreichte **1099 Jerusalem**. Mit dem Ruf „Gott will es“ eroberten die Kreuzfahrer im Juli die „Heilige Stadt“ und richteten ein grausames Blutbad an, bei dem fast alle muslimischen und jüdischen Bewohner umkamen. Überdies gründeten die Kreuzfahrer im „Heiligen Land“ eine Reihe von **neuen christlichen Staaten**, konnten sich aber trotz mancher Erfolge und großer Anpassungsbereitschaft in der muslimischen Umwelt nur schwer behaupten (M5). Das Leben in einer unsicheren Umgebung veranlasste die Siedler immer wieder zu Hilferufen nach Europa, die weitere Kreuzzüge auslösten. 1187 konnte der ägyptische **Sultan Saladin** (1137–1193) Jerusalem und andere Gebiete zurückerobern. Im Jahre **1291** mussten sich die Kreuzfahrer den muslimischen Heeren geschlagen geben und verloren mit **Akkon** den letzten Stützpunkt im „Heiligen Land“.

Christen und Muslime

In den Kreuzfahrerstaaten (z. B. Königreich Jerusalem, Fürstentum Antiochia, Grafschaften Edessa und Tripolis) bildeten sich allmählich eigene Dynastien heraus, die das westeuropäische Lehnssystem zur Grundlage ihrer Herrschaft machten. Christliche Eroberer, die aus Europa nachkamen, ergänzten die adlige Führungsschicht des ersten Kreuzzuges im „Heiligen Land“. Wenn Land knapp wurde, gaben die Lehnsherren auch Geldlehen aus.

Menschen unterschiedlicher **ethnischer und konfessioneller Herkunft** lebten in den Kreuzfahrerstaaten zusammen. Weil die neuen Herren in Palästina nach einiger Zeit ältere islamische Traditionen wie das **Dhimmi-System*** übernahmen und fortsetzten, gab es keine konfessionelle Gleichberechtigung. Muslime und Juden, aber auch Christen, die nicht der lateinischen Kirche angehörten, durften zwar ihre Religion ausüben, besaßen aber weniger Rechte als die Christen aus dem Abendland. Teilweise mussten Muslime christlichen Herren als Sklaven dienen.

Die Beziehungen zwischen Christen und Muslimen in den „multikulturellen“ Gesellschaften der Kreuzfahrerstaaten waren durchaus durch **gegenseitige Vorurteile** geprägt, die den Keim religiöser und kultureller Konflikte in sich trugen. Beide Seiten beharrten darauf, dass ihre eigene Kultur und ihr eigener Glaube der jeweils anderen Kultur und Religion überlegen seien. Dennoch sahen beide Seiten gelegentlich auch über kulturell-religiöse und politisch-ideologische Gegensätze hinweg. Es kam zu **diplomatischen Kontakten** zwischen muslimischen und christlichen Herrschern (M1). Außerdem beschenkten sich vornehme Muslime und christliche Obrigkeit bzw. die christliche Führungsschicht gegenseitig. Und wenn

Dhimmi-System
Schutzbefohlener, nichtmuslimischer Bewohner unter muslimischer Herrschaft; der Begriff bezog sich allerdings nur auf Juden und Christen, also die Angehörigen einer Buchreligion. Ein Dhimmi musste der Obrigkeit eine Kopfsteuer entrichten (*dschizya*); dafür erhielt er insbesondere das Recht, seine Religion auszuüben.

der König zur Jagd einlud, nahmen Mitglieder der muslimischen Oberschicht diese Einladung an (M4, M6). Das bedeutete jedoch nicht, dass die Muslime die Herrschaft, die die Kreuzfahrer seit 1099 im Nahen Osten errichtet hatten, jemals akzeptiert hätten. Die Araber muslimischen Glaubens, die den arabischen Eroberungszügen nach Westen gefolgt waren und seit 638 Palästina besiedelt hatten, betrachteten im Gegenteil die Kreuzfahrer aus dem Abendland als fremde Eindringlinge. Die Truppen der christlichen Eroberer sollten besiegt und die neuen Herren mit ihren Untertanen aus dem „Heiligen Land“ vertrieben werden.

1 Erklären Sie mithilfe des Darstellungstextes, warum Muslime und Christen während des europäischen Mittelalters die Geschichte des Nahen Ostens prägten.

M3 Die Ausbreitung des frühen Islam bis um 750

1 Beschreiben Sie mithilfe der Karte die Ausbreitung des Islam.

M4 Der Historiker Peter Thorau über das Verhältnis von Christen und Muslimen in Palästina im Zeitalter der Kreuzzüge, 2004

Zur Zeit seiner größten Ausdehnung in der Mitte des 12. Jahrhunderts erstreckte sich das von Balduin gegründete Königreich Jerusalem im Binnenland vom Golf von Akaba hinauf bis zum Toten Meer und von dort dem Jordan nach Norden folgend bis zum See Genezareth. An der Küste reichte es etwa von Gaza im Süden bis hinauf nach Beirut.
Das Herrschafts- und Gesellschaftssystem orientierte sich stark an europäischen Vorbildern – allerdings mit einigen wesentlichen Abweichungen. An der Spitze der von feudalen Strukturen geprägten Gesellschaftspyramide stand der König. Seine Rechte und Befugnisse waren – zumindest anfänglich – keineswegs so beschränkt, wie man in der älteren Forschung häufig angenommen hat. Die bedeutsame Krondomäne, zu der auch die Hafenstädte Tyrus und Akkon mit ihren reichen Erträgen zählten, war wesentlich größer als die Besitzungen seiner Vasallen und bildete einen erheblichen Teil seiner Machtbasis. Dem König zur Seite stand die Versammlung der Kronvasallen, die sogenannte *Haute Cour*, die ihn mit Rat und Hilfe zu unterstützen verpflichtet war. Da die an Grund und Boden gebundenen Lehen nicht ausreichten, traten umfängliche Geld- und Rentenlehen zur Versorgung der Vasallen hinzu. Beträchtliche Gewinne erzielte man aus der Besteuerung von Handel und Gewerbe in den prosperierenden Städten; hinzu kam die Abschöpfung der auf den Dörfern liegenden Abgaben. Dazu wurde die islamische Bürokratie und Fiskalverwaltung so, wie man sie angetroffen hatte, aufgrund ihrer Effizienz weitgehend bei-

behalten und lediglich „von feudalen Herrschaftsstrukturen überwölbt", wobei „auf dieser Ebene […] ausschließlich lateinische Christen in Erscheinung [traten]" […]. Anders als im Fürstentum Antiochia und in der Grafschaft Edessa, wo […] ein erheblicher, wenn nicht gar der überwiegende Bevölkerungsanteil auf orientalische Christen, Griechen und Armenier entfiel, lebten im Königreich Jerusalem mehrheitlich Muslime. […]

Herren im Land waren allein die fremden fränkischen Eroberer[1], die sich sozial und rechtlich von der einheimischen Bevölkerung abhoben und abgrenzten. Hatten auch die orientalischen Christen die Kreuzfahrer bei deren Erscheinen vereinzelt freudig begrüßt und unterstützt, weil sie auf eine soziale Besserstellung hofften, so sahen sie sich alsbald eines Besseren – oder vielmehr eines Schlechteren – belehrt. Sie wurden zwar als Christen in der Phase der Eroberung nicht Opfer von Massakern – wobei allerdings zu fragen ist, ob und woran die Kreuzfahrer immer zwischen einheimischen Christen und Muslimen zu unterscheiden wussten –, aber von einer rechtlichen und sozialen Gleichstellung mit den christlichen Brüdern aus dem Abendland waren sie weit entfernt. Wie Marie-Luise Favreau-Lilie betont, hatte die fränkische Herrenschicht zu keinem Zeitpunkt ein Interesse an einer solchen Gleichstellung der orientalischen Christen, die wie die übrigen Einheimischen als Unterworfene betrachtet wurden.

Noch negativer war die Situation der Muslime im Königreich Jerusalem, selbst wenn sie nicht bei der Eroberung oder danach versklavt worden waren. Es gilt allerdings festzuhalten, dass die Kreuzfahrer – abgesehen von den Massakern der Eroberungsphase – die Muslime nicht planmäßig verfolgten oder vertrieben. Da sie aus verwaisten Städten und menschenleeren Dörfern keinerlei Nutzen ziehen konnten, war ihnen rasch klar geworden, dass sie die unterworfenen Muslime zur Bewirtschaftung der eroberten Landstriche benötigten. Außerdem bildeten die von diesen zu zahlenden Abgaben und die Kopfsteuer eine beträchtliche Einnahmequelle. Abgesehen davon, dass diese Zahlungen für die Muslime eine bedrückende Last darstellten, bedeutete vor allem die Kopfsteuer eine zusätzliche Erniedrigung, da sie von ihr in Zeiten der islamischen Herrschaft selbstredend befreit gewesen waren. Hinzu kamen die Ungleichbehandlung vor Gericht – wo sie allerdings auf den Koran statt auf die Bibel schwören durften – sowie eine rigide Kleiderordnung, mittels derer sie bewusst gesellschaftlich ausgegrenzt wurden. Sexuelle Kontakte zwischen Christen und Muslimen waren strikt verboten. Zuwiderhandelnden Männern, gleich welchen Glaubens, drohte die Kastration, Frauen das Abschneiden der Nase. Inwieweit die Muslime in ihren Enklaven ihren religiösen Kultus in Moscheen ausüben durften – soweit diese nicht einfach in Kirchen umgewandelt worden waren –, ist aufgrund der spärlichen und oftmals widersprüchlichen Quellenlage nur schwer zu entscheiden, wobei vor der Verallgemeinerung von Einzelbelegen zu warnen ist und es offenbar regionale Unterschiede gab. So konnte etwa Benjamin Z. Kedar nachweisen, dass es sowohl einzelne Beispiele für die Existenz und Benutzung von Moscheen gibt, als auch solche, die das Gegenteil nahelegen.

Am schlechtesten erging es den muslimischen Sklaven, die stets willkommene, weil billige und weitgehend rechtlose Arbeitskräfte darstellten. Da es Gesetzesbrauch war, einen zum Christentum konvertierten Sklaven freizulassen, hielt sich das Interesse der fränkischen Herrenschicht an einer Missionierung in recht engen Grenzen.

Eine zusätzliche Schranke zwischen Eroberern und Einheimischen bildete die Sprachbarriere: Auch wenn die Kreuzfahrer in manchen Bereichen die effiziente muslimische Verwaltung beibehielten und damit auch das Arabische als Kanzleisprache, bedienten sie selbst sich dieser Sprache nicht. Als Schreiber und Dolmetscher griff man sowohl im täglichen Umgang wie im diplomatischen Verkehr mit muslimischen Fürsten auf zweisprachiges Personal zurück – zumeist orientalische Christen. Die Franken indes waren – von wenigen Ausnahmen abgesehen – zu keiner Zeit des Arabischen mächtig. Umgekehrt blieben den Muslimen ebenfalls im Großen und Ganzen die verschiedenen „fränkischen" Idiome fremd. Diese Feststellung gilt nicht nur für den zwischenmenschlichen Umgang im Königreich Jerusalem, sondern ganz allgemein für die Kontakte zwischen Muslimen und Kreuzfahrern und erschwerte diese.

M5 Die Kreuzfahrerstaaten im 12./13. Jahrhundert

Dass die Franken sich der überlegenen Heilkunst einheimischer Ärzte anvertrauten und sich in ihren – vom Klima mitbedingten – Kleidungs-, Ess- und Lebensgewohnheiten, wozu auch die teilweise luxuriöse Ausstattung ihrer Häuser und Paläste zählt, ihrer Umwelt anpassten, ist kein Beleg für eine gelungene Akkulturation, sondern bestenfalls für eine rein äußerliche, an der Oberfläche bleibende Assimilation. Ohne Interesse an der islamischen Kultur übernahmen sie lediglich die ihnen nützlichen Segnungen ihrer orientalischen Umgebung mit deren vergleichsweise höherem Lebensstandard und richteten sich darin heimisch ein. Ihrer Intoleranz gegenüber der einheimischen Bevölkerung tat dies keinen Abbruch.

Angesichts dieser religiösen, sozialen und rechtlichen Diskriminierung kann es kaum wundernehmen, dass auch nach der ersten Emigrationswelle, die bei der blutigen Eroberung des Landes durch die Kreuzfahrer einsetzte und vor allem muslimische Intellektuelle erfasste, immer wieder Muslime aus dem fränkischen Herrschaftsbereich auf islamisches Gebiet flüchteten. Bestenfalls kann erstaunen, dass nicht noch mehr das Land verließen. Als wahrscheinlichster Grund dafür ist von der Forschung, vor allem im Hinblick auf die ländliche Bevölkerung, die Heimatverbundenheit der Betroffenen genannt worden. Ein weiteres mögliches Motiv zum Bleiben [...] mag darin zu sehen sein, dass muslimische Grundherren teilweise höhere Abgaben verlangten als die Kreuzfahrer und Flüchtlinge somit ihre wirtschaftliche Situation nicht verbessert hätten. [...]

Ende des [...] Jahres [1108] schloss Tugtagin von Damaskus aus wirtschaftlichen Interessen einen Waffenstillstand auf sechs Jahre mit König Balduin I. von Jerusalem, der diesem Raum für andere militärische Aktivitäten, wie beispielsweise im südlichen Jordanien, gab. Gleichzeitig einigten sich die beiden Vertragspartner darauf, die Einkünfte aus dem nördlichen Transjordanien, wo sich beider Interessensphären berührten, unter sich aufzuteilen. Dieses Abkommen sollte beispielgebend werden für eine ganze Reihe ähnlicher sogenannter Condominiumsverträge, in denen sich christliche und muslimische Fürsten darauf verständigten, in umstrittenen Grenzgebieten die Erträge – und im 13. Jahrhundert sogar die Jurisdiktion – untereinander aufzuteilen. Bei all dem trat der religiöse Gegensatz offenbar gegenüber ganz nüchternem Machtkalkül in den Hintergrund.

Aber nicht nur auf diplomatischer und politischer Bühne sowie im Bereich des für beide Seiten einträglichen Transithandels kam es zu zeitweiligen Bündnissen und Verständigung untereinander. Auch auf persönlicher Ebene traten Kreuzfahrer und Muslime, vor allem Angehörige der Oberschichten, in durchaus freundlichen Kontakt; private Zusammenkünfte gehörten ebenso dazu wie gemeinsam durchgeführte Jagden und Waffenübungen. Als Kronzeugen für den friedlichen Umgang zwischen Franken und Muslimen verweist man immer wieder auf den Emir Usama ibn Munqid (1095–1188) von Saizar, der in seinen Erinnerungen höchst anschaulich und amüsant von diesen Begegnungen jenseits der großen Politik und des militärischen Geschehens berichtet. Dabei ist allerdings Vorsicht geboten: Usama ibn Munqid lässt nie einen Zweifel daran, dass er seine Kultur derjenigen der Franken für überlegen hält und dass er diese letztlich als ungehobelte Barbaren und Angehörige einer verfluchten Rasse betrachtet. Der teilweise friedliche Kontakt zwischen Franken und Muslimen war demnach nichts anderes als eine Art *modus vivendi*[2]; das heißt aber keineswegs, dass die Muslime die Franken und ihre Herrschaft tatsächlich jemals akzeptiert und sich damit abgefunden hätten, wie die weiteren Ereignisse deutlich machen sollten.

Peter Thorau, Die Kreuzzüge, C. H. Beck, München 2004, S. 80–87.

1 Mit den fränkischen Eroberern bzw. den Franken sind die europäischen Kreuzfahrer gemeint.
2 *modus vivendi* (lat.): erträgliche Übereinkunft, Verständigung

1 Erörtern Sie die Beziehungen zwischen Muslimen und Christen in Palästina im Zeitalter der Kreuzzüge.
a) Klären Sie mithilfe eines Lexikons unbekannte Begriffe.
b) Arbeiten Sie die Konfliktpotenziale zwischen Muslimen und Christen und ihre Ursachen heraus. Konzentrieren Sie sich dabei auf die Lebensbereiche Kultur und Religion.
c) Untersuchen Sie, auf welchen Gebieten (Politik, Wirtschaft, Kultur, Gesellschaft) Muslime und Christen miteinander zusammenarbeiteten und welche Ziele sie dabei verfolgten.

M6 Das Leben in den Kreuzfahrerstaaten in zeitgenössischen arabischen Quellen

a) Der arabische Schriftsteller Usama ibn Munqid (1095–1188), Emir von Saizar/Syrien, über das Leben mit den Franken:

Usama erlebte einige Kreuzzüge mit und beschrieb in seiner Autobiografie „Buch der Belehrung durch Beispiele" das Leben in den Kreuzfahrerstaaten.

Hier ist ein Beispiel für die Rohheit der Franken – Gott strafe sie : Als ich mich in Jerusalem aufhielt, ging ich gewöhnlich in die Moschee al-Aqsa. An ihrer Seite liegt ein kleiner Betraum, den die Franken in eine Kirche umgewandelt haben. Wenn ich in die Moschee al-Aqsa kam, wo sich die Templer, meine Freunde, eingerichtet hatten, stellten sie mir immer den kleinen Betraum zur Verfügung, damit ich dort meine Gebete verrichten konnte. Eines Tages trat ich dort ein, sagte Allahu akbar und stand, um mit dem Gebet zu beginnen. Da stürzte ein Franke herbei, ergriff mich, drehte mich mit dem Gesicht nach Osten und sagte: „So betet man!" Sofort schritten einige Templer ein, griffen und entfernten ihn, während ich mein Gebet wieder aufnahm. Er wartete aber einen Augenblick ab, in dem sie nicht Acht gaben, stürzte sich wieder auf mich, drehte mich mit dem Gesicht nach Osten und sagte: „So betet man!" Wieder griffen die Templer ein, entfernten ihn und entschuldigten sich mit den Worten bei mir: „Er ist ein Fremder, der erst in diesen Tagen aus dem Frankenland gekommen ist und noch nie jemanden gesehen hat, der sich beim Gebet nicht nach Osten gewandt hätte." „Ich habe genug gebetet", antwortete ich und ging hinaus, verwundert über diesen Teufel, dessen Gesicht sich verzerrte, der sich erregt und gebebt hatte beim Anblick eines Mannes, der zur Qibla[1] hin betet!

An anderer Stelle schrieb Usama:

Es gibt unter den Franken einige, die sich im Lande angesiedelt und begonnen haben, auf vertrautem Fuße mit den Muslimen zu leben. Sie sind besser als die anderen, die gerade neu aus ihren Heimatländern gekommen sind, aber jene sind eine Ausnahme und man kann sie nicht als Regel nehmen. Hierzu so viel: Einmal schickte ich einen Gefährten in ein Geschäft nach Antiochia, dessen Oberhaupt Todros [der Grieche] ibn as-Safi war, mit dem ich befreundet war und der in Antiochia eine wirksame Herrschaft ausübte. Er sagte eines Tages zu meinem Gefährten: „Ein fränkischer Freund hat mich eingeladen. Komm doch mit, dann siehst du ihre Gebräuche." „Ich ging mit", erzählte mein Freund, „und wir kamen zum Hause eines der alten Ritter, die mit dem ersten Zug der Franken gekommen waren. Er hatte sich von seinem Amt und Dienst zurückgezogen und lebte von den Einkünften seines Besitzes in Antiochia. Er ließ einen schönen Tisch bringen mit ganz reinlichen und vorzüglichen Speisen. Als er sah, dass ich nicht zulangte, sagte er: ‚Iss getrost, denn ich esse nie von den Speisen der Franken, sondern habe ägyptische Köchinnen und esse nur, was sie zubereiten; Schweinefleisch kommt mir nicht ins Haus!' Ich aß also, sah mich aber vor, und wir gingen. Später überquerte ich den Markt, als eine fränkische Frau mich belästigte und in ihrer barbarischen Sprache mir unverständliche Worte hervorstieß. Eine Menge Franken sammelten sich um mich und ich war schon meines Todes sicher: Da erschien der Ritter, erkannte mich, kam herbei und sagte zu der Frau: ‚Was hast du mit diesem Muslim?' ‚Er hat meinen Bruder Urso getötet!', erwiderte sie. Dieser Urso war ein Ritter aus Apamea, der von einem Soldaten aus Hama getötet worden war. Er fuhr sie an: ‚Das hier ist ein Bürger, ein Kaufmann, der nicht in den Krieg zieht und sich nicht aufhält, wo man kämpft.' Dann herrschte er die Menge an, die sich angesammelt hatte. Sie zerstreute sich und er nahm mich bei der Hand. So hatte die Tatsache, dass ich bei ihm gespeist hatte, zur Folge, dass mir das Leben gerettet wurde."

Zit. nach: Francesco Gabrieli, Die Kreuzzüge aus arabischer Sicht, Weltbild, Augsburg 2000, S. 121 f.

1 Qibla: muslimische Gebetsrichtung gen Mekka

b) Ibn Dschubair, ein maurischer Spanier (1145 bis 1217), über Gebiete, die unter der Herrschaft der Kreuzfahrer standen:

Der Text entstand auf seiner Pilgerreise nach Mekka 1183/85.

[Bei der großen christlichen Festung von Tibnin gibt es viele muslimische Bauern,] die in Harmonie mit den Franken leben. Möge Gott uns vor solcher Versuchung bewahren! Sie geben zur Erntezeit ihren halben Ertrag den Franken ab und sie bezahlen dazu eine Kopfsteuer von einem Dinar fünf Qirat pro Person. Abgesehen davon lässt man sie in Ruhe, außer einer leichten Steuer auf Baumfrüchte. Ihre Häuser und all ihre Geräte sind ihr voller Besitz. Alle die Küstenstädte, die die Franken besetzt haben, werden so verwaltet. Ihre Landkreise, Dörfer und Höfe gehören den Muslimen. Doch ihre Herzen sind verführt worden, weil sie feststellen, wie anders als sie in Bezug auf Bequemlichkeiten und Ungestörtheit ihre muslimischen Brüder unter ihren (muslimischen) Behörden leben. Dies ist einer der Unglücksfälle, die den Muslimen zustoßen. Ihre Gemeinschaft beklagt die Ungerechtigkeit der Landbesitzer ihres eigenen Glaubens und billigt das Verhalten ihres Feindes und Gegners, der fränkischen Landbesitzer, sie verlässt sich auf deren Gerechtigkeit. Wer diese Lage der Dinge bedauert, möge sich an Gott wenden. Im erhabenen Buch gibt es genug Trost und Beruhigung für uns. „Es ist nur eine Probe; du führst mit ihr in die Irre, wen du willst, und führest zum Rechten, wen du willst" (Sure 7/155).

Zit. nach: Arnold Hottinger, Die Mauren, Wilhelm Fink, München 1995, S. 269.

1 **Gruppenarbeit:**
Gruppe 1: Erläutern und bewerten Sie die Erfahrungen, die in M 6 a, Teil 1 überliefert sind.
Gruppe 2: Erläutern und bewerten Sie die Erfahrungen ibn Munqids in M 6 a, Teil 2.
Gruppe 3: Erläutern und bewerten Sie die Erfahrungen ibn Dschubairs in M 6 b.
Tragen Sie Ihre Ergebnisse in einem ersten Schritt zusammen, vergleichen und beurteilen Sie sie. Überprüfen Sie in einem zweiten Arbeitsschritt, welche Erfahrungen der Zeitgenossen mit den Ergebnissen des Historikers Thorau in M 4 übereinstimmen bzw. diesen widersprechen.

2 **Weiterführende Arbeitsanregung:** Untersuchen Sie die Kreuzzüge aus arabischer bzw. islamischer Sicht in modernen historischen Darstellungen und fassen Sie Ihre Ergebnisse in einem Kurzreferat zusammen.

Literaturhinweise:

Tamin Ansary, Die unbekannte Mitte der Welt. Globalgeschichte aus islamischer Sicht, Campus, Frankfurt 2010, besonders S. 146 ff.
Amin Maalouf, Der Heilige Krieg der Barbaren. Die Kreuzzüge aus der Sicht der Araber, 5. Aufl., dtv, München 2008.

3 Um 1900: imperialistische Staatenkonkurrenz und nationale Bewegungen im Nahen Osten

Wendepunkt Erster Weltkrieg

Im ausgehenden 19. und beginnenden 20. Jahrhundert vollzogen sich im Nahen Osten tief greifende Veränderungen, die die spätere Entwicklung nachhaltig prägten. Während des Ersten Weltkrieges beschleunigte sich der **Auflösungsprozess des Osmanischen Reiches**, zu dem Palästina seit 1517 gehörte. 1914 trat das Osmanische Reich auf der Seite des Deutschen Reichs und Österreich-Ungarns in den Ersten Weltkrieg ein. Sein direkter Gegner auf dem nahöstlichen Kriegsschauplatz war Großbritannien. Es eroberte während des Krieges nicht nur Palästina und beendete damit die osmanische Herrschaft, sondern stieg von 1919 an auch – neben Frankreich – zur beherrschenden Macht in dieser Region auf.
Aus dem Konkurrenzkampf zwischen den europäischen Mächten um Einfluss im Nahen Osten, der sich seit den 1880/90er-Jahren verschärfte, ging das Osmanische Reich als Verlierer und das **britische Weltreich als Gewinner** hervor. Angetrieben und beschleunigt wurden diese Prozesse durch den **Nationalismus** (s. S. 81 ff.). Im Zeitalter des **Imperialismus** entstand zwischen den europäischen Großmächten ein regelrechter Wettlauf um die Aufteilung der Welt; territoriale Expansion und die Ausdehnung der überseeischen Einflusssphären waren für sie eine Frage des nationalen Prestiges. Der osmanische Vielvölkerstaat sah sich aber nicht nur durch die Weltmachtpolitik der europäischen Mächte, sondern auch durch zahlreiche nationale Bewegungen bedroht. Arabische Unabhängigkeitsbestrebungen sorgten im Nahen Osten für Unruhe. Und der Zionismus*, die moderne jüdische Nationalbewegung, verstärkte die Einwanderung von Juden nach Palästina.

Jüdische Einwanderung und zionistische Bewegung

Während sich die jüdische **Einwanderung** jahrhundertelang im Wesentlichen auf Einzelpersonen beschränkt hatte, wanderten seit dem ausgehenden 19. Jahrhundert Hunderttausende Juden nach Palästina ein. 1845 lebten dort 11 800 Juden. 1882, am Vorabend der ersten Einwanderungswelle, waren es 24 000. Ihre Zahl stieg bis 1914 auf 85 000, bis 1948 auf 650 000 und 1949, nach dem Unabhängigkeitskrieg, wurden bei einer Volkszählung 1 014 000 Juden gezählt (M 6 a,b). Die meisten jüdischen Einwanderer, die von den 1880er- bis zu den 1930er-Jahren in den Nahen Osten zogen, kamen aus Mittel- und Osteuropa sowie aus Russland. Die russisch-polnischen und galizischen Juden flohen vor schweren Pogromen und Armut. Hinzu kamen ideologisch motivierte Zuwanderer, die das zionistische Programm, in Palästina einen jüdischen Staat aufzubauen, verwirklichen wollten.
Die jüdischen Einwanderer erfuhren durch den politischen **Zionismus** entscheidende Unterstützung. Der Begründer dieser jüdischen Nationalbewegung, der Wiener Journalist und Schriftsteller **Theodor Herzl** (1860–1904), vertrat zwar nicht als Erster die Idee einer Bewahrung und Erneuerung des Judentums durch die „Sammlung" des jüdischen Volkes in Erez Israel, dem „Land der Väter". Aber er entfaltete eine große politisch-ideologische Wirkung und trug maßgeblich zur Organisation der zionistischen Bewegung bei. Herzl betrachtete die Judenemanzipation, die von der europäischen Aufklärungsbewegung seit dem 18. Jahrhundert gefördert worden war, als gescheitert. Die Anstrengungen der Juden, die ihnen zur Integration in die europäischen Gesellschaften verhelfen sollten, erschienen ihm als sinnlos. Alleiniges Ziel jüdischer Politik müsse die Gründung eines unabhängigen jüdischen Gemeinwesens sein. Im Laufe seines Lebens gelangte Herzl zu der Überzeugung, dass Palästina der richtige Ort dafür sei:

Zionismus
Der im 19. Jahrhundert in Mittel- und Osteuropa gegründete Zionismus ist die Nationalbewegung des jüdischen Volkes. Durch kulturelle Wiederbelebung des Judentums, politische Organisation und die Ansiedlung von Juden in Palästina sollte die Rückkehr nach Palästina vorbereitet und durchgeführt werden. Der Zionismus schuf so die Grundlagen für die Errichtung des Staates Israel. Zion ist, erläutert der Historiker Michael Wolffsohn in seinem Buch „Wem gehört das Heilige Land?" (1992), „der Name für die alte Jebusiterstadt, die man heute als Jerusalem kennt. Wenn die jüdischen Propheten von ‚Zion' sprachen, dann verstanden sie darunter Jerusalem als geistiges und religiöses Symbol. ‚Denn aus Zion wird die Thora kommen und Gottes Wort aus Jerusalem.' Erst in der Diaspora, außerhalb Israels, wurde Zion den Juden zugleich zum Symbol für ihr ‚Heiliges Land'."

M1 Theodor Herzl (1860–1904), Fotografie, um 1900

Herzl, der in Budapest geboren wurde, studierte in Wien Jura, um Richter zu werden. Da ihm dieser Weg wegen seiner jüdischen Abstammung verwehrt war, wurde er Journalist. Unter dem Eindruck der Diskriminierung und Verfolgung entwickelte er die Idee eines unabhängigen jüdischen Staates. Sein Buch „Der Judenstaat" erschien 1896. Herzls Vorstellungen bildeten die Fundamente des Zionismus. Die Verwirklichung seiner Idee, die Staatsgründung Israels, erlebte er nicht mehr, da er bereits 1904 starb. Sein Leichnam wurde 1949 aus Österreich nach Jerusalem überführt und auf dem nach ihm benannten Herzlberg beigesetzt.

„Palästina ist unsere unvergessliche historische Heimat." **1897** gelang es Herzl*, der zionistischen Bewegung auf dem **ersten Zionistenkongress in Basel** einen organisatorischen Rahmen zu geben. Wirksamer als bisher sollte der organisierte Zionismus seine beiden großen Ziele verfolgen und durchsetzen, nämlich die „Stärkung des jüdischen Volksgefühls und Volksbewusstseins" und die Neuansiedelung in „Erez Israel" (M7a, b). Der „praktische" Zionismus Herzls wollte die Bemühungen um die Schaffung eines jüdischen Staates internationalisieren: Die zionistischen Führer versuchten auf diplomatischem Wege, die europäischen Großmächte für ihr Projekt, die Errichtung einer „jüdischen Heimstätte" in Palästina, zu gewinnen. Doch Frankreich, England, Österreich-Ungarn, das Deutsche Reich und Russland, die als Großmächte die internationale Politik bis zum Ersten Weltkrieg bestimmten, zeigten an diesem Problem kein Interesse.

Dennoch förderte der politische Zionismus entscheidend die Besiedlung. Der 1901 auf dem 5. Zionistischen Kongress beschlossene und 1907 in London eingetragene **Jüdische Nationalfonds** unterstützte seitdem die Finanzierung des Landkaufs und den Bau von Siedlungen in Palästina. Das erworbene Land ging für immer in den Besitz des jüdischen Volkes über. Es durfte nicht verkauft, sondern nur für die Dauer von 49 Jahren verpachtet werden – ausschließlich an Juden. Und im Februar 1902 wurde in London die **Anglo-Palestine-Bank** ins Leben gerufen. Sie diente der Zionistischen Weltorganisation als Kreditanstalt und eröffnete wenig später in Palästina Filialen, die ersten in Jaffa, Jerusalem und Hebron.

Ende der osmanischen Herrschaft

Als die zionistisch motivierte Einwanderung im ausgehenden 19. Jahrhundert begann, war Palästina Teil des Osmanischen Reiches. Der **Auflösungsprozess dieses Vielvölkerstaates** begann bereits nach dem Scheitern der zweiten Belagerung Wiens 1683. Seitdem wurden die Osmanen aus ihren europäischen Besitzungen hinausgedrängt und mussten ausländischen Mächten wie Frankreich und Russland Schutzrechte für Katholiken bzw. orthodoxe Christen auf ihrem Territorium einräumen. In Palästina beanspruchten während des 19. Jahrhunderts Frankreich und Österreich die Rolle als Schutzherren der Katholiken, Russland forderte das Patronat über die orthodoxen Gläubigen, und Großbritannien betrachtete die Ansiedlung von Juden und deren Schutz als Möglichkeit, Einfluss auf die Entwicklung im Nahen Osten zu nehmen. Diese Rivalitäten der europäischen Mächte untereinander verhinderten, dass eine von ihnen Palästina unter seine alleinige Kontrolle bringen konnte, und sicherten dadurch indirekt die Herrschaft des Osmanischen Reiches. Allerdings fiel es den osmanischen Herrschern seit der zweiten Hälfte des 19. Jahrhunderts immer schwerer, sich gegen die imperialistische Expansion der europäischen Mächte und die nationalen Autonomiebestrebungen einzelner Völker zu behaupten. Das zeigte sich auf dem Berliner Kongress 1878, als die Osmanen die Unabhängigkeit der neuen Staaten auf dem Balkan, Rumänien, Serbien und Montenegro, anerkennen mussten.

Im Nahen Osten bemühte sich das Osmanische Reich, die Einwanderung von Juden zu begrenzen. Dieser Widerstand gegen die jüdische Ansiedlung beruhte jedoch nicht in erster Linie auf religiösen Vorurteilen, sondern vielmehr auf der Angst vor der territorialen Ausdehnung der europäischen Großmächte. Die osmanischen Behörden konnten aber die jüdische Einwanderung nicht grundsätzlich – eine Ausnahme bildete die Zeit des Ersten Weltkrieges – behindern. Das gilt auch für die Jahre nach 1908, als die „Jungtürken" mithilfe von Teilen der Armee die Regierung übernahmen. Diese in den 1880er-Jahren entstandene nationalistische Oppositionsbewegung strebte einen straffen Zentralstaat mit türkischer Prägung an, wodurch die Spannungen und Widersprüche zur nichttürkischen Bevölkerung, besonders in den arabischen Gebieten, verschärft wurden (M8).

Das Ende der osmanischen Herrschaft über Palästina leiteten die britischen Truppen ein, die vom Oktober 1917 bis September 1918 das Gebiet eroberten. Am 24. April 1920 übertrug der Völkerbund den Briten das Mandat für Palästina, am 24. Juli 1922 bestätigte der Rat des Völkerbundes die Statuten des Mandats, im September 1923 traten sie in Kraft.

Britische Nahostpolitik

Palästina besaß für Großbritannien während des 19. Jahrhunderts überwiegend strategische Bedeutung. Da die See- und Landwege in die Kronkolonie Indien über osmanisches bzw. von den Osmanen kontrolliertes Territorium führten, war die britische Regierung zunächst an der Wahrung der territorialen Integrität des Osmanischen Reiches interessiert. Seit der Mitte des 19. Jahrhunderts verstärkte London jedoch den direkten Zugriff auf arabische Gebiete an den Rändern des Osmanischen Reiches: 1830 besetzte es Algier, 1882 Ägypten. Dass Großbritannien im beginnenden 20. Jahrhundert seinen Einfluss nicht nur im Mittelmeerraum, sondern auch im Nahen Osten systematisch ausbaute, lag vor allem an der wachsenden Bedeutung des Erdöls. Die britische Marine hatte bereits seit 1912 auf Öl als Treibstoff umgestellt. Damit wuchs der Bedarf an diesem immer wichtiger werdenden Rohstoff, der im Nahen Osten reichlich vorhanden ist. Um den Zugang zu den Erdölquellen zu sichern, griff Großbritannien direkt in die machtpolitischen und militärischen Auseinandersetzungen im Nahen Osten ein.

Die Sicherung der Erdölzufuhr war aber nur ein Grund für die direkten Interventionen und Eroberungen Großbritanniens in Palästina während des Ersten Weltkrieges. Darüber hinaus suchte die britische Politik nach Verbündeten im Krieg gegen das Deutsche und das Osmanische Reich. Dabei gerieten die Araber in den Blick, wie der erst 1939 bekannt gewordene **Briefwechsel** zwischen dem britischen Hochkommissar in Ägypten, **Sir Henry McMahon**, und **dem Scherifen von Mekka, Hussein**, zeigt. Um sie für den gemeinsamen Kampf gegen die osmanische Herrschaft zu gewinnen, versprachen die Briten den Arabern ein arabisches Reich, wenn sie an ihrer Seite gegen die Osmanen kämpften. In einem Brief McMahons vom 24. Oktober 1915 heißt es: Großbritannien sei „bereit, die Unabhängigkeit der Araber anzuerkennen und zu unterstützen innerhalb der Länder, die in den vom Scherifen von Mekka vorgeschlagenen Grenzen liegen“. Das werde „zu einer festen und dauerhaften Allianz führen, deren unmittelbare Ergebnisse die Vertreibung der Türken aus den arabischen Ländern und die Befreiung der arabischen Völker vom türkischen Joch sein werden, das seit vielen Jahren schwer auf ihnen gelastet hat“. Doch blieb vieles in den britischen Versprechen vage und unklar, so z. B. welche Gebiete zum neuen arabischen Staat gehören sollten, vor allem aber die politische Zuordnung Palästinas. Trotzdem erklärten die Araber im Juni 1916 den Osmanen den Krieg, in dem der britische Verbindungsoffizier zu den Arabern, Thomas Edward Lawrence („Lawrence of Arabia“*) eine wichtige Rolle spielte. Großbritannien dachte jedoch zu keinem Zeitpunkt daran, ein Großarabisches Reich zu akzeptieren. Um seine Zusagen nicht einhalten zu müssen, warfen die Briten später dem Scherifen Vertragsbruch vor: Da es keinen allgemeinen Aufstand gegeben habe, argumentierte London, habe der Scherif seinen Teil des Abkommens nicht erfüllt.

Während die Araber vom großarabischen Staat träumten, der von Palästina bis nach Persien reichen sollte, handelten der französische Diplomat Charles François Picot und sein britischer Kollege Mark Sykes 1916 ein geheimes Abkommen aus. Dieses **Sykes-Picot-Abkommen** (M 4) grenzte die Interessensphären der beiden Mächte voneinander ab: Frankreich erhielt den Zugriff auf bedeutende Teile Syriens und des Libanons, Großbritannien bekam Teile Palästinas und des Irak zugesprochen. Arabische und zionistische Ansprüche wurden dabei ignoriert.

M 2 Lawrence von Arabien (1888–1935), Fotografie, ca. 1915

Der britische Geheimdienst- und Verbindungsoffizier Thomas Edward Lawrence trug mit dazu bei, dass es auf dem nahöstlichen Kriegsschauplatz im Januar 1917 durch die Einnahme der Hafenstadt El-Waijh zu einer entscheidenden Wende zugunsten Englands bzw. der Entente kam. Die Erinnerungen des „Lawrence von Arabien“ mit dem Titel *„Seven Pillars of Wisdom“* (1926) sind ein wichtiges literarisches Zeugnis des Ersten Weltkrieges. Eine Oscar-gekrönte Verfilmung „Lawrence von Arabien“ aus dem Jahre 1962 verstärkte den legendären Ruhm dieses britischen Offiziers.

M3 Jüdische Einwanderer in einem Zeltlager bei Tel Aviv, Fotografie, um 1920

Um aber auch die Zionisten für sich zu gewinnen, versprachen die Briten ihnen die Unterstützung bei der „Schaffung einer nationalen Heimstätte in Palästina für das jüdische Volk“. Diese Zusage stand in einem Brief des britischen Außenministers Arthur James Balfour vom 2. November 1917 an den Präsidenten der Zionistischen Föderation in Großbritannien, Lord Lionel Walter Rothschild. Diese **Balfour-Deklaration** vom 2. November 1917, die das britische Kabinett ausdrücklich gebilligt und zuvor mit dem amerikanischen Präsidenten Woodrow Wilson abgesprochen hatte, wurde am 9. November 1917 in der britischen Presse veröffentlicht. In Palästina selbst wurde die Erklärung offiziell erst 1920 publiziert, war über ägyptische Presseberichte allerdings schon vorher bekannt. Die arabische Seite sah diese Erklärung als britischen Vertrauensbruch und empfindliche Niederlage an. Dagegen bedeutete sie für die zionistische Bewegung einen großen diplomatischen Erfolg, mit dem sie ihrem Ziel, der jüdischen Staatsgründung, ein Stück weit nähergekommen war (M 9).

Arabischer Widerstand

Das Ende des Osmanischen Reiches bzw. der Sieg Großbritanniens über die Osmanen veränderten die Lage im Nahen Osten von Grund auf: Mit dem **Frieden von Sèvres** 1920, der auf das Sykes-Picot-Abkommen zurückgriff, übernahmen Frankreich, dem Syrien zugesprochen wurde, und England, dem der Irak und Palästina zufielen, die Herrschaft in dieser Region. Beide europäischen Großmächte setzten damit ihre imperialistische Expansionspolitik aus der Zeit vor dem Ersten Weltkrieg fort. Der auf der Pariser Friedenskonferenz 1918/19 gegründete Völkerbund stimmte 1920/23 dieser **englisch-französischen Dominanz** zu. Denn er erklärte sie zu Mandatarstaaten, d. h. zu politisch Bevollmächtigten, und sanktionierte damit ihre Gebietszuwächse. Willkürliche Grenzziehungen (M 5) bestimmten seitdem die politische Landkarte im Nahen Osten.

M4 Der geheime britisch-französische Plan zur Aufteilung Palästinas von 1916 (Sykes-Picot-Abkommen)

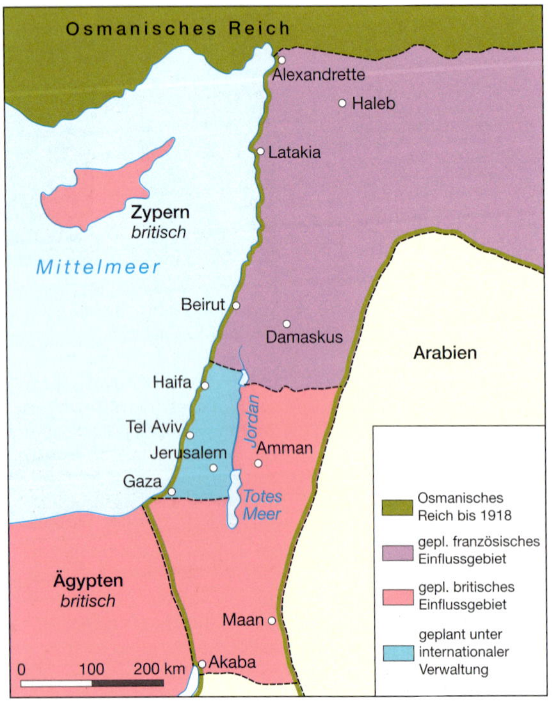

M5 Palästina 1916–1949

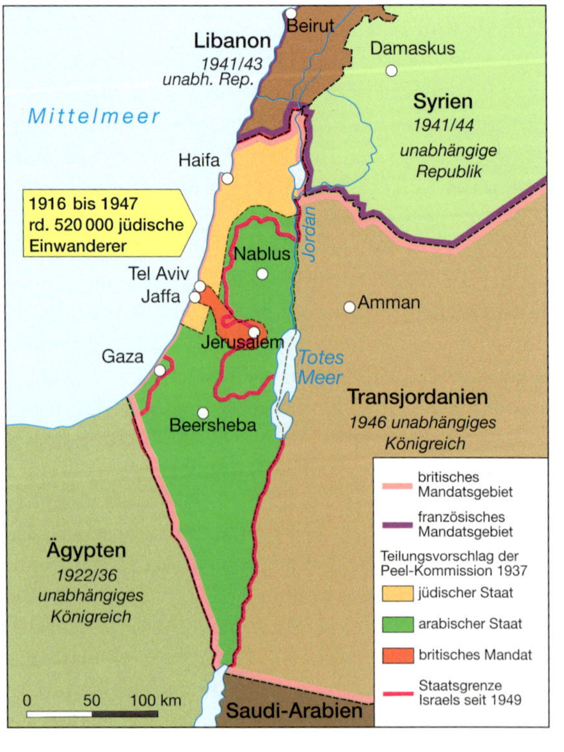

Mit diesen Vereinbarungen am Ende des Ersten Weltkrieges zerschlugen sich die arabischen Hoffnungen auf Selbstbestimmung oder gar Unabhängigkeit. Verlierer der Nachkriegsordnung im Nahen Osten war die **arabisch-palästinensische Nationalbewegung**, die im 19. Jahrhundert entstanden war. Unter Berufung auf die historische, sprachliche und religiöse Zusammengehörigkeit forderte dieser Nationalismus die Unabhängigkeit und Einigung der arabischen Völker (M 10). Angetrieben durch den Nationalismus entlud sich die Enttäuschung über diesen Ausgang des Weltkrieges in **arabischen Aufständen**. Sie begannen 1919/20 in **Ägypten**, das sich 1922 seine weitgehende Unabhängigkeit von der Kolonialmacht Großbritannien erkämpfen konnte. Allerdings blieb die militärische Kontrolle und Verwaltung des Suezkanals in britischen Händen. Auch die Rebellion der Nationalisten im **Irak** brachte diesem Staat 1932 die vollständige Unabhängigkeit. Und **Transjordanien** wurde 1921 von Beduinenkämpfern besetzt und 1922 als eigenständiges Emirat vom Mandatsgebiet Palästina abgespalten. Das ohne Finanzhilfe nicht lebensfähige Land stand jedoch bis zu seiner nominellen Unabhängigkeit 1946 unter der Verwaltung eines britischen Hochkommissars. Die Briten behielten außerdem die Kontrolle über das westliche Palästina. Nach zahlreichen Übergriffen auf jüdische Siedler 1920/21 gestanden sie der arabisch-palästinensischen Bevölkerung religiöse und kommunale Selbstverwaltung sowie die Einrichtung eines „Obersten Moslemischen Rates" zu. Diese Zugeständnisse führten zu einer zeitweiligen Befriedung des Landes, konnten den Widerstand gegen die jüdische Besiedlung Palästinas aber nicht dauerhaft unterbinden (s. S. 150 ff.).

1 Stellen Sie die wichtigsten Veränderungen im Nahen Osten im ausgehenden 19. und beginnenden 20. Jahrhundert zusammen.
2 Erläutern Sie die Interessen der jüdischen wie arabischen Gruppierungen, der europäischen Mächte und des Osmanischen Reiches am Nahen Osten: Welche Ziele verfolgten sie? Wer geriet dabei miteinander in Konflikt?

M6 Jüdische Einwanderung nach und Bevölkerungsentwicklung in Palästina 1882–2000

a) Jüdische Einwanderung:

Jahr	Zahl (in Tausend Personen)	Herkunftsländer
1882–1903	20–30	Russland
1904–1914	35–40	Russland, Polen
1919–1923	ca. 35	Russland, Polen
1924–1931	ca. 80	Polen, Sowjetunion
1932–1938	ca. 200	Polen, Deutschland
1939–1945	ca. 80	Polen, Deutschland, Rumänien, Ungarn, Tschechoslowakei
1946–1948	ca. 160	Polen, Rumänien, Bulgarien, Algerien, Tunesien
1949–1951	ca. 710	Polen, Rumänien, arabische Staaten
1952–1987	ca. 1 060	arabische Staaten, Iran, Sowjetunion, Rumänien, Äthiopien
1988–1989	ca. 30	Sowjetunion
1990	ca. 200	Sowjetunion, Äthiopien

Johannes Glasneck/Angelika Timm, Israel. Die Geschichte des Staates seit seiner Gründung, Bonn 1992, S. 286.

b) Juden und Araber in Palästina/Israel[1]:

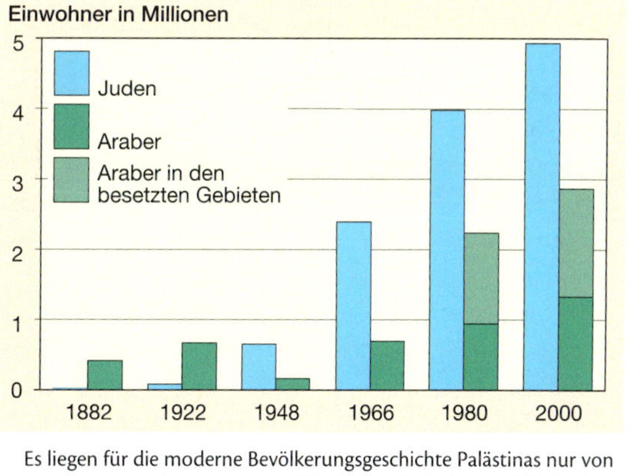

1 Es liegen für die moderne Bevölkerungsgeschichte Palästinas nur von Experten geschätzte Daten vor. Die Zahlen für 1882 und 1922 beziehen sich auf die Bevölkerung des gesamten Mandatsgebietes, also einschließlich des Westjordanlandes und des Gazastreifens. Die Zahl für 1948 bezieht sich auf das Territorium des neu gegründeten Staates ohne Westjordanland und Gazastreifen. Die Zahlen für die folgenden Jahre beziehen sich auf den jeweils gültigen Gebietsstand des Staates Israel.

Michael Wolffsohn, Israel. Geschichte, Politik, Gesellschaft, Wirtschaft, Verlag für Sozialwissenschaften, 7. Aufl., Wiesbaden 2007, S. 261.

1 Beschreiben Sie anhand von M 6 a, b die Entwicklung der jüdischen Einwanderung nach Palästina.
2 Erörtern Sie, ausgehend von M 6 a, b, die Konfliktlage in Palästina.

M 7 Der politische Zionismus

a) Auszug aus dem Buch „Der Judenstaat" von Theodor Herzl, 1896:

Die Judenfrage besteht. Es wäre töricht, sie zu leugnen. Sie ist ein verschlepptes Stück Mittelalter [...]. Den großmütigen Willen zeigten sie ja, als sie uns emanzipierten. Die Judenfrage besteht überall, wo Juden in merklicher Anzahl leben. Wo sie nicht ist, da wird sie durch hinwandernde Juden eingeschleppt. [...] Ich halte die Judenfrage weder für eine soziale noch für eine religiöse [...]. Sie ist eine nationale Frage, und um sie zu lösen, müssen wir sie vor allem zu einer politischen Weltfrage machen, die im Rate der Kulturvölker zu regeln sein wird. Wir sind ein Volk, *ein* Volk. Wir haben überall ehrlich versucht, in der uns umgebenden Volksgemeinschaft unterzugehen und nur den Glauben unserer Väter zu bewahren. Man lässt es nicht zu. Vergebens sind wir treue und an manchen Orten sogar überschwängliche Patrioten, vergebens bringen wir dieselben Opfer an Gut und Blut wie unsere Mitbürger, vergebens bemühen wir uns, den Ruhm unserer Vaterländer in Künsten und Wissenschaften, ihren Reichtum durch Handel und Verkehr zu erhöhen. In unseren Vaterländern, in denen wir ja auch schon seit Jahrhunderten wohnen, werden wir als Fremdlinge ausgeschrieen; oft von solchen, deren Geschlechter noch nicht im Lande waren, als unsere Väter da schon seufzten. Wer der Fremde im Lande ist, das kann die Mehrheit entscheiden; es ist eine Machtfrage, wie alles im Völkerverkehre.

Theodor Herzl, Der Judenstaat, Jüdischer Verlag, Berlin 1918, S. 17, 31 f.

b) Auszug aus dem Baseler Programm des I. Zionistischen Kongresses vom 30. August 1897:

Der Zionismus erstrebt für das jüdische Volk die Schaffung einer öffentlich-rechtlich gesicherten Heimstätte in Palästina. Zur Erreichung dieses Zieles nimmt der Kongress folgende Mittel in Aussicht:

1. Die zweckdienliche Förderung der Besiedlung Palästinas mit jüdischen Ackerbauern, Handwerkern und Gewerbetreibenden.
2. Die Gliederung und Zusammenfassung der gesamten Judenschaft durch geeignete örtliche und allgemeine Veranstaltungen nach den Landesgesetzen.
3. Die Stärkung des jüdischen [...] Volksbewusstseins.
4. Vorbereitende Schritte zur Erlangung der Regierungszustimmungen, die nötig sind, um das Ziel des Zionismus zu erreichen.

Zit. nach: Arno Ullmann (Hg.), Israels Weg zum Staat. Von Zion zur parlamentarischen Demokratie, dtv, München, S. 127 f.

1 Erläutern Sie mithilfe von M 7 a die These, der Zionismus sei die Nationalbewegung des jüdischen Volkes.
2 Arbeiten Sie mithilfe von M 7 b Ziele und Methoden des organisierten Zionismus heraus.
3 **Weiterführender Arbeitsauftrag/Literaturanalyse:** Stellen Sie in einem Kurzvortrag Theodor Herzls utopischen Roman „Altneuland" (1902) vor. Analysieren Sie den Roman unter dem Aspekt, wie sich Herzl das Zusammenleben der Einwanderer verschiedener Religionen und Nationalitäten in der „neuen Gesellschaft" eines jüdischen Staates vorstellt.

M 8 Die Islamwissenschaftlerin Gudrun Krämer über die osmanische Politik gegenüber Palästina und der zionistischen Bewegung, 2006

Wichtiger als etwaige religiöse Vorbehalte gegenüber den Juden als Religionsgemeinschaft oder die religiöse Hochschätzung Palästinas als „Heiligem Land" der Juden, Christen und Muslime war für die osmanische Zentralregierung die Furcht vor einer weiteren Durchdringung dieses strategisch zunehmend wichtigen Gebiets durch die europäischen Mächte. Schon 1874 war Jerusalem in den Rang eines „unabhängigen" und damit reichsunmittelbaren Verwaltungsbezirks [...] erhoben worden, um den europäischen Interessen am Heiligen Land im Allgemeinen und Jerusalem im Besonderen Rechnung zu tragen. Vor dem Hintergrund der Unabhängigkeitsbestrebungen auf dem Balkan und in anderen Reichsteilen vermuteten die Istanbuler Entscheidungsträger (nicht zu Unrecht) einen Zusammenhang zwischen organisierter jüdischer Einwanderung und Kolonisierung auf der einen Seite und europäischer Protektion und Intervention auf der anderen, die sich vor allem auf das Rechtsinstitut der sog. Kapitulationen stützen würden, die ihren Nutznießern weit reichende Rechte und Steuerprivilegien verschafften. Noch bevor die ersten Einwanderer der Biluim[1] am 6. Juli 1882 in Jaffa ihren Fuß auf „palästinensischen" Boden gesetzt hatten und auch bevor sich Widerstand unter der dortigen arabischen Bevölkerung regte, verboten die osmanischen Behörden [...] Einwanderung und Landerwerb ausländischer (später auch osmanischer) Juden in Palästina. Das hatte nichts mit antijüdischen oder gar antisemitischen Einstellungen zu tun, sondern mit Politik: Die osmanischen Behörden nahmen die Zuwanderer nicht primär als Juden wahr, sondern als Europäer, noch genauer: als Russen und damit Angehörige einer feindlichen Macht, gegen die das Reich 1877/78 gerade erst Krieg geführt hatte. Es ging ihnen nicht darum, Juden generell an der Ansiedlung in ihren Territorien zu hindern: Tatsächlich lösten die Pogrome im zaristischen Russland und der Ukraine nach 1881/82 eine Zuwanderung ins Osmanische Reich aus; eine beachtliche Zahl von Juden ließ sich in Istanbul nieder, und nicht wenige bemühten sich um die osmanische Staatsbürgerschaft. Sie sollten sich in anderen Teilen des Reichs durchaus ansiedeln können, nicht aber in Palästina. Diesem Zweck diente die Einführung einer zeitlichen Begrenzung der Aufenthaltserlaubnis für jüdische Pilger und Geschäftsleute auf einen, später drei Monate – eine Verletzung der Kapitulationsbestimmungen, die von den ausländischen Konsuln sogleich bekämpft wurde. Die offizielle Linie untersagte zunächst den Landverkauf an ausländische Juden; osmanische Juden sollten sich verpflichten, das Land nicht an andere Juden weiterzuverkaufen oder es zur Kolonisierung freizugeben. [...]

Die Jungtürken, die 1908 im Osmanischen Reich die Macht ergriffen, hatten zunächst andere Sorgen als Palästina und die jüdische Einwanderung, und dies ungeachtet wachsender arabischer Proteste. Immerhin erließen sie neue Verbote jüdischer Einwanderung und Kolonisation in Palästina; um das Aufkommen einer „jüdischen Frage" zu verhindern, die nicht nur zu europäischer Intervention einlud, sondern zugleich arabischen Widerstand provozierte, der die Araber osmanischer Herrschaft zu entfremden drohte. Es ging also keineswegs nur um die, wenn man so will, jüdische Dimension des Problems.

Religiöse Motive wird man wiederum weitgehend ausschließen können: Die Jungtürken hatten vor 1908 einige Unterstützung in jüdischen Kreisen vor allem Salonikis erfahren; der Oberrabbiner des Osmanischen Reichs, Haim Nahum Efendi, war als ihr Sympathisant bekannt.

Es waren politische Motive, die die Jungtürken zum Eingreifen bewegten. Die Vertreter der örtlichen Provinzverwaltung kamen den Verfügungen der Zentralbehörden allerdings nur zögernd und unvollständig nach. Korruption und Bestechung spielten dabei eine Rolle, auch der Druck lokaler Kräfte – Araber wie Juden – in die eine wie die andere Richtung. Die Gouverneure und deren Stab interpretierten ihre Interessen durchaus unterschiedlich: Während der Gouverneur von Jerusalem sich 1900 bitter über die fortlaufenden Gesetzesbrüche von Juden beklagte, erlaubte der Untergouverneur von Tiberias den Juden seines Bezirks nach arabischen Angriffen sogar, sich zu bewaffnen. Der jüdische Zustrom nach Palästina setzte sich währenddessen fort, und ungeachtet wiederholter Interventionen, Verbote und Strafandrohungen fanden fortwährend auch illegale Landverkäufe statt. Ernsthaft widersetzen konnten sich die osmanischen Behörden der jüdischen Einwanderung nur während des Ersten Weltkriegs.

Gudrun Krämer, Geschichte Palästinas. Von der osmanischen Eroberung bis zur Gründung des Staates Israel, 5. Aufl., C. H. Beck, München 2006, S. 144–146.

1 Biluim: Für das zionistische Aufbauwerk trotz geringer Mitgliederzahl wichtige Gruppierung.

1 Erklären Sie mithilfe von M 8 die osmanischen Vorbehalte gegen den Zionismus und die jüdische Einwanderung nach Palästina.

M9 Der Historiker Rolf Steininger über die Balfour-Erklärung, 2003

Am 2. November 1917 schickte der britische Außenminister Arthur James Balfour folgenden Brief an den Präsidenten der Zionistischen Föderation in Großbritannien, Lord Lionel Walter Rothschild:

„Lieber Lord Rothschild, ich habe die große Freude, Ihnen im Namen der Regierung Seiner Majestät die folgende Sympathieerklärung für die jüdisch-zionistischen Bestrebungen zu übermitteln. Sie hat dem Kabinett vorgelegen und wurde von ihm gebilligt. Die Regierung Seiner Majestät betrachtet die Errichtung einer nationalen Heimstätte für das jüdische Volk in Palästina mit Wohlwollen und wird keine Mühe scheuen, um die Erreichung dieses Zieles zu erleichtern, wobei allerdings von der Voraussetzung ausgegangen wird, dass dabei nichts geschieht, was die bürgerlichen und religiösen Rechte der in Palästina bestehenden nicht-jüdischen Gemeinden oder die Rechte und die politische Stellung der Juden in irgendeinem anderen Lande beeinträchtigen könnte. Ich wäre Ihnen dankbar, wenn Sie diese Erklärung der Zionistischen Föderation zur Kenntnis bringen würden. Ihr ergebener Arthur James Balfour."

Diese sogenannte Balfour-Deklaration ist ein Meilenstein in der Geschichte der zionistischen Bewegung und prägte die weitere Entwicklung im Nahen Osten – wenn man so will – bis heute. Sie hat eine interessante Vorgeschichte. Im Sykes-Picot-Abkommen von 1916 war Palästina gewissermaßen ausgeklammert worden. Es sollte ein international kontrolliertes Gebiet werden. Im britischen Kabinett setzte sich aber schon bald die Auffassung durch, dass dieses Gebiet unter allen Umständen unter alleinige britische Kontrolle gebracht werden müsse. Vor allen Dingen der südafrikanische General Smuts sah darin die einzige Möglichkeit, Ägypten und den Suezkanal zu schützen. Jede andere Macht in Palästina müsse zu einer Bedrohung für das britische Weltreich werden. Eine entsprechende Entscheidung traf das Kriegskabinett am 1. Mai 1917.

Die Zionisten in Großbritannien, angeführt von Chaim Weizmann, nutzten dies für ihre Ziele. Weizmann war eine der überragenden Gestalten des Zionismus, damals zwar ein Staatsmann ohne Staat – er wurde 1948 der erste Präsident Israels –, aber er kann zu den eigentlichen Siegern des Ersten Weltkrieges gezählt werden. [...]

Der Erste Weltkrieg wurde für ihn zum Triumph. Ab 1916 leitete er das Forschungslaboratorium der Britischen Admiralität und entwickelte ein Verfahren zur künstlichen Herstellung von Azeton, einem wichtigen chemischen Bestandteil von Sprengstoffen. Er war ein glühender Zionist und ein begnadeter Lobbyist – und nutzte seine gesellschaftlichen Kontakte. Ihm gelang es, wichtige Persönlichkeiten in Großbritannien [...] für die Idee des Zionismus und die Errichtung eines jüdischen Staates in Palästina zu gewinnen. Außenminister Balfour traf Rothschild und Weizmann am

19. Juni 1917 und bat um den Entwurf einer entsprechenden Resolution. Die Gründe für diesen Schritt waren vielfältig. Würde man den Zionismus fördern, so die Überlegung auf britischer Seite, könnte es möglicherweise dazu führen, die russischen Juden dazu zu bringen, Russland zum Weiterkämpfen zu veranlassen. Wichtig war auch, die amerikanischen Juden zu gewinnen. Man hoffte, dass jene Juden, die Einfluss auf Präsident Wilson hatten, ihn davon überzeugen könnten, die britische Besatzung Palästinas zu akzeptieren.
An der Ostküste der USA lebten damals etwa 4 Millionen Juden, die zunächst wenig mit dem Zionismus anfangen konnten. Die zionistische Bewegung erhielt erst während des Ersten Weltkrieges größeren Zulauf: Die Mitgliedszahlen stiegen von 5 000 auf 150 000. Einer der führenden Zionisten war Louis Brandeis, der 1917 als erster Jude überhaupt Mitglied des Obersten Gerichts in Washington geworden war. Präsident Wilson hatte schon damals eine Vorliebe für die Selbstbestimmung der Völker geäußert – offiziell dann im Januar 1918 mit seinen berühmten 14 Punkten.
Zionismus schien jetzt umso attraktiver, denn dies bedeutete auch jüdische Selbstbestimmung in Palästina. Jüdische Selbstverwaltung in Palästina wäre damit der geeignete Deckmantel für eine britische Kontrolle des Gebiets, die Wilson ansonsten wohl als imperialistische Aktion der Briten nicht akzeptiert hätte. Auch Frankreich, Partner des Sykes-Picot-Abkommens, befürwortete eine „Wiedergeburt der jüdischen Nation“ in Palästina. Möglicherweise wollte man auch einer deutschen Zusage an die Juden Mittel- und Osteuropas zuvorkommen. [...]
Auf den Kriegsverlauf hatte das Dokument [...] keine Auswirkungen, aber diese 117 Worte banden der britischen Regierung in den Verhandlungen mit den Zionisten in Zukunft die Hände. Es lag nun an den Briten, bei der Schaffung jener „nationalen Heimstätte“ *in* Palästina für das jüdische Volk mitzuhelfen, wobei jeder wusste, was damit gemeint war, nämlich der „Judenstaat“, wie Herzl ihn gefordert hatte.

Rolf Steininger, Der Nahostkonflikt, Fischer TB, Frankfurt/M. 2003, S. 73–78.

1 **Arbeiten Sie die zentralen Aussagen der Balfour-Erklärung heraus.**
2 **Erläutern Sie die politischen Interessen Großbritanniens, der USA und Frankreichs sowie der Zionisten an der Verabschiedung der Balfour-Erklärung.**
3 **Erörtern Sie die historisch-politische Bedeutung der Balfour-Erklärung.**

M 10 Die Islamwissenschaftlerin Gudrun Krämer über den arabischen Nationalismus, 2006

Wie der jüdische hat sich auch der arabisch-palästinensische Nationalismus im vollen, geradezu gleißenden Licht der Geschichte herausgebildet. Deutlicher als andere Nationalismen aber ist er als Gegenbewegung zu erkennen, die sich von Beginn an gegen die zionistische Einwanderung wandte und in diesem Abwehrkampf ihre spezifischen Konturen gewann. [...] Der arabisch-palästinensische Nationalismus ist auf jeden Fall nicht nur im Spiegel des Zionismus zu sehen [...], sondern als eigenständige Bewegung, die ihren spezifischen Charakter allerdings im Widerstand gegen das zionistische Projekt und die britische Okkupation erhielt.
Der arabische Nationalismus in Syrien, Irak, Palästina und dem Hijaz[1] entwickelte sich nicht geradlinig und unter freudiger Beteiligung der Massen, wie es eine nationale Geschichtsschreibung haben will. [...] Vielmehr kreiste sie [die arabische Nationalbewegung] um drei Motive: die kulturstiftende und einende Kraft der arabischen Sprache, den Mythos vom arabischen Aufstand und das Trauma des europäischen Verrats. Letztere aber waren Entwicklungen des Ersten Weltkriegs und der Nachkriegszeit. Um die Wende vom 19. zum 20. Jahrhundert waren sie noch nicht präsent. [...] Die kulturelle Erneuerungsbewegung des 19. Jahrhunderts und der arabische Nationalismus des frühen 20. Jahrhunderts waren viel stärker vom sunnitischen Islam geprägt, als dies lange Zeit wahrgenommen wurde, wo Nationalismus mit Säkularismus [Verweltlichung] identifiziert und dieser zum Gegenpol religiöser Bindung erklärt wurde. Das Beispiel Palästina, wo der nationale Widerstand bis in die Gegenwart zwischen explizit religiösen und tendenziell säkularistischen Ausprägungen oszilliert[2], zeigt dies mit großer Deutlichkeit. Es wäre ganz falsch, Nationalismus mit Säkularismus zu identifizieren und Nationalisten und Islamisten nicht nur als Konkurrenten auf dem politischen Feld, sondern als Vertreter konzeptioneller Gegensätze zu verstehen. Für die nationale Bewegung des 20. Jahrhunderts lassen sich verschiedene „Vorläufer“ ausmachen, die allerdings nicht geradlinig in die politische Szene der Mandatszeit mündeten. Zu diesen Vorläufern zählten die kulturelle Erneuerungsbewegung (arab. *nahda*) des ausgehenden 19. Jahrhunderts ebenso wie Beispiele lokalen Widerstands gegen die jüdische Besiedlung, die zu ihrer Zeit kaum miteinander in Verbindung standen. Ein primär kulturell verstandener Arabismus und ein stärker politisch orientierter arabischer Nationalismus kristallisierten sich in verschiedenen Varianten heraus, die von der Forderung nach Autonomie im Rahmen des Osmanischen Reichs bis zur vollständigen Loslösung von ihm reichten und dementsprechend offen – jedoch mit unklarer Grenzziehung – die arabische Unabhängigkeit anstrebten.

Gudrun Krämer, Geschichte Palästinas. Von der osmanischen Eroberung bis zur Gründung des Staates Israel, 5. Aufl., C. H. Beck, München 2006, S. 147–149.

1 Hijaz, auch Hedjas: Landschaft und Provinz im Westen Saudi-Arabiens, grenzt an das Rote Meer
2 oszillieren: schwingen

1 **Erläutern Sie die Motive und Ziele des arabischen Nationalismus.**

4 Die Gründung des Staates Israel

Staatsgründung

Am 14. Mai 1948 rief **David Ben Gurion*** (1886–1973) die Gründung des Staates Israel aus. Im Stadtmuseum von Tel Aviv verlas er die Proklamationsurkunde des neuen Staates (M 2), der noch am selben Abend von den USA und drei Tage später von der Sowjetunion anerkannt wurde. Seit mehr als 2000 Jahren besaßen die Juden damit wieder einen eigenen Staat. Entsprechend groß war der Jubel der jüdischen Bevölkerung. Nicht nur in Tel Aviv, sondern auch in anderen Städten tanzten die Menschen auf den Straßen. Wie verlief der Kampf um die Selbstbestimmung des jüdischen Volkes gegen den Widerstand der arabischen Staaten und der Mehrheit der palästinensischen Einwohner?

Britische Mandatsherrschaft

Obwohl der Mandatsvertrag von 1923 den Schutz und die Förderung aller nichtjüdischen Gemeinschaften und Bevölkerungsgruppen garantierte, empfand die arabische Welt die britische Mandatsherschaft als neue Form kolonialer Herrschaft. In der zionistischen Bewegung wie auch bei den Juden Palästinas (*Jischuw*) überwogen dagegen zunächst die positiven Urteile. Zwar wurde mit der Abtrennung Transjordaniens – die Regierung des neuen Emirats übernahm das haschemitische Königshaus – von Palästina 1922 das Land östlich des Jordans als möglicher Siedlungsraum für die Juden ausgeklammert. Aber der **Mandatsvertrag von 1923** erneuerte ausdrücklich das in der Balfour-Erklärung von 1917 (s. S. 144) gegebene Versprechen über die Errichtung „einer nationalen Heimstätte für das jüdische Volk in Palästina". Außerdem kündigte der Vertrag in Artikel 4 eine „angemessene jüdische Vertretung (‚*Jewish Agency*')" an. Sie soll, hieß es in dem Dokument, „als eine öffentliche Körperschaft anerkannt werden zu dem Zweck, die Verwaltung Palästinas in solchen wirtschaftlichen, sozialen und anderen Angelegenheiten zu beraten und mit ihr zusammenzuwirken, die die Errichtung der jüdischen nationalen Heimstätte und die Interessen der jüdischen Bevölkerung in Palästina betreffen, und, immer vorbehaltlich der Kontrolle durch die Verwaltung, an der Entwicklung des Landes zu helfen und teilzunehmen".

M 1 David Ben Gurion (1886–1973), Fotografie, um 1950

Der überzeugte Zionist emigrierte 1906 von Polen nach Palästina, wo er zu einer führenden Persönlichkeit der jüdischen Politik aufstieg: 1921 war er Mitbegründer der Gewerkschaft *Histadruth*, 1930 der sozialistischen Arbeiterpartei Mapai und 1935–1948 leitete er die *Jewish Agency for Palestine*. Nachdem er am 14. Mai 1948 den Staat Israel ausgerufen hatte, wurde er Ministerpräsident und Verteidigungsminister (1948–1953, 1955–1963). In diesen Ämtern prägte er den Aufbau Israels nachhaltig mit.

M 2 David Ben Gurion verliest die Proklamationsurkunde des Staates Israel, 14. Mai 1948.

Über Gurion hängt eine Aufnahme von Theodor Herzl.

Juden und Araber

Die britische Unterstützung durch den Mandatsvertrag verbesserte nachhaltig das internationale Ansehen der zionistischen Bewegung. Palästina gewann dadurch für auswanderungswillige Juden an Attraktivität. Immer mehr Juden kamen ins Land (s. S. 141 ff. sowie M 6 a, b, S. 145), seit 1933 auch viele Juden aus Deutschland, die vor der nationalsozialistischen Herrschaft flohen. Mit dem Anwachsen der jüdischen Bevölkerung entstanden in den 1920er-Jahren zahlreiche Organisationen und Parteien, die wichtige Grundlagen für die spätere Staatsgründung legten. Die Juden Palästinas begannen nicht nur mit dem Aufbau eines selbst verwalteten Wirtschafts-, Sozial- und Kultursystems, sondern sie gründeten zum Schutz vor arabischen Übergriffen auch eigene militärische Einheiten („*Haganah*"). Eine herausragende Rolle im Kampf um die Selbstbestimmung nahm die 1922 gegründete ***„Jewish Agency for Palestine"*** ein, die bis zur Staatsgründung die Interessen der jüdischen Bevölkerung gegenüber der britischen Mandatsregierung vertrat und die Entwicklung des *Jischuw* entscheidend prägte (M 7 a, b).

Die arabische Bevölkerung nahm diese Entwicklung nicht widerspruchslos hin. Vielmehr erhielt der arabische Nationalismus neuen Auftrieb und entlud sich in Protesten und Unruhen. Höhepunkt der pogromartigen Massenunruhen 1929 war das **Massaker von Hebron**, bei dem über 60 Juden von radikalen Muslimen ermordet wurden. Und in den Jahren 1936 bis 1939 reagierte die arabische Bevölkerung auf die sprunghaft ansteigende jüdische Einwanderung mit dem **Großen Arabischen Aufstand** (M 8 a, b).

Vorschlag der Peel-Kommission zur Teilung Palästinas (1936)
Das Territorium eines jüdischen Staates sollte ein Fünftel des Landes umfassen, während Transjordanien und die verbliebenen Gebiete, also etwa vier Fünftel des Landes, einen arabischen Staat bilden sollten. Jerusalem und ein bis zum Meer reichender Korridor sowie Enklaven bei Haifa und Akaba sollten weiterhin unter britischer Mandatsherrschaft bleiben.

Weißbuch
Dokumentensammlungen des Außenministeriums anlässlich bestimmter außenpolitischer Ereignisse. Das britische Weißbuch von 1939 gab Kolonialminister Malcolm MacDonald im Mai 1939 heraus.

Kurswechsel in der britischen Politik

Die gewaltsamen Auseinandersetzungen in Palästina zwangen die britische Regierung zur Überprüfung ihrer Politik. Um die Konfliktursachen zu analysieren und Lösungsvorschläge zu erarbeiten, schickte London 1936 eine Kommission unter Leitung von Lord Peel in den Nahen Osten. Während die Araber den Vorschlag der **Peel-Kommission***, das Land zwischen Juden, Arabern und Briten aufzuteilen, einhellig ablehnten, akzeptierte der 20. Zionistenkongress diese Grundidee. Zwar billigten der Völkerbund und das britische Parlament zunächst die Teilungspläne, aber nach neuen Unruhen im Nahen Osten rückte Großbritannien dann nicht nur von der Teilung Palästinas ab, sondern erklärte auch die Errichtung einer „nationalen jüdischen Heimstätte" für beendet. Dieser Abschied von der in der Balfour-Erklärung verankerten Politik wurde im britischen **Weißbuch von 1939*** der Öffentlichkeit bekannt gemacht. Es beschränkte die jüdische Einwanderung bis 1944 auf 75 000 Menschen. Danach sollten die Araber über die jüdische Zuwanderung entscheiden. Und der jüdische Landerwerb in Palästina wurde rigoros eingeschränkt.

Dieser britische Kurswechsel bedeutete für die Juden eine Katastrophe. Opfer der drastischen Zuwanderungsbeschränkungen waren besonders die Juden, die in Palästina einen Zufluchtsort vor der nationalsozialistischen Judenverfolgung und Judenvernichtung suchten.

Literaturtipp
Amos Oz, Eine Geschichte von Liebe und Finsternis, Frankfurt/M., 2008.
In seinem autobiografisch gefärbten Roman erzählt der 1939 in Jerusalem geborene Schriftsteller die Geschichte seiner Familie, die sich zu einem Panorama des Lebens osteuropäischer Juden, der Situation der Einwanderer in Palästina und in dem neu gegründeten Staat Israel ausweitet.

Verstärkte Kampfbereitschaft und illegale Einwanderung

Das Weißbuch von 1939 hatte die Grundlagen für eine britisch-zionistische Zusammenarbeit nachhaltig zerstört. Während des Zweiten Weltkrieges verschlechterte sich das Verhältnis zwischen britischer Mandatsmacht und *Jischuw* weiter dramatisch, weil Großbritannien keine Kurskorrektur seiner Nahostpolitik vornahm. David Ben Gurion brachte die neue Haltung des *Jischuw* auf die Formel: „Wir werden gemeinsam mit England gegen Hitler kämpfen, als ob es kein Weißbuch gäbe, und wir werden gegen das Weißbuch kämpfen, als ob es keinen Hitler gäbe." Und der damalige Präsident der Zionistischen Weltorganisation **Chaim Weizmann*** verkündete auf einer Pressekonferenz demonstrativ: „Jeder Jude hat das Recht, nach Palästina zu gehen." Mit vielen ihrer Mitstreiter und Landsleute befürworteten diese beiden führenden Persönlichkeiten des jüdischen Palästina eine offensive Politik, die das Weißbuch ignorieren sollte. Die verstärkte Kampfbereitschaft des *Jischuw* bewirkte einen wachsenden jüdischen Widerstand, der sich in **Protesten und Streiks** im ganzen Lande niederschlug. Die *Jewish Agency* erörterte geeignete militärische Maßnahmen, die sich gegen arabische, aber auch gegen britische Einrichtungen richten sollten. Damit schälte sich allmählich eine Haltung der Juden in Palästina heraus, die das britische Mandat fortan nicht mehr für wünschenswert hielt. Diese neue Position führte zur systematisch betriebenen **illegalen Einwanderung**, der sogenannten *Alijah Beit*.

Gemeinsam mit allen wichtigen Institutionen organisierte die *Haganah* die Landung illegaler Einwanderer an der Küste. Doch die britische Regierung erfuhr von diesen Maßnahmen und versuchte mithilfe ihrer Marine und verstärkten Kontrollen, die Landung von Schiffen zu unterbinden. So verhinderten die Briten die Landung des Dampfers „Struma" in Palästina und veranlassten die türkische Regierung, das Schiff wieder zurück ins Schwarze Meer zu schicken. Das Schiff sank 1941 mit 769 jüdischen Flüchtlingen an Bord. Auch nach Kriegsende setzten die *Jewish Agency* und andere zionistische Organisationen die illegale Einwanderung fort. Über ein geheimes Netz von Fluchtwegen erreichten mehr als 70 000 Flüchtlinge aus ganz Europa zwischen 1945 und 1947 Palästina. Großbritannien aber blieb seiner restriktiven Einwanderungspolitik treu und fing nach wie vor zahlreiche Schiffe ab. Eines der spektakulärsten Ereignisse war dabei die Enterung der **„Exodus"** (M 4). Großbritannien verlor dadurch international an Ansehen, während der politische Zionismus eine moralische Aufwertung erfuhr. Mehr denn je stand seitdem das Palästinaproblem auf der politischen Tagesordnung der internationalen Staatengemeinschaft. Zahlreiche Mitgliedsstaaten der UNO machten sich für die Schaffung eines jüdischen Staates stark.

M 3 Chaim Weizmann (1874–1952), Fotografie, um 1950

Der Wissenschaftler und Politiker war zunächst Professor für Biochemie in Manchester und leitete 1916 bis 1919 die Laboratorien der britischen Admiralität. Er war Anhänger des politischen Zionismus von Theodor Herzl. 1917 hatte er maßgeblichen Anteil an der Entstehung und Verabschiedung der Balfour-Erklärung, 1920–1931 und 1935–1946 war er Präsident der Zionistischen Weltorganisation. 1929 übernahm er die Leitung der *Jewish Agency for Palestine*. Er war 1948–1952 der erste Staatspräsident Israels.

M 4 Die „Exodus" im Hafen von Haifa, Fotografie vom 22. Juli 1947

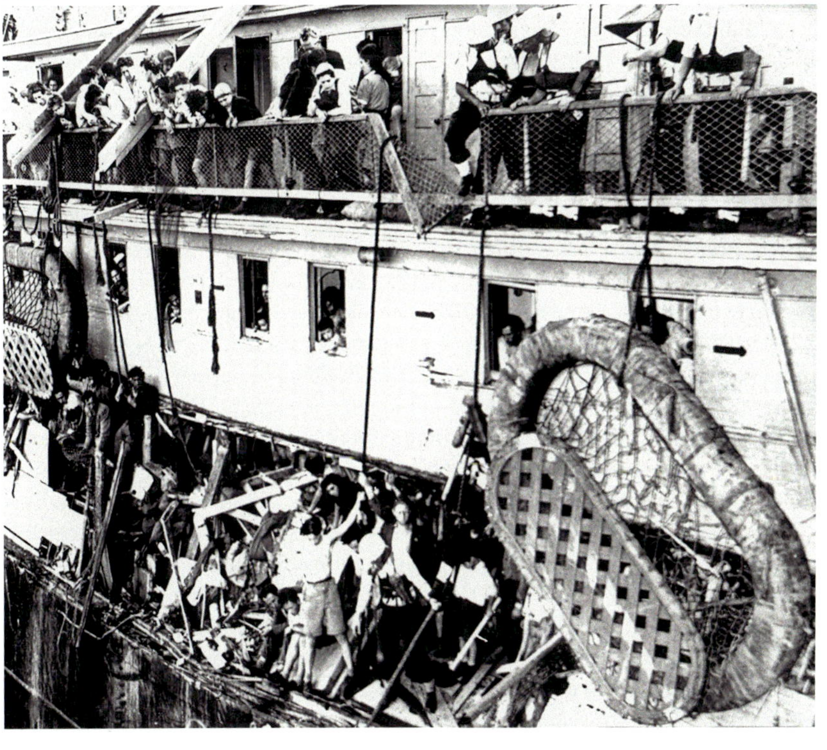

Der Dampfer „Exodus" verließ Marseille am 11. Juli 1947 mit mehr als 4 500 Überlebenden aus Konzentrationslagern an Bord in Richtung Palästina. Die britische Militärverwaltung versagte den Passagieren die Einwanderung. Britische Zerstörer verfolgten tagelang das Schiff und enterten es am 18. Juli 1947 vor Haifa in einer dramatischen Aktion, bei der einige Passagiere getötet wurden. Großbritannien schickte die Flüchtlinge auf anderen Schiffen nach Frankreich zurück, doch sie weigerten sich, die Schiffe zu verlassen. Schließlich brachte man die Passagiere nach Hamburg, von wo aus sie in ein mit Stacheldraht gesichertes britisches Internierungslager für „Displaced Persons" bei Lübeck gebracht wurden. Nachdem US-Präsident Harry S. Truman bei der britischen Regierung interveniert hatte, gelangten die Flüchtlinge nach Frankreich und bestiegen erneut ein Schiff nach Palästina.

UN-Teilungsplan und Staatsgründung Israels

Bereits im Oktober 1941 kam ein britischer Beamter in einer Lageeinschätzung zur Stimmung in Palästina zu dem Ergebnis, dass der *Jischuw* zwar offiziell der britischen Herrschaft unterstand, sich jedoch so verhalte, als wäre er eine unabhängige Nation. Und am 30. März 1947 verkündete Außenminister Ernest Bevin resigniert: „Wir sind an einem Punkt angelangt, wo die Mandatsherrschaft nicht weiter andauern kann." Damit zog er die Konsequenzen aus der im September 1946 in London eröffneten Palästinakonferenz, auf der die unvereinbaren Positionen noch einmal aufeinandergetroffen waren. Während die jüdische Delegation auf der Gründung eines eigenen Staates in einem „angemessenen" Teil Palästinas beharrte, reklamierten die arabischen Vertreter das ganze Land für sich.

Tatsächlich war Großbritannien nicht mehr Herr der Lage in Palästina, wo die gewaltsamen Auseinandersetzungen zunahmen*. Daher übertrugen die Briten 1947 die Verantwortung für das Palästinaproblem den Vereinten Nationen. Vom 28. April bis zum 15. Mai 1947 beschäftigte sich eine außerordentliche UN-Vollversammlung mit der Situation in Palästina und setzte einen **Sonderausschuss für Palästina** (**UNSCOP**, *United Nations Special Commitee for Palestine*) ein. Dieses durch elf Staaten gebildete Komitee unterbreitete nach ausführlichen Recherchen einstimmig den Vorschlag, das britische Mandat zu beenden. Keine Einigkeit bestand jedoch über die Lösung des Problems: Sieben Ausschussmitglieder sprachen sich für die Teilung Palästinas aus, die übrigen vier stimmten für einen binationalen Föderativstaat. Nach monatelangen Diskussionen verabschiedete die UN-Vollversammlung am 29. November 1947 mit 33 Ja- und 13 Gegenstimmen bei zehn Enthaltungen die **Resolution 181**. Sie forderte Großbritannien auf, das Mandat zum nächstmöglichen Zeitpunkt zu beenden, und schlug die Teilung Palästinas vor. Auf dem Territorium Palästinas sollten ein arabischer und ein jüdischer Staat errichtet werden (s. S. 165 ff.). Die britische Regierung erklärte zwar, dass sie bis zum 15. Mai 1948 ihre Truppen aus Palästina zurückziehen wolle. Aber sie merkte gleichzeitig an, dass sie bei der Durchführung des Teilungsplans nicht kooperieren werde. In der Tat verhinderte London die Ausführung der Entschließung, die z. B. die Einsetzung einer „Provisorischen Regierung" und die Vorbereitung von Wahlen vorsah. Erst kurz vor Ablauf des Mandats ließ Großbritannien die UN-Kommission nach Palästina und zog seine Streitkräfte zurück.

Schon unmittelbar nach dem Beschluss der UNO begann ein **Bürgerkrieg zwischen Juden und Arabern**. Dabei bekämpften sich nicht nur Einheiten arabischer Freischärler und jüdische Militärorganisationen gegenseitig. Ab Frühjahr 1948 konzentrierten sich die Auseinandersetzungen zunehmend darauf, die von den Briten aufgegebenen Armeelager, Polizeiposten und Regierungsgebäude unter Kontrolle zu bringen.

Um sich alle in der UN-Resolution 181 dem jüdischen Staat zugedachten Gebiete zu sichern, begannen die zionistischen Militärorganisationen im April 1948 eine militärische Offensive. Außerdem sollten die jenseits der durch die UNO festgelegten Grenze gelegenen jüdischen Siedlungen in den zukünftigen Staat einbezogen werden. Die jüdischen Kämpfer waren überdies bestrebt, die Verbindungswege zwischen den jüdischen Siedlungsgebieten und den Zugang nach Jerusalem zu kontrollieren. Bei den heftigen Gefechten kam es auch zu Übergriffen zionistischer Untergrundorganisationen. So richtete die militante rechtszionistische Organisation Etzel im arabischen Dorf Deir Yasin ein Massaker an, dem über 250 Männer, Frauen und Kinder zum Opfer fielen. Nachrichten über solche Gewalttaten verbreiteten sich in Windeseile und verstärkten die Massenflucht der arabischen Bevölkerung. Hier liegen die historischen Wurzeln des palästinensischen Flüchtlingsproblems der nächsten Jahrzehnte. Vergeltungsaktionen palästinensischer Freischärler für Deir Jassin trugen zur weiteren Eskalation der Gewalt bei.

Gewaltsame Auseinandersetzungen in Palästina 1945–1948

1945–1947 Anwachsender jüdischer Widerstand und Terror gegen die britische Mandatsmacht durch jüdische Untergrundorganisationen

1946 Die britische Mandatsregierung lässt zahlreiche zionistische Funktionäre verhaften. Eine jüdische Untergrundorganisation sprengt am 22. Juli einen Flügel des King David Hotels; 90 Personen fallen dem Anschlag zum Opfer.

1947/48 Unruhen in Palästina fordern etwa 560 jüdische Opfer.

1947 Kommandoeinheiten der jüdischen Selbstverteidigungsorganisationen überfallen das Dorf Baldat al-Shaikh, töten ca. 60 arabische Männer, Frauen und Kinder und sprengen Dutzende von Häusern in die Luft.

Internettipps

Unter dem Suchbegriff „Gründung des Staates Israel" finden Sie ein Dossier der Bundeszentrale für politische Bildung zur Gründung des Staates Israel.

Hagalil e. V. ist ein Verein zur Förderung von Wissenschaft und Forschung in den Bereichen Antisemitismus, Rechtsextremismus, Jüdische Kultur in Geschichte und Gegenwart, Geschichte des Staates Israel. Er bietet auf seiner Website Materi-alien, Dokumente, Informationen zur Staatsgründung Israels und zum Teilungsplan der UNO.

Die Stärke der zionistischen Militärorganisationen war sicherlich ein Grund dafür, dass der *Jischuw* am 14. Mai 1948, einen Tag vor Ablauf des britischen UN-Mandats, seine Unabhängigkeit erklärte und den Staat Israel ausrief. Die maßgeblichen zionistischen Führungspersönlichkeiten hielten offensichtlich das jüdische Palästina für stark genug, in einer feindlichen Umgebung als eigenständiges Gemeinwesen bestehen zu können. Diese Staatsgründung, die bis heute in Politik und Wissenschaft kontrovers beurteilt wird (M 9a, b), lässt sich nicht erklären, ohne auf das Selbstbestimmungsrecht des jüdischen Volkes hinzuweisen: „Es ist das natürliche Recht des jüdischen Volkes, ein Leben wie jedes andere staatlich selbstständige souveräne Volk zu führen.“ Dieses nationale Selbstbewusstsein, das in diesen Worten David Ben Gurions in der Proklamationsurkunde Israels zum Ausdruck kommt (M 6), offenbart ein weiteres wesentliches Motiv für das Denken und Handeln sowie die Durchsetzungsfähigkeit des *Jischuw*. Doch die Aussichten auf eine friedliche Entwicklung Israels waren gering, da die arabische Welt den UN-Teilungsplan von Anfang an abgelehnt hatte. Es blieb allerdings nicht bei Protestversammlungen in mehreren arabischen Hauptstädten. Vielmehr reagierten die arabischen Nachbarstaaten auf die israelische Staatsgründung mit militärischem Widerstand, der in den ersten Nahostkrieg mündete.

M5 Jüdische Widerstandskämpfer der *Haganah* in Palästina werden von britischer Militärpolizei abgeführt, Fotografie, 1946

1 Arbeiten Sie wichtige Stationen des zionistischen Kampfes um die Selbstbestimmung des jüdischen Volkes während der britischen Mandatszeit heraus.

2 Erörtern Sie, welche Gruppen und Staaten Widerstand gegen die zionistische Bewegung leisteten und welche Motive dabei ausschlaggebend waren.

M6 Aus der Gründungsurkunde des Staates Israel von 1948

In Erez Israel stand die Wiege des jüdischen Volkes; hier wurde sein geistiges, religiöses und politisches Antlitz geformt; hier lebte es ein Leben staatlicher Selbstständigkeit; hier schuf es seine nationalen und universellen Kulturgüter und schenkte der Welt das unsterbliche „Buch der Bücher“.

Mit Gewalt aus seinem Lande vertrieben, bewahrte es ihm in allen Ländern der Diaspora die Treue und hörte niemals auf, um Rückkehr in sein Land und Erneuerung seiner politischen Freiheit in ihm zu beten und auf sie zu hoffen.

Aufgrund dieser historischen und traditionellen Verbundenheit strebten die Juden in allen Geschlechtern danach, ihre alte Heimat wiederzugewinnen; in den letzten Generationen kehrten viele von ihnen in ihr Land zurück; Pioniere, Helden und Kämpfer brachten die Wüste zu neuer Blüte, erweckten die hebräische Sprache zu neuem Leben, errichteten Städte und Dörfer und schufen so eine ständig zunehmende Bevölkerung eigener Wirtschaft und Kultur, friedliebend, aber imstande sich selbst zu schützen, eine Bevölkerung, die allen Bewohnern des Landes Segen und Fortschritt bringt und nach staatlicher Selbstständigkeit strebt.

Im Jahre 1897 trat auf den Ruf Theodor Herzls, des Schöpfers des jüdischen Staatsgedankens, der Zionistische Kongress zusammen und proklamierte das Recht des jüdischen Volkes auf nationale Wiedergeburt in seinem Heimatlande. Dieses Recht wurde in der Balfour-Deklaration vom 2. November 1917 anerkannt und im Völkerbund-Mandat bestätigt, das insbesondere der historischen Verbundenheit des jüdischen Volkes mit Erez Israel und dem Recht des Volkes, sein Nationalheim wieder zu errichten, internationale Geltung verlieh.

Die über das jüdische Volk in der letzten Zeit hereingebrochene Vernichtung, in der in Europa Millionen Juden zur Schlachtbank geschleppt wurden, bewies erneut und eindeutig die Notwendigkeit, die Frage des heimat- und staatenlosen jüdischen Volkes durch Wiedererrichtung des jüdischen Staates in Erez Israel zu lösen. Dieser Staat wird seine Tore für jeden Juden weithin öffnen und dem jüdischen Volke die Stellung einer gleichberechtigten Nation unter den Völkern verleihen.

Die jüdischen Flüchtlinge, die sich aus dem furchtbaren Blutbade des Nationalsozialismus in Europa retten konnten, und Juden anderer Länder strömten ohne Unterlass nach Erez Israel, trotz aller Schwierigkeiten, Hindernisse und Gefahren; sie forderten unablässig insbesondere ihr Recht auf ein Leben der Ehre, Freiheit und redlichen Arbeit in der Heimat ihres Volkes.

Im Zweiten Weltkrieg hat die jüdische Bevölkerung Palästinas an dem Ringen der freiheits- und friedliebenden Völker mit den Kräften der nationalsozialistischen Verbrecher ihren vollen Anteil genommen und sich mit dem Blut ihrer Kämpfer und durch ihren Kriegsdienst das Recht erworben, den Völkern, die den Bund der Vereinten Nationen gegründet haben, zugerechnet zu werden.

Am 29. November 1947 hat die Vollversammlung der Vereinten Nationen einen Beschluss gefasst, der die Errichtung eines jüdischen Staates in Erez Israel fordert; die Vollversammlung verlangte von der Bevölkerung Erez Israels, selbst alle notwendigen Schritte zu ergreifen, um diesen Beschluss durchzuführen. Diese Anerkennung des Rechtes des jüdischen Volkes auf die Errichtung seines Staates durch die Vereinten Nationen kann nicht rückgängig gemacht werden. Es ist das natürliche Recht des jüdischen Volkes, ein Leben wie jedes andere staatlich selbstständige souveräne Volk zu führen.

Wir, die Mitglieder des Volksrates, die Vertreter der jüdischen Bevölkerung Palästinas und der Zionistischen Bewegung, sind daher heute, am Tag der Beendigung des britischen Mandats über Erez Israel, zusammengetreten und proklamieren hiermit kraft unseres natürlichen und historischen Rechts und aufgrund des Beschlusses der Vollversammlung der Vereinten Nationen die Errichtung eines jüdischen Staates in Erez Israel, des Staates Israel. [...]

Der Staat Israel wird für die jüdische Einwanderung und die Sammlung der zerstreuten Volksglieder geöffnet sein; er wird für die Entwicklung des Landes zum Wohle aller seiner Bewohner sorgen; er wird auf den Grundlagen der Freiheit, Gleichheit und des Friedens, im Lichte der Weissagungen der Propheten Israels gegründet sein; er wird volle soziale und politische Gleichberechtigung aller Bürger ohne Unterschied der Religionen, der Rasse und des Geschlechtes gewähren; er wird die Freiheit des Glaubens, des Gewissens, der Sprache, der Erziehung und Kultur garantieren; er wird die heiligen Stätten aller Religionen sicherstellen und den Grundsätzen der Verfassung der Vereinten Nationen treu sein. [...] Wir appellieren – sogar während der Dauer des blutigen Angriffs, der auf uns seit Monaten unternommen wird – an die Angehörigen des arabischen Volkes, die im Staate Israel leben, den Frieden zu bewahren und sich am Aufbau des Staates auf der Grundlage voller bürgerlicher Gleichheit und entsprechender Vertretung in allen Institutionen des Staates, den provisorischen und den endgültigen, zu beteiligen. Wir strecken allen Nachbarstaaten und ihren Völkern die Hand zum Frieden und auf gute Nachbarschaft entgegen und appellieren an sie, mit dem in seinem Lande selbstständig gewordenen jüdischen Volk in gegenseitiger Hilfe zusammenzuarbeiten. Der Staat Israel ist bereit, seinen Anteil an der gemeinsamen Anstrengung, den ganzen Vorderen Orient zu entwickeln, beizutragen.

Zit. nach: Arno Ullmann (Hg.), Israels Weg zum Staat. Von Zion zur parlamentarischen Demokratie, dtv, München 1964, S. 307–310.

1 Arbeiten Sie aus der Gründungsurkunde die zentralen Argumente heraus, mit denen die israelische Staatsgründung legitimiert wird.

2 Erläutern Sie das Selbstbild bzw. Selbstverständnis des Staates Israel.

M7 Jüdische Organisationen und Parteien der britischen Mandatszeit

a) Der Historiker und Journalist Ralf Balke über die Gründung von Organisationen und Parteien, 2007:

In den 1920er-Jahren entstand eine ganze Palette rein jüdischer Organisationen und Parteien, die die Plattform zur späteren Staatsgründung bildeten: 1920 gründeten sozialistische und sozial-demokratisch ausgerichtete Parteien den Gewerkschaftsbund *Histadrut*, in dem bis zu Beginn der 1930er-Jahre 75 % aller jüdischen Arbeiter Palästinas organisiert waren und der bald selbst zu einem der wichtigsten Arbeitgeber des Landes aufstieg. Der Baugigant *Solel Boneh*, die Konsumgenossenschaft *HaMaschbir* und die Bank *Ha-Poalim* entstanden damals im Umfeld der allmächtigen *Histadrut*. Ferner gab es die für den Überlandbusverkehr zuständige Kooperative *Egged* oder *Tnuvah*, die die Vermarktung landwirtschaftlicher Produkte organisierte. [...]

Welche politische Dynamik der *Jischuw* zu Beginn der Mandatszeit freisetzte, lässt sich ebenfalls an zahlreichen anderen Entwicklungen ablesen. 1920 entstand die *Haganah* (dt.: Verteidigung), der Kern einer teils von den Briten tolerierten, teils im Untergrund operierenden Verteidigungsmiliz, aus der die spätere israelische Armee hervorgehen sollte. Auch fast das gesamte Spektrum der im heutigen Israel aktiven politischen Parteien hat seine Wurzeln in diesen Jahren, als sich die Konturen einer neuen Gesellschaft abzuzeichnen begannen.

Die Verfügbarkeit von besiedel- und bewirtschaftbarer Fläche war eine der zentralen Fragen in der Zeit zwischen den beiden Weltkriegen. Bereits vor 1914 hatte der Nationalfonds *Keren Kajemet LeIsrael* begonnen, in Palästina Land aufzukaufen, das sich zu einem großen Teil im Besitz meist im Ausland lebender arabischer Großgrundbesitzer befand. Anfänglich unterstützte die britische Mandatsverwaltung die zionistischen Siedlungsaktivitäten, indem sie der *Jewish Agency* ehemals osmanisches Staatsland übertrug oder verpachtete. Allein in dem Zeitabschnitt von 1920 bis 1932 erwarb der *Keren Kajemet LeIsrael* 165 863 Dunam Land (1 Dunam = 1000 m²), in den darauf folgenden Jahren bis 1939 weitere 157 862 Dunam. Die Folge war eine weitere dramatische Steigerung der Landpreise (von der Jahrhundertwende bis 1923 war der Preis von einem Dunam bereits auf fast 16 Pfund gestiegen!). Dies motivierte viele arabische Besitzer zum Verkauf ihres Bodens, machte den Landerwerb für die kapitalschwächeren arabischen Interessenten aber bald unmöglich und beraubte viele arabische Pächter ihrer Existenzgrundlage. Jüdische Siedlungen wurden in dieser Zeit nicht nur nach rein wirtschaftlichen Gesichtspunkten angelegt, sondern auch mit der strategischen Zielsetzung, einen größtmöglichen und einheitlichen jüdischen Siedlungsraum zu schaffen.

Ralf Balke, Israel, 3. Aufl., C. H. Beck, München 2007, S. 47–49.

b) Der Historiker und Journalist Ralf Balke über die Bedeutung der *Jewish Agency*, 2007:

Von Anfang an betrachtete die zionistische Bewegung das Siedlungsgebiet des *Jischuw* als eine territoriale Einheit, die durch ein Netzwerk autonomer, demokratisch gewählter Institutionen gelenkt wurde, an deren Spitze die 1922 gegründete *Jewish Agency* stand. 1929 auf dem 16. Zionistischen Weltkongress in Zürich erhielt sie ihre Verfassung als politische Vertretungskörperschaft: 112 Vertreter der *Jewish Agency* sollten von der zionistischen Weltorganisation gewählt werden, 112 weitere durch nichtzionistische Organisationen. Ihr Hauptsitz war Jerusalem. Ein Verwaltungsausschuss von 40 Mitgliedern sowie eine Exekutive bildeten die Spitze. Die *Jewish Agency* verwaltete die in der ganzen Welt von Juden durch den Nationalfonds *Keren Kajemet LeIsrael* gesammelten Spenden, organisierte die Einwanderung und betrieb den Aufbau eines Erziehungs- und Gesundheitswesens. Zugleich vertrat sie die Interessen des *Jischuw* gegenüber der Mandatsmacht Großbritannien und dem Völkerbund.

Ralf Balke, Israel, 3. Aufl., C. H. Beck, München 2007, S. 48.

1 Untersuchen Sie mithilfe von M 7 a, b die Ziele und Methoden des *Jischuw* in den 1920er-Jahren.

M8 Arabischer Protest gegen die zionistisch motivierte Einwanderung nach Palästina

a) Der arabische Historiker Edward Atiyah[1] über den Großen Arabischen Aufstand, 1955:

Zuletzt kam die Explosion von 1936. Die Araber proklamierten einen Generalstreik, der über zwei Monate erfolgreich durchgehalten wurde. Gleichzeitig begannen bewaffnete Banden, denen sich syrische und irakische Araber anschlossen, mit Gewaltakten, die bis kurz vor Ausbruch des Krieges von 1939 fortdauerten, obwohl 20 000 englische Soldaten gegen sie eingesetzt waren.

Bald nach Beginn des Aufstandes schickte die englische Regierung eine Königliche Kommission, um eine erneute Untersuchung über die Gründe des Palästina-Konflikts anzustellen und eine Lösung zu empfehlen. Diese Kommission tat zwei entscheidende Dinge. Erstens vermittelte sie der englischen Regierung die bittere Wahrheit, dass der Konflikt zwischen jüdischem Nationalismus und arabischem Nationalismus nicht ausgleichbar und darum die gesamte Politik Englands mit der Balfour-Deklaration hoffnungslos unrealisierbar war. Zweitens: Da die Ansprüche der Juden und Araber innerhalb der Grenzen eines Staates nicht miteinander zu vereinbaren wären, schloss die Kommission, die einzige Lösung sei die Teilung Palästinas in zwei Staaten, einen arabischen und einen jüdischen.

Damit war die Idee einer Teilung Palästinas zum ersten Mal vorgeschlagen worden – eine Idee, die theoretisch und für die von der zionistischen Propaganda bearbeitete westliche Welt gerecht und vernünftig zu sein schien, die 1948 aber darauf hinauslief, dass die Juden fast ganz Palästina in Besitz nahmen.

Die Araber reagierten auf den Teilungsplan mit heftigster Beunruhigung. Sie sahen in ihm, in Bezug auf einen großen Teil Palästinas, die Verwirklichung ihrer schlimmsten Befürchtungen: die unbestimmt definierte „Heimstätte" der Balfour-Deklaration sollte ein unabhängiger, souveräner Staat werden – ein fremder Staat, gewaltsam in einem arabischen Land etabliert [...]. In Europa ging die Verfolgung der Juden durch die Nazis weiter, Tausende und Abertausende drohten nach Palästina zu kommen.

Aus allen arabischen Ländern liefen Proteste gegen die vorgeschlagene Teilung ein; die 1936 begonnenen Unruhen im Lande verstärkten sich. Die Araber hatten zwei grundsätzliche Forderungen: Verbot der jüdischen Einwanderung, Unabhängigkeit für Palästina als ungeteilte Einheit (d. h. mit seiner eingeborenen Bevölkerung als Majorität).

Die arabische Opposition gegen den Teilungsvorschlag artete zum Schluss in Terrorakte einer arabischen Gruppe gegen die andere aus. Aber das ändert nichts an der Tatsache, dass die Unruhen in Palästina zwischen 1936 und 1939 ein bewaffneter Aufstand der Araber gegen den Zionismus und später gegen die Empfehlungen der Königlichen Kommission waren.

Aktiv nahmen nicht mehr als etwa 2 000 an den Unruhen teil, aber sie hatten die Sympathie und die Unterstützung der Mehrheit der arabischen Bevölkerung. Getötet wurden 69 Engländer, 92 Juden, 486 arabische Zivilisten und 1 138 bewaffnete arabische Rebellen; etwa 100 Rebellen wurden von Militärgerichten verurteilt und gehängt[2].

Zit. nach: Arno Ullmann (Hg.), Israels Weg zum Staat. Von Zion zur parlamentarischen Demokratie, dtv, München 1964, S. 295 f.

1 Der arabische Historiker (geb. 1903 in Libanon, gest. 1964) studierte und lebte in England. Er leitete ab 1945 das Londoner Arabische Büro, das sich im Wesentlichen mit der Propaganda des arabischen Standpunktes in der Palästinenserfrage befasste.

2 Die Zahlen werden von der jüdischen Seite bestritten.

b) Britische Soldaten gehen in Jaffa gegen arabische Demonstranten vor, Fotografie, Juli 1936

1 Arbeiten Sie die zentralen Aussagen aus der Beschreibung (M 8 a) der arabischen Proteste und Unruhen heraus.
2 Erörtern Sie, aus welcher Sicht der Historiker in M 8 a die Ereignisse und Vorgänge während der britischen Mandatsherrschaft beschreibt und bewertet.
3 Diskutieren Sie, ausgehend von M 8 b, über den arabischen Widerstand und die Rolle der Briten im Palästina-Konflikt in der ersten Hälfte des 20. Jahrhunderts.

M9 Geschichte kontrovers: Die Staatsgründung Israels

a) Der Historiker Michael Wolffsohn über die Entstehung des Staates Israel, 1992:

Nach zähem diplomatischen Ringen glaubte die Vollversammlung der Vereinten Nationen (UNO) am 29. November 1947 die Lösung für den zionistisch-palästinensischen Konflikt gefunden zu haben: die Teilung des Heiligen Landes. [...] Der Plan der UNO-Minderheit war, genau betrachtet, eine Provokation der jüdischen Seite. Er sah Folgendes vor: Es sollte ein Bundesstaat entstehen, der sich aus je einem jüdischen und arabischen Teilstaat zusammensetzt. Jerusalem sollte die Hauptstadt des Bundesstaates sein, dessen Regierung nicht zuletzt über Verteidigung und Außenpolitik entscheidet. Ein Libanon wäre dieses Gebilde geworden, die Zerrüttung oder die Lähmung programmiert gewesen. Der Plan besagte außerdem, dass die Einwanderung von Juden in den Jüdischen Staat für drei Jahre erlaubt werde – entsprechend der „Aufnahmefähigkeit des Landes". Das war ein deutlicher Pferdefuß. Die „Aufnahmefähigkeit" sollte darüber hinaus von je drei jüdischen, arabischen und UN-Vertretern bestimmt werden. Es ist zu verstehen, dass die Zionisten, erst recht nach dem Holocaust, auf Gnadenakte dieser Art in und für ihren eigenen Staat verzichteten. Wegen der Teilung und damit der Möglichkeit zur Staatsgründung, auf einem allerdings winzigen Staatsgebiet, hatten die zionistischen Politiker den Teilungsplan zähneknirschend angenommen. Die Palästinenser lehnten den Plan rundweg ab. Sie griffen sofort (schon am 30. November 1947) zu den Waffen – und verloren am Ende alles. Selbst den ihnen von der UNO zugedachten Teilstaat hatten sie verspielt.

Schon vor der Gründung Israels (14. Mai 1948) waren die Palästinenser von den Zionisten praktisch militärisch geschlagen und zum Teil auch schon entweder *vertrieben* worden oder *geflohen*. Beides geschah, und jede Seite verbreitete ihre Sichtweise. Die objektivste und selbstkritischste findet man (das ist gar nicht so erstaunlich) in Israel, wo neuerdings viel zu diesem Thema der Vertreibung enthüllt wird. [...] Der selbstkritische israelische Militärhistoriker (und Major a. D.) Meir Pail hat die Kontroverse über „Flucht oder Vertreibung" [dem deutschen Journalisten] Friedrich Schreiber gegenüber sehr zutreffend geschildert. [...]: „Ungefähr ein Drittel der palästinensischen Flüchtlinge beschloss, aus freien Stücken zu fliehen, besonders am Anfang des Krieges (also schon seit November 1947). Ein weiteres Drittel floh aufgrund psychologischer Maßnahmen der Juden. Man sagte ihnen, es sei besser für sie, freiwillig zu gehen, als erobert zu werden. Das letzte Drittel wurde regelrecht mit Gewalt vertrieben." Wie sahen die „psychologischen Maßnahmen" aus? Hier eine Kostprobe vom 15. Mai 1948: Den palästinensischen Bewohnern eines Jerusalemer Stadtteils empfahlen israelische Militärs über Lautsprecher Folgendes: „Haut ab aus diesem Blutbad. Ergebt euch mit euren Waffen. Nichts wird euch passieren ... Wenn ihr bleibt, erzeugt ihr ein Desaster." [...]

Zwei Drittel der Palästinenser wurden vertrieben, ein Drittel floh in der Hoffnung, bald als Sieger in das „eigene Land" zurückkehren zu können. „Hunderttausende entschlossen sich, ihre Heimat zu verlassen. Sie wurden in diesem Entschluss noch bestärkt durch einige ‚Nationalkomitees', die vor allem in Jaffa von militanten Nationalisten gegründet worden waren und ihnen versicherten, dass ihr Exil nur von kurzer Dauer sein werde; nur einige Wochen oder Monate. Diese Zeit würden die verbündeten arabischen Armeen benötigen, um die zionistischen Streitkräfte zu besiegen."

Dies berichtet kein israelischer „Hofhistoriker", sondern Salah Chalaf alias Abu Ijad, inzwischen ermordeter Sicherheitschef der größten PLO-Gruppe Al Fatah, in seinem Buch „Heimat oder Tod". [...]

Am Vorabend der Staatsgründung Israels lebten hier rund 600 000 Juden und knapp 1,3 Millionen Palästinenser. Grob gesprochen kamen auf einen Juden zwei Palästinenser. Das bedeutete, dass 1948 im Heiligen Land ungefähr so viele Juden wie 1918 Palästinenser lebten. Am Ende des Ersten Weltkrieges gab es nur noch wenige Juden im Heiligen Land, nämlich ungefähr 54 000. Das waren fast dreißigtausend weniger als vor dem Ersten Weltkrieg. Die meisten waren ausgewandert.

Es folgen die Zahlen für den Stichtag der israelischen Unabhängigkeit, wobei die Folgen von Flucht und Vertreibung berücksichtigt sind: Im Staate Israel wohnten am 15. Mai 1948 (einen Tag nach der Unabhängigkeit) rund 650 000 Juden und nur noch 156 000 Palästinenser. Ein dramatischer Wandel war aufgrund dramatischer Entwicklungen eingetreten, brutal formuliert heißt das: Der jüdische Staat war fast „araberrein" geworden.

Doch nicht nur die Israelis hatten den Palästinensern „ihr Land" im Krieg entrissen; übrigens mehr, als die UNO dem jüdischen Staat zugedacht hatte. Der Staat Israel wurde [...] am 14. Mai 1948 ausgerufen. Die im Bürgerkrieg bereits geschlagenen Palästinenser riefen ihre arabischen Brüder zu Hilfe. Sie kamen: [...] Einer von ihnen raubte den Palästinensern den Rest des Gebietes, das ihnen die UNO zugewiesen hatte. Es handelt sich um den Emir Abdallah von Transjordanien (seit 1946 König). Er eroberte die Altstadt von Jerusalem sowie das gesamte Westjordanland. Im Dezember 1948 ließ er sich von seinen Anhängern als „Befreier" feiern und verleibte sich das Westjordanland und Ost-Jerusalem seinem Königreich ein. Er nannte es fortan Jordanien.

Michael Wolffsohn, Wem gehört das Heilige Land? Die Wurzeln des Streits zwischen Juden und Arabern, C. Bertelsmann, München 1992, S. 262–266.

b) Alexander Flores, Professor für Wirtschaftsarabistik, über die Staatsgründung und ihre Folgen, 2009:

Die Ereignisse von 1947 bis 1949 waren der ganz große Schub in der Verwirklichung der zionistischen Pläne. Gleichzeitig sind sie für die arabischen Palästinenser die bisher größte Katastrophe ihrer nationalen Existenz. [...] Die zionistische Führung akzeptierte den Teilungsbeschluss vom November 1947, denn er entsprach ihrem Wunsch nach internationaler Anerkennung jüdischer Staatlichkeit in Palästina. Die Palästinenser und andere Araber lehnten ihn vehement ab, da sie das Land nicht mit einer europäischen Siedlergruppe teilen wollten. Die Durchführung des Teilungsplans hätte mehrere Hunderttausend Palästinenser unter jüdische Dominanz gebracht, selbst wenn man sie ansonsten in Ruhe gelassen hätte.

Diese politische Entwicklung bedeutete einen Wortbruch der Briten und der internationalen Staatengemeinschaft. Beide hatten in der Balfour-Deklaration und ihrer internationalen Bestätigung im Palästinamandat zwar Unterstützung für den zionistischen Aufbau zugesagt, aber daran die Bedingung geknüpft, dass er nicht zulasten der arabischen Palästinenser gehen solle. Man hatte diesen auch versichert, es solle ihnen keine Lösung gegen ihren erklärten Willen aufgezwungen werden. Eben dies geschah aber jetzt. [...] So hing das weitere Schicksal des Landes und seiner Bewohner vom Verlauf und Ausgang des Kampfs zwischen den Zionisten und ihren Gegnern ab: zunächst den Palästinensern [...]. Bis zur Ausrufung des Staates Israel am 14. Mai 1948 verließen so etwa 300 000 Araber, die große Mehrheit derjenigen, die im jüdischen „Kernland" gelebt hatten, ihre Heimat. In vielen Fällen handelte es sich um physische Vertreibung durch die zionistischen Verbände (*Haganah*, *Irgun* und *Stern*). [...] Die Palästinenser verließen nicht leichthin ihre Heimat, noch weniger taten sie es auf Anweisung arabischer Führer, wie es die israelische Propaganda bis heute behauptet. Es wurden nie nennenswerte Indizien für diese Behauptung vorgewiesen. Der Exodus war vielmehr Resultat einer systematisch geplanten und durchgeführten Politik zur Vertreibung der Araber. Ein Staat mit klar jüdischem Charakter und jüdischer Dominanz war unter den bestehenden demografischen Verhältnissen, mit Arabern als der großen Mehrheit der ländlichen Bevölkerung, nicht zu errichten. Das wurde schon früh gesehen und ausgesprochen; während der Mandatszeit entwickelten die Zionisten konkrete Pläne für den „Transfer", und in der Situation der Beendigung des Mandats nutzten sie die Gunst der Stunde, um diesen Transfer durchzuführen.

Dabei begingen sie zahlreiche Massaker, zum Teil von massivem Ausmaß und äußerster Brutalität der Durchführung. Das Vorkommen, die Intensität und die Brutalität dieser Massaker lassen ein Muster erkennen, das sie klar mit der Absicht der Entvölkerung arabischer Dörfer und Stadtviertel in Verbindung bringt. Sehr bekannt ist das Massaker von Deir Yasin bei Jerusalem im April 1948, aber es war, auch in dieser Größenordnung, bei weitem nicht das einzige. Es wurde allerdings von den revisionistischen Organisationen (*Irgun* und *Stern*) begangen, die sich mit ihm brüsteten, wohl um viele Palästinenser in die Flucht zu jagen. Die meisten anderen gehen auf das Konto von Einheiten des Arbeiterzionismus, die sie eher geheim zu halten versuchten. Inzwischen sind zahlreiche dieser Massaker dokumentiert, nachdem das offizielle Israel sie lange verschwiegen und geleugnet hatte.

Gelegentlich wird argumentiert, die Palästinenser hätten sich ihr Unglück selbst zuzuschreiben, denn die Vertreibungen seien in einem Krieg erfolgt, den sie durch ihre Ablehnung des Teilungsplans und ihre Angriffe auf jüdische Siedlungen und Konvois selbst begonnen hätten. Von den Palästinensern zu erwarten, dass sie die Gründung eines jüdischen Staats, in dem sie selbst etwa vierzig Prozent der Bevölkerung stellen und jüdischer Dominanz unterliegen würden, ohne weiteres hinnehmen würden, war unrealistisch. Die zionistische Führung erwartete das auch nicht tatsächlich. Vielmehr hatte sie den Krieg vorausgesehen, sich seit Jahren auf ihn vorbereitet und nutzte ihn zur Erreichung ihrer Ziele – Errichtung und Erweiterung eines jüdischen Staats mit möglichst geringer arabischer Bevölkerung – nach Kräften aus. Die Freiwilligen- und regulären Armeen aus den arabischen Ländern intervenierten erst, als dieser Prozess in vollem Gang war und sich herausstellte, dass die Palästinenser ihm weitgehend hilflos ausgesetzt waren. [...]

Unabhängig von der Verantwortung für den Krieg ist die Vertreibung von Zivilisten kriegsvölkerrechtlich unzulässig. Israelische Versicherungen, es habe die Vertreibungen nicht gewollt, werden angesichts seiner strikten Weigerung, die Flüchtlinge bzw. Vertriebenen zurückkehren zu lassen, unglaubwürdig [...] Damit der Staat Israel gegründet werden konnte, wurde den Palästinensern ihre Heimat genommen.

Alexander Flores, Der Palästinakonflikt. Wissen was stimmt, Herder, Freiburg i. Breisgau 2009, S. 51–56.

1 Vergleichen Sie diese beiden kontroversen Interpretationen der Staatsgründung Israels miteinander. Gehen Sie dabei nach den auf S. 198 f. vorgeschlagenen Arbeitsschritten vor.

5 Der Kalte Krieg: Entwicklungen und Strukturen des Nahostkonfliktes 1947/48–1990/91

„Heiße" Kriege im Kalten Krieg

Während des Kalten Krieges, der gegen Ende der 1940er-Jahre begann und 1990/91 endete, war das internationale Staatensystem bipolar strukturiert. Zwei feindlich einander gegenüberstehende Machtzentren bzw. Führungsmächte, die USA und die Sowjetunion, bestimmten entscheidend die internationalen Beziehungen und kontrollierten damit die Außenpolitik anderer Staaten. Die jeweilige Supermacht belohnte Gefolgschaft und Unterordnung mit Schutz und Unterstützung, z. B. Auslandshilfe und Exportgarantien. Mit der Wortwahl „Kalter Krieg" wollen Historiker und Politikwissenschaftler verdeutlichen, dass die internationalen Beziehungen zwischen den beiden hochgerüsteten Macht- und Militärblöcken durch intensive Feindseligkeit geprägt war, die jedoch unterhalb der Schwelle kriegerischer Auseinandersetzungen blieb. Aber gab es während des Kalten Krieges nicht auch „heiße" Kriege? Der Nahe Osten gehörte in diesem Zeitraum zu den konfliktreichsten Weltregionen. Israel und seine arabischen Nachbarstaaten führten fünf Kriege, die die Historiker als Nahostkriege bezeichnen. Welche Interessen formten die Entwicklungen in dieser Region, die bis heute nicht zu einem stabilen Frieden gefunden hat?

Israel und die palästinensischen Araber

Der Nahostkonflikt spielte und spielt sich auf drei Ebenen ab. Dabei stehen sich – erstens – der Staat Israel und die arabischen Palästinenser gegenüber. Die Palästinenser waren militärisch-organisatorisch zu schwach und erhielten durch die arabische Welt nur wenig Unterstützung, sodass sie weder die Gründung Israels verhindern noch einen eigenen Staat errichten konnten. Nach dem 1. Nahostkrieg, der im Mai 1948 begann, waren die Chancen für die Ausrufung eines arabisch-palästinensischen Staates auf lange Zeit hinfällig geworden. Denn der Krieg endete im Januar 1949 mit einem militärischen Sieg Israels. Die UNO vermittelte Waffenstillstandsverträge mit Ägypten, Libanon, Transjordanien und Syrien, während Irak ohne vertragliche Vereinbarung seine Truppen zurückzog. Die Gebiete, die für einen Palästinenserstaat infrage kamen, waren zum Teil besetzt durch Israel. Das Westjordanland und Ost-Jerusalem wurden 1950 in das Königreich Jordanien eingegliedert, der Gazastreifen unter ägyptische Verwaltung gestellt.

Siehe zu den Gebietsveränderungen Palästinas/Israels die Karten M 1, S. 165, sowie M 1, S. 175.

M 1 Palästinensische Flüchtlinge im Gazastreifen, Fotografie, 1993

Der 1. Nahostkrieg ging in das kollektive Gedächtnis der Palästinenser als ***„nakba“* (Katastrophe)** ein. Durch Flucht und Vertreibung aus den von Israel eroberten Gebieten verloren nach Angaben des UN-Hilfswerks für Palästina 1948 etwa 650 000 Menschen ihre Heimat – die Zahl der Flüchtlinge wird für das beginnende 21. Jahrhundert auf annähernd 3 Millionen geschätzt (M 1, M 6). Ende der 1940er-Jahre mussten sie teilweise in Zeltlagern der Nachbarstaaten Israels versorgt werden, wo sie sich außer der Westbank und des Gazastreifens niederließen. Angesichts der schwachen Wirtschaftskraft der jeweiligen „Gastländer“ bedeuteten sie für diese eine große Belastung. Dennoch unternahm keine Regierung einen überzeugenden Versuch, das **Flüchtlingsproblem** durch Integration der Palästinenser in die jeweilige Gesellschaft zu bewältigen. Im Gegenteil: Um die Palästinafrage offenzuhalten und der Weltöffentlichkeit dauerhaft vor Augen zu führen, wurden die Vertriebenen lediglich in provisorischen Lagern untergebracht.

Israel gliederte die 1949 besetzten bzw. in den Waffenstillstandsverhandlungen zugesprochenen Gebiete seinem Staat ein und verbot den Flüchtlingen die Rückkehr. Das **Recht der Palästinenser auf Rückkehr** in ihre Heimat gehört zum Forderungskatalog sowohl der Palästinenser als auch der arabischen Staaten im Nahostkonflikt und erschwert dessen friedliche Lösung. Der Selbstbehauptungswille der Israelis und der Widerstand der Palästinenser gegen den Staat Israel sind die Ursache für die jahrzehntelangen Auseinandersetzungen zwischen Israelis und Palästinensern, in denen Gewalt eine gewichtige Rolle spielte und spielt.

Wandel in der palästinensischen Politik

Die Gründung der **Palästinensischen Befreiungsorganisation (PLO)** 1964 bedeutete einen wichtigen Schritt zur Organisation der Interessen der politischen und militärischen palästinensischen Gruppierungen. Mit der PLO verfügten sie nun über einen Dachverband, der ihre Aktivitäten koordinierte. Ihr Ziel war es, Palästina zu befreien und einen unabhängigen palästinensischen Staat zu gründen. Militärische Kampfmaßnahmen sollten dabei mit wirtschaftlichen, sozialen und bildungspolitischen Programmen einhergehen. Kontrollierte bis 1967 Ägypten die PLO – sie diente der ägyptischen Führung als Instrument im Konflikt um arabische Hegemonialansprüche –, konnte sie sich unter **Yassir Arafat***, der 1969 den Vorsitz übernahm, zu einer eigenständigen nationalen Vertretung entwickeln. Die kompromisslose Ablehnung des Staates Israel, weltweite Gewalt und Terroraktionen sowie spektakuläre Flugzeugentführungen prägten von 1967 bis 1974 den Kampf der PLO. Die allmähliche Abkehr vom Terrorismus und eine pragmatischere Haltung seit Mitte der 1970er-Jahre trugen zur internationalen Aufwertung der PLO bei. Hinzu kam, dass Arafat im November 1974 vor der UN-Vollversammlung eine auf Ausgleich bedachte Rede hielt. Die PLO galt nun als einzig legitime Repräsentantin des palästinensischen Volkes und durfte in vielen westlichen Hauptstädten Vertretungsbüros einrichten. Der Preis für die internationale Anerkennung der PLO war der Verzicht auf radikale Lösungen: Die Forderung nach Befreiung „ganz Palästinas“ musste der Kompromisslösung eines kleinpalästinensischen Staates in den seit 1967 besetzten Gebieten weichen, womit sich radikale PLO-Gruppen nicht einverstanden erklärten.

Die Politik des Ausgleichs mit Israel war durch Rückschläge gekennzeichnet, z. B. der Vertreibung der PLO aus dem Libanon 1982. Gegen Ende der 1980er-Jahre drohte die PLO zeitweilig die Führungsrolle in der palästinensischen Bevölkerung zugunsten radikalerer Kräfte zu verlieren. Doch 1988 schwor Arafat vor der UN-Generalversammlung endgültig dem Terrorismus ab und erkannte das Existenzrecht Israels an. Israel betrachtete die PLO jedoch weiterhin als Terrororganisation und weigerte sich strikt, mit ihr zu verhandeln. Erst im September 1993 akzeptierte Israel die PLO und ihre rechtmäßige Rolle.

M2 Yassir Arafat (1929 bis 2004) bei der Übergabe des Friedensnobelpreises in Oslo, Fotografie, 11. November 1994

Arafat übernahm1953 bis 1956 den Vorsitz des Dachverbandes aller palästinensischen Studentenorganisationen, 1959 gründete er die Al-Fatah (s. u.) mit, 1969 übernahm er den Vorsitz der PLO. Seit 1974 arbeitete er an der friedlichen Lösung des Nahostkonfliktes mit. 1983 mussten seine Kämpfer aus dem Libanon als Folge des Libanonkrieges zwangsweise evakuiert werden. Fortan koordinierte Arafat seine Politik von seinem Büro in Tunis aus. 1988 akzeptierte er das Existenzrecht Israels. 1994 wurde er Vorsitzender der von ihm gegründeten Palästinensischen Nationalbehörde. Gemeinsam mit den israelischen Politikern Rabin und Peres erhielt Arafat 1994 den Friedensnobelpreis. Im Januar 1996 wurde er zum Präsidenten der Palästinensischen Nationalbehörde gewählt.

Die 1959 gegründete *Al-Fatah*, auch kurz Fatah genannt, war die größte Untergruppe der PLO. Sie ist ein Sammelbecken unterschiedlicher Strömungen und als militante Kampforganisation der PLO zu revolutionärer Gewaltanwendung bereit. Zwischen 1967 und 1974 lehnte die PLO den Staat Israel kompromisslos ab, die Fatah bekämpfte Israel durch weltweite Gewalt- und Terroraktionen. Ende der 1980er-Jahre sagte sich die Fatah vom Terrorismus offiziell los. 1996 erhielt sie bei den Wahlen zum palästinensischen National- bzw. Autonomierat eine deutliche Mehrheit. Ab 2000 beteiligte sie sich an der „zweiten Intifada“ (s. S. 169).

M3 Ein israelischer Soldat mit einer Thora-Rolle während des Jom-Kippur-Krieges an der Front auf der Sinai-Halbinsel, Fotografie, 1973

Israel und die arabischen Staaten

Der Nahostkonflikt war und ist – zweitens – eine Auseinandersetzung zwischen Israel, das um seine Existenz kämpft, und den arabischen Staaten. Die arabischen Nachbarn bilden bis heute keine Einheit. Vielmehr waren und sind die Differenzen zwischen ihnen erheblich und führten zu Kämpfen um die Vorherrschaft im arabischen Lager.

Im Nahen Osten hat es in der zweiten Hälfte des 20. Jahrhunderts eine ganze Reihe von Kriegen gegeben. Der Begriff **„Nahostkriege"** wird jedoch in der Regel für die fünf Waffengänge zwischen Israel und seinen arabischen Nachbarstaaten verwendet. Hierzu zählen außer dem 1. Nahostkrieg 1947/48 (s. S. 158 f.) der Suezkrieg 1956, der Sechs-Tage-Krieg 1967, der Jom-Kippur-Krieg 1973 (M 3) und der Libanonkrieg 1982 (M 5).

Die arabischen Staaten bildeten dabei keine Einheit: **Ägypten** schloss 1979 einen Friedensvertrag mit Israel, erhielt dafür den Sinai von Israel zurück und setzte seitdem auf eine Politik der Verhandlungen im Nahostkonflikt. Für **Jordanien** stand der Kampf um die Erhaltung seiner staatliche Existenz im Vordergrund, wobei zeitweilig eine Föderation mit einem palästinensischen Staatswesen ins Auge gefasst wurde. Ähnlich wie Ägypten vereinbarte Jordanien 1994 mit Israel einen Friedensvertrag. **Syrien** verfolgte dagegen eine starre anti-israelische Politik, die einen Verständigungsfrieden ablehnte. Dieser unversöhnlichste Gegner Israels betrachtete den Kampf gegen den „zionistischen Feind" als einen Kampf ums Dasein, nicht um Grenzen. **Saudi-Arabien** konzentrierte sich darauf, seine Position als Hüter der heiligen Stätten des Islam zu festigen.

Politik der USA und der Sowjetunion

Im Nahostkonflikt spielten und spielen – drittens – die Groß- und Weltmächte eine herausragende Rolle. Beeinflussten bis in die 1950er-Jahre Großbritannien und Frankreich maßgeblich die Entwicklung dieser Region, bestimmten während des Kalten Krieges die – Israel nahestehenden – **USA** und die – die Palästinenser und einige arabische Staaten unterstützende – **Sowjetunion** maßgeblich die politische Konstellation im Nahen Osten. Beide Supermächte erkannten das Existenzrecht Israels an. Im Kampf um Macht und Einfluss im Nahen Osten konnte die Sowjetunion zwar während der 1970er-Jahre ihre Stellung in der Region ausbauen, verlor aber seit dem „Jom-Kippur-Krieg" von 1973 an Bedeutung. Ihr wichtigster Partner war seit den 1980er-Jahren Syrien, mit dem sie 1980 einen Vertrag über „Freundschaft und Zusammenarbeit" abschloss, während sich Ägypten seit Beginn der 1970er-Jahre gegenüber den USA und Westeuropa öffnete. Seit Anfang der 1970er-Jahre festigten sich die Beziehungen der Sowjetunion mit der PLO. Die westliche Führungsmacht wuchs seit dem Jom-Kippur-Krieg 1973 in die Rolle des alleinigen Vermittlers zwischen Israel und den Arabern hinein, konnte jedoch den hohen Erwartungen besonders der gemäßigten arabischen Staaten nur in begrenztem Maße entsprechen. Doch darf der Einfluss der Supermächte auf Israel und die arabischen Länder nicht überschätzt werden. Beide Weltmächte verfügten nur über begrenzte Machtmittel, um die Verhältnisse im Nahen Osten zu gestalten (M 7, M 8). Die Supermächte verfolgten im Nahen Osten aber auch globale Interessen. Es ging ihnen um die Beherrschung des Mittelmeeres, des Persischen/Arabischen Golfs und den Zugang zum Indischen Ozean über den Suezkanal. Auch die Sicherung des Zugangs zu den Erdölvorräten am Persischen/Arabischen Golf sorgte und sorgt für besonderen internationalen Zündstoff.

Filmtipp
Waltz with Bashir, Regie: Ari Folman, Israel 2008 (87 Min.)
Der preisgekrönte Film ist eine Mischung aus Dokumentation und animierten Trickfilmszenen. Er thematisiert den Libanonkrieg aus der Perspektive seines Regisseurs Ari Folman, der 1982 als israelischer Soldat im Libanon stationiert war.

Internettipp
Hintergrundinformationen der Organisation „Brot für die Welt" zu Wasserproblemen im israelisch-palästinensischen Konfliktgebiet.

1 Arbeiten Sie mithilfe des Darstellungstextes heraus, welche Gruppen bzw. Staaten den Nahostkonflikt prägen.
2 Untersuchen Sie, welche Gruppen bzw. Staaten sich feindlich gegenüberstehen und welche miteinander verbündet sind.

M4 Chronik des Nahostkonfliktes

1917	Balfour-Deklaration: Zusage Großbritanniens für eine jüdische „nationale Heimstätte" in Palästina
1920	Errichtung eines britischen Völkerbundsmandats über Palästina; arabische Unruhen in Jerusalem
1947	Beschluss der britischen Regierung, das Mandat zu beenden; UN-Vollversammlung beschließt Teilung Palästinas in jüdischen und palästinensischen Staat
1948/49	Die Gründung des Staates Israel (14. Mai 1948) löst den 1. Nahostkrieg aus; Flucht und Vertreibung der arabischen Bevölkerung
1956	2. Nahostkrieg: Brit./frz.-ägypt. Konflikt um die Verstaatlichung des Suezkanals durch Ägypten; Israel besetzt den Gazastreifen und die Sinai-Halbinsel
1957	Rückzug Israels aus dem Sinai und dem Gazastreifen
1959	Yassir Arafat übernimmt die Führung der *Fatah*
1964	Gründung der Palästinensischen Befreiungsorganisation (PLO), deren Kern die *Fatah* bildet
1967	3. Nahostkrieg (Sechs-Tage-Krieg); Israel siegt über Ägypten, Syrien und Jordanien; Besetzung Westjordaniens, der Sinai-Halbinsel, des Gazastreifens und der Golan-Höhen durch israelische Truppen, Beginn der israelischen Siedlungspolitik
1968	Die PLO spricht Israel das Existenzrecht ab und fordert die Wiedergewinnung Palästinas durch bewaffneten Kampf
1973	Jom-Kippur-Krieg: Sieg Israels über Ägypten und Syrien
1979	Unterzeichnung des israelisch-ägyptischen Friedensvertrages (26. März): Räumung des Sinai (bis 1982), Aufnahme diplomatischer Beziehungen
1982	Einmarsch Israels in den Libanon, von wo aus die PLO Israel immer wieder angegriffen hat; die PLO muss den Libanon verlassen
1988	PLO-Chef Arafat erkennt das Existenzrecht Israels an und schwört dem Terrorismus ab
1993	Eine Prinzipienerklärung zwischen Israel und PLO („Oslo I") sieht die gegenseitige Anerkennung und für die Palästinenser im Gazastreifen und im Jericho-Gebiet eine Selbstverwaltung vor; die Erklärung beendet die 1. „*Intifada*" („Abschüttelung"; seit 1987)
1994	Im Gaza-Jericho-Abkommen werden der Gazastreifen und Jericho den Palästinensern erstmals zur eigenen Kontrolle zugesprochen; Vereinbarung palästinensischer Autonomie; Unterzeichnung des Friedensvertrages zwischen Israel und Jordanien
2000	Scheitern der israelisch-palästinensischen Friedenkonferenz in Camp David (USA) und Ausbruch der zweiten „*Intifada*"
2003	Friedensplan („*Roadmap*"): Errichtung eines palästinensischen Staates im Jahr 2005; Israel beginnt mit dem Bau von Sperranlagen zur räumlichen Trennung von Israelis und Palästinensern
2005	Israel beendet mit dem vollständigen Abzug die 38-jährige Besatzung des Gazastreifens; die jüdischen Siedler werden in Israel angesiedelt
2006	Israelische Militäroffensive in Gaza und Libanon
2008/09	Erneute Offensive Israels im Gazastreifen

M5 Die Nahostkriege – ein Überblick

1. Nahostkrieg, 1947/48

In diesem Krieg zwischen Israel und den arabischen Staaten (s. S. 175) behauptete Israel seine staatliche Existenz und setzte eine beachtliche Ausdehnung seines Territoriums gegenüber dem UN-Teilungsbeschluss von 1947 durch.

2. Nahostkrieg (Suezkrieg), 1956

Im Juli 1956 verstaatlichte der ägyptische Staatspräsident Nasser den Suezkanal. Daraufhin landeten englisch-französische Streitkräfte in der Kanalzone (November 1956); ihre Operationen mussten aber unter amerikanischem und sowjetischem Druck abgebrochen werden. Fast gleichzeitig mit der englisch-französischen Militäraktion überrannten die Israelis die ägyptischen Stellungen im Sinai, um die Sperrung der Seezugänge zu durchbrechen. Nach Kriegsende räumten die Israelis die eroberten Gebiete gegen Zusicherung freier Zufahrt zum Roten Meer.

3. Nahostkrieg (Sechs-Tage-Krieg), 1967

Anlass waren neuerliche Spannungen um die Jordanquellen und die Golan-Höhen. Die Sperrung des Zugangs nach Eilat am Roten Meer für Israel sowie ägyptische Truppenkonzentrationen auf dem Sinai lösten den israelischen Angriff gegen Ägypten aus. Jordanien und Syrien griffen ein. Israel besetzte Westjordanien, ganz Jerusalem, den Gazastreifen, die Sinai-Halbinsel, Teile der Golan-Höhen, annektierte aber nur die Altstadt von Jerusalem. Eine erneute Fluchtwelle der Palästinenser wurde dadurch ausgelöst. Die USA und UdSSR erzwangen einen Waffenstillstand. Der Zugang zum Roten Meer wurde wieder geöffnet. Fast eine Mio. Araber gerieten zusätzlich unter israelische Verwaltung. Die PLO machte die Welt durch Terroraktionen auf das Palästinaproblem aufmerksam. Die Folgen des Sechs-Tage-Kriegs sind bis heute spürbar: Israel gewann das Dreifache seines bisherigen Staatsgebietes dazu und war nun Besatzungsmacht über Hunderttausende weiterer Araber. Diese entwickelten seit den 1980er-Jahren ein neues Selbstbewusstsein und forderten die israelische Herrschaft heraus. Sie waren immer weniger bereit, Landenteignungen und politische Unterdrückung hinzunehmen. Die in den besetzten Gebieten neu gegründeten israelischen Siedlungen verschärften die Auseinandersetzung zwischen Israelis und Palästinensern.

4. Nahostkrieg (Jom-Kippur-Krieg), 1973

Am jüdischen Versöhnungstag (Jom Kippur) griffen Ägypten und Syrien Israel überraschend an. Nach Anfangserfolgen der Araber drohte aber der eingeschlossenen 3. ägyptischen Armee am Suezkanal die Vernichtung. Die Araber sperrten die Erdöllieferungen. Die USA und die UdSSR veranlassten einen Waffenstillstand und einen Teilrückzug Israels auf dem Sinai und auf den Golan-Höhen. UN-Truppen kontrollierten die Waffenstillstandslinien. Inzwischen wurde deutlich, dass der 4. Nahostkrieg die Machtverhältnisse in der Region verändert hatte. Die „Erdölwaffe" bedrohte die westlichen Industrieländer immer ernster; die USA und die

EG-Staaten begannen unter diesem Druck, den arabischen Forderungen mehr Gehör zu schenken. Israel geriet zunehmend in außenpolitische Isolierung. Der PLO-Führer Arafat sprach 1974 vor der UN-Vollversamlung. Die Unruhen der Palästinenser in Westjordanien und Galiläa – besonders gegen die Errichtung weiterer israelischer Siedlungen – nahmen zu. Die arabischen Staaten außer Ägypten weigerten sich noch immer, Israel anzuerkennen. Der Friedensschluss zwischen Ägypten und Israel 1979 brachte zwar eine Entschärfung des Konflikts, doch die Kernprobleme (Errichtung eines Palästinenserstaates, Anerkennung Israels durch die Araber, Garantie der Grenzen, Jerusalem) blieben ungelöst.

5. Nahostkrieg, 1982

1982/83 kam es zum zweiten Bürgerkrieg im Libanon. Hauptkontrahenten waren christliche Falange-Milizen, muslimische Anhänger des iranischen Revolutionsführers Khomeini und Drusen. Ausländische Truppen (PLO im Süden, Syrien im Osten) mischten sich ein. Im Sommer 1982 drang Israel bis Beirut vor und erzwang den Abzug der PLO aus Südlibanon.

Autorenbeitrag

1. **Skizzieren Sie die Kräfteverhältnisse im Nahen Osten.**
2. **Erläutern Sie mithilfe von M 1, M 6 und des Darstellungstextes, S. 159, die Bedeutung des Flüchtlingsproblems für den Nahostkonflikt.**

M 6 Palästinensische Flüchtlingsströme

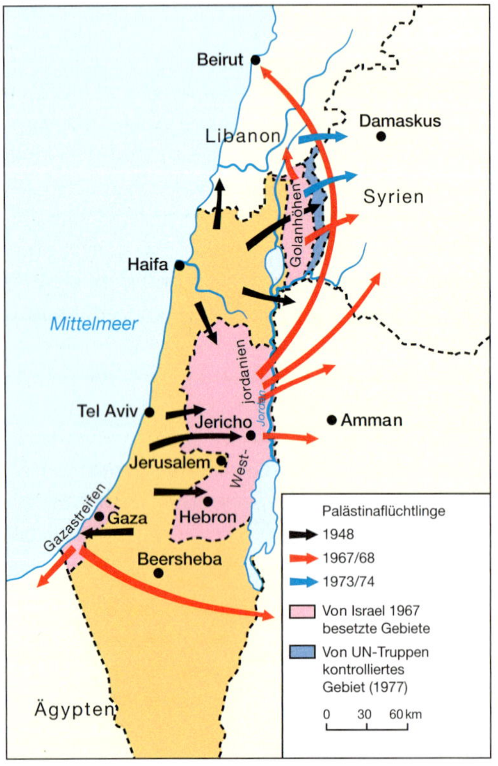

M 7 Der Historiker Bruce Kuniholm über die Politik der Supermächte im Nahostkonflikt, 2006

Den USA waren von Beginn des Kalten Krieges an die Widersprüche ihrer Interessen sehr wohl bewusst: Die Unterstützung Israels befremdete die arabischen Staaten und barg das Risiko, die Strategie der Eindämmung an der Nordflanke zu untergraben. Auch die Zusammenarbeit mit den Briten verhinderte bessere Beziehungen zu den aufstrebenden nationalen Kräften in der arabischen Welt und rief die Gefahr hervor, die Eindämmung des sowjetischen Einflusses zu unterminieren. Diese Widersprüche führten stets zu Komplikationen und schürten im Nahen Osten die Konkurrenz zwischen den USA und der Sowjetunion. Nachdem den Sowjets erst einmal die Tür geöffnet worden war, war es ausgesprochen schwierig, sie wieder hinauszukomplimentieren. Allerdings befanden sich die Sowjets stets im Nachteil. Dass die UdSSR nicht zum unmittelbaren Nachbarn der arabischen Welt wurde, wurde durch die Mitgliedschaft der Türkei in der NATO sowie die türkische und iranische Mitgliedschaft im Bagdad-Pakt und später in der CENTO (*Central Treaty Organization*) sichergestellt. Diese Bündnisse erschwerten es der Sowjetunion, die in der Frühphase des Kalten Krieges hauptsächlich eine Landmacht war, in erheblichem Maße, ihren Einfluss in der Region geltend zu machen. Im Nahen Osten als Ganzem (einschließlich des Persischen Golfs) erschwerte das geopolitische Engagement der USA und der UdSSR beiden Ländern den konstruktiven Umgang mit den aufstrebenden nationalen Kräften in der Region. Sobald die Geopolitik mit diesen Kräften in Konflikt geriet und die USA und die UdSSR die Länder in der Region wie Bauern auf einem Schachbrett behandelten, mussten beide Mächte ähnlich wie ihre imperialen Vorgänger feststellen, dass ihre Kontrolle weit begrenzter war, als sie angenommen hatten. Nationalistische Kräfte profitierten teilweise von den Beschränkungen, die das Machtgleichgewicht den Großmächten auferlegte, und setzten sich schließlich durch. […]

Eine Erklärung dafür, dass die USA und die UdSSR in der Region auf solch große Schwierigkeiten stießen, liefert L. Carl Brown. […] Tatsächlich sei – so Brown – keine äußere Macht in der Lage gewesen, den Nahen Osten zu dominieren und umzugestalten, kein Staat im Nahen Osten habe eine regionale Dominanz etablieren können, und weder die Siege noch die Niederlagen der äußeren Mächte scheinen langfristig gesehen so bedeutsam gewesen zu sein wie zuerst gedacht. […] Da nach Browns Auffassung keine der Großmächte in der Lage war, den Nahen Osten zu dominieren und umzugestalten, sie aber dennoch mehr oder weniger ihre Stellung innerhalb dieses Systems unter relativ geringem Risiko und geringen Kosten behaupten konnten, hätten sie akzeptieren sollen, dass ihr Einfluss begrenzt war, und dementsprechend handeln. […]

Im Falle einer ernsthaften Bedrohung hätten die USA nicht

gezögert, Israel zu Hilfe zu eilen – so geschehen während des Krieges von 1973, als die Amerikaner Nachschub lieferten. [...] Die Unterstützung der USA zielte vor allem darauf, die Existenz des Staates Israel sicherzustellen, und rechtfertigte sich schon dadurch, dass Israel die enorme US-Hilfe mit gutem Erfolg nutzen konnte.

[...] Die USA verurteilten auch bestimmte politische Entscheidungen Israels, etwa die Errichtung von Siedlungen in den besetzten Gebieten, die alle US-Präsidenten mit Ausnahme Reagans als illegal und Hindernis für den Frieden ansahen. Doch eine solche Verurteilung war meist kaum mehr als eine sanfte Rüge, insbesondere was das Thema der Siedlungen betraf. Nur Präsident George W. Bush verknüpfte die Vergabe von Kreditbürgschaften mit der Siedlungsfrage. [...]

Was die UdSSR betrifft, so waren den Versuchen der Sowjets, die US-Hilfe für Israel und die Empörung der Araber über die ihrer Ansicht nach ungerechte Behandlung der Palästinenser zu ihren Gunsten auszunutzen, aufgrund verschiedener Faktoren enge Grenzen gesetzt. Dazu zählten die Unzulänglichkeiten der sowjetischen Wirtschaft, ihre eher minderwertige Technologie, die im Vergleich zu den Frontstaaten begrenzte militärische Schlagkraft ihrer arabischen Verbündeten und die Tatsache, dass die Israelis den arabisch-israelischen Konflikt als einen Kampf ums Überleben betrachteten, den sie keinesfalls verlieren durften. [...]

Der sowjetische Einfluss auf den arabisch-israelischen Konflikt war auch deshalb beschränkt, weil nur die USA über die Möglichkeit verfügten, Israel zu den von den Arabern verlangten entscheidenden Konzessionen zu drängen. Henry Kissinger konnte mit diesem Argument Anwar al-Sadat dazu bewegen, 1972 die Sowjets aus Ägypten zu verweisen. Zumeist versuchten die USA, die Sowjets vom Friedensprozess fernzuhalten, obgleich sie sie gelegentlich in breiter angelegten Verhandlungen mit einbezogen. In diesem Punkt betrieben viele US-Regierungen ähnlich wie bei der Frage, wie Israel am besten zu beeinflussen sei, eine Schaukelpolitik. Die USA versuchten auch, Frontstaaten wie Ägypten und Jordanien mittels beträchtlicher Wirtschafts- und Militärhilfe für sich zu gewinnen. Diese Taktik erleichterte die Friedensverhandlungen zwischen Ägypten und Israel 1979 und – nach dem Kalten Krieg – 1994 den Abschluss des Friedensvertrags zwischen Jordanien und Israel.

Bruce Kuniholm, Die Nahostkriege, der Palästinakonflikt und der Kalte Krieg, in: Bernd Greiner/Christian Th. Müller/Dierk Walter (Hg.), Heiße Kriege im Kalten Krieg, Bd. 1, Hamburger Edition, Hamburg 2006, S. 461–465.

1 kaleidoskopisch: In bunter Folge, ständig wechselnd

1 Erläutern Sie die Möglichkeiten und Grenzen der Supermächte, die Politik der regionalen Mächte im Nahen Osten zu beeinflussen.

2 Analysieren Sie die Mittel, die den Supermächten zur Einflussnahme zur Verfügung standen.

M8 Der Politikwissenschaftler Rüdiger Robert über Formen der Konfliktaustragung im Nahen Osten, 1998

Ausgetragen wird der NOstK. [= Nahostkonflikt] mit politischen, wirtschaftlichen und militärischen Mitteln. Zu den bevorzugten politischen Mitteln gehören die Inanspruchnahme der Diplomatie und der Einsatz von Propaganda und Massenmedien zur Beeinflussung der Weltöffentlichkeit. [...]

Wirtschaftlich wird der NOstK. mithilfe des Zugangs zu Rohstoffen, Nahrungsmitteln, industriellen – einschließlich militärischen – Produkten, technischem *Know-how* und Kapitalquellen geführt. Bedeutsam ist auch der Kampf um die Verteilung knapper Wasservorräte [...]. Was Energiefragen angeht, so sind die westlichen Länder in erheblichem Umfang von Lieferungen aus dem Nahen Osten abhängig. Das ist umso mehr der Fall, als der Energiebedarf weltweit steigt, zahlreiche Rohstoffvorkommen wie das Nordsee-Erdöl aber in den nächsten Jahrzehnten erschöpft sein werden. Folge wird ein wachsender Druck auf die weltweite Verfügbarkeit von Öl sein. Damit werden die Ölimporte der USA und der EU aus den OPEC-Ländern am Persischen/Arabischen Golf weiter an Bedeutung gewinnen. Umgekehrt gilt allerdings auch, dass diese Länder vom Import industrieller und agrarischer Güter aus den Industriestaaten abhängig sind. Zum Erhalt ihrer Machtstellung sind zudem sämtliche Staaten der Region auf Waffenlieferungen aus den Industrieländern angewiesen, sodass sich insgesamt ein wechselseitiges Abhängigkeitsverhältnis ergibt.

Militärisch wird der NOstK. in Form klassischer Staatenkriege sowie zunehmend in Form asymmetrischer Kriege zwischen Israel und seinen Gegnern ausgetragen. Terror und Terrorismus bis hin zu Selbstmordanschlägen sind zu gängigen Formen der Gewaltanwendung mit dem Ziel geworden, Angst und Schrecken in der Region zu verbreiten und den Gegner zu einem Politikwechsel zu zwingen. [...]

Nach dem Juni-Krieg 1967 haben die von den Palästinensern ausgeübten Überfälle und Anschläge zunächst die Schwäche der arabischen Staaten im Kampf gegen Israel verdeckt und die Aufmerksamkeit der Weltöffentlichkeit auf den NOstK. gelenkt [...]. Die Aufstände der Bevölkerung in der Westbank und im Gazastreifen – die 1. und 2. *Intifadah* – haben zudem zu einer Verschiebung der lange Zeit vorrangig an Staatsgrenzen orientierten Konfliktlinien im Nahen Osten geführt. Als Folge der 2. *Intifadah* sind bis Ende 2006 mehr als 4100 Palästinenser und etwa 1000 Israelis getötet sowie mehr als 30000 Palästinenser und 6700 Israelis verletzt worden.

Rüdiger Robert, Artikel Nahostkonflikt, in: Wichard Woyke (Hg.), Handwörterbuch Internationale Politik, 11. Aufl., Verlag Barbara Budrich, Opladen 2007, S. 379 f.

1 Erläutern Sie die zentralen Formen der Konfliktaustragung im Nahostkonflikt.

Geschichtskarten interpretieren

In unserer Lebenswelt sind Karten ein alltägliches Medium für eine bessere räumliche Orientierung. Die Vorzüge kartografischer Darstellungen liegen auf der Hand: Karten sind anschaulich, übersichtlich, sie reduzieren Tatsachen und Erscheinungen auf das Wesentliche. Die Geschichtswissenschaft unterscheidet zwischen historischen Karten und Geschichtskarten. **Historische Karten** wie antike, mittelalterliche und frühneuzeitliche, aber auch Postrouten- und Reisekarten, alte Stadtpläne und Propagandakarten sind Quellen der Vergangenheit und entsprechen im Gegensatz zu den Geschichtskarten nicht dem heutigen Anspruch auf Wissenschaftlichkeit und Gestaltung.
Unter **Geschichtskarten** versteht man maßstäblich verkleinerte, vereinfachte und verebnete sowie durch verschiedene Zeichen kodierte Raummodelle. Sie stellen aus heutiger Sicht historische Sachverhalte aus Politik, Wirtschaft, Kultur und Gesellschaft in einem häufig begrenzten geografischen Raum und zu einer bestimmten Zeit dar. Dem Verwendungszweck entsprechend werden zum Beispiel Wand-, Atlas-, Schulbuch- oder digitale Karten hergestellt. Die verwendeten Zeichen sind äußerst vielfältig und werden in der Legende erklärt: Farbgebung, Symbole, Schrifttypen und Signaturen wie Punkte, Linien oder Pfeile. Für die Analyse unterscheidet man hinsichtlich der dargestellten Zeit zwischen **statischen** (Zustand) und **dynamischen** (Entwicklung), hinsichtlich des Kartentyps zwischen **topografischen** und **thematischen Geschichtskarten**. **Interaktive Karten** im Internet oder auf CD-ROMs erweitern die Möglichkeiten der Kartennutzung: Detailausschnitte können gewählt, Datenbanken durch das Anklicken des räumlichen Objekts geöffnet, weitere verknüpfte Informationen sichtbar gemacht werden.
Bei der Analyse muss berücksichtigt werden, dass es sich bei Geschichtskarten um eine stark abstrahierende Darstellung handelt. Sie deutet die zugrunde liegende historische Wirklichkeit durch die Wahl des Kartenausschnittes und der Zeichen. Der Erfolg der Kartenarbeit ist daher von der Methodenkompetenz des Nutzers abhängig.

Arbeitsschritte für die Interpretation

1. Formale Merkmale
- Welche Titel tragen die Karten?
- Welche Zeichen werden in der Legende verwendet und was bedeuten sie?

2. Karteninhalt
- Welcher Gegenstand wird thematisiert?
- Welche Zeiten stellen die Karten dar?
- Handelt es sich um statische oder dynamische Karten?
- Welchen Raum umfassen die Karten?
- Handelt es sich um topografische oder thematische Karten?

3. Interpretation
- Welche Einzelinformationen lassen sich ablesen?
- Welche Beziehungen bestehen zwischen den Einzelinformationen?
- Welche weitergehenden Schlüsse lassen sich ziehen?

4. Kartenkritik
- Welche kartografischen Informationen fehlen?
- Welche thematischen, zeitlichen und räumlichen Aspekte werden unter- bzw. übergewichtet, welche fehlen?

5. Fazit
- Welche Gesamtaussage lässt sich formulieren?

Übungsaufgabe

M 1 Historische Entwicklung im Nahen Osten 1947–1995

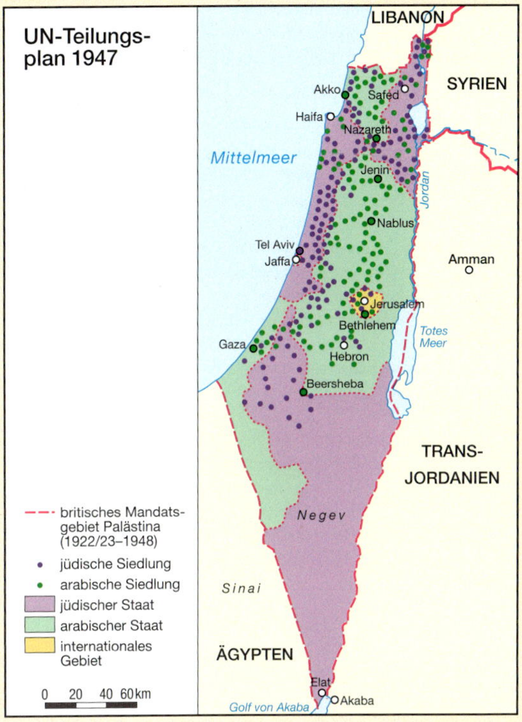

Quelle: Bundeszentrale für politische Bildung (Hg.), Informationen zur politischen Bildung Nr. 278/2008.

1 Interpretieren Sie die Karten mithilfe der genannten Arbeitsschritte.

Lösungshinweise

Zu 1: Formale Merkmale

Kartentitel: UN-Teilungsplan 1947, Israel 1948/49–1967, Israel 1967–1993, Israel und die palästinensischen Gebiete 1995

Farben: Flächenfarben für den arabischen und jüdischen Teil Palästinas, die Nachbarstaaten Ägypten, Jordanien, Libanon und Syrien sowie international kontrolliertes Gebiet; Flächenfarben in Schraffur als ergänzende Darstellung für Veränderungen

Signaturen: rote Linie = Staatsgrenze Israels; rot gestrichelt = von Israel besetztes Gebiet (als Ergänzung zu Flächenfarben); grüne Punkte = autonome Gebiete und Städte der Palästinenser unter unterschiedlicher Verwaltung; lila Punkte = israelische Siedlungen auf palästinensischem Gebiet

Zu 2: Karteninhalt

Gegenstand: Geopolitische Verhältnisse im Nahen Osten bzw. durch den Vergleich der vier Karten die geopolitischen Veränderungen im Nahen Osten in der zweiten Hälfte des 20. Jahrhunderts

Zeit/Zeiten: Gesamtzeitraum 1947–1995, unterteilt in vier Zeiteinheiten: 1947, 1947/48–1967, 1967–1993, 1995

Zeitebene: Dynamische Karte(n); zur deutlicheren Herausarbeitung der geopolitischen Veränderungen wird der Gesamtzeitraum in vier Zeiteinheiten eingeteilt.

Raum: Naher Osten

Kartentyp: Thematische Karten

Zu 3: Interpretation

Die erste Karte stellt den UN-Teilungsplan für Palästina von 1947 dar, der die Trennung des palästinensischen Territoriums in einen arabisch-palästinensischen und einen jüdischen Staat vorsah. Jerusalem – von zentraler Bedeutung für Juden, Christen und Muslime – war als neutrale Enklave gedacht.

Die zweite Karte zeigt – durch die rot eingezeichnete Staatsgrenze Israels von 1949 – das Ergebnis des 1. Nahostkrieges mit den territorialen Gewinnen Israels. Außerdem vermerkt diese Karte in der Fläche Ägyptens das Datum „10.1956–3.1957", also den 2. israelisch-arabischen Krieg, in dem die Israelis während der Suezkrise den Sinai besetzten, nach Kriegsende die eroberten Gebiete jedoch wieder räumten. Cis-Jordanien, das Gebiet des heutigen Westjordanlands, war von 1848/49 bis 1967 Jordanien angegliedert. Gaza stand von 1948–1967 unter ägyptischer Militärverwaltung. Zusätzlich sind Anzahl und Fluchtort der palästinensischen Flüchtlinge vermerkt.

Die dritte Karte zeigt den israelischen Landgewinn des 3. israelisch-arabischen Krieges von 1967:
- die syrischen Golanhöhen, seit 1975 vom syrischen Gebiet durch einen von der UNO kontrollierten Streifen getrennt,
- das Land westlich des Jordans, ehemals zu Jordanien gehörig,
- die ägyptische Sinaihalbinsel, deren Rückgabe 1974–82 in der Karte vermerkt ist.

Zusätzlich ist auf der dritten Karte das Ergebnis der zweiten israelischen Invasion im Libanon 1982 eingetragen: die von den Israelis kontrollierte Sicherheitszone. Hintergrund war der Bürgerkrieg im Libanon von 1975–1991 (diese Information fehlt in der Karte). Die Karte zeigt zudem deutlich die verstärkte israelische Siedlungstätigkeit in den besetzten palästinensischen Gebieten Gaza, Westjordanland und auf den Golanhöhen.

Die vierte Karte zeigt, dass Teile des Westjordanlandes und der Gazastreifen nach der Osloer Prinzipienerklärung vom September 1993 nunmehr unter palästinensischer Verwaltung stehen. Nach dem ägyptisch-israelischen Friedensschluss 1979 und der Rückgabe des Sinai durch Israel bis 1982 ist der Sinai nicht mehr als Konfliktgebiet verzeichnet.

Die Karten zeigen insgesamt den Zuwachs Israels nach mehreren kriegerischen Auseinandersetzungen und die Ergebnisse der jüdischen Siedlungspolitik im Westjordanland.

Die letzte Karte verweist auf das zukünftige Konfliktpotenzial: fehlende Friedensabkommen mit den nördlichen Nachbarn und die direkte Konfrontation zwischen Israelis und Palästinensern.

Zu 4: Kartenkritik

Die Verweise auf die Nahostkriege fehlen bzw. sie müssen erschlossen werden. Kurze Angaben in der Legende wären zur Interpretation hilfreich. Auch Friedensschlüsse wie der israelisch-ägyptische von 1979 oder der israelisch-jordanische von 1994 sind nicht in der Karte vermerkt, sondern müssen erschlossen werden. In den Karten 2 und 3 fehlen Angaben über palästinensische Siedlungen.

Zu 5: Fazit

Die Karten verdeutlichen die Entwicklung der geopolitischen Kräfteverhältnisse zwischen Israel einerseits und seinen arabischen Nachbarn und den Palästinensern andererseits: Israel konnte sein Territorium über das 1947 von der UNO zugesprochene Land erheblich erweitern, während die arabischen Staaten territoriale Verluste hinnehmen mussten – teilweise wurden diese Gebiete wieder zurückgegeben wie die Sinaihalbinsel an Ägypten, teilweise sind sie bis heute im Besitz Israels wie die ehemals syrischen Golanhöhen. Verdeutlicht wird überdies die Situation der Palästinenser, die seit dem UN-Teilungsplan von 1947 nicht nur Verluste des ihnen zugesprochenen Territoriums hinnehmen, sondern auch seit 1967 unter israelischer Besatzung und Kontrolle leben mussten und müssen. Indirekt zeigen die Karten die militärische Überlegenheit Israels im Nahen Osten und die große Bedeutung des Sechs-Tage-Krieges von 1967 für die geopolitische Entwicklung in der Region: In diesem Krieg konnte Israel den Gazastreifen, die Halbinsel Sinai (bis zum Suezkanal), Westjordanien (einschließlich der Altstadt von Jerusalem) und Teile Syriens (Golanhöhen) besetzen. Außerdem dokumentieren die Karten die jüdische Siedlungspolitik im Westjordanland. Auf diesem Territorium leben Palästinenser und jüdische Siedler nebeneinander.

Hinweis: Zur Entwicklung im Westjordanland und in Gaza von 2000 bis 2008 siehe M 1, S. 175.

6 An der Wende vom 20. zum 21. Jahrhundert: Möglichkeiten und Grenzen der Friedenspolitik im Nahen Osten

Auslöser neuer Unruhen

Am 7. Dezember 1987 kam es im palästinensischen Flüchtlingslager Jabaliya im Gazastreifen zu einem politisch folgenreichen Verkehrsunfall: Ein israelischer Militärlaster raste in eine Reihe von wartenden palästinensischen Autos. Vier palästinensische Arbeiter verloren dabei ihr Leben, mehrere wurden schwer verletzt. Unter den Palästinensern breitete sich rasch der Verdacht aus, dass der Unfall ein Racheakt gewesen sei für einen am Vortag in Gaza ermordeten israelischen Geschäftsmann. Bereits die Beerdigung der Opfer in Jabaliya geriet zu einer Demonstration gegen die israelische Besatzungsmacht. Die Unruhen breiteten sich rasch aus und erfassten binnen einer Woche auch das gesamte Westjordanland und Ost-Jerusalem (M 4). Das israelische Militär reagierte mit brutalen Polizeimaßnahmen. Im ersten Jahr kamen dabei 616 Palästinenser ums Leben, davon 132 Kinder unter 16 Jahren, 19 Israelis kamen im gleichen Zeitraum durch Palästinenser ums Leben. Diese Unruhen waren der Beginn einer mehrjährigen Rebellion der Palästinenser gegen die israelische Besatzung, die bis September 1993 dauerte und als erste ***„Intifada“*** (= Abschüttelung) bezeichnet wird.

Diese Ereignisse und ihre Folgen verdeutlichen eindrucksvoll, wie angespannt die politische Situation im Nahen Osten war und bis heute ist. Ein Funke genügte, um Unruhen auszulösen, die die gesamte Region erfassten und die Suche nach friedlichen Lösungen für den Nahostkonflikt erschwerten. Die Frage drängt sich daher auf: Warum scheitern Friedensprozesse im Nahen Osten?

Die erste „Intifada“

Der Aufstand, der anfangs vor allem von Jugendlichen getragen wurde (M 1), erfasste alle Bevölkerungsschichten. Die Palästinenser wollten nach über zwanzig Jahren israelischer Besatzung endlich ihr Schicksal selbst in die Hand nehmen. Bei ihnen hatte sich während dieser Zeit immer stärker das Gefühl der Hoffnungslosigkeit breit gemacht, da sie weder von der PLO (s. S. 159) noch von den arabischen Staaten Hilfe zur Verbesserung ihrer Lebensverhältnisse erhielten. Eine sich verschlechternde

Internettipps

Ein Dossier zu Israel und dem Nahostkonflikt von der Bundeszentrale für politische Bildung (bpb).

„Konfliktporträt Nahost“ von Margret Johannsen (auf den Seiten der bpb).

Informationen zur politischen Bildung (Heft 278): Israelisch-palästinensische Streitfragen von Muriel Asseburg.

Literaturtipps

Margret Johannsen, Der Nahost-Konflikt, Wiesbaden 2006.
Ein klar gegliederter, übersichtlicher und gut lesbarer Überblick zum Nahostkonflikt.

Dietmar Herz, Palästina. Gaza und Westbank. Geschichte, Politik, Kultur, 5. Aufl., München 2003.
Fundierter und umfassender Überblick über Geschichte, Politik und Kultur Palästinas.

M 1 Jugendliche Steinewerfer im Gazastreifen, 1988

M2 Der israelische Ministerpräsident Yitzak Rabin, US-Präsident Bill Clinton und PLO-Vorsitzender Yassir Arafat in Washington am 13. September 1993 anlässlich der Prinzipienerklärung über die Schaffung einer palästinensischen Selbstverwaltung, Fotografie

Streitpunkte im Nahostkonflikt
Golanhöhen: Während des Sechs-Tage-Krieges eroberte Israel die Golanhöhen, die es trotz zeitweiliger Zurückeroberung durch Syrien im Jom-Kippur-Krieg halten konnte. Das Hochplateau ist für beide Seiten von großer militärstrategischer Bedeutung. Für die Israelis sind die Golanhöhen auch wegen des Wasserzuflusses zum Jordan für die Wasserversorgung lebensnotwendig. Eine Rückgabe ist für Israel daher nur im Rahmen eines umfassenden Friedenvertrages denkbar.

Wasserversorgung: Die Wasserversorgung war von Anfang an ein zentrales Problem für Israel, da die bedeutendsten Wasserquellen außerhalb des Staatsgebietes von 1949 lagen. Erst 1964 gelang es Israel, das Wasser des Tiberias-Sees durch eine Pumpstation optimal auszunutzen. Nach der Besetzung des Westjordanlandes 1967 teilte Israel außerdem die dortigen Wasservorräte auf.

Bevölkerungsentwicklung: Seriöse Schätzungen gehen davon aus, dass die jüdische Bevölkerung in Israel einschließlich der besetzten Gebiete in den nächsten Jahrzehnten in eine Minderheitenposition geraten könnte. Die wichtigsten Gründe dafür sind zum einen hohe Geburtenraten bei den palästinensischen Arabern. Zudem gehört die jüdische Massenzuwanderung nach Israel der Vergangenheit an, und nicht wenige Israelis wandern wieder aus Israel aus.

wirtschaftliche Lage bei einer wachsenden Bevölkerung, die ernährt werden musste, sowie hohe Arbeitslosigkeit verdüsterten die Zukunftsaussichten. Empört waren die Palästinenser auch über den Ausbau der israelischen Siedlungen in den besetzten Gebieten und die Reglementierung ihres Lebens durch israelische Militärverordnungen und Soldaten.

Die PLO reagierte relativ schnell auf die ersten Demonstrationen und koordinierte mithilfe einer **„Vereinigten Nationalen Führung“** die Aktionen. Sie steuerte seit Januar 1988 den Kampf gegen die israelische Besatzungsmacht und rief zum Volksaufstand auf. Die wichtigsten Formen der palästinensischen Rebellion waren außer Demonstrationen Generalstreiks und die Weigerung, Steuern zu zahlen. Ziel des Aufstandes war nicht nur die **Befreiung von der Besatzung**, sondern auch der **Aufbau eines palästinensischen Staates**. Deshalb begannen die Palästinenser, eine eigene politische, soziale und wirtschaftliche Infrastruktur zu errichten. Vorangetrieben und organisiert wurden diese Bemühungen, z. B. die Errichtung eines alternativen Erziehungssystems, von zahlreichen örtlichen Komitees und Selbsthilfegruppen. Die Israelis versuchten, den Aufstand zu brechen, indem sie Schulen und Universitäten schlossen sowie die lokalen „*Intifada*“-Komitees auflösten. Die „*Intifada*“ zeigte Wirkung. Beeindruckt von der Wucht der Rebellion und den palästinensischen Forderungen gab der jordanische König Hussein im Juni 1988 seinen Herrschaftsanspruch auf das Westjordanland auf. Auf der Tagung des Palästinensischen Nationalrats in Algier vom November 1988 wurde der Staat Palästina ausgerufen, der eine Zweistaatenlösung und damit die Anerkennung Israels einschloss. Mit der **Osloer Prinzipienerklärung**, die am 13. September 1993 in Washington unterzeichnet wurde (M 2), endete die erste „*Intifada*“. Dieses Dokument schuf die Grundlage zwischen Israel und der PLO, in den von Israel besetzten Territorien palästinensische Selbstverwaltungsgebiete einzurichten und die Verhandlungen für den sogenannten Endstatus einzuleiten. Die Selbstverwaltung sollte phasenweise eingeführt werden, zuerst im Gazastreifen und in Jericho als erster Schritt in einer fünfjährigen Interimsperiode. Immer wieder wurde der Friedensprozess behindert durch die im Dezember 1987 gegründete islamistische Widerstandsgruppe „*Hamas*“ (arab. Wort für „Eifer“, „Engagement“, hier Bezeichnung für „Bewegung des islamischen Widerstandes“), eine Konkurrenzorganisation zur PLO. Während die PLO weltlich geprägt war, verfolgte die Hamas national-religiöse Ziele. Sie strebte einen islamischen Staat in Palästina an. In den 1990er-Jahren machte die Hamas immer wieder mit ihren blutigen Selbstmordanschlägen von sich reden. Diese terroristischen Aktionen sollten den Friedensprozess im Nahen Osten stören.

„Zweite Intifada" und „Roadmap"

Der schwierige Friedensprozess im Nahen Osten fiel im Jahre 2000 der „zweiten *Intifada*" – sie wird auch als „*Al-Aqsa-Intifada*" bezeichnet – zum Opfer. Anlass war ein Besuch des damaligen israelischen Oppositionsführers Ariel Scharon auf dem Jerusalemer Tempelberg am 28. September 2000. Mit seinem Gang zum Tempelberg wollte sich Scharon in den kommenden Wahlen als „starker Mann" für das Amt des Regierungschefs empfehlen. Die Palästinenser betrachteten Scharons Auftritt jedoch als Provokation und reagierten am nächsten Tag mit Steinwürfen auf das tausendköpfige Polizeiaufgebot, das in Erwartung von Unruhen nach Jerusalem beordert worden war. Die „zweite *Intifada*", die mit der am 8. Februar 2005 vereinbarten Waffenruhe endete, war gekennzeichnet durch eine **rasche Eskalation und einen höheren Grad an Gewalt**. Militante palästinensische Gruppen griffen im Gazastreifen wie im Westjordanland israelische Soldaten und unbewaffnete Siedler an. Besonders viele Opfer forderten die Bombenanschläge palästinensischer Selbstmordattentäter. Um möglichst große öffentliche Aufmerksamkeit zu erregen und möglichst viele Menschen in den Tod zu reißen, wählten sie Orte, an denen die Israelis auf dem Weg zur Arbeit, beim Einkaufen oder in ihrer Freizeit zusammenkommen wie Busse, Märkte, Diskotheken, Pizzerien oder Cafés (M 3). Die israelische Armee beantwortete den Kampf der Palästinenser, der in ihren Augen „Terror" darstellte, indem sie die Einrichtungen der palästinensischen Autonomiebehörde, an erster Stelle deren Sicherheitskräfte, bombardierte und die Infrastruktur beschädigte. Die israelischen Soldaten durchkämmten die Flüchtlingslager und verhafteten Verdächtige oder zerstörten Häuser, verwüsteten Olivenhaine und Äcker. Aus Sicht der Palästinenser war dies „Staatsterrorismus".

Auf dem Höhepunkt der Gewalttätigkeiten während der „zweiten *Intifada*" schalteten sich die EU, die USA, die UNO und Russland in den israelisch-palästinensischen Konflikt mit einer Friedensinitiative ein. Dieses Nahostquartett koordinierte seine Friedensbemühungen und arbeitete die sogenannte *Roadmap* (engl. „Fahrplan") aus. Dieser Plan, der Israel und den Palästinensern am 30. April 2003 offiziell übergeben wurde, sollte den Konfliktparteien den Weg zum Frieden aufzeigen (M 5). Wie alle früheren Friedensbemühungen droht auch dieser Vorschlag zu scheitern (M 6, M 7). Bis heute gibt es keine stabile Friedensordnung im Nahen Osten. Liegt es daran, dass in dieser Region Recht gegen Recht steht oder Unrecht gegen Unrecht (M 8)? Vor einfachen Antworten sollte man sich hüten.

Streitpunkte im Nahostkonflikt

Orthodoxe Juden: Für orthodoxe und ultraorthodoxe Juden kommt der Zionismus (s. S. 157 ff.) einer Gotteslästerung gleich. Ihrer Auffassung nach ist der Kampf um einen jüdischen Staat allein vom Willen Gottes abhängig und bedarf nicht der menschlichen Unterstützung. Gott werde, wenn er wolle, für die Rückkehr der Kinder Israels aus der Zerstreuung (Diaspora) sorgen. Diese Distanz der orthodox-jüdischen Bevölkerung zum Staat Israel sowie die gesellschaftliche Distanz zwischen religiösen, wenig religiösen und nicht religiösen Juden ist einer der wesentlichen Gründe für politisch-soziale Konflikte in der israelischen Politik.

Hamas gegen PLO bzw. Fatah: Bei den Wahlen zum palästinensischen Parlament im Januar 2006 wurde die radikal-islamistische Hamas (s. S. 184) stärkste Partei und verfügte über die absolute Mehrheit der Stimmen. Ihr Spitzenkandidat Ismail Hanija wurde Ministerpräsident. Nach dem Hamas-Wahlsieg stellten die USA und die EU ihre Unterstützung der bislang von der PLO bzw. ihrer Kampforganisation Fatah geführten Autonomiebehörde ein. Israel blockierte die Auszahlung von palästinensischen Steuergeldern. Dank saudi-arabischer Vermittlungen gelang es Anfang 2007, die verfeindeten Parteien zur Zusammenarbeit zu bewegen. Doch im Sommer 2007 übernahm die Hamas nach blutigen Auseinandersetzungen mit Fatah-Anhängern im Gazastreifen die Kontrolle. Die palästinensische Koalitionsregierung endete.

1 Erläutern Sie Anlass und Verlauf der ersten und zweiten „Intifada" sowie ihre Bedeutung für den Friedensprozess im Nahen Osten.

M 3 Israelische Polizeikräfte stehen vor einem Bus in der Nähe der Siedlung Emanuel, in dem bei einem schweren Terroranschlag acht Israelis getötet worden waren, Fotografie, 16. Juli 2002

M4 Geschichte kontrovers: Wem gehört Jerusalem?

a) Aus einem Interview mit dem Anwalt und Journalisten Ziyad Abu Zayad, 1995:

Der ehemalige Berater Yassir Arafats war bis 2002 palästinensischer Minister für Jerusalem-Angelegenheiten.

Früher war Jerusalem durch eine Mauer geteilt, die entlang der Waffenstillstandslinie von 1948 verlief. [...] Für uns war diese Mauer das Ende der Welt. Manchmal stiegen Neugierige auf ein hohes Gebäude, einen Kirchturm oder das Minarett einer Moschee, um einen Blick in die „andere Welt" zu erhaschen. Doch für die meisten Menschen existierte diese andere Welt gar nicht. [...] Für uns Übrige war Jerusalem die Altstadt innerhalb der Stadtmauern. Das war das wahre Jerusalem. Im wahren Jerusalem zu leben, bedeutete, dass das Erbe, die Geschichte und die Religion der Stadt in unseren Händen lagen. Der Krieg von 1967 überraschte uns alle. Niemand hatte damit gerechnet, dass die Israelis die Stadt besetzen könnten.

Israel war auf eine längere Besetzung Ost-Jerusalems auch gar nicht vorbereitet. Wie sich die Israelis in den ersten Monaten verhielten, machte deutlich, dass sie der Stadt an möglichst vielen Stellen rasch ihren Stempel aufdrücken wollten, bevor man sie zum Rückzug drängte oder ihnen eine Kompromisslösung aufzwingen konnte. Gleich nach Ende des Krieges wurde das muslimische Viertel [...] in der Nähe der Klagemauer dem Erdboden gleichgemacht, um den Hof zu vergrößern. Neue jüdische Wohnviertel wurden hastig außerhalb der Stadt hochgezogen. Israel war darum bemüht, jüdische Bewohner rasch und dauerhaft in Ost-Jerusalem anzusiedeln. [...] Israel hat niemals Anspruch auf Oberhoheit über Ost-Jerusalem erhoben. [...] Die islamischen Gerichte arbeiteten weiterhin, ohne das israelische Ministerium für Religionsangelegenheiten zu konsultieren [...]. Nachdem Israel Ost-Jerusalem annektiert hatte, zwangen die israelischen Behörden die 170 000 palästinensischen Bewohner der Stadt auch nicht dazu, die israelische Staatsbürgerschaft anzunehmen, wie sie es mit den Bewohnern der Golanhöhen gemacht hatten. Insgeheim rechneten die israelischen Politiker offenbar nicht damit, Jerusalem behalten zu können. Sie wussten, dass es irgendwann zu Verhandlungen kommen musste. Das scheint mir der wahre Grund zu sein, warum sie ständig versuchen, ihre Verhandlungsposition zu verbessern, indem sie in den Wohnvierteln vollendete Tatsachen schaffen und gleichzeitig nicht die Oberhoheit über Ost-Jerusalem fordern. Außerdem macht es die allgegenwärtige Präsenz der Palästinenser in der Stadt trotz aller Bemühungen der Israelis schwierig, die (sowohl islamische wie christliche) arabische Seite Ost-Jerusalems zu verdrängen.

Die israelischen Politiker haben einen verhängnisvollen Fehler begangen, als sie ihren Bürgern die Wahrheit vorenthielten. Sie betonten immer wieder, um Jerusalem gebe es nichts zu verhandeln; es bleibe die Hauptstadt des jüdischen Staates. Doch in Oslo hat Israel akzeptiert, dass das Thema in der zweiten Phase der Autonomiegespräche auf den Verhandlungstisch kommt. [...]

Jerusalem gehört allen Gläubigen: Juden, Christen und Muslimen. Jedes Friedensabkommen für die Stadt muss ihnen gleichermaßen Gerechtigkeit, Gleichberechtigung und Respekt zusichern. Jerusalem sollte als Stadt eins sein, aber politisch geteilt. Als zweifache Hauptstadt kann es für die künftige Zusammenarbeit und das Zusammenleben von Israelis und Palästinensern ein wertvolles Beispiel geben.

Die Zeit vom 1. September 1995, zit. nach: Bundeszentrale für politische Bildung (Hg.), Der israelisch-arabische Konflikt, 5., aktualisierte Aufl., Bonn 1999, S. 53 f.

b) Aus einer Rede von Elie Wiesel, 2001:

Elie Wiesel ist Professor für Geisteswissenschaften an der Boston University und erhielt 1986 den Friedensnobelpreis.

Nun [...] geht es um Jerusalem. Das Schicksal dieser Stadt betrifft die Israelis wie auch die Diaspora-Juden. Dass ich nicht in Jerusalem lebe, tut nichts zur Sache; Jerusalem lebt in mir. Als ewiger Bestandteil meines Judentums ist es Dreh- und Angelpunkt meines Bekenntnisses und meiner Träume. Für mich steht Jerusalem außerhalb der Politik. Jerusalem, das mehr als 600-mal in der Bibel erwähnt wird, ist fest verankert in der jüdischen Tradition und nationales Symbol. Es repräsentiert unsere kollektive Seele. Es ist Jerusalem, das die Juden miteinander verbindet. [...]

Unter der politischen Teilung, die nun erwogen wird, würde der größere Teil der Altstadt Jerusalems zukünftig unter palästinensische Verwaltung fallen. Der Tempelberg, unter dem die Tempel Salomons und Herodes' ruhen, würde fortan von dem neuen Palästinenserstaat kontrolliert. Dass die Moslems ihre enge Verbindung zu dieser so unvergleichlichen Stadt aufrechterhalten wollen, ist verständlich. Obwohl ihr Name nicht im Koran auftaucht, ist Jerusalem die drittheiligste Stadt des Islam. Aber für die Juden bleibt sie die allerheiligste. Nicht nur die allerheiligste, sondern die einzige. [...]

Warum wollen die Palästinenser Jerusalem plötzlich zu ihrer Hauptstadt machen und dabei sogar die Osloer Verträge aufs Spiel setzen? Man sagt uns, dass Israels beispiellose Konzessionen, darunter jene, die Jerusalem betreffen, einem guten Zweck dienen sollen: dem Frieden [...]. Aber Kompromisse hinsichtlich unserer Geschichte sind unmöglich.

Zit. nach: Elie Wiesel, Jerusalem, mein Herz, in: Die Welt, 9. April 2001; Übersetzung: Ruth Keen.

1 **Informieren Sie sich über die neueste Entwicklung Jerusalems sowie den aktuellen Diskussionsstand auf israelischer und palästinensischer Seite.**

2 **Charakterisieren Sie die gegensätzlichen Positionen über Geschichte und Zukunft Jerusalems und bewerten Sie die Argumente der beiden Autoren.**

M5 Die Politikwissenschaftlerin Margret Johannsen über die Konzeption der *„Roadmap"*, 2006

Die *„Roadmap"* ist eine Absichtserklärung, die weder die Autoren noch die Adressaten rechtlich bindet. Ihre reale Bedeutung bezieht sie aus dem politischen Gewicht des Quartetts[1], einschließlich der Bereitschaft, es auch einzubringen, notfalls gegen den Willen der Kontrahenten. Anders als die Vereinbarungen von „Oslo" nennt die *„Roadmap"* ausdrücklich als Ziel des Friedensprozesses die Zwei-Staaten-Lösung. Das ist ein Vorzug. Denn die ergebnisoffenen Vereinbarungen von 1993 hatten den Konfliktparteien einst die Möglichkeit geboten, gegen den „Geist" der Vereinbarung zu verstoßen, auch wenn sie sich an die Buchstaben hielten. Zudem verlangt die *„Roadmap"* den Konfliktparteien im Prinzip Leistungen ohne Vorbedingungen ab. Auch das ist ein Vorzug, denn Vorbedingungen haben in der Vergangenheit allzu oft Verhandlungen blockiert.

Der Fahrplan zerlegt den Weg zur Konfliktlösung in drei Streckenabschnitte. Auf jedem Abschnitt werden den Kontrahenten Leistungen abverlangt, die den Weg zur Konfliktlösung ebnen sollen. Breiten Raum nehmen palästinensische Reformen und die Bekämpfung des Terrorismus ein. Dem Quartett obliegt die Aufgabe, den Prozess zu beobachten und im Konsens festzustellen, ob die erzielten Fortschritte es erlauben, die jeweils nächste Etappe in Angriff zu nehmen.

Zu Beginn des *ersten* Streckenabschnitts sind beide Seiten verpflichtet, ein Bekenntnis zur Zwei-Staaten-Lösung abzulegen, zum Gewaltverzicht aufzurufen und jegliche Hetze gegen die andere Seite einstellen. Die Etappe endet mit allgemeinen palästinensischen Wahlen. Auf dem Weg dorthin muss die Palästinensische Autonomiebehörde ihre Sicherheitsapparate ordnen und energische Maßnahmen ergreifen, um die Gewalt unautorisierter militanter Gruppen zu beenden und sie zu entwaffnen; schließlich ist die Sicherheitskooperation mit Israel wieder aufzunehmen. Darüber hinaus haben die Palästinenser politische Reformen durchzuführen, die sich an den Prinzipien der Gewaltenteilung orientieren, und es ist ein Verfassungsentwurf auszuarbeiten. Israel hat die seit März 2001 errichteten Siedlungsaußenposten unverzüglich aufzulösen, jegliche Siedlungsaktivitäten in den besetzten Gebieten einzustellen und die Lebensbedingungen der palästinensischen Bevölkerung zu normalisieren, z. B. die Armee aus den palästinensischen Bevölkerungszentren abzuziehen, Straßensperren abzubauen und vertrauensstörende Maßnahmen zu unterlassen, wie Deportationen, Angriffe auf Zivilisten, Zerstörung von Wohnhäusern und Infrastruktur [...].

Die *zweite* Etappe beginnt nach den palästinensischen Wahlen. Mit einem palästinensischen Staat, der sich in vorläufigen Grenzen und mit „einigen Merkmalen von Souveränität" etabliert und dessen internationale Anerkennung, möglicherweise auch UN-Mitgliedschaft das Quartett anstrebt, findet sie ihren Abschluss. Damit sich dieses Provisorium auf einem Territorium mit größtmöglicher territorialer Geschlossenheit etablieren kann, sind vonseiten Israels „weitere Maßnahmen bei den Siedlungen" gefordert. Damit dürfte der Abbau von Siedlungen gemeint sein.

In der *dritten* Phase werden die Vorbereitungen zur Gründung eines palästinensischen Staates in seiner endgültigen Gestalt vorangetrieben. Hierfür haben die Palästinenser ihre politischen Reformen zu konsolidieren, ihre Institutionen zu stabilisieren und ihre Bemühungen um eine effektive Gewährleistung von Sicherheit fortzusetzen. Bilaterale Verhandlungen über alle offenen Fragen – insbesondere den Grenzverlauf, Jerusalem, die Flüchtlinge, die Siedlungen und Sicherheit betreffend – münden in ein Abkommen, das die Besatzung beendet. Mit dem Abkommen endet der Konflikt.

Die *„Roadmap"* ist nach dem Scheitern des in Madrid und Oslo begonnenen Friedensprozesses das einzige diplomatische Instrument zur Beilegung des israelisch-palästinensischen Konflikts, das die Konfliktparteien zumindest rhetorisch akzeptiert haben und das von allen relevanten internationalen Akteuren getragen wird. Sie repräsentiert den kleinsten gemeinsamen Nenner sowohl zwischen den Konfliktparteien als auch zwischen den Mitgliedern des Quartetts. Der Konsens war aber nur um den Preis schwerwiegender Defizite erreichbar: *Erstens* gibt es keinen verbindlichen Zeitrahmen für die einzelnen Etappen und die abschließende Konfliktregelung; *zweitens* gibt es keine klaren Zielvorgaben für die Streitfragen; *drittens* ist das Quartett nicht bereit, Sabotageversuchen energisch entgegenzutreten. Die *„Roadmap"* fordert im Gegenteil Störmanöver geradezu heraus. Denn die Feststellung des Quartetts, dass die Parteien ihre Verpflichtungen nicht erfüllen, bedeutet Stillstand auf dem Weg zu einer abschließenden Regelung und belohnt infolgedessen diejenigen, die keine Verhandlungsfortschritte wünschen. Was vorauszusehen war, trat denn auch ein: Die israelische Regierung ließ es zu, dass im Westjordanland immer weitere Siedlungsvorposten entstanden, und die palästinensische Führung erklärte sich außerstande, die Milizen zu entwaffnen. Indem das Quartett auf einen Durchsetzungsmechanismus verzichtete, setzte es voraus, dass die Konfliktparteien guten Willens sind und die politischen Führungen sich gegen innenpolitische Gegner durchsetzen können. Hierin irrte sich das Quartett.

Margret Johannsen, Der Nahost Konflikt, 2. Aufl., VS Verlag für Sozialwissenschaften, Wiesbaden 2009, S. 142–145.

1 Nahost-Quartett: EU, USA, Russland und UNO

1 Erarbeiten Sie, wie nach der *„Roadmap"* der angestrebte Frieden und der Weg dorthin aussehen soll.

2 Erörtern Sie die Kritik, die Johannsen an der *„Roadmap"* übt.

M6 Die Politikwissenschaftlerin Margret Johannsen über das Scheitern der Friedensbemühungen im Nahen Osten, 2006

Die Debatte über die Gründe für das Scheitern des Friedensprozesses wird in Wissenschaft und Politik kontrovers geführt. Aber auch ohne ein abschließendes Urteil lassen sich Gründe nennen, warum der Prozess der Vertrauensbildung [...] misslang.

Die *Palästinenser* hatten erwartet, der Friedensprozess werde die Besatzung beenden und zur Errichtung eines palästinensischen Staates im Westjordanland und Gazastreifen, mit Ost-Jerusalem als Hauptstadt, führen. Folglich ging ihre Verhandlungsführung davon aus, dass es keine Fortsetzung des Siedlungsbaus geben und Israel seine Truppen während der Interimsperiode aus allen besetzten Gebieten (mit Ausnahme der Militärbasen, der Siedlungen und Ost-Jerusalems) abziehen werde. Doch die Asymmetrie in den Kräfteverhältnissen zwischen Israelis und Palästinensern erlaubte es Israel, eigenständig zu entscheiden, ob es die „Hauptressource" [...], um die es im Friedensprozess ging, zum Zwecke der Konfliktlösung beisteuern sollte oder nicht: das israelisch besetzte Land, das die Palästinenser als ihr Staatsgebiet fordern. Als der Siedlungsbau nicht eingestellt, sondern forciert wurde, als der Rückzug der israelischen Truppen weit hinter dem vereinbarten Zeitplan zurückblieb und den größten Teil des Westjordanlandes unter israelischer Kontrolle beließ, schmolz der Vertrauensvorschuss, den die palästinensische Bevölkerung in „Oslo" investiert hatte. Sie glaubte nicht länger daran, dass Verhandlungen alleine ihr zu dem ersehnten unabhängigen Staat verhelfen würden, und sie interpretierte die Expansion der Siedlungen als Kolonisierung des Territoriums, das ihr Staatsgebiet werden sollte, und somit als Fortsetzung (bzw. Wiederkehr) des historischen und gewaltsam ausgetragenen Konflikts zwischen Juden und Arabern um das Land als Ganzes [...].

Die *Israelis* hatten darauf vertraut, dass der Friedensprozess ihren Sicherheitsbedürfnissen Rechnung tragen werde. Die israelischen Bürger, die im „Kernland" – z. B. in Tel Aviv, Haifa oder West-Jerusalem – leben, wollten ein normales Leben führen, unbesorgt in einen Bus steigen, auf dem Markt einkaufen oder eine Disko besuchen können. Die israelischen Siedler, die in den besetzten Gebieten attraktiven Wohnraum zu günstigen Preisen erworben hatten, erwarteten, dass die Palästinenser sich damit abfinden würden oder dass sie zumindest von den Soldaten beschützt würden. Solange es den Anschein hatte, dass die Palästinenser sich nicht endgültig von allen Formen des bewaffneten Kampfes verabschiedet hatten, zögerten alle israelischen Regierungen, ob von Rabin, Peres, Netanjahu oder Barak geführt, die vertraglich geforderten Rückzugsschritte so lange wie möglich hinaus, um nicht das Pfand aus der Hand zu geben, mit dem sie gegenüber den Palästinensern auf das Erbringen der Gegenleistung in Form von Sicherheit dringen konnten [...].

Auf beiden Seiten setzten die Gegner eines Kompromissfriedens einen Teufelskreis von Gewalt und Gegengewalt in Gang, der den anfänglichen Optimismus in tiefes gegenseitiges Misstrauen verkehrte. Die „Spoiler" der ersten Stunde waren auf israelischer Seite national-religiöse Siedler, die das auserwählte Volk der Juden als einzig rechtmäßige Besitzer des von Gott verheißenen Heiligen Landes sehen, auf palästinensischer Seite radikale Islamisten, für die das ganze Palästina vom Mittelmeer bis zum Jordan und vom Berg Hermon bis zum Sinai zum Haus des Islam gehört. Anstatt „Land gegen Frieden" zu tauschen, wie 1991 in Madrid vereinbart, setzten beide Seiten ihre Konfliktstrategien fort: Landnahme gegen Terror. Sollte seitens der politischen Führungen die Einsicht bestanden haben, dass Landnahme bzw. Terror den Friedensprozess letztlich unterminieren würden, so waren sie dennoch nicht bereit, das Risiko einer Konfrontation mit ihren innenpolitischen Widersachern einzugehen. Sie hätten das Risiko mindern können, wenn sie die Mühe auf sich genommen hätten, ihre Gesellschaften auf die für einen Frieden erforderlichen Kompromisse vorzubereiten.

Margret Johannsen, Der Nahost-Konflikt, 2. Aufl., VS Verlag für Sozialwissenschaften, Wiesbaden 2009, S. 57 f.

1 Erarbeiten Sie anhand von M6 die Hoffnungen bzw. Erwartungen, die sich jeweils für Israelis und Palästinenser mit einer Friedensregelung verbinden. Erstellen Sie dazu eine tabellarische Übersicht.

2 Arbeiten Sie mithilfe von M6 die wichtigsten Gründe für das Scheitern des Friedensprozesses heraus.

M7 „Verständigung". Karikatur aus dem „Göttinger Tageblatt", 11. September 1993

1 Interpretieren Sie die Karikatur. Orientieren Sie sich dabei an den Arbeitsschritten von S. 88 f.

2 **Fächerverbindung Sozialkunde/Präsentation:** Seit 2002 versucht die Internationale Gemeinschaft die Lösung des Nahostkonfliktes mithilfe des „Nahost-Quartetts" voranzutreiben. Stellen Sie in einer Präsentation bisherige Ergebnisse und gegenwärtigen Stand der Friedenbemühungen dar.

M8 Der Historiker Michael Wolffsohn über die Grundprobleme der Konfliktregion Naher Osten, 1992

Recht gegen Recht. Das ist die herkömmliche Antwort auf die Frage „Wem gehört das Heilige Land?". Als Wahrheit wird sie unter den Gemäßigten und daher Vernünftigen gehandelt. Und auf beiden Seiten gibt es diese Gemäßigten und Vernünftigen. Auch meine Sympathie gilt ihnen, aber leider irren sie, wenn sie die These „Recht gegen Recht" vertreten. Meine Gegenthese lautet: *Unrecht gegen Unrecht.* Die Verhältnisse im Heiligen Land können, wie auch ich bedauere, nicht anders umschrieben werden.

Sowohl Juden als auch Araber sind zu verschiedenen Zeiten Besitzer des Heiligen Landes gewesen, nicht Eigentümer. Rechtsnachfolger oder direkte Nachkommen der ursprünglichen Eigentümer sind heute nicht mehr zu ermitteln; nicht einmal mithilfe der (nicht nur für Deutsche) so umstrittenen Ahnenforschung und Rassenkunde.

Das Heilige Land ist ein *Völkerfriedhof.* Auf ihm ruhen die Kanaaniter. Weder die Palästinenser noch die Juden sind ihre Nachkommen. Ihre Nachfolger waren hingegen zahlreich. Sie alle hielten sich im Laufe der viertausendjährigen Geschichte des Heiligen Landes für die wahren Eigentümer. Indem sie das Land in Besitz nahmen, meinten sie, es auch erworben zu haben.

Die europäische Rechtstradition kennt seit den Römern den *Eigentumserwerb durch Ersitzung.* Auch im altorientalischen Recht gab es diese Regelung, zum Beispiel im Codex des Königs von Lipit-Ischtar (um 1934 bis 1924 v. Chr.) oder auch im Codex Hammurabi (Babylon, 1792 bis 1750 v. Chr.). Diese Form des Eigentumserwerbs durch Ersitzung galt jedoch nur für den Fall, dass der ursprüngliche Eigentümer seine Schulden nicht mehr zurückzahlen oder seine Lehnspflichten nicht erfüllen konnte. Davon kann bei den diversen Besitzern des Heiligen Landes bis heute keine Rede sein.

Aber was soll der Rechtsstreit? Er ist müßig, weil das Recht nur selten für Gerechtigkeit gesorgt hat. Wir erinnern uns an das britische Mandat, das völkerrechtlich einwandfrei abgesichert, moralisch jedoch höchst zweifelhaft war. Aber für Gerechtigkeit zu sorgen, ist oftmals eine zweischneidige Angelegenheit. Zu oft schlägt der Versuch, Gerechtigkeit herzustellen oder wiederherzustellen, in Brutalität und Terror um – also in Vernichtung von Menschen im Namen der Menschheit.

Alle Besitzer des Heiligen Landes, auch Juden und Araber, trugen von Anfang an den Makel, Eroberer zu sein. Die gewaltsame Einnahme des Heiligen Landes war sozusagen ihr Geburtsfehler.

In der Geschichte war diese Landnahme moralisch eigentlich nicht zu rechtfertigen. Sie basierte stets auf Macht. Wohl deshalb haben die jüdischen Eroberer eine heilsgeschichtliche Rechtfertigung gesucht und gefunden. Sie beriefen sich mithilfe der (von ihnen verfassten) Bibel auf das göttliche Versprechen. So wurde aus dem Eroberten Land das Gelobte Land. Mit anderen Worten: Die jüdischen Besitzer stellten sich selbst die Eigentumsurkunde aus. Und diese Eigentumsurkunde ist die Bibel.

Damit sind Glaubensfragen berührt, und ich will jedoch keinesfalls die göttliche Eingebung der Bibel bestreiten. [...]

Was aber, wenn andere nicht daran glauben und daher die Rechtfertigungsgrundlage dieser Eigentumsurkunde anzweifeln? Dann beginnt der Glaubenskrieg, und den will jeder vernünftige Mensch vermeiden.

Es bliebe der „Heilige Krieg". Ein höchst fragwürdiger Begriff, der außerdem zu oft missbraucht wurde. Wer sich bei der Kriegsführung auf Heiligkeit beruft, muss aufpassen, dass er den Himmel nicht aus den Augen verliert. Das gilt für Juden, Muslime, Christen und andere gleichermaßen.

Die Palästinenser haben sich gar nicht erst auf das Glatteis der Religion begeben; es sei denn, sie wollen (wie einige islamische Fanatiker) das Heilige Land sozusagen „judenrein" machen. Kein Wunder, dass die Palästinenser nur sehr allgemein von der Heiligkeit des Landes und der Stadt Jerusalem reden. [...]

Die Palästinenser berufen sich also nicht auf die religiösen Quellen. Sie weisen auf ihre Ahnen hin: die Kanaaniter und Philister. [...]

Wem gehört nun das Heilige Land? Es gehört niemandem, es gebührt allen. Allen, die überlebt haben. Allen, die dort leben wollen oder dort leben müssen.

Wer sich allein auf sein Recht beruft, muss wissen, dass es auf sehr wackligen Fundamenten ruht. Das Heilige Land gehört den Überlebenden der *verschiedenen* Völker, auch Juden und Arabern natürlich. Das Heilige Land war als Durchgangsland eigentlich immer multinational, multikonfessionell und multikulturell. Der Gedanke, es in den Staat *einer* Nation, also in einen Nationalstaat, umzuwandeln, ist verständlich. Er ist jedoch unrealistisch.

Michael Wolffsohn, Wem gehört das Heilige Land? Die Wurzeln des Streits zwischen Juden und Arabern, Bertelsmann, München 1992, S. 274–277.

1 Fassen Sie die zentralen Thesen von Wolffsohn zusammen.

Abschlussdiskussion zum Thema „Warum scheitern bisher Friedensprozesse im Nahen Osten?":

2 Diskutieren Sie, ausgehend von der Argumentation Wolffsohns, ob und inwieweit die Thesen „Recht gegen Recht" bzw. „Unrecht gegen Unrecht" aus Ihrer Sicht die Situation in Nahost angemessen beschreiben.

3 Erörtern Sie, ob Wolffsohn die historischen Wurzeln des Nahostkonfliktes in ihrer Gesamtheit und Komplexität erfasst. Ergänzen Sie gegebenenfalls Aspekte, die nach Ihrer Auffassung bei der Analyse der Wurzeln des Nahostkonfliktes ebenfalls berücksichtigt werden müssten.

Der Nahe Osten: historische Wurzeln eines weltpolitischen Konfliktes

Der weltpolitische Konflikt im Nahen Osten, in dessen Zentrum Israel auf der einen Seite und die Palästinenser und die arabischen Staaten auf der anderen Seite stehen, besitzt weit in die Geschichte zurückreichende Wurzeln. Ein Markstein in der Konfliktgeschichte Palästinas war das Jahr 63 v. Chr., als die Römer das Land besetzten und der jüdische Staat seine Unabhängigkeit verlor. Seitdem kämpften die Juden für ihre Selbstständigkeit, während die Römer ihre Herrschaft durchsetzen wollten. Die Römer schlugen 70 n. Chr. einen jüdischen Aufstand nieder, vertrieben die Juden und zerstörten den Tempel in Jerusalem. Damit verloren die Juden ihr zentrales Heiligtum und religiöses Zentrum.

Seit 634 wurde Palästina von Arabern muslimischen Glaubens besiedelt. Im Hochmittelalter eroberten christliche Kreuzfahrer aus Europa das Land. Religiöse und kulturelle Unterschiede und Vorurteile zwischen Christen und Muslimen trugen den Keim politischer Konflikte in sich. Beide Seiten beharrten auf der Überlegenheit ihrer eigenen Kultur und Religion. Für die Araber waren die Kreuzfahrer Eindringlinge, die aus dem „Heiligen Land" vertrieben werden mussten.

Seit 1517 gehörte Palästina zum Osmanischen Reich. Im ausgehenden 19. Jahrhundert beschleunigte sich der Auflösungsprozess dieses Vielvölkerstaates unter dem Druck von Nationalbewegungen. Im Nahen Osten entwickelte sich ein Konkurrenzkampf zwischen den imperialistischen Großmächten Europas um Einfluss. Diese Auseinandersetzungen führten in der ersten Hälfte des 20. Jahrhunderts zur französischen und britischen Dominanz. Mit dem Erstarken des Zionismus, der jüdischen Nationalbewegung, seit dem Ende des 19. Jahrhunderts wanderten immer mehr Juden nach Palästina ein. Die Besiedlung stieß auf den wachsenden Widerstand der arabischen Bevölkerung. Der arabische Nationalismus richtete sich jedoch auch gegen die osmanische Herrschaft.

Mit der zionistisch motivierten Einwanderung nach Palästina begann der jüdische Kampf um Selbstbestimmung, der auf den Widerstand der arabischen Staaten und der Mehrheit der palästinensischen Einwohner stieß. Sie lehnten die 1947 von der UNO vorgeschlagene Teilung des Landes zwischen Arabern und Juden ab. Im Jahre 1948 gründeten die Juden den Staat Israel.

Die Zeit des Kalten Krieges (1947/48–1990/91) war im Nahen Osten über weite Strecken hinweg eine Zeit „heißer" Kriege. Allein fünf Nahostkriege führte Israel mit seinen arabischen Nachbarstaaten. Die Supermächte USA und Sowjetunion beeinflussten durch Wirtschafts- und Militärhilfe sowie auf diplomatischem Wege den Nahostkonflikt. Dieser spielte sich aber nicht nur zwischen Israel und den arabischen Staaten bzw. den beiden Supermächten, sondern auch zwischen Israelis und Palästinensern ab. Besonders während der Nahostkriege flohen zahlreiche Palästinenser aus ihrer Heimat in die Nachbarstaaten; ihr Recht zur Rückkehr gehört bis heute zu den schwierigsten Verhandlungsgegenständen der nahöstlichen Friedensdiplomatie.

In den Jahren 1987–1993 und 2000–2005 kam es in den von Israel besetzten Gebieten, dem Gazastreifen und dem Westjordanland, zu gewaltsamen Auseinandersetzungen zwischen Israelis und Palästinensern. Die palästinensischen Aufstände („Intifada") behinderten die Bemühungen um eine dauerhafte und stabile Friedensordnung nachhaltig. Um die Spirale der Gewalt zu durchbrechen, legten die EU, die USA, die UNO und Russland einen Plan („Roadmap") zur Schaffung einer Friedensordnung vor. Bisher ist dieser „Fahrplan" jedoch weitgehend eine Absichtserklärung geblieben.

M1 **Westjordanland und Gaza 2000 und 2008**

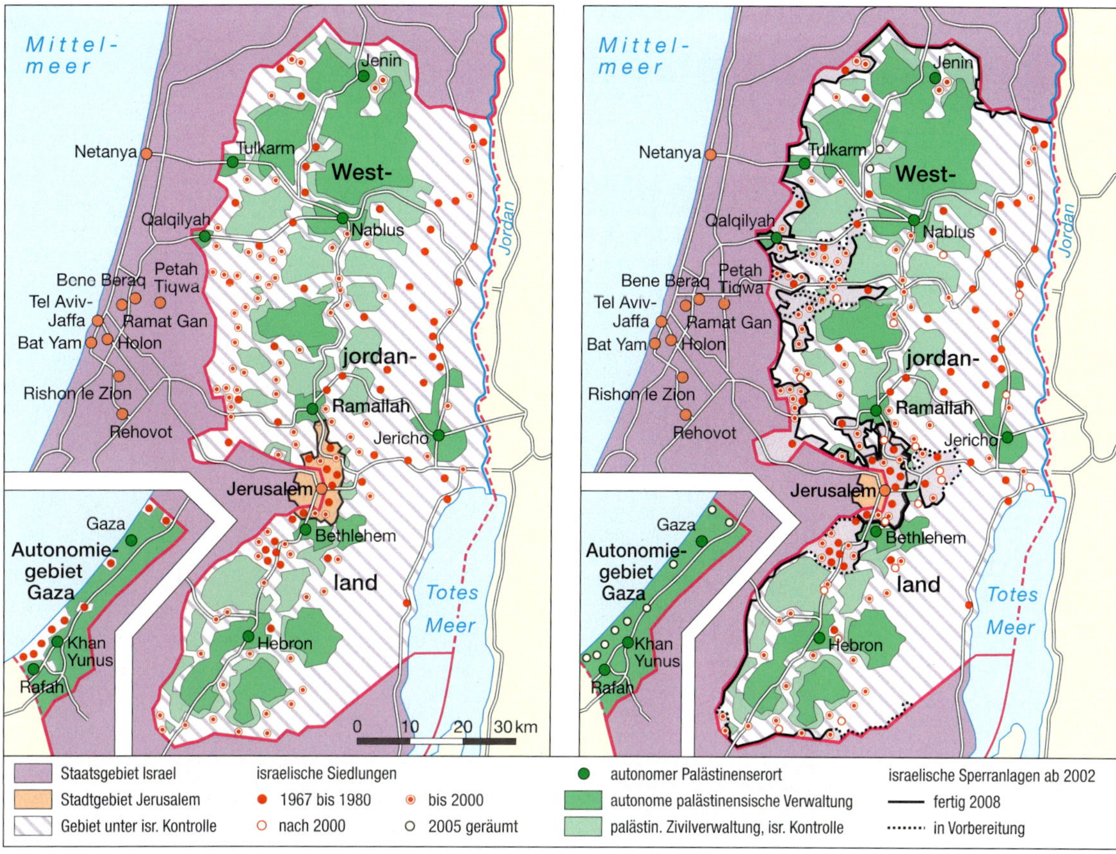

Quelle: Bundeszentrale für politische Bildung (Hg.), Informationen zur politischen Bildung Nr. 278/2008.

Zeittafel

63 v. Chr. Eroberung Palästinas durch Pompeius: Beginn der etwa 700 Jahre dauernden römischen Herrschaft

66–70 Erster jüdisch-römischer Krieg: jüdischer Aufstand, Eroberung Jerusalems und Zerstörung des Tempels durch die Römer

132–135 Zweiter jüdisch-römischer Krieg: Bar Kochba-Aufstand, Niederschlagung und Vertreibung der Juden aus Jerusalem; Umbenennung der römischen Provinz in „Syrien-Palästina"

638 Eroberung Palästinas durch Muslime: Beginn der 450 Jahre dauernden muslimischen Herrschaft

1095 Kreuzzugsaufruf Papst Urbans II.

1099 Jerusalem wird Kreuzfahrerstaat.

1187 Rückeroberung Jerusalems und großer Teile der Kreuzfahrerstaaten durch Saladin, Sultan von Ägypten und Syrien

1291 Ende der Kreuzfahrerstaaten im Nahen Osten

1516–1917/18 Palästina unter osmanischer Herrschaft

1882 Beginn der ersten zionistischen Einwanderungswelle von Juden nach Palästina

1915 Briefwechsel McMahons mit Scherif Hussein über unabhängigen arabischen Staat

1916 Sykes-Picot-Abkommen über Aufteilung des Nahen Ostens zwischen Frankreich und Großbritannien

1917 Balfour-Deklaration: britische Zusage für eine „nationale Heimstätte" für die Juden in Palästina

1920 Britisches Völkerbundsmandat über Palästina; arabische Unruhen in Jerusalem

1947 UN-Vollversammlung beschließt Teilung Palästinas zwischen Arabern und Juden.

1948 Gründung des Staates Israel

1964 Gründung der Palästinensischen Befreiungsorganisation (PLO)

1979 Unterzeichnung des israelisch-ägyptischen Friedensvertrages

1988 PLO-Chef Arafat erkennt das Existenzrecht Israels an und schwört dem Terrorismus ab.

2000 Beginn der „zweiten Intifada"

2003 „Roadmap" von USA, UNO, EU und Russland: Errichtung eines palästinensischen Staates im Jahr 2005; Israel beginnt mit dem Bau von Sperranlagen zur räumlichen Trennung von Israelis und Palästinensern.

4 Die USA – von den rebellischen Kolonien zur globalen Supermacht

M1 „Americans will always fight for liberty", Plakat, USA, 1943

1775–1783
Amerikanischer Unabhängigkeitskrieg

1776
Unabhängigkeitserklärung: vollständige Loslösung der nordamerikanischen Kolonien von England

1823
Monroe-Doktrin

seit ca. 1840
Beginn der Industriellen Revolution in den USA

1865
Abschaffung der Sklaverei

1890
Ende der Frontierbewegung: das Staatsgebiet der USA gilt als erschlossen

nach 1890
Wirtschaftskrisen: Aufgabe der isolationistischen Haltung und Betreiben imperialistischer Politik

1775 1800 1825 1850 1875

Wenige Bilder verdeutlichen das US-amerikanische Selbstverständnis eindrucksvoller als das nebenstehende Plakat aus dem Zweiten Weltkrieg. Seit dem Unabhängigkeitskampf der nordamerikanischen Kolonien gegen das englische Mutterland bis in die Gegenwart hinein besteht in der amerikanischen Politik und Gesellschaft breite Übereinstimmung, dass Amerikaner nicht für eigennützige Ziele, sondern stets für eine gute Sache kämpften. Oberster Wert aller Amerikaner sei die Freiheit. Wenn US-Soldaten in den Kampf zögen, dann wie ihre Vorbilder während des Unabhängigkeitskampfes im ausgehenden 18. Jahrhundert oder im Ersten und Zweiten Weltkrieg für Demokratie, nationale Selbstbestimmung und Menschenrechte. Dieses Leitbild, das auf einem spezifischen Auserwähltheits- und Sendungsbewusstsein beruht, entstand mit der Gründung der amerikanischen Demokratie. Entscheidend geprägt wurde dieses gesellschaftspolitische Ideal durch die Ideen der europäischen Aufklärung. Allerdings lässt sich der Aufstieg der Vereinigten Staaten von Amerika von ehemals rebellischen Kolonien zur globalen Supermacht in der Gegenwart nicht allein auf das Nachwirken ihrer demokratisch-missionarischen Tradition zurückführen. Die amerikanische Außenpolitik wie auch die Dynamik der amerikanischen Großmacht- und Weltpolitik lassen sich angemessen erst dann verstehen und erklären, wenn das Zusammenspiel innenpolitischer, ideologischer, religiöser und wirtschaftlicher Elemente in den Blick genommen wird.

Kompetenzerwerb: Nach Bearbeitung des Kapitels 4 können Sie ...

- die Grundelemente des US-amerikanischen Selbstverständnisses benennen und beschreiben,
- Entstehung und Folgen des amerikanischen Imperialismus darstellen und den Aufstieg der USA zu einer Weltmacht seit dem 19. Jahrhundert erklären,
- die Motive und Hintergründe für die Interventionen der USA in Europa während des Ersten und Zweiten Weltkrieges aufzeigen,
- am Beispiel eines ausgewählten regionalen Konflikts (z. B. Koreakrieg, Kubakrise, Vietnamkrieg) verdeutlichen, mit welchen militärischen, diplomatischen und wirtschaftlichen Mitteln die USA im Kalten Krieg ihren ideologischen Gegner bekämpften,
- anhand eines Konfliktherdes nach 1990 (z. B. Jugoslawien, Sudan, Irak) die Motive, Möglichkeiten und Grenzen erläutern, die die Außenpolitik der USA nach dem Zusammenbruch des kommunistischen Sowjetimperiums 1989/90 bestimmen,
- historische Urteile und schriftliche Quellen vergleichen.

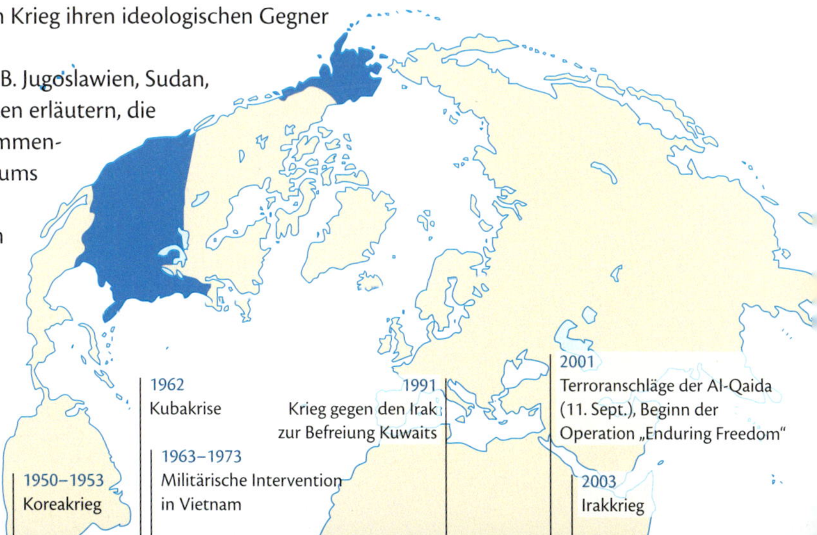

- 1898 Spanisch-Amerikanischer Krieg
- 1914–1918 Erster Weltkrieg
- 1917 Eintritt der USA in den Ersten Weltkrieg
- 1918 „14 Punkte" Wilsons
- 1929 Weltwirtschaftskrise
- 1939–1945 Zweiter Weltkrieg
- 1941 Eintritt der USA in den Zweiten Weltkrieg
- 1947 Beginn der „Containment"-Politik
- 1950–1953 Koreakrieg
- 1962 Kubakrise
- 1963–1973 Militärische Intervention in Vietnam
- 1991 Krieg gegen den Irak zur Befreiung Kuwaits
- 2001 Terroranschläge der Al-Qaida (11. Sept.), Beginn der Operation „Enduring Freedom"
- 2003 Irakkrieg

1900 — 1925 — 1950 — 1975 — 2000

1492: Entdeckung Amerikas
Im Jahr 1492 unternahm der Genueser Christoph Kolumbus im Auftrag des spanischen Königs eine Expedition, um den Seeweg nach Indien zu suchen. Als Kolumbus am 12. Oktober 1492 an Land ging, betrat er nicht – wie er irrtümlich annahm – Indien, sondern einen bis dahin nicht bekannten Kontinent, den man später Amerika nannte. Diese Entdeckung war so bedeutend, dass sie als Beginn eines neuen Zeitalters (Neuzeit) bezeichnet wird.

Aufklärung
Bezeichnung für eine Denkrichtung in Europa im 17. und 18. Jahrhundert. Die Aufklärer wollten „das Licht der Vernunft" gegen kirchliche, feudale und absolutistische Traditionen verbreiten. Zentrale Gedanken waren die Auffassung von der Freiheit und Gleichheit aller Menschen und von der Toleranz gegenüber anderen Meinungen. Mittel zur Durchsetzung der Aufklärung waren vor allem Wissenschaft und Erziehung. Mit der Aufklärung verbindet sich ein optimistischer Glaube an den Fortschritt und die Kraft der Vernunft. Die Aufklärung war kein geschlossenes Denksystem, hatte jedoch enorme Auswirkungen: Die Ideen der Aufklärer haben entscheidend zum Umsturz der politischen und gesellschaftlichen Verhältnisse in Frankreich und anderen Ländern um 1800 beigetragen. Auch der Unabhängigkeitskampf der amerikanischen Kolonien gegen das britische Mutterland und die Unabhängigkeitserklärung der Vereinigten Staaten 1776 waren stark von aufklärerischen Ideen beeinflusst.

Menschenrechte
Kernstück der Naturrechtslehre sind die Menschenrechte, die jeder Mensch unabhängig von seiner Stellung in Staat, Gesellschaft, Familie, Beruf, Religion und Kultur allein schon durch seine Geburt besitzt. Menschenrechte gelten ohne Rücksicht auf Hautfarbe, Geschlecht, Sprache, politische oder weltanschauliche Vorstellungen, nationale oder soziale Herkunft. Zu den Menschenrechten zählen das Recht auf Leben, die Gleichheit aller Menschen, die Freiheit des Glaubens und das Recht auf freie Meinungsäußerung.

Republik
Um 510 v. Chr. wurde in Rom das etruskische Königtum durch die Herrschaft des Adels abgelöst. Rom wurde zu einer Republik (lat. *res publica* = öffentliche Sache, im Gegensatz zu *res privata* = Sache des Einzelnen). Der Begriff „Republik" bezeichnet allgemein eine Staatsform, in der kein König herrscht. Die Macht wird vom Volk (oder wie im alten Rom von einem Teil des Volkes, dem Adel) ausgeübt. Die Regierenden werden für bestimmte Zeit vom Volk oder von Volksvertretern gewählt.

Hegemoniestreben
Streben nach einer Vorrangstellung vor anderen Staaten in politischer, wirtschaftlicher und kultureller Hinsicht. Seit dem 17. Jahrhundert ein wichtiges Prinzip in der europäischen Außenpolitik.

Imperialismus
Als Imperialismus wird die Herrschaft eines infolge seiner industriellen Entwicklung weiter entwickelten Staates über weniger entwickelte Länder bezeichnet. Die Epoche des Imperialismus umfasst den Zeitraum zwischen 1880 und 1918. Während dieser Zeit betrieben die europäischen Großmächte eine Politik des expansiven (sich ausdehnenden) Nationalismus. Imperiale Herrschaft wurde „direkt" (Besetzung und Einrichtung einer Kolonialregierung) oder „indirekt" (Kontrolle über die eingesetzte einheimische Regierung) ausgeübt.

1914–1918: Erster Weltkrieg
Der Erste Weltkrieg unterscheidet sich grundlegend von bisherigen Kriegen durch die Zahl seiner Opfer und das Ausmaß der Zerstörung durch eine „industrialisierte Kriegsführung", die militärisch-territoriale Ausdehnung, den Einsatz von Millionenheeren und einer gewaltigen Militärmaschinerie mit Luft- und Panzerwaffen. Unmittelbarer Kriegsanlass war das Attentat von Sarajewo auf den österreichischen Thronfolger. Langfristige Ursachen liegen in machtpolitischen Gegensätzen und Interessenkonflikten der europäischen Staaten und Rivalitäten, die sich aus der imperialistischen Politik ergaben. Die Russische Revolution, die zur bolschewistischen Einparteienherrschaft führte, und der Kriegseintritt der USA 1917 beeinflussten den Kriegsverlauf entscheidend. Die Alliierten Frankreich, Großbritannien und USA gewannen den Krieg.

1. September 1939: Beginn des Zweiten Weltkriegs
Mit dem Überfall deutscher Truppen auf Polen begann der Zweite Weltkrieg. Großbritannien und Frankreich hielten sich an die gegenüber Polen abgegebenen Garantien und erklärten den Krieg, der sich rasch zu einem Weltkrieg ausweitete. Ab 1941 waren auch die Sowjetunion und die USA am Krieg beteiligt, der 1945 mit der Kapitulation Deutschlands und Japans endete.

Blockbildung
Der Begriff bezeichnet die veränderte Struktur des internationalen Systems nach 1945, als sich mit den USA und der UdSSR zwei gegensätzliche Machtzentren herausbildeten, die die Weltpolitik kontrollierten und mit ihren Verbündeten jeweils einen „Machtblock", den West- bzw. Ostblock, bildeten.

M 1 Karikatur von Victor Gillam, New York, 1902. Die Fahne trägt die Aufschrift: „Europe take notice. Keep off american soil. Roosevelt". Die Plakette am Pferdekopf ist beschriftet mit „Monroe-Doktrin". Die ins Wasser gefallenen bzw. weglaufenden Personen sind bezeichnet als „Germany", „France", „Greece", „Austria", „Russia" und „John Bull" (= Personifikation Großbritanniens).

Kalter Krieg
Bezeichnung für eine Phase des Ost-West-Konflikts zwischen 1947 und 1990/91 (Auflösung des Ostblocks). Im Kern wird der Kalte Krieg als Auseinandersetzung („Nicht-Frieden") zwischen zwei unvereinbar erscheinenden Weltanschauungen mit ihren politischen, gesellschaftlichen und wirtschaftlichen Systemen gesehen.

1961/62 Kubakrise
Den Weltfrieden bedrohende Konfrontation zwischen den USA und der Sowjetunion, die durch die Stationierung sowjetischer Mittelstreckenraketen auf Kuba ausgelöst wurde. Die Lösung des Konflikts sah den Rücktransport der Raketen und den Abbau der Abschussrampen vor, im Gegenzug den (etwas späteren) Abzug der US-Raketen aus der Türkei.

Entspannungspolitik
Nach der Phase des Kalten Krieges kam es zwischen 1963 und 1979 zu Vertragsabschlüssen in Fragen der Rüstungsbegrenzung und -kontrolle und zu Vereinbarungen in der Konferenz für Sicherheit und Zusammenarbeit in Europa (KSZE), die international zu einer Entspannung zwischen den beiden Machtblöcken führten. In der ersten Hälfte der 1980er-Jahre verschärften sich die Ost-West-Spannungen jedoch wieder.

Grundwissentraining

1 Wissen wiederholen – mit einer Tabelle
a) Legen Sie eine vierspaltige Tabelle an: Daten – Ereignisse – Grundbegriffe – Erläuterungen.
b) Ordnen Sie die Informationen der Doppelseite sinnvoll in die Tabelle ein.

2 Zusammenhänge herstellen – mit einem Zusammenfassungstext
a) Formulieren Sie in vollständigen Sätzen auf einer DIN-A4-Seite (nicht mehr!) einen Text zur Rolle der USA, in dem Sie die Grundwissensbegriffe in einen sinnvollen Zusammenhang bringen. Reihen Sie dazu nicht einfach – wie in der Vorlage – Textabschnitte aneinander und verwenden Sie möglichst eigene Formulierungen.
b) Lesen Sie Ihren Text am Beginn der nächsten Geschichtsstunde in der Klasse vor und vergleichen Sie mit den Ergebnissen Ihrer Mitschüler.

3 Testaufgabe
a) Ordnen Sie die Karikatur M 1 in den durch die Grundwissensbegriffe dieser Doppelseite abgedeckten historischen Zeitrahmen ein.
b) Erschließen Sie die Bildaussage. Ziehen Sie gegebenenfalls zur Klärung von einzelnen Bildelementen ein Lexikon heran.
c) Diskutieren Sie, ob die Einschätzung des Karikaturisten Ihrem Bild von der internationalen Rolle der USA im 20./21. Jahrhundert entspricht.

1 Koloniale Kultur und amerikanische Identität

M 1 Die Freiheitsstatue in New York, Fotografie, 1991

Die amerikanische Freiheitsstatue im New Yorker Hafen wurde am 28. Oktober 1886 eingeweiht. Sie war ein Geschenk Frankreichs an die USA zur Hundertjahrfeier der amerikanischen Unabhängigkeitserklärung. Die dargestellte Freiheitsgöttin steht mit einem Fuß auf zerbrochenen Ketten, die die Sklaverei symbolisieren. Sie hält in ihrer linken Hand eine Tafel mit dem Datum der amerikanischen Unabhängigkeitserklärung (4. Juli 1776). In ihrer erhobenen rechten Hand trägt sie eine brennende Fackel.

Puritaner
Bezeichnung für Mitglieder einer kirchlichen Reformbewegung in England seit Mitte des 16. Jahrhunderts. Die Puritaner wandten sich gegen katholische Reste im Anglikanismus, traten für eine strikte Trennung von Kirche und Staat, für Toleranz und Gewissensfreiheit ein und kämpften für ein einfaches, gottgefälliges Leben. Nach ihrer Trennung von der anglikanischen Staatskirche wanderte ein Teil von ihnen in die nordamerikanischen Kolonien aus. In England gelangten sie 1649 mit Cromwell an die Macht und versuchten ihre Grundsätze politisch durchzusetzen; nach 1660 wurden die Puritaner in England erneut verfolgt.

Magna Charta Libertatum
Mit dieser Urkunde (lat. „Große Urkunde der Freiheit") musste der englische König Johann I. 1215 die Rechte des Adels und der Kirche bestätigen. Sie band ihn an das alte Recht und räumte dem Adel sowohl das Widerstandsrecht als auch die Mitwirkung bei der Festsetzung der Steuern ein. Sie wurde eine der wichtigsten Grundlagen des englischen Verfassungsrechts.

Amerika – „Reich der Freiheit"

„Kein Gedanke ist grundlegender für die Geschichte der USA als das Ideal der Freiheit", schreibt der Historiker Christof Mauch 2008. „Der Begriff *liberty*, der mit *freedom* nahezu austauschbar ist", fügt er hinzu, „findet sich bereits in der Unabhängigkeitserklärung als ‚unveräußerliches Recht' und in der Verfassung als Segen für die Nation. Im Bürgerkrieg kämpften die Amerikaner für die Freiheit der Schwarzen, im Zweiten Weltkrieg für die ‚Vier Freiheiten' und im Kalten Krieg für die Verteidigung der ‚freien Welt'. Der Krieg gegen den Irak im Jahr 2003 hieß ‚*Operation Iraqi Freedom*', und im Sommer 2007 erklärte Präsident George W. Bush, dass die ‚Freiheit Iraks', die nur Amerika gewährleisten könne, in unmittelbarer Reichweite sei. Die Wendung ‚Wir sind ein freies Land' ist in den USA allgegenwärtig. Dies spiegelt die Tatsache wider, dass der politische Freiheitsbegriff auch den Alltag und die private Sphäre tief durchdringt." Diese Hochschätzung der Freiheit in den USA lässt sich angemessen nur erklären, wenn man die amerikanische Geschichte kennt. Der Unabhängigkeitskampf der nordamerikanischen Kolonien gegen England im ausgehenden 18. Jahrhundert diente aus amerikanischer Sicht ebenso der Freiheitssicherung wie die Erweiterung des Staats- und Siedlungsgebietes der USA, der sogenannte Zug nach Westen, im 19. Jahrhundert. In dieser Zeit wurden die Fundamente gelegt für den amerikanischen Auserwähltheitsglauben, für Patriotismus und republikanisches Sendungsbewusstsein (s. S. 186 ff.). Entscheidend geprägt wurde und wird bis heute das Selbstverständnis der US-Amerikaner aber auch durch die Ereignisse und Strukturen der anderthalb Jahrhunderte Kolonialzeit, die der Unabhängigkeitserklärung 1776 vorausgingen.

Die weißen Siedler

An der Ostküste Nordamerikas entstanden vom ausgehenden 16. bis zur Mitte des 18. Jahrhunderts 13 englische Kolonien (M 2). Sie sollten das Mutterland mit Rohstoffen versorgen und Fertigprodukte aus England abnehmen. Aber es kamen nicht nur Kaufleute, Händler oder Landwirte nach Amerika. Einige Siedler suchten auf dem neuen Kontinent Schutz vor politischer Verfolgung. Die Puritaner*, die gegen die anglikanische Kirche aufbegehrten, weil sich aus ihrer Sicht der Protestantismus der Anglikaner noch nicht stark genug vom Katholizismus gelöst hatte, flohen vor religiöser Unterdrückung. 1620 landeten die ersten, die *Pilgrim Fathers*, mit der „Mayflower" in New Plymouth/Massachusetts. Andere Siedler nahmen die beschwerliche Überfahrt über den Atlantik in Kauf, um der Armut zu entgehen und sich eine neue und bessere Existenz aufzubauen. Es waren aber auch Abenteurer dabei, die sich von der unberührten Natur und der Wildnis angezogen fühlten oder das schnelle Geld als Goldsucher machen wollten.

In den englischen Kolonien Nordamerikas begegneten sich Menschen unterschiedlicher ethnischer und konfessioneller Herkunft: puritanische Gruppierungen aus England und Schottland, Quäker und Pietisten aus Deutschland, aber auch Anglikaner und Katholiken. Diese Vielfalt förderte die **Toleranz** und begünstigte eine strikte **Trennung von Staat und Kirchen**. Obwohl die nordamerikanischen Kolonien im 18. Jahrhundert noch keine modernen Demokratien waren, entstand hier doch ein feines **Gespür für politische Freiheiten und rechtsstaatliche Garantien**. Wie für die Engländer des Mutterlandes galten auch für die Einwohner der Kolonien die Rechtsgarantien der Magna Charta* (1215) und der Bill of Rights* (1689). Die weißen Siedler hatten Anspruch auf eine unabhängige Rechtsprechung und die **Unverletzlichkeit des Eigentums**. Die **Volksvertretungen („assemblies")** der Kolonien (M 5) wirkten an der Gesetzgebung und der Steuerbewilligung

M2 Koloniale Entwicklung in Nordamerika bis 1750

mit. Allmählich entwickelte sich in den englischen Kolonien ein kulturelles **Gemeinschaftsgefühl**, das die Unterschiede zwischen ihren Bewohnern abmilderte. Unter den Protestanten entstand ein spezifisch amerikanisches **Sendungsbewusstsein**, das sich im 19. Jahrhundert in weiten Teilen der Bevölkerung verbreitete und auch heute noch wirksam ist. Die weißen Siedler betrachteten sich danach als Erfüllungsgehilfen des göttlichen Heilsplans, der in ihren Augen die Errichtung eines „neuen Jerusalems" in einer bisher von der christlichen Zivilisation unberührten Weltgegend vorsah (M 6 a und b).

Die Indianer

Diese politischen Freiheiten, aber auch Wohlstand und Bildung kamen in den nordamerikanischen Kolonien nur den Weißen zugute, nicht aber den Ureinwohnern, den Indianern. Die Begegnung der ersten Siedler mit ihnen verlief friedlich. Beide Bevölkerungsgruppen trieben lebhaften Handel miteinander. Die Situation der Indianer verschlechterte sich jedoch dramatisch mit der Zunahme der Siedler ab 1620 und besonders im 19. Jahrhundert. Die frühen Siedler kauften das benötigte Land häufig noch ordnungsgemäß von den Indianern mit Kaufvertrag. Diese besaßen jedoch ein völlig anderes Werte- und Normensystem. Sie kannten weder solche Regelungen noch die Vorstellung, dass Land Eigentum einer bestimmten Person ist. Es kam auf beiden Seiten zu Vertragsbrüchen, die heftige Kämpfe auslösten. In diesen wurden viele der hoffnungslos unterlegenen Indianer getötet oder aus ihren Wohngebieten verdrängt. Gegen die wachsende Zahl der Siedler und ihre überlegene Waffentechnik hatten die Indianer keine Chance. Die Erschließung des Westens durch die weißen Siedler führte im Endergebnis zur **Zerstörung der indianischen Kultur**. In den Gebieten friedlichen Zusammenlebens nahmen die Indianer bald Kultur und Religion der Weißen an. Wo sie sich nicht der weißen Lebensweise anpassten, kam es zu Kämpfen: Tod und Vertreibung der Indianer waren die Folge. Um 1830 gab es praktisch keine Indianerkultur mehr.
Die Zahl der Indianer lag vor der Pionierzeit bei rund einer Million. Viele Indianer starben in den Kämpfen mit den Siedlern oder der amerikanischen Armee. Ganze Stämme verhungerten, weil die Weißen die Bisonherden abschlachteten. Die

Bill of Rights
In Gegenwart des designierten Königspaares verlasen am 13. Februar 1689 Vertreter des Ober- und Unterhauses die „Declaration of Rights", die als „Bill of Rights" den Rang eines „Grundgesetzes der englischen konstitutionellen Monarchie" erhielt und die „Glorious Revolution" in England (1688/89) beendete. Das Dokument schränkte die Rechte des Königs zugunsten des Parlamentes ein und garantierte die persönliche Freiheit und das Eigentum der Bürger.

Literaturtipp
Werner Arens, Hans-Martin Braun, Die Indianer Nordamerikas. Geschichte, Kultur, Religion, C. H. Beck, München 2008.
Der Band schildert Geschichte und Kultur der nordamerikanischen Indianer bis zur Gegenwart und geht dabei auch auf die Geschichte der indianisch-weißen Beziehungen und das Leben in den Reservaten ein.

M3 Barack Obama (geb. 1961) bei einer Wahlkampfrede in Las Vegas, Fotografie, 25. Okt. 2008

Obama wurde auf Hawaii als Sohn einer weißen Amerikanerin und eines an der Harvard-Universität ausgebildeten Wirtschaftswissenschaftlers aus Kenia geboren. Nach dem Jurastudium gründete er in Chicago eine Anwaltskanzlei. Obama, der der Demokratischen Partei angehört, wurde 1996 in den Senat von Illinois, 2004 in den US-Senat gewählt. 2008 gewann er die US-Präsidentschaftswahlen und ist seit Januar 2009 Präsident der Vereinigten Staaten.

M4 Martin Luther King (1929–1968), Fotografie, 1967

Der US-amerikanische Baptistenpfarrer und Bürgerrechtler gründete die Bürgerrechtsorganisation *Southern Christian Leadership Conference* und kämpfte mit den Mitteln des passiven Widerstandes. Sein erster großer Erfolg war 1956 die Aufhebung der Rassentrennung in öffentlichen Verkehrsmitteln von Montgomery/Alabama. Er organisierte zahlreiche Demonstrationen, u. a. den „Marsch auf Washington" 1963. 1964 erhielt er den Friedensnobelpreis.

übrig gebliebenen Indianer wurden seit 1880 in **„Reservaten"** zusammengetrieben. Um 1900 lebten in den USA nur noch 200 000 Indianer. Auch heute leben viele Indianer unter ärmlichen Bedingungen in Reservaten.

Die Afroamerikaner

Mit der Amtsübernahme des **ersten schwarzen Präsidenten Barack Obama*** im Januar 2009 sahen sich viele Amerikaner in ihrem Glauben an den **„American Dream"*** bestätigt. Im Land der unbegrenzten Möglichkeiten hat nach US-amerikanischem Verständnis jeder Einzelne die Möglichkeit des sozialen Aufstieges. Die Afroamerikaner der USA betrachten die Wahl eines Schwarzen zum US-Präsidenten zugleich als hoffnungsvolles Zeichen, dass die Zeit ihrer Diskriminierung, die in der Kolonialzeit begann, endlich vorbei sei. Für die Schwarzen waren die nordamerikanischen Kolonien nicht das „gelobte Land" der Freiheit und des Wohlstands. Gewaltsam wurden sie von Sklavenhändlern in Afrika zusammengetrieben, nach Amerika verschifft und dort an die weißen Plantagenbesitzer verkauft. Als **Sklaven** waren sie Eigentum eines weißen Herrn und besaßen daher keinerlei Rechte.
Obwohl die Unabhängigkeitserklärung 1776 allen Staatsbürgern die Gleichheit vor dem Gesetz garantierte, galten die Menschen- und Bürgerrechte für die Afroamerikaner lange Zeit nicht. Im Gegenteil: Wegen der steigenden Nachfrage nach der auf den Südstaatenplantagen produzierten Baumwolle stieg die Zahl der Sklaven zwischen 1790 und 1810 von 700 000 auf 1,2 Millionen. Das Beharren der Südstaaten auf dem Recht zur Sklavenhaltung entwickelte sich zum Zankapfel zwischen dem Norden und dem Süden. Diese Konflikte und weitere Streitpunkte führten schließlich zwischen 1860 und 1865 zum **Bürgerkrieg**. Er endete mit der Niederlage der Südstaaten und der Abschaffung der Sklaverei 1865. Doch bewirkten die rechtlichen Fortschritte kaum reale soziale Verbesserungen. Und es gab nach wie vor Weiße, die Schwarze nicht als gleichberechtigte Staatsbürger hinnehmen wollten. Dem Terror der Geheimgesellschaft des Klu-Klux-Klan fielen viele Schwarze und weiße Anhänger des Nordens zum Opfer. Die Demokratische Partei, die seit den 1870er-Jahren bestimmende Kraft im Süden war, setzte die **Segregation (Rassentrennung)** durch. Unterstützt wurde sie dabei vom Bundesgericht. Es legalisierte 1896 die Rassentrennung in Schulen, Theatern, Eisenbahnen und anderen öffentlichen Verkehrsmitteln, in Hotels und Restaurants. Erst 1954 hoben die Bundesrichter die Rassentrennung an öffentlichen Schulen auf.
Die Durchsetzung der Menschen- und Bürgerrechte der Schwarzen war nicht nur eine Angelegenheit der Weißen, sondern auch der Afroamerikaner selbst. In der zweiten Hälfte des 19. Jahrhunderts bevorzugten sie dafür den Weg der Selbsthilfe: „Schwarze" Kirchengemeinden versuchten, die schlimmste Not zu lindern, „schwarze" Schulen bauten den Bildungsrückstand ab. Die **Bürgerrechtsbewegung**, die seit den 1950er-Jahren den Emanzipationskampf der Schwarzen maßgeblich bestimmte, wählte das Mittel des gewaltfreien Protestes. Ein Höhepunkt der immer stärker auch von Weißen unterstützten Aktionen (Demonstrationen, Streiks, Geschäftsboykotte) war 1963 der „Marsch auf Washington", an dem sich 200 000 Menschen beteiligten. Die Regierung Kennedy leitete daraufhin umfassende Maßnahmen zur Integration der Schwarzen ein. Eine der wichtigsten war die Verabschiedung des Bürgerrechtsgesetzes von 1964, das jede Form der Rassendiskriminierung verbot. Anführer und moralische Autorität der schwarzen Bürgerrechtsbewegung war der Prediger **Martin Luther King***.
Als die realen Fortschritte bei der sozialen und wirtschaftlichen Gleichstellung hinter den Erwartungen der Schwarzen zurückblieben, radikalisierten sich einige jüngere Schwarzenführer. Sie forderten die Schwarzen in der **„Black-Power"-Bewegung** zu aktivem Widerstand bzw. in der Vereinigung der „Black Panthers" zu noch militanterem Vorgehen auf. 1965 bis 1968 kam es in den Großstädten zu

schweren Rassenkrawallen, bei denen ein weißer Fanatiker Martin Luther King ermordete (1968). Erst in den 1970er-Jahren verlor die Revolte der Afroamerikaner ihre Stoßkraft. Sie kehrten zu einer pragmatischen Reformpolitik zurück. Langsam begann die Zahl der Schwarzen unter den Studenten, Bürgermeistern und Kongressabgeordneten zu steigen, gelang ihnen öfter als früher der Aufstieg in die Mittelschicht.

1 **Diskussion:** Diskutieren Sie, ausgehend vom Darstellungstext, die These: „Das nationale Selbstverständnis der USA wird bis heute von den Werten und Normen der weißen angelsächsischen Protestanten geprägt, den ‚WASPs': White Anglo-Saxon Protestants. Die Kolonialzeit (17./18. Jh.) war für diese Prägungen von großer Bedeutung."

American Dream
Der Begriff kam in der Zeit nach dem Ersten Weltkrieg auf und bezeichnet die unbegrenzten Möglichkeiten, die die US-amerikanische Gesellschaft mit ihrer Chancengleichheit bereithält. Jeder Einzelne hat nach US-amerikanischem Verständnis die Möglichkeit, persönliche Initiativen zu entfalten, um materiellen Wohlstand und gesellschaftliches Ansehen zu erlangen. Ausgeblendet wird die tatsächliche Benachteiligung von Indianern, Schwarzen, Frauen und anderen Gruppen.

M5 Aus der ersten Charter König Jakobs I. von England von Virginia vom 10. April 1606

7. Ebenso befehlen, bestimmen und genehmigen Wir [...], dass jede der besagten Kolonien einen Rat haben soll, der alle Angelegenheiten und Rechtssachen, die innerhalb der verschiedenen Kolonien entstehen, vorfallen oder sich ergeben, nach den Gesetzen, Verfügungen und Anweisungen, die dieserhalb erlassen werden und von Unserer Hand oder mit Unserer eigenhändigen Unterschrift gefertigt sind [...], entscheiden und regeln soll; jeder Rat soll aus 13 Personen bestehen, die von Zeit zu Zeit bestimmt, ernannt und verabschiedet werden [...]. 8. Weiterhin soll ein Rat hier in England eingesetzt werden, der in gleicher Weise aus 13 Personen bestehen soll, die für diesen Zweck von Uns [...] ernannt werden, und der Unser Rat von Virginia genannt werden soll; und er soll von Zeit zu Zeit die oberste Geschäftsführung und Verwaltung ausschließlich von und für alle Angelegenheiten versehen, welche die Regierung sowohl der besagten verschiedenen Kolonien betrifft.

Zit. nach: Herbert Schambeck/Helmut Widder/Marcus Bergmann (Hg.), Dokumente zur Geschichte der Vereinigten Staaten von Amerika, Dunker & Humblot, Berlin 1993, S. 14.

1 Charakterisieren Sie mithilfe von M 5 die politischen Verhältnisse in der Kolonie Virginia.

M6 Das Selbstverständnis der weißen Siedler

a) Aus der Charter König Karls I. von England für Maryland vom 20. Juni 1632:

II. Da Unser lieber und getreuer Untertan Caecilius Calvert, Baron von Baltimore [...], beseelt von löblichem und frommem Eifer für die Ausbreitung der christlichen Religion und Unseres Reiches, Uns untertänig um die Erlaubnis gebeten hat, auf eigene Verantwortung und Kosten eine zahlreiche Siedlungsgemeinschaft (*colony*) englischer Nation in eine bestimmte, unten näher beschriebene Gegend Amerikas zu überführen, die bisher noch unkultiviert und teilweise von Eingeborenen bevölkert ist, die von dem höchsten Wesen nichts wissen, und den Antrag gestellt hat, dass dieses ganze Gebiet mit bestimmten Privilegien und Hoheitsrechten (*jurisdiction*), wie sie zu einer glücklichen Regierung und zur Wohlfahrt seiner besagten Kolonie und des erwähnten Gebietes gehören, ihm und seinen Erben durch Unsere Königliche Hoheit übertragen, verliehen und zugesichert werden möge [...].
V. Wir ernennen, setzen ein und bestimmen hiermit [...], den Baron von Baltimore und seine Erben zu rechtmäßigen und unumschränkten Herren und Eigentümern (*true and absolute lords and proprietaries*) des vorgenannten Gebietes [...], dabei Uns [...] jederzeit die Uns zustehende Untertanentreue, Lehenspflicht und Oberhoheit [...] vorbehalten.
XII. Da aber in einer so entlegenen Gegend zwischen zahlreichen wilden Stämmen Einfälle dieser Wilden oder anderer Feinde mit Sicherheit zu befürchten sind, geben Wir hiermit dem Baron von Baltimore, seinen Erben und Rechtsnachfolgern volle und unumschränkte Gewalt wie jedem Generalkapitän einer Armee, [...] Krieg zu führen und die erwähnten Feinde und Wilden selbst über die Grenzen der Provinz hinaus zu verfolgen, sie zu Wasser zu Lande zu bekriegen und (so Gott will) zu vernichten oder gefangen zu nehmen, die Gefangenen zu töten oder nach ihrem Ermessen auch am Leben zu lassen und alle sonstigen Dinge zu tun, die nach Gewohnheit zur Befehlsgewalt und zum Amt des Generalkapitäns einer Armee gehören.

Zit. nach: Fritz Dickmann (Bearb.), Geschichte in Quellen: Renaissance, Glaubenskämpfe, Absolutismus, 2. Aufl., bsv, München 1976, S. 408–410.

b) John Winthrop, erster Gouverneur der Massachusetts Bay Colony, in einer Predigt, 1630:

Denn wir müssen bedenken, dass wir wie eine Stadt auf dem Hügel sein sollen, die Augen aller Menschen sind auf uns gerichtet. Die Schaffung einer beispielhaften puritanischen Gemeinschaft wird England bekehren – und durch England die gesamte Welt.

Zit. nach: Horst Gründer, Eine Geschichte der europäischen Expansion, Theiss, Stuttgart 2003, S. 80.

1 Charakterisieren Sie das Selbstverständnis der weißen Siedler.

2 Die Selbstfindung der amerikanischen Nation: der Unabhängigkeitskampf gegen England und die *Frontier*-Bewegung

Internettipp
Themenportal der Bundeszentrale für politische Bildung zur Geschichte der USA.

Entfremdung zwischen Kolonien und England

Aus Protest gegen eine von der britischen Regierung verlangte Importsteuer auf Tee hatten am 16. Dezember 1773 etwa fünfzig als Indianer verkleidete weiße Siedler die Teelieferung eines englischen Schiffes ins Meer gekippt. Dieses Ereignis, das als **„Boston Tea Party"** bezeichnet wurde, haben einige Historiker später als Auftakt des Unabhängigkeitskampfes der nordamerikanischen Kolonien gegen das englische Mutterland und als Beginn der Amerikanischen Revolution interpretiert, vergleichbar dem Sturm auf die Bastille vom 14. Juli 1789 in der Französischen Revolution. Das wirft die Frage auf: Wie entwickelte sich aus einem Streit um das Recht des englischen Mutterlandes, die Kolonien mit Zöllen zu belasten, zunächst eine mächtige Unabhängigkeitsbewegung und dann eine Revolution?

In der zweiten Hälfte des 18. Jahrhunderts entfremdeten sich die nordamerikanischen Kolonien und Großbritannien immer stärker. Entscheidend vorangetrieben wurde dieser Prozess durch die **Auswirkungen des Siebenjährigen Krieges** (1756 bis 1763). Nachdem das britische Militär Kanada erobert hatte, musste Frankreich seine dort gelegenen Besitzungen an England abtreten. London stand vor der Aufgabe, die Verwaltung der neuen Gebiete zu organisieren und reguläre Truppen im Lande zu stationieren. Das belastete die ohnehin durch den Krieg erschöpften britischen Staatsfinanzen zusätzlich. Die englische Regierung wollte daher die Kolonien an der Schuldentilgung beteiligen.

Eine andere Quelle der wachsenden Unzufriedenheit bestand darin, dass britische Handels- und Schifffahrtsgesetze seit dem 17. Jahrhundert dem Mutterland größeren wirtschaftlichen Nutzen gebracht hatten als den Kolonien. So bestimmte die „Navigationsakte" von 1651, dass nur englische Schiffe Waren aus und nach Übersee transportieren durften. Diese Politik löste Unmut, aber keinen Widerstand bei den Siedlern aus. Eine für das Mutterland bedrohliche Opposition entstand erst, als das Londoner Parlament nach dem Siebenjährigen Krieg **neue Steuern und Zölle** einführte: Das Stempelsteuer-Gesetz von 1765 belastete alle Drucksachen und Dokumente in den Kolonien mit Abgaben, und das Townshend-Gesetz von 1768 sah Einfuhrsteuern auf das Nationalgetränk Tee und andere Waren vor. Aufgrund der wachsenden und sich radikalisierenden Proteste in den Kolonien (Stempelsteuerkongress 1765: ***„no taxation without representation"***) zogen Regierung und Parlament in Großbritannien diese Gesetze wieder zurück. Doch die Entfremdung zwischen Mutterland und Kolonien schritt voran.

M1 George Washington (1732–1799), Ölgemälde von Rembrandt Peale, 1795

Der nordamerikanische Pflanzer wurde Oberbefehlshaber der Truppen der aufständischen Kolonien gegen England. Mithilfe europäischer Berufsoffiziere (F. W. von Steuben, La Fayette) organisierte er die nordamerikanischen Milizen. Im Unabhängigkeitskampf gegen England besiegte er mit seinen Truppen 1777 die englische Armee und zwang die Engländer 1781 zur Kapitulation von Yorktown. 1787 wurde er Präsident des Verfassungskonvents, 1789 bis 1797 war er Präsident der USA. Eine dritte Wiederwahl lehnte er ab.

Bruch mit England

Als nach der „Boston Tea Party" das englische Parlament Strafgesetze gegen Massachusetts erließ, versammelten sich 1774 Vertreter aller Kolonien zu einem Kontinentalkongress in Philadelphia und beschlossen einen Boykott britischer Waren. Der Militärgouverneur von Massachusetts wollte einige Anführer der rebellierenden Siedler verhaften lassen. Um das zu verhindern, stellten sich den Soldaten der englischen Krone bewaffnete Kolonisten entgegen und lieferten ihnen 1775 bei Lexington ein Gefecht. Damit hatte der **offene Krieg** begonnen, der mit dem Sieg der amerikanischen Truppen endete.

Im Mai 1775 übernahm der zweite Kontinentalkongress die Regierungsfunktionen für die Kolonien und ernannte **George Washington*** (1732–1799, Präs. 1789 bis 1797) zum Oberbefehlshaber der Streitkräfte. Aus einem Konflikt um Wirtschafts- und Steuerfragen war ein Kampf um Grundsatzfragen von Recht und Verfassung geworden. Die führenden amerikanischen Politiker nahmen das im englischen Rechtsdenken verankerte Widerstandsrecht gegen illegale Akte der Obrigkeit für sich in Anspruch. Der Gedanke einer völligen Trennung vom Mutterland setzte sich aber erst im Januar 1776 unter den weißen Siedlern durch. Wegbereiter dieser Befreiungsrevolution mit stark antimonarchistischen Zügen war der britisch-amerikanische Publizist **Thomas Paine*** (1737–1809) mit seiner Streitschrift „Common Sense".

Die demokratische Verfassung

Mit der **Unabhängigkeitserklärung** vom 4. Juli 1776 trennten sich die nordamerikanischen Kolonien vom Mutterland. Es dauerte noch bis 1783, bis das kriegsmüde Großbritannien im Frieden von Paris die Unabhängigkeit der USA anerkannte. Die Unabhängigkeitserklärung, die von Thomas Jefferson* (1743–1826, Präs. 1801–1809) entworfen worden war und die auf den Ideen der europäischen Aufklärung beruhte, enthielt einen umfangreichen **Katalog an Grundrechten** (M 4). Aber sie war nicht das erste Verfassungsdokument in der Geschichte der Vereinigten Staaten, das den Bürgern die Menschen- und Bürgerrechte garantierte. Diese waren vielmehr bereits vorher in die einzelstaatlichen Verfassungen aufgenommen worden, allen voran in die ***Virginia Bill of Rights****.

1781 verabschiedete der Kongress mit den *Articles of Confederation* die erste Verfassung der USA, die aus den britischen Kolonien einen lockeren Staatenbund formte. Es zeigte sich jedoch schon bald, dass diese Verfassung zur Lösung der kriegsbedingten sozialen und wirtschaftlichen Probleme nicht ausreichte. Besonders Unruhen unter den armen und hoch verschuldeten Farmern in Massachusetts machten die Stärkung der gesamtstaatlichen Zentralgewalt aus der Sicht des wirtschaftlich führenden Bürgertums der Hafenstädte notwendig. Die Bundesregierung sollte in den Einzelstaaten eingreifen, wenn Recht und soziale Ordnung gefährdet waren.

Ein von den Parlamenten der Einzelstaaten beschickter Delegiertenkonvent arbeitete einen neuen Verfassungsentwurf aus, der im September 1787 verabschiedet und den Einzelstaaten vorgelegt wurde. Während der Beratungen kam es zu heftigen Auseinandersetzungen, in denen das Fundament für die Entstehung moderner politischer Parteien gelegt wurde. Damals stritten Föderalisten und Antiföderalisten bzw. Republikaner um die Kompetenzen der Regierung in Washington. Wollten die einen eine starke Bundesgewalt, traten die anderen für einen lockeren Bund möglichst starker Einzelstaaten ein. In der Verfassung von 1787 fanden beide Gruppen einen tragfähigen Kompromiss.

Der Zug nach Westen

Mit der Unabhängigkeitserklärung von 1776 und den Verfassungen von 1781 und 1787 waren aus britischen Kolonisten bzw. Untertanen Seiner Britischen Majestät Amerikaner geworden. Aber erst allmählich entwickelte sich aus den Vereinigten Staaten von Amerika auch eine Nation mit einem ausgeprägten nationalen Zusammengehörigkeitsgefühl und einer spezifisch US-amerikanischen Identität. Die Entfaltung und Festigung des amerikanischen Nationalbewusstseins ging einher mit der territorialen Erweiterung des Staats- und Siedlungsgebietes der USA. Bis 1783 gehörte das Land westlich der Appalachen bis zum Mississippi zu den USA. Sie erwarben 1803 von Frankreich Louisiana, also die Gebiete zwischen Mississippi und den Rocky Mountains. Mit diesem Landkauf begann das Jahrhundert der Pionierzeit, in dem immer mehr Siedler nach Westen vordrangen, bis schließlich der Pazifik erreicht war. Erstreckte sich das amerikanische Siedlungsgebiet von 1790 bis 1850 bis zum Mississippi, folgte die Erschließung des „fernen Westens" bis

M2 Thomas Paine (1737–1809), anonymes Porträt, um 1780

Der in England geborene Politiker und Publizist wanderte 1774 nach Nordamerika aus. In seinen Schriften, u. a. „The Common Sense Addressed to the Inhabitants of America" (1776), trat er für die Unabhängigkeit der USA ein. Seit 1786 kämpfte er in England für die Französische Revolution, floh 1792 nach Frankreich und wurde dort Mitglied des französischen Konvents.

Thomas Jefferson (1743–1826)
US-amerikanischer Politiker, Anwalt, Gutsbesitzer, Abgeordneter in Virginia. Die wichtigsten Stationen seines Lebens waren:
1775 Delegierter des Kontinentalkongresses
1776 Verfasser der Unabhängigkeitserklärung
1779–1781 Gouverneur von Virginia
1783/84 Kongressabgeordneter
1785–1789 US-Gesandter in Paris
1789 Außenminister unter Washington
1797–1801 US-Vizepräsident unter John Adams
1801–1809 US-Präsident
1803 Ankauf von Virginia
1819 Gründung der University of Virginia

Virginia Bill of Rights
Nach der Unabhängigkeitserklärung erlassen die meisten US-Staaten neue Verfassungen und nehmen eine Bill of Rights auf (Grundrechtekatalog). Die berühmteste ist die Virginia Bill of Rights vom Juni 1776: Sie bildet die Vorlage für den Grundrechtekatalog, der 1789 der US-Verfassung (1787) hinzugefügt wird (Glaubens-, Rede-, Presse-, Versammlungsfreiheit; Unverletzlichkeit der Person, der Wohnung, des Eigentums; Recht auf Verteidigung).

M3 „Quer über den Kontinent. Nach Westen dehnt sich das Imperium aus", Farblithografie von Nathaniel Currier/James Merrit Ives, 1868

1890. Die Grenzen neuer Territorien bestimmte der Kongress der USA. Hatte ein Land eine Bevölkerungszahl von 60 000 Männern erreicht, wurde es als Staat mit allen Rechten und Pflichten in die Union aufgenommen. Nicht alle Gebiete kamen dabei friedlich durch Abtretung oder Kauf an die Vereinigten Staaten. Die von Mexiko abgefallene Republik Texas wurde 1845 annektiert, Kalifornien und Neu-Mexiko kamen nach einem zweijährigen Krieg mit Mexiko an die USA.

Frontierbewegung/*Spirit of the Frontier* **(engl. *frontier* = Grenze)**
In der US-Geschichte bezeichnet der Begriff den Grenzbereich, der die von Weißen besiedelten Gebiete des Ostens von den unerschlossenen Gebieten des Westens trennt. Mit Frontierbewegung ist das ständige Vorrücken dieses Grenzbereichs nach Westen gemeint (dauerte von der Gründung der ersten Siedlung 1607 bis 1890). Im 19. Jahrhundert werden vor allem drei Frontiers unterschieden:
1. die *„trapper frontier"* der Jäger, Fallensteller und Wissenschaftler, die die Wildnis erforschen;
2. die Frontier der Cowboys, Goldgräber und Holzfäller, die den Trappers folgen und die das Bild vom „Wilden Westen" prägen;
3. die *„farming frontier"* der Millionen Farmer, die schließlich das Land mit modernen Anbaumethoden bearbeiten und verändern.
Vom *Spirit of the Frontier* wird im übertragenen Sinne bis heute gesprochen, um neue Ziele zur Vervollkommnung der Gesellschaft zu charakterisieren.

Grundlagen des amerikanischen Selbstverständnisses

Der Pioniergeist der Frontierbewegung, der ***Spirit of the Frontier****, der sich im 19. Jahrhundert herausbildete und festigte, prägt bis heute das nationale Selbstverständnis der US-Amerikaner. Der Begriff der *frontier*, d. h. Grenze, bezieht sich dabei weniger auf eine feste Grenzlinie als vielmehr auf das Gebiet, das sich im Verlauf der Westexpansion ständig verschob. Die Siedler handelten in dem Bewusstsein, sie müssten sich immer neue Ziele setzen, um die menschliche Kultur und Zivilisation zu verbreiten (M 3, M 5). Außerdem glaubten sie, dass sie ein vorbestimmtes Schicksal des weißen Mannes erfüllten. Dieses **Auserwähltheitsbewusstsein**, das in der Kolonialzeit entstand und bis in die Gegenwart hinein den Zug nach Westen bis zur Küste des Pazifiks zur nationalen Bestimmung Amerikas, zu seiner ***Manifest destiny****, verklärt, ist ein zweites zentrales Merkmal der US-amerikanischen Identität. Das damit eng verbundene **republikanische Sendungsbewusstsein** bildet ein drittes Element des amerikanischen Selbstverständnisses. Das gesellschaftspolitische Ideal der Amerikaner ist eine demokratische Ordnung rechtlich freier und gleicher Staatsbürger. Unterschiede zwischen den Bürgern konnten danach nur auf Verdienst beruhen, nicht auf Erbe oder Heirat. Der Wohlstand des Einzelnen wie der gesamten Gesellschaft hängt nach amerikanischer Überzeugung maßgeblich von der Entfaltung und Leistungsbereitschaft jedes Bürgers ab. Dieses Bekenntnis zu individueller Freiheit und politischer Demokratie bestimmt nicht nur die amerikanische Innenpolitik, sondern auch die Außenpolitik. In der amerikanischen Politik und Gesellschaft besteht weitgehend Einigkeit, dass die Welt besser und friedlicher werde, je mehr Länder ihre Staaten nach den amerikanischen Freiheits- und Gleichheitsprinzipien organisieren (M 6 a–c).

Patriotismus

Kein **nationales Symbol** genießt in den USA so viel Verehrung wie die Flagge. Jeder Amerikaner kennt die Eidesformel, mit der die Loyalität zu ihr beschworen wird, auswendig, und für viele amerikanische Schüler beginnt der Schultag mit dem Ableisten des Treueides auf die Fahne: „Ich gelobe Treue der Fahne der Vereinigten Staaten von Amerika und der Republik, die sie repräsentiert, einer Nation unter Gott, mit Freiheit und Gerechtigkeit für ihn." Das **Sternenbanner** dokumentiert anschaulich die territoriale Geschichte der Vereinigten Staaten von Amerika. Die 13 Streifen stehen für die 13 englischen Kolonien, die 1776 ihre Unabhängigkeit erklärten und die USA gründeten. Und die 50 Sterne versinnbildlichen die 50 Bundesstaaten, aus denen sich die Vereinigten Staaten heute zusammensetzen.

Manifest destiny **(wörtl.: offensichtliche Bestimmung)**
Bezeichnung für das zivilisatorische Sendungsbewusstsein der Amerikaner, dem der puritanische Auserwähltheitsglauben zugrunde liegt. Konkret meint der Begriff die Bestimmung der Amerikaner, das Land bis zum Pazifik zu erschließen. Der Begriff wird Ende des 19. Jahrhunderts zur Begründung imperialistischer Politik und der Vorherrschaft der USA auf dem Kontinent herangezogen; er gehört zum nationalen Selbstverständnis der USA.

1 Erläutern Sie die Grundelemente des US-amerikanischen Selbstbewusstseins: Auserwähltheitsglaube, Patriotismus und republikanisches Sendungsbewusstsein.
2 Untersuchen Sie die historischen Hintergründe dieses US-amerikanischen Selbstbewusstseins: Stellen Sie dabei Ursachen, Verlauf und Folgen des Unabhängigkeitskampfes gegen England tabellarisch dar.

M 4 Aus der amerikanischen Unabhängigkeitserklärung vom 4. Juli 1776

Wenn im Gange menschlicher Ereignisse es für ein Volk notwendig wird, die politischen Bande zu lösen, die sie mit einem anderen Volk verknüpft haben, und unter den Mächten der Erde den selbstständigen und gleichen Rang einzunehmen, zu dem die Gesetze der Natur und ihres Schöpfers es berechtigen, so erfordert eine geziemende Rücksicht auf die Meinung der Menschheit, dass es die Gründe darlegt, die es zu der Trennung veranlassen.

Folgende Wahrheiten erachten wir als selbstverständlich: Dass alle Menschen gleich geschaffen sind; dass sie von ihrem Schöpfer mit gewissen unveräußerlichen Rechten ausgestattet sind; dass dazu Leben, Freiheit und das Streben nach Glück gehören; dass zur Sicherung dieser Rechte Regierungen unter den Menschen eingerichtet werden, die ihre rechtmäßige Macht aus der Zustimmung der Regierten herleiten; dass, wenn irgendeine Regierungsform sich für diese Zwecke als schädlich erweist, es das Recht des Volkes ist, sie zu ändern oder abzuschaffen und eine neue Regierung einzusetzen und sie auf solchen Grundsätzen aufzubauen und ihre Gewalten in der Form zu organisieren, wie es zur Gewährleistung ihrer Sicherheit und ihres Glücks geboten zu sein scheint. Gewiss gebietet die Vorsicht, dass seit langem bestehende Regierungen nicht um unbedeutender und flüchtiger Ursachen willen geändert werden sollten, und demgemäß hat noch jede Erfahrung gezeigt, dass die Menschen eher geneigt sind zu dulden, solange die Übel noch erträglich sind, als sich unter Abschaffung der Formen, die sie gewöhnt sind, Recht zu verschaffen. Aber wenn eine lange Reihe von Missbräuchen und Übergriffen, die stets das gleiche Ziel verfolgen, die Absicht erkennen lässt, sie absolutem Despotismus zu unterwerfen, so ist es ihr Recht, ist es ihre Pflicht, eine solche Regierung zu beseitigen und sich um neue Bürgen für ihre zukünftige Sicherheit umzutun. Solchermaßen ist das geduldige Ausharren dieser Kolonien gewesen und solchermaßen ist jetzt die Notwendigkeit, welche sie treibt, ihre früheren Regierungssysteme zu ändern. Die Geschichte des gegenwärtigen Königs von Großbritannien ist die Geschichte wiederholten Unrechts und wiederholter Übergriffe, die alle auf die Errichtung einer absoluten Tyrannei über die Staaten zielen.

[Es folgt eine Aufzählung von 18 Hauptvorwürfen gegen den britischen König.]

In jenem Stadium dieser Bedrückungen haben wir in den untertänigsten Ausdrücken um Abhilfe ersucht; unser wiederholtes Ersuchen ist lediglich durch wiederholtes Unrecht beantwortet worden. Ein Fürst, dessen Charakter durch jede Handlung in solcher Weise gekennzeichnet ist, kann als ein Tyrann bezeichnet werden, der als Herrscher über ein freies Volk ungeeignet ist. Auch haben wir es nicht unterlassen, unserer britischen Brüder hinlänglich eingedenk zu sein. Wir haben sie von Zeit zu Zeit von den Versuchen ihrer gesetzgeberischen Gewalt in Kenntnis gesetzt, eine gesetzwidrige

Rechtsprechung über uns zu errichten. Wir haben sie an die näheren Umstände unserer Auswanderung und unserer Siedlung hier erinnert. Wir haben an ihr natürliches Gerechtigkeitsgefühl und ihre natürliche Hochherzigkeit appelliert und sie bei den Banden unserer gemeinsamen Herkunft beschworen, diese Übergriffe zu missbilligen, die unvermeidlich zum Abbruch unserer Verbindungen und Beziehungen führen müssten. Auch sie sind der Stimme der Gerechtigkeit und der Blutsverwandtschaft gegenüber taub geblieben. Wir müssen uns daher mit der Notwendigkeit abfinden, welche unsere Trennung gebietet, und sie, wie die übrige Menschheit, für Feinde im Krieg, für Freunde im Frieden halten.

Daher tun wir, die Vertreter der Vereinigten Staaten von Amerika, versammelt in einem allgemeinen Kongress, an den Obersten Richter der Welt betreffs der Rechtlichkeit unserer Absichten appellierend, im Namen und kraft der Autorität des rechtlichen Volkes dieser Kolonien, feierlich kund und erklären, dass diese Vereinigten Kolonien freie und unabhängige Staaten sind und es von Rechts wegen sein sollen; dass sie von jeglicher Treuepflicht gegen die britische Krone entbunden sind, und dass jegliche politische Verbindung zwischen ihnen und dem Staate Großbritannien vollständig gelöst ist, [...] und dass sie als freie und unabhängige Staaten Vollmacht haben, Kriege zu führen, Frieden zu schließen, Bündnisse einzugehen, Handel zu treiben und alle anderen Akte und Dinge zu tun, welche unabhängige Staaten von Rechts wegen tun können. Und zur Stütze dieser Erklärung verpfänden wir alle untereinander in festem Vertrauen auf den Schutz der göttlichen Vorsehung unser Leben, unser Gut und unsere heilige Ehre.

Zit. nach: Adolf Rock, Dokumente der amerikanischen Demokratie, 2. Aufl., Limes, Wiesbaden 1953, S. 102ff.

1 Untersuchen Sie die Unabhängigkeitserklärung der USA (1776) im Hinblick auf a) die natürlichen Rechte der Menschen, b) das Prinzip der Volkssouveränität, c) die Gewaltenteilung und ihre Organe, d) die Freiheitsrechte, e) die Regierungsgewalt.

2 **Fächerverbindung Sozialkunde:**
Vergleichen Sie Ihre Ergebnisse aus Aufgabe 1 mit den Festlegungen, die das Grundgesetz zu diesen Kategorien trifft. Erläutern Sie die Unterschiede und ihre Auswirkungen auf das demokratische System.
Erste Informationen finden Sie im Internet unter *www.bundestag.de*.

3 **Weiterführende Arbeitsanregung/Kartenarbeit:**
Suchen Sie in Ihrem Geschichtsatlas eine Karte, mit deren Hilfe Sie die Besiedlung Nordamerikas durch US-Amerikaner im 19. Jahrhundert analysieren können. Skizzieren Sie den Verlauf des „Zuges nach Westen" und die geografischen wie gesellschaftspolitischen Folgen der Frontierbewegung (s. M 3, M 5).

M5 Der Pioniergeist der Frontierbewegung

Der Historiker Frederick Jackson Turner (1861–1932) schreibt 1903 über die Bedeutung der Frontierbewegung für das amerikanische Verständnis von Demokratie, Freiheit und Nation:

Die Wildnis im Westen, von den Alleghenies[1] bis zum Pazifik, stellte das größte Geschenk dar, das je vor dem zivilisierten Menschen ausgebreitet wurde. Dem Bauern und Handwerker der Alten Welt, der in die Zwänge seiner gesellschaftlichen Klasse eingebunden war, aus alter Gewohnheit und so unabänderlich wie das Schicksal, bot der Westen einen Ausweg in ein freies Leben und in ein größeres Wohlergehen inmitten der Freigebigkeit der Natur und all der Schätze, die nach menschlichem Bemühen verlangten und als Gegenleistung die Chance zum unbegrenzten Aufstieg auf der Leiter des gesellschaftlichen Erfolges boten. [...]

Die amerikanische Demokratie ist im Grunde das Ergebnis der Erfahrungen des amerikanischen Volkes in der Auseinandersetzung mit dem Westen. Die westliche Demokratie förderte während der ganzen früheren Zeit die Entstehung einer Gesellschaft, deren wichtigster Zug die Freiheit des Individuums zum Aufstieg im Rahmen sozialer Mobilität und deren Ziel die Freiheit und das Wohlergehen der Massen waren. Diese Vorstellungen haben die gesamte amerikanische Demokratie mit Lebenskraft erfüllt und sie in scharfen Gegensatz zu den Demokratien der Geschichte gebracht und zu den modernen Bemühungen in Europa, ein künstliches demokratisches Ordnungssystem mithilfe von Gesetzen zu errichten.

Zit. nach: Günter Moltmann, Die Vereinigten Staaten von Amerika von der Kolonialzeit bis 1917, Schöningh, Paderborn 1980, S. 41f.

1 Gebirgszug; Nordteil des Appalachenplateaus

1 Fassen Sie die Thesen des Historikers Turner zum Selbstverständnis der USA zusammen. Benennen Sie dabei die „nationalen Eigenschaften".

M6 Das Auserwähltheits- und Sendungsbewusstsein der US-Amerikaner

a) US-Präsident Thomas Jefferson (1743–1826, Präs. 1801–1809) über die Einzigartigkeit der USA, 1809:

Ich habe mit besonderem Dank die wohlwollende Dankadresse der Bürger von Washington erhalten und in den patriotischen Empfindungen, die sie ausspricht, erkenne ich den wahren Charakter der nationalen Metropole.

Die Stellung, die wir unter den Völkern der Erde einnehmen, ist ehrenvoll, aber auch Furcht erregend. Denn uns sind die Geschicke dieser einzigartigen Republik in der Welt anvertraut, dieses einzigen Mahnmals der Menschenrechte; wir sind die einzigen Hüter der heiligen Flamme der Freiheit und der Selbstregierung, von hier aus muss sie in anderen Regionen entzündet werden, wenn andere Regionen der Erde jemals ihres segensreichen Einflusses gewahr werden. Die ganze Menschheit sollte sich daher an ihrer gedeihlichen Entwicklung freuen und an ihren widrigen Geschicken Anteil nehmen, denn hier ist alles in Mitleidenschaft gezogen, was dem Menschen teuer ist. Und zu was für Opfern an Interessen oder Bequemlichkeit sollten diese Betrachtungen nicht erst uns selbst aufrufen? Zu wie viel Kompromissen zwischen unseren Meinungen und Neigungen, geht es doch darum, Harmonie und Einigkeit unter uns selbst zu erhalten, um diese heilige Arche menschlicher Hoffnung und Glückseligkeit vor allen Gefahren zu bewahren.

Zit. nach: Hannah Vogt, Nationalismus gestern und heute. Texte und Dokumente (übers. von Hannah Vogt), C. W. Leske, Opladen 1967, S. 90.

b) Der New Yorker Journalist John L. O'Sullivan über die „Sendung" Amerikas, 1839:

Wir dürfen zuversichtlich daran glauben, dass unser Land dazu bestimmt ist, die große Nation der Zukunft zu sein [...]. Wir sind die Nation des menschlichen Fortschritts, und wer will oder was kann unser Vorwärtsschreiten aufhalten? [...] Amerika ist auserwählt zu einer heiligen Mission gegenüber den Nationen der Welt, die ausgeschlossen sind vom Leben spendenden Licht der Wahrheit.

c) Der New Yorker Journalist John L. O'Sullivan über die „Sendung" Amerikas, 1845:

Es ist unsere offensichtliche Bestimmung [*manifest destiny*], den gesamten Kontinent einzunehmen und zu besitzen, den uns die Vorsehung zur Entfaltung des großen Experiments der Freiheit übergeben hat.

Texte M6b und c zit. nach: Heinz D. Schmid, Fragen an die Geschichte, Bd. 3, Cornelsen/Hirschgraben Verlag, Frankfurt/Main 1981, S. 129.

d) Der amerikanische Schriftsteller Herman Melville über Amerikas Bestimmung, 1850:

Dem Hause der Knechtschaft entronnen, folgte Israel vor Zeiten nicht den Wegen der Ägypter. Ihm wurde eine besondere Offenbarung zuteil; ihm wurden neue Dinge unter der Sonne anvertraut. Und wir Amerikaner sind das einzige auserwählte Volk, das Israel der Gegenwart; wir tragen die Bundeslade mit den Freiheiten der Welt. Vor siebzig Jahren entrannen wir der Knechtschaft und außer unserem Erstgeburtsrecht – ein ganzer Erdteil ist ja unser – hat uns Gott als künftiges Erbe die weiten Reiche der politischen Heiden gegeben, die erst noch kommen und im Schatten unserer Bundeslade Ruhe finden sollen und keine blutbefleckten Hände erheben werden. Gott hat vorherbestimmt, die Menschheit erwartet große Dinge von unserer Rasse und große Dinge keimen in unserer Seele. Die übrigen Nationen müssen bald hinter uns zurückbleiben. Wir sind die Pioniere der Welt, die Vorhut, die durch die Wildnis unversuchter Dinge geschickt wurde, um in der Neuen Welt, der unsrigen, einen neuen Pfad zu bahnen. In unserer Jugend liegt unsere Kraft, in unserer Unerfahrenheit unsere Weisheit. [...] Lang genug haben wir an uns selbst gezweifelt und uns gefragt, ob der politische Messias wirklich erschienen sei. Doch er ist da, in uns, und wir müssen nur seine Eingebungen zu Wort kommen lassen. Und wir wollen nie vergessen, dass mit uns zum ersten Mal beinah in der Geschichte der Erde nationale Selbstsucht zur schrankenlosen Menschenliebe wird; denn wir können Amerika selber nichts Gutes tun, ohne zugleich der Welt eine Wohltat zu erweisen.

Hermann Melville, Weißjacke (1850), Übers. Walter Weber, Manesse, Zürich 1948, S. 263ff.

e) Amerikanischer Fortschritt, Ölgemälde von John Gast, 1872

1 a) Erläutern Sie anhand der Materialien M6a–e den Begriff „Manifest destiny".
b) Stellen Sie die Argumente zusammen, mit denen die zeitgenössischen Autoren den US-amerikanischen Führungsanspruch legitimieren.

3 Der Aufstieg der USA zur Weltmacht

Vom Isolationismus zur Weltpolitik

„Die große Verhaltensregel hinsichtlich fremder Nationen liegt für uns darin, bei der Ausweitung unserer Handelsbeziehungen so wenig politische Verbindung wie möglich mit ihnen zu haben. [...] Europa hat ein Gefüge primärer Interessen, die keine oder sehr entfernte Beziehungen zu uns haben. Deshalb muss es in häufige Auseinandersetzungen geraten, deren Ursachen unseren Anliegen wesentlich fremd sind. [...] Unsere wahre Politik ist, uns fernzuhalten von allen dauernden Bündnissen mit irgendeinem Teil der ausländischen Welt." Mit diesen Sätzen versuchte der erste Präsident der USA, **George Washington**, in seiner **Abschiedsbotschaft** aus dem Jahre 1796 seine Nachfolger wie seine Landsleute auf eine Außenpolitik zu verpflichten, die dem Grundsatz folgt: Die Vereinigten Staaten sollen mit allen Handel treiben, sich aber politisch aus den Angelegenheiten der anderen, vor allem der Europäer, heraushalten.

Die 1823 verkündete **Monroe-Doktrin** (M 3) lag noch ganz auf der von Präsident Washington vorgeschlagenen Linie. Die USA bekundeten in der Erklärung von Präsident James Monroe (Präs. 1817–1825) ihren Willen, sich nicht in europäische Konflikte einzumischen. Allerdings durfte auch der amerikanische Doppelkontinent nicht zum Ziel europäischer Großmachtpolitik werden. Aktueller Anlass dieser Doktrin, die bis zum Ende des 19. Jahrhunderts Richtschnur der US-Außenpolitik blieb, war die Gefahr, dass europäische Mächte in den Ländern Lateinamerikas intervenierten, die sich von spanischer Kolonialherrschaft befreit hatten. Aber auch Versuche Russlands, die Kette seiner pazifischen Stützpunkte von Alaska aus nach Süden auszubauen, veranlassten den Präsidenten zu dieser Erklärung. Erst 1917, als die USA in den Ersten Weltkrieg eintraten (s. S. 205), brachen sie für alle Welt erkennbar mit der von Präsident Washington vorgeschlagenen Außenpolitik. Allerdings weichten die Vereinigten Staaten von Amerika bereits im ausgehenden 19. Jahrhundert diese Prinzipien immer stärker auf: Ihre isolationistische Politik gaben sie im Zeitalter des Imperialismus zunehmend auf und betrieben selbst Weltpolitik*.

Weltmacht, Weltpolitik
Weltmächte sind Großmächte, die aufgrund ihrer politischen, militärischen und wirtschaftlichen Stärke in der internationalen Politik eine bestimmende Rolle spielen und häufig auch einen überragenden ideologischen Einfluss besitzen. Sie betreiben Weltpolitik, d. h. sie verfügen über Einflusssphären im Weltmaßstab. Das setzt die Fähigkeit voraus, über den unmittelbaren Herrschafts- und Machtbereich hinaus politische, militärische und wirtschaftliche Macht auszuüben.

Aufstieg zur Weltwirtschaftsmacht

Die Abkehr der USA vom Isolationismus bzw. ihr Übergang zur Weltpolitik gingen einher mit dem Aufstieg der Vereinigten Staaten von Amerika zu einer der führenden Weltwirtschaftsmächte in der zweiten Hälfte des 19. Jahrhunderts. Der Sieg des industriell weit entwickelten Nordens über den agrarischen Süden im Amerikanischen Bürgerkrieg (1861–1865) war dabei eine wichtige Etappe. Die USA konnten nun ihre Stärken nutzen, um bis zum Ende des 19. Jahrhunderts eine Spitzenstellung in der Weltindustrieproduktion zu erreichen. Die wichtigsten **Grundlagen des industriellen Aufschwunges** waren reichhaltige Rohstoffvorkommen und zunächst importierte, dann aber zunehmend im Land selbst entwickelte technische Erfindungen und Verfahren zu ihrer Ausbeutung. Der rasche Ausbau des Verkehrsnetzes aus Wasserstraßen und Eisenbahnen sorgte für die Ausdehnung des Binnenmarktes. Ein ausgeprägtes Wachstums- und Wettbewerbsdenken, große Innovationsbereitschaft sowie Unternehmungsgeist und Fortschrittsglaube beschleunigten die Modernisierung der US-Volkswirtschaft. Hinzu kam ein wachsendes Angebot an leistungsbereiten Arbeitskräften durch die Einwanderungen. Das beschleunigte Wirtschaftswachstum sicherte den USA um 1900 nicht nur den Rang einer Weltwirtschaftsmacht (M 4 und M 5). Darüber hinaus nahm im Innern der Vereinigten Staaten die Konzentration von Unternehmen und Kapital in den Händen einiger weniger Industrieller, dem sogenannten Big Business*, zu.

Big Business
Großunternehmen, -banken und Unternehmenszusammenschlüsse, die aufgrund ihrer Kapitalkraft die Macht besitzen, Regierung und Parlament zu beeinflussen.

Imperialismus und Weltpolitik

Die USA verdankten ihre Unabhängigkeit und Staatsgründung der Befreiung von der britischen Kolonialherrschaft. Das antikoloniale Selbstverständnis hielt sie jedoch nicht davon ab, seit den 1880er-Jahren selbst imperialistische Politik zu betreiben. Wenn die europäischen Mächte, allen voran Großbritannien und Frankreich, in Afrika und Asien Stützpunkte anlegten, Kolonien erwarben und die Welt in Einflusssphären einteilten, wollten die USA nicht zurückstehen (s. M 1, M 2, S. 198 ff.).

Großen Anklang fanden die Thesen des Marinetheoretikers **Alfred T. Mahan**, dass die weltpolitische Stellung der USA und ihre Handelsinteressen nur durch eine starke Seemacht gesichert werden könnten (M 7). Während der 1890er-Jahre wurden die Seestreitkräfte zügig ausgebaut, und die Zahl der **Anhänger einer imperialistischen Weltpolitik** wuchs auch unter dem Eindruck der Wirtschaftskrise von 1893. Sie argumentierten, die USA bräuchten neue Märkte und Investitionsmöglichkeiten in Übersee, damit die Wirtschaft Wachstumsimpulse erhalte. Begleitet wurde der Übergang zur Weltpolitik von einem amerikanischen Selbstbewusstsein, das an die *Manifest destiny* der Pionierzeit anknüpfte: Die Amerikaner hatten binnen eines Jahrhunderts einen Kontinent erschlossen und eine wirtschaftlich leistungsfähige demokratische Gesellschaft aufgebaut. Jetzt wollten sie sich weltweit für Fortschritt, Zivilisation und für die in der eigenen Unabhängigkeitserklärung verkündeten Freiheitsrechte einsetzen. Dieser Haltung widersprachen die **Gegner imperialistischer Politik**. Eine koloniale Expansion der USA würde, gaben sie zu bedenken, die betroffenen Völker ihrer Freiheit und ihres Selbstbestimmungsrechts berauben (s. M 1, M 2, S. 202 ff.).

Ende der 1890er-Jahre setzten sich die Befürworter einer imperialistischen Politik durch. Der Pazifik, Ostasien und Zentralamerika wurden **Expansionsräume der USA**. 1898 annektierten sie Hawaii, dessen Wirtschaft schon seit Jahrzehnten von amerikanischen Plantagenbesitzern beherrscht wurde. Die USA betrachteten die Vorstöße Großbritanniens und des Deutschen Reichs nach Südostasien und in die pazifische Inselwelt als direkte Herausforderung. Nach jahrelangen Streitigkeiten mit dem Deutschen Reich übernahmen die USA 1899 das Protektorat über Samoa. Im Jahre 1898 zwangen sie Spanien, Puerto Rico, Guam und die Philippinen (als Sprungbrett nach China) abzutreten. So erhielten sie in kurzer Zeit wichtige strategische Positionen im Pazifik (M 6). Der entscheidende Schritt zur Weltpolitik war die **Intervention in Kuba**, die **1898** den **Spanisch-Amerikanischen Krieg** auslöste. In diesem kurzen Krieg besiegte die US-Marine die spanischen Seestreitkräfte vernichtend. Anlass war der kubanische Aufstand von 1895, mit dem Kuba den Kampf um seine Unabhängigkeit von Spanien begann. Die USA unterstützten nicht nur den kubanischen Unabhängigkeitskampf gegen Spanien, sondern besaßen auch wirtschaftliche Interessen an der Zuckerindustrie Kubas. Und die US-Amerikaner wollten ihre militärische und politische Macht in der Welt ausdehnen (M 8 a, b).

Ein Umschwung in der öffentlichen Meinung der USA trat aber ein, als 1898 auf den Philippinen ein Guerillakrieg gegen die neuen Herren ausbrach. Direkte Machtausübung in überseeischen Territorien nach dem Modell europäischer Kolonialherrschaft forderte einen zu großen Einsatz militärischer und finanzieller Mittel. Weit effektiver war es, die überlegene Wirtschaftskraft der USA für den Aufbau eines Informal Empire einzusetzen. Dies stützte sich auf die wirtschaftliche Durchdringung und die aus ihr resultierende politische Abhängigkeit.

Als riesiger Absatzmarkt für billige amerikanische Konsumgüter galt **China**. Hier lösten sich die politischen und sozialen Strukturen unter dem Druck der europäischen Großmächte auf, die das riesige Reich in Einflusszonen aufteilen wollten. Die USA stellten dem ihre *Open door Policy* gegenüber, die jeder Macht gleichberechtigten Zugang nach China garantieren sollte (M 9 a, b).

M 1 Das Wrack des US-Kriegsschiffes „Maine“ im Hafen von Havanna, Fotografie, 1898

Die Schiffsexplosion im Februar 1898 war für die USA der Auslöser der Kriegserklärung an Spanien. Heute wissen die Historiker, dass eine Kesselexplosion die Ursache war.

M2 „Theodore Roosevelt and his Big Stick in the Caribbean", Karikatur von William Allen Rogers, 1904

1 Interpretieren Sie die Karikatur vor dem Hintergrund der US-amerikanischen Weltpolitik um 1900.

Theodore Roosevelt (1858–1919)
Der Politiker gehörte der Republikanischen Partei an und erlangte Popularität als Anführer eines Freiwilligenregiments („Rauhe Reiter") im Krieg 1898. 1901 wurde er Vizepräsident unter McKinley, 1901–1909 war er US-Präsident. In der Innenpolitik kämpfte er gegen Trusts und Kartelle, in der Außenpolitik trat er für eine expansionistische Haltung ein (Kontrolle des Panamakanals). 1903 bewirkte er die Lösung Panamas von Kolumbien, um den begonnenen Kanal fertigstellen zu können.

Zum wichtigsten Aktionsfeld des „**Dollarimperialismus**" wurden jedoch Zentralamerika und die Karibik. Amerikanische Banken und Konzerne investierten viel Geld in die kleinen Staaten dieser Region und in Mexiko und führten moderne Technologien ein. Ihre Gewinne aus dem Abbau von Bodenschätzen und der Plantagenkultur von Zucker, Kaffee und Südfrüchten wurden jedoch in die USA transferiert. Die betroffenen Länder konnten deshalb keinen eigenen Kapitalstock aufbauen. Ihre Eliten wurden in den USA ausgebildet. Die meisten Staaten Zentralamerikas waren deshalb wenig mehr als nordamerikanische Protektorate, deren Regierungen sich den Wirtschaftsinteressen der USA unterwarfen (M 10). 1904 rechtfertigte Präsident **Theodore Roosevelt*** diese Abhängigkeit mit der Monroe-Doktrin und beanspruchte sogar ein präventives Interventionsrecht der USA (M 11).

1 Erörtern Sie, ob der Begriff des „Isolationismus" die Ziele Washingtons angemessen charakterisiert.
2 Arbeiten Sie die zentralen Merkmale der imperialistischen Weltpolitik der USA seit dem ausgehenden 19. Jahrhundert heraus.
3 Untersuchen Sie Ursachen und Folgen der amerikanischen Weltpolitik. Bestimmen Sie die Rolle der USA in der internationalen Politik um 1900.

M3 Botschaft des Präsidenten James Monroe (Präs. 1817–1825) an den Kongress vom Dezember 1823

Die Bürger der Vereinigten Staaten hegen die freundlichsten Gefühle für die Freiheit und das Glück ihrer Mitmenschen auf der anderen Seite des Atlantiks. An den Kriegen der europäischen Mächte in nur sie selbst angehenden Angelegenheiten haben wir nie irgendwelchen Anteil genommen, noch verträgt es sich mit unserer Politik, so etwas zu tun. Es ist nur, wenn unsere Rechte geschmälert oder ernstlich bedroht werden, dass wir Schädigungen übel nehmen oder Verteidigungsmaßnahmen treffen. Mit den Bewegungen auf dieser Halbkugel sind wir notwendig unmittelbar verbunden, und das aus Gründen, die allen aufgeklärten und unparteiischen Beobachtern offenkundig sein müssen. Das politische System der alliierten Mächte [der Heiligen Allianz] ist in dieser Hinsicht wesentlich verschieden von dem Amerikas. [...] Wir sind es deshalb der Aufrichtigkeit und den freundschaftlichen Beziehungen, die zwischen den Vereinigten Staaten und jenen Mächten bestehen, schuldig zu erklären, dass wir jeden Versuch ihrerseits, ihr System auf irgendeinen Teil dieser Hemisphäre auszudehnen, als gefährlich für unseren Frieden und unsere Sicherheit betrachten würden. In den vorhandenen Kolonien und Besitzungen irgendeiner europäischen Macht haben wir uns nicht eingemischt und werden uns nicht einmischen. Aber bei den Regierungen, die ihre Unabhängigkeit erklärt und aufrechterhalten haben und deren Unabhängigkeit wir nach reiflicher Erwägung und aufgrund gerechter Prinzipien anerkannt haben, könnten wir irgendein Eingreifen einer europäischen Macht mit dem Zweck, sie zu unterdrücken oder auf andere Weise ihr Schicksal zu bestimmen, in keinem anderen Licht sehen denn als Manifestation einer unfreundlichen Gesinnung gegen die Vereinigten Staaten.

Zit. nach: Historisches Seminar der Universität Bern (Hg.), Quellen zur neueren Geschichte, Bern 1957, S. 26ff.

1 Fassen Sie den Inhalt der Doktrin zusammen.
2 Erläutern Sie, ausgehend von der Monroe-Doktrin, die Ziele der US-amerikanischen Außenpolitik.

M4 Weltindustrieproduktion 1880–1938 (Anteile in % ausgewählter Länder)

	1880	1900	1913	1928	1938
Großbritannien	22,9	18,5	13,6	9,9	10,7
Vereinigte Staaten	14,7	23,6	32,0	39,3	31,4
Deutschland	8,5	13,2	14,8	11,6	12,7
Frankreich	7,8	6,8	6,1	6,0	4,4
Russland	7,6	8,8	8,2	5,3	9,0
Österreich-Ungarn	4,4	4,7	4,4	–	–
Italien	2.5	2,5	2,4	2,7	2,8

Nach: Paul Kennedy, Aufstieg und Fall der großen Mächte, Fischer, Frankfurt/Main 1989, S. 311.

1 Charakterisieren Sie die Stellung der USA unter den wichtigsten Industriemächten an der Wende vom 19. zum 20. Jahrhundert.

M5 Die Historiker Jürgen Heideking und Vera Nünning über den Aufstieg der USA zur Weltwirtschaftsmacht um 1900, 1998

Die Entwicklung eines marktwirtschaftlichen Systems in Nordamerika darf nicht als rein ökonomisches Faktum betrachtet werden, denn sie hat das politische, soziale und kulturelle Leben der USA tief greifend beeinflusst. Schon in der Kolonialzeit waren die Kaufmannseliten der Küstenstädte fest in das Netzwerk des atlantischen Handelssystems eingebunden, und zwischen Küste und Hinterland fand ein reger Warenaustausch statt. [...] In dem Maße, wie der Atlantik- und Karibikhandel zunahmen, weitete sich auch die Wirtschaftstätigkeit im Landesinnern aus und band die Kolonien enger aneinander. [...]
Im frühen 19. Jahrhundert vollzog sich der Übergang vom agrarischen zum frühindustriellen Kapitalismus sowie der Zusammenschluss regionaler zu überregionalen Märkten. Die in Landwirtschaft und Handel erwirtschafteten Gewinne stimulierten die gewerbliche Produktion [...]
Die zweite Epoche [der Industrialisierung] umspannt die Zeit vom Bürgerkrieg bis zu den 1920er-Jahren, in der – immer wieder durch Wirtschaftskrisen unterbrochen – die vorwiegend städtische Industriegesellschaft Gestalt annahm und ein nationaler Markt entstand. Zunächst wuchs das Gebiet zwischen den Metropolen New York und Chicago zur Großregion „Nordosten" zusammen, in der die Eisen- und Stahlindustrie als Motor der wirtschaftlichen Entwicklung fungierte. Chicago strahlte weit auf das Hinterland aus und wurde mit seinen Schlachthöfen, Getreidesilos und Rohstoffbörsen zum Magneten für den gesamten Mittleren Westen und Westen. Die New Yorker Wall Street symbolisierte den übergreifenden kapitalistischen Markt, der Waren in Geldwerte, Börsenkurse und Austauschbeziehungen umwandelte. Durch den transkontinentalen Eisenbahnbau gelang die Integration des Westens mit seinen reichen Bodenschätzen in die nationalen Marktstrukturen. Zur Signatur des späten 19. Jahrhunderts wurden die großen Unternehmen – Trusts, Corporations, Holdings, Konzerne –, die ganze Wirtschaftszweige von der Rohstoffgewinnung über die Produktion bis zur Werbung und Vermarktung zu monopolisieren versuchten. Sie setzten technische Innovationen rasch in Produkte um und stampften neue Industrien aus dem Boden – die Elektroindustrie, die chemische Industrie und schließlich die Automobilindustrie als Spitzenbranche des beginnenden 20. Jahrhunderts. Das Reservoir an Arbeitskräften wuchs durch den Zustrom von Einwanderern, der in den Jahrzehnten vor dem Ersten Weltkrieg seinen Höhepunkt erreichte. Mit Akkord- und Fließbandsystem zwangen Unternehmer und Manager die Industriearbeiterschaft zu strikter Disziplin. Durch sinkende Preise kam die Produktivitätssteigerung aber allmählich auch den Arbeitern zugute und erlaubte ihnen früher als in Europa eine bescheidene Teilhabe am Konsum.
Dieser Prozess verlief keineswegs reibungslos, sondern war von scharfen Konjunktureinbrüchen, heftigen Arbeitskämpfen und agrarischen Revolten begleitet. Gewerkschaften und Parteien entwickelten aber keine Alternativmodelle zur kapitalistischen Wirtschaft, sondern beschränkten sich zumeist darauf, die Interessen ihrer Mitglieder pragmatisch und im Rahmen der bestehenden Ordnung zu vertreten. Im Zeichen der Industrialisierung wandelte sich jedoch das Verhältnis zwischen Staat und Wirtschaft: Hatten vor dem Bürgerkrieg die Einzelstaaten wichtige ökonomische Impulse gegeben, so übte danach zunächst die Bundesregierung eine stärkere Kontrolle aus. Allmählich setzte sich aber in Politik und Rechtsprechung die Ideologie des *laissez faire*[1] durch, die auf die „natürlichen Gesetze" des Marktes vertraute. In der *Progressive Era*[2] und während des Ersten Weltkriegs erzwangen innerer Reformdruck und äußere Bedrohung

wieder staatliche Interventionen. Im Allgemeinen hielten sich die Bundesregierung und die Staaten jedoch so weit wie möglich aus dem Wirtschaftsgeschehen heraus. Dieser liberalistische Kurs schien in den „goldenen Zwanzigern" Früchte zu tragen, als unter der Ägide der Republikanischen Partei immer neue Produktions- und Umsatzrekorde vermeldet wurden. Die USA präsentierten nach außen das leuchtende Bild einer Gesellschaft, die Freiheit und Wohlstand, Demokratie und Prosperität miteinander verband. Mit ihren Wolkenkratzern, Dollarmillionären und Autofabriken wurden die Vereinigten Staaten geradezu zum Sinnbild des Fortschritts und der Moderne.

Jürgen Heideking/Vera Nünning, Einführung in die amerikanische Geschichte, C. H. Beck, München 1998, S. 30ff.

1 *Laissez faire* (frz.): das Gewährenlassen, Nichteinmischung
2 Reformbewegung in den USA (ca. 1880–1917) gegen soziale Härten der Industrialisierung; sie richtete sich vor allem gegen Monopole, Korruption, Ineffektivität und soziale Ungerechtigkeit

1 Beschreiben Sie anhand von M5 den Weg der USA zur Weltwirtschaftsmacht um 1900.
2 Erörtern Sie, ausgehend von M5, die Bedeutung von Handel und marktwirtschaftlichem System für den Aufstieg der USA zur Weltwirtschaftsmacht.

M7 Alfred T. Mahan über Amerikas Wendung nach außen, 1897

Es fehlt nicht an Anzeichen für einen bevorstehenden Sinneswandel der Amerikaner und ihrer Politik bezüglich ihrer Beziehungen zur Welt außerhalb der eigenen Grenzen. Im letzten Vierteljahrhundert war es das Hauptanliegen [...], den Binnenmarkt der eigenen Industrie zu erhalten. [...] Die unausweichliche Folge war – wie immer, wenn Gedanken und Augen nur in eine Richtung gehen –, dass die Gefahr, anderswo einen Markt zu verlieren, oder die Aussicht, anderswo Vorteile zu erlangen, unbeachtet blieben. Wenn auch die in großen Mengen vorhandenen Rohstoffe unseres Landes die Exportraten hochhielten, ist dies schmeichelhafte Ergebnis mehr der überaus großzügigen Natur zu verdanken als der Nachfrage anderer Nationen nach unseren durch Zölle geschützten Industrieerzeugnissen. [...]
Das interessante und bedeutende Merkmal der sich wandelnden Einstellung ist die Tatsache, dass man seine Augen nun nach außen anstatt nach innen richtet, um den Wohlstand des Landes zu sichern. Die Wichtigkeit entfernterer Märkte und ihrer Beziehungen zu unserer gewaltigen Produktionskraft zu unterstreichen, heißt logischerweise, das verbindende Element zwischen den Produkten und dem

M6 Expansion der USA bis 1917

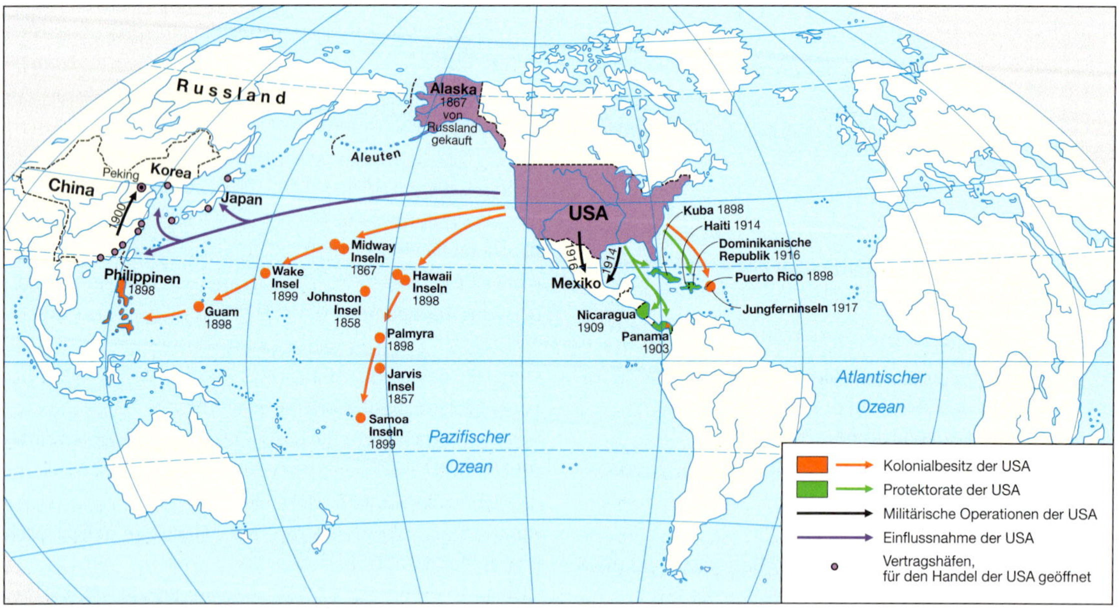

1 Fassen Sie mithilfe der Karte die Hauptstoßrichtungen der US-amerikanischen Expansion zusammen.
2 **Weiterführende Arbeitsanregung/Kartenarbeit:** Informieren Sie sich mithilfe eines Geschichtsatlasses über die Einflussgebiete der Kolonialmächte im ausgehenden 19. und beginnenden 20. Jahrhundert. Erörtern Sie, ausgehend von der Karte, die These, der moderne Imperialismus habe zu einem regelrechten Wettlauf um die Aufteilung der Welt geführt.

Markt, nämlich das Transportsystem, schärfer ins Auge zu fassen. Diese drei Faktoren [Produktion, Seetransport und Absatzmarkt] konstituieren eine Seemacht, der zum Beispiel Großbritannien seinen Reichtum und seine Größe verdankt. [...] Ob sie wollen oder nicht, die Amerikaner müssen nun anfangen, auch nach außen in die Welt zu blicken. Die wachsende Produktion des Landes gebietet das.

Zit. nach: Günter Moltmann (Bearb.), Die Vereinigten Staaten von Amerika von der Kolonialzeit bis 1917, Schöningh, Paderborn 1980, S. 79 f.

1 a) Die USA bedurfte als Welthandelsmacht des militärischen Schutzes. Überprüfen Sie diese These mithilfe von M 7.
b) Erläutern Sie die handelspolitische Bedeutung der US-amerikanischen Weltpolitik. Berücksichtigen Sie M 7, M 9 und M 10.

M 8 Der Spanisch-Amerikanische Krieg 1898

a) US-Präsident William McKinley (1897–1901) über die Prinzipien der amerikanischen Außenpolitik, 1898:

Es ist mein Wunsch, dass während der ganzen [...] Verhandlungen der Zweck und der Geist ständig im Auge behalten werden, womit die Vereinigten Staaten die unwillkommene Notwendigkeit des Krieges akzeptiert haben. Wir griffen zu den Waffen allein im Gehorsam gegenüber den Geboten der Menschlichkeit und in Erfüllung hoher öffentlicher und moralischer Verpflichtungen. Wir hatten keine Absicht auf Vergrößerung und keinen Ehrgeiz nach Eroberung. Während der langen Reihe wiederholter Vorstellungen, die dem Kampf vorangingen und darauf zielten, ihn abzuwenden, und in der schließlichen Entscheidung der Gewalt war dieses Land lediglich durch den Zweck getrieben, leidvolle Unbilligkeiten zu erleichtern und langwährende Verhältnisse zu beseitigen, die seine Ruhe störten, die den moralischen Sinn der Menschheit empörten und die nicht länger zu ertragen waren. Es ist mein ernstlicher Wunsch, dass die Vereinigten Staaten beim Friedensschluss die gleiche hohe Verhaltensregel befolgen, die sie angesichts des Krieges geleitet hat. Sie sollten bei der abschließenden Übereinkunft ebenso gewissenhaft und großmütig sein, wie sie in ihrem anfänglichen Handeln gerecht und human waren. [...] Wir glauben, dass dem wahren Ruhm und den dauernden Interessen des Landes am sichersten gedient werde, wenn eine gewissenhaft übernommene selbstlose Pflicht und ein ehrenvoll errungener bemerkenswerter Triumph durch ein Beispiel der Mäßigung, der Zurückhaltung und der Vernunft im Sieg gekrönt wird, das sich am besten mit den Traditionen und dem Wesen unserer aufgeklärten Republik verträgt.
Unser Ziel bei der Regelung des Friedens sollte auf dauernde Ergebnisse und die Herbeiführung des allgemeinen Wohls unter den Forderungen der Zivilisation anstatt auf ehrgeizige Absichten gerichtet sein. [...] Die Räumung der westlichen Hemisphäre durch Spanien war eine gebieterische Notwendigkeit. [...] Es bedeutet keine kleinliche Bezugnahme auf unseren Feind von gestern, sondern einfach eine Anerkennung der offenkundigen Lehren der Geschichte, wenn man sagt, es vertrage sich nicht mit der Zuversicht auf einen dauernden Frieden auf und nahe unserem Gebiet, wenn die spanische Flagge auf dieser Seite des Meeres bliebe.

Zit. nach: Herbert Strauß (Bearb.), Botschaften der Präsidenten der Vereinigten Staaten von Amerika zur Außenpolitik, Lang, Bern 1957, S. 73 f.

b) Der Historiker Christof Mauch über Ursachen und Folgen des Krieges, 2008:

Unter Präsident William McKinley, der 1897 sein Amt antrat, gewannen die Befürworter einer Politik, die die Segnungen der amerikanischen Zivilisation auch jenseits der Grenzen der USA verbreiten wollten, spürbar an Einfluss. Zum Durchbruch imperialistischer Interessen kam es allerdings nicht geplant, sondern eher spontan, und zwar als Folge der amerikanischen Empörung über den Imperialismus einer anderen Macht: den der Spanier.
In der zweiten Hälfte des 19. Jahrhunderts hatten die nur wenige Schiffsstunden von den USA entfernten Kubaner mehrfach gegen die spanische Herrschaft rebelliert. 1895 kam es im Gefolge eines gewaltigen Aufstands zur krisenhaften Zuspitzung der Lage und zur Ausrufung einer provisorischen Regierung durch die Rebellen. Die Spanier verweigerten den Kubanern die Autonomie, denn keine Regierung in Madrid hätte es sich leisten können, einen der letzten Ausläufer des einst so stolzen 400 Jahre alten Kolonialreiches konfliktlos aufzugeben. Stattdessen sandten die Spanier nicht weniger als 150 000 Soldaten zur „Befriedung" der Situation auf die karibische Zuckerinsel. [...] Für die US-Unternehmen und Geschäftsleute, die mehr als 50 Millionen Dollar in Kuba investiert hatten und intensivere Handelsbeziehungen mit der Insel unterhielten als die Spanier, war der Ausgang des Konflikts von nicht geringer Bedeutung. Immer mehr Stimmen sprachen sich deshalb gegen den Isolationismus eines Präsidenten aus [...]. Die diplomatischen Beziehungen zwischen Washington und Madrid hatten sich bereits drastisch verschlechtert, als das amerikanische Schlachtschiff Maine zum Schutz amerikanischer Bürger und ihres Eigentums im Hafen der kubanischen Hauptstadt einlief und am 15. Februar 1898 nach einer Explosion sank. Fast 80 Jahre nach dem Unglück fanden Wissenschaftler heraus, dass ein Maschinenschaden der Auslöser für die Explosion war, die mehr als 250 Matrosen in den Tod riss. Die Zeitgenossen hatten dagegen keinen Zweifel daran, dass die Spanier eine Bombe gelegt hatten. McKinley fürchtete, dass die USA für einen Krieg nicht gerüstet seien, aber die Massenblätter von William Randolph Hearst und Joseph Pulitzer heizten die anti-spanische Stimmung in der amerikanischen Bevölkerung an. [...]

Am 11. April 1898 ließ sich McKinley vom Kongress die Ermächtigung zur Anwendung militärischer Gewalt geben. Als Begründung nannte er die Verletzung der Menschenrechte auf Kuba, die Gefahr für die dort lebenden amerikanischen Staatsbürger, die Schädigung der amerikanischen Wirtschaftsinteressen und die allgemeine Bedrohung des Friedens und der Sicherheit. [...]
Mit nur zwölf Kriegsschiffen gelang es den Amerikanern, die gesamte spanische Flotte, die es kaum über den Atlantik geschafft hatte und sich in erbärmlichem Zustand befand, zu zerstören. Nur ein einziger amerikanischer Matrose kam dabei ums Leben. Der Krieg im Atlantik, der bis zum Waffenstillstand im August 1898 insgesamt nur vier Monate dauerte, erwies sich in den Worten US-Außenministers John Hays als ein „glänzender kleiner Krieg". Er war kostengünstig, hatte in krassem Gegensatz zum Amerikanischen Bürgerkrieg nur wenige Menschenleben gefordert, und manche Zeitgenossen nannten ihn sogar „zivilisiert". Kuba war frei [...]. Während sich Spanien vom Schock der Niederlage jahrzehntelang nicht erholte, gewannen die USA, die nicht nur in Kuba einmarschierten, sondern auch einen erfolgreichen Überraschungsschlag gegen die spanischen Philippinen führten, neue Territorien im Atlantik und Pazifik hinzu: Puerto Rico, die Philippinen und Guam. Dies machte die Vereinigten Staaten zu einer Art Kolonialmacht in Asien. [...] Die USA hatten sich ohne Zweifel zu einer der „großen Mächte" der Welt entwickelt.

Christof Mauch, Die 101 wichtigsten Fragen. Amerikanische Geschichte, C. H. Beck, München 2008, S. 65–67.

1 Analysieren Sie die offizielle Darstellung der US-amerikanischen Außenpolitik (M 8 a).

2 Überprüfen Sie diese anhand des Sekundärtextes (M 8 b) und nehmen Sie Stellung.

M9 Die amerikanische „Open door Policy"

a) Note des US-Außenministers John Hay vom 6. Sept. 1899 über die 1899/1900 formulierte „Politik der offenen Tür" in China:

[Die USA schlagen vor], dass jede [Nation] innerhalb ihrer jeweiligen wie immer gearteten Einflusssphäre

1. in keiner Weise sich in irgendeinem Vertragshafen oder in irgendwelche wohl erworbenen Rechte innerhalb einer sogenannten „Interessensphäre" oder eines Pachtgebietes, das sie in China haben mag, einmischen wird.

2. Dass der gegenwärtige vertragliche chinesische Zolltarif auf alle Handelsware angewandt werden soll, die in allen Häfen entladen oder dorthin befördert wird, welche in den erwähnten „Interessensphären" liegen (wenn sie nicht „Freihäfen" sind), gleichgültig welcher Nationalität sie gehört, und dass die demgemäß zu erhebenden Zölle durch die chinesische Regierung einzuziehen sind.

3. Dass sie von Schiffen fremder Nationalität, die einen Hafen in einer solchen „Sphäre" anlaufen, keine höheren Hafengebühren erheben wird als von den Schiffen eigener Nationalität und bei innerhalb ihrer „Sphäre" gebauten, kontrollierten oder betriebenen Linien keine höheren Eisenbahntarife für Handelsware, die Bürgern oder Untertanen anderer Nationalitäten gehört und durch diese „Sphäre" transportiert wird, als für ähnliche Waren erhoben werden, die eigenen Staatsangehörigen gehören und über gleiche Strecken befördert werden.

Zit. nach: Erich Angermann, Der Aufstieg der Vereinigten Staaten von Amerika 1607–1914, Klett, Stuttgart 1965, S. 52.

b) Aus einem Schreiben von Präsident Theodore Roosevelt (Präs. 1901–1909) über seine Erfahrungen in der Fernostpolitik vom 22. Dezember 1910:

Unser vitales Interesse ist es, Japan von unserem Land fernzuhalten und gleichzeitig seinen guten Willen zu erhalten. Das vitale Interesse Japans dagegen liegt in der Mandschurei und Korea. Es ist deshalb von besonderem Interesse für uns, in Sachen Mandschurei keine Schritte zu unternehmen, die Japan [...] das Gefühl geben könnten, dass wir dem Land gegenüber feindselig eingestellt sind oder dass wir, wenn auch nur eine geringfügige, Gefahr für seine Interessen darstellen. Ein Bündnis mit China bedeutet angesichts der absoluten militärischen Hilflosigkeit des Landes für uns keine zusätzliche Stärke, sondern eine zusätzliche Verpflichtung, die wir uns aufbürden; und da ich die Politik des Bluffs völlig ablehne, sowohl in der nationalen als auch in der internationalen Politik als auch im Privatleben, und es auch ablehne, die alte Grenzerregel ‚Zieh nie [den Colt], wenn Du nicht schießen willst' zu verletzen, halte ich es für falsch, Positionen zu beziehen, die wir nicht verteidigen können.
Was die Mandschurei anbetrifft, so können wir Japan nicht stoppen, wenn es einen unseren Interessen entgegengesetzten Kurs einschlägt, falls wir nicht zum Kriege bereit sind; und ein erfolgreicher Krieg um die Mandschurei würde von uns eine Flotte so groß wie die englische und eine Armee so stark wie die deutsche verlangen. Die Politik der „offenen Tür" in China war eine gute Sache, und ich hoffe, sie wird es in Zukunft bleiben, solange sie durch allgemeines diplomatisches Übereinkommen gesichert werden kann; aber wie die Geschichte der Mandschurei sowohl unter Russland als auch unter Japan gezeigt hat, verschwindet die ganze Politik der „offenen Tür" de facto völlig, wenn eine mächtige Nation entschlossen ist, sie zu missachten, und lieber ein Kriegsrisiko eingeht als ihre Absichten aufzugeben.

Zit. nach: Detlev Junker, Power and Mission. Was Amerika antreibt, Herder, Freiburg i. Breisgau 2003, S. 36 f.

1 Erläutern Sie den Begriff der „Open door Policy". Bestimmen Sie dabei vor allem die Methoden der US-amerikanischen Außenpolitik gegenüber China.

M 10 Die Historiker Jürgen Heideking und Christof Mauch über die US-amerikanische Politik gegenüber Lateinamerika und in der Karibik, 2008

Der Panamakanal in Verbindung mit der Monroe-Doktrin machte die Karibik im Verständnis vieler Amerikaner endgültig zum „Vorgarten" oder „Hinterhof" der USA. Ökonomische Durchdringung und politische Einflussnahme gingen hier Hand in Hand, und die Hemmschwelle für militärische Zwangsmaßnahmen begann zu sinken. Das bekamen als Erste die Kubaner zu spüren [...]. Das von Kriegsminister Elihu Root verfasste *Platt Amendment*, das die Kubaner 1901 in ihre Verfassung aufnehmen mussten, legte fest, dass alle völkerrechtlichen Verträge, die Kuba abschloss, der Genehmigung durch den amerikanischen Kongress bedurften. Darüber hinaus wurden die USA ermächtigt, militärisch einzugreifen, wenn sie die territoriale Integrität oder die innere Ordnung der Insel für gefährdet erachteten; und schließlich durfte die U.S. Navy den Stützpunkt Guantánamo unterhalten (was sie heute noch tut). Obgleich die USA also offiziell die Unabhängigkeit Kubas anerkannten, errichteten sie faktisch ein Protektorat über die Insel, das durch die einflussreiche Rolle amerikanischer Landbesitzer, Geschäftsleute und Konzerne noch verstärkt wurde. Dieser halbkoloniale Status provozierte fast zwangsläufig Widerstand, den die USA mehrfach mit militärischen Interventionen beantworteten. Erst 1922 verließen die letzten amerikanischen Besatzungstruppen die Insel, und 1934 hob der Kongress das *Platt Amendment* [...] offiziell auf. Besonders empfindlich reagierten die USA auf Aktionen, die sie als Missachtung der Monroe-Doktrin verstanden. Das erfuhren Engländer, Deutsche und Italiener, als sie 1902 die Regierung von Venezuela [...] durch eine gemeinsame Flottenexpedition zur Anerkennung ihrer Schulden zwingen wollten. Vor Roosevelts Drohung, notfalls die Flotte einzusetzen, wichen sie zurück und fanden sich mit einem Schiedsgericht ab. [...] Um ähnlichen Zwischenfällen vorzubeugen und den Europäern jeden Vorwand für Strafaktionen in der Karibik zu nehmen [...], verkündete Roosevelt im Dezember 1904 seine sog. „Ergänzung" (*corollary*) zur Monroe-Doktrin. [...]

[D]ie USA [übten] bis zum Eintritt in den Weltkrieg wiederholt die von Roosevelt reklamierte „Polizistenrolle" aus [...]. Roosevelts Nachfolger William Howard Taft verlegte sich stärker auf die sog. *Dollar Diplomacy*, die eine wechselseitige Unterstützung von U.S.-Regierung und im Ausland tätigen amerikanischen Konzernen, etwa der 1899 gegründeten *United Fruit Co.*, beinhaltete. Demgegenüber setzte Präsident Wilsons Außenminister William J. Bryan seine Hoffnungen auf die panamerikanische Bewegung, die sich seit Ende der 1880er-Jahre auf Kongressen um politische Einigkeit und wirtschaftliche Zusammenarbeit bemühte. [...] Andererseits waren Bryan und Wilson nicht minder von der Überlegenheit des amerikanischen politischen Systems und vom zivilisatorischen Auftrag der USA überzeugt als Roosevelt und Taft. Bei dieser Einstellung fiel es ihnen nicht schwer, Rechtfertigungsgründe für die Einmischung in die Mexikanische Revolution und für die Fortsetzung der Interventionspolitik in der Karibik zu finden. [...] Es ist kaum möglich, die verschiedenen Motive der Lateinamerikapolitik in dieser Periode sauber auseinanderzuhalten. Im Grunde ging es den Verantwortlichen in Washington immer um eine umfassende Wahrung der nationalen Interessen, wobei militärische Sicherheitsüberlegungen, wirtschaftliche Profitgesichtspunkte und spezifische Vorstellungen von politischer Entwicklung und sozialem Fortschritt ineinandergriffen.

Jürgen Heideking/Christof Mauch, Geschichte der USA, 6. Aufl., A. Francke, UTB, Tübingen 2008, S. 201–203.

1 Arbeiten Sie die Grundlinien der US-Außenpolitik gegenüber Lateinamerika und der Karibik nach dem Spanisch-Amerikanischen Krieg von 1898 heraus.

M 11 Aus der Botschaft des Präsidenten Theodore Roosevelt vom Dezember 1904, dem „Roosevelt-Zusatz" zur Monroe-Doktrin (1928 widerrufen)

Wenn eine Nation zeigt, dass sie vernünftig und mit Kraft und Anstand in sozialen und politischen Fragen zu handeln versteht, dass sie Ordnung hält und ihre Schulden bezahlt, dann braucht sie keine Einmischung vonseiten der Vereinigten Staaten zu befürchten. Ständiges Unrechttun oder ein Unvermögen, welches hinausläuft auf eine Lockerung der Bande der zivilisierten Gesellschaft, mag in Amerika wie anderswo schließlich die Intervention durch irgendeine zivilisierte Nation fordern und in der westlichen Hemisphäre mag das Festhalten der Vereinigten Staaten an der Monroe-Doktrin sie in flagranten Fällen solchen Unrechttuns oder Unvermögens, wenn auch wider ihren Willen, zur Ausübung einer internationalen Polizeigewalt zwingen. [...] Wir würden nur im äußersten Falle bei ihnen [den lateinamerikanischen Staaten] eingreifen, und nur dann, wenn es offenkundig würde, dass ihre Unfähigkeit oder ihre Abneigung, im Innern und nach außen Recht zu üben, die Rechte der Vereinigten Staaten verletzt hätte oder eine fremde Aggression zum Schaden der Gesamtheit der amerikanischen Nationen herausgefordert hätte. Es ist nichts als eine Binsenwahrheit zu sagen, dass jede Nation, in Amerika und anderswo, die ihre Freiheit, ihre Unabhängigkeit aufrechtzuerhalten wünscht, sich am Ende darüber ganz klar sein muss, dass das Recht solcher Unabhängigkeit nicht getrennt sein kann von der Verantwortung, einen guten Gebrauch von ihr zu machen.

Zit. nach: Historisches Seminar der Universität Bern (Hg.), Quellen zur neueren Geschichte, Bern 1957, S. 76 f.

1 Erläutern Sie, welchen Wandel der Roosevelt-Zusatz zur Monroe-Doktrin bewirkte.

Historische Urteile vergleichen

Kontroversen gibt es in jeder Wissenschaft. Sie sind nicht grundsätzlich negativ zu bewerten, sondern beleben in vielen Fällen die Forschung. Aber bei historischen Auseinandersetzungen geht es häufig um weit mehr als um das Anregen wissenschaftlicher Neuerungen. Debatten unter Historikern besitzen oft eine große **Bedeutung für Politik und Gesellschaft der Gegenwart**. Historische Aussagen können als „politisches Argument" benutzt werden, um aktuelle gesellschaftspolitische Ziele zu untermauern. Außerdem werden historische Aussagen selbst durch die moralischen, politisch-sozialen und ideologischen Überzeugungen des jeweiligen Geschichtswissenschaftlers mitgeprägt. Ein entschiedener Anhänger der innerbetrieblichen Mitbestimmung wird Industriegeschichte anders schreiben als ein Gegner der Mitbestimmung. Es gehört daher zu den zentralen Kompetenzen des Geschichtsunterrichts in der Oberstufe, verschiedene Deutungen der Vergangenheit fach- und sachgerecht zu analysieren, zu vergleichen und zu beurteilen. Die Auseinandersetzung mit kontroversen Texten der Geschichtswissenschaft bzw. der politischen Publizistik zu historischen Ereignissen, Prozessen oder Epochen kann dazu einen entscheidenden Beitrag leisten.
Der Aufstieg der USA zur Handels- und Weltmacht im ausgehenden 19. und beginnenden 20. Jahrhundert hat von Anfang an unter Politikern, Historikern und Politikwissenschaftlern kontroverse Debatten hervorgerufen. Ein Grund dafür liegt darin, dass die Fragestellungen, Erklärungsversuche und Urteile vieler Politiker und Wissenschaftler **durch politisch-moralische Annahmen mitgeprägt** wurden und werden. Die einen schenken den guten Absichten Glauben, die Präsidenten, Senatoren oder andere beratende Persönlichkeiten zur Begründung ihrer außenpolitischen Entscheidungen äußerten. Andere dagegen zeigen sich misstrauisch und skeptisch gegenüber der Machtentfaltung der USA als Weltmacht und vermuten, dass wirtschaftliche und machtpolitische Interessen sowie ideologische Überzeugungen dahinterstehen.

Arbeitsschritte

1. Vorbereitung der Diskussion (Aufgabenverteilung)

1.1 Referatsgruppe mit zwei bis drei Kursteilnehmern:
- Vorbereitung auf die Vorstellung des historischen Gegenstandes (Skizzierung wesentlicher Aspekte) sowie der Historikerpositionen (Auswahl zentraler Gesichtspunkte der Quellenanalyse)
- Erstellung eines Handouts, das allen Kursteilnehmern zur Verfügung gestellt wird

1.2 „Moderatoren"-Gruppe mit zwei Kursteilnehmern:
- Vorbereitung auf die „Rolle" der Diskussionsleitung

2. Präsentation des Themas und der Positionen durch die Referatsgruppe

2.1 Vorstellung des historischen Gegenstandes:
- Über welches geschichtliche Ereignis, welchen Konflikt, welche historische Epoche bzw. Prozesse wird debattiert?

2.2 Vorstellung der Historikerpositionen:

Formale Aspekte (Auswahl):
- Wer sind die Autoren?
- Wann sind die Texte entstanden bzw. veröffentlicht worden?
- Um welche Texte handelt es sich?

Inhaltliche Merkmale (Auswahl):
- Welche Positionen werden vertreten?
- Mit welchen Argumenten begründen die Autoren ihre Positionen?

3. Durchführung der Diskussion unter Leitung der Moderatoren

3.1 *Vergleich der Texte:*
- Welche Aspekte sind für den Vergleich geeignet?
- Welche Unterschiede und Gemeinsamkeiten zeigen die Texte?

3.2 *Bewertung der wissenschaftlichen Positionen:*
- Welche Position ist aus welchen Gründen überzeugender (z. B. aufgrund einer logischen und widerspruchsfreien Argumentation)?
- Werden Gesichtspunkte des Themas von den Autoren kaum oder gar nicht berücksichtigt?
- Welche Rolle spielt die Entstehungszeit der Texte? Welche Überzeugungen, Interessen oder Absichten lassen die Autoren in die Texte einfließen?

3.3 *Selbstständige Urteilsbildung (Unterscheidung zwischen Sach- und Werturteil)*
- Welche Perspektiven und welche Betrachtungsebenen sind auf der Ebene des historischen Gegenstandes im Hinblick auf die Fragestellung für die Urteilsbildung geeignet? *(Sachurteil)*
- Welche begründete Stellungnahme lässt sich aus heutiger Perspektive zu der Fragestellung formulieren? *(Werturteil)*

Diskussion kontroverser Texte über Motive und Ziele des US-amerikanischen Imperialismus

M1 Der Historiker Hans-Ulrich Wehler, 1984

Seit 1898/99 besaßen die Vereinigten Staaten eigene Kolonien, die Philippinen und Puerto Rico, ein faktisches Protektorat über Kuba, die Vorherrschaft in der Karibik, die Hegemonialstellung in der gesamten „Westlichen Hemisphäre“ und nicht zuletzt eine anerkannte, vorteilhafte Position im Kampf um den Chinahandel und eventuell die Aufteilung des Reichs der Mitte. Daher kann man seit dieser Zeit die Vereinigten Staaten zweifellos eine Weltmacht nennen, das haben auch die Zeitgenossen bereits getan. Nach dem gewaltigen Kontinentalreich der russischen Herrscher tauchte damit die zweite der großen Flügelmächte auf, welche die globale Vorherrschaft Europas innerhalb kurzer Zeit beenden sollte.

Dieser wegen seines Tempos Staunen erregende Aufstieg der Vereinigten Staaten zur Weltmacht hing unauflöslich mit dem dynamischen Wachstum der amerikanischen Industrie und der kommerzialisierten Landwirtschaft insbesondere seit dem Bürgerkrieg zusammen. Dieses unregelmäßige, aber anhaltende Wachstum mit seinen schweren Einbrüchen während der Depressionsphasen von 1873 bis 1879, 1882 bis 1886 und 1893 bis 1896 erhöhte den funktionalen Wert der Außenmärkte. Es förderte auch den Ruf nach staatlicher Unterstützung und brachte nicht anders als in Europa die frühe Gestalt des modernen Interventionsstaats hervor, der u.a. mithilfe der kommerziellen und schließlich auch der kolonialen Expansion die im Inneren aufgestauten ökonomischen, sozialen und politischen Probleme zu bewältigen versuchte. Die älteren expansionistischen Traditionen des Landes vom früh übernommenen britischen Merkantilismus über die *„Manifest-destiny“*-Idee bis hin zum *„Continentalism“* haben den Übergang zum modernen Imperialismus begünstigt. Rechtfertigungsideologien wie die einer Hegemonialstellung in der „Westlichen Hemisphäre“, der Unabdingbarkeit einer jeweils neuen „Frontier“ auch in Übersee, der politischen Unfehlbarkeit des „Neuen Zion“ haben sich mit neuen ideologischen Strömungen wie dem Sozialdarwinismus und der kolonisatorischen Sendungsaufgabe der angelsächsischen Amerikaner verbunden, um die verschiedenen Spielarten der Expansion zu legitimieren. Überwiegend war es jedoch ein nüchternes Interessenkalkül – entwickelt im Horizont der jeweiligen Zeit, ihrer Denk- und Handlungsmöglichkeiten –, das sich im Entscheidungsprozess durchsetzte. Die amerikanische *„Power Elite“* hat mit schwer zu übertreffender Klarheit den unauflöslichen Zusammenhang zwischen ökonomischer Prosperität, sozialer Stabilität und politischer Funktionstüchtigkeit des Verfassungssystems erkannt – und wo immer möglich nach dieser Einsicht gehandelt. Ihre Mitglieder teilten einen fest verankerten ideologischen Konsens über die innere Notwendigkeit der Expansion, der nach ihrer Auffassung keine überlegene Alternative gegenüberstand. Anhaltenden Streit dagegen gab es über Taktik und Methode: ob trotz der antikolonialistischen Traditionen des Landes dennoch Kolonialherrschaft geboten sei oder ob informelle Herrschaft in ihren verschiedenen Abstufungen und Gradierungen erhalten bleiben könne. Nach Möglichkeit orientierte sich die Machtelite am Imperativ des *„Informal Empire“*, da die militärischen, finanziellen und politischen Belastungen von Kolonien nur zu deutlich erkennbar waren.

Unter scharfem Konkurrenzdruck und getragen von der Überzeugung, dass langfristig dominierende Interessen es geböten, konnte aber auch der Übergang zur Kolonialherrschaft erfolgen, wie das 1898/99 in der Karibik, auf den Philippinen und Samoa der Fall war. [...]
Im Grunde trug ein breiter überparteilicher [...] Konsens die Expansionspolitik bis hin zur Kolonialherrschaft. Eine kleine, aktive Minderheit opponierte gegen Kolonien, befürwortete jedoch auch einen kraftvollen Freihandelsimperialismus. Das Leitbild der „Offenen Tür" blieb nach 1899 weiterhin für die amerikanische Außenpolitik verbindlich, Kolonien galten nicht als Zweck an sich, sondern als vorübergehend notwendiges, unumgängliches Zwischenspiel. Nach einer Zeitspanne von nur einer Generation wurden z. B. die Philippinen in die Unabhängigkeit entlassen, längst ehe die Dekolonisationspolitik nach dem Zweiten Weltkrieg das Ende der europäischen Kolonialherrschaft besiegelte.

Hans-Ulrich Wehler, Grundzüge der amerikanischen Außenpolitik 1750–1900, Suhrkamp, Frankfurt/Main 1984, S. 216–218.

M2 Der Politologe Christian Hacke, 1997

Die USA wurden zum Beispiel moderner Staatengründung: demokratisch in der Struktur und interessiert am Wohlergehen anderer Völker, wenn es Amerikas Interessen entspricht. [...]
Amerikas Ausdehnung und Aufstieg fand anfangs widerwillig statt. Durch die Insellage und Weitläufigkeit des Kontinents, den Schutz durch zwei Ozeane und ohne Grenzprobleme im Norden konnten die Menschen den reichen nordamerikanischen Kontinent von Meer zu Meer durchdringen. Mit dem Erwerb Alaskas, der Gründung von Protektoraten auf den Philippinen und in der Karibik wie auch in Mittel- und Lateinamerika, durch Besitznahme Hawaiis und durch den Bau des Panamakanals begründeten die USA ein informelles Imperium, das über ihre kontinentalen Grenzen weit hinausreicht. Es gibt keinen Staat in der Geschichte, der so mühelos und schnell den Weg zu einer beherrschenden Stellung in der Weltpolitik zurückgelegt hat wie die USA.
Im Prozess der industriellen Revolution und auf der Grundlage angelsächsischer Tradition entstand eine dynamische Wirtschaftsdemokratie, die alle anderen Mächte herausforderte. Die USA wurden zum Experiment einer optimistischen Geisteshaltung und zum Bahnbrecher neuer technologischer Entwicklungen. Aber erst zu Beginn des 20. Jahrhunderts wurden die USA zur Weltmacht. Dafür waren sie prädestiniert, waren aber nicht darauf vorbereitet. Schließlich nahmen sie diese Rolle zum Teil widerstrebend an. Während sich die europäischen Großmächte zu Beginn des 20. Jahrhunderts im Kampf gegeneinander aufrieben, schufen im Zuge einer neuen isolationistischen Pause in der Zwischenkriegszeit die USA die Voraussetzungen für ihre Weltmachtrolle in der zweiten Hälfte des 20. Jahrhunderts.
In wenigen Jahrzehnten, vom Ende des 19. bis zu den Vierzigerjahren des 20. Jahrhunderts, fand ein außenpolitischer Wandel statt, der Sprung von einer zweitrangigen Macht zur Weltmacht. Dabei ließen die USA den Status der klassischen Imperialmacht aus. Sie beteiligten sich weder an der Aufteilung Afrikas noch an kolonialen Eroberungen im Nahen Osten oder am Wettlauf um die Anteile des desintegrierten Reiches der großen Mitte: China. Die Vereinigten Staaten von Amerika gingen andere, vor allem handelspolitische Wege. Im Wissen um ihre wirtschaftliche Kraft wollten die USA vor allem wirtschaftlich in der Welt dominieren. Dabei war der Schutz durch die englische Flotte Vorbedingung. Die USA errichteten ein informelles Imperium mithilfe Großbritanniens. Erst als die USA stark genug waren, bezwangen sie den weltpolitischen Rivalen und drangen mit nichtmilitärischen Mitteln erfolgreich in dessen zerfallenes Weltreich ein. Amerikas Politiker predigten gern das Evangelium kolonialer Emanzipation, während sie informell britischen Kolonialbesitz übernahmen: „Wenn sich jemals in der Geschichte eine großzügige Politik bezahlt gemacht hat, ist es in dem Verhältnis Englands zu den USA der Fall gewesen. Ohne sichtbare Gegenleistungen hatte England die USA an den Segnungen der *Pax Britannica* teilhaben lassen und den Amerikanern gestattet, in der westlichen Hemisphäre die erste Geige und in Ostasien eine hervorragende Rolle zu spielen. England hatte es auf sich genommen, die Wellen zu beherrschen, das europäische Gleichgewicht zu garantieren und englischer Sprache und Kultur Weltgeltung zu verschaffen. Die USA waren die Nutznießer dieser Entwicklung."
Als stiller Teilhaber der englischen Weltgeltung nutzten die USA den schwindenden Einfluss Englands im 20. Jahrhundert zunehmend zum eigenen Vorteil. Schon in der Zeit zwischen dem Ersten und Zweiten Weltkrieg waren die USA zur potenziellen Weltmacht geworden. Vor allem mit Blick auf Lateinamerika baute Franklin D. Roosevelt die Interessen der USA durch seine Politik der guten Nachbarschaft aus. Im Zuge der faschistischen und kommunistischen Bedrohung wurden die USA zur zupackenden Weltmacht. Truman setzte den Grundstein für antikommunistisches Engagement. In den folgenden Jahrzehnten ergriffen die USA ihre Weltmission schließlich mit ganzer Kraft.

Christian Hacke, Zur Weltmacht verdammt. Die amerikanische Außenpolitik von Kennedy bis Clinton, Propyläen, Berlin 1997, S. 47–49.

Zu 2: Handout zur Präsentation

Historische Urteile vergleichen: Motive und Ziele des US-amerikanischen Imperialismus
Historischer Gegenstand: US-Außenpolitik im Zeitalter des Imperialismus
Informationen zum historischen Kontext finden Sie auf S. 205 ff.
Historikerpositionen:

M 1

Formale Aspekte (Auswahl):
Autor: Hans-Ulrich Wehler, Historiker
Entstehungszeit: 1984
Textart: Auszug aus wissenschaftlicher Monografie

Inhaltliche Aspekte (Auswahl):
Position:

Die USA stiegen innerhalb sehr kurzer Zeit zur Weltmacht auf. Die imperialistische Expansion wurde aus nüchternem Interessenkalkül bewusst und planmäßig vom Staat vorangetrieben. Koloniale Expansion war für den modernen amerikanischen Interventionsstaat ein Mittel zur Bewältigung wirtschaftlicher, gesellschaftlicher und politischer Probleme. Neue Außenmärkte sollten z. B. den Absatz für die rasch wachsende Industrie und Landwirtschaft sichern. Die imperialistische Expansion legitimierten die USA u. a. mit traditionellen Argumenten wie dem Hinweis auf die *„Manifest destiny"* sowie durch Sendungsbewusstsein und Sozialdarwinismus. Es gab einen breiten überparteilichen Konsens hinsichtlich der imperialistischen Expansion, wobei Formen der informellen Herrschaft bevorzugt wurden. Aber auch direkte Kolonialherrschaft wurde, wenn unumgänglich, hingenommen.

Argumentation:

- Weltmachtstatus seit 1898/99 aufgrund von Einfluss und Macht in verschiedenen Teilen der Welt in unterschiedlichen Formen: von Kolonien, Protektoraten über die Hegemonialstellung in der „westlichen Hemisphäre" bis zu vorteilhaften handelspolitischen Positionen etwa in China.
- Dynamisches Wirtschaftswachstum und die dadurch bedingte Suche nach neuen Absatzmärkten begründeten den Aufstieg zur Weltmacht.
- Wachstum mit Einbrüchen erhöht Wert von Außenmärkten zur kommerziellen und kolonialen Expansion für Ableitung von innerem Druck.
- Ältere Traditionen begünstigten modernen Imperialismus, neuere Ideen wie Sozialdarwinismus und hegemoniales Sendungsbewusstsein traten als Legitimierung hinzu.
- Nüchterne Interessenabwägung war entscheidend für Expansion und entschied letztlich über die Form der Herrschaft; geringere politische, militärische, finanzielle Belastung sprach für *informal empire* statt für Kolonialherrschaft.
- Kolonialherrschaft wurde von der US-Machtelite zur Sicherung langfristiger Interessen akzeptiert und benutzt; die Machtelite sah keine überlegene Alternative zu imperialistischer Weltpolitik.
- In der öffentlichen Begründung galt Kolonialherrschaft als vorübergehendes unumgängliches Zwischenspiel.
- USA beendeten Kolonialherrschaft früh.

M 2

Formale Aspekte (Auswahl):
Autor: Christian Hacke, Politologe
Entstehungszeit: 1997
Textart: Auszug aus wissenschaftlicher Monografie

Inhaltliche Aspekte (Auswahl):
Position:

Der Aufstieg der USA zur Weltmacht bietet ein eindrucksvolles Beispiel für eine demokratische Staatengründung und eine Außenpolitik, die die Interessen anderer Völker berücksichtigt – vorausgesetzt, sie widersprechen nicht den eigenen Interessen. Der schnelle und mühelose Aufstieg der USA zur Weltmacht darf nicht darüber hinwegtäuschen, dass Amerika ungewollt Weltmacht wurde, der Entschluss zur Weltpolitik eher zögerlich gefasst wurde. Die USA vermieden bei ihrem weltpolitischen Aufstieg den Status einer klassischen Imperialmacht, denn sie beteiligten sich nicht an der kolonialen Aufteilung der Welt. Sie setzten auf wirtschaftliche Vorherrschaft und schufen ihr informelles Imperium mithilfe und auf dem Rücken Großbritanniens.

Argumentation:

- Die USA waren für die Weltmachtrolle prädestiniert, aber nicht vorbereitet; sie akzeptierten den Weltmachtstatus widerstrebend; erst mit der Bekämpfung der faschistischen und kommunistischen Bedrohung im 20. Jahrhundert betrieben die USA aktive Weltmachtpolitik.
- Angelsächsische Tradition war Grundlage für dynamische Wirtschaftsdemokratie.
- USA standen und stehen für eine optimistische Geisteshaltung und technologischen Fortschrittsglauben, auf dem ihre weltweite wirtschaftliche Dominanz beruht.
- Die USA verzichteten auf klassischen Imperialismus, hatten also keine Kolonien.
- Die USA nutzten Großbritannien als Türöffner bei ihrer Weltpolitik; als stiller Teilhaber übernahmen sie erfolgreich das zerfallende Empire, ohne offiziell Kolonialpolitik zu betreiben.

Zu 3: Durchführung der Diskussion unter Leitung der Moderatoren

3.1 Vergleich der Texte
Mögliche Vergleichsaspekte:
- Begründung des Aufstiegs
- Bewertung des Weltmachtstatus
- Einschätzung von informeller Herrschaft und Kolonien

3.2 Bewertung der Positionen der Autoren
Mögliche Aspekte:
- Begründete Stellungnahmen zu den Auffassungen der Autoren, z. B. hinsichtlich der Überzeugungskraft der Argumentationen
- Erweiterung der Diskussion um wenig oder unberücksichtigte Gesichtspunkte, z. B.
  - Reaktion der betroffenen Völker in den Kolonien auf die US-Herrschaft
  - Reaktion der übrigen Kolonialmächte auf amerikanische Weltpolitik

3.3 Selbstständige Urteilsbildung (Unterscheidung zwischen Sach- und Werturteil):
- Mögliche Perspektiven: Sicht der Europäer und der Völker in den Gebieten, die die USA politisch oder wirtschaftlich beherrschten; Sicht der US-amerikanischen Gegner des Imperialismus
- Mögliche Betrachtungsebenen: z. B. Politik und Wirtschaft, Gesellschaft und Kultur
- Transfer: Vergleich mit anderen imperialistischen Staaten, z. B. Großbritannien, Deutschland, Frankreich oder Russland

Schriftliche Quellen vergleichen

Bei der Auswertung schriftlicher Quellen muss der Historiker Korrektheit, Herkunft sowie inhaltliche Zuverlässigkeit eines Textes prüfen. Dazu wendet die Geschichtswissenschaft die **Methoden der Quellenkritik** (s. S. 232) an. Die **äußere Quellenkritik** klärt dabei Entstehungszeit und -anlass, Autorenschaft, Vorarbeiten und Informanten. Bei der **inneren Quellenkritik** analysieren Historiker inhaltliche Zuverlässigkeit und Aussagewert einer Quelle. Dieser lässt sich ermitteln durch den Vergleich mit anderen Quellen, Institutionen, Vorgängen der Zeit, aus der sie stammt, sowie durch Kenntnisse der Biografie, der sozialen Position, des politischen Standorts und des Verhältnisses zu den wichtigsten Bezugspersonen des Autors. So lassen sich Fehleinschätzungen und Irrtümer vermeiden, Auslassungen und Zusätze erkennen. Für die Erforschung der Neuzeit stehen dem Historiker eine **Vielzahl schriftlicher Zeugnisse** zur Verfügung. Hierzu zählen Urkunden und Akten, Gesetzestexte, Lebensbeschreibungen, Grabinschriften, Annalen, Briefe und Memoiren, philosophische sowie andere wissenschaftliche oder literarische Werke.

Bei der Analyse bestimmter historischer Sachverhalte ist der Historiker auf den **Vergleich unterschiedlicher Texte** angewiesen. Das gilt besonders für die Beschäftigung mit zwischenstaatlichen bzw. internationalen Konflikten, innenpolitischen Kontroversen oder gesellschaftspolitischen Debatten. In allen diesen Fällen ist die Kenntnis verschiedener Standpunkte unabdingbar.

Die Texte M 1 und M 2 sind zentrale Quellen für die Auseinandersetzung zwischen Befürwortern und Gegnern imperialistischer Politik in den USA um 1900. Beide Materialien dokumentieren die Positionen prominenter und einflussreicher Befürworter bzw. Gegner des US-amerikanischen Imperialismus.

Arbeitsschritte

1. Historische Einordnung
- Wer sind die Autoren oder Auftraggeber?
- Wann sind die Texte entstanden?
- Aus welchem Anlass sind die Texte verfasst worden?
- Sind die Texte veröffentlicht bzw. geheim gehalten worden?

2. Textinhalt
- Mit welchem Inhalt beschäftigen sich die Texte?
- Gibt es inhaltliche Gemeinsamkeiten bzw. Unterschiede zwischen den Texten?
- Wie sind die Unterschiede zwischen den Texten zu erklären?

3. Historischer Kontext
- Auf welches Ereignis bzw. auf welche historische Epoche beziehen sich die Texte?
- Auf welchen Konflikt spielen die Materialien an?

4. Aussageabsicht
- Welche Absichten verfolgen die Urheber der Texte?
- An welchen Adressaten richten sich die Texte?
- Welche Wirkung sollte bei dem bzw. den Adressaten der Texte erzielt werden?

5. Fazit
- Welche Gesamtaussage lässt sich über Ursache und Wirkung der Texte formulieren?

Übungsaufgabe

M 1 Aus dem Programm der Anti-Imperialist League von 1899

Die parteiübergreifende Interessenvertretung „American Anti-Imperialist League" wurde nach dem Spanisch-Amerikanischen Krieg von 1898 von liberalen Politikern, Geschäftsleuten, Intellektuellen und Literaten gegründet. In der amerikanischen Öffentlichkeit war zeitweilig die Empörung groß, dass die USA nach ihrem Sieg über Spanien den Philippinen nicht die Unabhängigkeit zurückgaben. Stattdessen schlugen die Vereinigten Staaten einen Aufstand der philippinischen Unabhängigkeitsbewegung nieder und errichteten eine Kolonialherrschaft über das Land. Der amerikanische Protest dagegen verstummte jedoch bald wieder: 1916 erhielten die Philippinen die innere Autonomie, 1946 wurden sie unabhängig.

Wir glauben, dass die Politik, die man als „Imperialismus" bezeichnet, gegen die Freiheit gerichtet ist und zum Militarismus tendiert, einem Übel, dem wir zu unserem Ruhm bisher nicht erlegen waren. Wir bedauern, dass es im Lande Washingtons und Lincolns notwendig geworden ist, daran zu erinnern, dass alle Menschen, ungeachtet ihrer Rasse oder Hautfarbe, ein Recht auf Leben, Freiheit und Streben nach Glück haben. Wir halten uns an den Grundsatz, dass Regierungen ihre rechtmäßige Macht von der Zustimmung der Regierten ableiten. Wir möchten betonen, dass die Unterwerfung eines Volkes eine „verbrecherische Angriffshandlung" und eine offene Verletzung charakteristischer Grundzüge unseres Regierungssystems ist.

Wir verurteilen nachdrücklich die Politik unserer derzeitigen nationalen Regierung auf den Philippinen. Sie ist darauf gerichtet, den Geist von 1776 auf diesen Inseln auszulöschen. [...] Die Vereinigten Staaten haben stets gegen jene Doktrin des internationalen Rechts protestiert, die eine Unterwerfung der Schwachen durch die Mächtigen zulässt. Ein Staat, der sich selbst regiert, kann nicht die Herrschaft über ein widerstrebendes Volk errichten. Die Vereinigten Staaten können nicht nach der alten Irrlehre handeln, dass Macht Recht schafft. [...] So sehr wir auch den „verbrecherischen Angriffskrieg" auf den Philippinen verabscheuen, so sehr wir bedauern, dass das Blut der Filipinos an amerikanischen Händen klebt, wir sind doch mehr empört über den Verrat an amerikanischen Ordnungsprinzipien hier bei uns. Das wirkliche Kampffeld liegt nicht in den Vororten von Manila. Der Feind sitzt im eigenen Land. 1861 wurde der Versuch gemacht, unser Land zu teilen. 1899 wird der Versuch gemacht, die fundamentalen Prinzipien und höchsten Ideale dieses Landes zu zerstören.

Zit. nach: Günter Moltmann (Bearb.), Die Vereinigten Staaten von Amerika von der Kolonialzeit bis 1917, Schöningh, Paderborn 1980, S. 82.

1 1861 begann der Amerikanische Bürgerkrieg, der bis 1865 dauerte.

M 2 Aus einem Memorandum von Senator Albert J. Beveridge aus dem Jahre 1900

Der Historiker, Rechtsanwalt und Politiker Albert J. Beveridge (1862–1927) trat als Mitglied des Senats (1899–1911) energisch für den Ausbau der Marine und die Intervention auf den Philippinen ein. Er war eine der herausragenden Persönlichkeiten, die sich für eine amerikanische Weltpolitik stark machten. Der Text ist ein Auszug aus einem Memorandum zur Annexion der Philippinen, das Senator Beveridge im Jahre 1900 dem Kongress präsentierte.

Gott hat die englisch sprechenden germanischen Völker nicht deshalb in einer tausendjährigen Geschichte so geformt, wie sie heute sind, damit sie in einer nutzlosen Selbstbetrachtung und Selbstbewunderung ihre Zeit und ihre Kraft vergeuden. Nein! Gott hat uns zu Organisatoren der Welt bestimmt, mit dem Auftrag, da Ordnung zu schaffen, wo das Chaos herrscht. Er hat den Glauben an den Fortschritt in unser Herz gepflanzt, um uns die Kraft zu geben, die Reaktion in der ganzen Welt zu schlagen. Er hat uns geschickt gemacht in allen Künsten der Regierung, damit wir diese Kunst an wilden und senilen Völkern betätigen. Wenn es eine solche Kraft nicht gäbe, wie wir sie darstellen, so müsste die Welt in Barbarei und Nacht zurückfallen. Und innerhalb unserer Rasse hat Gott das amerikanische Volk gekennzeichnet als ein erwähltes Volk, das bei der Erneuerung der Welt die führende Rolle spielen soll.

Zit. nach: Hartmut Wasser, Die USA – der unbekannte Partner, Schöningh, Paderborn 1983, S. 109.

1 Vergleichen Sie die Texte M 1 und M 2 mithilfe der Arbeitsschritte auf der gegenüberliegenden Seite.

Lösungshinweise

Zu 1: Historische Einordnung:
- Autor: Amerikanische antiimperialistische Liga, Interessenorganisation
- Entstehungszeit: 1899
- Anlass: Spanisch-Amerikanischer Krieg, Annexion der Philippinnen durch USA
- Öffentlichkeit oder Geheimhaltung: Text wurde veröffentlicht

Zu 2: Textinhalt:

Inhalt:
- Imperialistische Politik ist antidemokratisch, freiheitsfeindlich und militaristisch.
- Imperialistische Politik bedeutet Unterdrückung fremder Völker.
- Imperialistische Politik widerspricht dem Grundsatz der Gleichheit aller Menschen und Völker.

Gemeinsamkeiten bzw. Unterschiede:
- keine Gemeinsamkeiten, gegensätzliche Positionen
- grundsätzliche Ablehnung imperialistischer Politik

Erklärung der Unterschiede:
- Text argumentiert vom demokratischen Freiheits- und Gleichheitsideal sowie von humanistischen Prinzipien her.

Zu 3: Historischer Kontext:

Bezugsereignis/Epoche:
- Spanisch-Amerikanischer Krieg 1898, Annexion der Philippinen; Epoche des Hochimperialismus

Konflikt:
- Soll US-amerikanische Außenpolitik antikolonialer, isolationistischer oder der expansionistischen Tradition folgen?

Zu 4: Aussageabsicht:

Absichten:
- Plädoyer gegen imperialistische Außenpolitik

Adressat:
- US-amerikanische Öffentlichkeit, politisch-soziale Interessengruppen

Wirkung:
- Mobilisierung von Gesellschaft bzw. öffentlicher Meinung

Zu 5: Fazit:

Das Programm der Antiimperialistischen Liga will die Empörung in der Öffentlichkeit über die Annexion der Philippinen nutzen, um die Öffentlichkeit gegen eine imperialistische Außenpolitik zu mobilisieren. Das gelang zeitweilig, konnte aber den Aufstieg der USA zur Weltmacht bzw. die zielstrebige Weltpolitik der USA weder verhindern noch bremsen.

Zu 1: Historische Einordnung:
- Autor: Albert J. Beveridge, Senator
- Entstehungszeit: 1900
- Anlass: Spanisch-Amerikanischer Krieg, Annexion der Philippinen durch USA
- Öffentlichkeit oder Geheimhaltung: Text ging an Kongressabgeordnete, sollte damit Parlamentarier erreichen, halböffentlich

Zu 2: Textinhalt:

Inhalt:
- USA sind zu Organisatoren, also Herrschern über die Welt berufen.
- Amerikaner sind anderen Völkern überlegen.
- USA müssen ihre Zivilisation weltweit verbreiten, also andere Völker zivilisieren.
- US-Amerikaner sind erwähltes Volk und zur Erneuerung der Welt berufen.

Gemeinsamkeiten bzw. Unterschiede:
- keine Gemeinsamkeiten, gegensätzliche Positionen
- grundsätzliche Befürwortung imperialistischer Expansion und Herrschaft

Erklärung der Unterschiede:
- Text argumentiert vom amerikanischen Auserwählthéitsglauben und Sendungsbewusstsein her; das Denken von Beveridge besitzt sozialdarwinistische Züge.

Zu 3: Historischer Kontext:

Bezugsereignis/Epoche:
- Spanisch-Amerikanischer Krieg 1898, Annexion der Philippinen; Epoche des Hochimperialismus

Konflikt:
- Soll US-amerikanische Außenpolitik antikolonialer, isolationistischer oder der expansionistischen Tradition folgen?

Zu 4: Aussageabsicht:

Absichten:
- Plädoyer für imperialistische Außenpolitik

Adressat:
- Abgeordnete des Kongresses

Wirkung:
- Kongressabgeordnete sollen imperialistische Außenpolitik unterstützen und in diesem Sinn Druck auf Regierung ausüben.

Zu 5: Fazit:

Senator Beveridge will die expansionistischen Kräfte in Parlament und Regierung zugunsten einer imperialistischen Außenpolitik stärken. Allerdings bevorzugte die US-Außenpolitik eher Formen indirekter Herrschaft. Zwar bilden Auserwählthéitsglaube und Sendungsbewusstsein sowie zeitweilig der Sozialdarwinismus wichtige Elemente der US-Außenpolitik, die demokratisch-missionarische Ausrichtung herrschte jedoch vor.

4 Amerikanische Weltpolitik im Zeitalter der Weltkriege

Die USA im Ersten Weltkrieg

Als im August 1914 der Erste Weltkrieg zwischen den europäischen Großmächten ausbrach, blieben die USA zunächst neutral. Industrie und die Banken unterstützten diesen Kurs der US-Regierung. Doch die Sympathien der meinungsbildenden Ostküstenelite galten von Anfang an Großbritannien und Frankreich, mit denen sich viele Amerikaner enger verbunden fühlten als mit den monarchisch-konservativen Mittelmächten Deutschland und Österreich-Ungarn. Überdies waren die wirtschaftlichen Beziehungen zwischen den USA und den Westmächten, vor allem zu Großbritannien, intensiver als zu den Mittelmächten.

Während des Ersten Weltkrieges gewährten Banken Frankreich und Großbritannien großzügig Kredite. Amerikaner zeichneten Kriegsanleihen zugunsten der Westmächte und die amerikanische Regierung lieferte ihnen Nahrungsmittel und Industriegüter. Ein Sieg der Mittelmächte hätte amerikanische Kapital- und Wirtschaftsinteressen empfindlich getroffen.

In den USA schlug die öffentliche Meinung zugunsten einer Kriegsbeteiligung gegen die Mittelmächte um, als deutsche U-Boote 1915 **das britische Schiff Lusitania torpedierten**. Dabei fanden auch Amerikaner den Tod. Aus US-amerikanischer Sicht beging die deutsche Reichsleitung einen weiteren schweren Fehler, als Deutschland Mexiko auf die Seite der Mittelmächte ziehen wollte und ihm versprach, seine Ansprüche auf die 1848 verlorenen Gebiete, also auf den ganzen Südwesten der USA, zu unterstützen. Anfang 1917 wollte das Deutsche Reich eine schnelle Kriegsentscheidung erzwingen und verkündete den **uneingeschränkten U-Boot-Krieg**. Das beschleunigte den amerikanischen Entschluss zum Kriegseintritt (M 5). Im Herbst 1918 kämpften über zwei Millionen amerikanischer Soldaten auf der Seite Frankreichs und Großbritanniens und ihrer Bundesgenossen in Europa. Die US-Truppen entschieden schließlich den Krieg.

Zwischen Isolationismus und Internationalismus

„Manchmal nennen mich die Leute idealistisch. Nun, daran erkenne ich, dass ich ein Amerikaner bin. Amerika ist die einzige idealistische Nation der Welt", verkündete US-Präsident **Woodrow Wilson*** in einer Rede am 8. September 1919. Er hatte die USA in den Ersten Weltkrieg geführt, um die Welt zu demokratisieren und Kriege ein für allemal abzuschaffen (M 6 a, b). Ein Mittel dafür sollte der **Völkerbund** sein, für den sich Wilson unermüdlich einsetzte. Der amerikanische Kongress ließ den Präsidenten jedoch im Stich und lehnte den Beitritt der Vereinigten Staaten zum Völkerbund ab. In den Präsidentschaftswahlen von 1920 siegte der Republikaner Warren Harding (1865–1923, Präs. 1921–1923), der sich von den idealistischen Zielen seines Vorgängers distanzierte und die Rückkehr zu einer isolationistischen Außenpolitik einleitete. Handel treiben mit allen, sich politisch aber strikt aus den Händeln der Welt heraushalten – das wurde erneut die Leitlinie der USA.

Dieser Wechsel verdeutlicht, dass Wilsons Konzept der internationalen Politik nicht länger mehrheitsfähig war. Gescheitert schien damit zumindest vorerst der Plan, eine neue Ära internationaler Kooperation und kollektiver Sicherheitswahrung einzuleiten, in der die USA ihre außenpolitische Entscheidungs- und Handlungsfreiheit möglicherweise hätten einschränken müssen. Stattdessen wuchs nach dem Ersten Weltkrieg in der amerikanischen Bevölkerung wie auch in der politischen Elite die Überzeugung, die USA sollten sich möglichst schnell aus

M 1 Thomas Woodrow Wilson (1856–1924), offizielles Gemälde von William Orpen, ca. 1919

Der Wissenschaftler und Politiker gehörte der Demokratischen Partei an und war von 1913–1921 US-Präsident. Er plädierte 1918 für das Selbstbestimmungsrecht der Völker („14 Punkte") und erwirkte 1919 die Gründung des Völkerbundes. Der US-Kongress lehnte jedoch den Beitritt der USA ab. Wilson scheiterte damit bei seinem Versuch, nach dem Ersten Weltkrieg ein kollektives Sicherheitssystem durchzusetzen. 1919 erhielt er den Friedensnobelpreis.

M 2 Schema der internationalen Geldströme 1919–1931

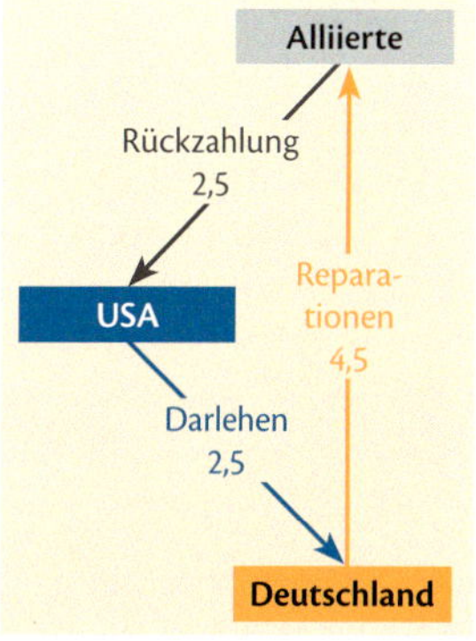

M3 Amerikanisches Plakat zur Freiwilligenwerbung, 1917

M4 Franklin D. Roosevelt (1882–1945)

Der Jurist gehörte der Demokratischen Partei an und war 1933–1945 US-Präsident. Nach der 1929 ausgelösten Weltwirtschaftskrise setzte er ein umfassendes gesellschaftspolitisches und wirtschaftliches Reformprogramm durch, den „New Deal". Außenpolitisch gab er 1939 zugunsten der Westmächte die Neutralität der USA im Zweiten Weltkrieg auf. Er trat für die Verbreitung liberaler Normen und Werte ein: politische Demokratie und marktwirtschaftliche Ordnung.

Europa zurückziehen und ihre Außenpolitik an den Prinzipien George Washingtons aus der Gründerzeit (s. S. 188) orientieren. Wie stark diese Haltung war, zeigte sich 1921: Der amerikanische Kongress erklärte den Krieg gegen Deutschland für beendet und lehnte den Beitritt der USA zum Völkerbund ab (M 7).
Die Phase, die in der amerikanischen Außenpolitik nun begann, wird in vielen historischen Büchern mit dem Begriff **„Isolationismus"** charakterisiert. Doch enthält diese Epochenbezeichnung nur die halbe Wahrheit: Die USA blieben auf wirtschaftlichem Gebiet eng mit Europa verbunden. Und im pazifischen Raum weiteten sie sogar in der Zwischenkriegszeit ihren politischen und ökonomischen Einflussbereich aus, um für ihre Wirtschaft Absatzmärkte zu sichern.

Weltmacht wider Willen?

Aus den politischen Konflikten Europas hielten sich die Vereinigten Staaten von Amerika in den 1920er- und 1930er-Jahren heraus. Dabei blieb es auch, als in Deutschland ab 1933 die Nationalsozialisten unter Hitler eine aggressive Außenpolitik begannen. Außerdem ließen sich die USA weder 1935 durch den Einfall des faschistischen Italiens in Äthiopien von ihrer Haltung abbringen noch griffen sie in den 1936 beginnenden Spanischen Bürgerkrieg ein. Vielmehr verpflichtete sich die US-Regierung zur strikten politischen Neutralität. Das Land sollte nicht schon wieder in einen großen Krieg verwickelt werden. Erst nachdem Japan 1937 in China einmarschierte und das Deutsche Reich mit dem „Anschluss" Österreichs 1938 immer aggressiver seine großdeutschen Pläne verwirklichte, gaben die USA ihre isolationistische Politik allmählich auf. US-Präsident **Franklin D. Roosevelt*** (1882–1945, Präs. 1933–1945) bereitete die Bevölkerung in seinen Reden darauf vor, dass ihr Land nicht auf Dauer neutral bleiben dürfe und könne (M 9). Der amerikanische Kongress bewilligte seitdem bereitwilliger Gelder und Maßnahmen zur Aufrüstung. Bei den US-Amerikanern setzte sich immer mehr die Erkenntnis durch, dass sich das Land gegen die expansionistische Macht- und Kriegspolitik Japans, Deutschlands und Italiens engagieren müsse. Als die Japaner am 7. Dezember 1941 den amerikanischen Militärstützpunkt **Pearl Harbor** auf Hawaii überfielen, erklärten die USA den Japanern den Krieg. Als Verbündete Japans erklärten das Deutsche Reich und Italien am 11. Dezember 1941 den USA ebenfalls den Krieg. Für Amerika begann damit der Zweite Weltkrieg. Diese Kriegsbeteiligung war wie der Kriegseintritt der Vereinigten Staaten in den Ersten Weltkrieg alles andere als bloße Macht- oder wirtschaftliche Interessenpolitik, sondern diente vor allem den Zielen, die Sicherheit der USA zu garantieren und die westliche Demokratie zu verteidigen bzw. totalitäre Diktaturen zu bekämpfen (M 10 a–c, M 11, M 12).

1 Charakterisieren Sie die unterschiedlichen Perioden amerikanischer Europa- und Weltpolitik zwischen 1914 und 1945 mit den Begriffen „Isolationismus" und „Intervention" bzw. „Internationalismus". Grenzen Sie diese Phasen zeitlich ein und benennen Sie die wichtigsten Merkmale der US-Außenpolitik für jede Phase.

M5 Der Historiker Klaus Schwabe über die Ursachen des amerikanischen Kriegseintritts 1917, 2006

Drei Faktoren beschleunigten dann seinen [= Wilsons] Entschluss zum Kriegseintritt: Erstens hatte die deutsche Reichsleitung in der sogenannten „Zimmermann-Note" Mexiko schon im Januar 1917 für den Fall eines deutsch-amerikanischen Krieges insgeheim ein Bündnis gegen die U.S.A. und im Falle des Sieges den Rückerwerb einiger der Gebiete angeboten, die Mexiko in der Mitte des 19. Jahrhunderts an Amerika verloren hatte. Der britische Geheimdienst sorgte dafür, dass Wilson unverzüglich den Inhalt der Note erfuhr. Er gab ihn sofort an die Presse weiter. Jetzt musste sich auch unter den Bewohnern des amerikanischen Hinterlandes das Gefühl einer unmittelbaren Bedrohung einstellen. [...] Den zweiten Faktor lieferte die deutsche Reichsleitung selbst mit ihrer Ankündigung einer liberalen Neuorientierung. Zeichnete sich hier nicht, so fragte man in Washington, der Zusammenbruch der deutschen Militärautokratie ab und damit für Amerika das baldige Ende eines zweiten „glänzenden kleinen Krieges"? Zum Kriegseintritt ermutigt fühlte sich Wilson drittens durch die russische Februarrevolution und durch den Sturz des Zaren – ein Ereignis, das eine gemeinsame demokratische Front der Entente gegen die deutschen „Autokraten" entstehen ließ. Der Griff zur Waffe konnte jetzt mit dem Streben *aller* Gegner der Mittelmächte nach gemeinsamen demokratischen Idealen begründet werden. Wilson erkannte die neue russische Regierung sofort an. Den wirklichen Ausschlag für den Präsidenten aber gab erst die ihm am 18. März bekannt werdende warnungslose Versenkung von drei Handelsschiffen der U.S.A. durch deutsche U-Boote mit entsprechenden amerikanischen Menschenverlusten. Schon vorher hatten amerikanische Reeder aus Furcht vor dem unbeschränkten deutschen U-Boot-Krieg begonnen, ihre Handelsschiffe in den Häfen zurückzuhalten. Der freie Handel zwischen den U.S.A. und der Entente drohte zu erliegen, ohne dass die Bewaffnung der Handelsschiffe daran Wesentliches geändert hätte. Im Einklang mit seinen Ratgebern und der überwiegenden Mehrheit der amerikanischen Öffentlichkeit sah Wilson jetzt keinen anderen Ausweg mehr als die Kriegserklärung an Deutschland.

Dieser Entschluss ist ihm schwer genug gefallen: Konnte er es als Christ verantworten, so fragte er voller Selbstzweifel, zahllose junge Amerikaner in den Tod zu schicken? War nicht die gesamte „weiße" Zivilisation gefährdet, wenn sie ausnahmslos in den Strudel eines Krieges gerissen wurde, der am Ende nur das Geschäft amerikanischer Waffenexporteure und republikanischer Kriegshetzer besorgte? Würde Amerika als Kriegsteilnehmer durch den atavistischen[1] Rückfall in pure Barbarei nicht Schaden an seiner politischen Kultur nehmen?

Doch es gab auch gewichtige Gründe, die *für* den Kriegsentschluss sprachen: Diente Amerika nicht der Menschheit, indem es dazu beitrug, die preußisch-militaristische Autokratie als das letzte Hindernis, das einem Dauerfrieden im Wege stand, zu zerschlagen und so das Ende des Krieges zu beschleunigen? Würde Amerika als Kriegsteilnehmer nicht vor allem auf die Ausarbeitung einer progressiv-demokratischen Friedensordnung weit mehr Einfluss gewinnen können denn als bloßer neutraler Zuschauer und so sicherstellen, dass dieser Krieg nun wirklich der letzte wurde? Wilson als Liberaler und als Christ konnte den Krieg als weltpolitisches Mittel nur rechtfertigen, indem er dessen Zwecke heiligte. Möglich wurde eine solche „Heiligung" durch den Rückgriff auf die traditionell-amerikanische Überzeugung von der besonderen weltgeschichtlichen Sendung der amerikanischen Republik (*exceptionalism*).

Klaus Schwabe, Weltmacht und Weltordnung. Amerikanische Außenpolitik von 1898 bis zur Gegenwart. Eine Jahrhundertgeschichte, Schöningh, Paderborn 2006, S. 57f.

1 atavistisch: einem früheren Stadium der Menschheit entsprechend

1 a) Nennen Sie die Ereignisse und Vorgänge, die den Kriegseintritt der USA begünstigten bzw. beschleunigten.
b) Stellen Sie die Ereignisse und Vorgänge zusammen, die den Kriegseintritt der USA hemmten bzw. hätten verhindern können.
c) Arbeiten Sie heraus, welche Ereignisse und Vorgänge schließlich den Ausschlag für den amerikanischen Kriegseintritt 1917 gaben.

M6 Die Vereinigten Staaten im Ersten Weltkrieg

a) Aus der Kriegsbotschaft Woodrow Wilsons vom 2. April 1917:

Ein beständiges Zusammenspiel für den Frieden kann nicht anders erhalten werden als durch eine Partnerschaft demokratischer Nationen. Keiner autokratischen Regierung könnte man vertrauen, dass sie ihm die Treue hält und seine Abkommen beachtet. Es muss ein Bund der Ehre, eine Partnerschaft der Meinung sein. Die Intrige würde seine Lebenskraft verzehren; die Anschläge engerer Kreise, die planen könnten, was sie wollten, und niemandem Rechenschaft ablegten, wären eine Verderbnis, die ihm am innersten Herzen säße. Allein freie Völker können ihre Zwecke und ihre Ehre stetig auf ein gemeinsames Ziel richten und die Interessen der Menschheit jedem engeren Eigeninteresse verordnen. […]

Die Welt muss sicher gemacht werden für die Demokratie. Ihr Friede muss auf den erprobten Grundlagen politischer Freiheit errichtet werden. Wir haben keine selbstischen Ziele, denen wir dienen. Wir verlangen nach keiner Eroberung, keiner Herrschaft. Wir suchen keinen Schadenersatz für uns selbst, keine materielle Entschädigung für die Opfer, die wir bereitwillig bringen werden. Wir sind lediglich einer der Vorkämpfer für die Rechte der Menschen. Wir werden befriedigt sein, wenn diese Rechte so gesichert sein werden, wie die Redlichkeit und die Freiheit der Nationen sie eben sichern können. […]

Es ist eine fürchterliche Sache, dieses große friedfertige Volk in den Krieg zu führen, in den schrecklichsten und verheerendsten aller Kriege, in dem die Zivilisation selbst auf dem Spiele zu stehen scheint. Aber das Recht ist wertvoller als der Friede und wir werden für die Dinge kämpfen, die wir stets unserem Herzen zunächst getragen haben – für die Demokratie, für das Recht jener, die der Autokratie unterworfen sind, für ein Mitspracherecht bei ihrer Regierung, für die Rechte und Freiheiten kleiner Nationen, für eine allgemeine Herrschaft des Rechts durch ein Konzept der freien Völker, das allen Nationen Frieden und Sicherheit bringen und die Welt selbst endlich frei machen wird.

Zit. nach: Erich Angermann, Der Aufstieg der Vereinigten Staaten von Amerika. 1914–1957, Klett, Stuttgart o.J., S. 6ff.

b) Aus der Botschaft des amerikanischen Präsidenten Woodrow Wilson an den Kongress vom 8. Januar 1918, den „14 Punkten":

1. Offene, öffentlich abgeschlossene Friedensverträge. Danach sollen keinerlei geheime internationale Abmachungen mehr bestehen […].

2. Uneingeschränkte Freiheit der Schifffahrt auf den Meeren […].

3. Beseitigung aller wirtschaftlichen Schranken […].

4. Entsprechende gegenseitige Bürgschaften für die Beschränkung der Rüstungen der Nationen auf das niedrigste, mit der Sicherheit im Innern vereinbare Maß.

5. Freier, unbefangener und völlig unparteiischer Ausgleich aller kolonialen Ansprüche […].

6. Räumung des ganzen russischen Gebietes und ein Einvernehmen über alle auf Russland bezüglichen Fragen, das das beste und freieste Zusammenwirken der anderen Völker sichert […].

7. Belgien muss […] geräumt und wiederhergestellt werden, ohne jeden Versuch, seine Souveränität, derer es sich wie alle anderen freien Völker erfreut, zu beschränken. […].

8. Das ganze französische Gebiet muss geräumt und die besetzten Teile wiederhergestellt werden. Das Unrecht, das Frankreich im Jahre 1871 in Beziehung auf Elsass-Lothringen durch Preußen angetan worden ist und das den Weltfrieden während nahezu fünfzig Jahren beunruhigt hat, muss wieder gutgemacht werden, damit der Friede im Interesse Aller wiederhergestellt werden kann.

9. Berichtigung der Grenzen Italiens nach den genau erkennbaren Abgrenzungen der Nationen.

10. Den Völkern Österreich-Ungarns […] sollte die freieste Gelegenheit zu autonomer Entwicklung zugestanden werden.

11. Rumänien, Serbien und Montenegro sollten geräumt, die besetzten Gebiete zurückgegeben werden. Serbien sollte ein freier und sicherer Zugang zur See gewährt werden […].

12. Den türkischen Teilen des jetzigen Osmanischen Reiches sollte eine unbedingte Selbstständigkeit gewährleistet werden. Den übrigen Nationalitäten dagegen, die zurzeit unter türkischer Herrschaft stehen, sollte eine zuverlässige Sicherheit des Lebens und eine völlig ungestörte Gelegenheit zur selbstständigen Entwicklung gegeben werden. Die Dardanellen sollten unter internationalen Bürgschaften als freie Durchfahrt für die Schiffe und den Handel aller Nationen dauernd geöffnet werden.

13. Ein unabhängiger polnischer Staat sollte errichtet werden, der alle Gebiete einzubegreifen hätte, die von unbestritten polnischer Bevölkerung bewohnt sind; diesem Staat sollte ein freier und sicherer Zugang zur See geöffnet werden, und seine politische sowohl wie wirtschaftliche Unabhängigkeit sollte durch internationale Übereinkommen verbürgt werden.

14. Ein allgemeiner Verband der Nationen muss gegründet werden mit besonderen Verträgen zum Zweck gegenseitiger Bürgschaften für die politische Unabhängigkeit und die territoriale Unverletzbarkeit der kleinen sowohl wie der großen Staaten.

Zit. nach: www.dhm.de/lemo/dokumente/14punkte (19. April 2009)

1 Erläutern Sie die Ziele Präsident Wilsons im Ersten Weltkrieg (M6a, b). Unterscheiden Sie dabei zwischen allgemeinen Prinzipien seiner Politik und bestimmten Regelungen für einzelne Länder.

M7 „Pilgrim Landing in America", Karikatur, USA, 1919

1 Erläutern Sie ausgehend von der Karikatur M7 die Lage der US-Außenpolitik 1919.

2 Weiterführender Arbeitsauftrag/Referat:
Arbeiten Sie die zentralen Merkmale der US-Außenpolitik von 1920 bis 1933 heraus. Erörtern Sie dabei, ob der Begriff „Isolationismus" für diese Zeit angemessen ist.

Weiterführende Literatur:
Willi Paul Adams, Die USA im 20. Jahrhundert, Oldenbourg, München 2000, S. 50 ff.
Klaus Schwabe, Weltmacht und Weltordnung. Amerikanische Außenpolitik von 1898 bis zur Gegenwart. Eine Jahrhundertgeschichte, Schöningh, Paderborn 2006, S. 85 ff.
Jürgen Heideking/Christof Mauch, Geschichte der USA, 6. Aufl., A. Francke, UTB, Tübingen 2008, S. 264 ff.

M8 **Unterzeichnung der Kriegserklärung gegen Japan als Reaktion auf den japanischen Überfall auf Pearl Harbour durch US-Präsident Franklin D. Roosevelt am 8. Dezember 1941 in Washington.**

M9 **US-Präsident Franklin D. Roosevelt am 5. Oktober 1937 in Chicago („Quarantäne-Rede")**

Ich bin gezwungen und Sie sind gezwungen in die Zukunft zu blicken. Friede, Freiheit und Sicherheit von neunzig Prozent der Menschheit werden von den übrigen zehn Prozent gefährdet, durch die der Zusammenbruch aller Ordnung und allen Rechts im internationalen Leben droht.

Die Situation ist zweifellos für die ganze Welt von größter Bedeutung. Unglückseligerweise scheint die Epidemie der Gesetzlosigkeit sich auf der Welt auszubreiten.

Wenn eine Krankheit sich epidemisch ausbreitet, beschließt die Gemeinschaft, um sich vor Ansteckung zu schützen, die Patienten in Quarantäne zu legen. Der Krieg ist eine Seuche, ob er nun erklärt ist oder nicht. Er kann Staaten und Völker verschlingen, die vom ursprünglichen Schauplatz der Feindseligkeit weit entfernt sind.

Wenn die Zivilisation bestehen bleiben soll, müssen die Grundsätze des Friedensfürsten wieder hochgehalten werden. Das Vertrauen zwischen den Völkern muss wiederhergestellt werden.

Am allerwichtigsten ist, dass der Wille zum Frieden vonseiten der friedliebenden Völker so deutlich zum Ausdruck kommt, dass Völker, die vielleicht in Versuchung geraten, ihre Verträge und die Rechte anderer Völker zu verletzen, davon Abstand nehmen. Es müssen positive Bestrebungen vorhanden sein, den Frieden zu bewahren.

Zit. nach: Franklin D. Roosevelt, Links von der Mitte. Briefe, Reden, Konferenzen, hg. v. Donald Day, Übers. Peter Stadelmayer/Christian Hübener, Frankfurter Hefte, Frankfurt/Main 1951, S. 377 f.

1 Erläutern Sie, inwieweit die Rede Roosevelts (M 9) einen Wandel in der US-Außenpolitik darstellt. Ziehen Sie dafür auch den Darstellungstext, S. 205 f., heran.

M10 **Der Kriegseintritt der USA in den Zweiten Weltkrieg – Motive und Ziele**

a) Der Historiker Klaus Schwabe über die Reaktion der USA nach dem japanischen Angriff auf Pearl Harbor 1941 (2006):

Nach allem Gesagten konnte Roosevelt von dem Blitzschlag, mit dem Japan am 7. Dezember 1941 die amerikanische Flottenbasis in Pearl Harbor überfiel, nur *taktisch* überrascht gewesen sein. Anders als einige seiner Kritiker nachträglich behaupteten, bleibt es trotzdem weder beweisbar noch wahrscheinlich, dass er diese Form des Kriegsausbruches etwa einkalkuliert oder gar herbeimanipuliert hätte. Mit dem Verlust von allein acht Schlachtschiffen (von denen drei später repariert werden konnten) traten die U.S.A. unter verschlechterten militärischen Ausgangsbedingungen in den Zweiten Weltkrieg ein. Vor allem war der Kampf an der „falschen" Stelle, im Pazifik, losgebrochen und drohte sich über kurz oder lang zu dem Zweifrontenkrieg auszuweiten, den die Regierung Roosevelt immer hatte vermeiden wollen. Gewiss, Japan hatte den ersten Schuss abgegeben, aber, anders als Roosevelt gehofft hatte, eben nicht ohne die U.S.A. selbst direkt in die erste Schusslinie zu bringen.

Für den Präsidenten und seine Berater fiel die taktisch-militärische Katastrophe, mit der der Krieg für Amerika ausbrach, jedoch letztlich nicht so entscheidend in die Waagschale wie der politische Erfolg, der seiner Regierung damit zugefallen war. Worauf der Präsident hingearbeitet hatte, war eingetreten: Die Vereinigten Staaten traten als Opfer eines Angriffs und in Verteidigung ihrer ureigenen (und nicht etwa britischer) Interessen dem Kreis der Nationen bei, die gegen die Achsenmächte kämpften. Entsetzt über den seit dem frühen 19. Jahrhundert ersten Angriff einer fremden Macht auf amerikanisches Territorium, scharte sich das amerikanische Volk geschlossen hinter seinen Präsidenten. Die isolationistische Opposition verstummte. Mit der Ausnahme eines einzigen Abgeordneten stimmte der Kongress der Kriegserklärung der U.S.A. gegen Japan zu. [...] Nach Pearl Harbor, jenem „Tag der Schande", wie Roosevelt ihn nannte, traten die U.S.A. [...] als der *militärisch unmittelbar Angegriffene* in einen Krieg ein.

Doch was sollte mit dem Hauptgegner Deutschland geschehen, der einem Krieg mit den U.S.A. bisher aus dem Wege gegangen war? Sollte es hier bei einem unerklärten Krieg bleiben, bei dem Amerika dann im Widerspruch zu allen Planungen den Schwerpunkt seiner Operationen in den Pazifik verlegen würde? Mit seiner Kriegserklärung vom 11. Dezember 1941 befreite den Präsidenten kein anderer als Hitler selbst aus dieser Verlegenheit. Er wollte sich damit als treuer Verbündeter Japans erweisen und zugleich einen Kriegszustand formalisieren, der in seinen Augen faktisch schon längst bestand. Die Weltmacht U.S.A. war militärisch jetzt in Europa und im Fernen Osten gefordert. Der lang vereinbarte Vorrang einer Niederwerfung des nationalsozialistischen Deutschlands konnte aufrechterhalten werden. [...]

In einem doppelten Sinne hatten die U.S.A. unter Roosevelts Führung ihren zweiten entscheidenden außenpolitischen Schritt im 20. Jahrhundert getan: Nachdem sich unmissverständlich herausgestellt hatte, dass der nordamerikanische Kontinent nicht mehr eine unangreifbare, von zwei Ozeanen beschützte Insel war, wurde Amerika eine global präsente Weltmacht. Gleichzeitig erhielt sein weltweites Engagement einen primär sicherheitspolitischen Charakter. Das Experiment einer ausschließlich wirtschaftlich fundierten Weltpolitik hatte sich erledigt.

Klaus Schwabe, Weltmacht und Weltordnung. Amerikanische Außenpolitik von 1898 bis zur Gegenwart. Eine Jahrhundertgeschichte, Schöningh, Paderborn 2006, S. 123f.

b) Franklin D. Roosevelt in seiner Jahresbotschaft vom 6. Januar 1941:

Erstens haben wir uns zu einer allumfassenden Landesverteidigung verpflichtet. –

Zweitens haben wir uns zur vollen Unterstützung aller jener standhaften Völker verpflichtet, die überall den Angreifern entschlossenen Widerstand leisten und hierdurch den Krieg von unserem Erdteil fernhalten. –

Drittens haben wir uns aus Moralprinzipien und in der Sorge um unsere eigene Sicherheit dazu verpflichtet, niemals zu einem Frieden unser Einverständnis zu geben, der von den Angreifern diktiert und von Beschwichtigungspolitikern unterstützt wird. Wir wissen, dass ein dauernder Friede nicht um den Preis der Freiheit anderer Völker erkauft werden kann.

Für die Zukunft, die wir zu sichern versuchen, erhoffen wir eine Welt, die sich auf vier wesentliche menschliche Freiheitsrechte gründet.

Das erste ist die Freiheit der Rede und der Meinungsäußerung – überall in der Welt.

Das zweite ist die Freiheit für jeden, Gott auf seine Weise zu verehren – überall in der Welt.

Das dritte ist die Freiheit von Not – was, international gesehen, so viel heißt wie wirtschaftliche Abkommen, die der Bevölkerung jedes Landes gesunde Friedensverhältnisse sichern – überall in der Welt.

Das vierte ist die Freiheit von Furcht – was, international gesehen, so viel heißt wie eine die ganze Welt betreffende Abrüstung bis zu dem Grade und so gründlich, dass keine Nation in der Lage sein wird, einen Angriffsakt gegen ein Nachbarland zu begehen – überall in der Welt.

Zit. nach: Franklin D. Roosevelt, Links von der Mitte. Briefe, Reden, Konferenzen, hg. v. Donald Day, Übers. Peter Stadelmayer/Christian Hübener, Frankfurter Hefte, Frankfurt/Main 1951, S. 377f.

c) Atlantik-Charta vom 14. August 1941:

Der Präsident der Vereinigten Staaten von Amerika und Ministerpräsident Churchill als Vertreter der Regierung Seiner Majestät im Vereinigten Königreich, die zusammengetroffen sind, halten es für angebracht, gewisse allgemeine Prinzipien der Politik ihrer Länder bekannt zu geben, Prinzipien, auf die sie ihre Hoffnung auf eine bessere Zukunft der Welt gründen.

Erstens: Ihre Länder erstreben keine Bereicherung in territorialer oder anderer Hinsicht.

Zweitens: Sie wünschen keine territorialen Veränderungen, die nicht im Einklang stehen mit den frei ausgesprochenen Wünschen der betroffenen Völker.

Drittens: Sie achten das Recht aller Völker, sich diejenige Form der Regierung zu wählen, unter der sie leben wollen; und sie wollen souveräne Rechte und Selbstregierung für jene, die ihrer gewaltsam beraubt worden sind, wiederhergestellt sehen.

Viertens: Sie werden bestrebt sein – unter gebührender Beachtung ihrer bestehenden Verpflichtungen – zu fördern, dass alle Staaten, ob groß oder klein, Sieger oder Besiegte, unter gleichen Bedingungen Zutritt zum Handel genießen und zu den Rohstoffen der Welt, die für ihren wirtschaftlichen Wohlstand benötigt werden.

Fünftens: Sie erstreben engste Zusammenarbeit aller Nationen auf wirtschaftlichem Gebiet mit dem Ziel, für alle verbesserte Arbeitsbedingungen, wirtschaftlichen Ausgleich und soziale Sicherheit zu gewährleisten.

Sechstens: Nach der endgültigen Vernichtung der Nazi-Tyrannei erhoffen sie die Schaffung eines Friedens, der allen Völkern ermöglicht, innerhalb ihrer Grenzen in Sicherheit zu leben, und der allen Menschen in allen Ländern die Sicherheit gewährleistet, ihr Leben in Freiheit von Furcht und Not zu verbringen.

Siebentens: Ein solcher Friede soll allen Menschen freie Schifffahrt auf den Meeren und Ozeanen ermöglichen.

Achtens: Sie sind der Meinung, dass alle Völker der Welt aus praktischen wie aus sittlichen Gründen von der Anwendung von Gewalt abkommen müssen. Da kein Friede in Zukunft aufrechterhalten werden kann, solange Land-, See- und Luftstreitkräfte weiterhin von solchen Staaten benutzt werden, welche mit Angriffskriegen drohen oder drohen könnten, halten sie bis zur Schaffung eines umfassenden und dauerhaften Systems einer allgemeinen Sicherheit die Entwaffnung solcher Staaten für sehr wesentlich. Sie wollen in gleicher Weise alle anderen tunlichen Maßnahmen unterstützen und ermutigen, die die erdrückenden Rüstungslasten für friedliebende Völker erleichtern.

Zit. nach: Janko Musulin (Hg.), Proklamationen der Freiheit, Fischer, Frankfurt/Main 1959, S. 143 f.

1 a) Erläutern Sie mithilfe von M 10 a die US-amerikanische Reaktion auf den japanischen Angriff auf Pearl Harbor.
b) Erörtern Sie die Handlungsspielräume der US-Regierung Ende der 1930er- und zu Beginn der 1940er-Jahre.

2 Untersuchen Sie, inwieweit die Ziele Roosevelts in M 10 b durch die Charta in M 10 c ergänzt werden.

M 11 Lieferungen der USA an die Alliierten im Zweiten Weltkrieg

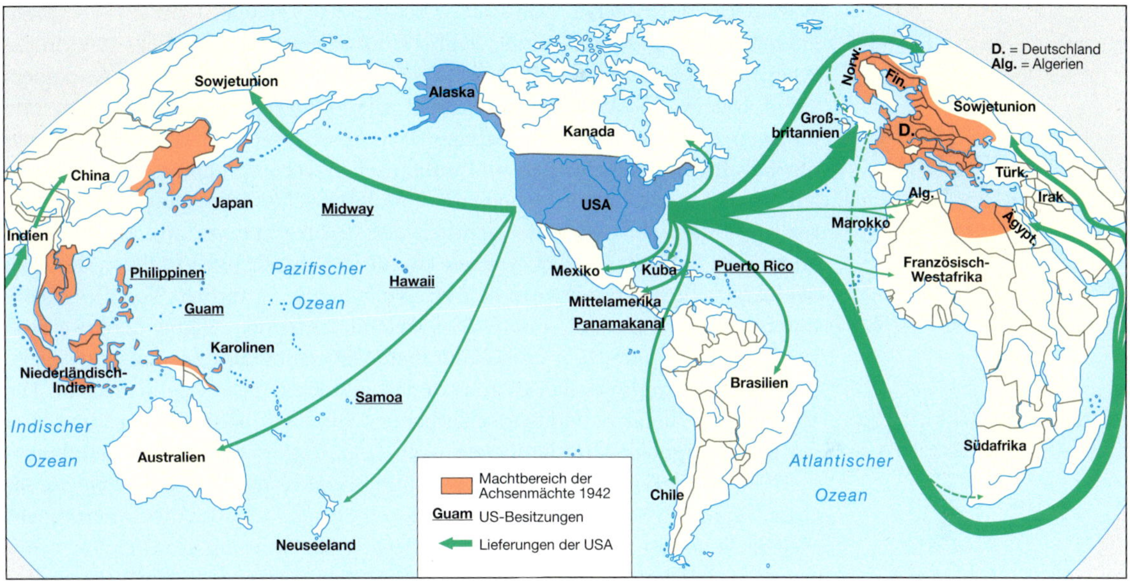

M 12 Militärischer Einsatz der USA im Zweiten Weltkrieg

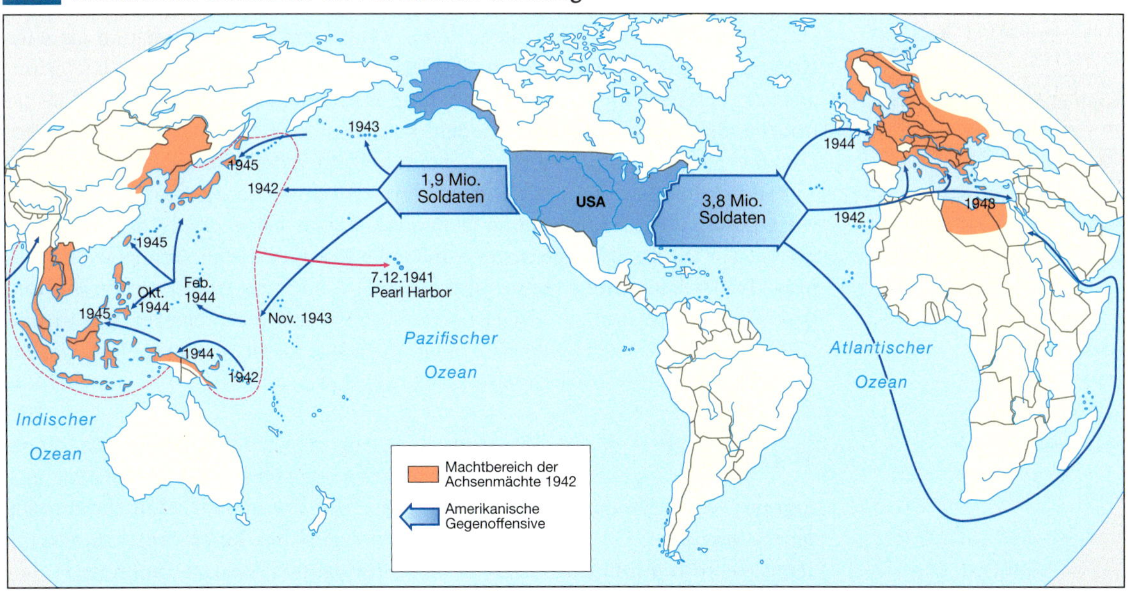

1 Analysieren Sie anhand des Plakates auf der Auftaktseite, S. 176, sowie von M 11 und M 12 das Engagement der USA im Zweiten Weltkrieg. Fassen Sie Ihre Ergebnisse zu Thesen zusammen.

5 Der Kampf gegen den Kommunismus im Kalten Krieg

Literaturtipp
Ernst-Otto Czempiel/Carl-Christoph Schweitzer, Weltpolitik der USA nach 1945. Einführung und Dokumente, Bonn 1989.
Kurzer Überblick und wichtige Quellen für die Jahre des Kalten Krieges.

Westliche Führungsmacht

Bald nach dem Ende des Zweiten Weltkrieges zeigte sich, dass die **Ideale der USA von Demokratie, Marktwirtschaft und freiem Welthandel** nicht vereinbar waren mit der Politik der Sowjetunion. 1917 aus der bolschewistischen Oktoberrevolution hervorgegangen, wurde die **kommunistische Sowjetunion** die **zweite Supermacht** neben den USA. Aus den „unnatürlichen Verbündeten" in der Anti-Hitler-Koalition des Zweiten Weltkrieges entwickelten sich nach 1945 erbitterte Feinde. Dem Zweiten Weltkrieg folgte daher der **Kalte Krieg**, der bis zur Auflösung des Ostblocks 1990/91 die Weltpolitik prägte. Mit dem Ende des Zweiten Weltkriegs waren die USA – anders als nach dem Ersten Weltkrieg – gewillt, in die internationale Politik aktiv und direkt einzugreifen. Der **weltpolitische Führungsanspruch** der USA beruhte nicht nur auf ihrer wirtschaftlichen und militärischen Vorrangstellung, sondern auch auf ihrem Auserwähltheitsglauben und missionarischen Eifer. Die politische Führung und die überwältigende Mehrheit der Bevölkerung verband die Überzeugung, dass die Welt friedlicher werde, wenn in möglichst vielen Teilen der Welt demokratische und marktwirtschaftliche Verhältnisse herrschten. Von dieser Politik profitierte die Bundesrepublik Deutschland. Unter dem Schutz der USA fand sie ihren Platz unter den demokratischen Verfassungsstaaten und entwickelte sich zu einem verlässlichen Partner in der westlichen Staatengemeinschaft. Die Übernahme liberaler marktwirtschaftlicher Grundsätze sicherte den Menschen der Bundesrepublik wirtschaftlichen Wohlstand. Das amerikanische Demokratieideal mit seiner Garantie der Menschen- und Bürgerrechte stand auch Pate bei der **Gründung der UNO** im Jahre 1945. Sie zählt zu ihren Aufgaben die Sicherung des Weltfriedens, den Schutz der Menschenrechte, die Wahrung der Gleichberechtigung aller Völker und die Verbesserung des Lebensstandards in der Welt.

Atomares Patt
Mit diesem Begriff wurde die Situation der beiden Atommächte USA und Sowjetunion seit Beginn der 1950er-Jahre bezeichnet. Beide Supermächte blockierten sich militärisch gegenseitig. Denn keine von ihnen konnte einen strategischen „Zug" durchführen, ohne die Gefahr auszuschließen, sich dadurch selbst zu vernichten.

Kalter Krieg und „heiße" Kriege

Der Kalte Krieg war nach einer Definition des Historikers Bernd Stöver „ein **permanenter und aktiv betriebener ‚Nicht-Frieden'**, in dem alles das eingesetzt wurde, was man bisher nur aus der militärischen Auseinandersetzung kannte. Hinzu kam etwas, was bisher unbekannt war: Dieser ‚Nicht-Frieden' konnte binnen Stunden zu einem unbegrenzten atomaren Krieg werden und einen Großteil der Menschheit vernichten." Tatsächlich prägte die Auseinandersetzung zwischen den beiden Supermächten von 1945 bis 1990/91 die gesamte Weltpolitik. Barg dabei jeder internationale Konflikt die Gefahr eines Krieges in sich und jeder Krieg die Gefahr atomarer Vernichtung? Diese Frage lässt sich nur beantworten, wenn man Ursachen, Verlauf und Ergebnis der Spannungen und Krisen zwischen den Machtblöcken in Ost und West untersucht. Dafür bieten sich einige ausgewählte regionale Konflikte wie der Koreakrieg, die Kubakrise und der Vietnamkrieg an.

Internettipp
CNN-Seite über den Koreakrieg mit interaktiven Elementen.

Koreakrieg

Einen der gefährlichsten Krisenherde des Ost-West-Konfliktes bildete Korea. Das Land war seit 1948 entlang des 38. Breitengrades geteilt: Die „Republik Korea" im Süden stand unter dem Schutz der USA, die „Demokratische Volksrepublik Korea" war – und ist bis heute – eine kommunistische Diktatur. Mit Billigung der Sowjetunion unter Stalin griffen 1950 nordkoreanische Truppen Südkorea an, um das Land unter kommunistischer Herrschaft zu einen. Im Auftrag der UNO intervenierten die USA und weitere westliche Staaten unter dem Oberkommando des amerikanischen

Generals MacArthur zugunsten Südkoreas. Der Interventionsbeschluss und die Resolution des UN-Sicherheitsrates vom 7. Juli 1950 über die Bildung einer UN-Truppe unter US-Kommando kam nur zustande, weil die Sowjetunion den Sicherheitsrat boykottierte und daher kein Veto einlegen konnte. Während des Krieges wuchs die Gefahr militärischer Auseinandersetzungen zwischen den USA und China, das Nordkorea unterstützte. MacArthur erwog sogar den Einsatz von Atomwaffen. Doch US-Präsident Truman lehnte ab. Er wollte wie auch die sowjetische Führung **keinen dritten Weltkrieg** riskieren. Der Koreakrieg blieb ein begrenzter Krieg mit konventionellen Waffen, zu denen auf amerikanischer Seite auch der Einsatz von Napalmbomben, einer Brandwaffe, gehörte. Nach Schätzungen verlor Südkorea etwa eine Million Menschen (Soldaten und Zivilisten), Nordkorea 2,5 Millionen, und China eine Million. Die USA und ihre Verbündeten beklagten etwa 40 000 Tote. Außerdem gab es Millionen Flüchtlinge, allein aus dem kommunistischen Norden flohen in den Jahren 1950/51 ca. 4,5 Millionen Menschen in den Süden des Landes. Zwei Fünftel der Industrieanlagen und ein Drittel aller Wohnungen wurden in ganz Korea zerstört. 1953 wurde die Teilung Koreas am 38. Breitengrad wiederhergestellt (M 1).

Mit ihrem Kriegseintritt folgte die Außenpolitik der USA endgültig den Bedingungen des Kalten Krieges. Im „Kampf der Systeme" betrachteten sie sich als Vormacht der „freien Welt", die Demokratie, Menschenrechte und die Freiheit des Individuums gegen den totalitären Herrschaftsanspruch des Sozialismus sowjetischer Prägung verteidigte. Das Engagement in Korea sollte aller Welt verdeutlichen, dass die Vereinigten Staaten überall dem Vormarsch der Kommunisten energisch entgegentraten. Diese Politik veränderte das Verhältnis der US-Regierung zu ihrer eigenen Militärmacht nachhaltig: „Die USA starteten", schreibt der amerikanische Politikwissenschaftler Bruce E. Bechtol, Jr. 2006, „zu dieser Zeit (1950–1953) ein umfangreiches Einberufungsprogramm, stationierten aber mehr Soldaten zur Abwehr der sowjetischen Bedrohung in Europa, als sie auf der koreanischen Halbinsel gegen die Chinesen und Nordkoreaner ins Gefecht schickten. Als unmittelbare Folge des Krieges bauten sie ihre konventionelle Armee aus und unterhielten so die größte Streitmacht in ihrer Geschichte in Friedenszeiten. Zudem stellte der Koreakrieg einen **Präzedenzfall für die ‚begrenzten Kriege'** dar, die Amerika im Kalten Krieg im Zug seiner Politik der Eindämmung bei gleichzeitiger Vermeidung einer direkten militärischen Konfrontation mit der UdSSR führen sollte." Unter dem Eindruck des Koreakrieges propagierte US-Außenminister John Foster Dulles eine Politik des „Rollback", in der die sowjetische Expansion nicht nur aufgehalten, sondern auch zurückgedrängt werden sollte (M 5 a, b).

Kubakrise

Waren von 1945 bis 1949 die Amerikaner im alleinigen Besitz der Atombombe, verfügte seitdem auch die Sowjetunion über diese Massenvernichtungswaffe. Mit dem Start des ersten sowjetischen Satelliten „Sputnik", der 1957 auf einer Langstreckenrakete ins All geschossen wurde, zog die UdSSR im Rüstungswettlauf gleich. Das Kräfteverhältnis im Ost-West-Konflikt war nun durch eine Pattsituation* geprägt. Wie dieses **„Gleichgewicht des Schreckens"** funktionierte, zeigte der Bau der Berliner Mauer 1961: Die Amerikaner protestierten zwar durch den Aufmarsch von Panzern, vermieden jedoch weitere militärische Eskalation. Der Friede war gefährdet, aber beide Weltmächte respektierten mit einer **Politik des Status quo** ihre Einflusszonen. Eine gefährliche Zuspitzung erfuhr die Situation 1962 in der Kubakrise. Durch die Stationierung sowjetischer Mittelstreckenraketen auf der Karibikinsel Kuba, die nur wenige Seemeilen vom US-Bundesstaat Florida entfernt liegt und seit 1959 eine kommunistische Diktatur ist, hatte Moskau den machtpolitischen Status quo zu seinen Gunsten verändert. Das Staatsgebiet der USA war jetzt direkt bedroht.

M 1 Der Koreakrieg 1950–1953

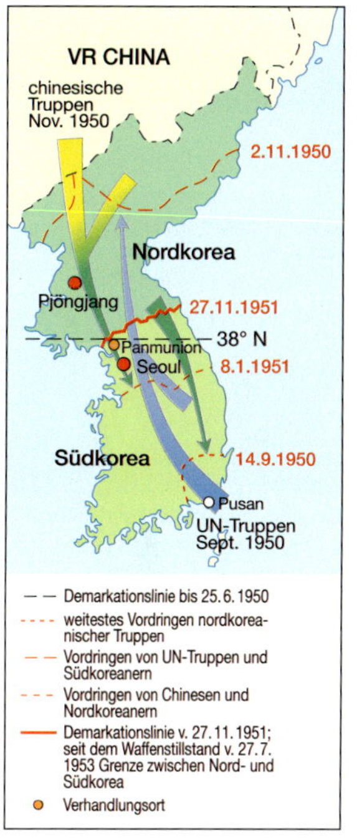

M 2 John F. Kennedy (1917–1963, Präs. 1961 bis 1963), Fotografie, um 1960

Der demokratische Politiker leitete nach der Präsidentschaftsübernahme umfangreiche Sozialreformen ein, legte die Kubakrise friedlich bei und wollte die Entspannung zwischen den Supermächten fördern sowie die Entwicklungshilfe verbessern.

M3 Nikita Chruschtschow (1894–1971), Fotografie, 1960

Der kommunistische Politiker übernahm nach dem Tod Stalins das Amt des Vorsitzenden der KPdSU. Seit 1956 leitete er die Entstalinisierung der Sowjetunion („Tauwetter") ein. Außenpolitisch bemühte er sich um die Entspannung der Beziehungen zwischen den Supermächten. Aufstände in Ostblockstaaten ließ er jedoch brutal niederwerfen. In der Kubakrise lenkte er ein. 1964 wurde er abgesetzt.

Guerillakrieg
Im Guerillakrieg (span.: kleiner Krieg) kämpfen irreguläre einheimische Einheiten gegen reguläre Truppen, die mit gezielten Aktionen aus dem Hinterhalt geschwächt werden sollen.

US-Präsident John F. Kennedy* reagierte scharf: Er mobilisierte die Streitkräfte und forderte den sowjetischen Staats- und Parteichef Nikita S. Chruschtschow* ultimativ zum Raketenabzug auf. Beide Seiten lenkten ein. Die UdSSR zog ihre Raketen ab. Im Gegenzug sicherten die Amerikaner zu, auf Kuba nicht zu intervenieren und ihre Raketen in der Türkei abzubauen, da diese unmittelbar auf die Sowjetunion gerichtet waren. Die Kubakrise markiert den **Wendepunkt im Kalten Krieg**. Beide Supermächte erkannten, dass die Konfrontation in einen Atomkrieg eskalieren könnte (M 6 a–d). Um dieses Risiko auszuschalten, waren sie zu militärpolitischen Absprachen und Verhandlungen gezwungen. So wurde 1963 eine direkte Nachrichtenverbindung zwischen Washington und Moskau („heißer Draht") eingerichtet, um internationale Konflikte rascher entschärfen zu können.

Vietnamkrieg

Nach dem Rückzug der französischen Kolonialmacht, die sich nicht gegen die antikolonialistische Befreiungsbewegung hatte behaupten können, wurde Vietnam auf der Genfer Indochina-Konferenz 1954 – zunächst provisorisch – geteilt. Die USA engagierten sich von Anfang an auf südvietnamesischer Seite durch militärische Beratung und Wirtschaftshilfe. Das kommunistische Nordvietnam unterstützte den **Guerillakrieg*** der „Nationalen Befreiungsfront" (**Vietcong**) gegen die prowestliche Regierung Südvietnams. Als 1964 amerikanische Kriegsschiffe im Golf von Tonking angeblich von nordvietnamesischer Marine beschossen wurden, entsandten die USA Truppen nach Südvietnam und begannen, Nachschubwege der Vietcong (**Ho-Chi-Minh-Pfad**) und ab 1965 auch Nordvietnam selbst zu bombardieren. Aber die USA konnten sich im Guerillakrieg der Vietcong nicht durchsetzen.
Ab 1969 zog Präsident Nixon die 543 000 in Südvietnam stationierten Soldaten wieder ab und schloss 1973 mit Nordvietnam einen Waffenstillstand. Damit waren die Konflikte in Indochina jedoch nicht beendet. 1974 begann Nordvietnam eine Offensive gegen den Süden, der 1975 kapitulieren musste. Ganz Vietnam wurde kommunistisch, ebenso Laos und Kambodscha. Die Bilanz des Krieges war verheerend: Der Historiker Bernd Greiner geht von ungefähr 726 000 getöteten Soldaten aus und beziffert die Gesamtzahl der Kriegstoten auf 1 353 000 Menschen. Andere Autoren halten diese Angaben für untertrieben. Die Supermächte verstanden den Vietnamkrieg von Anfang an als **Teil der weltweiten Systemauseinandersetzung** im Kalten Krieg. Die Sowjetunion – und auch China – unterstützten Nordvietnam mit „militärischen Beratern", Waffen und erheblichen Geldern. Sie verfolgten das Ziel, die Überlegenheit des sozialistischen Modells zu bestätigen. Ein Scheitern der USA in Südostasien sollte außerdem andere kommunistische Aufstandsbewegungen in der „Dritten Welt" ermutigen, ihren Kampf gegen den Kapitalismus bzw. für den Kommunismus mit aller Kraft fortzusetzen.
Ähnlich wie im Koreakrieg ging es den USA vor allem um ihre Glaubwürdigkeit sowohl als Weltmacht wie auch als westliche Führungsmacht. Den eigenen Verbündeten und befreundeten Nationen wollten die USA zeigen, dass auf sie Verlass sei, und der Sowjetunion und ihrem Lager wollten sie Willensstärke demonstrieren. Die Intervention der Vereinigten Staaten beruhte überdies auf der **„Dominotheorie"**, die US-Präsident Eisenhower 1954 verkündete: Wenn ein Staat „falle", also kommunistisch werde, dann fielen auch andere Staaten. Die USA fühlten sich daher verpflichtet, eine Niederlage Südvietnams im Kampf gegen die Kommunisten zu verhindern, weil sie eine Kettenreaktion, d. h. die kommunistische Machtübernahme in anderen ehemaligen Kolonialstaaten, befürchteten (M 7 a–d).

M4 Eine Mutter mit ihrem schwer verwundeten Kind nach einem Napalm-Angriff durch die US-Luftwaffe in Vietnam, Fotografie, September 1972

1 Erörtern Sie am Beispiel von Koreakrieg, Kubakrise oder Vietnamkrieg die Mittel und Ziele US-amerikanischer Politik, im Kalten Krieg den Kommunismus zu bekämpfen. Welche Erfolge bzw. Misserfolge erzielten die Amerikaner?

M5 Die USA und der Koreakrieg

a) Der Politikwissenschaftler Bruce E. Bechtol über die Motive der USA zum Kriegseintritt, 2006:

Nordkoreas Einmarsch in den Süden (wurde) in Washington fälschlicherweise als eine reine Umsetzung von Stalins Politik durch die Nordkoreaner interpretiert. Präsident Trumans Entscheidung, in den Krieg einzutreten, wurde von der Befürchtung diktiert, diese Invasion werde sich als Auftakt zu einer weltweiten sowjetischen Aggression erweisen, von der insbesondere Europa und der Mittlere Osten betroffen sein würden. Am 26. Juni 1950 sagte er: „Korea ist das Griechenland des Fernen Ostens. Wenn wir jetzt ausreichend Härte zeigen, wenn wir ihnen trotzen wie vor drei Jahren in Griechenland, unternehmen sie keine weiteren Schritte. Aber wenn wir untätig zuschauen, marschieren sie in den Iran ein und bringen den gesamten Mittleren Osten unter ihre Kontrolle. […]"

[…] [D]ie USA (befürchteten) für den Fall, dass sie Südkorea nicht zu Hilfe eilen würden, ein Glaubwürdigkeitsproblem gegenüber der Sowjetunion. Da Truman die Invasion offenbar als Testfall für die Entschlossenheit Washingtons im Kampf gegen den Kommunismus ansah, musste er die schwache Regierung und das schwache Militär in Südkorea jetzt zwangsläufig mit voller Kraft unterstützen. […] Im Denken der damaligen Machthaber in Washington war der Eintritt in den Koreakrieg weniger wegen der Bedrohung Südkoreas im Fernen Osten wichtig; vielmehr fürchteten sie die weltweiten Auswirkungen, sollten es die Vereinigten Staaten unterlassen, den Kommunismus in einer Region zu bekämpfen, in der sie ein proamerikanisches Regime eingesetzt hatten. Die Rolle Südkoreas, das für den Kampf gegen den Norden die Unterstützung der Vereinten Nationen (UN) und der Amerikaner gewann, muss so vor dem Hintergrund der damaligen weltpolitischen Verhältnisse erörtert werden. […] So wurde die südkoreanische Regierung in die Diskussion um entsprechende Schritte denn auch kaum eingebunden, als Truman am 26. Juni 1950 den UN-Sicherheitsrat zum Eingreifen in den Konflikt drängte. Der Eindruck, dass es sich bei der Invasion um eine offene sowjetische Aggression handele, wurde durch den fünf Monate zuvor erfolgten Auszug der Sowjets aus dem UN-Sicherheitsrat verstärkt. […]

Dass der Eintritt in den Koreakrieg zur Aufrechterhaltung der Glaubwürdigkeit absolut notwendig sei, war nicht nur die Sichtweise der Machthaber in Washington. Tatsächlich wurde sie von den meisten US-Verbündeten in Westeuropa geteilt. Dokumente, die Gespräche zwischen europäischen und amerikanischen Diplomaten wiedergeben, belegen eine sehr reale Besorgnis um die eigene Glaubwürdigkeit […].

Bruce E. Bechtol, Jr., Paradigmenwechsel des Kalten Krieges. Der Koreakrieg 1950–1953, in: Bernd Greiner/Christian Th. Müller/Dierk Walter (Hg.), Heiße Kriege im Kalten Krieg. Hamburger Edition, Hamburg 2006, S. 154f.

b) Der Historiker Rolf Steininger über die Folgen des Koreakrieges für die USA, 2006:

Der Koreakrieg blieb zwar ein „begrenzter Krieg", hatte aber dennoch gravierende Konsequenzen für Korea. Sehr viel gravierender aber waren die Konsequenzen für die weitere Entwicklung des Kalten Krieges. Hier kann seine Bedeutung gar nicht hoch genug eingeschätzt werden. Er war „der Wendepunkt des Kalten Krieges", wie Truman es in seiner Abschiedsrede am 15. Januar 1953 formulierte. Im Einzelnen bedeutete er: […]

Für die USA:

17. Fast drei Millionen Soldaten (einige Quellen sprechen von fünf bis sechs Millionen) taten Dienst in Korea, 36914 von ihnen wurden getötet […], 103284 verwundet. (Zur Zahl der Toten: 36914 in drei Jahren, in Vietnam 58135 in acht Jahren.)

18. Verwicklung in Indochina/Vietnam. Die Vereinigten Staaten verstärkten ihre Militärhilfe für Frankreichs Krieg in Indochina, […] d.h. 80 Prozent der Kosten des Indochina-Krieges wurden von den USA übernommen. […] Die Niederlage Frankreichs ein Jahr später war nicht aufzuhalten. […] Von da an führte Amerikas Weg beinahe direkt in den Vietnamkrieg.

19. 1954 wurde in Asien das Gegenstück zur NATO (*North Atlantic Treaty Organization*) gegründet, der Südostasiatische Verteidigungspakt SEATO (*South East Asia Treaty Organization*), nach dem ANZUS-Pakt (Australia-New Zealand-USA) zwischen Australien, Neuseeland und den USA vom September 1951. […]

20. Massive Aufrüstung mit dem Ziel strategischer Überlegenheit […] gegenüber der Sowjetunion. (Mit Entwicklung des „militärisch-industriellen Komplexes", vor dessen Machtanspruch und Auswirkungen Präsident Eisenhower am Ende seiner Amtszeit […] 1961 warnte.) […] Allein im ersten Jahr 1950/51 wurde der Verteidigungshaushalt von 13,5 auf 52 Milliarden Dollar vervierfacht. […]

Es gab bis Anfang der Sechziger die nukleare Option und bis zu diesem Zeitpunkt mehrmals das berühmte „*window of opportunity*", als die USA ihre nukleare Überlegenheit hätten ausspielen können, um die Sowjetunion zu vernichten. Im Koreakrieg war diese Option für einige Politiker und Militärs – allen voran MacArthur – besonders verlockend, da die Sowjetunion keine Möglichkeit zum Zweitschlag hatte. Das galt besonders im kritischen Winter 1950/51, dann 1953 unter Eisenhower. Die sich aus dem Koreakrieg entwickelnde Strategie der „massiven Vergeltung", d.h. Einsatz der Atomwaffen […] wurde allerdings von amerikanischen Politikern zu keinem Zeitpunkt ernsthaft in Erwägung gezogen. […]

Die Armee wurde von Juni 1950 bis Juni 1954 von 1,46 Millionen auf 3,55 Millionen Mann vergrößert. Die Zahl der im Ausland stationierten Truppen stieg in dieser Zeit von 280000 auf 963000. Die Marine wurde ausgebaut […].

22. McCarthyism: Der Koreakrieg löste in den USA apokalyptische Ängste vor einer kommunistischen Weltverschwörung aus. Das innenpolitische Klima wurde auf Jahre vergiftet. Es begann die Periode des McCarthyismus: die antikommunistische Hexenjagd, angetrieben vom republikanischen Senator aus Wisconsin, Joseph McCarthy. Dessen „Karriere" endete zwar im Dezember 1954, aber sein „Erbe" zeigte später Wirkung: Kein Politiker in Washington war bereit oder konnte es sich „leisten", Länder in Asien an den Kommunismus zu „verlieren" [...]. Das hat zweifelsohne mit zum Vietnamkrieg beigetragen. [...]

28. Mit dem Koreakrieg begann im eigentlichen Sinne erst der Rüstungswettlauf zwischen Ost und West – der erst 1991 endete.

Rolf Steininger, Der vergessene Krieg. Korea 1950–1953, Olzog Verlag, München 2006, S. 189–198.

M6 Die US-amerikanische Politik in der Kubakrise

a) Aus einer Rede von US-Präsident Kennedy vom 22. Oktober 1962:

Im Laufe der letzten Woche haben eindeutige Beweise die Tatsache erhärtet, dass derzeit auf dieser unterdrückten Insel mehrere Anlagen für Angriffsraketen errichtet werden. Der Zweck dieser Anlagen kann nur darin bestehen, die Möglichkeit eines Atomschlags gegen die westliche Hemisphäre zu schaffen. [...] Wir werden das Risiko eines weltweiten Atomkriegs nicht voreilig oder ohne Not eingehen – wir werden dieses Risiko aber auch nicht scheuen, falls es zu irgendeinem Zeitpunkt eingegangen werden muss.

Zit. nach: Heinz Dieter Schmid u. Eberhard Wilms (Hg.), Fragen an die Geschichte: Das 20. Jahrhundert, Cornelsen, Berlin 1999, S. 112.

b) Aus einem Brief von US-Präsident Kennedy an den sowjetischen Ministerpräsidenten Chruschtschow, 27. Oktober 1962:

Wenn ich Ihren Brief recht verstehe, sind die entscheidenden Punkte Ihrer Vorschläge – die, so wie ich sie auffasse, grundsätzlich annehmbar erscheinen – die folgenden:

1. Sie wären bereit, diese Waffensysteme unter Beobachtung und Überwachung durch die Vereinten Nationen aus Kuba zu entfernen und den weiteren Transport solcher Waffensysteme nach Kuba unter angemessenen Garantien einzustellen.

2. Wir wären unsererseits bereit, wenn die Vereinten Nationen angemessene Vorkehrungen zur Sicherung der Durchführung und des Fortbestehens dieser Verpflichtungen getroffen haben, a) alsbald die gegenwärtig bestehenden Blockademaßnahmen aufzuheben und b) Zusicherungen gegen eine Invasion in Kuba zu geben.

Zit. nach: Heinz Dieter Schmid u. Eberhard Wilms (Hg.), Fragen an die Geschichte: Das 20. Jahrhundert, Cornelsen, Berlin 1999, S. 112.

c) Ein Aufklärungsflugzeug der US-Marine überfliegt vor der Küste Costa Ricas ein US-Kriegsschiff (vorne) und einen sowjetischen Frachter, von dem vermutet wird, dass er für Kuba bestimmte sowjetische Raketen transportiert, Foto, 10. November 1962

d) US-Präsident John F. Kennedy am 10. Juni 1963:

Welche Art von Frieden meine ich? Nach welcher Art von Frieden streben wir? Nicht nach einer *Pax Americana*, die der Welt durch amerikanische Kriegswaffen aufgezwungen wird. Nicht nach dem Frieden des Grabes oder der Sicherheit von Sklaven. Ich spreche hier von dem echten Frieden – jenem Frieden, der das Leben auf Erden lebenswert macht, jenem Frieden, der Menschen und Nationen befähigt, zu wachsen und zu hoffen und ein besseres Leben für ihre Kinder aufzubauen, nicht nur ein Friede für Amerikaner, sondern ein Friede für alle Menschen. Nicht Frieden in unserer Generation, sondern Frieden für alle Zeiten.

Ich spreche vom Frieden, weil der Krieg ein neues Gesicht bekommen hat. Ein totaler Krieg ist sinnlos in einem Zeitalter, in dem Großmächte umfassende und verhältnismäßig unverwundbare Atomstreitkräfte unterhalten können und sich weigern, zu kapitulieren, ohne vorher auf diese Streitkräfte zurückgegriffen zu haben. Es ist sinnlos in einem Zeitalter, in dem eine einzige Atomwaffe fast das Zehnfache an Sprengkraft aller Bomben aufweist, die von den gemeinsamen alliierten Luftstreitkräften während des Zweiten Weltkriegs abgeworfen wurden. Und er ist sinnlos in einem Zeitalter, in dem die bei einem Atomkrieg freigesetzten tödlichen Giftstoffe von Wind und Wasser, Boden und Saaten bis in die entferntesten Winkel des Erdballs getragen und sich auf die noch ungeborenen Generationen auswirken würden. [...] Ich spreche daher vom Frieden als dem zwangsläufig vernünftigen Ziel vernünftiger Menschen. [...]

Für diesen Frieden gibt es keinen einfachen Schlüssel, keine großartige oder magische Formel, die sich ein oder zwei Mächte aneignen können. Der echte Friede muss das Produkt vieler Nationen sein. [...] Bei einem solchen Frieden wird es Streitigkeiten und entgegengesetzte Interessen geben, wie dies innerhalb von Familien und Nationen der Fall ist. Der Weltfriede wie auch der Friede in Stadt und Land erfordern nicht, dass jeder seinen Nachbarn liebt. Er erfordert lediglich, dass man in gegenseitiger Toleranz miteinander lebt, seine Streitfälle einer gerechten und friedlichen Lösung unterwirft. [...]

Lassen Sie uns zweitens unsere Haltung gegenüber der Sowjetunion überprüfen. Der Gedanke ist entmutigend, dass die sowjetischen Führer wirklich glauben könnten, was ihre Propagandisten unablässig schreiben. Keine Regierung und kein Gesellschaftssystem sind so schlecht, dass man das unter ihm lebende Volk als bar jeder Tugend ansehen kann. Wir Amerikaner empfinden Kommunismus als Verneinung der persönlichen Freiheit und Würde im tiefsten abstoßend. Dennoch können wir das russische Volk wegen vieler seiner Leistungen – sei es in der Wissenschaft und Raumfahrt, in der wirtschaftlichen und industriellen Entwicklung, in der Kultur und seiner mutigen Haltung – rühmen. [...]

Sollte heute – wie auch immer – ein totaler Krieg ausbrechen, dann würden unsere beiden Länder die Hauptziele darstellen. Es ist eine Ironie, aber auch eine harte Tatsache, dass die beiden stärksten Mächte zugleich auch die beiden Länder sind, die in der größten Gefahr einer Zerstörung schweben. Alles, was wir aufgebaut haben, alles, wofür wir gearbeitet haben, würde vernichtet werden. [...] Wir werfen beide für gigantische Waffen riesige Beträge aus – Beträge, die besser für den Kampf gegen Unwissenheit, Armut und Krankheit aufgewendet werden sollen. Wir sind beide in einem unheilvollen und gefährlichen Kreislauf gefangen, in dem Argwohn auf der einen Seite Argwohn auf der anderen auslöst und in dem neue Waffen zu wieder neuen Abwehrwaffen führen. [...]

Lassen Sie uns drittens unsere Einstellung zum Kalten Krieg überprüfen. [...] Wir müssen auf der Suche nach Frieden ausdauernd bleiben, in der Hoffnung, dass konstruktive Veränderungen innerhalb des kommunistischen Blocks Lösungen in Reichweite bringen können, die heute noch unerreichbar scheinen. Wir müssen unsere Politik so betreiben, dass es schließlich das eigene Interesse der Kommunisten wird, einem echten Frieden zuzustimmen. Vor allem müssen die Atommächte, bei gleichzeitiger Wahrung ihrer eigenen Lebensinteressen, solche Konfrontation vermeiden, die einem Gegner nur die Wahl zwischen einem demütigenden Rückzug oder einem Atomkrieg lassen.

Zit. nach: Europa-Archiv, 1963, S. 289 ff.

M7 Das Engagement der USA in Vietnam

a) Bernd Greiner, Historiker, Politikwissenschaftler und Amerikanist, über die Motive der US-amerikanischen Vietnampolitik, 2007:

Die Rede ist von einem in den Annalen aller Großmächte verbuchten Handlungsmotiv: Glaubwürdigkeit.

Erstens schlüpften alle amerikanischen Präsidenten seit dem Zweiten Weltkrieg in die Rolle imperialer oder hegemonialer Machtverweser. Wie diese definierten sie „Glaubwürdigkeit" als die wichtigste psychologische Ressource der Macht – Wort zu halten, das Gesicht nicht zu verlieren und vor allen Dingen gegenüber Freund wie Feind gleichermaßen unmissverständlich aufzutreten. Weltmacht konnte demnach auf Dauer nur sein, wer nicht im Verdacht stand, beim Einsatz seiner Instrumente – der politischen, wirtschaftlichen, psychologischen wie militärischen – zu zögern. „*Credibility*" fußt also auf einer ebenso einfachen wie weit reichenden Prämisse: Machtmittel werden erst zu Insignien der Macht, wenn sie mit einem kontinuierlich demonstrierten Willen zu ihrer Wahrung und Mehrung einhergehen. [...]

Ungezählte Diskurse sind mit der Befürchtung unterlegt, als Neuankömmling im Club der Großen nicht ernst genommen zu werden. Amerika, so der Tenor, hatte noch nicht hinreichend Chancen zum Beweis seiner Glaubwürdigkeit und sieht sich daher einer renitenten Skepsis der internationalen Umwelt ausgesetzt – zumal die nach dem Ersten Weltkrieg offenbarte Sprunghaftigkeit als Beleg einer tief verwurzelten und daher kaum zu korrigierenden Tradition gedeutet werden konnte. [...]

Auf diesem Nährboden gedeiht eine von Panik durchwirkte Dominotheorie ebenso gut wie die Versuchung, bei jeder sich bietenden Gelegenheit die realen oder phantasierten Zweifel Dritter dementieren zu müssen. In diesem Sinne deutete Lyndon B. Johnson den tragischen Tod seines Vorgängers [Kennedy] als hinreichende Begründung für den Krieg in Vietnam. „Die [Chinesen] denken, wir hätten jetzt unseren Biss verloren, dass wir feige sind und nicht meinen, was wir sagen. [...] Die [Russen] werden sich jetzt fragen, wie weit sie gehen können. [...] Ich will um Himmels willen, dass sie [die amerikanischen Generäle] ihren Hintern hochkriegen, dass sie in diesen Dschungel gehen und ein paar Kommunisten kräftig versohlen." [...]

Der geografische Ort Vietnam war demgegenüber irrelevant, ein Stück Land ohne nennenswerte Rohstoffe, als Markt randständig und ohne Gewicht als geostrategisches Pfund. [US-Präsident, Präs. 1969–1974] Richard Nixon: „Vietnam als solches war nicht bedeutend. Was am Beispiel Vietnam zählte, war, dass Freunden und Verbündeten demonstrativ amerikanische Unterstützung und unseren Feinden amerikanische Willensstärke vor Augen geführt wurde. Es ging also um die Symbolik der Tat – neben der Schlüsselregion Europa auch in Asien mit einer Entschiedenheit aufzutreten, die Freund wie Feind dasselbe signalisierte: dass die USA zu ihren Verpflichtungen standen und erst recht niemanden im Stich ließen, der wie Südvietnam in Turbulenzen geriet. Und dass auch in schwierigen Zeiten der Isolationismus keine Versuchung mehr darstellte. […]"

Zweitens kam einer so definierten Glaubwürdigkeit unter den Bedingungen des Kalten Krieges eine über die Maßen proportionierte Bedeutung zu. […]

Im Kalten Krieg im Allgemeinen wie in Vietnam im Besonderen ging es nämlich, wie der amerikanische Journalist und Politikberater Leslie Gelb zu Recht anmerkt, nicht um einen militärischen Sieg im klassischen Sinn der Eroberung, Behauptung und Beherrschung neuen Terrains. Vielmehr handelte es sich um einen psychologischen Abnutzungskrieg mit dem Ziel, Wille und Kraft der anderen Seite im besten Falle aufzuzehren, im mindesten Fall durch dauernden Verschleiß zu bändigen. Eine Invasion Nordvietnams stand folglich nie ernsthaft zur Debatte. Aber der Norden musste unter allen Umständen und vor aller Augen mit dem Versuch scheitern, im Süden des Landes einen Guerillakrieg anzuheizen und zu gewinnen. […]

Glaubwürdig war in dieser Sicht der Dinge, wer mit einem längeren Atem und einem größeren Stehvermögen ausgestattet den *„breaking point"* des Feindes knackte. Genauer gesagt, jenen Punkt erreichte, an dem der Feind die Unzulänglichkeit seiner militärischen Mittel erkannte und auch politisch die Waffen streckte. […] Es konnte nicht sein, was nicht sein durfte. „Ich weigere mich einfach anzuerkennen", so Henry Kissinger im Sommer 1969, „dass eine kleine, viertklassige Macht wie Nordvietnam keinen *‚breaking point'* hat."

Wenn [die Publizistin und Historikerin] Barbara Tuchman davon spricht, dass das Streben nach Glaubwürdigkeit im Kalten Krieg bis zur Selbsthypnose aufgebläht wurde, umschreibt sie ein drittes Charakteristikum amerikanischer Vietnampolitik: Wie eine auf Glaubwürdigkeit fixierte Politik sich sukzessive ihrer Optionen beraubt und am Ende in einer selbst gestellten „Glaubwürdigkeitsfalle" landet. Seit Truman erhöhte jeder Präsident den Einsatz in Vietnam und damit auch den Druck, den gesetzten Zielen gerecht zu werden. Die Grenzlinie von Selbstverpflichtung zur Selbstfesselung wurde an dem Tag überschritten, als zum ersten Mal das Wort „vital" – „lebenswichtig" – fiel. Mit diesem Wort veränderten sich die Maßstäbe, an denen Politik gemessen wird, grundlegend. Wer symbolisches Kapital und Prestige in diesem Umfang investiert, muss um den Preis politischer Bonität willen sein Versprechen einlösen. Er ist zum Erfolg verdammt und hat fortan „die Sache durchzustehen" – Entscheidungen wider besseres Wissen und Ignorieren der Realität inklusive.

Bernd Greiner, Krieg ohne Fronten. Die USA in Vietnam, Hamburger Edition, Hamburg 2007, S. 64–67.

b) Der ehemalige US-Verteidigungsministers Robert S. McNamara (1916–2009), Verteidigungsminister 1961–1968) zieht eine kritische Bilanz des Vietnamkrieges, 1995:

Hin und wieder ist die Meinung zu hören, nach dem Ende des Kalten Krieges habe sich die Welt so sehr verändert, dass die aus Vietnam gezogenen Lehren überholt und für das 21. Jahrhundert bedeutungslos seien.

Diese Ansicht teile ich nicht; ich vertrete vielmehr die Auffassung, dass wir unsere Fehler analysieren müssen, wenn wir aus unseren Erfahrungen lernen wollen. Für unser Scheitern in Vietnam waren vor allem elf Gründe verantwortlich:

[…]

2. Wir haben die Bevölkerung und die führenden Politiker Südvietnams nach unseren Maßstäben beurteilt: Wir meinten, sie hätten einen übermächtigen Wunsch nach Freiheit und Demokratie und seien entschlossen, dafür zu kämpfen. Wir haben die politischen Kräfte dieses Landes ganz und gar falsch eingeschätzt.

3. Wir haben unterschätzt, welche Kraft das Nationalbewusstsein einem Volk (hier den Nordvietnamesen und dem Vietcong) verleiht, für seine Überzeugungen und Werte zu kämpfen und zu sterben. […]

5. Zudem haben wir nicht erkannt – und das gilt bis heute –, dass den modernen, hochtechnologisch ausgerüsteten Streitkräften und den für sie entwickelten Strategien Grenzen gesetzt sind, wenn es zur Konfrontation mit einem unkonventionell kämpfenden und hoch motivierten Volk kommt. Auch ist es uns nicht gelungen, unsere militärische Taktik so auszurichten, dass wir die Herzen und den Verstand der Menschen eines vollkommen andersgearteten Kulturkreises hätten gewinnen können.

6. Wir haben es versäumt, den Kongress und die amerikanische Bevölkerung vorab in eine Diskussion über das Pro und Contra eines groß angelegten militärischen Engagements der USA in Südostasien einzubeziehen.

7. […] Wir hatten die Öffentlichkeit nicht darauf vorbereitet, die komplizierten Ereignisse zu verstehen, mit denen wir es zu tun hatten. Und wir hatten der Nation nicht erklärt, wie man konstruktiv reagiert, wenn man in unbekannten Gewässern einen neuen Kurs einschlagen muss. Die größte Stärke eines Landes liegt nicht in seinem militärischen Können, sondern in der Einigkeit seines Volkes. Es ist uns nicht gelungen, diese zu bewahren. […]

9. Wir haben nicht den Grundsatz befolgt, dass militärische Aktionen der USA, sofern sie nicht als Erwiderung auf eine direkte Bedrohung unserer eigenen Sicherheit erfolgen, nur in Übereinkunft mit multinationalen Streitkräften und bei umfassender Unterstützung (nicht nur pro forma) durch die internationale Staatengemeinschaft erfolgen dürfen.

10. Wir haben nicht erkannt, dass ebenso wie im täglichen Leben auch auf internationaler Ebene Schwierigkeiten auf-

tauchen können, für die es keine unmittelbaren Antworten gibt. Für jemanden, der sich zum Lösen von Problemen berufen fühlt, ist das eine besonders betrübliche Erkenntnis. Aber zuweilen bleibt uns nichts anderes übrig, als uns mit einer unvollkommenen und unordentlichen Welt abzufinden.

Robert McNamara u. Brian VanDeMark, Vietnam. Das Trauma einer Weltmacht, Spiegel Buchverlag, Hamburg 1996, S. 410–412.

c) Der Historiker Paul Kennedy über die Reaktionen der Amerikaner auf Vietnam in den 1960er-/1970er-Jahren, 1991:

Dieser Krieg wurde von einer „offenen Gesellschaft" ausgefochten – und er wurde noch offener durch die Enthüllungen der *„Pentagon Papers"*[1] und durch die tägliche Fernseh- und Presseberichterstattung über das Blutbad und die offensichtliche Sinnlosigkeit des Krieges. Und es war eine Tatsache, dass dies der erste Krieg war, den die Vereinigten Staaten unzweideutig verloren. Dadurch wurden die Erinnerungen an den Zweiten Weltkrieg überschattet und das Ansehen vieler Menschen von Vier-Sterne-Generälen bis zu hoch gelobten Intellektuellen im Dienste des Staates ruiniert. Der Krieg zerstörte den Konsens in der amerikanischen Gesellschaft über die Ziele und Prioritäten der Nation. Er wurde begleitet von hoher Inflation, beispiellosen Studentenprotesten und Unruhen in den Städten. Und ihm folgte die Watergate-Krise[2], welche die Präsidentschaft selbst auf einige Zeit diskreditierte. Der Vietnamkrieg stand für viele Amerikaner in einem bitteren und ironischen Widerspruch zu allem, was die Gründungsväter des Landes gelehrt hatten. Er machte die Vereinigten Staaten auf der ganzen Welt unbeliebt. Und schließlich sollte die schamvolle und lieblose Behandlung der aus Vietnam zurückkehrenden Soldaten ein Jahrzehnt später eine kulturelle Reaktion verursachen, welche die breite Beschäftigung mit diesem Konflikt in Form von Kriegsdenkmälern, Büchern und Fernsehdokumentationen erzwang. All dies bedeutete, dass der Vietnamkrieg trotz weit geringerer Verluste eine ähnliche Auswirkung auf das amerikanische Volk hatte wie der Erste Weltkrieg auf die Europäer. Die Folgen wurden hauptsächlich auf der persönlichen und auf der psychologischen Ebene sichtbar; etwas weiter gefasst wurden sie als eine Krise der amerikanischen Zivilisation und Verfassung gedeutet. Als solche sollten sie auch weiterhin Wirkung zeigen – ganz unabhängig von den strategischen Dimensionen dieses Konflikts und seinem Effekt auf das System der Großmächte.

Paul Kennedy, Aufstieg und Fall der großen Mächte, S. Fischer, Frankfurt/Main 1991, S. 601.

1 Pentagon Papers: Eine Serie von Geheimdokumenten, die ab 1967 auf Anweisung von Verteidigungsminister Robert McNamara verfasst wurden und die Geschichte des amerikanischen Eingreifens in Vietnam behandelten. Die New York Times und andere Zeitungen veröffentlichten ab 1971 Auszüge aus diesen Geheimpapieren, die Daniel Ellsberg, ein Berater des US-Verteidigungsministeriums, geliefert hatte.

2 In der Watergate-Affäre 1972/1973 führte eine Reihe von „Missbräuchen der Regierungsgewalt" zum bisher einmaligen Rücktritt eines amerikanischen Präsidenten, dem damaligen Amtsinhaber Richard Nixon. Unter anderem wurde in das Hauptquartier der Demokratischen Partei im Watergate-Gebäudekomplex der amerikanischen Hauptstadt Washington eingebrochen, um Abhörwanzen zu installieren und Dokumente zu fotografieren. Die Einbrecher wurden überrascht und verhaftet. Später stellte sich heraus, dass ihre Auftraggeber zu den engen Mitarbeitern Präsident Nixons gehörten.

d) Der Historiker Marc Frey über die US-amerikanische Auseinandersetzung mit dem Vietnamkrieg in den 1980er-/1990er-Jahren, 2004:

Langfristig jedoch beeinträchtigte der Vietnamkrieg Amerikas Position in der Welt kaum. Während die Sowjetunion in Afghanistan einmarschierte und damit ihren Untergang beschleunigte, demonstrierten die USA in den Achtzigerjahren Stärke. Als sich die osteuropäischen Staaten aus der sowjetischen Hegemonie lösen konnten und die Mauer fiel, hatten die Amerikaner mehrheitlich das Gefühl, den Kalten Krieg gewonnen zu haben. Am Beginn des 21. Jahrhunderts blickt Amerika auf eine verlorene Schlacht in Vietnam zurück, die den Sieg des eigenen Gesellschaftssystems nicht hatte aufhalten können. […]

Nach wie vor ist Vietnam im öffentlichen Bewusstsein Amerikas gegenwärtig. Doch während die ‚68er-Generation' und ihre Kinder vielfach bereit sind, sich kritisch mit dem Krieg auseinanderzusetzen, neigen breite Schichten der amerikanischen Bevölkerung dazu, den Krieg zu verdrängen. Beispielhaft verdeutlichte der Wahlkampf von 1992 zwischen Präsident Bush und seinem Herausforderer Clinton den Wunsch, Vietnam zu vergessen. Vergeblich versuchte Bush, Emotionen zu schüren, indem er Clinton vorwarf, den Wehrdienst in Vietnam umgangen zu haben. Die Öffentlichkeit stand diesem Versuch, die Fronten von 1968/71 zwischen „Falken" und „Tauben", zwischen Antikriegsbewegung und Verteidigern des amerikanischen Engagements wiederaufleben zu lassen, eher gleichgültig gegenüber.

Marc Frey, Geschichte des Vietnamkriegs. Die Tragödie in Asien und das Ende des amerikanischen Traums, 7. Aufl., C. H. Beck, München 2004, S. 231 ff.

1 **Arbeitsteilige Gruppenarbeit/Präsentation:**
a) Untersuchen Sie die Motive und Folgen, Mittel und Ziele der US-amerikanischen Außenpolitik im Koreakrieg, in der Kubakrise und im Vietnamkrieg.
b) Präsentieren Sie Ihre Ergebnisse auf drei Wandzeitungen.

2 **Plenum:** Diskutieren Sie Gemeinsamkeiten und Unterschiede in der US-Außenpolitik in den drei regionalen Konflikten sowie Dauer und Wandel der US-Außenpolitik im Kalten Krieg.

6 USA – die einzig verbliebene Weltmacht

Internettipp
Alle wichtigen Reden und Dokumente zur amerikanischen Außenpolitik seit Mitte der 1990er-Jahre sind über die Homepages des Weißen Hauses und des Außenministeriums abrufbar.

Die globale Supermacht

„Amerika steht in den vier entscheidenden Domänen globaler Macht unangefochten da: Seine weltweite Militärpräsenz hat nicht ihresgleichen, wirtschaftlich gesehen bleibt es *die* Lokomotive weltweiten Wachstums, selbst wenn Japan und Deutschland in einigen Bereichen eine Herausforderung darstellen mögen (wobei freilich keines der beiden Länder sich der anderen Merkmale einer Weltmacht erfreut); es hält seinen technologischen Vorsprung in den bahnbrechenden Innovationsbereichen, und seine Kultur findet trotz einiger Missgriffe nach wie vor weltweit, vor allem bei der Jugend, unübertroffen Anklang. All das verleiht den Vereinigten Staaten von Amerika eine politische Schlagkraft, mit der es kein anderer Staat auch nur annähernd aufnehmen könnte. *Das Zusammenspiel dieser vier Kriterien ist es, was Amerika zu der einzigen globalen Supermacht im umfassenden Sinne macht.*"
Mit diesen Worten charakterisierte der Politikwissenschaftler und ehemalige Sicherheitsberater (1977–1981) von US-Präsident Carter, Zbigniew Brzezinski, 2002 die Stellung der Vereinigten Staaten von Amerika in der internationalen Staatenwelt nach dem Ende des Kalten Krieges 1990/91. Einige Historiker und Sozialwissenschaftler bezeichnen die USA aufgrund ihres weltpolitischen Engagements als **imperiale Macht** (M 5). Der amerikanische Historiker Dominic Lieven hat diesen Begriff 2000 einmal so definiert: Eine „imperiale Macht" bzw. ein „Imperium" ist „zuerst und vor allem eine sehr große Macht, die den internationalen Beziehungen einer ganzen Ära ihren Stempel aufgedrückt hat", ein „Staatswesen, das über große Territorien und viele Völker herrscht".
In der wissenschaftlichen und der politischen Auseinandersetzung gibt es nach wie vor heftige Kontroversen, wie die amerikanische Außenpolitik zu charakterisieren und zu erklären ist. Jedenfalls ist der Begriff der „imperialen Macht" umstritten. Fest steht jedoch, dass sich die USA nach dem Zusammenbruch des Sowjetimperiums 1989/90 nicht aus der internationalen Politik zurückgezogen haben, sondern in allen Regionen der Welt präsent sind. Auch griffen und greifen die Vereinigten Staaten von Amerika in zahlreiche regionale Konflikte mit militärischen und diplomatischen Mitteln ein.

M 1 Ein Schild warnt in Sarajewo vor dem Beschuss durch Heckenschützen, Fotografie, Juli 1992

Während des Krieges war Sarajewo in einen von der Regierung Bosnien und Herzegowina kontrollierten bosniakisch-kroatischen und einen von der Republika Srpska kontrollierten serbischen Teil geteilt, die sich gegenseitig beschossen. Der von den Regierungstruppen kontrollierte Teil, zu dem das Stadtzentrum und die Altstadt gehörten, wurde von April 1992 bis Februar 1996 von den Truppen der damaligen bosnisch-serbischen Armee belagert. Dabei wurden ca. 10 615 Menschen durch Granaten, Minen oder Scharfschützen getötet.

Interventionen auf dem Balkan

Das Ende des Ost-West-Konfliktes bedeutete nicht den Beginn einer Ära des Friedens. Im Gegenteil: Weltweit dauerten regionale Kriege an oder es brachen neue aus. Der **Zerfall des Vielvölkerstaates Jugoslawien** seit 1991/92 mit den schrecklichen Folgen von Massenhunger und -flucht und sogenannten ethnischen Säuberungen entwickelte sich zu einer neuen Herausforderung für die internationale Gemeinschaft. Die USA griffen aktiv in die gewaltsamen Auseinandersetzungen auf dem Balkan ein, um eine friedliche Lösung herbeizuführen. Dabei blieb es nicht bei einem zeitlich befristeten **Engagement im Bosnienkrieg 1995** (M 4). Nach den Teilerfolgen in Bosnien sahen sich die USA herausgefordert, bei der Entschärfung des blutigen Streits zwischen Serben und albanischer Bevölkerungsmehrheit im **Kosovo** mitzuwirken. Weder massiver diplomatischer Druck noch die am 24. März 1999 mit US-amerikanischer Beteiligung begonnenen NATO-Luftangriffe, die Moskau anfangs vehement kritisierte, konnten die Serben unter Präsident Milosevic zunächst zu einem Einlenken bewegen. Vielmehr versuchten die Serben, mit der organisierten Vertreibung Hunderttausender von Kosovo-Albanern die gesamte Region zu destabilisieren. Die Militäraktion der NATO endete in der zweiten Junihälfte mit der Einstellung der Luftangriffe, dem Rückzug der serbischen Truppen und dem Einmarsch internationaler Friedenstruppen (Kfor) in den Kosovo.

Die NATO-Militärangriffe gegen Serbien waren ohne ausdrückliche Ermächtigung durch den UN-Sicherheitsrat begonnen worden. Hinzu kam, dass das westliche Bündnis mit seiner Führungsmacht USA seine bisherige Vertragsgrundlage verließ, weil die NATO-Truppen erstmals außerhalb ihres Bündnisgebietes operierten. Mit ihrem Angriff auf Jugoslawien betraten USA und NATO grundsätzlich Neuland. Denn sie haben die Verletzung der Menschenrechte durch die Unterdrückung und Verfolgung der Albaner im Kosovo so behandelt wie die Verletzung der Unantastbarkeit eines staatlichen Territoriums. Terror und „ethnische Säuberungen" wurden damit gleichgesetzt mit der Verletzung nationaler Souveränitätsrechte. Die Debatte über die amerikanische Außenpolitik dreht sich nicht nur um die Frage, ob die USA eine grundlegende Neubestimmung ihrer Aufgaben zu einer Art „Weltpolizei" eingeleitet haben. In der internationalen Öffentlichkeit entstand auch eine Diskussion über die **politisch-moralischen Grundlagen amerikanischer Interventionspolitik**. Kritiker werfen den USA vor, sie legten unterschiedliche Maßstäbe beim Eingreifen in fremden Ländern zugrunde. Während der Einsatz amerikanischer Streitkräfte im ehemaligen **Jugoslawien** oder im **Irak** 2003 begründet wurde mit der Notwendigkeit, die Menschenrechtsverletzungen der diktatorischen Regimes zu beenden, habe Washington z. B. bei Menschenrechtsverletzungen in Afrika keine Truppen geschickt. Ein Beispiel dafür sei das von einem Bürgerkrieg heimgesuchte **Liberia**, das im Sommer 2003 dringend ausländische Friedenstruppen benötigte. Die US-Regierung schickte zwar im Rahmen einer UN-Friedensmission 2000 US-Marines nach Liberia, diese wurden jedoch bereits sechs Wochen später wieder abgezogen. „Ohne strategische Interessen oder Öl gab es", spitzt der österreichische Journalist Eric Frey diese Kritik in seinem „Schwarzbuch USA" (2004) zu, „für Amerika keinen Anreiz, seine militärische Macht in einem Land einzusetzen, in dem schon wenige US-Soldaten ein Blutvergießen hätten verhindern können." Darüber hinaus argumentieren Kritiker, dass die USA während des Kalten Krieges Diktaturen unterstützt hätten, wenn es ihren politisch-strategischen Interessen entsprochen habe. So förderten die USA lange Zeit das westlich orientierte Schah-Regime im **Iran** (Reg. von Schah Mohammed Resa Pahlewi 1941–1979). Auch den irakischen Diktator Saddam Hussein unterstützten die USA noch während des Ersten Golfkrieges zwischen dem Iran und dem Irak (1980–1988) verdeckt wirtschaftlich und militärisch. Den Irak, der sich bis in die 1970er-Jahre an die Sowjetunion anlehnte, sahen die Amerikaner als Gegengewicht gegen das seit 1979 islamistisch-fundamentalistische Regime im Iran. Ein weiterer Vorwurf gegen die US-Außenpolitik lautet, dass die Haupturheber der Terroranschläge vom 11. September 2001, Osama bin Laden und die Terrorgruppe Al-Qaida (s. unten), eigentlich ein Produkt der USA gewesen seien: Nach der sowjetischen Invasion in Afghanistan 1979 habe der amerikanische Geheimdienst CIA von Stützpunkten in Pakistan aus mithilfe muslimischer Mudschaheddin einen Guerillakrieg gegen die sowjetischen Besatzer in Afghanistan organisiert und finanziert. Zahlreiche junge Muslime, unter ihnen bin Laden, seien dabei radikalisiert worden. Diese fanatischen Gotteskrieger hätten nach dem Abzug der Sowjets 1988/89 ihren Zorn gegen die USA gerichtet (M 6).

Befreiung Kuwaits

Im August 1990 besetzten irakische Truppen Kuwait. Der UN-Sicherheitsrat forderte den irakischen Diktator Saddam Hussein vergeblich auf, seine Truppen zurückzuziehen. Daraufhin organisierten die USA unter Präsident George Bush (Präs. 1989–1993) eine Koalition aus 26 Staaten – darunter Frankreich, Großbritannien und die Sowjetunion –, die im Auftrag der UNO Kuwait militärisch befreite. Die Staatengemeinschaft wollte die **Annexion von Kuwait durch den Irak** nicht tatenlos hinnehmen. Ein

M 2 Zwei von islamistischen Terroristen entführte Flugzeuge explodieren in den Türmen des World Trade Center in New York, Fotografie, 11. September 2001

20. August 1998
Knapp zwei Wochen nach den Bombenanschlägen auf die US-Botschaften in Daressalam und Nairobi mit 259 Toten reagierten die USA mit Vergeltungsschlägen. Ziele der Raketenangriffe waren eine Chemiefabrik nahe Khartoum im Sudan und ein Ausbildungslager Osama bin Ladens in Afghanistan.

Internettipps
Die Bundeszentrale für politische Bildung bietet in Kooperation mit der Internet-Plattform *politik-digital* eine kommentierte Linkliste zu den Anschlägen vom 11. September.

Hintergrundinformationen und Analysen der aktuellen Lage Afghanistans von der Bundeszentrale für politische Bildung.

Literaturtipp
Die Zeit, Der Fischer Weltalmanach aktuell, hg. v. Volker Ullrich und Felix Rudloff, Fischer TB, Frankfurt/Main 2003, S. 187ff.
Gute und knappe Zusammenfassung der Vorbereitung, des Verlaufs und der Folgen des Irakkriegs.

zentrales Motiv der Amerikaner für eine militärische Intervention war außerdem, dass sie Veränderungen des regionalen Mächtegleichgewichts am Golf zugunsten des Iraks bzw. zulasten ihres Bündnispartners Israel verhindern wollten. Bei der „Operation Wüstensturm" (17. Januar bis 28. Februar 1991) übernahmen die USA mit Billigung ihrer Bundesgenossen die Führung. Die Truppen der Allianz konnten nicht zuletzt aufgrund ihrer technologischen Überlegenheit über das irakische Militär einen raschen Sieg erringen. US-Präsident Bush begrenzte den Krieg strikt auf die Befreiung Kuwaits. Einen Vormarsch auf die irakische Hauptstadt Bagdad und den Sturz Saddam Husseins lehnte er ab.

Kampf gegen den Terrorismus

Am 11. September 2001 steuerten islamistische Terroristen zwei von ihnen entführte US-Passagiermaschinen in die beiden Türme des New Yorker World Trade Center und eine weitere in das US-Verteidigungsministerium (M 2). Die Mordanschläge kosteten mindestens 3000 Menschen das Leben. Das **World Trade Center**, ein Wahrzeichen New Yorks und ein Symbol für den *American Way of Life*, stürzte in sich zusammen. Verantwortlich für die Anschläge waren der aus Saudi-Arabien stammende Osama bin Laden und die von ihm gegründete **terroristische Gruppe Al-Qaida**, die bereits am 7. August 1998 Bombenanschläge auf die US-Botschaften in Nairobi (Kenia) und Daressalam (Tansania)* verübt hatte.

Der 11. September, der eine neue Eskalationsstufe in der Geschichte des internationalen Terrorismus nach 1945 markiert, war und ist für die Weltmacht USA eine neue Herausforderung. Seit die Briten 1814 Washington verwüstet hatten, sahen sich die USA keinen Zerstörungen durch fremde Mächte ausgesetzt. Amerikanische Politiker, Öffentlichkeit und Medien waren schockiert über den Verlust der Unverwundbarkeit ihres Landes. Dieses Entsetzen wurde verstärkt dadurch, dass die Gegner außerhalb staatlicher Organisationsformen agierende Gruppen sind, die im Untergrund in informellen Netzwerken und mit Selbstmordattentätern arbeiten. Sie sind potenziell allgegenwärtig, schwer zu fassen und in der Lage, auch eine Weltmacht empfindlich zu treffen. Da sich die Al-Qaida-Terroristen zudem auf die vermeintlich richtige Auslegung des Islams berufen, tritt ein weiteres Problem hinzu: Wie wird sich das Verhältnis zwischen muslimischen Ländern, insbesondere im arabischen Raum, und den USA in Zukunft entwickeln?

Die US-Regierung unter George W. Bush (Präs. 2001–2009) reagierte auf die Terroranschläge mit einem **Krieg gegen Afghanistan** (Oktober/November 2001). Gestützt auf Resolutionen des UN-Sicherheitsrates, der den USA das Recht auf Selbsthilfe ohne UN-Mandat erlaubte, begann die US-Regierung, eine Antiterrorkoalition zu schmieden. Erstes Ziel sollte die Zerschlagung des islamistischen Taliban-Regimes in Afghanistan und die Ergreifung der Al-Qaida-Führer sein. Nachdem sich die Taliban geweigert hatten, Osama bin Laden auszuliefern, begannen die USA mit Luftangriffen die Operation *„Enduring Freedom"*. Der kurze Krieg führte zur Vertreibung der Taliban und schuf damit die Voraussetzungen für eine politische Neugestaltung des Landes. Der Aufbau einer neuen Verwaltung und die Befriedung des Landes erweisen sich jedoch als schwierig. Immer wieder versuchen die Taliban von Pakistan aus, die Stabilisierung des Landes zu stören. Deswegen dienen viele der militärischen Aktionen nach dem Krieg dem Aufspüren und der Zerschlagung der verbliebenen Taliban- und Al-Qaida-Gruppen. Deren Anführer Osama bin Laden konnte bisher nicht gefasst werden.

US-Präsident Bush verstand die Anschläge vom 11. September als Kriegserklärung und erklärte seinerseits dem Terrorismus weltweit den Krieg. Im September 2002 verabschiedete er eine **neue „Nationale Sicherheitsstrategie"**. Sie betrachtete den Krieg gegen den Terrorismus als eine globale Unternehmung von ungewisser Dauer. In diesem Kampf fühlen sich die USA verpflichtet, ihre Werte Freiheit,

Demokratie und Marktwirtschaft nicht nur zu verteidigen, sondern auch auf der gesamten Erde zu verbreiten. Die „Nationale Sicherheitsstrategie“ kündigt außerdem nationale Alleingänge an, wenn die Vereinigten Staaten es für notwendig halten. Die entscheidende Neuerung besteht jedoch im Bekenntnis zu „präemptiven Militäraktionen“ gegen Terroristen: Wenn die Vereinigten Staaten zu der Auffassung gelangen, dass ein Staat oder eine Gruppe für sie in Zukunft einmal gefährlich werden könnte, fühlen sie sich legitimiert, militärisch einzugreifen.
Für die US-Regierung gehörte der **Irak** zu den „Schurkenstaaten“, die Massenvernichtungswaffen besäßen und zu terroristischen Zwecken einsetzen könnten. Seit Anfang 2002 verfolgte Präsident Bush offen den Plan, den Irak anzugreifen und die Diktatur Saddam Husseins zu beseitigen. Ohne UN-Mandat begannen die USA und Großbritannien gemeinsam mit einigen anderen Staaten im März 2003 mit der Invasion des Irak. In nur drei Wochen konnten die Truppen dieser „Koalition der Willigen“ den Irak besetzen und Saddam Hussein stürzen. Bush, der die Kampfhandlungen am 1. Mai 2003 offiziell für beendet erklärte, betrachtete den militärischen Erfolg als einen wichtigen Sieg in dem 2001 begonnenen Kampf gegen den Terrorismus. Bis heute gibt es jedoch bewaffneten und terroristischen Widerstand aufständischer Gruppen und Einzelpersonen gegen die im Land stationierten ausländischen Truppen sowie die US-freundliche irakische Regierung, sodass eine politische Befriedung und wirtschaftliche Konsolidierung des Landes erschwert wird.
Seit den ersten Vorbereitungen auf den Irakkrieg bis in die Gegenwart hinein sehen sich die USA weltweiter **Kritik** ausgesetzt. Auch europäische Staaten, unter ihnen die Bundesrepublik Deutschland, verurteilten den Krieg. Kritiker sahen im Irakkrieg einen völkerrechtswidrigen Angriffskrieg auf einen Staat oder eine ungerechtfertigte Ablenkung von der Auseinandersetzung mit Al-Qaida. In der politischen Öffentlichkeit wie in der wissenschaftlichen Forschung belebte der Irakkrieg erneut die bis heute andauernde Debatte, ob die USA eine imperiale Macht seien (M 5). Zudem stellte sich die Frage nach der Legitimität eines Krieges, der im Namen der Menschenrechte und Demokratisierung geführt wurde (M 6, M 7). Die USA begingen während des Krieges selbst Menschenrechtsverletzungen: Im US-Militärgefängnis Abu Ghraib wurden Gefangene gefoltert und in Guantánamo (Kuba) völkerrechtswidrig interniert. Die kriegsbedingte Destabilisierung zog wiederum islamistische Selbstmordattentate nach sich.

M3 US-Marines bedecken in Bagdad den Kopf der Statue von Saddam Hussein mit einer amerikanischen Fahne, bevor sie die Statue zu Fall bringen, Fotografie, 9. April 2003

Internettipp
Die Bundeszentrale für politische Bildung bietet in ihrem Irak-Spezial Beiträge und Hintergrundinformationen zum Irakkrieg und zur aktuellen Situation im Land.

1 Erläutern Sie die machtpolitische Bedeutung der USA im internationalen System seit dem Zusammenbruch des Sowjetimperiums 1990/91.
2 Stellen Sie die wichtigsten Motive und Ziele der USA bei ihren Interventionen in regionalen Konflikten nach 1990/91 zusammen.

M4 Die Historiker Jürgen Heideking und Christof Mauch über das Eingreifen der USA im zerfallenden Jugoslawien, 2008

In der zweiten Hälfte seiner Amtszeit wandte sich Clinton [US-Präsident Bill Clinton, Präs. 1993–2001] [...] notgedrungen ganz überwiegend der Außenpolitik zu [...]. Allerdings entsprach diese Wende durchaus der Logik des amerikanischen Verfassungssystems, das der Exekutive in den auswärtigen Angelegenheiten weitgehende Entscheidungsbefugnisse und die größten Gestaltungsmöglichkeiten gibt. Auf außenpolitischem Gebiet kann der Präsident Entschlossenheit und Stärke demonstrieren, um Kapital für die Auseinandersetzungen mit dem Kongress im Innern zu sammeln. Diese Lehre beherzigte Clinton nun im Hinblick auf den Krieg in Bosnien, der im Juli 1995 mit der Eroberung der UN-Schutzzonen von Srebrenica und Zepa durch die Serben und den darauf folgenden Massakern an der moslemischen Bevölkerung einen brutalen Höhepunkt erreichte. Auf Wunsch der europäischen Bündnispartner, insbesondere Frankreichs, die der ständigen Demütigungen ihrer Blauhelmsoldaten überdrüssig geworden waren, beteiligten sich die USA ab Ende August an NATO-Luftangriffen, die den serbischen Belagerungsring um Sarajewo sprengten. Anschließend gelang es einer amerikanischen Verhandlungsdelegation unter dem State Department-Mitarbeiter Richard Holbrooke, in zähen Verhandlungen mit den

Kriegsparteien und der Regierung in Belgrad einen Waffenstillstand zu vereinbaren. Erleichtert reagierte die Welt dann am 21. November 1995 auf die Nachricht vom Friedensschluss zwischen Serben, Kroaten und Moslems in Dayton, Ohio, der Mitte Dezember in Paris formell unterzeichnet wurde. Der Kongress, der die Bosnien-Aktivitäten der Administration lange Zeit äußerst skeptisch verfolgt hatte, konnte sich nun nicht mehr dem Verlangen des Präsidenten verschließen, 20 000 US-Soldaten für die *Operation Joint Endeavor* der NATO bereitzustellen. Auf diese Weise hatte Clinton nicht nur den entscheidenden Beitrag zur Beendigung der Kriegsgräuel geleistet, sondern darüber hinaus der NATO ein neues Betätigungsfeld eröffnet und den Europäern die Unerlässlichkeit amerikanischer Führung vor Augen geführt.

Jürgen Heideking/Christof Mauch, Geschichte der USA, 6. Aufl., A. Francke, UTB, Tübingen 2008, S. 391.

1 **Informieren Sie sich über die Konflikte im zerfallenden Jugoslawien während der 1990er-Jahre.**
2 **Arbeiten Sie anhand von M 4 die wichtigsten Motive für das militärische und diplomatische Engagement der USA im Bosnienkrieg heraus.**
3 **Fächerverbindung Sozialkunde/Recherche:**
Seit 1990 wird auch die Bundeswehr zu friedenserhaltenden und -sichernden Maßnahmen außerhalb der Bundesrepublik Deutschland eingesetzt. Recherchieren Sie Einsatzorte und Zielsetzungen der Mandate sowie die politische Auseinandersetzung über die jeweils vom Bundestag zu bewilligenden Einsätze. Verfassen Sie eine begründete Stellungnahme, ob Sie die Einsätze befürworten oder nicht.

M 5 Imperium USA? – Thesen des Politikwissenschaftlers Herfried Münkler, 2003

Imperien folgen in Aufbau und Funktionsweise anderen Prinzipien als Staaten. Der wohl wichtigste Unterschied liegt darin, dass sich Staaten gegenüber anderen Staaten in einem reziproken Verhältnis befinden und es zum Wesen der Staatlichkeit gehört, diese Reziprozitätsbeziehung auch anzuerkennen, während dies bei Imperien gerade nicht der Fall ist. Die Idee des Staates und der staatlichen Souveränität ist mit der Vorstellung eines Pluriversums von Staaten verbunden, die sich wechselseitig als gleichartig und gleichberechtigt anerkennen, auch wenn sie sich über die Ziehung von Grenzen und die Zugehörigkeit von Gebieten streiten und deswegen sogar Kriege führen. Dem Selbstverständnis von Imperien ist diese Reziprozitätsannahme fremd: Auch wenn mehrere Imperien nebeneinander bestehen und womöglich sogar friedlich koexistieren, anerkennen sie sich nicht als Gleiche, sondern begründen sich auf einander ausschließenden Ordnungsvorstellungen. [...] Von daher tendieren Imperien zum Unilateralismus, während das Konzept der Multilateralität seiner Grundidee nach mit der pluriversen Staatenwelt verbunden ist. [...]

Die Bipolarität der internationalen Ordnung bis 1989/90 hat dazu geführt, dass die Kennzeichen und Leistungsanforderungen von Imperien nicht offen zutage traten. Das änderte sich nach dem Zusammenbruch der Sowjetunion, als die Vereinigten Staaten als das sichtbar wurden, was sie zuvor immer auch schon waren, jedoch nie so deutlich nach außen gekehrt hatten: als imperiale Macht. [...]

Die reziproken Anerkennungsverhältnisse der Staatenwelt erlauben den einzelnen Staaten den Verzicht auf eine weltgeschichtliche Legitimationsideologie, ja, sie erzwingen ihn geradezu. Bei den Imperien ist das anders: Sie müssen eine Ideologie entwickeln, die der soziopolitischen Ordnung des Imperiums eine herausgehobene Bedeutung für das Wohlergehen und den Fortbestand der Welt zuweist. [...]

An den Imperien scheiden sich die Geister: in Freunde und Unterstützer auf der einen, in Hasser und Feinde auf der anderen Seite. [...] Imperien [...] haben [...] ein anderes Verhältnis zu ihrer politischen Umgebung [...]: Sie fragen sich, warum sie nicht noch mehr bewundert und geliebt werden, und sie fühlen sich gleichzeitig in hohem Maße angefeindet und bedroht. [...] In der Welt der Staaten markieren politische Grenzen auch die Differenz zwischen Krieg und Frieden: Die Überschreitung einer solchen Grenze mit bewaffneter Macht ist hier mit einer Kriegserklärung gleichbedeutend, ob diese nun formell ausgesprochen wird oder nicht. [...]

Das ist bei Imperien keineswegs der Fall. Grenzen sind für Imperien fast immer semipermeabel: Von außen nach innen darf sie keiner mit bewaffneter Gewalt überschreiten, ohne mit massiver Gegenreaktion rechnen zu müssen; hier sind imperiale Grenzen Staatsgrenzen ganz ähnlich. Für sich selber freilich nehmen Imperien in Anspruch, die Grenzen anderer Staaten zu überschreiten und sich in deren innere Angelegenheiten einzumischen, ohne dass dies als ein Krieg im völkerrechtlichen Sinne anzusehen wäre. Das ist die zwingende Folge des imperialen Selbstverständnisses als globaler Ordnungsgarant und Friedensstifter. [...]

Die von einem Teil der europäischen Staaten an der Irak-Politik der USA geübte Kritik ist aus der Vorstellung erwachsen, hier handele es sich um die Konfrontation zwischen zwei gleichartigen und gleichberechtigten Staaten, was es gemäß den Bestimmungen der UN-Charta ja auch war. In amerikanischer Perspektive hingegen handelte es sich um die Pazifizierung einer Peripheriezone des Imperiums. Nie und nimmer war dies für die Amerikaner ein Konflikt zwischen Gleichen, sondern eine weltpolitische Ordnungsmaßnahme [...]. Das Zerwürfnis zwischen einem Teil der europäischen Staaten und den USA resultiert darum aus einem ordnungspolitischen Missverständnis.

Herfried Münkler, Im Kampf gegen die Unordnung, in: Frankfurter Rundschau vom 28. August 2003.

1 Klären Sie die Ihnen unbekannten Wörter.
2 Arbeiten Sie die Merkmale eines Imperiums heraus.
3 Erörtern Sie die Unterschiede zwischen Staaten und Imperien am Beispiel ihrer Außenpolitik.
4 Erläutern Sie, wie Imperien in der internationalen Staatenwelt gelegentlich wahrgenommen werden und welches Selbstverständnis sie selbst besitzen.
5 **Schlussdiskussion:** Diskutieren Sie, ausgehend von den Definitionen Münklers und Lievens (s. M 5 und Darstellungstext, S. 220), ob die USA heute eine imperiale Macht sind.

M 6 Kritik an den USA nach dem 11. September 2001 – eine Stellungnahme aus Indien

Aus einem viel beachteten Artikel der indischen Schriftstellerin Arundhati Roy (geb. 1960) vom 28. September 2001:

Gegen wen kämpft Amerika? In seiner Rede vor dem Kongress bezeichnete Präsident Bush die Feinde Amerikas als „Feinde der Freiheit". […] Aus strategischen, militärischen und ökonomischen Gründen muss die amerikanische Öffentlichkeit unbedingt davon überzeugt werden, dass Freiheit und Demokratie und der *American way of life* bedroht sind. In der gegenwärtigen Atmosphäre von Trauer, Empörung und Wut ist derlei leicht zu vermitteln. Wenn das tatsächlich stimmt, stellt sich jedoch die Frage, warum die Anschläge den Symbolen der wirtschaftlichen und militärischen Macht Amerikas galten. Warum nicht der Freiheitsstatue? Könnte es sein, dass die finstere Wut, die zu den Anschlägen führte, nichts mit Freiheit und Demokratie zu tun hat, sondern damit, dass amerikanische Regierungen genau das Gegenteil unterstützt haben – militärischen und wirtschaftlichen Terrorismus, Konterrevolution, Militärdiktaturen, religiöse Bigotterie und unvorstellbaren Genozid (außerhalb Amerikas)?

Für die trauernden Amerikaner ist es gewiss schwer, mit Tränen in den Augen auf die Welt zu schauen und eine Haltung zu bemerken, die ihnen vielleicht als Gleichgültigkeit erscheint. Doch es handelt sich nicht um Gleichgültigkeit. Es ist eine Ahnung, ein Nicht-Überraschtsein. Es ist eine alte Erkenntnis, dass jede Saat irgendwann auch aufgeht. Die Amerikaner sollten wissen, dass der Hass nicht ihnen gilt, sondern der Politik ihrer Regierung. Ihnen kann unmöglich entgangen sein, dass ihre außergewöhnlichen Musiker, ihre Schriftsteller, Schauspieler, ihre phänomenalen Sportler und ihre Filme überall auf der Welt beliebt sind. […]

Die Regierung Amerikas, und wohl Regierungen überall auf der Welt, werden die Kriegsatmosphäre als Vorwand benutzen, um Meinungsfreiheit und andere Bürgerrechte einzuschränken, Arbeiter zu entlassen, ethnische und religiöse Minderheiten zu schikanieren, Haushaltseinsparungen vorzunehmen und viel Geld in die Militärindustrie zu stecken. Und wozu? Präsident Bush kann die Welt ebenso wenig „von Übeltätern befreien", wie er sie mit Heiligen bevölkern kann. Es ist absurd, wenn die US-Regierung auch nur mit dem Gedanken spielt, der Terrorismus ließe sich mit noch mehr Gewalt und Unterdrückung ausmerzen. Der Terrorismus ist ein Symptom, nicht die Krankheit. Der Terrorismus ist in keinem Land zu Hause. Er ist ein supranationales, weltweit tätiges Unternehmen wie Coke oder Pepsi oder Nike. Beim geringsten Anzeichen von Schwierigkeiten brechen Terroristen die Zelte ab und ziehen, genau wie die Multis, auf der Suche nach besseren Möglichkeiten mit ihren „Fabriken" von Land zu Land. […] Unlängst sagte jemand, dass, wenn es Osama bin Laden nicht gäbe, die Amerikaner ihn erfinden müssten. In gewissem Sinne haben sie ihn tatsächlich erfunden. Er gehörte zu den Kämpfern, die 1979 nach Afghanistan gingen, als die CIA mit den Operationen begann. Osama bin Laden zeichnet sich dadurch aus, dass er von der CIA hervorgebracht wurde und vom FBI gesucht wird.

Arundhati Roy, Wut ist der Schlüssel. Ein Kontinent brennt – Warum der Terrorismus nur ein Symptom ist, aus dem Englischen von Matthias Fienbork, in: Frankfurter Allgemeine Zeitung, 28. Sept. 2001, zit. nach: http://www.gsoa.ch/themen/krieg-und-frieden/00842/wut-ist-der-schlussel/ (29. April 2010).

1 Erörtern Sie, wie die indische Schriftstellerin Roy den Terroranschlag vom 11. September 2001 interpretiert: Welche Ursachen nennt sie für den terroristischen Anschlag? Wie beurteilt sie die politische Reaktion der US-Regierung und deren Erfolgschancen?

M 7 Jean-Marc Boujou, Fotografie, An Najaf (Irak), 31. März 2003.

Das Bild erhielt 2003 den *World Press Photo Award*, die weltweit bedeutendste Auszeichnung für Pressefotografie.

1 Begründen Sie, welche Problematik das Bild zum Ausdruck bringt. Ziehen Sie hierbei auch die Informationen aus M 6 heran.
2 **Fächerverbindung Sozialkunde/Diskussion:** Diskutieren Sie die Frage, ob Menschenrechte militärisch geschützt und erzwungen werden dürfen.

Die USA – von den rebellischen Kolonien zur globalen Supermacht

Grundwissen → S. 178 f.

Begriffe Kapitel 4

Personen Kapitel 4

Patriotismus, Auserwähltheitsglaube und republikanisches Sendungsbewusstsein bestimmen seit dem Unabhängigkeitskampf der nordamerikanischen Kolonien gegen England im ausgehenden 18. Jahrhundert das US-amerikanische Selbstbewusstsein. Sowohl die ersten Siedler in den neuenglischen Kolonien als auch die vom Pioniergeist der Frontierbewegung erfassten Siedler, die den nordamerikanischen Kontinent in Besitz nahmen, glaubten, ein vorbestimmtes Schicksal einer auserwählten Nation (*„Manifest destiny"*) zu erfüllen und die menschliche Kultur und Zivilisation zu verbreiten. Hinzu kam das ausgeprägte republikanische Selbstverständnis bzw. Freiheitsstreben der Amerikaner. Diese äußern sich nicht nur im Bekenntnis zu politischer Demokratie, sondern auch in der Hochschätzung individueller Entfaltung und Leistungsbereitschaft sowie des Ideals einer Gesellschaft rechtlich freier und gleicher Staatsbürger.

Im 19. Jahrhundert stiegen die USA zu einer der führenden Industrienationen der Welt auf. Im beginnenden 20. Jahrhundert waren die Vereinigten Staaten von Amerika die bedeutendste Weltwirtschaftsmacht. Diese Entwicklung ging einher mit der Ausweitung des Handels zunächst auf dem nordamerikanischen Kontinent und dann im pazifischen Raum sowie schließlich in anderen Teilen der Welt, z. B. in China. Die USA betrieben im Zeitalter des Imperialismus aktive Weltpolitik. Das schloss direkte Kolonialherrschaft nicht aus, wenngleich die USA die wirtschaftliche Durchdringung anderer Länder (informelle Herrschaft) bevorzugten.

Der erste Präsident der USA, George Washington, wollte sein Land auf folgende Leitidee isolationistischer Außenpolitik festlegen: Handel treiben mit allen, sich aber politisch aus den Konflikten der anderen, allen voran der Europäer, heraushalten. Diese Politik gaben die USA spätestens im Ersten und Zweiten Weltkrieg auf. Sie beteiligten sich nicht nur an beiden Kriegen, sondern entschieden diese zugunsten ihrer Verbündeten, zu denen Großbritannien und Frankreich gehörten. Der Kriegseintritt der USA in den Ersten wie den Zweiten Weltkrieg war alles andere als bloße Macht- oder wirtschaftliche Interessenpolitik, sondern diente vor allem den Zielen, die Sicherheit Amerikas zu garantieren und die westliche Demokratie zu verteidigen.

Nach dem Zweiten Weltkrieg waren die USA die führende westliche Supermacht. Im Kalten Krieg von 1946 bis 1990/91 verteidigten sie nicht nur die westlichen Demokratien, sondern versuchten auch, die Ausdehnung des von der Sowjetunion beherrschten kommunistischen Machtbereichs zu unterbinden. Das geschah mit unterschiedlichen Mitteln: Im Korea- und Vietnamkrieg sahen sich die Vereinigten Staaten gezwungen, die Ausbreitung des Kommunismus militärisch zu verhindern. Außerdem unterstützten sie ihre Verbündeten Südkorea und Südvietnam wirtschaftlich. Um einen Atomkrieg zu verhindern, setzten die USA in der Kubakrise nicht allein auf militärische Abschreckung, sondern vor allem auch auf diplomatische Verhandlungen mit der Sowjetunion.

Nach dem Zusammenbruch des Sowjetimperiums 1990/91 blieben die USA die einzige Weltmacht. Als globale Supermacht – einige Wissenschaftler und Politiker sprechen von einer imperialen Macht – intervenierten die Vereinigten Staaten von Amerika nach wie vor in allen Teilen der Welt, teils mit, teils ohne Mandat der UNO. Die Terroranschläge vom 11. September 2001 markieren einen wichtigen Einschnitt in der Geschichte der USA. Auf diese neue Herausforderung reagierte die US-Regierung, indem sie den „Krieg gegen den Terrorismus" erklärte und 2001 in Afghanistan, 2003 gegen den Irak Krieg führten.

M 1 **Auslandshilfe der USA 1957 und 1993**

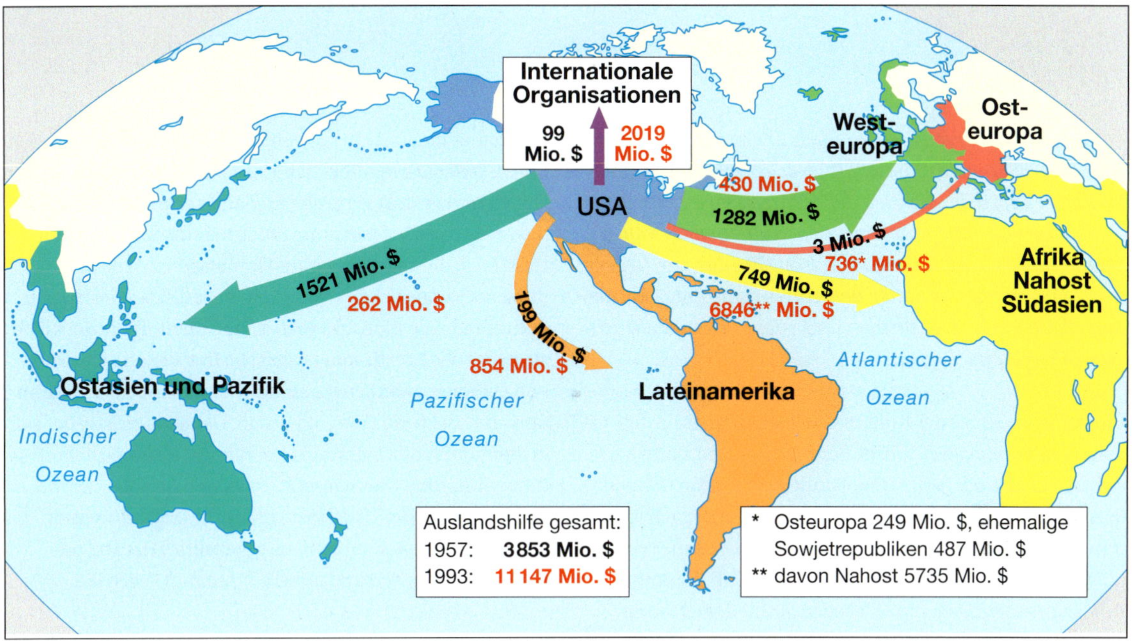

Zeittafel

1607 Jamestown/Virginia: erste dauerhafte britische Siedlung in Nordamerika

17./18. Jh. Beginn der Zerstörung der Indianerkulturen durch die weißen Siedler

1619 Niederländische Schiffe bringen die ersten schwarzen Sklaven nach Neuengland; Anstieg bis 1770 auf ca. 450 000 (von ca. 2,5 Mio. Einwohnern)

1776 Unabhängigkeitserklärung (mit Menschenrechtserklärung in der Präambel): vollständige Loslösung der nordamerikanischen Kolonien von England

1823 Monroe-Doktrin

seit ca. 1840 Beginn der Industriellen Revolution in den USA

1865 Abschaffung der Sklaverei

1890 Ende der Frontierbewegung: Das Staatsgebiet der USA gilt als erschlossen.

nach 1890 Wirtschaftskrisen: Aufgabe der isolationistischen Haltung und Beginn imperialistischer Weltpolitik

1898 Spanisch-Amerikanischer Krieg: endgültiger Übergang zur Weltpolitik

1917 Eintritt der USA in den Ersten Weltkrieg (1914–1918)

1918 „14 Punkte" Wilsons: Friedensprogramm zu Errichtung einer liberalkapitalistischen Weltordnung; Gründung eines Völkerbundes; Ende von Kolonialismus und Imperialismus

1929 Der New Yorker Börsenkrach leitet die Weltwirtschaftskrise ein.

1941 Eintritt der USA in den Zweiten Weltkrieg (Dez.) nach dem japanischen Angriff auf Pearl Harbor/Hawaii

1946–1990/91 Zeitalter des „Kalten Krieges" zwischen den westlichen Staaten unter Führung der USA und den kommunistischen Staaten unter Führung der UdSSR

1947 Beginn der „Containment"-Politik (Eindämmung) gegenüber der UdSSR

1955–1953 Koreakrieg

1962 Kubakrise

1963–1973 Militärische Intervention in Vietnam

1964/65 Bürgerrechtsgesetze: Aufhebung aller Benachteiligungen der Schwarzen; Beginn der Studentenbewegung und der Antivietnamkriegsbewegung

1990/91 Ende des Kalten Krieges

1991 Krieg gegen den Irak zur Befreiung Kuwaits

2001 Terroranschläge der Al-Qaida (11. Sept.) auf New York und Washington; Beginn der Operation „Enduring Freedom" in Afghanistan

2003 Krieg der Alliierten unter Führung der USA gegen den Irak (Beginn 20. März, Ende der Kampfhandlungen: 1. Mai)

Die USA als imperiale Hypermacht des 21. Jahrhunderts?

Von Detlef Junker

In seinem 2003 erschienenen Buch „Power and Mission. Was Amerika antreibt" beschäftigt sich der Historiker Detlef Junker mit dem Aufstieg der USA zur Weltmacht und beleuchtet dabei die amerikanische Außenpolitik von der Unabhängigkeitserklärung im Jahre 1776 bis zur Gegenwart. Dabei fragt er nach den Antriebskräften, die der amerikanischen Expansion und dem Weltmachtsanspruch zugrunde liegen.

Um dem Geheimnis der Kraft und Selbstbewusstsein des amerikanischen Volkes auf die Spur zu kommen, hatte ich mir an einem 4. Juli in der Hauptstadt Washington D. C. auf den Stufen des Kapitols einen Stehplatz gesichert. Ich wollte miterleben, wie einige Hunderttausende Amerikaner europäischer, asiatischer und lateinamerikanischer Herkunft ihren nationalen Gedenktag feierten. Ich ließ mich beeindrucken von einer eigentümlichen Mischung aus Vaterlandsliebe, Hollywood, Coca Cola und Popcorn; aus Lobpreis der großen Vergangenheit Amerikas und der hoffnungsfrohen Gewissheit, dass die einzig verbliebene Supermacht der Welt auch im nächsten Millennium eine besondere Mission zu erfüllen habe. [...]
Im September 2000 besuchte ich mit einer Gruppe Heidelberger Studierenden die historischen Stätten der Amerikanischen Revolution von Boston über Philadelphia und New York zu den geschichtsträchtigen Orten am Colonial Parkway, Williamsburg, Jamestown und Yorktown. [...] Die Konfrontation mit der amerikanischen Erinnerungskultur und Erinnerungspolitik (*politics of memories*) faszinierte und erschreckte die Studenten zugleich. [...]
Trotz eingestandener Kritik an einzelnen Aspekten der eigenen Geschichte feiert die Mehrheit der Amerikaner mit robustem Selbstbewusstsein immer aufs Neue ihre große Vergangenheit als Ausdruck ihrer Auserwähltheit und Einzigartigkeit und als Auftrag an die Zukunft, die amerikanische Sendungsidee der Freiheit zu erfüllen. [...] Die Debatte über Amerikas Auserwähltheit, seine besondere Mission der Freiheit, sein Verhältnis zu Gott, Vorsehung und Geschichte wird – in stets wechselnden politischen, sozialen und kulturellen Konstellationen – seit den ersten Siedlern geführt, d. h. seit 400 Jahren. Der andauernde Diskurs [...] über die besondere Mission der USA gehört selbst zum Kern der amerikanischen Identität. Deshalb hat man gesagt, wenn man lange genug an einem Amerikaner kratze, komme der Erlöser (*redeemer*) zum Vorschein.
Die patriotische Reaktion der Amerikaner auf den Terroranschlag vom 11. September, auch die damit einhergehenden Gefährdungen für die Innen- und Außenpolitik des Landes, sind daher nichts Außergewöhnliches. Denn in allen großen innen- und außenpolitischen Krisen und Kriegen seit dem Unabhängigkeitskrieg gegen England von 1776–1783 stieg das „patriotische Fieber" an, erhöhten sich der Konformitätsdruck, die Versuchung zur Hexenjagd und zur Gefährdung der bürgerlichen Grundfreiheiten. Dieses periodisch auftretende „patriotische Fieber" hat allerdings in der bisherigen Geschichte die amerikanische Demokratie nie ernsthaft gefährden können. Es stieg gleichsam nie über 40 Grad Celsius – 104 Grad Fahrenheit – an. Denn langfristig hat sich bisher immer die andere, die liberale, die antistaatliche Tradition Amerikas durchgesetzt. Das war beispielsweise nach der Hexenjagd der „Patrioten" gegen die englandfreundlichen „Royalisten" im Unabhängigkeitskrieg der Fall oder nach der Hexenjagd und dem Kulturkampf gegen die

M1 Ein Feuerwerk zum amerikanischen Nationalfeiertag am 4. Juli über dem US Marine Corps War Memorial in Washington D.C., Fotografie vom 4. Juli 2004.
Das Kriegerdenkmal ist allen US-Marines gewidmet, die bei der Verteidigung der USA seit 1775 gefallen sind. Die Bronzestatue stellt das Hissen der amerikanischen Flagge auf der japanischen Insel Iwo Jima am 23. Februar 1945 dar. Die vorhergegangene Schlacht war eine der blutigsten des Pazifikkriegs mit 6825 Toten und 27 909 Verwundeten auf amerikanischer Seite sowie 20 703 japanischen Gefallenen. Als Vorlage des Denkmals diente eine berühmte Fotografie des Kriegsfotografen Joe Rosenthal.

Deutsch-Amerikaner im Ersten Weltkrieg, als Sauerkraut in *„liberty cabbage"* und „Frankfurter" in *„Hot Dogs"* umbenannt wurden; auch nach der Hexenjagd gegen alles, was in der Zeit des Senators McCarthy Anfang der 50er-Jahre des 20. Jahrhunderts für kommunistisch gehalten wurde. [...]
Weil der amerikanische Patriotismus mit der zivilreligiösen Sendungsidee der Freiheit tief verbunden ist, ja daraus seine Kraft gewinnt, ist der Aufstieg der USA zur einzig verbliebenen Supermacht der Gegenwart [...] untrennbar mit der Idee der amerikanischen Mission der Freiheit verbunden.
[...] Die rivalisierenden europäischen Großmächte haben seit dem Zeitalter der Entdeckungen ihren Einfluss auf die ganze Welt ausgeweitet, Hegemonie und Herrschaft ausgeübt. Dieses *europazentrische Weltsystem* löste sich seit Anfang des 20. Jahrhunderts schrittweise auf, wesentlich deshalb, weil die Neue Welt an die Stelle der Alten Welt trat. Durch die Vertreibung der letzten europäischen Kolonialmacht aus der westlichen Hemisphäre im Spanisch-Amerikanischen Krieg von 1898, durch die Siege im Ersten Weltkrieg, im Zweiten Weltkrieg und im Kalten Krieg hat sich das liberale, kapitalistische und marktwirtschaftliche Gesellschaftsmodell der USA durchgesetzt, zumindest in der industrialisierten und technisierten Welt. Man hat deshalb zu Recht das 20. Jahrhundert auch das „Amerikanische Jahrhundert" genannt. Vieles spricht dafür, dass auch das 21. Jahrhundert, besonders in seinen ersten Jahrzehnten, ein amerikanisches sein wird. Der ungeheuren Dynamik dieses Modells waren weder die alten europäischen Nationalstaaten noch die totalitären Ideologien des Nationalsozialismus, Faschismus und Kommunismus, noch die dekolonisierten Völker der Dritten Welt gewachsen. [...]
[D]as ist das zentrale systematische Thema, das Leitmotiv dieses Buches: die *Globalisierung* des außenpolitischen Aktionsradius der USA, der seinerseits in der Globalisierung der amerikanischen Mission begründet liegt. Diese Globalisierung ist die wichtigste Ursache für den qualitativen Sprung der USA von einer Weltmacht unter anderen Weltmächten (England, Frankreich, Russland, Japan, Deutschland) an der Wende zum 20. Jahrhundert, als die USA ihre vitalen, das heißt notfalls mit Waffengewalt zu verteidigenden Interessen noch auf die westliche Hemisphäre und den östlichen Pazifik begrenzten, zur Supermacht des Kalten Krieges und schließlich zur imperialen Hypermacht der Gegenwart, für die die Zukunft der gesamten Welt, besonders aber des eurasischen Doppelkontinents von vitaler Bedeutung ist. [...]
Diese Globalisierung wurzelt einerseits in den inneren Bedingungen der USA, in der Kraft und Flexibilität ihrer Institutionen, der wachsenden wirtschaftlichen und militärischen Stärke des Landes, aber auch in der Entgrenzung der amerikanischen Missionsidee, die Präsident Woodrow Wilson in seiner Kriegsbotschaft vom 2. April 1917 als Aufgabe formulierte, die Welt für die Demokratie sicher zu machen (*to make the world safe for democracy*). Andererseits erwuchs diese Globalisierung aus der zunehmenden Interdependenz der Weltpolitik im 20. und 21. Jahrhundert selbst, als Reaktion auf die Außenpolitik von Feinden und Verbündeten der USA, besonders aus den Bedrohungsvorstellungen, die die Taten und Ideologien anderer Staaten in den Köpfen der Amerikaner und ihrer Politiker hervorriefen. Die Globalisierung ist also ein Produkt aus Interessen, Furcht und Missionsidee.
Im Entschluss zum Krieg gegen den Irak, aus der Sicht der Regierung Bush eine Antwort der USA auf den 11. September, sind deshalb wie in einer Nussschale die beiden zentralen Merkmale amerikanischer Weltpolitik im 20. Jahrhundert, besonders seit 1941, beschlossen: die Fähigkeit und der Wille, weltweit Macht und Einfluss auszuüben, und das Versprechen von Freiheit, *imperium et libertas, power and mission*. Das gemeinsame Element [...] dieser beiden Elemente ist ihre Globalität. Wie keine andere Nation der Menschheitsgeschichte verbinden die Amerikaner einen weltweiten Machtanspruch, die Fähigkeit zur globalen Machtprojektion, mit dem Anspruch eines auserwählten Volkes, die amerikanische Sendungsidee der Freiheit zu erfüllen. Es ist deshalb auch nicht verwunderlich, dass diese beiden Elemente der US-Weltpolitik, der globale Machtanspruch und die globale Sendungsidee der Freiheit, im Zentrum der weltweiten Kritik an den USA stehen. [...]

Detlef Junker, Power and Mission. Was Amerika antreibt, 2. Aufl., Herder, Freiburg i. Br. 2003, S. 7–14.

1 Skizzieren Sie die Verbindung aus Patriotismus, Sendungsbewusstsein und Aufstieg der USA zur Weltmacht, wie sie der Text von Junker beschreibt.
2 „Die Globalisierung ist also ein Produkt aus Interessen, Furcht und Missionsidee." (Z. 113 ff.) Erläutern Sie diese These des Historikers Junker und formulieren Sie eine eigene Meinung.
3 **Fächerverbindung Sozialkunde/Recherche:** Recherchieren Sie, inwiefern mit dem Amtsantritt Barack Obamas im Januar 2009 eine Wende in der amerikanischen Außenpolitik eingetreten ist. Untersuchen Sie die veränderte Rolle der USA in der internationalen Politik und in der kollektiven Friedenssicherung.
4 Beschreiben Sie das Denkmal (M 1) und erörtern Sie, welche Aussage darin zum Ausdruck kommen soll.
5 **Kurzvortrag:** Recherchieren Sie die Hintergründe der Schlacht von Iwo Jima und der inszenierten Fotografie von Joe Rosenthal.
Internettipp: *www.zeithistorische-forschungen.de/site/40208650/default.aspx* (Über-Helden – Das Bild von Iwo Jima in der Repräsentation des Sieges. Eine Studie des Historikers Jost Dülffer zur US-amerikanischen Erinnerungskultur seit 1945).

Einen historischen Essay verfassen

Eine Teilaufgabe des schriftlichen Abiturs im Fach Geschichte erfordert die „abschließende essayartige thematische Vertiefung" eines Sachverhalts. Bei dieser Aufgabenart wird eine differenzierte Bearbeitung erwartet: Mehrere Aspekte des Themas sollen angeführt, überlegt begründet, durch Formulierung von Gegenpositionen überprüft und schließlich soll ein abgewogenes Gesamturteil formuliert werden. Die Aufgabe, einen Essay zu verfassen, zielt dabei weniger auf das Abprüfen von Wissen, sondern auf die Fähigkeit zum historischen Denken.
Ein **Essay** (frz. *essai,* dt. Versuch) ist eine präzise, kurze Abhandlung über ein klar abgegrenztes Thema, das häufig in Form einer Fragestellung bzw. eines Denkanstoßes formuliert wird. Ebenso wie die Erörterung will der Essay **die eigene Haltung** zu einer Frage durch die kritische Beurteilung und das Abwägen unterschiedlicher Positionen begründen und den Adressaten überzeugen. Der Essay behandelt das zur Diskussion stehende Problem weniger systematisch als die Erörterung, eher aspekthaft, assoziativ und variationsreich. Die eigene Meinung darf also stärker im Vordergrund stehen, muss aber dennoch begründet und nachvollziehbar sein. Gegenpositionen dürfen nicht ignoriert, sondern müssen aufgegriffen und mit guten Argumenten widerlegt werden. Dazu sollte der Essay **klar strukturiert** sein und sich durch einen **pointierten, ansprechenden Stil** auszeichnen.

Arbeitsschritte

1. Schreibplan

- Klären Sie den Auftrag bzw. die Fragestellung genau.
- Halten Sie zunächst Ihren ersten subjektiven Eindruck zur Fragestellung fest.
- Suchen Sie nach Ideen (Hintergründe, Voraussetzungen, Folgen, Zusammenhänge), nach Argumenten und Gegenargumenten sowie nach Beispielen zur Verdeutlichung.

2. Gliederung

- Die Gliederung muss inhaltlich nachvollziehbar sein, der Text bedarf aber keiner Zwischenüberschriften. Die logische und optische Unterteilung erfolgt durch Absätze.
- Folgen Sie dem inhaltlichen Aufbauschema:
  Einleitung: Hinführung zum Thema, knappe Erläuterung der Fragestellung
  Hauptteil: differenzierte Abwägung des gestellten Problems, Gegenüberstellungen von verschiedenen (Forschungs-)Meinungen
  Schlussteil: knappe Zusammenfassung der Aussagen, Schlussfolgerung, Formulierung einer eigenen Position

3. Vorgehen beim Schreiben

In der *Einleitung:*
- verdeutlichen Sie das Thema des Essays,
- erläutern Sie die vorgegebene Fragestellung,
- begründen Sie, warum die Fragestellung relevant ist (auch im Schlussteil möglich).

Im *Hauptteil:*
- entwickeln Sie eine folgerichtige Anordnung der gewählten Aspekte („roter Faden"),
- begründen Sie Ihre Thesen anhand von Fakten und Beispielen,
- verwenden Sie ggf. passende Fachbegriffe und verweisen Sie auf entsprechendes Grundwissen, Quellen oder Texte, wenn es Ihrer Argumentation dient,
- formulieren Sie eigene Ansichten und Meinungen.

Im *Schlussteil:*
- fassen Sie die wichtigsten Ergebnisse Ihres Essays pointiert zusammen,
- ziehen Sie eine Schlussfolgerung aus den diskutierten Argumenten, geben Sie einen Ausblick (Welche Fragen bleiben offen?).

Übungsaufgabe mit Lösungshinweisen

M1 Abitur-Musteraufgabe
Grundkurs „Abschließende essayartige thematische Vertiefung"

Lehrplankapitel: 12/2
Thema: Konfliktregionen und Akteure internationaler Politik in historischer Perspektive
Teilaufgabe 5: Erörtern Sie an einem selbst gewählten Beispiel aus dem deutschen oder europäischen Raum die Bedeutung von Feindbildern für den inneren Zusammenhalt einer Gesellschaft!

Grundlegender Hinweis: Die halbjahresübergreifende Aufgabe entspricht der Anforderungsebene III (s. Operatoren auf dem hinteren Buchinnendeckel) und ermöglicht es dem Prüfling, individuelle Schwerpunkte zu setzen. Hierbei soll stringent an der Themenstellung und nicht beliebig exkursorisch argumentiert werden; es geht also nicht darum, möglichst viel Wissen „unterzubringen". Die Argumentation muss vor allem fachspezifisches Problemlösen und Reflektieren zeigen, wobei die Stützung der Argumente natürlich ein entsprechendes Maß an historischem Fachwissen erfordert.

Lösungshinweise

Zu 1: Einleitung
- **Klärung der Aufgabenstellung:** Entwicklung von Ideen zur Bedeutung von Feindbildern für den inneren Zusammenhalt einer Gesellschaft. Gefordert ist ein Abwägen von Argumenten in engem Zusammenhang mit Überlegungen zur Bedeutung von Feindbildern (Arbeitsauftrag: Erörtern Sie ...). Gefragt werden kann hier auch nach weiteren Einflüssen, die ursächlich den inneren Zusammenhalt einer Gesellschaft bestimmten.
- **Einführung des selbst gewählten Beispiels** (im vorliegenden Fall: Antisemitismus und „Volksgemeinschaft" unter der Herrschaft des NS-Regimes)

Zu 2: Hauptteil

a) **Bedeutung des Feindbildes**, das den jüdischen Mitbürgern in Deutschland galt:
- **Suche nach einem „Sündenbock"** für die wirtschaftliche Krise zu Beginn der Dreißigerjahre in Deutschland (Arbeitslosigkeit und wirtschaftliche Not als Folge der Weltwirtschaftskrise werden einer kleinen Gruppe wirtschaftlich erfolgreicher Mitbürger jüdischer Herkunft angelastet, Verbreitung dieser Vorurteile durch Propaganda und Aufgreifen von Klischees);
- Einordnung des Feindbildes in den Kontext rassistischer Vorstellungen mit dem Ziel, in der Bevölkerung das **Bewusstsein für den Aufbau einer „arischen Volksgemeinschaft"** zu verankern (Antisemitismus als spezifische Form der seit der Mitte des 19. Jahrhunderts aufkommenden Rassenideologie, die von einer Überlegenheit der „weißen Rasse" ausging);
- Suggestion der **Vorstellung einer „sozialistischen", quasi-egalitären „Volksgemeinschaft"** durch die Gegenüberstellung von Freund- und Feindbildern („sozialistische" Komponente in der Parteiideologie der NSDAP, dabei Verschleierung von Widersprüchen innerhalb dieser Ideologie, in deren Rahmen keineswegs eine Sozialisierung im marxistischen Sinne angestrebt war);
- **Streben nach immer mehr Zustimmung**, die für den **Aufbau der Diktatur** auf legalem Wege unerlässlich war (Arierparagraf und Boykott 1933, Entrechtung durch Nürnberger Gesetze 1935, „Arisierungen" nach 1936).

b) **Zunahme des inneren Zusammenhaltes** in der Gesellschaft?
- Im Rahmen des gewählten Beispiels kann der Verfasser/die Verfasserin zu dem Schluss kommen, dass zwar die Propagierung des antisemitischen Feindbildes durch die NS-Diktatur durchaus Erfolge erzielte (beispielsweise im Hinblick auf die seit 1936 durchgeführten „Arisierungen"), dass aber andererseits die Teilnahme am Boykott 1933 durchaus zögernd war und die NS-Regierung hier ihre Ziele nicht verwirklichen konnte.
- Zusätzlich wurde der innere Zusammenhalt der deutschen Gesellschaft in der Diktatur durch den Aufbau eines alle Bevölkerungsschichten erfassenden Parteiapparates gefördert, in dessen Rahmen Propaganda und Feindbilder in großem Maßstab vermittelt werden konnten. Es kann vermutet werden, dass die zwangsweise Organisation der Bevölkerung zu einer nur oberflächlichen Übernahme der Feindbilder beitrug.
- Dass ein innerer Zusammenhalt der Gesellschaft nur oberflächlich hergestellt werden konnte, wird nachvollziehbar mit Blick auf die frühen Widerstandsbewegungen der Kommunisten und der Sozialdemokratie, dies gilt aber auch mit Blick auf die Kulturschaffenden der Weimarer Zeit, die durch Gewaltandrohung oder -anwendung zum Verstummen gebracht wurden, auch wenn sie keine jüdische Abstammung aufwiesen.
- Grundsätzlich muss eingewendet werden, dass parallel zum Versuch, den legalen Weg zu beschreiten, immer auch die Bereitschaft zur Gewaltanwendung bestand. Es muss konstatiert werden, dass ein innerer Zusammenhalt der Gesellschaft nur suggeriert werden konnte durch die gleichzeitige Anwendung von Gewalt- und Unterdrückungsmaßnahmen (Aufbau des SS-Staates, System der Konzentrationslager).

Zu 3: Schlussteil

Die Schlussfolgerung zu den vorausgehenden Ausführungen muss also entsprechend pointiert formuliert werden: **Propaganda, wirtschaftliche Vorteile** und flankierende **soziale Maßnahmen** (Kindergeld, Nachtarbeitszuschlag, Teilnahme am Programm „KdF") vermehrten die **Zustimmung zur Diktatur** durchaus. Allerdings basierte diese Zustimmung eher **weniger auf der Erzeugung des antisemitischen Feindbildes**, vielmehr waren es die wirtschaftlichen Vorteile und Verlockungen, die die Bevölkerung gegenüber den eklatanten Menschenrechtsverletzungen gleichgültig werden ließen. Lediglich die **„Arisierungen"** mögen ein Beweis dafür sein, dass wirtschaftliche Vorteile moralisches Empfinden rasch in den Hintergrund treten lassen.

Methoden aus *Forum Geschichte 11* im Überblick

Schriftliche Quellen interpretieren – Arbeitsschritte

1. Formale Merkmale
- Wer ist der Autor/die Autorin bzw. der Redner/die Rednerin (Amt, Stellung)?
- Wann und wo wurde die Rede gehalten?
- Welche Art der Textquelle liegt vor (siehe oben)?
- Was ist das Thema der Quelle?
- Wer ist der direkte bzw. indirekte Adressat?

2. Inhalt und Sprache
- Wie ist der Text gegliedert?
- Welches sind die zentralen Aussagen und Argumente?
- Welche stilistischen Mittel werden eingesetzt?
- Welche Zusammenhänge gibt es zwischen dem Inhalt und der gewählten Form?

3. Historischer Kontext
- In welchen geschichtlichen Zusammenhang lässt sich der Text einordnen?
- Auf welche Ereignisse oder Entwicklungen bezieht er sich?
- ggf. Vergleich mit anderen Quellen aus der Zeit oder mit Sekundärtexten

4. Beurteilung
- Welcher politische/ideologische Standpunkt wird vertreten?
- Welche Absicht wird verfolgt?
- Prüfung des Textes im Hinblick auf Glaubwürdigkeit, Widersprüche, Schlüssigkeit
- Welche unmittelbare oder langfristige Wirkung hat der Text?
- Welche historische Bedeutung hat die Quelle?

Statistiken interpretieren – Arbeitsschritte

1. Einordnung
- Wo wurde die Statistik veröffentlicht?
- Wer ist Autor bzw. Auftraggeber?
- Wann und aus welchem Anlass ist die Statistik erschienen?
- Was wird thematisiert?

2. Inhalt der Statistik
- Welche Einzelaspekte werden beleuchtet?
- Welche Zahlenwerte sind aufgeführt?
- Welche Kategorien werden in Beziehung gesetzt?
- Welche Einzelinformationen lassen sich aus der Statistik ablesen (Schwerpunkte, Ausschläge, regelhafte Verläufe)?
- Welche Zusammenhänge ergeben sich aus den Datenreihen?

3. Historischer Kontext
- Auf welche historische Epoche bzw. welchen Zeitraum bezieht sich die Statistik?
- Auf welchen geografischen Raum wird verwiesen?

4. Aussageabsicht
- Welche Intention verfolgte der Autor bzw. Auftraggeber?
- Worüber gibt die Statistik keine Auskunft?
- Gibt es Hinweise auf Manipulationen des Zahlenmaterials?

5. Fazit
- Welche Gesamtaussage lässt sich formulieren?

Wahlplakate interpretieren – Arbeitsschritte

1. Formale Merkmale
- Wer ist der Autor bzw. Auftraggeber?
- Wann ist das Plakat erschienen?
- Aus welchem Anlass wurde das Plakat veröffentlicht?
- Was wird auf dem Plakat thematisiert?

2. Inhaltliche Merkmale
- Welche Gestaltungsmittel (Schrift, Personen, Gegenstände, Symbole, Farbgebung, Perspektive, Komposition, Proportionen, Verhältnis Bild–Text) sind verwendet worden?
- Was bedeuten sie?

3. Historischer Kontext
- Auf welches Ereignis bzw. auf welche historische Epoche bezieht sich das Plakat?
- Auf welchen Konflikt spielt das Plakat an?
- Welche Intention verfolgte der Auftraggeber?

4. Beurteilung des Aussagegehaltes
- Welche Zielgruppe wird umworben?
- Wird auf Feindbilder zurückgegriffen?
- Welche vermutliche Wirkung soll (beim zeitgenössischen Betrachter) erzielt werden?

5. Fazit
- Welche Gesamtaussage lässt sich formulieren?

Politische Reden interpretieren – Arbeitsschritte

1. Formale Merkmale
- Wer ist der Autor/die Autorin bzw. der Redner/die Rednerin (Amt, Stellung)?
- Wann und wo wurde die Rede gehalten?
- Welche Art der Rede liegt vor (z. B. Geheimrede, Wahlkampfrede, Parteitagsrede)?
- Was ist das Thema der Rede?
- Wer ist der direkte bzw. indirekte Adressat?
- Wurde die Textfassung verändert (Kürzungen, Schnitte, eingefügte Kommentare)?

2. Inhalt und Sprache
- Wie ist die Rede gegliedert?
- Welches sind die zentralen Aussagen und Argumente?
- Welche stilistischen Mittel werden eingesetzt?
- Welche Zusammenhänge gibt es zwischen dem Inhalt und der gewählten Form?

3. Vortragsweise
- Wie ist die Tonlage (z. B. emotional, sachlich, emphatisch, distanzierend, ironisch)?
- Wo gibt es Betonungen (z. B. Lautstärke, Sprechtempo, Akzentsetzungen, Pausen)?

4. Historischer Kontext
- In welchen geschichtlichen Zusammenhang lässt sich die Rede einordnen?
- Auf welche Ereignisse oder Entwicklungen bezieht sie sich?
- ggf. Vergleich mit anderen Reden/Texten des Autors/aus der Zeit

5. Beurteilung
- Welcher politische/ideologische Standpunkt wird vertreten?
- Welche Absicht wird verfolgt?
- Prüfung der Rede im Hinblick auf Glaubwürdigkeit, Widersprüche, Schlüssigkeit
- Welche unmittelbare oder langfristige Wirkung hat die Rede?
- Welche historische Bedeutung hat die Rede?

Fotografien interpretieren – Arbeitsschritte

1. Formale Merkmale
- Wer ist der Fotograf/die Fotogafin bzw. der Auftraggeber/die Auftraggeberin?
- Wann ist die Fotografie entstanden?
- Wann, wo und von wem ist das Foto veröffentlicht worden?
- Für welche(n) Adressaten ist das Foto gemacht worden?
- Welche Funktion besitzt das Foto (Gebrauchs- oder professionelle Fotografie, z. B. von Fotoreportern, Modefotografen, Amateurfotografie, Kunstwerk)?

2. Bildinhalt
- Was wird auf dem Foto gezeigt?
- Welche Inhalte/Motive werden in den Vordergrund gerückt?
- Welchen Bildausschnitt und welchen Blickwinkel hat der Fotograf bestimmt?
- Wie hat der Fotograf das Objekt zur Geltung gebracht (Nähe oder Ferne bzw. Dehnung oder Stauchung des Objektes)?
- Welche Retuschierung wurde möglicherweise vorgenommen?

3. Historischer Kontext
- Auf welches Ereignis, welche Epoche, welchen Konflikt bezieht sich das Foto?

4. Aussageabsicht
- Welche Absichten bzw. Ziele verfolgen Fotograf und/oder Auftraggeber?
- Welche mögliche Wirkung sollte (beim zeitgenössischen Betrachter) erzielt werden?

5. Fazit
- Welche Gesamtaussage lässt sich formulieren?

Recherchieren im Internet – Kriterien zur Beurteilung von Internetseiten

1. Anbieter
- Wer ist der Anbieter der Seite (Urheber, Autor; Einzelperson, Organisation oder Institution)?
- Weist sich der Anbieter aus, indem er Informationen über sich bereitstellt?
- Ist der Anbieter seriös (Universität, anerkannte internationale politische Organisation, angesehene Tageszeitung, großes Museum)?

2. Informationen
- Sind die Informationen sachlich? Werden Quelle und Belege korrekt angegeben?
- Gibt es Werbung?
- Wird die Seite regelmäßig aktualisiert? Trägt die Seite eine Datumsangabe zum „Stand"?
- Was wird angeboten (Texte, Bilder, Grafiken, Filme, Tonquellen, Animationen)?

3. Anwendung
- Bietet die Startseite eine gute Orientierung?
- Ist die Navigation sinnvoll und nachvollziehbar?
- Ist die Ladezeit von Einzelseiten angemessen?

4. Interaktivität
- Besteht die Möglichkeit der Kontaktaufnahme mit dem Anbieter (Adresse, E-Mail, Telefon)?
- Kann man mit anderen Nutzern kommunizieren (Chats, Foren, Newsgroups)?
- Werden andere interaktive Elemente (Spiele, Fragebogen, Tests usw.) angeboten?

5. Verweise
- Gibt es Hinweise auf andere Internetseiten, Literatur oder Materialien?
- Sind die weiteren Hinweise korrekt benannt, kommentiert und aktuell?

Abiturtraining für die schriftliche Prüfung

I. Zuordnung von Aufgaben zu Anforderungsbereichen

Die folgende Liste enthält (teilweise leicht veränderte) Formulierungen und Teilaufgaben aus früheren Abiturprüfungen im Fach Geschichte. Ordnen Sie die Aufgaben den drei Anforderungsbereichen gemäß den „Einheitlichen Prüfungsanforderungen (EPA)" (siehe hintere innere Umschlagklappe) zu. Beachten Sie dabei, dass die Aufgaben auch mehrere Operatoren enthalten können und die Operatoren manchmal Leistungen in verschiedenen Anforderungsbereichen erfordern.

1 Skizzieren Sie die soziale Lage der Arbeiterschaft am Ende des 19. Jahrhunderts.

2 Erschließen Sie die Aussage der Karikatur und interpretieren Sie sie im Hinblick auf...

3 Interpretieren Sie die Karikatur und ordnen Sie diese in den zeitgenössischen Kontext ein.

4 Kennzeichnen Sie die Vorgehensweisen des NS-Regimes gegen die Juden von 1935 bis zum Ende des Zweiten Weltkriegs.

5 Ermitteln Sie die zentralen Aussagen in den Texten M 1 und M 2. Vergleichen Sie die Einschätzung der Frauenarbeit durch Otto von Bismarck und Clara Zetkin unter Berücksichtigung der jeweiligen Perspektive.

6 Zeigen Sie, welche inneren und äußeren Faktoren die Stabilität der Bundesrepublik in den 1950er-Jahren bedingten.

7 Erörtern Sie am Beispiel der inneren Entwicklung der Bundesrepublik Deutschland in den 1950er-Jahren Wirkungszusammenhänge zwischen wirtschaftlicher und politischer Stabilität.

8 Skizzieren Sie die wirtschaftliche Entwicklung der Bundesrepublik Deutschland in der Ära Adenauer und charakterisieren Sie gesellschaftliche Grundstimmungen in dieser Zeit.

9 Erörtern Sie vor dem Hintergrund der Krisenerscheinungen der 1980er-Jahre grundlegende Ursachen für die mangelnde Reformfähigkeit der DDR.

10 Skizzieren Sie die wichtigsten Prinzipien und Inhalte der Verfassung von ...

11 Ordnen Sie den Wahlaufruf und das Wahlkampfplakat in den historischen Zusammenhang ein.

12 Erörtern Sie, inwiefern wirtschaftliche Aspekte zum Scheitern der Weimarer Republik beigetragen haben.

13 Ermitteln Sie aus dem beigefügten Text, welches Deutschlandbild der französische Marschall zeichnet.

14 a) Im Zeitungsartikel M 1 wird von der „erzieherischen Arbeit der nationalsozialistischen Bewegung" gesprochen. Stellen Sie dar, mit welchen Mitteln das NS-Regime diese „erzieherische Arbeit" durchführte.
b) Diskutieren Sie die Möglichkeiten, sich der „Erziehung" durch das NS-Regime zu entziehen, und gehen Sie dabei auf die Folgen eines solchen Verhaltens ein.

15 Bei den Olympischen Spielen 1936 setzten die Nationalsozialisten ihren Propagandaapparat wirkungsvoll ein. Zeigen Sie, welche Instrumente er umfasste.

16 a) Erarbeiten Sie aus M 1, wie Konrad Adenauer die innere und äußere Situation der Bundesrepublik Deutschland beurteilt.
b) Erschließen Sie durch eine Interpretation der Karikatur (M 2) die Darstellung der Bundesrepublik Deutschland durch die DDR! Vergleichen Sie die Intentionen des Redners (M 1) und des Zeichners (M 2).

17 Erarbeiten Sie aus dem Text die zentralen politischen Überzeugungen des Redners und legen Sie dar, mit welchen Argumenten er seine Position stützt.

18 Stellen Sie Grundzüge der Weimarer Verfassung dar und zeigen Sie auf, wie zwischen 1919 und 1933 einzelne Bestimmungen in einer Art und Weise gebraucht wurden, die nicht dem Geist der Verfassung entsprachen.

19 Erschließen Sie die im Text enthaltenen Prognosen und überprüfen Sie, inwieweit diese eingetroffen sind.

20 Ermitteln Sie die zentralen Aussagen Kurt Schumachers in M 1 und Konrad Adenauers in M 2 und vergleichen Sie die deutschlandpolitischen Vorstellungen der beiden Politiker.

21 Erörtern Sie, welcher Stellenwert Einzelpersonen für historische Entwicklungen im Verhältnis zu anderen Faktoren zuzuschreiben ist.

22 Zeichnen Sie den Gedankengang des jeweiligen Redeauszugs (M 1–M 3) in eigenen Worten nach und charakterisieren Sie die Haltung der einzelnen Redner zu …

23 Überprüfen Sie unter Heranziehung des Geschichtsatlasses, inwieweit die vom Redner erhobenen territorialpolitischen Forderungen durchgesetzt wurden.

24 Diskutieren Sie, welche Bedeutung das deutsch-französische Verhältnis für den Frieden in Europa hatte.

25 a) Erarbeiten Sie, wie die unterschiedlichen Perspektiven und Intentionen von M 1 und M 2 die jeweilige Darstellung von Vorgeschichte und Verlauf des Boykotts vom 1. April 1933 beeinflussen.

b) Geben Sie einen strukturierten Überblick über die weiteren antijüdischen Maßnahmen des NS-Regimes bis zum Beginn der systematischen Ermordung der Juden.

26 Fassen Sie die Aussagen des Textes zusammen und interpretieren Sie die Quelle insbesondere im Hinblick auf die politische Situation in Deutschland und die Intentionen des Autors.

27 Skizzieren Sie die Situation in Deutschland im Entstehungsjahr der Quelle.

28 Arbeiten Sie Gründe heraus, warum der Betroffene des Spruchkammerurteils (M 1) entgegen der Forderung der Anklage nur als Mitläufer eingestuft wird, und setzen Sie sich mit der Begründung des Gerichts kritisch auseinander.

29 Geben Sie einen Überblick über …

30 Interpretieren Sie die Tabellen im Hinblick auf darin deutlich werdende Entwicklungen in der industriellen Gesellschaft.

31 Arbeiten Sie die Hauptgedanken des Verfassers aus dem beigegebenen Text heraus.

32 a) Erarbeiten Sie aus dem Text Max Webers Argumente für eine Volkswahl des Reichspräsidenten und erschließen Sie die grundlegende politische Einstellung des Autors.

b) Setzen Sie sich mit Max Webers Position zur Rolle des Parlaments und des Staatsoberhaupts kritisch auseinander. Beziehen Sie Ihre Ausführungen auf die Zeit zwischen 1919 und 1933.

33 Erschließen Sie die Karikatur.

34 Überprüfen Sie die Zukunftsprognose, die die Karikatur enthält, anhand der beigegebenen Statistik.

35 a) Erarbeiten Sie die in M 1 und M 2 enthaltenen Positionen zu …

b) Überprüfen Sie, inwieweit diese Positionen das Scheitern des … hinreichend erklären.

II. Rollentausch: Zuordnung von Bewertungseinheiten zu Aufgaben

Versetzen Sie sich in die Rolle einer Lehrkraft, die bei der Erstellung einer Klausur den einzelnen Teilaufgaben abhängig vom jeweiligen Anforderungsniveau die Zahl der erreichbaren Bewertungseinheiten zuordnen muss. Legen Sie fest, welche der folgenden Aufgaben 12, 16 bzw. 20 Bewertungseinheiten (BE) bekommen soll, und begründen Sie Ihre Entscheidung.

1 Erörtern Sie an zwei Beispielen aus der deutschen Geschichte die Bedeutung der Sozial- und Wirtschaftspolitik für die Akzeptanz des jeweiligen politischen Systems.
2 Erarbeiten Sie aus dem beigefügten Text, wie der Autor die Soziale Frage einschätzt und welche Lösungsvorstellungen er entwickelt.
3 Überprüfen Sie, inwieweit die Sozialpolitik Bismarcks den Positionen des Autors zur sozialpolitischen Aufgabe des Staates entspricht.

Lösungen zu I

Aufgabe	Anforderungsbereich/e
1	I
2	I, II, III
3	I, II, III
4	II
5	II, III
6	I, II
7	I, III
8	I, II
9	I, II, III
10	I
11	II
12	II, III
13	I
14 a)	I, II
b)	II, III
15	I
16 a)	I
b)	II, III
17	I, II
18	I, II
19	I, III
20	I, II
21	III
22	I, II
23	II
24	III
25 a)	I, II
b)	I
26	I, II, III
27	I
28	II, III
29	I
30	I, II
3	I
32 a)	I, II
b)	III
33	II
34	II, III
35 a)	II
b)	III

Lösungen zu II

Aufgabe 1: 20 BE
Aufgabe 2: 12 BE
Aufgabe 3: 16 BE

Hinweise zur mündlichen Prüfung (Kolloquium)

Vorgaben

Die mündliche Prüfung kann entweder im Fach Geschichte allein oder in den beiden Fächern Geschichte und Sozialkunde absolviert werden. Im letzteren Fall bezieht sie sich zu zwei Drittel auf Geschichte und zu einem Drittel auf Sozialkunde. Die gesamte Prüfung dauert **30 Minuten**. Sie gliedert sich in zwei Prüfungsteile: Im **ersten Teil**, der **15 Minuten** umfasst, hält der Prüfling ein **Kurzreferat** (etwa zehn Minuten) aus dem gewählten **Prüfungsschwerpunkt**. Für die Vorbereitung des Kurzreferates hat die Schülerin bzw. der Schüler 30 Minuten Zeit. Die konkrete Themenstellung wird eine halbe Stunde vor Prüfungsbeginn bekannt gegeben. An das Kurzreferat schließt sich ein fünfminütiges **Gespräch** über die Inhalte des Vortrags und den gewählten Prüfungsschwerpunkt an. Da die Prüfung der Lerninhalte von Sozialkunde nur ein Drittel der Gesamtprüfung umfassen darf, ist ein Referat aus der Sozialkunde mit anschließendem Gespräch über die im Referat dargelegten sozialkundlichen Inhalte von zusammen 15 Minuten nicht möglich. Somit sind nur Themenbereiche möglich, die entweder gänzlich dem Fach Geschichte entnommen werden oder Fragestellungen beider Fächer berühren.
Der **zweite Teil (15 Minuten)** beinhaltet ein **Gespräch** zu Problemstellungen aus **zwei weiteren Ausbildungsabschnitten**. Auch hier wird auf das Fach Sozialkunde anteilig Bezug genommen.
Die vorgeschlagenen Themen aus **einem** der zwei **Ausbildungsabschnitte in der 11. Jahrgangsstufe** kann der Prüfling **ausschließen**. Aus den verbleibenden Ausbildungsabschnitten (11.1 oder 11.2, 12.1, 12.2) wählt er einen der genannten Themenbereiche als Prüfungsschwerpunkt.

Beurteilungskriterien

Es werden sowohl fachliche Kenntnisse und Fähigkeiten als auch Gesprächsfähigkeit erwartet.
Hinsichtlich der **fachlichen Kenntnisse** wird beurteilt, inwieweit der Prüfling bei der Lösung einer gestellten Aufgabe die Fähigkeit gezeigt hat,
- das Thema zu erfassen,
- fachspezifische Verfahrensweisen anzuwenden und sich der Fachsprache korrekt zu bedienen,
- Einzelfakten in übergeordnete Zusammenhänge einzufügen und fachgerechte sowie fächerübergreifende Verbindungen herzustellen,
- Sachverhalte und Probleme zutreffend zu beurteilen.

Hinsichtlich der **Gesprächsfähigkeit** (Vermögen, themengebunden und partnerbezogen zu kommunizieren) wird beurteilt, inwieweit der Prüfling die Fähigkeit gezeigt hat,
- sich von seinen in der Vorbereitungszeit gefertigten Notizen zu lösen und das Ergebnis seiner Überlegungen frei und zusammenhängend vorzutragen,
- seine Ausführungen logisch zu gliedern,
- komplexe Sachverhalte klar, übersichtlich und anschaulich darzustellen und dabei das Wesentliche herauszustellen,
- seinen eigenen Standpunkt zu begründen und von anderen Positionen abzuheben,
- sich auf das Gespräch zu konzentrieren, auf Fragen, Einwände, Anregungen des Prüfers einzugehen und gegebenenfalls Hilfestellungen aufzugreifen.

M 1 Übersicht Beurteilungskriterien

Fachliche Kenntnisse	Gesprächsfähigkeit
Fachkenntnisse	Erfassen der Fragestellung
Argumentation, Urteilsvermögen, Transfer	Darstellung und Gesprächsfähigkeit
Methodische Richtigkeit, Fachsprache	Gliederung, Strukturierung der Antwort

Übung: Aufgabenstellung zum Prüfungsschwerpunkt (Kurzreferat mit anschließendem Gespräch)

Die Übungsaufgabe vermittelt einen Eindruck davon, was in der ersten Viertelstunde im Kolloquium vom Prüfungsteilnehmer verlangt werden kann. Je nach Aufgabenstellung können für die Vorbereitung des Kurzreferates auch Materialien zur Verfügung gestellt werden. Dies ist bei der folgenden Übungsaufgabe zum ersten Prüfungsteil des Kolloquiums der Fall. Ausgewählt wurden hier Auszüge aus der Rede des amerikanischen Präsidenten Woodrow Wilson vor dem Senat am 22. Januar 1917. Die Aufgabe bezieht sich somit auf einen Prüfungsschwerpunkt aus dem Ausbildungsabschnitt 12.2.

Arbeitsschritte

1 **Klärung** der in der Aufgabenstellung enthaltenen inhaltlichen Anforderungen,
2 **Erkennen der Leistungsanforderungen,** die durch die **Wahl der Operatoren** vorgegeben sind,
3 **Erfassen des Kontexts** der Rede in der Einführung zur Quelle,
4 **Textlektüre** und gleichzeitiges Unterstreichen der zentralen Textaussagen in Bezug auf die Fragestellung,
5 **Entwurf einer Gliederung** für das Kurzreferat,
6 **Sammlung von Stichpunkten** zum jeweiligen Gliederungspunkt,
7 **Anfügen entsprechender eigener Kenntnisse** gemäß den Vorgaben des Arbeitsauftrages,
8 **Überprüfung** der Richtigkeit und schlüssigen Strukturierung der notierten Aussagen bzw. Stichpunkte.

M2 Beispiel einer Aufgabenstellung zum ersten Prüfungsteil (Kurzreferat und Gespräch)

Aufgabe: Erarbeiten Sie die Forderungen Woodrow Wilsons in der Rede vom Januar 1917 vor dem Senat und erläutern Sie Bezugnahmen zu Schlüsselmomenten in der Geschichte der USA.

Der amerikanische Präsident (1856–1924, Amtszeit: 1913 bis 1921) hielt diese Rede vor der Kriegserklärung der USA und ihrem Eintritt in den Ersten Weltkrieg im April 1917. Unmittelbarer Anlass für diesen Entschluss war der Beginn des uneingeschränkten U-Boot-Krieges, zu dem die deutsche Militärführung aufgerufen hatte.

Ich habe diese Gelegenheit gesucht, zu Ihnen zu sprechen, weil ich glaube, dass ich es Ihnen als der mit mir zusammen für die Entscheidungsfindung hinsichtlich internationaler Verpflichtungen verantwortlichen Institution schuldig bin, offenzulegen, [...] welche Gedanken und Absichten ich in diesen Tagen [...] entwickelt habe, wenn es notwendig wird, ein neues Konzept für den Frieden unter und zwischen den Nationen vorzulegen.

[...] Es ist unvorstellbar, dass das Volk der Vereinigten Staaten keinen Anteil an einem solch großen Unternehmen haben sollte. Die Beteiligung an diesem Unterfangen bietet jene Gelegenheit, auf die das Volk sich vorzubereiten versucht hat mit den Prinzipien und Zielsetzungen seiner Politik und deren akzeptierter Umsetzung durch seine Regierung. Und dies gilt bereits seit jener Zeit, als es selbst eine neue Nation formte in der großen und ehrenhaften Hoffnung, dass diese neue Nation in allem, was sie darstellte und was sie tat, der Menschheit den Weg zur Freiheit wies. [...]

Wenn ein zu gestaltender Friede ein dauerhafter sein soll, dann muss er ein Friede sein, der von der organisierten Gewalt der gesamten Menschheit gesichert wird. Die Bedingungen des bevorstehenden Friedens werden darüber entscheiden, ob es sich um einen Frieden handeln wird, der eine solche Garantie gewährleisten kann. Die Frage, von der der ganze zukünftige Friede und die Politik der Welt abhängt, ist die folgende: Ist der gegenwärtige Krieg ein Kampf um einen gerechten und sicheren Frieden oder nur ein Kampf um ein neues Gleichgewicht der Macht? Wenn es sich nur um den Kampf um ein neues Mächtegleichgewicht handelte, dann stellt sich wiederum die Frage, wer das stabile Gleichgewicht der neuen Ordnung garantieren wird und garantieren kann. Denn nur ein ruhiges Europa kann ein stabiles Europa sein. Es darf kein Gleichgewicht der Macht, es muss eine Gemeinsamkeit der Macht entstehen; keine organisierte Rivalität, sondern ein organisierter gemeinsamer Friede. [...]

Das bedeutet zunächst einmal, dass es einen Frieden ohne Sieger geben muss. [...] Ein Siegfrieden bedeutete, dass der Frieden dem Verlierer aufgezwungen werden würde, zu den Bedingungen, die der Sieger dem Besiegten auferlegt. [...] Nur ein Friede zwischen Gleichberechtigten kann dauerhaft sein, nur ein Friede wird von Dauer sein, dessen Prinzip die Gleichheit und gemeinsame Beteiligung am gemeinsamen Nutzen darstellt. [...] Die Menschheit sucht nach Freiheit für ihre Lebensgestaltung und nicht nach Mächtegleichgewichten. [...] (Überdies) kann und sollte kein Friede dauerhaft sein, der nicht das Prinzip anerkennt und bejaht, dass Regierungen ihre legitime Macht aus der Zustimmung der Regierten herleiten und dass folglich die unverletzliche Sicherheit des Rechtes auf Leben, Religionsfreiheit und freier Entwicklung allen Völkern garantiert sein sollte. [...]

Ich schlage deshalb vor, dass alle Nationen einstimmig die Doktrin Präsident Monroes als die Grundlage der Weltordnung annehmen sollten. Keine Nation soll danach streben, ihre Staatsform auf irgendeinen anderen Staat oder ein anderes Volk auszudehnen; jedes Volk soll frei bleiben, selbst über seine eigene Staatsform, seinen eigenen Entwicklungsgang zu entscheiden, ohne Behinderung, Einschüchterung und Angst; die kleinen Nationen auf diesem Weg gleichberechtigt neben den großen und mächtigen. Ich schlage vor, dass von nun an alle Nationen verstrickende Bündnisse, die sie in Machtkämpfe hineinziehen, sie in einem Netz von Intrigen und selbstischen Rivalitäten fangen und ihre eigenen Interessen durch Einflüsse von außen stören könnten, zu vermeiden sind. [...]

In einer Mächtegemeinschaft gibt es keine verstrickenden Bündnisse. Denn wenn sich alle vereinen, um in demselben Geist und mit der gleichen Absicht zu wirken, dann werden alle im gemeinschaftlichen Interesse handeln und somit frei sein, ihr eigenes Leben unter einem gemeinsamen Schutz zu gestalten.

Zu diesem Ziele schlage ich den auf der Zustimmung der Regierten beruhenden Regierungen [...] die Freiheit der Meere [...] und [...] eine Mäßigung der Rüstung vor.

Zit. nach der Übersetzung von Christian Große Höötmann in: Christian Große Höötmann, Wilson versus Lenin? Rekonstruktion eines „politischen Dialogs" im Jahre 1917 (Praxis Geschichte 1/2007) S. 16–22, bes. S. 19.

Lösungsvorschlag

1. **Klärung** der in der Aufgabenstellung enthaltenen inhaltlichen Anforderungen: Es muss eine solide Textzusammenfassung erstellt werden, die den Akzent auf die Forderungen Wilsons legt. Außerdem müssen Textstellen ausfindig gemacht werden, die sich in Bezug setzen lassen zu Schlüsselmomenten in der Geschichte der USA. Implizit heißt das, dass Kenntnisse über diese entscheidenden Momente rekonstruiert und in einen konkreten Zusammenhang gebracht werden müssen.
2. **Erkennen der Leistungsanforderungen**, die durch die **Wahl der Operatoren** vorgegeben sind: Der erste Arbeitsauftrag „Erarbeiten Sie ..." verlangt eine genaue Textlektüre (Unterstreichen) und eine Sammlung der Forderungen Wilsons. Der zweite Arbeitsauftrag „erläutern Sie ..." verlangt die Herstellung, Begründung und Veranschaulichung von Zusammenhängen.
3. **Erfassen des Kontexts** der Rede in der Einführung zur Quelle: Wichtig ist hier, dass Wilson den Senat zur Zustimmung zum Kriegseintritt der USA bewegen will, er spricht mit der Absicht zu überzeugen und zu appellieren vor der entscheidenden Verfassungsinstitution der USA, die diesen Schritt mittragen soll.
4. **Textlektüre** und gleichzeitiges Unterstreichen der zentralen Textaussagen in Bezug auf die Fragestellung:

- Wilson bekundet die Absicht, „internationale[r] Verpflichtungen" (Z. 3 f.) einzugehen und will ein „neues Konzept für den Frieden" (Z. 7) in der Welt vorlegen.
- Forderung: An einem solchen Unterfangen müssen die USA beteiligt sein, da das Volk der USA seit der Unabhängigkeitserklärung „der Menschheit den Weg zur Freiheit" (Z. 18) gewiesen habe.
- Forderung: Es soll kein neues Mächtegleichgewicht in Europa hergestellt werden, sondern es geht um einen von allen Nationen organisierten gemeinsamen Frieden in Europa (Z. 19 ff.).
- Forderung: Aus dem zuletzt genannten Ziel folgt, dass der Frieden zwischen gleichberechtigten Partnern geschlossen werden muss, denn ein Friedensvertrag zwischen Siegern und Verlierern wahrt die Interessen der Beteiligten nicht gleichermaßen. Gemeinsame Beteiligung sichert gemeinsamen Nutzen (Z. 43 ff).
- Forderung: Die Regierungen sollen ihre „legitime Macht aus der Zustimmung der Regierten" begründen, d. h. der künftige Friede muss von demokratischen Systemen gewährleistet sein, die die Menschenrechte wahren (Z. 49 f.).
- Forderung: Übertragung der Monroe-Doktrin auf alle Nationen (Z. 53 ff.).
- Forderung: Begründung einer Mächtegemeinschaft ohne „verstrickende[n] Bündnisse", d. h. Abschluss multilateraler statt bilateraler Bündnisse, ebenso Abschaffung der Geheimdiplomatie (Z. 61 ff.).
- Forderung: Handelsfreiheit und Rüstungsbegrenzung (Z. 73 f.).
- Bezugnahme auf Schlüsselmomente in der Geschichte der USA: Bezugnahme auf die Bedeutung der amerikanischen Unabhängigkeit für die Forderung nach Akzeptanz der Menschenrechte und Freiheit, Bezugnahme auf die demokratische Legitimation der amerikanischen Regierung, Bezugnahme auf die Monroe-Doktrin.

5. **Entwurf einer Gliederung** für das Kurzreferat: Dabei gilt es, unbedingt den Aufbau von Einführung, Hauptteil und Abrundung zu berücksichtigen. Eine Möglichkeit bietet folgender Entwurf:

- Einführende Bemerkungen: Kontext der Rede (Sprecher ist der mächtigste Mann der USA, er richtet sich an den amerikanischen Senat vor dem Zeithintergrund des Kriegsgeschehens in Europa mit dem Anliegen, einen Kriegseintritt der USA herbeizuführen.)
- Forderungen Wilsons und Bezugnahmen auf Schlüsselmomente in der Geschichte der USA (vgl. die Auflistung unter 4.); Erläuterung der Entwicklung der amerikanischen Unabhängigkeit, Erläuterung der demokratischen Legitimation der US-amerikanischen Regierung (Verfassung, Unabhängigkeitserklärungen, fakultativ: Einschränkungen bis zum 20. Jahrhundert), Erläuterung der Monroe-Doktrin und ihrer Bedeutung.
- Abrundung: Bewertung der Rede (appellativer Charakter, Beschwörung patriotischer Werte, Folge: Kriegseintritt der USA, aber: keine Erfüllung der Ideale Wilsons)

6. **Sammlung von Stichpunkten** zum jeweiligen Gliederungspunkt: vgl. die Ausführungen zu 4. und 5.
7. **Anfügen entsprechender eigener Kenntnisse** gemäß den Vorgaben des Arbeitsauftrages: Inhalte der Unabhängigkeitserklärung, die Entwicklung des Geschehens, Inhalte der US-Verfassung und die Geschichte und Bedeutung der Monroe-Doktrin müssen aus dem Gedächtnis rekonstruiert werden (vgl. Kapitel 4.2–4.4 des vorliegenden Bandes).
8. **Überprüfung** der Richtigkeit und schlüssigen Strukturierung der notierten Aussagen bzw. Stichpunkte: Wenn in der Vorbereitungsphase noch Zeit bleibt, sollten die Aufzeichnungen noch einmal überprüft, gegebenenfalls optimiert werden. Es kann zuletzt ein Abschnitt über die Entwicklung in den Vereinigten Staaten vom Ersten bis zum Zweiten Weltkrieg ergänzt werden. Die (fakultativen) Ausführungen dazu sind geeignet, das Kurzreferat sinnvoll zu ergänzen, wenn die zur Verfügung stehende Zeit von zehn Minuten noch nicht voll ausgeschöpft ist.

Tipps zur Vorbereitung auf die Abiturthemen

Übung 1: Inhalte der Lehrplanthemen wiederholen

Die großen historischen Zusammenhänge der beiden Halbjahresthemen werden im vorliegenden Schülerbuch in den Themenüberblicken S. 8–11 und 120–123 erläutert. Jedes Teilthema des Lehrplans ist in Form eines Kapitels aufbereitet. Jedes Kapitel wiederum ist in kleine Themeneinheiten unterteilt:

1 Erläutern Sie die Beziehungen
ten nach der Herrschaft Caesa
sionsbestrebungen der Römer
2 Erörtern Sie am Beispiel des A
Funktionen mythischer Perso

1 In jedem „Themenüberblick" und in jeder „Themeneinheit" finden Sie unter den Darstellungstexten Aufgaben. Bearbeiten Sie die Aufgaben. Durch „Querlesen" – das heißt durch das Lesen der Zwischenüberschriften und Fettdrucke – gelangen Sie rasch zu den Einzelabschnitten, die Sie für die Beantwortung von Teilaufgaben benötigen.
2 Arbeiten Sie an den Stellen, an denen es Ihnen sinnvoll erscheint, noch einmal die zugehörigen Materialien im Materialteil durch (Verweise in den Darstellungen).
3 Halten Sie Ihre Ergebnisse auf Karteikarten fest (s. unten).

Übung 2: Wichtige Daten merken und anwenden

Auf den Zusammenfassungsseiten finden Sie immer eine Zeittafel. Auf drei Arten können Sie damit für das Abitur üben:

Zeittafel

63 v. Chr. Eroberung Palästinas durch
Pompeius: Beginn der etwa 700 Jahre
dauernden römischen Herrschaft
66–70 Erster jüdisch-römischer

1 Geben Sie jeden Eintrag der Zeittafel mit eigenen Worten wieder.
2 Schreiben Sie auf die Vorderseite einer Karteikarte ein Ereignis, auf die Rückseite das Datum (s. unten).
3 Vertiefen Sie Ihre Kenntnisse über zentrale Daten, indem Sie noch einmal die zugehörigen Darstellungen und Materialien aus dem Kapitel durcharbeiten. Schreiben Sie auf Ihre Karteikarten a) welche Ursachen zu einem Ereignis geführt haben, b) wie es abgelaufen ist, c) welche Folgen es gehabt hat.

Übung 3: Zentrale Begriffe verstehen und erklären

Das Grundwissen zu jedem Kapitel finden Sie am Kapitelanfang. Die neuen Begriffe eines Kapitels sind auf den Zusammenfassungsseiten aufgelistet; Seitenverweise führen zu den entsprechenden Erläuterungen im Kapitel:

Grundwissen → S. 178 f.

Begriffe Kapitel 4
American Anti-Imperialist
League → S. 203

Patr
best
geg
wus
vom

1 Lesen Sie zu jedem Begriff die Erläuterung.
2 Klären Sie Fremdwörter.
3 Erläutern Sie den Inhalt jedes Begriffs anhand von historischen Beispielen. Halten Sie Ihre Ergebnisse auf Karteikarten fest (s. unten).

Ergebnisse sichern: Arbeitskartei anlegen

Halten Sie die Ergebnisse der Übungen 1 bis 3 auf Karteikarten fest:

1 Notieren Sie auf der Vorderseite eine Frage, einen Begriff oder ein Datum, schreiben Sie auf die Rückseite Ihre Erläuterungen.
2 Wiederholen Sie mithilfe Ihrer Arbeitskartei die Inhalte, Daten und Begriffe der Schwerpunktthemen – alleine, in Partnerarbeit oder in kleinen Gruppen.

Übung 4: Methodentraining – Unterscheiden von Textmaterialien

Schriftliche Quellen und Sekundärtexte gehören zu den Materialien, die am häufigsten in Abiturklausuren vorkommen (weitere Materialarten können z. B. Statistiken, Gemälde, Fotografien sein). Damit Sie lernen, schriftliche Quellen und Sekundärtexte auf den ersten Blick voneinander zu unterscheiden, sollten Sie dies mithilfe Ihres Schülerbuches trainieren, z. B. in Partnerarbeit:

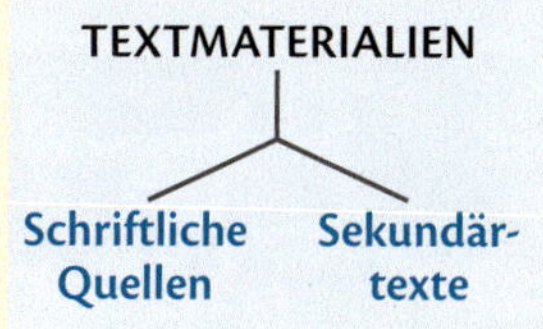

1 Lesen Sie in den Materialteilen des Kapitels 1 die Überschriften, Einleitungen und Anfänge der Textmaterialien und bestimmen Sie jeweils, ob es sich um eine schriftliche Quelle (= Textquelle) oder einen Sekundärtext handelt.
2 Wiederholen Sie die Übung anhand der Textmaterialien eines anderen Kapitels.

Übung 5: Methodentraining – Sekundärtexte auswerten

Wiederholen Sie mithilfe der folgenden „Checkliste" die Grundschritte bei der Auswertung von Sekundärtexten:

1 **Thema:** Mit welchem Thema bzw. welcher Frage beschäftigt sich der Autor/die Autorin? Was will er/sie erklären?
2 **Aussagen:** Welche zentralen Aussagen werden von dem Autor/der Autorin getroffen bzw. welche Thesen werden aufgestellt?
3 **Argumente:** Mit welchen Daten bzw. Argumenten belegt der Autor/die Autorin seine/ihre Aussagen und Thesen?
4 **Abgrenzung:** Will sich der Autor/die Autorin gegen eine andere Position absetzen? Wenn ja, gegen welche und aus welchen Gründen?
5 **Interessen:** Von welchen (Wert-)Maßstäben aus werden Ereignisse, Entwicklungen und das Handeln von Personen beurteilt?

Übung 6: Methodentraining – Interpretation schriftlicher Quellen

Die Interpretation schriftlicher Quellen ist eine der zentralen Anforderungen im Abitur:

„Faustregel" für die Analyse der formalen Merkmale schriftlicher Quellen:
WER sagt WO, WANN, WAS, WARUM, zu WEM und WIE?

1 Prägen Sie sich die systematischen Arbeitsschritte zur Interpretation einer schriftlichen Quelle von S. 232 ein.
2 Merken Sie sich die „Faustregel" zur Analyse der formalen Merkmale schriftlicher Quellen und üben Sie die Beantwortung der „W-Fragen" anhand von fünf selbst ausgewählten schriftlichen Quellen des Schülerbuchs.

Checkliste zur Abfassung einer Abiturklausur

Abfassung der Abiturklausur

1 Klausuraufgabe auswählen
Lesen Sie zunächst alle Klausuraufgaben. Machen Sie sich klar, was die jeweilige Aufgabe von Ihnen verlangt. Sie sollten weniger nach spontanen Interessen oder Neugier entscheiden, sondern diejenige Aufgabe auswählen, bei der Sie sich fachlich am sichersten fühlen.

2 Aufgabe verstehen
Achten Sie auf den genauen Wortlaut der Aufgabe, besonders auf die Operatoren (z. B. „Benennen Sie ...“, „Ordnen Sie ein ...“, „Beurteilen Sie ...“; Erläuterungen zu den Operatoren: s. hinterer Buchinnendeckel).

3 Materiallektüre und Randnotizen
Lesen Sie das vorgelegte Material. Unterstreichen Sie dabei wichtige Inhalte, zentrale Begriffe usw. Notieren Sie Stichpunkte am Rand.

4 Zeitplan
Planen Sie genügend Zeit für eine Schlusskorrektur ein (ca. 15 min.).

5 Niederschrift
Belegen Sie Aussagen mit Zitaten aus der Quelle (An- und Abführungszeichen nicht vergessen). Veranschaulichen Sie Ihre Thesen durch Beispiele. Schreiben Sie sachlich. Beachten Sie Ihren Zeitplan. Achten Sie darauf, dass sich Ihre Ausführungen stets auf die Aufgabe beziehen und Sie nichts Überflüssiges schreiben.

6 Schlusskorrektur
Lesen Sie zweimal Korrektur: Achten Sie im ersten Durchgang auf sachliche Richtigkeit und die exakte Verwendung von Fachbegriffen. Korrigieren Sie beim zweiten Mal Satzbau, Rechtschreibung und Zeichensetzung.

Probeklausur mit Lösungsvorschlägen

Wie kann man mit der Probeklausur für das schriftliche Abitur üben?

Die Probeklausur vermittelt einen ersten ungefähren Eindruck von der Aufgabe in einer schriftlichen Abiturklausur. Genaue Informationen zu den Vorgaben und zum Ablauf der Abiturklausur erteilt die Lehrkraft.
Die folgende Übungsklausur kann auf zweifache Art genutzt werden:

„Bitte Ruhe!"

Schreiben unter „Echtbedingungen"
Die Probeklausur wird unter „Echtbedingungen" geschrieben. Das heißt, die Beteiligten
- haben sich bereits mit dem **Thema** vertraut gemacht und beherrschen die **Fachmethoden**;
- kennen die drei **Anforderungsbereiche** einer Abiturprüfung und können die entsprechenden **Operatoren** (also die in der Prüfungspraxis verwendeten Arbeitsaufträge) richtig anwenden (s. hinterer Buchinnendeckel);
- wissen, wie sie arbeitstechnisch bei der **Abfassung einer Abiturklausur** vorgehen und was sie formal beachten sollten (s. S. 242);
- halten die vorgeschriebene **Arbeitszeit** ein.

Die Probeklausur als Trainingseinheit
Die folgende Übung führt schrittweise zur Niederschrift einer Klausur, das heißt: Die oben genannten Voraussetzungen werden nach und nach erarbeitet. Das Schülerbuch und andere Hilfsmittel können hinzugezogen werden. Es gibt keine Begrenzung der Arbeitszeit, eine zeitliche Verteilung der Schritte ist sinnvoll:

Schritt 1	Nach der Lektüre der Arbeitsaufträge und Materialien sollte in der Klasse zunächst geklärt werden, welche Leistungserwartungen und Anforderungsniveaus sich mit welchem **Operator** verbinden.
Schritt 2	Zur Festigung der **Fachmethodenkompetenzen** wird eine Wiederholung der Methodenseiten „Schriftliche Quellen" (S. 202 ff. und 232) und „Karikaturen" (S. 88 ff.) empfohlen.
Schritt 3	Ausgehend von den Arbeitsaufträgen sollten Wissenslücken ermittelt und geschlossen werden. Für den Erwerb der **Sachkompetenzen** s. Kapitel 4 (S. 176–227) und den Themenüberblick 12.2 (S. 120–123).
Schritt 4	Anschließend machen sich die Schülerinnen und Schüler mit der Checkliste zur **Abfassung einer Abiturklausur** vertraut (S. 242).
Schritt 5	Die Bearbeitung der Aufgaben beginnt mit dem Notieren von **Stichpunkten** zu jeder Aufgabe (Materialblatt, Extrablatt).
Schritt 5	Dann sollten knappe, grobe **Gliederungen** erstellt werden.
Schritt 6	Anschließend folgt die **Niederschrift**. Zu achten ist auf eine stimmige Gewichtung von Aspekten und Argumenten, richtige Chronologien und eine strukturierte Darstellung.
Schritt 7	Die Übung endet mit einer **Besprechung der Ergebnisse** (in der Klasse, mit der Lehrkraft, mit Mitschülerinnen und Mitschülern; Hinzuziehen der Lösungsvorschläge S. 248 f.).

Probeklausur

1 Beschreiben Sie die außenpolitische Stellung der USA vor Beginn des Ersten Weltkriegs und vergleichen Sie diese mit der US-amerikanischen Position nach dem Ende des Zweiten Weltkriegs.

2 a) Fassen Sie die Aussagen des Verfassers (M 1) zu den Prinzipien der Außenpolitik der USA von 1914 bis zum Erscheinen seines Aufsatzes zusammen und arbeiten Sie die Position des Verfassers heraus.
b) Überprüfen Sie, inwieweit der „Kreuzzugsgedanke" das Eingreifen der USA in den Ersten Weltkrieg bestimmt hat.

3 Diskutieren Sie am Beispiel eines militärischen Konflikts nach dem Zweiten Weltkrieg die Möglichkeiten und Grenzen der Weltmacht USA, ihre Vorstellungen von einer „neuen Weltordnung" (M 1, Z. 63) durchzusetzen.

4 Erarbeiten Sie die Sicht auf die USA, die im Foto (M 2) zum Ausdruck kommt.

M 1 Auszug aus einem Aufsatz des US-amerikanischer Schriftstellers und Journalisten Walter Lippmann (1889–1974) über die amerikanische Außenpolitik, 1953

Die Wilson'sche Doktrin entsprang aus der Anpassung der amerikanischen Tradition an eine unvorhergesehene Notlage – eine Lage, die uns zwang, nach Europa zurückzukehren, auf europäischem Boden zu kämpfen und uns mit europäischen Nationen politisch zusammenzuschließen [...]. Vielleicht konnte man die Wilson'sche These so formulieren: Da die amerikanische Demokratie in der Welt keine sichere Freistatt mehr findet, sind wir Amerikaner aufgeboten, um die Welt zu einer Freistatt der amerikanischen Demokratie zu machen. Zu diesem Zweck müssen die Grundsätze der amerikanischen Demokratie Allgemeingut der ganzen Welt werden [...].

Das Wilson'sche Gedankensystem will es nicht wahrhaben, dass Amerika eine Nation unter vielen anderen Nationen ist, und dass diese ihm als derzeitige oder künftige Rivalen, Verbündete oder Partner gegenüberstehen, mit denen es sich auseinandersetzen muss. Es steckt darin die Vision einer Welt, in der es keine dauernden Rivalitäten und tief gehenden Interessenkonflikte gibt, in der man keine Kompromisse im Grundsätzlichen zu schließen braucht und keine Trennung der Einflusssphären, keine Bündnisse und keinen Krieg kennt, sondern höchstens noch Kriege der Weltgemeinschaft gegen einzelne Regierungen, die sich verbrecherisch gegen die Weltordnung auflehnen. Aus dem Gefühl, dass der Krieg ein verbrecherischer Eingriff in die natürliche Weltordnung ist, den man nicht dulden darf, entwickelt Wilsons Lehre eine von den Massen getragene Kreuzzugsstimmung; dass es überhaupt notwendig wird, in den Krieg zu ziehen, ist ein Hohn auf Menschentum und Menschenrecht. Alle Kriege dürfen daher nur Kriege zur Beendigung der Kriege sein, Kreuzzüge, die nur dann beendigt werden können, wenn alle Völker sich der einen wahren politischen Religion unterworfen haben. Friede wird nur dann sein, wenn alle Völker dieselben selbstverständlichen Grundsätze anerkennen und befolgen. Ein Angriffskrieg ist eine bewaffnete Rebellion gegen die allgemeinen, ewigen Grundsätze der Weltgemeinschaft. Daher kann ein Krieg rechtens nur mit der bedingungslosen Kapitulation der angreifenden Nation und mit dem Sturz und der Umgestaltung ihres politischen Regimes enden.

Es lässt sich nicht bestreiten, dass die Wilson'sche Ideologie vom Zeitpunkt ihrer Formulierung an das politische Denken und Handeln der Amerikaner bestimmt hat [...]. Denken wir an die vielen Diskussionen, die seit 1914 geführt wurden oder – wie die Kongressdebatten über die Bewilligung der Auslandshilfe – noch jetzt im Gange sind: ob es sich nun um den Kriegseintritt handelte, um die Mitgliedschaft im Völkerbund und in den Vereinten Nationen, um die Truman-Doktrin, den Marshall-Plan, den Nordatlantikpakt, die Intervention in Korea oder den Sicherheitsvertrag (Japan 1951) – wer für diese Maßnahmen sprach, der stand mit seinen Argumenten im Zeichen der Wilson'schen Ideologie.

Es leuchtet ein und wird auch in Amerika selbst oft betont, dass das amerikanische Volk für die eben genannten großen Entscheidungen nur dadurch gewonnen werden konnte, dass man die in Wilsons Gedanken verborgenen starken Gefühlskräfte mobilisierte. Volk und Kongress hätten alle jene Maßnahmen abgelehnt und bekämpft, wenn dahinter nicht die Idee eines Kreuzzuges gegen die Nazis, die Japaner, die Sowjets, die chinesischen Kommunisten oder den Kommunismus überhaupt stünde, wenn das amerikanische Volk nicht durch die Verheißung einer neuen Weltordnung angefeuert würde: dass nach dem Ende dieser Kreuzzüge alle Völker, auch die, denen sie gegolten haben, auf die gleichen Ziele und Grundsätze schwören würden [...].

Vielen Amerikanern wird jetzt klar, dass die Maßnahmen, die unter Zuhilfenahme des ideologischen Ansporns, im Zeichen des Kreuzzugs, propagiert werden, nur zu oft im Verlauf ihrer politischen Verwirklichung entscheidend und

M2 Demonstration gegen die Hochrüstungspolitik der USA am 6. November 1984 vor dem Amerika-Haus in Berlin.

manchmal geradezu hoffnungslos entstellt werden […]. Meiner Meinung nach wird es immer klarer, dass die Wilson'sche Ideologie unmöglich als Grundlage für die Außenpolitik einer Nation dienen kann, die eine Stellung wie die unsere einnimmt und die Last unserer Verantwortung trägt. Das amerikanische Volk erkennt in zunehmendem Maße, dass in unserem Jahrhundert Kreuzzüge immer nur zu neuen Kreuzzügen führen […]. Können wir, wenn wir mit uns zurate gehen und uns fest in der Hand behalten, jenen verderblichen Triebkräften unserer Demokratie entgegenwirken, die uns in Friedenszeiten zu pazifistisch und in Kriegszeiten zu kriegerisch werden lassen? […] Natürlich gibt es keine fertigen und wohl erprobten Regeln für eine überstaatliche Gesellschaftsordnung, an die man sich mühe- und bedenkenlos halten könnte. Und vermutlich kennen die Europäer nicht Derartiges, sonst würde man auch bei uns etwas davon gehört haben. Aber vielleicht können wir gemeinsam, indem wir frei und aufrichtig miteinander sprechen, aus der alten Weisheit der Menschheit und einer unvoreingenommenen Betrachtung der neuen Gegebenheiten eine Einsicht gewinnen, die unserer Politik den Weg weist. Leicht wird diese Aufgabe nicht sein.

Zit. nach: www.isb.bayern.de/isb/download.aspx?DownloadFileID=0752681a2db11851b4d234c6a146d901 (Download vom 3. November 2009)

Lösungsvorschläge

Die Lösungen sind nur Vorschläge. Sie verweisen lediglich auf den sachlichen Gehalt, die Art und das Niveau der Beantwortung. Sie sind nicht die einzig mögliche Antwort.

Aufgabe 1

Die Aufgabenstellung weist eine Zweiteilung auf und umfasst die Anforderungsbereiche I (Reproduktion) und III (Reflexion und Problemlösen). Neben dem für die Antwort erforderlichen Faktenwissenwissen sollten Sie auch die Qualität Ihrer Darstellung berücksichtigen. Achten Sie auf fachsprachliche Präzisierung und Stimmigkeit, Kohärenz, Gewichtung und Reihenfolge der Fakten. Der Anspruch auf umfassende Vollständigkeit historischer Daten und Fakten sollte nicht dominieren.

Der Vergleich sollte zu dem Ergebnis führen, dass die USA vor dem Ersten Weltkrieg faktisch eine Imperialmacht waren und sich als Großmacht im amerikanisch-pazifischen Raum etabliert hatten, ohne sich intensiv in die Auseinandersetzungen der europäischen Imperialmächte einzumischen. Nach dem Zweiten Weltkrieg besaßen sie die Position einer Supermacht und übernahmen eine aktive und führende Rolle in der Weltpolitik.

Beispiele für die außenpolitische Stellung der USA vor dem Ersten Weltkrieg:

- Vorrangstellung im (nord-)amerikanischen Raum durch Festhalten an der Monroe-Doktrin;
- Hegemonialmacht in Süd- und Mittelamerika;
- gefestigte Machtposition im pazifischen Raum.

Vergleich mit der US-amerikanischen Position nach dem Ende des Zweiten Weltkriegs:

- USA vor dem Ersten Weltkrieg faktisch eine Imperialmacht;
- hatten sich als Großmacht im amerikanisch-pazifischen Raum etabliert, ohne sich intensiv in die Auseinandersetzungen der europäischen Imperialmächte einzumischen;
- nach dem Zweiten Weltkrieg Position einer Supermacht;
- aktive und führende Rolle in der Weltpolitik.

Beispiele für die außenpolitische Stellung der USA nach dem Ende des Zweiten Weltkriegs:

- hohes politisches Ansehen durch die entscheidende Rolle im Kampf gegen NS-Deutschland und Japan;
- führende Atommacht;
- überlegenes wirtschaftliches Potenzial;
- politisches Gegengewicht zur Sowjetunion.

Aufgabe 2 a

Bei der Beantwortung dieser Teilaufgabe sollte deutlich werden, dass die Aussagen des Textes zu den Prinzipien der Außenpolitik erfasst worden sind. Eine Zusammenfassung der Hauptaussagen eines Textes umfasst die Anforderungsebene I (Reproduktion), das Herausarbeiten von Sachverhalten die Anforderungsebene II (Reorganisation und Transfer). Die Zusammenfassung soll den Text nicht nur paraphrasieren, sondern historische Sachverhalte und Aussagen unter Beibehaltung des Sinnes auf Wesentliches reduzieren.

Folgende Position des Verfassers sollte herausgearbeitet werden:

- Die „Wilson'sche Doktrin" mit dem Kerngedanken eines Kreuzzugs für die Demokratie hat die amerikanische Außen- und Interventionspolitik in der ersten Hälfte des 20. Jahrhunderts bestimmt, erscheint jedoch zur Bewältigung der politischen Herausforderungen in den 1950er-Jahren nicht mehr geeignet.

Dies lässt sich z. B. an folgenden Aussagen nachweisen:

- „Wilson'sche Doktrin" als Folge einer notwendigen Einmischung in die europäischen Angelegenheiten;
- weltweite Verbreitung der Demokratie zur Gewährleistung der US-amerikanischen Sicherheit als Kerngedanke der Doktrin;
- Vorstellung einer friedlichen Welt ohne Kriege als gedanklicher Ausgangspunkt;
- „Wilson'sche Doktrin" als maßgebliche Richtlinie des außenpolitischen Handelns der US-Regierungen in der Vergangenheit und bislang Garant für die Zustimmung des Volkes zu dieser Politik.

Aufgabe 2 b

Motive, die den „Kreuzzugsgedanken" stützen:

- Kriegseintritt als berechtigt erscheinende Reaktion auf den uneingeschränkten U-Boot-Krieg;
- militärische Intervention als Kampf für die Demokratie;
- Errichtung einer weltweiten Friedensordnung auf der Basis demokratischer Prinzipien (vgl. „14 Punkte" Wilsons) als Kriegsziel.

Motive, die über den Kreuzzugsgedanken hinausgehen:

- Unterstützung Großbritanniens auf der Grundlage der besonderen Beziehungen;
- Befürchtung einer Beeinträchtigung wirtschaftlicher Interessen der USA bei einem Sieg der Mittelmächte.

Als Ergebnis kann festgehalten werden, dass der Kampf für die Demokratie ein wichtiges Motiv für den Kriegseintritt war und die US-amerikanische Interventionspolitik wesentlich prägte. Allerdings verbanden sich mit dieser Rechtfertigung sicher auch macht- und wirtschaftspolitische Erwägungen.

Aufgabe 3

Ausgehend vom oder rekurrierend auf den Text soll in dieser Teilaufgabe eine differenzierte Stellungnahme verfasst werden. Der Anforderungsbereich III (Reflexion und Problemlösen) erlaubt es dabei, auf inhaltlicher Grundlage zu argumentieren, die unter Umständen sowohl von den folgenden Lösungsvorschlägen als auch von den Inhalten des Unterrichts abweichen. Erwartet wird ein sicherer Umgang mit fachspezifischen Sachverhalten auf der Grundlage von vertieftem historischem Wissen und Bewusstsein.

Sie sollen bei der Beantwortung dieser Teilaufgabe die Möglichkeiten und Grenzen der Weltmacht USA erörtern, die von westlichem Demokratieverständnis geprägten Vorstellungen von einer globalen Friedensordnung in der Auseinandersetzung mit einem ideologischen und politischen Gegner durchzusetzen.

Mögliche Beispiele zur Erörterung:
- der Versuch der USA einer Eindämmung des Kommunismus im Koreakrieg;
- die militärische Intervention der USA in Vietnam im Zeichen der Dominotheorie;
- die US-amerikanischen Bemühungen zur Eingrenzung bzw. zum Sturz des diktatorischen Regimes im Irak.

Möglichkeiten der Weltmacht USA:
- Vorbildwirkung freiheitlich-demokratischer Überzeugungen;
- Führungsrolle in einem weltweiten Bündnissystem;
- Bevölkerungsgröße und wirtschaftliche Macht;
- militärisches Potenzial bzw. militärisch-technische Überlegenheit.

Schwierigkeiten:
- Zwang zur Zurückhaltung in der Kriegführung angesichts von Risiken z. B. eines unkalkulierbaren Atomkriegs;
- Widerstand militärstrategisch schwer einschätzbarer Gegner in Guerillakriegen.

Als Ergebnis kann u. a. festgehalten werden, dass die USA als Weltmacht internationale Entwicklungen zwar wesentlich beeinflussten, aber trotz einzelner Weichenstellungen keine umfassende „neue Weltordnung" realisieren konnten.

Aufgabe 4

Bei dieser Teilaufgabe sollen Sie die Bildquelle unter Berücksichtigung quellenkritischer Gesichtspunkte systematisch analysieren und interpretieren. Die dazu nötigen Arbeitsschritte können Sie auf S. 45 ff. wiederholen. Achten Sie wieder auf eine angemessene sprachliche Darstellung.

Ergebnisse der Bildanalyse:
- Eine stereotype Symbolik verweist auf die USA (Cowboy als Rodeoreiter, Dollarzeichen).
- Bildinschrift mit kyrillischen Buchstaben und Quellenangabe definieren den Urheber.

Ergebnisse der Bildinterpretation:
- Die USA werden aus sowjetischer Sicht als Inbegriff einer kapitalistisch-imperialistischen Macht dargestellt.
- Die Karikatur bestärkt in pointiert zugespitzter Form ein bestehendes Feindbild.

  Dies kann z. B. belegt werden an:
  - der Gestaltung des Cowboys (Bewaffnung; Rakete statt eines Gesichts) als Sinnbild einer militaristischen, aggressiven USA;
  - der Darstellung eines Geldsackes als Reittier als Verweis auf die imperialistische Grundhaltung mit der Verknüpfung von Kapitalismus und Militarismus (Aufschrift, Raketen als Füße);
  - dem „Ritt" in den Abgrund als Zeichen für die Blindheit und die Tendenz zur Selbstzerstörung in der US-amerikanischen Politik.

Begriffslexikon

Achse des Bösen: Nach den Terroranschlägen vom 11. September 2001 hat die Bekämpfung des Terrorismus in den internationalen Beziehungen oberste Priorität. Die von den USA initiierte „Allianz gegen den Terror" nahm zunächst das Taliban-Regime und das Terrornetzwerk Al-Qaida ins Visier. US-Präsident George W. Bush sprach in diesem Kontext am 29. Januar 2002 von einer „Achse des Bösen", womit er Irak, Iran und Nordkorea meinte, die mit Terroristen alliiert seien und aufrüsteten, um den Weltfrieden zu bedrohen.
Adel: Bis um 1800 war der Adel in Europa die mächtigste Führungsschicht mit erblichen Vorrechten, politischen und militärischen Pflichten, mit Standesbewusstsein und besonderen Lebensformen. Adel war meist verbunden mit Grundbesitz und daraus begründeten Herrschafts- und Einkommensrechten (Grundherrschaft).
Al-Qaida (arabisch *„al-qaida"* = Basis): Ende der 1980er-Jahre in Afghanistan entstandenes Terrornetzwerk um den islamistischen Extremisten Osama Bin Laden. Vermutlich operiert Al-Qaida global durch voneinander unabhängige Zellen, die genaue Mitgliederzahl ist unbekannt. Hauptgegner sind die USA und Israel. Neben den Anschlägen vom 11. September 2001 zeichnet Al-Qaida für zahlreiche weitere Terroraktionen verantwortlich (z. B. Anschläge auf die US-amerikanischen Botschaften in Kenia und Tansania 1998, auf Pendlerzüge in Madrid 2004 sowie auf öffentliche Verkehrsmittel in London 2005).
American Anti-Imperialist League: S. 203
„American Dream": S. 183
Antike: S. 14
Archaische Zeit: S. 19
Atlantik-Charta: Am 14. 8. 1941 von Roosevelt und Churchill an Bord des Schlachtschiffs „Prince of Wales" verkündete Kriegsziele der westlichen Alliierten, z. B. Verurteilung des Imperialismus, Verzicht auf Gewaltpolitik, Erklärung der Freiheit eines jeden Volks, sich seine Staatsform selbst zu wählen. S. 210
Atomares Patt: S. 213
Aufklärung: S. 63, 178
Auserwähltheitsglaube: S. 186

Balfour-Deklaration: S. 144
Bar Kochba-Aufstand: S. 130
Barbar (griechisch *„bárbaros"* = roh, unkultiviert, unverständlich redend, fremd; lateinisch „barbarus" = ausländisch, ungebildet): Im antiken Griechenland ursprünglich der nicht Griechisch Sprechende, bei den Römern der nicht griechisch-römisch Gebildete, später allgemein ein unkultivierter, roher Mensch.
Bill of Rights: S. 181
Black-Power-Bewegung: S. 182
Blockbildung: S. 127, 178
Boston Tea Party: Ausgangspunkt der amerikanischen Unabhängigkeitsbewegung, auf der sogenannten Boston Tea Party wurde 1773 als Protest gegen die englische Teesteuer eine Schiffsladung Tee vernichtet. S. 184
Bürger, Bürgertum: In Mittelalter und Früher Neuzeit vor allem die freien und vollberechtigten Stadtbewohner, insbesondere die städtischen Kaufleute und Handwerker; im 19./20. Jh. die Angehörigen einer durch Besitz, Bildung und spezifische Einstellungen gekennzeichneten Schicht, die sich von Adel, Klerus, Bauern und Unterschichten (einschließlich Arbeitern) unterschied. Staatsbürger meint alle Einwohner eines Staates ohne soziale Unterschiede.

Cherusker: S. 73
Christentum: S. 126
Corpus iuris civilis: S. 29

Demokratie (griech. *„demokratia"* = Herrschaft des Volkes): Demokratie ist eine Regierungsform, in der der Wille des Volkes ausschlaggebend ist. Die direkte Demokratie beruht auf der unmittelbaren Teilhabe der Bürger an den politischen Entscheidungen, sie setzt damit Überschaubarkeit der Bevölkerungszahl, des Staatsgebietes und der politischen Probleme voraus. Die moderne Form der Demokratie entwickelte sich in den europäischen Nationalstaaten als mittelbare oder repräsentative Demokratie, d. h., die Herrschaft wird nicht direkt vom Volk ausgeübt, sondern durch vom Volk gewählte Repräsentanten, die Abgeordneten. Kennzeichen der modernen freiheitlichen Demokratie sind: Garantie der Menschenrechte, allgemeines, gleiches, geheimes und freies Wahlrecht, Gewaltenteilung, Parlamente, Mehrparteiensystem, Minderheitenschutz.
Dhimmi-System: S. 136
Dialektik: Denkweise, die innere Widersprüche im Denken zunächst begrifflich zu entfalten und schließlich zu überwinden sucht.
Diktatur: Ein auf Gewalt beruhendes, uneingeschränktes Herrschaftssystem eines Einzelnen, einer Gruppe oder Partei. In modernen Diktaturen ist die Gewaltenteilung aufgehoben; alle Lebensbereiche werden staatlich überwacht; jegliche Opposition wird unterdrückt. Typische Merkmale von Diktaturen im 20. Jh. sind staatliche Propaganda mit Aufbau von Feindbildern sowie Abschaffung der Meinungs- und Pressefreiheit; politische Machtmittel sind die Androhung und/oder die Ausübung von Terror und Gewalt. Beispiele für Diktaturen sind der Nationalsozialismus in Deutschland, der Stalinismus in der Sowjetunion, die Alleinherrschaft Francos in Spanien oder die Herrschaft der SED in der DDR. Wird die uneingeschränkte Staatsgewalt durch Befehlshaber der Streitkräfte ausgeübt, spricht man von einer Militärdiktatur (Junta).
Diskurs: S. 21
Dominotheorie: S. 214
Dualismus: In der Politik Aufteilung der Staatsgewalt auf zwei Herrschaftsträger.
Dualistischer Staat: S. 41

Eigenkirche: S. 34
Eindämmungspolitik ***(containment)*:** Die Eindämmungs- bzw. Containment-Politik wurde seit 1947 von den USA gegenüber der UdSSR verfolgt. Ziel war es, die Ausbreitung des Kommunismus und Stalinismus zu verhindern bzw. einzudämmen (*siehe* auch Truman-Doktrin).
Empirie/Empiriker: S. 20
Entdeckung Amerikas (1492): S. 178
Entspannungspolitik: S. 179
„Entzauberung" der Welt: S. 34

Erbfeindschaft: S. 98 f.
Erez Israel: Das Land Israel, biblische Bezeichnung für den Staat der Juden bzw. Hebräer, seit Beginn des politischen Zionismus im 19. Jahrhundert wieder aufgegriffen und verwendet. S. 141 ff.
Erster Weltkrieg (1914–1918): S. 178
Exodus (Flüchtlingsschiff): S. 151

Feudalismus: S. 40
Föderalismus (lateinisch *„foedus"* = Bund): Zusammenfassung mehrerer Staaten unter einer gemeinsamen Regierung, die einzelnen Mitgliedern behalten weitgehend ihre Selbstverwaltung. Man unterscheidet Staatenbund und Bundesstaat. Grundsatz ist die Idee, die Eigenständigkeit eines jeden Mitglieds zu bewahren und es zugleich zu Leistungen nach eigenem Vermögen für das Gemeinwohl zu verpflichten (Subsidiaritätsprinzip). S. 56 ff.
Französische Revolution: S. 69
Frieden von Sèvres: S. 144
Frontierbewegung: S. 186
Frühkonstitutionalismus: S. 55
Fürsten: Oberste Schicht des Adels, aus der der König hervorging; die Fürsten waren dem König zu Militär-, Hof- und Beratungsdiensten verpflichtet. Es gab weltliche und geistliche Fürsten. Eine genaue Abgrenzung zu anderen adligen Herrschaftsträgern ist nicht möglich. Ab dem 12. Jh. setzte eine Entwicklung ein, welche die Fürsten zu einem abgeschlossenen Stand, den Reichsfürsten (siehe dort), vereinte.
Gallien: Siedlungsgebiet keltischer Stämme zwischen Rhein, Atlantik, Pyrenäen, Alpen und Oberitalien. Die Römer unterschieden Gallia cisalpina (diesseits der Alpen), das heutige Oberitalien, und Gallia transalpina (jenseits der Alpen), das heutige Frankreich. Seit dem 2. Jh. v. Chr., aber vor allem durch Cäsar 58–51 v. Chr. im sog. Gallischen Krieg wurden die Gallier von den Römern unterworfen und romanisiert.

Gang nach Canossa (1077): S. 16, 35
Germanen: Sammelbezeichnung für eine Vielzahl von Stämmen, die seit dem 1. Jahrhundert v. Chr. in Europa in Erscheinung traten. Zur Zeit der Völkerwanderung z. B. Alamannen, Burgunden, Franken, Goten, Langobarden, Sachsen und Vandalen. Diese Stämme selbst nannten sich nicht Germanen; sie kannten kein Bewusstsein einer ethnisch bestimmten politischen Zusammengehörigkeit, aber es lassen sich sprachliche und kulturelle Gemeinsamkeiten feststellen, z. B. verwandte Sprachen, Runenschrift, Mythologie.
Gewaltenteilung: S. 17
Gleichgewicht des Schreckens: Von US-Verteidigungsminister Robert McNamara geprägte Bezeichnung für die gegenseitige nukleare Abschreckung. S. 213
Globalisierung: Prozess der Zunahme und Verdichtung weltweiter Beziehungen in allen Lebensbereichen.
Goldene Bulle: S. 16
Gottesgnadentum: Nach mittelalterlicher Vorstellung war das Königtum ein von Gott verliehenes Amt, das zur Wahrung von Frieden und zur Verwirklichung göttlicher Ordnung auf Erden verpflichtete. Fürsten und Monarchen der Neuzeit legitimierten damit ihre Dynastien und weit reichenden Machtbefugnisse.
Großer Arabischer Aufstand (1936): S. 150 ff.
Grundherr/Grundherrschaft: Wirtschaftssystem in Europa vom frühen Mittelalter bis in das 19. Jh. Ein Grundherr konnte eine Person (meist ein Adliger) oder eine Institution (z. B. die Kirche) sein. Er verfügte über das Obereigentum an Grund und Boden und gab diesen an abhängige, oft unfreie Untereigentümer (Hörige) zur Bewirtschaftung aus. Für den Schutz, den der Grundherr gewährte, waren die Hörigen zu Abgaben und Diensten (Frondiensten) verpflichtet.
Grundrechte: S. 50
Guerillakrieg: S. 214

Haganah: S. 151
Hamas: S. 169
Hambacher Fest: S. 91, 95
Hausmeier (*major domus*): Höchster Amtsträger am fränkischen Königshof. 687 wurde das Amt unter den Arnulfingern bzw. Karolingern erblich; 751 setzte der Hausmeier Pippin III. den Merowinger Childerich III. ab und wurde selbst König.
Hegemoniestreben: S. 178
Heiliges Land: Bezeichnung für Palästina. S. 141
Heiliges Römisches Reich Deutscher Nation: Das deutsche Kaiserreich erhob im Mittelalter den Anspruch, als Kaiserreich den Königreichen übergeordnet zu sein. Die Kaiser sahen sich als Nachfolger der römischen Kaiser; ihr Reich wurde daher „Heiliges Römisches Reich" genannt. Es ging über die heutigen Grenzen Deutschlands hinaus. Im 15. Jh. erhielt der Name den Zusatz „Deutscher Nation"; das Reich wurde im Zuge der Napoleonischen Kriege 1806 aufgelöst. S. 56 ff.
Humanismus: S. 74

„Ideen von 1914": S. 100
Identität: Das Bestimmte, Unverwechselbare und Individuelle von einer Person oder Sache. Menschen können sich über eine oder mehrere Identitäten definieren, z. B. als Angehörige eines Staates, als Frauen, als Angehörige einer Glaubensgemeinschaft, als Wissenschaftler, als Angehörige einer Berufsgruppe. Manche Identitäten können dominant sein. Nationale Identität meint Selbstzuordnung einer Person zu einer Nation bzw. einem Staat.
Ilias und Odyssee: S. 14
Imperiale Macht: S. 220
Imperialismus: S. 126, 194
Informal Empire: Indirekte Herrschaft über fremde Gebiete, z. B. durch eine effektive Kontrolle der Wirtschaft.
Internationalismus: S. 205
Intifada: S. 168 ff.
Investitur/Investiturstreit: S. 35 f., 62
Islam: S. 126
Isolationismus: Richtung der amerikanischen Politik, die die Fernhaltung der USA von allen Streitigkeiten fremder Mächte, auch in Europa, verlangt. S. 190 f., 206

Jewish Agency for Palestine: S. 149 f.
Jischuw: S. 149
Judentum: S. 126
Jüdischer Nationalfonds: S. 142

Kaiser: S. 15, 33, 57
Kaiserkrönung Karls des Großen (800): S. 33
Kalter Krieg: S. 127, 179
Klagemauer: S. 128
Klerus: Gesamtheit der Personen, die durch eine kirchliche Weihe in den Dienst der Kirche getreten sind (= Geistliche).

Als eigener Stand besaßen sie bis ins 19. Jh. hinein politische und wirtschaftliche Vorrechte (Erhebung des Zehnten, eigene Gerichtsbarkeit, Steuerfreiheit).
König: S. 62
Konsensuale Herrschaft: S. 40 f.
Konstitutionalismus: Politische Theorie, nach der die Staatsorgane, auch das Staatsoberhaupt, an bestimmte, meist schriftlich festgehaltene Rechtsvorschriften, z. B. eine Verfassung, gebunden sind.
Konstrukt: Ein nicht empirisch erkennbarer Sachverhalt innerhalb einer wissenschaftlichen Theorie.
Koreakrieg: S. 212 f.
Korporation: Zusammenschluss von Menschen aufgrund einer gemeinsamen Kultur, z. B. Sprache, Religion, Weltanschauung, Beruf.
Kreuzzug: S. 126
Kubakrise (1961/62): S. 179
Ku-Klux-Klan: Nach dem amerikanischen Bürgerkrieg 1867 in den Südstaaten der USA gegründeter terroristischer Geheimbund, der die frei gewordenen Schwarzen durch Einschüchterung und Gewalt gefügig halten wollte; 1871 verboten. Der 1915 von W. J. Simmons neu gegründete Ku-Klux-Klan kämpfte auch in den Nordstaaten der USA für ein kleinbürgerliches, protestantisches, weißes Amerikanertum gegen Minderheiten (z. B. Schwarze, Juden, Katholiken, Gewerkschaften), gelangte vor allem 1916–1926 zu großer Macht, hatte wahrscheinlich mehrere Millionen Mitglieder und versetzte die Bevölkerung durch Überfälle, Misshandlungen, Verstümmelungen und Lynchmorde in Schrecken; er existiert bis heute als militante Gruppierung und hält Verbindung zu rechtsextremen Organisationen.
Kur: S. 57
Kurfürsten: Seit der „Goldenen Bulle“ von 1356 die sieben Fürsten, die den König des Heiligen Römischen Reichs wählten.

Landesherr: S. 41
Landstände: S. 42
Landtage: S. 41
Legitimation: Berechtigung, Beglaubigung, Beweis, Nachweis.
Lehnswesen: S. 40
Logos: S. 20

Magna Charta Libertatum: S. 180
Mandatsherrschaft, britische: S. 149 ff.
„Manifest destiny“: S. 186 f.
Menschenrechte: S. 17, 178
Mittelalter: S. 69
Moderne Naturwissenschaft: Die Naturwissenschaften sind die Wissenschaften, die die Gegenstände der unbelebten und belebten Natur und die sich an ihnen vollziehenden Vorgänge, die Naturerscheinungen, beschreiben, ordnen, vergleichen, die zwischen ihnen bestehenden Beziehungen ermitteln und daraus Regeln und Gesetze ableiten.
Monroe-Doktrin: S. 190, 192
Mythos: S. 9, 22

Nahostkonflikt: S. 127
Nahostkriege: S. 159 ff.
Nation: S. 69
Nationaldenkmal: Denkmäler unterscheiden sich von anderen Objekten der bildenden Kunst durch ihren historischen Bezug, indem sie an bedeutende Ereignisse (z. B. Völkerschlachtdenkmal in Leipzig) oder Persönlichkeiten (z. B. Bismarcktürme und -säulen) erinnern, durch ihren öffentlichen und publikumswirksamen Aufstellungsort wie zentrale Stadtplätze (z. B. Holocaust-Denkmal in Berlin), Anhöhen (z. B. Kyffhäuser-Denkmal in Thüringen) oder historische Orte (z. B. Kollwitz-Denkmal auf dem Soldatenfriedhof Vladslo in Belgien), durch ihre ausdrucksvolle Symbolik und häufig erzieherische Funktion und durch ihre – in der Regel – politischen Auftraggeber wie Monarchen, demokratische Regierungen, Kommunen oder Vereine. Die Idee eines deutschen Einheits- oder Nationaldenkmals geht zurück auf den Beginn der deutschen Einheitsbewegungen nach den napoleonischen Kriegen Anfang des 19. Jahrhunderts. Nach der Reichseinigung 1871 entstanden zahlreiche Nationaldenkmäler, z. B. die Siegessäule in Berlin (1873), das Niederwald-Denkmal bei Rüdesheim am Rhein (1883), das Kyffhäuser-Denkmal in Thüringen (1896) oder das Völkerschlacht-Denkmal in Leipzig (1913). S. 72 f.
Nationale Stereotype: S. 98
Nationales Symbol: S. 106
Nationalismus: S. 81 f.
Nationalstaat: S. 81
Nationsbildung: S. 91
Naturrecht: S. 50

Open door policy (wörtl.: Politik der offenen Tür): Politik der USA Ende des 19. Jh.; zielte darauf ab, sich im Wettbewerb mit den europäischen Großmächten gleichen Zugang und gleiche Handelsmöglichkeiten auf dem chinesischen Markt zu sichern. Nach dem Ersten Weltkrieg ist damit allgemein der freie Zugang aller Staaten zu allen Märkten gemeint, um wirtschaftliches Wachstum und internationale Kooperation zu sichern. S. 191 ff.
Ost-West-Konflikt: Die internationale Ordnung zwischen 1945 und 1990 war bipolar. Internationale Politik wurde bestimmt durch den Gegensatz zwischen den von den USA und der Sowjetunion geführten Machtblöcken.

Palästina: Der Name „Palästina“ stammt aus dem 2. Jh. n. Chr.; Palästina war bis 1922 nie eine politische Einheit und hatte insofern auch keine eindeutigen Grenzen. Die heutigen Palästinensischen Autonomiegebiete liegen im Westjordanland und im Gazastreifen. Sitz der Selbstverwaltungsorgane ist Ramallah. S. 131
Palästinensische Befreiungsorganisation (PLO): S. 159 ff.
Parlament: S. 42
Patriot Act: Verschärfung der Sicherheitsgesetze zulasten individueller Freiheitsrechte durch die Bush-Administration 2001 im Zuge des Kriegs gegen den Terrorismus.
Patriotismus: S. 81 f.
Peel-Kommission: S. 150
Personenverbandsstaat: S. 41
Politik des Status quo: S. 213
Primogenitur (von lateinisch *„primus“* = Erster, *„genitus“* = geboren): Erstgeburtsrecht bei der monarchischen Erbfolge. Die jüngeren Linien bleiben unberücksichtigt, wodurch eine Zersplitterung des Hausgutes vermieden werden soll.
Privileg: Vorrecht.
Puritaner: S. 180

Rationalität: S. 19
Reformation: Die von Martin Luther 1517 ausgelöste christliche Reformbewegung, die zur Spaltung der christlichen Kirche in Evangelen und Katholiken führte.
Reichsfürsten: Seit dem 12. Jh. die geistlichen und weltlichen Fürsten, die direkt vom König belehnt wurden. Reichsfürstentümer mussten nach dem Tod des Fürsten neu verliehen werden. Im Reichstag bildeten sie seit dem Spätmittelalter den Reichsfürstenrat.
Reichsgründung (1871): S. 71
Reichskirchensystem: S. 34
Reichsstände: Im Heiligen Römischen Reich gehörten dazu die Reichsfürsten, -grafen, -prälaten (= Angehörige der Reichskirche) und -städte, die die Reichsstandschaft besaßen, d.h. zur Führung einer Stimme im Reichstag berechtigt waren. Diese erwuchs mit Ausnahme der Reichsritter und Reichsdörfer aus der Reichsunmittelbarkeit. Die Reichsstände waren seit dem 14. Jh. in drei gleichberechtigte Gruppen geteilt (Kurfürstenkollegium, Reichsfürstenrat, Städtekollegium) und repräsentierten zusammen mit dem Kaiser das Reich. S. 57 f.
Reichstag: Stände- oder Volksvertretung eines Reiches. Im Heiligen Römischen Reich die Ständeversammlung, die sich aus dem Hoftag entwickelte. Der Reichstag setzte sich zunächst nur aus den Fürsten, später auch aus den Grafen und freien Herren sowie Vertretern der Reichs- und Bischofsstädte zusammen. Er befasste sich mit Heerfahrt, Reichskriegen, -steuern, -gesetzen, Erhebungen in den Reichsfürstenstand. S. 57 f.
Reichsunmittelbarkeit: Im Heiligen Römischen Reich die unmittelbar unter der königlichen bzw. kaiserlichen sowie der Reichsverwaltung stehenden Adligen, Städte und Landesteile.
Renaissance: Der Begriff dient seit dem 16. Jh. als Bezeichnung für die „Wiedergeburt" der antiken Kunst und Bildung. S. 14, 74
Republik: S. 178
Republikanisches Sendungsbewusstsein: S. 186
Revolution von 1848/49: S. 70
Rheinkrise 1840: S. 98 f.
„Roadmap": S. 169
Romanisierung: S. 29 f.
Römisches Recht: S. 29
Römisch-jüdische Kriege: S. 129 ff.

Sakral: Geweiht, heilig.
Sakrale Herrschaft: S. 33
Salbung: S. 33
Seldschuken: S. 135
Simonie: Handel mit geistlichen Sachen; im Mittelalter auch die Besetzung von geistlichen Stellen durch Laien und die Laieninvestitur.
„Sonderweg", deutscher: S. 100
Sophisten: S. 21
Souveränität: Rechtsbegriff für die völkerrechtliche Stellung eines Staates. Das Völkerrecht umfasst die Gesamtheit der Rechtsnormen, die die Beziehungen der Staaten in Krieg und Frieden regeln. Sie kommen durch Verträge, Abkommen und Gewohnheitsrecht zustande. Ein Staat ist dann völkerrechtlich souverän, wenn ihm von der Völkerrechtsordnung Rechte und Pflichten zugewiesen werden. Dadurch erreicht er eine Gleichstellung mit den übrigen Staaten der Völkergemeinschaft und kann unabhängig politisch handeln (*siehe* auch Volkssouveränität).
Spanisch-Amerikanischer Krieg: S. 191
Spiritualien: S. 36
Ständewesen: S. 69
Sykes-Picot-Abkommen: S. 144

Temporalien: S. 36
Territorialstaat: S. 41
Terrorismus: Die systematische und gleichzeitig willkürliche Androhung und Anwendung von Gewalt durch politisch-soziale Gruppen, die Furcht und Schrecken verbreiten wollen.
Truman-Doktrin: Durch Präsident Truman am 12. März 1947 verkündetes politisches Grundprinzip der amerikanischen Außenpolitik im Kalten Krieg, den durch kommunistische Bewegungen und Staaten bedrohten Ländern wirtschaftliche, finanzielle und militärische Hilfe zu gewähren.

Unabhängigkeitserklärung, amerikanische: S. 185
UN-Mandat: Auftrag einer langfristig angelegten internationalen (Friedens-)Mission, die von der Generalversammlung der Vereinten Nationen (UN) oder dem UN-Sicherheitsrat autorisiert wurde.
UN-Sicherheitsrat: Mächtigstes Organ der Vereinten Nationen, das sich aus fünf ständigen (Frankreich, Russland, die Vereinigten Staaten, die Volksrepublik China und das Vereinigte Königreich) und zehn nichtständigen Mitgliedern beziehungsweise Staaten zusammensetzt. Die fünf ständigen Mitglieder besitzen bei der Verabschiedung von Resolutionen ein erweitertes Vetorecht und werden daher auch als „Vetomächte" bezeichnet.
UN-Teilungsplan: S. 152

Vereinte Nationen (engl. *„United Nations Organization"*, auch UN oder UNO): Multilaterale Organisation, gegründet am 26. Juni 1945 auf der UN-Konferenz von San Francisco; sie steht allen „friedliebenden Staaten" offen; die Bundesrepublik Deutschland und die DDR wurden 1973 Mitglieder. Derzeit sind 192 Länder Mitglied der Vereinten Nationen. Die Weltorganisation soll sich aller Probleme annehmen, die von internationalem Interesse sind und mit diplomatischen, wirtschaftlichen oder notfalls auch militärischen Mitteln gelöst werden können.
Verfassung: S. 92 f.
„14 Punkte": S. 208
Vietnamkrieg: S. 214
Virginia Bill of Rights: S. 185
Volk: S. 75
Völkerbund: S. 127
Völkerwanderung: Wanderung vor allem germanischer Stämme im 4.–6. Jh. n. Chr., die zum Untergang des Weströmischen Reichs führte. Sie bildete den Übergang von der Antike zum Mittelalter und legte den Grundstein für die spätere Nationenbildung in Europa.
Volkssouveränität (*siehe* auch Souveränität): S. 70
Vorsokratiker: S. 19

Walhalla: S. 66
Weißbuch von 1939: S. 150
Weltpolitik/Weltmacht: S. 190
Westfälischer Friede (1648): S. 16
Weströmisches Reich: S. 68
Wiener Kongress: S. 70

Wormser Konkordat: Am 23.9.1122 bei Worms verkündeter Vertrag zwischen Kaiser Heinrich V. und Papst Calixt II. zur Beendigung des Investiturstreits. S.36

Zionismus: S.141
Zölibat: Aus religiösen Motiven geforderte Ehelosigkeit und geschlechtliche Enthaltsamkeit von Priestern und Mönchen; eine erste kirchenrechtliche Regelung erfolgte im 4. Jahrhundert, im 11./12. Jahrhundert wurde der Zölibat allgemeine Verpflichtung. Die evangelischen Kirchen lehnen den Zwangszölibat ab.

Personenlexikon

Adenauer, Konrad S.110
Albrecht V., Herzog von Bayern (1528–1579): Seit 1550 Herzog von Bayern, von streng katholischer Gesinnung unter dem Einfluss der Jesuiten. Das Luthertum wurde in seinem Herrschaftsbereich streng verfolgt. Er ließ das Antiquarium in der Münchner Residenz erbauen, begründete das Münzkabinett und die Hofbibliothek, die heutige Bayerische Staatsbibliothek.
Anaximander S.20
Anaximenes S.19
Arafat, Yassir S.159
Aristoteles (384–322 v.Chr.): Griech. Philosoph; Begründer der philosophischen Tradition des Abendlandes; prägte Begriffe wie Kategorie, Abstraktion oder auch Bezeichnungen abendländischer Wissenschaftsdisziplinen wie Logik, Rhetorik, Ethik, Politik, Physik, Ökonomie, Psychologie. In der Theologie des Mittelalters wurde Aristoteles' Werk mit der christlichen Offenbarung verbunden. S.21
Arminius/Hermann S.72ff.
Augustinus S.27

Bacon, Francis (1560–1626): Engl. Staatsmann, Philosoph, Jurist, Naturwissenschaftler, Historiker; Begründer des Empirismus und der induktiven Methode; 1595 Mitglied des engl. Parlaments; 1618 Lordkanzler; 1621 wegen Bestechlichkeit zu mehrjähriger Kerkerstrafe verurteilt.
Becker, Nikolaus S.103
Ben Gurion, David S.149
Beveridge, Albert J. S.203
Bin Laden, Osama (geb. 1957): Ingenieur, islamischer Extremist saudi-arabischer Herkunft, Anführer der Terrororganisation Al-Qaida. In den 1980er-Jahren Beteiligung am Kampf gegen die sowjetische Armee in Afghanistan. Seit 1988 Aufbau des Al-Qaida-Netzwerks. Seit 1992 hielt Bin Laden sich im Sudan auf, seit 1996 wieder in Afghanistan. Bin Laden gilt als Hauptverantwortlicher für die Anschläge auf das World Trade Center und das Pentagon 2001. Seine Ergreifung ist jedoch bis heute nicht gelungen.
Bismarck, Otto von S.93f., 101
Boëthius, Anicius Manlius Severinus S.26
Brahe, Tycho (1546–1601): Dänischer Astronom, entwickelte als Gegner des heliozentrischen Systems das Tychonische Weltsystem. 1599 Hofastronom von Kaiser Rudolf II. in Prag. Brahes Planetenbeobachtungen setzte sein Gehilfe J. Kepler in den Gesetzen der Planetenbewegung um.
Briand, Aristide 100, 108
Bush sen., George H. (geb. 1924): US-amerikanischer Politiker (Republikaner), erfolgreicher Unternehmer in der Ölindustrie. 1966–1970 Mitglied des Repräsentantenhauses, 1971–1973 UN-Botschafter, 1974/75 Leiter des Verbindungsbüros (d.h. faktisch Botschafter) in Peking, 1976/77 Leiter des Geheimdienstes CIA. 1981–1989 Vizepräsident der USA unter R. Reagan. 1989–1993 Präsident der USA. Bush unterstützte nachdrücklich die deutsche Wiedervereinigung.
Bush, George W. (geb. 1946): US-amerik. Politiker (Republikaner), Sohn von George H. Bush; Tätigkeiten in der Öl- und Gasindustrie; 1995–2000 Gouverneur von Texas; 2001–2009 Präsident der USA (Wiederwahl 2004); verkündete nach dem 11. September 2001 den „Krieg gegen den Terrorismus".
Caesar, C. Julius S.73
Calixt II. (gest. 1124): 1119–1124 Papst, beendete 1122 durch das Wormser Konkordat den Investiturstreit.
Cassidorus, Flavius Magnus Aurelius S.27
Castro, Fidel (geb. 1926): Der promovierte Jurist beteiligte sich 1953 am Revolutionsversuch in Kuba, 1954 Exil in Mexiko und den USA, 1956–1959 Beteiligung am Guerillakampf gegen Militärdiktatur General Batistas; 1959 wird Castro Ministerpräsident und setzt in Kuba die kommunistische Staats- und Gesellschaftsordnung durch. Nach Auflösung des Ostblocks trifft Kuba 1991 eine Wirtschaftskrise wegen der starken Abhängigkeit von der Sowjetunion; 1994 Wirtschaftsreformen, aber keine Demokratisierung des Landes.
Chruschtschow, Nikita S.214
Churchill, Winston S.108, 111
Clinton, William Jefferson („Bill"; geb. 1946): US-amerik. Jurist und Politiker (Demokrat); 1979 bis 1981, 1983–1993 Gouverneur von Arkansas; 1993–2001 42. US-Präsident.
Coudenhove-Kalergi, Richard S.108
de Gaulle, Charles S.110

Descartes, René (1596–1650): Frz. Mathematiker, Philosoph; Jesuitenschüler; Vertreter des Rationalismus: Wahrheit wird nur durch allgemein-logische Schlüsse („Ich denke, also bin ich") gefunden (deduktive Methode).

Empedokles S.20
Eratosthenes aus Kyrene S.24

Fermat, Pierre de (1601–1665): Frz. Mathematiker, Forschungsschwerpunkt: Zahlentheorie und Wahrscheinlichkeitsrechnung. Fermatsches Prinzip: Licht nimmt bei der Umlenkung durch Spiegel oder Prisma den Weg, der die kürzeste Zeit erfordert.

Fichte, Johann Gottlieb (1762–1814) S. 92
Friedrich I. Barbarossa (um 1122–1190): Der deutsche König (1152–1190) aus der Dynastie der Staufer erreichte nach sechs Italienzügen einen Interessenausgleich zwischen dem Reich, dem Papst und den Städten der Lombardei. Er entzog seinem stärksten innenpolitischen Gegner, dem Welfenherzog Heinrich dem Löwen, das Lehen. Der Sage nach soll er im Kyffhäuser ruhen.
Friedrich II. (1194–1250): Der Staufer, Enkel von Friedrich Barbarossa, legte in Süditalien und Sizilien die Grundlagen zu einem modernen, zentral gelenkten Beamtenstaat. Seit 1220 war er Kaiser und bekräftigte im „Statutum in favorem principum" die Gleichstellung der weltlichen mit den geistlichen Fürsten im Reich; er krönte sich auf dem 5. Kreuzzug 1229 zum König von Jerusalem.

Galilei, Galileo (1564–1642): Ital. Mathematiker, Physiker, Astronom; leitete mit seiner Forderung, das „Buch der Natur mithilfe der Mathematik zu lesen", die klassische Physik ein; musste 1633 vor der Inquisition abschwören.
Gebrüder Grimm: Jakob Ludwig Karl Grimm (1785–1863) und Wilhelm Karl Grimm (1786–1859). Neben Karl Lachmann und Georg Friedrich Benecke gelten die Brüder als Begründer der deutschen Literatur- und Sprachwissenschaft. Bekannt sind sie vor allem durch ihre Sammlung von Kinder- und Hausmärchen (Grimms Märchen), die das Interesse an der Volkspoesie wieder aufleben ließ und das Kunstmärchen der Romantik mit anregte.
Gregor I., der Große (um 540–604): Der Kirchenlehrer war von 590–604 Papst und legte die Grundlagen für den späteren Kirchenstaat. S. 27
Gregor VII. S. 35

Havel, Vaclav S. 116
Heinrich der Löwe (um 1129–1195): Der Welfe wurde mit den Herzogtümern Sachsen und Bayern belehnt. 1176 verweigert er Kaiser Friedrich I. die Gefolgschaft, wurde daraufhin gebannt und verlor seinen Besitz.
Heinrich IV. S. 35
Heinrich V. (1086–1125): 1098 wurde der Salier zum König gewählt. Er lehnte wie sein Vater, Heinrich IV., das päpstliche Investiturverbot ab. Verhandlungen mit Papst Calixt führten 1122 zum Wormser Konkordat (*siehe* dort).
Hektor S. 27
Heraklit S. 20
Herder, Johann Gottfried S. 83, 91
Herzl, Theodor S. 141 f.
Ho Chi Minh (1890–1969): Der vietnamesische Politiker gründete 1941 die kommunistische Unabhängigkeitsbewegung Vietminh gegen die französische Kolonialherrschaft. 1945 proklamierte er die Demokratische Republik Vietnam, wurde Staatspräsident des Landes und blieb auch 1954 nach der Teilung des Landes Präsident des kommunistischen Nordvietnam und unterstützte die südvietnamesische Befreiungsorganisation (Vietcong) im Kampf gegen die USA.
Hollande, François S. 112
Hussein I. Ibn Ali (1853–1931): Arabischer Herrscher, 1908 Scherif von Mekka, baute während des 1. Weltkriegs mit britischer Hilfe seine Macht aus und ließ sich 1917 in Mekka zum „König von Arabien" ausrufen. S. 143
Hutten, Ulrich von S. 74
Huygens, Christiaan (1629–1695): Niederländischer Physiker, Mathematiker und Astronom. Er begründete die Wellentheorie des Lichts, stellte das Gesetz des elastischen Stoßes auf, erfand die Pendeluhr, verbesserte das Fernrohr und begründete die Wahrscheinlichkeitsrechnung.

Isidor von Sevilla S. 28

Jefferson, Thomas S. 185
Justinian S. 29

Karl Albrecht von Bayern (1697–1745): Seit 1726 Kurfürst und Herzog von Bayern. Karl bestritt Maria Theresias Erbrecht, fiel in Österreich ein (Österreichischer Erbfolgekrieg) und ließ sich 1741 in Prag zum böhmischen König krönen. Seit 1742 als Karl VII. Kaiser des Heiligen Römischen Reiches Deutscher Nation, jedoch fielen kurz nach der Krönung österreichische Truppen in Bayern ein und besetzten das Land; erst im Oktober 1744 wurde Karl von Friedrich II. von Preußen in seinen Stammlanden restituiert.
Karl der Große S. 33 f.
Karl IV. (1316–1378): Der deutsche König (1347–1378) wurde 1355 zum Kaiser gekrönt. Er regelte mit der „Goldenen Bulle" 1356 die Königswahl. Seine Hausmacht im Osten baute er aus, Prag wurde geistiger Mittelpunkt des Reiches.
Karl V. (1500–1558): Der deutsche König (1519–1556) aus der Habsburgerdynastie erbte nach 1519 die Herrschaft u. a. in Spanien, Österreich, Niederlande, Neapel. Nach seiner Kaiserkrönung 1530 gelang es ihm nicht, die kaiserliche Macht im Reich zu festigen.
Kennedy, John Fitzgerald (1917–1963): US-amerik. Politiker (Demokrat); Kongressabgeordneter 1947–1953; Senator 1953–1960, 1961–1963 35. US-Präsident: leitete umfangreiche Sozialreformen ein (Sozial-, Krankenversicherung, Bürgerrechtsgesetze, Bildungswesen); Beilegung der Kubakrise (1962); wollte die Entspannung zwischen den Supermächten fördern und die Entwicklungshilfe verbessern; 1963 ermordet. S. 213
Kepler, Johannes (1571–1630): Dt. Astronom; fand die Gesetze der Planetenbewegung; baute ein Fernrohr mit zwei Konvexlinsen; stellte fest, dass die Bahn des Mars kein Kreis, sondern eine Ellipse ist.
King, Martin Luther S. 182
Kleist, Heinrich von S. 75
Kohl, Helmut S. 110
Konstantin I., der Große (um 280–337): Mit der Aufwertung des Christentums zur gleichberechtigten Religion 313 leitete der römische Kaiser (306–337) ein neues Zeitalter, die Spätantike, ein.
Kopernikus, Nikolaus (1473–1543): Astronom, Domherr aus Thorn; erarbeitete das heliozentrische Weltbild; beschrieb die jährliche Bewegung der Erde um die Sonne; die tägliche Umdrehung des Fixsternhimmels erklärte er als Rotation der Erde um die eigene Achse.

Lawrence von Arabien (Thomas Edward Lawrence) S. 143
Leibniz, Gottfried Wilhelm Freiherr von (1646–1716): Dt. Philosoph, Mathematiker, Jurist; begründete die Akademie der Wissenschaften in Berlin; entwickelte das binäre Zahlensystem (Basis der modernen Computer).
Leo III.: Papst 795–816, nahm Weihnachten 800 die Kaiser-Krönung Karls des Großen vor.
Locke, John S. 50 f.
Luther, Martin (1483–1546): Begründer der Reformation; auf Wunsch des Vaters begann er 1505 ein juristisches Stu-

dium; wegen eines Gelübdes – er war während eines Gewitters in Lebensgefahr geraten – trat er in das Kloster der Augustinereremiten in Erfurt ein; 1507 Weihe zum Priester; 1512 Doktor der Theologie und Professor für Bibelauslegung an der Universität Wittenberg; 1517 Publikation der 95 Thesen.

Malpighi, Marcello (1628–1694): Ital. Arzt und Naturforscher, Begründer der mikroskopischen Anatomie, Leibarzt von Papst Innozenz XII.
Martin von Tours S. 27
Maurras, Charles S. 84
Maximilian I. (1459–1519): Habsburger; seit 1486 König, seit 1508 Kaiser des Heiligen Römischen Reiches; vergrößerte die Habsburger Hausmacht durch Heiratspolitik, konnte aber die Reichsrechte in Italien nicht wieder geltend machen; vertrat die Idee vom gesamtchristlichen Kaisertum (Kreuzzugspläne gegen die Osmanen); auf den Reichstagen zu Worms 1495 und Augsburg 1500 kam er den Bestrebungen der Reichsstände nach einer Reichsreform entgegen.
Maximilian I. Joseph von Bayern (1756–1825): 1799–1806 als Maximilian IV. Joseph Kurfürst von Bayern, seit 1806 König von Bayern, nachdem er sich in den Koalitionskriegen Napoleon angeschlossen hatte. 1808 und 1818 ließ er frühliberale Verfassungen verabschieden. 1813 wechselte Maximilian auf die Seite der Gegner Napoleons und gewann nach deren Triumph seine Souveränität zurück.
McMahon, Sir Arthur Henry (1862–1949): Britischer Soldat, Diplomat und Hochkommissar für Ägypten. S. 143
Medici, Cosimo dei (1389–1464), der Ältere: Florentinischer Bankier und Staatsmann mit großem Reichtum und politischem Einfluss in der Republik Florenz. Er begründete die Vorherrschaft der Familie Medici, protegierte Künstler, Architekten und Gelehrte, unterstützte die Platonische Akademie in Florenz und legte den Grundstein für die Biblioteca Medicea Laurenziana.
Merkel, Angela S. 112
Mitterrand, François S. 110
Montesquieu, Charles de S. 51

Nixon, Richard Milhouse (1913–1994): US-amerik. Jurist und Politiker (Republikaner); Seeoffizier im Zweiten Weltkrieg; 1947–1950 Kongressabgeordneter, 1951/52 Senator für Kalifornien, an antikommunistischen Hetzkampagnen beteiligt; 1953–1960 US-Vizepräsident unter Eisenhower; US-Präs. 1969–1974: Waffenstillstand mit Vietnam 1973; besuchte als erster US-Präsident 1972 die UdSSR und China; Rücktritt 1974 nach Watergate-Affäre.

Obama, Barack S. 182
Otto I. von Wittelsbach (1120–1183): Seit 1155 bayerischer Pfalzgraf, seit 1180 Herzog von Bayern, enger Verbündeter und Berater Friedrichs I. Barbarossa, nach Absetzung Heinrichs des Löwen mit der bayerischen Herzogswürde belohnt. Otto I. etablierte die Machtstellung der Wittelsbacher in Bayern und im Reich; er liegt im Kloster Scheyern begraben.
Otto I., der Große (912–973): 936 wurde der Sachsenherzog zum König gewählt; er festigte seine Macht mithilfe der geistlichen Fürsten (Reichskirchensystem) und wehrte 955 die Ungarn ab. Während des 2. Italienzuges wurde er 962 zum Kaiser gekrönt.
Otto III. (980–1002): Er wurde 996 zum Kaiser gekrönt. An altrömische, karolingische und ottonische Traditionen anknüpfend, wollte er Reich und Kirche erneuern und vereinen (*renovatio imperii romanorum*). Das Kaisertum sollte über dem Papsttum stehen.
Otto von Freising (ca. 1111–1158): Der Bischof und Geschichtsschreiber war oft an der Reichspolitik beteiligt und nahm als Heerführer am 2. Kreuzzug (1147) teil.

Paine, Thomas S. 185
Paracelsus (eigentlich Philippus Aureolus Theophrastus Bombastus von Hohenheim, 1493/94–1541): Dt. Arzt, Naturforscher und Philosoph, stellte das naturwissenschaftliche Experiment über die Buchüberlieferung, legte die Grundlagen neuerer Arzneimittelbehandlung.
Pascal, Blaise (1623–1662): Frz. Mathematiker, Theologe und Philosoph, mathematisches Wunderkind, 1639 erschien seine Schrift über die Kegelschnitte (Pascalscher Satz), 1642 erfand er die erste mechanische Addiermaschine, 1648 bewies er experimentell, dass die Höhe einer Quecksilbersäule in einem Barometer vom Luftdruck abhängig ist. Das Pascalsche Gesetz besagt, dass in Flüssigkeiten der Druck gleichmäßig in alle Richtungen weitergeleitet wird. Seine Lehre stellt empirische, experimentelle Untersuchungen in den Mittelpunkt.
Pippin I. S. 33
Platon S. 27
Pompeius Magnus, Gnaeus S. 128

Remarque, Erich-Maria S. 101
Roosevelt, Franklin D. S. 206
Roosevelt, Theodore S. 192
Rousseau, Jean-Jacques S. 51
Saladin, Jusuf Ibn Ajjub (1138–1193): Sultan von Ägypten und Syrien, Begründer der Dynastie der Ajjubiden, eroberte 1175 Syrien, 1187 Jerusalem und große Teile des Gebiets der Kreuzfahrer; berühmteste Herrschergestalt des islamischen Orients durch die Kämpfe mit den Kreuzrittern (3. Kreuzzug) und verklärt als „Urbild des edlen Heiden". S. 136
Scharon, Ariel (geb. 1928): Israelischer Offizier und Politiker, 1977–1981 Landwirtschaftsminister, 1981–1983 Verteidigungsminister, 1984–1990 Minister für Handel und Industrie, 1990–1992 für Bauwesen; 1996–1999 Minister für Infrastruktur, 1998/99 auch Außenminister; seit 1999 Vorsitzender der Likud-Partei. Mit seinem Besuch auf dem Jerusalemer Tempelberg am 28. September 2000 löste Scharon die zweite Intifada aus. 2001 wurde er Ministerpräsident, gründete 2005 die neue Partei Kadima; 2006 wurde Sharon nach schwerer Erkrankung für dauerhaft amtsunfähig erklärt.
Schuman, Robert S. 108
Sidonius Appollinaris S. 27
Sokrates (469–399): Griech. Philosoph; versuchte durch seine induktive Methode das Allgemeine begrifflich zu bestimmen, damit der Mensch zum einsichtigen Denken und Handeln gelangen kann; 399 wegen Verderben der Jugend und „Gottlosigkeit" zum Tode verurteilt.
Spinoza, Baruch (Benedictus) de (1632–1677): Niederländischer Philosoph, erhielt eine klassische jüdische Ausbildung, wich jedoch bald von der traditionellen Lehre ab und wurde 1656 wegen „Irrlehren" aus der Synagoge ausgeschlossen und auf Betreiben der jüdischen Magistratsmitglieder aus Amsterdam verbannt. Wichtigste Werke: das „Theologisch-politische Traktat" (1670) zur Bibelkritik und die „*Ethica ordine geometrico demonstrata*" (1677).
Stresemann, Gustav (1879–1929) S. 100

Tacitus, Publius Cornelius (ca. 55–120): Röm. Historiker, 97 Konsul in Rom. Seine Schrift *„De origine et situ Germanorum"* ist die älteste überlieferte Quelle über Germanien.

Thales S. 19 f.

Theoderich der Große (ca. 451–526): König der Ostgoten (474–526), Begründer des Ostgotenreiches in Italien. 461 bis 467 als Geisel am Kaiserhof in Konstantinopel erzogen; erhielt 484 die römischen Bürgerrechte und wurde zum Konsul ernannt. Kampf und 493 endgültiger Sieg über Odoaker, daraufhin Regentschaft in Italien als Stellvertreter des oströmischen Kaisers. Theoderich beließ die römische Landesverwaltung, tolerierte die katholische Kirche und brachte Italien eine lang ersehnte Friedenszeit. Ravenna wurde Hauptstadt seines Reiches. Theoderich ist als Dietrich von Bern in die Sage eingegangen.

Torricelli, Evangelista (1608–1647): Ital. Physiker, Erfinder des Quecksilberbarometers.

Urban II. (um 1035–1099): Mönch und Prior in Cluny, um 1080 Kardinalbischof von Ostia, 1088–1099 Papst, führte das Reformpapsttum weiter. Auf der Synode zu Clermont 1095 rief er zur Befreiung des Heiligen Landes auf und leitete damit die Kreuzzugsbewegung ein. S. 135 f.

Varus S. 72 ff.

Vinci, Leonardo da (1452–1519): Ital. Universalgelehrter.

Voltaire S. 51

Washington, George S. 184

Weizmann, Chaim S. 150 ff.

Wilhelm I. (Deutscher Kaiser): S. 93

Wilson, Thomas Woodrow S. 205

Literaturhinweise

Historische Handbücher und Nachschlagewerke

Müller, Helmut M., Schlaglichter der deutschen Geschichte, hg. von der Bundeszentrale für politische Bildung, 2. Aufl., Bonn 2003.

Der Große Ploetz, hg. vom Verlag Ploetz, 35. Aufl., Freiburg/Br. 2008.

dtv-Atlas Weltgeschichte, 2 Bände, 38. Aufl., München 2005.

Bayerische Landesgeschichte

Czysz, Wolfgang u. a., Die Römer in Bayern, Hamburg 2005.

Hartmann, Peter C., Bayerns Weg in die Gegenwart. Vom Stammesherzogtum zum Freistaat heute, 2. übera. und ergä. Aufl., Regensburg 2004.

Huber, Gerald, Kleine Geschichte Niederbayerns, Regensburg 2007.

Krafft, Sybille u. a., Geschichte der Frauen in Bayern: Von der Völkerwanderung bis zur Gegenwart, hg. vom Haus der Bayerischen Geschichte, München 1998.

Kraus, Andreas, Geschichte Bayerns. Von den Anfängen bis zur Gegenwart, 3. erw. Aufl., München 2004.

Nöhbauer, Hans F., Die Chronik Bayerns, 2. übera. Aufl., Dortmund 1987.

Spindler, Max, Handbuch der bayerischen Geschichte, 4 Bände in mehreren Teilbänden, 2. erw. Aufl., München 1981–2007.

Störmer, Wilhelm, Die Baiuwaren. Von der Völkerwanderung bis Tassilo III., München 2002.

Volkert, Wilhelm, Geschichte Bayerns, 3. Aufl., München 2007.

Weithmann, Michael W., Kleine Geschichte Oberbayerns, Regensburg 2007.

Kapitel 1: Wurzeln europäischen Denkens und moderner politischer Ordnungsformen

Borgolte, Michael, Die mittelalterliche Kirche, 2. Aufl., Oldenbourg, München 2004.

Bosl, Karl (Hg.) unter Mitwirkung von Karl Möckl, Der moderne Parlamentarismus und seine Grundlagen in der ständischen Repräsentation, Duncker und Humblot, Berlin 1977.

Bühler, Arnold, Das Mittelalter, Wissenschaftliche Buchgesellschaft, Darmstadt 2004.

Burkhardt, Johannes, Vollendung und Neuorientierung des frühmodernen Reiches 1648–1763, Klett-Cotta, Stuttgart 2006 (= Gebhardt. Handbuch der deutschen Geschichte, 10., völlig neu bearb. Aufl. Band 11).

van Dülmen, Richard/Rauschenbach, Sina (Hg.), Macht des Wissens. Die Entstehung der modernen Wissensgesellschaft, Böhlau, Köln 2004.

Erkens, Franz-Rainer, Herrschersakralität im Mittelalter. Von den Anfängen bis zum Investiturstreit, Kohlhammer, Stuttgart 2006.

Flasch, Kurt/Jeck, Udo Reinhold (Hg.), Das Licht der Vernunft. Die Anfänge der Aufklärung im Mittelalter, C. H. Beck, München 1997.

Fried, Johannes, Die Formierung Europas 840–1046, 3. Aufl., Oldenbourg, München 2008.

Goez, Elke, Papsttum und Kaisertum im Mittelalter, Wissenschaftliche Buchgesellschaft, Darmstadt 2009.

Prinz, Friedrich, Von Konstantin zu Karl dem Großen. Entfaltung und Wandel Europas, Artemis & Winkler, Düsseldorf 2000.

Le Goff, Jacques, Die Geburt Europas im Mittelalter, dtv, München 2007.

Hilsch, Peter, Das Mittelalter – die Epoche, UTB, Stuttgart 2006.

Jakobs, Hermann, Kirchenreform und Hochmittelalter, 4. Aufl., Oldenbourg, München 1999.

Mitterauer, Michael, Lehenswesen und Ständeverfassung. Ein Sonderweg des Feudalismus, In: ders., Warum Europa? Mittelalterliche Grundlagen eines Sonderwegs, 4. Aufl., C. H. Beck, München 2004.

Schuller, Wolfgang, Verwurzelt in der Philosophie. Die Naturwissenschaften. In: Andreas Sentker u. a. (Hg.), ZEIT. Welt- und Kulturgeschichte, Bd. 4: Klassische Antike, Zeitverlag, Hamburg 2006, S. 327–341.

Schuller, Wolfgang, Ein Fundament Europas. Die Nachwirkung des Römischen Rechts, In: Andreas Sentker u. a. (Hg.), ZEIT. Welt- und Kulturgeschichte, Bd. 5: Spätantike und Völkerwanderungszeit, Zeitverlag Hamburg 2006, S. 299–307.

Weinfurter, Stefan, Canossa. Die Entzauberung der Welt, C. H. Beck, München 2006.

Winkler, Heinrich August, Was heißt Westliche Wertegemeinschaft? In: Internationale Politik, H 4/2007, S. 66–85.

Winkler, Heinrich August, Geschichte des Westens. Von den Anfängen in der Antike bis zum 20. Jahrhundert, C. H. Beck, München 2009.

Zintzen, Clemens, Europa. Gedanken zum Ursprung seiner Kultur, In: Konferenz der deutschen Akademien der Wissenschaften/Akademie der Wissenschaften und der Literatur Mainz (Hg.), Europa. Idee, Geschichte, Realität, von Zabern, Mainz 1996, S. 13–42.

Kapitel 2: „Volk" und „Nation"

Ausbüttel, Frank M., Germanische Herrscher. Von Arminius bis Theoderich, Wissenschaftliche Buchgesellschaft, Darmstadt 2007.

Febvre, Lucien, Der Rhein und seine Geschichte, Campus, Frankfurt/M. 1994.

Flacke, Monika (Hg.), Mythen der Nationen. Ein europäisches Panorama, 2. Aufl., Koehler & Amelang, München 2001.

Geary, Patrick J., Europäische Völker im frühen Mittelalter, Fischer, Frankfurt/M. 2002.

Möller, Horst/Morizet, Jacques (Hg.), Deutsche und Franzosen. Orte gemeinsamer Geschichte, C. H. Beck, München 1996.

Pohl, Walter, Die Völkerwanderung. Eroberung und Integration, 2. Aufl., Kohlhammer, Stuttgart 2005.

Postel, Verena, Die Ursprünge Europas. Migration und Integration im frühen Mittelalter, Kohlhammer, Stuttgart 2004.

Rosen, Klaus, Die Völkerwanderung, C. H. Beck, München 2002.

Schneider, Reinhard, Das Frankenreich, 4. Aufl., Oldenbourg, München 2001.

Schulze, Hagen, Staat und Nation in der europäischen Geschichte, C. H. Beck, München 1994.

Wehler, Hans-Ulrich, Nationalismus, C. H. Beck, München 2001.

Werner, Karl Ferdinand, Die Ursprünge Frankreichs bis zum Jahr 1000, DVA, Stuttgart 1989.

Kapitel 3: Der Nahe Osten: historische Wurzeln eines weltpolitischen Konfliktes

Brenner, Michael, Kleine jüdische Geschichte, C. H. Beck, München 2008.

Bringmann, Klaus, Geschichte der Juden im Altertum. Vom babylonischen Exil bis zur arabischen Eroberung, Klett-Cotta, Stuttgart 2005.

Clauss, Manfred, Das Alte Israel. Geschichte, Gesellschaft, Kultur, 3. Aufl., C. H. Beck, München 2008.

Clauss, Manfred, Geschichte des Alten Israel, Oldenbourg, München 2009 (= Oldenbourg Grundriss der Geschichte, Bd. 37).

Grübel, Monika, Judentum, 6. Aufl., DuMont, Köln 2004.

Herz, Dietmar, Palästina. Gaza und Westbank. Geschichte, Politik, Kultur, 5. Aufl., C. H. Beck, München 2003.

Johannsen, Margret, Der Nahost-Konflikt, VS Verlag für Sozialwissenschaften, Wiesbaden 2006.

Krämer, Gudrun, Geschichte Palästinas. Von der osmanischen Eroberung bis zur Gründung des Staates Israel, 5. Aufl., C. H. Beck, München 2006.

Maier, Johann, Jüdische Geschichte in Daten, C. H. Beck, München 2005.

Otto, Eckart, Das antike Jerusalem. Archäologie und Geschichte, C. H. Beck, München 2008.

Schubert, Kurt, Jüdische Geschichte, 5. Aufl., C. H. Beck, München 2002.

Steininger, Rolf, Der Nahostkonflikt, 4. Aufl., Fischer, Frankfurt/M. 2003.

Zwickel, Wolfgang, Das Heilige Land. Geschichte und Archäologie, C. H. Beck, München 2009.

Kapitel 4: Die USA – von den rebellischen Kolonien zur globalen Supermacht

Bierling, Stephan, Geschichte der amerikanischen Außenpolitik. Von 1917 bis zur Gegenwart, C. H. Beck, München 2004.

Dippel, Horst, Die Amerikanische Revolution 1763–1787, 3. Aufl., Suhrkamp, Frankfurt/M. 1994.

Junker, Detlev, Power and Mission: Was Amerika antreibt, Herder, Freiburg 2003.

Hacke, Christian, Zur Weltmacht verdammt. Die amerikanische Außenpolitik von J. F. Kennedy bis G. W. Bush, 3., aktualisierte und erw. Aufl., Ullstein, Berlin 2005.

Heideking, Jürgen/Mauch, Christof, Geschichte der USA, 6. Aufl., A. Francke, UTB, Tübingen 2008.

Howard, Dick, Die Grundlegung der amerikanischen Demokratie, Suhrkamp, Frankfurt/M. 2001.

Möller, Horst, Europa zwischen den Weltkriegen, Oldenbourg, München 1998.

Mauch, Christof, Die 101 wichtigsten Fragen Amerikanische Geschichte, C. H. Beck, München 2008.

Münkler, Herfried, Imperien. Die Logik der Weltherrschaft – vom Alten Rom bis zu den Vereinigten Staaten, 2. Aufl., Rowohlt, Berlin 2008.

Schwabe, Klaus, Weltmacht und Weltordnung. Amerikanische Außenpolitik von 1898 bis zur Gegenwart. Eine Jahrhundertgeschichte, 2., durchges. Aufl., Schöningh, Paderborn 2007.

Register

Bildquellen

Titelseite: Deutsches Historisches Museum, Berlin, (Motiv gespiegelt); 3 u./71: Germanisches Nationalmuseum, Nürnberg; 3 o./12: Köln, Erzbischöfliche Diözesan- und Dombibliothek, Cod.127, fol. 9 r ; 4 o./124: Neifeind, H., Göttingen; 4 u./176: © Swim Ink 2, LLC/CORBIS; 5: picture-alliance/dpa/© dpa; 8 M1: akg-images; 9 M3: akg-images; 11 M4: picture-alliance/© VG Bild-Kunst, Bonn 2014; 14 M1: akg-images; 15 M2: akg-images; 16 M3: akg-images, 18 M1: akg-images/Nimatallah; 20 M2: bpk; 20 M3: Süddeutsche Zeitung Photo; 21 M4: bpk; 22 M6: akg-images; 24 M8 b: akg-images; 26 M1: Bayerische Staatsbibliothek München; 27 M2: bpk; 28 M3: Bayerische Staatsbibliothek München; 29 M4: bpk; 33 M1: akg-images; 35 M2: akg-images; 37 M4 und M5: LHASA, MD, Rep.U1, I Nr. 23, Nr. 28; 38 M7: akg-images; 40 M1: akg-images; 41 M2: picture-alliance/akg-images; 44 M7: Bayerische Staatsbibliothek München; S. 45 M8 b: © Cornelsen Schulverlage; 47 M1: bpk; 48 M2: Stadsarchief Mechelen; 50 M1: akg-images; 51 M2: akg-images; 51 M3: bpk; 54 M7: akg-images; 56 M1: akg-images; 58 M2: akg-images; 61 M5 b: Kunstsammlungen der Veste Coburg; 63 M1: © Cornelsen Schulverlage; 64 M1: akg-images; 65 M2: picture-alliance/akg-images; 66 M1: mauritius-images; 68 M1 und M2: © Cornelsen Schulverlage; 69 M3 und M4: © Cornelsen Schulverlage; 70 M5: © Cornelsen Schulverlage; 72 M1: picture-alliance; 74 M2: akg-images; 74 M3, M4 und M5: Lippisches Landesmuseum Detmold, Jürgen Ihle; 80 M10: National Geographic Deutschland; 82 M1: akg-images; 83 M2: bpk; 84 M3: akg-images; 89 M1: Institut für Zeitungsforschung; 89 M2: Bundesarchiv Berlin, Signatur: R-ZB3855b; 92 M1: © Cornelsen Schulverlage; 93 M2: bpk; 94 M3: Karl Stehle, München; 94 M4: akg-images; 95 M5: ullstein bild; 96 M8: akg-images; 98 M1: akg-images; 98 RS: akg-images; 99 M2: akg-images; 100 M3: akg-images; 100 M4: Historial de la Grande Guerre, Péronne; 101 M5: Deutsches Historisches Museum, Berlin; 104 M09 b: Collection Raymond Bachollet, Paris; 107 M1: Süddeutsche Zeitung Photo; 109 M1: aus: Europa 2000. Schritte der Europäischen Union, Presse- und Informationsdienst der Bundesregierung, Bonn; 109 M2: © Cornelsen Schulverlage; 110 M3: picture-alliance/dpa/Fotoreport, Foto: UPI; 111 M5: picture-alliance/dpa; 113 M4: © Cornelsen Schulverlage; 115 M8: picture-alliance; 116 M9: © Cornelsen Schulverlage; 119 M1: © Cornelsen Schulverlage; 120 M1: Associated Press; 120 M2: Cliché Bibliothèque nationale de France, Paris; 121 M3: picture-alliance/dpa/© dpa-Fotoreport/© VG Bild-Kunst, Bonn 2014; 123 M4: Digitalprint von Hans Haacke, 2004/© VG Bild-Kunst, Bonn; 123 M5: M.P. Rice, Washington D.C.; 126 M1: akg-images; 128 M1: akg-images; 128 M2: akg-images; 129 M3: © Cornelsen Schulverlage; 130 M4: akg-images/Foto: Werner Forman; 130 M5: akg-images/Erich Lessing; 135 M1: Vatican Library; 136 M2: Bridgeman Berlin; 137 M3: © Cornelsen Schulverlage; 138 M5: © Cornelsen Schulverlage; 142 M1: Time Inc., New York; 143 M2: picture-alliance/dpa/© dpa-Bildarchiv; 144 M3: akg-images; 144 M4 und M5: © Cornelsen Schulverlage; 145 M6: © Cornelsen Schulverlage; 149 M1: akg-images; 149 M2 Süddeutsche Zeitung Photo; 151 M3: picture-alliance/dpa/© dpa-Bildarchiv; 151 M4: picture-alliance/dpa/© dpa-Bildarchiv; 153 M5: akg-images; 155 M8 b: picture-alliance/dpa; 158 M1: Argus Fotoagentur; 159 M2: picture-alliance/dpa/dpaweb/© dpa; 160 M3: picture-alliance/dpa/© dpa-Bildarchiv; 162 M6: © Cornelsen Schulverlage; 165 M1: © Cornelsen Schulverlage; 167 M1: © Peter Turnley/Corbis; 168 M2: Argus Fotoagentur; 169 M3: picture-alliance/dpa/dpaweb/© dpa; 172 M7: Gerhard Mester; 175 M1: © Cornelsen Schulverlage; 179 M1: Corbis Images; 180 M1: akg-images; 181 M2: © Cornelsen Schulverlage; 182 M3: picture-alliance/dpa/© dpa; 182 M4: picture-alliance/landov; 184 M1: akg-images; 185 M2: picture-alliance/maxppp; 186 M3: akg-images; 189 M6 e: Corbis Images/© Christie's Images; 191 M1: Corbis Images/© Bettmann; 192 M2: The Granger Collection, New York; 194 M6: © Cornelsen Schulverlage; 205 M1: Corbis Images/© Bettmann; 205 M2: © Cornelsen Schulverlage; 206 M3: picture-alliance/The Advertisi; 206 M4: akg-images; 208 M7: Harding, aus „Eagle" New York; 209 M8: picture-alliance/dpa; 211 M11 und M12: © Cornelsen Schulverlage; 213 M1: © Cornelsen Schulverlage; 213 M2: akg-images; 214 M3: akg-images; 214 M4: ullstein bild; 216 M6 c: picture-alliance/dpa; 220 M1: akg-images; 222 M2: picture-alliance/dpa/Foto: Geoff Green / Landov; 223 M2: picture-alliance/dpa/© dpa-Fotoreport; 225 M7: Associated Press/Foto: Jean-Marc Boujou; 227 M1: © Cornelsen Schulverlage; 228 M1: picture-alliance/dpa/© dpa-Bildarchiv; 239: ullstein bild; 244: picture-alliance/dpa/dpaweb/© dpa-Report; 245: Argus Fotoagentur; 247 M2: picture-alliance/Konrad Giehr.

Anforderungsbereiche und Operatoren in der Abiturprüfung

Drei Anforderungsbereiche

Aufgabe verstanden?

Bei den Abituraufgaben werden gemäß den „Einheitlichen Prüfungsanforderungen (EPA)“ der Kultusministerkonferenz im Fach Geschichte drei Anforderungsbereiche (AFB) unterschieden (die Beschreibungen unten folgen dem Wortlaut der EPA). Grundsätzlich gilt, dass Anforderungen aus allen drei Bereichen abverlangt werden, insbesondere auch aus dem Bereich III:

Anforderungsbereich I
Der AFB I umfasst das Wiedergeben von Sachverhalten aus einem abgegrenzten Gebiet und im gelernten Zusammenhang unter rein reproduktivem Benutzen eingeübter Arbeitstechniken. Dies erfordert vor allem **Reproduktionsleistungen**, insbesondere:
- Wiedergeben von grundlegendem historischem Fachwissen,
- Bestimmen der Quellenart,
- Unterscheiden zwischen Quellen und Darstellungen,
- Entnehmen von Informationen aus Quellen und Darstellungen,
- Bestimmen von Raum und Zeit historischer Sachverhalte.

Anforderungsbereich II
Der AFB II umfasst das selbstständige Erklären, Bearbeiten und Ordnen bekannter Inhalte und das angemessene Anwenden gelernter Inhalte und Methoden auf andere Sachverhalte. Dies erfordert vor allem **Reorganisations- und Transferleistungen**, insbesondere:
- Erklären kausaler, struktureller bzw. zeitlicher Zusammenhänge,
- sinnvolles Verknüpfen historischer Sachverhalte zu Verläufen und Strukturen,
- Analysieren von Quellen oder Darstellungen,
- Konkretisieren bzw. Abstrahieren von Aussagen der Quelle oder Darstellung.

Anforderungsbereich III
Der AFB III umfasst den reflexiven Umgang mit neuen Problemstellungen, den eingesetzten Methoden und gewonnenen Erkenntnissen, um zu eigenständigen Begründungen, Folgerungen, Deutungen und Wertungen zu gelangen. Dies erfordert vor allem Leistungen der **Reflexion und Problemlösung**, insbesondere:
- Entfalten einer strukturierten, multiperspektivischen und problembewussten historischen Argumentation,
- Diskutieren historischer Sachverhalte und Probleme,
- Überprüfen von Hypothesen zu historischen Fragestellungen,
- Entwickeln eigener Deutungen,
- Reflektieren der eigenen Urteilsbildung unter Beachtung historischer bzw. gegenwärtiger ethischer, moralischer und normativer Kategorien.

Was sind Operatoren?

Operatoren sind Verben, die zeigen, welche Tätigkeiten beim Lösen von Prüfungsaufgaben erwartet werden. In der Regel sind sie den einzelnen Anforderungsbereichen zugeordnet. Einige Operatoren umfassen alle drei Anforderungsbereiche. Die Tabelle der nächsten Seite folgt den „Einheitlichen Prüfungsanforderungen“.